Europe
A Cultural History

Peter Rietbergen

Europe : A Cultural History
ⓒ 1998 Peter J. A. N. Rietbergen
All rights reserved.
Translation copyright ⓒ 2003 by Jiwa Sarang Publishing Co.
This translated edtion published by arrangement with Routledge,
London and New York through Shin Won Agency, Seoul

이 책의 한국어판 저작권은 Shin Won Agency를 통해
Routledge와의 독점계약으로 지와 사랑에 있습니다.
신저작권법에 의해 한국 내에서 보호를 받는 저작물이므로
무단전제와 무단복제를 금지합니다.

유럽 문화사 〔하권〕

지은이	페이터 리트베르헨
옮긴이	정지창·김경한
펴낸이	지미정
펴낸곳	知와 사랑
	서울시 마포구 합정동 355-2
전 화	02-335-2964
팩 스	02-335-2965

www.jiwasarang.co.kr

등록번호 제 10-1708호
등록일   1999.1.23
초판 1쇄 2003년 10월 15일

ISBN 89-89007-34-8
       89-89007-21-6 (SET)

값 20,000원

유럽
문화사
〖하권〗

페이터 리트베르헨 지음 | 정지창·김경한 옮김

知와 사랑

유럽문화사 [하권]

제3부 | 새로운 인간관 및 세계관

7장 새로운 사회 : 변화하는 유럽의 인간관
- 17 고전 문화의 부활과 휴머니즘의 태동
- 21 비잔티움을 잃고 유럽을 얻다 : 이탈리아 휴머니즘의 전개
- 29 휴머니즘에서 이탈리아 르네상스로
- 33 「1538년 로마 : 이탈리아의 예술에 관한 미켈란젤로의 대화」
- 40 휴머니즘과 르네상스 : 이탈리아와 그 너머

8장 새로운 사회 : 더 확대된 유럽의 세계
- 47 경제 및 과학기술의 변화와 '근대' 국가의 확고한 성립
- 51 필사본에서 타자본으로
- 57 화약과 나침반
- 62 「1625년 헤이그 : '국제법'에 대한 후고 그로티우스의 설명」
- 65 교회와 국가 : 종교적 단일성의 붕괴
- 70 인쇄술, 독서, 학교 : 대중을 위한 교육인가?
- 78 단일성과 다양성 : 문화혁명으로서의 인쇄술
- 94 유럽과 변경 : 민족의식과 문화적 자기인식

9장 새로운 사회 : 15세기 이후의 유럽과 더 확대된 세계
- 101 '오래된' 세계와 '더 오래된' 세계
- 109 '구' 세계와 '신' 세계
- 116 '콜럼버스의 교환'
- 124 「16세기 초 유럽 : 아메리카 정복과 그 결과에 대한 견해」
- 127 유럽의 거울에 비친 아메리카의 이미지
- 139 영토확장이 미친 여타의 문화적 결과

10장　새로운 사회 : 이주, 여행, 유럽의 문화보급과 통합

155　이주, 여행, 문화
157　타의적 여행 : 이주의 문화적 의의
162　세 가지 형태의 문화적 여행
사업상의 여행 : 상인과 은행가 · 162 | 외교상의 여행 : 대사와 정치가 · 166 | 교육적 여행 : 학생, 학자, 예술가 · 172
180　「1644—5년 로마의 겨울 : 존 이블린이 영원한 도시를 방문하다」
183　여행의 실상
187　여행의 유용성
191　세계주의의 발전과 문화적 통합 요소로서의 여행

11장　새로운 사회 : 지식인 공화국
　　　　　── 분열된 세계에 대항하는 고매한 가상 세계

197　지식인 공화국 : 조화에 대한 탐색
200　지식인 사회와 종교적 관용의 이상 : 이론과 실제
201　「1580년 보르도 근처의 몽테뉴 성 : 몽테뉴의 유럽과 '타자'에 대한 명상」
208　지식인 사회와 적 : 국가의 문화정책 혹은 문화의 정치적 이용
213　지식인 사회 혹은 가상 세계의 의사소통
217　지식인 사회와 정신의 '내적 소통' : 세 가지 예

12장　새로운 사회 : 휴머니즘에서 계몽주의로

225　'이성'과 '계시' 사이의 휴머니즘과 경험주의
232　과학적 경험주의에서 인간과 사회에 대한 새로운 비전으로
232　「17세기 초 유럽 : 베이컨과 데카르트의 과학적 방법론에 대한 견해」
240　휴머니즘에서 계몽주의에 이르기까지 : 긴 여명
247　계몽주의와 낭만주의는 상반된 개념인가?

유럽문화사 [하권]

제4부 | 새로운 형태의 소비와 통신

13장 유럽의 혁명들 : 자유와 소비는 만인을 위한 것인가?
- **259** 물질 문화와 과시적 소비 : 18세기 말까지의 소비자 변화과정
- **265** 생산과 재생산 : 18세기 말까지의 경제 · 인구 변화
- **270** 사회 · 문화적 변화과정 : 18세기 말까지의 엘리트 형성
- **274** 두 개의 '혁명' : 문화혁명으로서의 정치적 혁명과 경제적 혁명
- **279** 「파리, 1789년 8월 27일 : '인권선언'의 문화적 중요성」
- **290** 도시 · 산업 문화 : 시간의 규제와 소비

14장 진보와 그에 대한 불만 : 민족주의, 경제성장, 그리고 문화적 확신의 문제
- **299** 혁명과 그 여파
- **304** 민족주의의 요소들 : 19세기의 정치 문화
- **309** 새로운 엘리트, 새로운 문화보급의 메커니즘, 새로운 문화의 출현
- **321** 「바젤, 19세기 중반 : 야콥 부르크하르트, 당대 문화를 비판하다」
- **334** 돈과 시간, 상품과 여가 : 소비 문화를 향하여

15장 유럽과 다른 세계
- **341** 유럽과 팽창하는 유럽 세계
- **343** 유럽과 라틴아메리카는 단절된 관계인가?
- **346** '구' 세계와 '신' 세계 : 자유의 환상으로서의 북아메리카
- **351** 자본주의와 소비주의 : 자유냐 노예냐, 진보냐 퇴폐냐
- **355** 「뉴욕, 1909년 : 허버트 크롤리, '미국식 생활의 약속'을 해석하다」
- **357** 유럽과 '아메리카' : 문화적 공생 또는 '서양'의 성장

- 359 　'어둠의 속'으로 : 유럽과 아프리카
- 364 　'구' 세계(old world)와 '고' 세계(older world)

16장 '서양의 몰락' — 꿈의 상실 : 19세기에서 20세기까지
- 379 　과학 : 실증주의와 증가하는 상대주의
- 380 　「베를린, 1877년 : 하인리히 슈테판은 독일 최초의 전화 서비스를 축하하다」
- 389 　도피하는 유럽, 살아남는 유럽
- 398 　세기말의 의식 : 비관주의와 낙관주의
- 405 　양차 대전 사이의 세계

17장 새로운 유럽을 향하여
- 421 　과학, 문화, 사회
- 431 　2차 세계대전 이후 : 해체와 재건
- 441 　시간 대 돈의 문화
- 449 　'가장'에서 '월급쟁이'로 — 집단적 정체성에서 개인적 정체성으로
- 455 　정체성의 차원들 - 통신으로서의 문화 : '익명의 대중사회'를 향하여
- 465 　「1960년대 이후의 유럽, 대중음악 — 고급 문화?」

나오며 : 유럽_ 현재와 미래 　479

12　도판목록　　　　499　인명색인

유럽문화사 [상권]

들어가며 : 유럽_ 과거를 담은 현재
- 15 머리글 : 유럽 통합의 꿈과 현실
- 17 유럽의 문화사를 쓰는 문제에 관하여
- 20 몇몇 개념에 관하여
- 27 이 책의 구조와 활용에 관하여
- 30 감사의 말

제1부 | 새로운 생존 방식

1장 '유럽' 이전 : 농경과 정착의 사회로
- 35 아프리카와 지중해 동부에서의 발원 혹은 유럽 문화의 비유럽적 기원
- 40 농경, 신전, 국가의 출현
- 49 침략, 정복, 변화 : 첫번째 물결
- 51 「기원전 17세기의 바빌론 : 함무라비 법전」
- 53 유럽의 시작 : 마지막 빙하시대 이후
- 59 침략, 정복, 변화 : 두 번째 물결
- 60 '변방' 문화로서의 이스라엘의 종교 및 국가 형성
- 61 '변방' 문화로서의 페니키아의 무역과 문자
- 63 '변방' 문화로서의 그리스의 민주정치와 그 한계
- 77 '변방' 문화로서의 유럽의 켈트족 사회
- 80 '유럽의 탄생' 과 그리스의 '세계관' : 자신의 문화를 정의하는 법
- 83 알렉산더 대왕의 세계

2장 로마와 그 제국 : 문화적 통합의 효과와 한계

- 93 알프스 산맥과 지중해 사이, 에트루리아와 그리스 세계 사이 : 초기 로마의 팽창
- 99 비공식 제국으로부터 공식적 제국으로
- 106 「2세기경의 로마 : 법률체계 및 법적 사회 – 로마의 기여」
- 110 로마의 문화
- 114 로마제국과 그 너머의 세계

3장 잃어버린 제국과 이룩한 제국 : 기독교와 로마제국

- 127 유태인 세계의 발전 : 기독교의 기원
- 129 유태인 / 이방인에서 크리스천으로 : 나사렛 예수와 그 제자들의 역할
- 132 로마제국의 종교들
- 136 '구제불능 불법자들'의 종파
- 139 「기원후 180년의 카르타고 : 기독교에 대한 찬반논쟁」
- 141 로마적이면서도 기독교적인 제국을 향하여
- 149 4, 5세기의 로마와 그 인근 지역 : 정치적 제국의 분열과 상실 – 문화적 제국의 생존
- 155 제국과 언어

유럽문화사 [상권]

161 | 제2부 | 새로운 형태의 신앙

4장 하나의 종교로
- **163** 기독교적 세계관 : 기독교 및 유럽 문맥 속에서 고전 문화의 존속
- **166** 「547년 시나이 산 : 코스마스가 기독교 우주구조론을 설명하다」
- **174** 만인을 위한 하나의 종교 : 기독교와 유럽의 융합
- **178** 새 제국의 발흥 : 프랑크 방식의 통치술과 기독교 논쟁들
- **184** 문화와 응집 : 카롤링거 왕조 시대 혹은 '최초의 르네상스'를 형성한 이념과 교육의 역할
- **190** 수도원의 영향

5장 지중해 주변의 세 세계 : 서부 및 동부 기독교 왕국과 이슬람
- **197** 6세기 이후의 대결과 접촉
- **198** 예언자의 세계 : 이슬람
- **205** 사람들 가운데 있는 신의 왕국 : 정교회의 세계
- **210** 지구의 먼 한쪽 구석 : 로마 기독교 세계
- **213** 십자군 : 서부 기독교 세계와 대립하는 이슬람 및 동부 기독교 세계
- **216** 「1095년 11월 26일 클레르몽에서 교황 우르바누스 2세가 십자군을 요청하다」

6장 하나의 세계, 다양한 전통들 :
엘리트 문화와 대중 문화 — 범세계적 표준과 지역적 변형

- **225** 유럽의 '봉건적' 정치체제
- **231** 교회와 초기 국가
- **235** 경제 및 기술의 변화와 초기 국가
- **241** 강해진 국가 – 강해진 통치자?
- **244** 도시와 초기 국가
- **251** 하나의 기독교 세계인가, 기독교 국가들의 세계인가?
- **260** 엘리트 문화와 대중 문화 : 범세계적 규범과 지역적 변형
- **267** 「1378년 런던 : 제프리 초서가 자신의 세계를 묘사하다」
- **274** 대학의 중요성

막간 1400—1800년경의 유럽의 세계들

- **292** 촌락들의 세계
- **303** 도시들의 세계
- **310** 촌락과 도시는 전혀 다른 세계인가?

| 12 | 도판목록 | **318** | 인명색인 |

도판목록

17. 정신과 육체의 새 결합. 플라톤의 아카데미를 그린 것으로 추정되는 로마의 모자이크 상.
    네덜란드 네이메헨 예술사 자료센터 소장 p.30
18. 카스치나 전쟁에 앞서 목욕하고 있는 일단의 병사들을 묘사한 것.
    아리스토텔레 다 상갈로가 1542년에 그린 것으로 추정.
    영국 홀캠에 있는 레스터 백작의 소장품 p.30
19. 힐데베르트가 자신의 서재에서 제자 에베르빈을 가르치고 있는 그림 p.60
20. 간단한 인쇄기 하나를 보여주는 인쇄업자의 책 표지. p.60
21. 22. 프란시스코 피사로를 나타내는 16세기 판화
    네덜란드 네이메헨 예술사 자료센터 소장 p.123
23. 종교와 여행 — 16세기 지도에 나타난 바실리카
    사진: 리트베르겐 p.159
24. 무역과 여행 — 야콥 푸거와 회계사 마퇴우스 슈바르츠의 모습
    네덜란드 네이메헨 예술사 자료센터 소장 p.164
25. 밀집 헛간에서 화형을 당하고 있는 이교도와 마녀들을 구경하는 사람들의 모습
    네덜란드 네이메헨 예술사 자료센터 소장 p.200
26. 교황과 프로테스탄트교 목사와 예수회 선교사 사이에 성체에 관련된 질문에 대해서
    벌어진 듯한 가상적인 대화
    네덜란드 네이메헨 예술사 자료센터 소장 p.201
27. 28. 유럽의 출판물에서 볼 수 있는 수많은 기계장치들
    네덜란드 네이메헨 예술사 자료센터 소장 p.230, 231
29. 30. 1789년의 '인간과 시민의 권리선언'을 담은 포스터
    출처: 네덜란드 네이메헨 예술사 자료센터 p.281
31. 1860년경의 채색판화에 나타난 독일 에센 지역 크루프사 공장 전경 p.295
32. 구스타브 도레의 판화 시리즈 〈런던순례〉(1872)에 묘사된 런던 빈민가

출처: 네덜란드의 네이메헨 예술사 자료센터 p.295
33. 파리의 '오봉 마르세' 백화점 1870년경
    출처: 네덜란드 네이메헨 예술사 자료센터 p.318
34. 괴테가 로마 교외에서 상념에 잠겨 있는 모습. 1800년경 티쉬바인의 그림
    출처: 네덜란드 네이메헨 예술사 자료센터 p.318
35. 1850년대 중반의 유명한 그림〈영국의 종말〉
    출처: 네덜란드 네이메헨 예술사 자료센터 p.353
36. 리빙스턴이 신드바드라는 황소를 타고 아프리카 대륙을 횡단하고 있다.
    출처: 『리빙스턴 박사의 생애와 탐험』(런던 1878) p.353
37, 38, 39. 다윈과 원숭이를 동류로 취급하고 있는 다윈에 반대하는 풍자화
    출처: 네덜란드 네이메헨 예술사 자료센터 p.360, 361
40, 41. 1873년의 빈 대박람회의 독일측 '기계관' 전경 p.383
42, 43. 라울 하우스만의 '기계두뇌'라는 제목의 조립품
    출처: 네덜란드 네이메헨 예술사 자료센터 p.424

지도 5_ 중세 말기에서 약 1540년까지의 유럽의 영토확장   p.106
지도 6_ 1500년경 푸거가의 무역대행소 및 상업적 이권과 은행의 위치   p.163
지도 7_ 1800년경의 유럽의 주요 문화권   p.368

제 3 부
새로운 인간관 및 세계관

7_
새로운 사회 : 변화하는 유럽의 인간관

8_
새로운 사회 : 더 확대된 유럽의 세계

9_
새로운 사회 : 15세기 이후의 유럽과 더 확대된 세계

10_
새로운 사회 : 이주, 여행, 유럽의 문화 보급과 통합

11_
새로운 사회 : 지식인 공화국

12_
새로운 사회 : 휴머니즘에서 계몽주의로

7
새로운 사회

변화하는 유럽의 인간관

고전 문화의 부활과 휴머니즘의 태동

고대 그리스-로마 세계의 문화에 대한 관심은 카를 대제의 궁정에서 부활되었으며, 흔히 책에 씌어 있듯이 15, 16세기에 가서야 비로소 두드러진 것이 아니라 12세기 이후부터 훨씬 뚜렷하게 눈에 띈다는 점을 유의해야 한다. 그러나 이러한 관심은 실제로 3, 4세기에 로마제국이 쇠퇴한 이래로 항상 존재했다고 말하는 것이 더 정확할지 모른다. 다수의 고전 텍스트가 고의적으로 파괴되거나 혹은 시간이 경과함에 따라서 분실되기도 했지만, 가톨릭 교회는 기본적으로 기독교 교리와 갈등을 일으키지 않는 한 고대문명의 요소들을 모두 빈틈없이 보존했고 지식의 주요 전달자 역할을 한 필사본을 통해서 이를 전수했다. 따라서 교양을 갖춘 엘리트 계층은 항상 고대 지중해 문화에 접할 수 있었고 그 문화와 교류할 수 있었으므로 '위대한 전통'은 면면히 이어졌다.

단테 알리기에리는 이러한 '위대한 전통'의 가장 중요한 예였다.[1] 단테는 고전 라틴어와 그 후의 라틴어는 물론이고『장미 이야기』같은 프로방스의 시적 전통과 북프랑스의 시적 전통에도 정통했다. 그는 화가 조토가 자신의 그림에 새로운 생명력을 불어넣으려고 노력하는 모습을 지켜보았고, 또한 옛 전통을 말해주는 라벤나의 그리스-비잔틴 양식의 프레스코 벽화들도 눈여겨 보았다. 십자군 기사의 후손인 그는 또한 피렌체 시민으로서의 삶을 영위했다. 그래서 교황과 황제의 세계를 관찰했고, 권력과 구원에 대한 그들의 정치 및 신학논쟁도 경청했으며, 피렌체시의 당파싸움에도 관여했다. 이런 배경을 살펴보면, 그가 죽던 해인 1321년에 완성한 걸작『신곡』에서 어떻게 해서 자신이 알고 있던 당대의 역사적 총체성을 그릴 수 있었는지 이해할 수 있게 된다.『신곡』은 시간과 공간을 통과하는 저자의 여행을 서술하는데, 이 여행에서 단테는 역사적·신화적인 인물들과 만나게 된다.『신곡』은 그가 천국을 찾았을 때 절정에 이르는데, 그는 여기서 천지창조의 완벽함에 대해 애정 어린 성찰을 한다. 그렇게 함으로써, 인간에게 영혼을 부여하여 창조의 혜택을 누릴 수 있도록 해준 '기쁨에 찬 창조주'에 대해 이해할 수 있기 때문이다. 단테가 기독교 세계관을 대표하는 전형인 이유는 인간의 삶과 죽음을 총체적으로 경험하기 위해서는 본질적으로 신앙이 중요하다는 바로 이 주장 때문이다. 그러나 다른 측면에서 단테는 성직자, 귀족 지주계급, 향신(鄕紳)계급보다는 도시의 중산층 평신도 집단의 선구자였는데, 이들은 수십 년이 지난 뒤 그들의 새로운 세계관으로 두각을 나타내고, 후에 '인본주의(휴머니스트) 문화'로 일컬어지는 문화를 창조하게 된다.

지중해 무역과 제조업 분야가 번성함으로써 얻어진 자본 덕분에 이탈리아가 13, 14, 15세기에 유럽에서 가장 부유한 지역이었던 것은 확실하다. 피렌체, 베네치아, 만토바, 우르비노, 교황령의 로마를 비롯한 다수의 도시국가와 공국은 부유한 상인과 은행가, 백작과 공작, 교황과 추기경에 의해서 정치적·문화적으로 통치되었는데, 그들은 모두 웅장한 궁전과 저택에 살았다. 그들은 돈으로 살 수 있는 좋고 아름다운 것들은 모두 향유했다. 그들의 삶에 대한 태도는 점차 세속화되어 신과 내세보다는 인간과 지금, 이곳을 중시했다. 이런 태도는 창조적인 인생관을 중시하는 똑같은 성향이 풍부하게 드러나 있는 고전 텍스트들을 읽음으로써 더욱 확고해졌다.

이 시기에 다수의 이탈리아 도시에서 학문과 예술이 더욱 더 명성을 획득해가자, 이런 문화형태에 관심이 있고 사회적 지위 때문에 그들 주변에 두었던 예술가와 학자들로부터 영향을 받은 부유층 사이에서 개인주의적인 인간관이 조직적으로 발전되고 개념화되었다. 이들은 더 이상 인간을 신의 순종적인 피조물 집단의 이름 없는 한 구성물로 보지 않고, 인간을 개별적인 존재로 만들어주는 합리적이고 창조적인 고도의 능력을 보유한 독특한 존재로 보았다. 그 이전에도 인간은 '나'로서 살았지만, 이 시기의 사상가들은, 말하자면 '나'를 그들의 핵심 신조로 삼았기 때문에 개인의 최상의 발전이 또한 삶의 핵심목표와 가치가 되어야 한다고 시사했다.[2] 사람들은 만인이 신이 뜻한 대로 그들에게 부여된 특별한 자질을 갖고 있으며, 따라서 인간은 자신의 모든 가능성, 즉 자신의 자질을 최대한도로 활용하는 것이 신을 가장 명예롭게 하는 일이 된다고 생각하기 시작했다.

그러나 이 자질들을 개발하기 위해서는 인문학을 더 구체적으로 공부해야만 했다.[3] 인문학은 문법, 수사학, 시, 역사, 도덕철학과 같은 여러 교과목이었다. 물론, 인문학이 당시에 대학에서 가르치던 모든 교과목을 포괄하는 것은 아니었지만, 이제 인문학을 공부한다는 것은 많은 사람들이 무의미하다고 생각하는 개념들에 대한 현학적인 분석을 강조한 스콜라 철학의 매우 편협한 교육목표를 타파하는 것으로 이해되었다. 그러나 더 중요한 것은 인문학 공부가 인간에게 내재해 있는 인간적이고 창조적인 잠재력을 실현할 수 있도록 도와주는 것으로 생각되었는데, 이 잠재력은 '덕(virtù)'이라는 개념으로 요약되었다. 인간은 자신의 '덕'을 사용하여 여기 지상에서, 즉 그가 봉사해야 할 의무가 있는 공동체 내에서, 최선의 충만한 삶을 영위할 수 있고, 그렇게 기본적인 도덕적 의무를 다함으로써 신이 의도한 창조의 풍요로

움을 구현하게 된다는 것이다. 많은 휴머니스트 사상가와 작가, 그리고 예술가와 음악가들의 시각은 그들의 기본적인 기독교 교리에 대한 믿음을 상실하지 않은 채 더 개인주의적이 되었을 뿐만 아니라 결정적으로 더욱 세속화되었다.

　인문학을 연구하는 일은 이와 같은 이상을 더 잘 이해할 수 있도록 도와줄 텍스트, 즉 교회와 고리타분하고 편협한 스콜라 철학의 전통에서 나온 텍스트보다는 다시 한 번 문명의 시금석으로 간주된 고대 로마의 문화를 훑어볼 수 있는 고전 텍스트를 필요로 했다. 휴머니스트들은 이러한 텍스트를 찾기 시작했으며, 결국 그것을 다량으로 발견했다—대개는 그들이 시대에 뒤떨어진 지식의 중심지로 경멸했던 교회나 수도원의 필사본 보관소에서 발견되었고, 더욱이 그다지 중시되지 않았던 알프스 이북의 나라에서 발견되었다. 예를 들면, 독일 남부에서는 키케로와 페트로니우스의 알려지지 않은 작품들과 퀸틸리아누스의 『웅변술 교본』이 발견되었다. 이 작품들은 대중 앞에서 연설하는 법을 가르친 책들로서, 휴머니스트들은 그들의 공동체, 즉 도시를 위해 봉사하는 과정에서 자신들의 '덕'을 표현하고자 했다는 점을 고려하면 매우 중요한 자산이 아닐 수 없다.

　13, 14, 15세기에 고전 및 휴머니스트 문화에 대한 새로운 지식은 또한 가톨릭 교회의 통제를 받지 않았던 지역에서 유럽으로 전파되었다. 이 시기에 유럽은 그 어느 때보다도 강력하게 고전적인 그리스-로마의 이교적인 문화를 자신의 문화와 통합하였다.[4] 주목할 만한 점은 다시 한 번 이 과정이 이슬람 문화를 통해서, 아니면 적어도 이슬람 문화의 도움에 힘입어 진행되었다는 사실이다. 실제로, 일찍이 이베리아 반도의 이슬람 세계와 접촉한 이후로 서양의 기독교 문화에 새로운 충동을 부여한 것은 당시의 동방 정교회의 그리스-비잔틴 문명이었다.

비잔티움을 잃고 유럽을 얻다 : 이탈리아 휴머니즘의 전개

교회와 지주계급, 귀족, 그리고 점차 강력해지는 도시 엘리트 사이에서 중도노선을 택함으로써 통치권을 유지하려고 했던 통치자들의 권력이 점점 커졌음에도 불구하고 혼란한 시대에 그들에게 지주가 될 수 있는 핵심 이상에 대한 갈망이 지식인들뿐만 아니라 일반 사람들 사이에서도 나타났다. 물론, 그 이유 중의 하나는 태동하고 있는 민족국가들이 종종 장기적인 분쟁에 연루되어 모든 사람들의 삶에 혼란을 일으켰기 때문이다. 15세기에 밖으로부터의 위협이 다시 가시화되면서 단결을 강화할 필요성은 더욱 커졌다.

투르크족의 힘이 점점 더 강해지고 있다는 소문이 퍼졌다. 이들은 호전적인 부족으로서 중앙아시아에서 발생했으나, 12세기에 아나톨리아로 이동한 후에는 이슬람교로 개종했고 급속히 지역의 초강대국으로 발전했다. 투르크족의 술탄들은 비잔틴 제국의 마지막 남아 있는 영토들에 대한 권리를 공공연히 주장함으로써 가톨릭교 유럽과의 경계 지역에 공포를 불러일으켰고, 여러 세기에 걸친 기독교 세계와 이슬람교 세계 사이의 반목의 불꽃에 다시 부채질을 했다. 유럽은 공포에 떨었다. 이 때문에 서구의 기독교 세계 내부의 상호분열을 해결하려는 필사적인 시도가 이루어졌고 ― 이런 일은 유럽 역사에서 종종 일어났었으며, 콘스탄츠 공의회(1414-8)는 이미 그 징후였다 ― 또한 공동의 조치를 취하자는 결의를 이끌어내기도 했다.

그리스 문화의 본고장에 대한 투르크족의 진격은 그들이 1453년 콘스탄티노플을 정복했을 때 기독교 세계로서는 극적인 클라이막스에 도달했다. 당시 유럽으로 규정되고 있던 이 유럽의 동부 지역이 기독교적 정통성뿐만 아니라 ― 비잔틴 제국측의 이런 주장에 대해 당시의 많은 서구인들은 반박하고 있었다 ― 또한 서구인들의 눈에는 이슬람교가 그곳에 확립되었다는 바로 그 사실 때문에 ― 그곳의 '유럽적인' 지위도 명백히 상실하는 듯한 상황이 발생했다. 따라서 비잔티움의 몰락에 임박해서 교황 비오 2세가 십자군의 결성을 호소한 것은, 물론 다른 이유에서 그랬던 것이지만, 놀라운 일이 아니다. 왜냐하면 비오 2세는 또한 아에네아스 실비우스 피콜로미니 (1405-64)라는 속명을 가졌던 고전에 정통한 학자이기도 했기 때문이다.

그는 다수의 국가가 나타나는 것이 돌이킬 수 없는 사실임을 잘 알고 있던 실용주의적이고 현실적인 교황이었다. 그는 의도적으로 유럽 민족의 역사적·문화적 다양성에 관심을 보이면서 이 현실을 상세하게 글로 표현했다.5) 그는 황제의 절대권력은 단지 서류상으로만 계속 존재할 뿐이라고 생각했다. 그는 교회에 대한 교황청의 통제권도 더 이상 논란의 여지 없이 자명한 것은 아니라는 사실을 스스로 인정했을 가능성이 높다.6) 유럽을 내부적으로 단결시키고 또한 대외적으로 강력한 조치를 취하도록 자극을 줄 수 있는 새로운 이데올로기가 요청된 것은 바로 이런 이유 때문이었다. 비오 2세는 세속의 영역에서 전권을 가진 황제의 후원에 관계없이 보편적인 교회가 통치하는 지리적·종교적 영역으로서의 '기독교 공동체' 대신에, 정치적으로는 상당히 애매모호하게 기술되긴 했지만, 기독교라는 종교가 당연히 계속해서 일상생활에서 핵심적인 역할을 수행하는 일반적인 문화적 범주로서의 '유럽'에 대해 말했다. 교황의 말에 따르면, 유럽은 '우리의 고향'이 되며, 유럽사람이 된다는 것은 간단히 말해 기독교도가 됨을 의미했다.7)

그는 또한 다음과 같이 주장하기도 했다.

> 그리스는 이제 해체되고 유린당했다 — 여러분 모두는 이 사실이 우리에게 문화적으로 얼마나 큰 손실을 초래하는지 알 것이다. 여러분은 결국은 라틴 세계의 모든 문명이 그리스의 원천으로부터 유래한다는 것을 알고 있다.8)

비오 2세가 유럽을 문화적으로 재통합하기 위해 그리스정교의 세계였던 동유럽을 다시 정복해야 한다고 믿었다는 것도 의미심장하다.9) 직전의 선대

교황들처럼 그도 가톨릭교도와 그리스정교도 사이의 분열을 치유해 교황권을 증대시키려는 저의를 품고 있었을지 모르지만, 그리스 문화에 대한 그의 관심은 전적으로 순수한 것이었다. 그는 진정한 학자였으므로 인문학의 발전에 한몫을 했다. 휴머니스트들은 모두 그들이 탐구하는 라틴 문화의 뿌리가 고대 그리스 문명에 있다는 점을 인식하고 있었다.

한편, 고전 문화에 대한 지식의 부활은 비잔틴 제국의 수많은 문화 엘리트들이 투르크족의 위협에 직면해 발칸 제국과 옛 그리스로부터 도피하면서 한층 더 가속화되었다. 유럽으로 건너간 비잔틴 학자와 예술가들은 주로 이탈리아 반도에서 신변의 안전을 찾았다. 이들은 서유럽보다 고전 그리스 문명의 영향으로 훨씬 더 광범위하게 채색된 기독교 전통을 그들의 피난처에 가지고 왔다.[10] 비잔티움에서 온 망명자들은 짐보따리 속에 수많은 필사본을 담아왔는데, 여기에는 서양에는 아직 잘 알려져 있지 않았던 위대한 그리스 사상가들과 다른 작가들의 사상이 보존되어 있었다. 유럽인들은 이제 호메로스가 쓴 것으로 알려진 위대한 시 『일리아드 Iliad』와 『오디세이 Odyssey』를 읽을 수 있게 되었다. 또한 몇 가지 예를 든다면, 아리스토텔레스와 플라톤의 인간과 사회에 대한 성찰을 더 훌륭하고 새롭게 개정한 텍스트들을 구입할 수 있게 되었으며, 디오스쿠리데스가 식물과 동물 세계에 대해 소개한 책도 구입할 수 있게 되었다.

1396년 피렌체 정부는 비잔틴 제국의 최고 학자인 마누엘 크리솔로라스에게 대학강의를 맡아달라고 초빙했는데, 그는 이 요청을 받아들여 그리스 텍스트를 연구하고 번역하기 시작한 휴머니스트 세대를 양성했다. 1430년대에는 그리스 철학자 플레토(Pletho)가 아리스토텔레스적 체계와 플라톤적 체계 사이의 차이점에 관해 강의했다. 몇몇 사람들은 플라톤 체계가 교회의 선별과 해석에 덜 오염되었기 때문에 아리스토텔레스 체계에 대한 매력적인 대안을 제공한다고 생각했다. 그의 뒤를 따라서 1475년 피렌체의 마이케나스(문화와 예술을 후원한 고대 로마의 정치가: 역주)격인 재벌 코지모 데 메디치의 후원하에 창설된 소위 플라톤 학파는 새로운 변증법적 통합에 도달하려고 노력했다. 특히 마르실리오 피치노(1433-99)는 부활된 플라톤주의를 기독교와 화해시키려고 애썼다.[11] 또한 1438년에 피렌체에서는 그리스 교회와 로마 교회를 더 가깝게 하기 위한 회의가 조직되기도 했다.

이처럼 비오 2세와 같은 지식인들이 문화적 관점뿐만 아니라 정치적이고 종교적인 관점에서도 매우 중요하다고 생각한 그리스 문화의 세계를 다시 정복할 필요성이 대두하게 된 것은, 앞서 언급했듯이 기독교 문명의 두 핵심, 즉 성경의 종교적 가치와 보다 세속적인 고대 지중해 문화의 요소 사이에 사실상 지속적으로 이루어진 상호작용의 논리적인 결과였다. 이러한 상호작용은 3세기와 4세기에 처음으로, 8세기와 9세기에 다시 한 번 더 정점에 도달했으며, 12세기 이후로 계속해서 강화되었다. 그리스가 실제로는 19세기 초에 가서야 비로소 투르크족으로부터 해방되지만, 유럽은 15세기 이러로 지중해 세계를 지적으로 재정복하려고 노력했다. 그리고 이것은 실제로 유럽 문화를 형성하는 데 가장 중요한 요소 중의 하나였다. 비오 2세가 약속했듯이 '과학과 모든 학문분야'에서 확실하게 유럽의 우월성에 기여하고 유럽 문화의 성격을 지식인들이 사용하는 용어로 정확히 규정한 것은 바로 이 재정복이었다.[12]

고대 그리스와 로마 사상에 대한 통합된 열정과 더불어 고전 학자들이 사용한 언어에 대한 관심이 고조된 것은 당연한 일이었다. 고전 그리스어와 고전 라틴어는 이전 시기에 가톨릭 교회와 교회에 종속된 학문에 사용된 라틴어보다 이제 훨씬 더 우아하고 명징한 것으로 이해되었다. 당시 라틴어는 다수의 어휘가 손상되어 있었고, 새로운 종류의 어휘들이 모두 흡수·동화되어 있었다. 따라서 라틴어는 정화되어야 했다. 가능한 한 정확한 언어, 즉 가급적이면 로마의 수사학자 키케로가 사용한 라틴어가 새 라틴어의 모델 역할을 해야 했다. 새 라틴어는 인간이 자신과 세계에 대한 새로운 질문과 통찰을 정확히 논리적으로 표현해줄 매체가 되어야 했다.

토마스 아퀴나스가 사망하고 난 뒤에 고전 텍스트에 대한 연구 및 새로운 인간관과 세계관이 점차로 수많은 질문을 낳았고, 그 배경에 존재했던 의심은 이제 새로운 긴박성을 획득했다. 인간과 신은 정확히 어떤 관계를 갖고 있는가? 로마 교회가 제시하고자 하는 대로 과연 성경은 창조에 관한 지식의 유일한 출처인가? 아니면, 그리스 사상가들이 주장하는 대로 인간은 주위의 세계를 스스로 인식함으로써 자연과 자연 안에서의 자신의 위치를 파악할 수 있는 것인가? 그 결과 인간은 우주질서에 관한 지식과 그 질서에 대한 신의 의도를 파악할 수 있는가?

적어도 한 사람만은 동시대의 대부분의 사람들과 전혀 다른 관점에서 생각했는데, 그는 '가재'라는 별명을 지닌 니콜라스 크리프스(1401-64)였다. 그는 니콜라우스 쿠사누스로 더 잘 알려져 있으며, 브릭센의 주교이자 로마교회의 추기경이었다.13) 그는 신학자로서 받은 교육과 수학과 천문학에 대한 자신의 관심을 결합시켜 우주와 그 창조주에 관한 사고를 진전시켰다. 그는 지구중심설은 지지할 수 없으며, 우주에는 한계가 없고 지구와 다르지 않은 많은 행성들로 가득 차 있을 것이라고 결론지었다. 그는 우주가 무한한 절대자요, 중심이자 경계이며, 시작이자 끝이며, 모든 '대립물의 합'인 신의 의지로 생성된 것이라고 생각했다. 신에 관한 글을 쓰면서 그는 수학도 사용했는데, 반경이 무한한 원을 생각함으로써 — 그렇게 되면 원의 원주가 직선과 같아지게 될 것이다 — 신을 상상할 수 있을 것이라고 명상했다. 이런저런 성찰을 함으로써 그는 시대를 훨씬 앞서 갔다. 어쨌든 그가 그렇게 할 수 있었던 것을 보면, 교회가 교리와 학습에 관한 문제에 있어 비교적 개방적이었음을 알 수 있다. 물론 관계당국은 그러한 추상적인 생각이 라틴어로 표현되고 필사본으로 씌어졌으므로 그것이 평신도들을 타락시킬 것이라고 생각하지 않았을 것이지만 말이다.

아벨라르두스 같은 사람의 뒤를 따라서, 성경 및 초기 교회에서 나온 텍스트들이 1,500년 동안의 사용과정에서 개악된 것은 아닐까 하고 자문하는 사람들은 이보다 훨씬 덜 사변적이었을까? 실제로 교회의 관점에서 이해할 수 없거나 비합리적이라고 간주된 다수의 생각이 텍스트들을 단지 부정확하게 필사했기 때문에 발생한 결과는 아니었을까? 성경과 교회의 다른 기본 텍스트들이 처음 씌어질 때 상당히 다르게 표현되었을 가능성은 없었는가?

이제 비잔틴 세계로부터 성경의 옛 그리스어판이 들어오게 되었다. 이 성경을 서양에서 전통적으로 사용해온 라틴어판과 비교해보면 흥미롭고 심지어는 놀라운 발견을 하게 된다. 실제로, 세월이 흐르면서 라틴어 표준판에 많은 오류가 첨가되었음이 발견되었다. 한편으로 이 현상은 새롭고 더 훌륭한 성경 텍스트를 ― 특히 히브리어 및 아랍어 텍스트들도 비교하기 위해서 들여왔을 때 ― 만들게 유도했다. 그 결과 16, 17세기에 소위 다중어(多重語) 성경들이 많이 만들어졌는데, 여섯 내지 일곱 혹은 심지어 여덟 가지의 언어를 나란히 병행한 성경도 출판되었다. 따라서 언어와 시간의 유사성과 차이점들이 매우 명확해지게 되었다.

다른 한편으로는, 성경에 대한 이 과학적인 분석이 성경의 절대적인 가치에 대한 믿음을 손상시켰다. 성경은 이제 인간이 만들어낸 역사의 산물처럼 보였다. 그 결과 절대적이고 초월적인 성경의 진리에 관해서 절대적인 권리를 갖고 있다는 주장에 토대를 둔 교회의 권위가 다소간 영향을 받았다. 지금까지도 코란의 불가변성에 대한 믿음이 이슬람교 세계에 확고하게 주입되어 있는 것을 볼 수 있는데, 이것은 놀라운 일이 아니다. 이렇게 하지 않으면 이슬람교 성직자들의 힘은 상당히 약해질 것이다. 이와 유사한 과정이 15세기 말 유럽 기독교에서 시작되었다. 이것은 곧 기존의 종교, 문화제도인 로마 가톨릭 교회와 새로운 문화를 주장하는 사람들 사이에 격렬한 견해차를 낳았다. 새 문화 주창자들의 입장은, 그 중 한 사람인 네덜란드 태생의 학자 데시데리우스 에라스무스(약 1465-1536)가 쓴 글에서 매우 명확하게 드러났다.[14]

에라스무스는 옛 텍스트를 비판적으로 읽었기 때문에 옛 텍스트들을 문자 그대로, 그리고 영원한 진리로서 무조건 수용할 것을 신도들에게 요구하는 가톨릭 교회와 같은 제도를 불신하기 시작했을 것이다. 나중에 그는 항상 지적인 분석의 시련을 극복해낼 수는 없다고 간주한 가톨릭 교회의 권력구조에 대한 혐오를 드러냈다. 그러나 그는 구약과 특히 신약에 존재하는 모든 종류의 부정확한 해석과 명백한 오류를 정화했음에도 불구하고 진정한 개혁가가 되지는 않았다. 그는 초기 기독교 이후 중요한 교회 학자들의 텍스트들을 출판하기도 했다.

작품 『반속물론 Anti-Barbari』에서 에라스무스는 동시대의 문화, 특히 유럽의 초등 및 중등학교의 대부분을 장악하고 있던 로마 가톨릭 성직자들의 교육방식을 맹렬히 공격했다. 그는 그들이 교육의 토대를 고대의 세속문학인 고전문학의 건전한 학습에 두려고 하지 않는다는 이유로 그들의 위선과 무지를 공격했다. 에라스무스에 의하면, 그들은 지식과 학문의 발전을 통해 문화의 수준을 높이려고 노력하는 대신 사람들을 무지한 채로 놔두어 불행하게 만들려고 최선을 다했다는 것이다. 다른 글에서 에라스무스는 실제로 일부 종교제도는 전통 수호자로서의 편안한 지위를 상실하지 않으려고 한다고 언급했다. 이들은 불가해한 자연과 신의 세계로 도달하는 열쇠인 마술, 제의, 과학을 독점함으로써 그들이 쥐고 있던 권력을 포기하지 않으려고 한다는 것이다. 그는 한 편지에서 다음과 같이 썼다.

> 이 사람들은 우리가 정화된 형태의 성경을 가지게 되어 그 의미의 원천을 탐구하게 되면 그들의 권위가 땅에 떨어질 것임을 너무나 분명히 알고 있다. 그들은 자신이 중요한 존재라는 것에 너무 높은 가치를 부여해놓았기 때문에, 모든 면에서 그들의 무지가 드러나지 않도록 하기 위해서 차라리 우리에게 많은 것을 알리지 않고 성경을 오독하고 틀린 인용을 하도록 방치하는 길을 택했다.[15]

에라스무스가 지나치게 비관적으로 묘사하고 있음에도 불구하고 유럽

문명은 급속하게 변하고 있었다. 15, 16세기에 다시 한 번 유럽문명의 두 요소 사이에 긴장이 고조되었다. 12세기 이래로 성경과 교부들의 사상을 이슬람 문화를 통해 전수된 그리스의 철학적·학문적 사상체계와 조화시키려는 노력에서 발전된 지적 전통은, 많은 지식인들이 점차적으로 고전문명에 매우 정통해진 결과로 더 이상 그들의 사상과 행동에 대한 확고한 기틀이 될 수 없는 것처럼 보였다. 지식인들에게 유럽 문화는 더 이상 라틴어나 기독교 본래의 원리들을 포함하는 고전적 가치를 현실에서 재생산하는 일은 아니었다. 새로운 분석과 종합이 필요했고, 이를 바탕으로 과거의 가장 순수한 형태로 두 전통의 진정한 '부활'을 이루어내고자 했던 것이다.

폴란드에서 포르투갈까지, 스웨덴에서 스위스에 이르기까지 사람들은 유럽 기독교 문명의 근본과 직면하고 기원으로 돌아감으로써, 유럽 문명을 새롭게 꽃피울 목적으로 글을 쓰고, 그림을 그리고, 건물을 지었다. 이 활동은 이탈리아의 것과 유사한 제도적 틀 안에서, 즉 통치자의 궁전과 군주와 귀족이 후원하는 학원과 그들이 창설한 대학에서 일어났다.

보헤미아에서 신성로마제국의 황제 카를 4세(1346-78)는 궁정을 고대 로마식으로 바꾸고 독일어를 정화하는 정책을 펼쳤다. 1348년 그는 또한 프라하에 볼로냐와 파리 대학을 모델로 한 영내 최초의 대학을 설립했다. 칼스텐에 위치한 그의 거대한 성에는 프레스코 벽화들이 조토 양식으로 그려졌다. 한편, 그의 친구인 폴란드의 왕 카지미에시 3세(1353-70)는 카를 4세를 본받아 같은 정책을 폈는데, 그는 1364년에 수도인 크라코프에 대학을 창설했다. 헝가리 왕들은 비제그라드에 거대한 궁전을 지어서 지식인 문화 겸 궁정 문화의 중심이 되게 했다.

이와 동시에, 지식인 문화는 가장 오래된 중심지인 수도원과 수도원의 도서관에서 계속 번성했으며, 뿐만 아니라 이제 새로운 환경인 도시 엘리트 계층의 저택에서도 추구되었다.

휴머니즘에서 이탈리아 르네상스로

15, 16세기에 학자, 미술가, 건축가, 음악가, 작가 등 휴머니즘 문화를 형성한 모든 사람들은 점차 그들의 사회가 이전 시대의 '암흑'을 거친 후에 재탄생된 새로운 시대, 즉 르네상스 시대로 진입했다는 보다 일반적인 느낌을 경험하기 시작했다. 이와 같은 역사 해석은 휴머니스트들이 — 여성들도 점차로 참가했다 — 공언한 사상과 그들이 실제로 생산한 물질 문화를 분명히 과장한 것이지만, 당시에 새로운 인간관이 창조되고 있었다는 점은 부인할 수 없다. 이 '새로운 인간'은 세계의 영장으로 간주되었으며, 그의 이성과 창의력으로 어떤 비밀도 꿰뚫어볼 수 있고 그가 고안한 어떤 것이라도 만들 수 있었다.

예술가들은 새로운 인간관을 심지어 물질을 통해서 제시하기도 했는데, 이는 이제 남아 있는 고대의 텍스트들처럼 고전 문화의 유물도 면밀하게 탐구되었기 때문이다. 고고학은 15, 16세기에 탄생되었다. 수많은 예술작품이 고대 로마의 유적에서 발견되었고, 발견물들은 이전 세기를 통해 발전된 새로운 인간관을 강화시켜 주었다. 좀더 구체적으로 살펴보면, 많은 예술가들은 고전을 창출한 완전한 문화가 완벽한 남녀의 생산물일 수밖에 없다는 생각에서, '창을 든 남자'와 '부상당한 아마존 여인'과 같은 그리스 원본을 모방한 로마의 복사품처럼 고전예술의 놀라운 사례들에 기초한 작품을 생산하게 되었다. 그 결과 '완벽하게' 균형잡힌 남녀를 묘사한 수많은 그림과 조각이 만들어졌다. 새로운 이상형의 인간이 창조되었고, 이것은 이후 서양인들을 사로잡았다. 이 새로운 유형은 20세기에 국가에 의해서 통제된 나치 독일의 인종개량 프로그램뿐만 아니라 할리우드의 스타 숭배 및 패션산업에도 영향을 미쳤다.[16]

재탄생의 시대 또는 르네상스는 휴머니즘의 세속적이고 개인주의적인

여러 측면들을 결합한 것 외에도 또한 사실적이라고 평가되어야 할 것이다. 겉으로 드러나는 모든 것을 그대로 재현하고자 하는 진지한 시도가 회화에서 나타났다. 채색 사본에 나타난 놀라우리만큼 세세하게 그려진 짐승과 식물, 심지어 사람들까지 보게 되면, 사실주의가 이전 시대에 전혀 없었던 것은 아니지만 여러 세기 동안 상대적으로 중요하지는 않았다고 분명히 주장할 수 있다. 이는 종교적인 개념과 그 이면의 의도가 내용과 형식 모두를, 즉 그림의 묘사를 결정지었기 때문이다. 휴머니즘 문화의 최초 단계인 14, 15세기에 화가들은 이미 도덕적으로나 종교적으로 수용할 수 있는 것에 대한 편견을 버리고 실재를 그대로 재현하려고 시도했다. 점차 눈으로 측정하거나 관찰할 수 있는 것, 즉 거리, 깊이, 색깔, 심지어 추한 것까지도 묘사했다. 이때 유럽 회화에 원근법이 나타난 것은 당연한 것이라고 하겠다.

삽화 17_ 정신과 육체의 새 결합. 많은 학자들이 토론에 몰두하고 있는 플라톤의 아카데미를 그린 것으로 추정되는 나폴리의 국립미술관에 있는 로마의 모자이크 상. 15세기에 피렌체에서 활동한 마실리오 피치노 주변에 모여든 일단의 휴머니스트들과 신플라톤주의자들에게 영감을 불어넣어 준 곳이 바로 이 아카데미였다. 휴머니스트들은 육체도 신의 선물임을 깨달았다. (네덜란드 네이메헨 예술사 자료센터 소장)

삽화 18_ 이 그림은 카스치나 전쟁에 앞서 목욕하고 있는 일단의 병사들을 묘사한 것으로 아리스토텔레 다 상갈로가 1542년에 그린 것으로 추정되는데, 르네상스 화가들이 인간의 자연스러운 육체에 나타나는 모든 아름다운 모습을 묘사하는 것을 즐겼음을 보여주고 있다. 르네상스 화가들은 또한 바짝 긴장한 모습으로 나타나기도 한 이상화된 인체의 모습을 창조했다. (영국 홀큅에 있는 레스터 백작의 소장품)

조각에서도 이전 시대에는 주로 몇 가지 유형들을 묘사했던 반면에, 이제는 사람의 모습이 얼굴을 알아볼 수 있을 만큼 개인화되었다. 수천 년 넘게 대부분의 조각은 건물의 배경에 등장하는 하나의 요소—독립적으로 서 있는 입상이라기보다는 부조(浮彫)—에 불과했다. 그러나 이제 우리는 조각된 상들이 새로이 획득한 인간관, 즉 인간은 독립적이고, 움직이고, 걷고, 달리고, 필요하면 싸우지만, 자유를 지닌 개인으로서 인식될 수 있다는 인간관을 바탕으로 인간을 어떻게 제시하는가를 보게 된다.

또한 전 시대의 관습에 비추어보면 상당히 놀라운 것이지만, 남성뿐만 아니라 여성의 육체의 아름다움에 대한 자부심도 존재했다. 여성은 오랫동안 가톨릭 교회가 부과한 역할의 한계 때문에, 근접할 수 없는 성자거나 아니면 접촉이 금지된 창녀로 정형화되었는데, 이제는 한 개인으로서 어느 정도 지위를 회복한 것처럼 보였다. 그 결과 남성에게서처럼 여성의 육체에서도 신의 창조의 완벽함을 볼 수 있게 되었다.

그러나 새로운 이상은 항상 유행을 타는 경향이 있음을 기억해야 한다. '삶의 진실에 충실하게' 묘사했던 바로 그 개인들도 역시 새로운 이상에 순응하고자 했기 때문이다. 화가와 작가의 후원자였고 시인과 사상가로서도 어느 정도 능력을 갖추었던 피렌체의 통치자 로렌초 데 메디치는 자신의 얼굴이 사실 그대로 형상화하도록 허용했으나, 조각가인 미켈란젤로는 '이상적으로' 균형잡힌 그리스 신의 모형을 바탕으로 그의 신체 주형을 떴다. 따라서 20세기 초 수십 년 동안 유럽의 예술사가들이 그랬던 것처럼 과장하지 않도록 주의해야 한다. 르네상스 예술에는 이전 시기보다 더 의식적인 사실주의가 있었던 것은 확실하다. 그러나 조각과 그림 모두 이전 시대의 주로 종교적인 관례와는 다르지만 그만큼 강제적이었던 규율과 이상의 지배를 받았다. 이를테면, 조화와 기하학적 균형이 이상적이고 따라서 위대한 예술의 특성으로 간주되었기 때문에 일반적으로 모든 것이 실제보다도 더 조화롭게 재현되었다. 많은 사람들은 모방의 대상인 자연이 예술의 영역에서는 개선될 수 있다고 생각했다.

또한 대부분의 그림과 조각이 여전히 종교적인 목적에 이바지했고, 관찰자들에게 — 그들이 이탈리아의 화가 라파엘로가 그린 마돈나와 아기 예수의 그림을 침실에서 혼자 감상하고 있는 개인이건, 혹은 미사에 참석해서 벽과 천장과 반구탑을 천사들로 가득 찬 천국의 모습으로 장식한 거대한 프레스코 벽화와 모자이크 무늬와 입상들을 쳐다보고 있는 신자들의 무리이건 간에 — 적절하게 경건한 반응을 일으킬 수 있는 방식으로 구성되었음을 잊어서는 안 된다.

⌜ 1538년 로마 : 이탈리아의 예술에 관한 미켈란젤로의 대화 ⌝

1538년 포르투갈의 세밀화가 프란체스코 데 홀란다는 미켈란젤로와 함께 여러 대화에 참여했다. 데 홀란다가 미켈란젤로의 발언을 적어놓은 노트는 그의 생각을 알 수 있는 매우 귀중한 자료 중의 하나이다. 처음에는 미켈란젤로가 꽤 편협한 국수주의적인 자세를 보여주는 것 같지만, 끝에 가면 실제로 그가 옹호하고 있는 것은 이탈리아에서 보존되고 부활된 유일한 고대 그리스 그림의 스타일임이 명확해진다.

다른 곳에서 데 홀란다는 플랑드르 그림에 대한 미켈란젤로의 말을 구체적으로 기록하고 있는데, 이것은 진정한 — 미켈란젤로에 의하면 이탈리아식 — 그림의 사실적인 면보다는 '숭고한' 특성들에 관한 의견뿐만 아니라 기호 및 미학의 어떤 측면과 특정 계층이나 성별집단 사이의 관계에 관한 이 거장의 견해를 드러내고 있다.

이탈리아에서 그려진 작품만이 진정한 그림이라고 할 수 있다. 따라서 훌륭한 그림은 이탈리아식이라고 부를 수 있다. 이는 그림이 어떤 나라에서 훌륭하게 완성되면 그것에 그 나라나 지방의 이름을 붙여주는 것과 같은 이치이다. 훌륭한 이탈리아의 그림보다 더 고상하고 경건한 것은 없다. 이는 신과의 결합과 합일을 이루게 하는 완벽함의 어려움보다 현명한 사람에게 경건함을 가장 잘 기억하게 하고 경건함을 자아내는 것은 없으며, 훌륭한 그림이란 신의 완전함을 복사한 것이고 신이 그린 그림을 상기시키는 것이기 때문이다. 마지막으로 훌륭한 그림이란 지성만이, 그것도 매우 어렵게 감상할 수 있는 음악이고 멜로디이다. …

더 언급하고 싶은 것은 … 이탈리아 왕국을 제외하고는 태양과 달이 비추는 어떤 기후나 어떤 나라에서도 훌륭한 그림을 그릴 수 있는 곳은 없다는 것이다. 뛰어난 재능을 지닌 사람이 다른 지역에 있다고 해도, 설령 그런 곳이 있다고 한다면, 다음의 여러 이유로 이곳말고는 그림을 잘 그리기란 거의 불가능하다.

다른 왕국 출신의 뛰어난 사람을 데리고 와서 그가 가장 좋아하고 잘 그릴 수 있는 것 중에서 무엇이든 그려보라고 말해보라. 그리고 서툰 이탈리아인 견습생을 데리고 와서 그림을 그려보라고 해라. … 당신이 그림을 잘 이해할 수 있다면, 예술에 관한 한 그의 그림에는 대가의 그림보다 더 중요한 실체가 있음을 알게 될 것이다. … 나를 속이기 위해서 이탈리아인이 아닌 위대한 대가에게 그림을 그리라고 명령해보라. 그 그림이 매우 정교한 스타일을 지닌 알브레히트 뒤러의 작품일지라도, 그 작품이 이탈리아에서 그려지지 않았고 또한 이탈리아인이 그린 것도 아니라는 것을 즉시 알게 될 것이다. 마찬가지로 나는 어떤 나라나 사람도—스페인 사람 한두 명을 제외하고는—이탈리아식 화법을—이것은 옛 그리스식 기법이다—완전히 충족시키거나 모방할 수 없다고 확언하는데, 외국인이 그린 그림은 즉시 탄로나고 말기 때문이다. … 어떤 위대한 기적으로 인해 그러한 외국인이 성공적으로 그림을 잘 그린다 해도, 그는 이탈리아인처럼 그렸다는 말을 듣게 될 것이다. 그래서 이탈리아에서 그려진 그림을 모두 이탈리아식이라고 칭하지는 않지만, 훌륭하고 올바른 것은 모두 이탈리아식이라고 칭해진다. 이는 이탈리아에서는 다른 어느 곳에서보다도 더 훌륭하고 더 진지한 방식으로 걸출한 그림이 그려지기 때문이다. 이탈리아에 가장 근접하는 플랑드르나 스페인에서 훌륭한 그림이 그려졌을지라도 그 그림을 이탈리아식이라고 부르는데, 그 이유는 그림이 훌륭하다면 그것은 이탈리아식 그림일 것이고 이 고귀한 기술은 마치 천국으로부터 전수된 것처럼 다른 어떤 나라에도 존재하지 않기 때문이다. 심지어 고대에도 그 기술은 세계의 다른 왕국이 아닌 바로 이탈리아에 존속했으며, 그리고 이탈리아에서 끝을 맺을 것이다. …

   신앙이 돈독한 사람이라면 일반적으로 이탈리아의 그림보다는 플랑드르의 그림이 더 만족스러울 것이다. 사람들은 이탈리아의 그림을 보고 단 한 방울의 눈물도 흘리지 않지만, 플랑드르의 그림은 많은 눈물을 흘리게 할 것이다. 이는 플랑드르 그림의 활력과 우수성 때문이 아니라 그들의 돈독한 신앙심 때문이다. 여성들, 특히 매우 나이든 여성이나 매우 젊은 여성들은 플랑드르의 그림을 좋아할 것이다. 마찬가지로 그것은 수사와 수녀들을 즐겁게 할 것이고, 진정한 조화가 무엇인지 전혀 감각이 없는 일부 귀족들을 즐겁게 해줄 것이다. 플랑드르에서 화가들은 여러분의 눈을 현혹시키기 위해서 그린다. 즉 여러분을 즐겁게 해주지만 나쁘게 말할 수 없는 대상인 성자와 예언자들을 그린다. 그들의 그림은 잡동사니들, 즉 벽돌, 회반죽, 들판의 풀, 나무의 그림자, 그들이 풍경이라고 부르는 다리와 강, 여기저기에 있는 작은 형상들에 대한 것이다. 이 모두가 누군가의 눈에는 훌륭하게 보일지 모르지만, 실제로 이치에 맞지도 않고 예술의식도 없으며, 대칭감이나 균형감도 없고, 취사선택에 있어서 신중하지도 않고, 어떤 실체나 기백도 없이 그려진 것이다.[17]

「1538년 로마 : 이탈리아의 예술에 관한 미켈란젤로의 대화」

   인문학 연구와 르네상스의 전반적인 문화적 풍토로 인해 인간을 더욱 개화시키고 인간적인 존재로 만들어주는 본질에 대한 텍스트, 즉 '보다 인간다운 학문'이라고 불렸던 텍스트가 점점 더 많이 생산되었다. 이들은 대부분 그리스어나 라틴어로 쓰여진 고전 작가들의 텍스트였다. 그러나 이제 유럽 사람들이 직접 쓴 텍스트들도 그렇게 불려졌다. 그것이 15, 16세기의 정제된 라틴어로 작성되었든 또는 유럽의 제2의 문화언어였던 토스카나의 이탈리아어로 — 이 언어는 진정한 휴머니스트로 간주되는 페트라르크(1304-74)가 사용한 언어로서, 페트라르크는 사랑하는 연인 로라를 불멸로 만들었던 아름다운 소네트로 유명하다 — 작성되었든 간에 말이다.

텍스트의 소재는 작가가 인간이란 무엇이고 인간이 개인으로서, 사회의 구성원으로서 무엇을 할 수 있는지를 보여주는 한에서는 실제로 중요하지 않았다. 그 결과 매우 다양한 작품들이 나왔다. 어떤 사람이 자신의 독특한 인생 이야기를 하는 자서전이 휴머니스트 사회에서 탄생되었다. 한 훌륭한 예로 유명한 대장장이요 조각가였던 벤베누토 첼리니(1500-71)가 1558년에 쓰기 시작한 수백 페이지에 달하는 자서전이 있다. 이것은 세속적이고 개인적이며 사실적인 매우 뛰어난 작품이다. 그의 글에서 '나'는 중심을 이루고 있다. 모든 것을 그의 시각에서 보고 기술한다. 그의 독자들은 교회나 국가가 사람들에게 요구한 온갖 종류의 이상적인 기준을 통해서가 아니라 그의 눈을 통해서, 사실적으로 그가 세상에서 발견한 기만과 부패뿐만 아니라 주로 인간 자신에 의해 만들어진, 세상에 존재하는 모든 아름다운 것들을 지닌 그의 주변 세계를 보도록 강요된다.

이를테면, 첼리니는 인간의 행적을 기록할 필요성에 관해서 쓰고, 자신의 성격을 분석하고, 자신이 도시인으로서 주변 시골의 지리적인 구조를 전혀 알고 있지 못하다는 사실을 독자가 부지불식간에 알아차리게끔 하고, 그에게 영감을 준 고대 기념물들에 관해서 갈하고, 미켈란젤로의 작품에 나타난 생동감과 운동감에 대한 생각을 표현하고, 자기 경쟁자들과의 논쟁 등을 생성하게 묘사한다.

어떤 부류의 사람이든지, 위대한 업적이나 혹은 그렇게 보이는 것을 자신의 명예로 생각하는 사람은 누구나, 그가 진리와 선을 사랑한다면 자신의 손으로 자신의 인생 이야기를 써야 한다. 그러나 마흔 살을 넘길 때까지 아무도 그런 훌륭한 과업을 감히 수행하려고 해서는 안 된다. …

나는 버릇없는 젊은이였으므로, 궁핍에 찌든 아버지에게 말대꾸했다. 그리고 너덜너덜한 옷가지 몇 점과 남겨두었던 동전 두서너 푼을 갖고 집을 나와 도시의 어느 성문을 향해 걸어가기 시작했다. 어느 문이 로마로 향하는 문인지 몰랐는데, 결국 루카에 도달하고 말았다. 그리고 루카에서 나는 피사를 향해 계속 갔다. 나는 피사에 있는 동안에 캄포 산토를 보러갔는데, 그곳에서 다수의 아름다운 고대유물, 즉 대리석으로 만든 관들을 발견했다. 나는 피사의 여러 지역에서 많은 고대의 작품들과 마주치게 되었고, 시간이 날 때마다 그것을 열심히 자세하게 살펴보곤 했다. …

[미켈란젤로]는 여름의 더위 때문에 아르노 강으로 목욕하러 간 수많은 보병들을 그렸다. 경보가 울리자 벌거벗은 병사들이 무기가 있는 곳으로 황급히 돌아가는 순간을 그림으로 포착했다. 그는 병사들의 모든 행동과 몸짓을 매우 훌륭하게 보여주었는데, 이것은 고대나 현대의 어떤 예술가도 도달하지 못한 경지였다. …

나는 너무 화가 나서 못된 짓을 하기로 굳게 마음먹었다. 아무튼 나는 천성적으로 매우 격한 성격이었다. … 나는 떠났다. … 분노로 달아올라서 내 작업장으로 황급히 되돌아갔다. 거기에서 나는 단검을 움켜쥐고 적들이 살고 있는 곳으로 달려갔다. 그들은 작업장 위에 있는 집에서 저녁식사를 하고 있었다. 내가 나타나자 젊은 게라도가 싸움을 걸어왔고 나에게 달려들었다. 나는 그의 가슴을 찔렀고, 단검은 그의 더블릿과 재킷을 뚫고 셔츠에까지 이르렀다. … 나는 소리쳤다. "이 배신자들아, 오늘 내가 네놈들을 모두 죽여 줄테다."[18]

다양한 휴머니스트 작가들의 다른 쪽 극단에는, 예컨대 니콜로 마키아벨리(1469-1527)가 있다. 그는 피렌체의 학자로서 1513년 유명한 논문 『군주론 Il Principe』에서 소위 정치라고 불리는 사회의 특정 분야에서의 인간의 역할을 기술했다. 마키아벨리 역시 세속적이고 현실주의적인 사람이었다. 그는 권력에의 의지가 지배적인 원리임을 보여주었다. 권력에의 의지는 종종 종교적·윤리적 혹은 사회적인 색채를 띤 유창한 말로 표현되고 은폐되지만, 자세히 살펴보면 그것은 순수한 이기심의 적나라한 본색을 드러낸다.

> 약속을 틀림없이 지키고 정치적 행동이 교활하지 않고 정직한 국왕은 매우 칭찬받을 만하다고 누구나 생각한다. 그러나 우리는 약속을 남발하고 교활한 계략으로 사람들을 속이는 방법을 아는 통치자들이 성공하며, 그들이 정직하게 살아가는 사람들을 능가하게 되는 것을 동시대의 경험을 통해서 알고 있다. …
>   따라서 현명한 통치자는 그것이 자신에게 불리하거나 그가 약속한 이유가 더 이상 타당하지 않게 되면, 그 약속을 지킬 수 없거나 지킬 필요가 없을지도 모른다는 것은 명백하다. … 그러므로 통치자는 앞서 언급한 훌륭한 자질들을 반드시 다 갖출 필요는 없다. 그는 단지 그런 자질을 갖추고 있다는 인상만 주면 된다. … 그는 외관상으로 동정적이고, 신뢰할 수 있으며, 계략을 모르고, 경건한 것처럼 보여야 한다. 그러나 동시에 그의 성격과 천성도 정반대가 되어야 하는 상황에서는 그렇게 되어야 하며, 그는 또한 그렇게 행동해야만 한다. … 그는 융통성이 있어야 하고, 운명과 상황을 따라야 한다. 요컨대 그가 분별력 있는 선이라면 그로부터 벗어나면 안 되지만, 필요하다면 악한이 되는 법도 알아야 한다.

14, 15, 16세기의 문화는 '위대한 전통'의 쇄신되고 강화된 형태를 보여준다. 르네상스는 라틴어로 의사소통을 하고 대부분 라틴어로 글을 읽고 책을 쓰던 지식인들의 문화를 특징짓기 위해 사용하는 일반적인 용어이며, 휴머니즘은 특수한 용어이다.

교육은 이 쇄신된 전통을 전파한 가장 중요한 제도 중의 하나였다. 한 제자에게 보낸 편지에서 휴머니스트 학자인 레오나르도 브루니(1370-1444)는 훌륭한 교육의 핵심을 다음과 같이 설명했다.

두 가지 공부에 헌신하도록 하라. 우선 문학, 보통 수준의 문학이 아니라 좀더 예리하고 심오한 수준의 문학에 대한 지식을 획득하라. 나는 네가 이 점에서 빛나는 존재가 되기를 바란다. 둘째로, 인생과 예법에 속하는 것들, 즉 인문학이라고 불리는 것들과 친숙하도록 하라. 이는 인문학은 인간을 완전하게 만들고 한층 돋보이게 하기 때문이다. 이런 연구를 통해서 너의 지식은 넓어지고 다양해지며, 각종 경험으로부터 배우게 될 것이다. 네 인생의 행실, 명예, 명성에 기여하게 될지도 모르는 것들은 하나도 빠뜨리지 말라. 나는 훌륭한 내용뿐만 아니라 훌륭한 스타일과 기법으로 너를 도와줄 작가들의 작품도, 이를테면 키케로의 작품이나 키케로와 같은 수준의 다른 작가의 작품도 읽어볼 것을 권한다. 내 말을 경청한다면, 이런 문제들은 이것을 근본적이고 체계적으로 취급한 아리스토텔레스를 통해 철저하게 탐구할 수 있을 것이다. 표현의 아름다움, 모나지 않은 스타일, 아주 풍부한 어휘와 어법 등에 대한 기술은, 이렇게 표현할 수 있을지 모르겠지만, 키케로에게서 빌려오라. … 뛰어난 사람이란 학식이 풍부할 뿐만 아니라 동시에 그 학식을 우아하게 표현할 수 있는 사람이기 때문이다. …

　어떤 재화가 이와 같은 공부에서 얻는 보상에 비할 수 있을 것인가? 아마 법을 공부하는 것이 네가 직업을 얻는 데는 더 용이할 것이나, 법은 유용성과 품위에서 다른 것보다 훨씬 뒤처져 있다. 그 이유는 인문학이 총체적으로 결합해서 훌륭한 사람을 만들어내기 때문인데, 이 점에서 어떤 것도 이보다 더 유익하다고 생각되는 것은 없다. 법은 그런 학문이 아니다.[19]

무역과 여행, 군사적 정복과 외교적 접촉은 필연적으로 이탈리아의 도시와 궁정의 신문화를 외부 세계와 연결시켰다. 신문화는 유럽 전역에서 숭배되고 모방되었다. 물론 교육을 잘 받은 사람과 부유한 사람들에게 국한되었지만 말이다. 알프스 산맥의 남부와 북부 모두에서 휴머니즘과 르네상스는 엘리트 계층의 현상이었다. 신개념과 신사고는 평범한 사람들에게는 거의 여과되어 전달되지 못했는데, 이들은 고전을 읽고 쓸 줄 몰랐으며, 바로 그 때문에 엘리트 계층의 눈에는 인간의 덕을 실현할 수 있는 수단을 가지고 있지 않은 것으로 간주되었다.

휴머니즘과 르네상스 : 이탈리아와 그 너머

15세기에는 이탈리아에서 르네상스와 휴머니즘이 절정을 이루었으나, 세기 말엽에는 복잡한 요인들로 인해 이러한 문화적 분출의 물질적 토대에 균열이 나타나기 시작했다. 이탈리아의 많은 도시들의 번영에 기반이 된 수익성 높은 지중해 관통무역은, 이슬람교를 신봉하는 근동의 주요 세력들 사이에서 오랫동안 지속되어 온 갈등으로 점차 붕괴되었다. 또한 지중해의 많은 무역도시들은 이미 오랫동안 대서양 연안 마그리브 항구도시들의 수입원인 듯한 풍부한 교역과 그보다 더 전도유망한 황금에 동경의 눈길을 던져왔다. 아메리카의 발견과 희망봉을 돌아 아시아로 가는 대안항로의 발견으로 유럽의 경제적 중심은 지중해에서 대서양으로 서서히 그러나 확실하게 옮겨갔다. 물론, 대서양에는 이미 프랑스, 플랑드르, 네덜란드 도시들이 상업과 산업을 통해서 거대한 부를 축적해놓고 있었다. 더욱이 네덜란드 도시들은 이탈리아의 장인들보다 싼 가격으로 유럽이 찾는 소비재 용품들을 생산할 수 있었다.

이와 동시에 이탈리아 반도는 스페인, 오스트리아, 독일, 네덜란드를 통치한 합스부르크가와 프랑스 왕들 사이에 벌어진 유럽의 정치적 주도권 싸움에서 가장 중요한 저당물이 되었다. 1494년 프랑스 병사들은 이탈리아를 공격해 크게 파괴했다. 1527년에는 일단의 독일 용병들이 그 뒤를 따랐고, 이탈리아의 상징적 핵심이자 실제로 유럽 문화의 상징적 핵심인 교황의 수도요 '영원한 도시'인 로마를 파괴했다.

일부 역사가들은 동의하지 않지만, 이탈리아 혹은 그곳에서 발전한 새로운 형태의 문화는 이러한 몇 차례의 타격에도 불구하고 실제로 살아남았다.[20] 16세기와 17세기 초기 동안의 이탈리아의 미술 문화는 여전히 유명한 작품들 속에 나타났는데, 특히 1660년 무렵까지의 소위 바로크 시기에서 명확히 표현되었다. 미켈란젤로 부오나로티는 위대한 화가요 조각가였지만 또한 건축가로서 새로운 성 베드로 대성당을 설계하는 데 기여했다. 성 베드로 대성당은 로마의 콘스탄티누스 대제가 세운 회당을 대체해 사도 베드로의 유명한 무덤자리에 지어진 것이다. 거대한 반구탑과 고전적 요소를 풍기는 새로운 스타일의 건축으로 성 베드로 대성당은 가톨릭 교회의 가르침을 비판하는 소리가 보다 공공연하게 들리는 바로 그 시기에 기독교에 효과적인 힘의 상징을 제공했다. 지오반니 피에르루이기 다 팔레스트리나는 교황의 예배당에서 불려질 아름다운 미사곡을 작곡했다. 작가 토르콰토 타소는 『해방된 예루살렘 Gerusalemme Liberata』과 같은 위대한 서사시를 썼는데, 이 작품은 십자군 원정으로 생긴 마술과 기사도에 관한 이야기로부터 영감을 얻었다. 만토바의 궁정 작곡가인 클라우디오 몬테베르디는 세속적인 사랑과 신성한 사랑 모두를 찬양하는 마드리갈(보통 5성부르 된 무반주의 성악합창: 역주)로 청중을 즐겁게 했다. 또한 최초의 오페라가 피렌체의 휴머니스트 집단에 의해서 작곡되었는데, 이들은 음악과 결합된 이상적인 고전 그리스 비극을 부활시키려고 했다.

전 유럽이 계속해서 이탈리아 반도를 유럽 문명의 요람으로서뿐만 아니라 암흑시대 이후에 유럽 문명이 재탄생한 곳으로서 주목하고 존경했지만, 그럼에도 불구하고 이탈리아는 초기에 수행했던 두드러지게 적극적인 역할을 점차로 상실했다.

16세기에 르네상스와 휴머니즘은 점차로 알프스 산맥 이북에도 명확하게 나타나는 듯했다. 이 현상은 다음과 같이 설명될 수 있다. 스페인은 아메리카의 새로운 식민지들을 통해서 거대하게 부유해졌다. 독일국가들의 경제는 중부유럽을 북해 연안의 커다란 무역도시들과 연결시킨 분배무역을 통해서 번성했고, 영국과 네덜란드의 경제는 유럽인구를 먹이고 입히는 곡물무역과 섬유산업으로부터 새로운 동력을 얻었다. 이들 산업은 14세기의 경제위기와 인구상의 대위기 후에 다시 성장하고 있었다. 그 결과 이들 국가에서는 문화를 꽃피우기 위한 물질적인 여건들이 풍부하게 조성될 수 있었다. 그 영향은 곧 감지되었는데, 특히 알프스 이북 유럽의 사고 속에서도 인간과 세계와 신 사이의 관계에 대한 생각이 변화하고 있었기 때문에 더욱 뚜렷이 느껴졌다.

14세기 말부터 교회 당국은 일부 지적이고 영적인 남녀 신도들이 더 이상 폐쇄된 수도원 생활로 들어가지 않고 속세에서 모범적인 기독교도의 삶을 영위하기로 결심하는 추세를 지켜볼 수밖에 없었다. 신과 인간 사이의 개인적인 관계와 속세에서 인간 자신의 종교적·사회적인 책임에 대한 생각들은 이제 더욱 통제하기 어려워졌다. 이런 생각은 더 이상 수도원의 벽 안에 갇혀 있지 않고 퍼져나가기 시작했다. 그러한 운동 중의 하나는 의미심장하게 '근대신앙'이라고 불리는데, 특히 네덜란드와 이웃하는 독일 제국(諸國)에 상당한 영향력을 행사하게 되었다.[21] 이에 관련해 가장 영향력이 큰 작가들 중의 하나는 토마스 아 켐피스(약 1380-1471)로 더 잘 알려진 토마스 헤메르켄이었는데, 그의 글 『예수를 본받아 *De Imitatione Christi*』는 많은 신앙인에게 기독교에 대한 새롭고, 보다 단순하며, 개인적 색채가 강한 종교관을 제공했다. 이 책은 유럽에서 성경 다음으로 인기 있는 책이 되었다. 이러한 작가들이 사람들의 인식을 일깨우려는 명백한 목표를 갖고 교육을 가장 효과적인 의사소통의 수단으로 선택했기 때문에 그것은 확립된 기성 문화에 노골적인 위협을 가했다. 실제로 교회는 이런 집단의 구성원들이 복잡한 논거를 제시하는 과학자들보다 훨씬 더 위험하다고 생각했다. 과학자들은 의심의 씨앗을 심어놓을지는 모르지만, 결국 그들의 주장은 소수의 동료 과학자들에게만 전해질 뿐이었기 때문이다.

    15세기와 16세기 초에 '근대신앙'의 교육기관들은 수많은 휴머니스트들을 배출했다. 이탈리아에서처럼 알프스 이북의 학자들도 역시 그리스-로마의 고전 텍스트와 성경의 정확성에 관해 집중하기 시작했다. 앞서 언급한 데시데리우스 에라스무스는 북유럽 휴머니스트들 중에서 가장 유명한 학자였다.[22] 독실한 기독교였지만 일련의 논문에서 그는 휴머니즘의 비판적 정신이 배어 있는 교육제도의 규칙을 확립하려고 애썼다. 학자들이 종종 시사하는 대로, 르네상스와 휴머니즘의 문화 속에서 살았던 대부분의 사람들이 '이교적인' 정신을 드러낸 것은 아니고, 본질적으로 신만이 구원할 수 있다는 인간관과 세계관에 확고하게 매여 있었다는 것을 잊어서는 안 된다. 히에로니무스 보슈가 1510년경에 그린 그림을 보면, 화가가 어떻게 인간, 즉 방탕한 아들을 자유로운 행위자로 묘사하고 있는지 이해할 수 있다. 인간은 방탕과 죄로 점철된 과거의 삶을 회고하지만 미래를 향해서, 즉 십자가를 통한 구원의 가능성을 향해서 돌아서는 자유로운 행위자라는 사실, 이것이 이 그림의 핵심이다.

    교회는 유럽에 퍼져 있던 새로운 비판정신과 자유의지가 실제로 새로운 인간관을 창조했고, 그래서 새로운 인간을 형성하는 데 기여했다는 것을 충분히 인식하고 있었다. 새로운 인간관과 세계관, 새로운 인간과 신에 대한 관점이 텍스트와 그림과 삽화를 통해서 엘리트 계층에게만 강요될 경우에 그 위험은 크지 않았다. 그러나 변화하는 인간관은 적합한 의사소통의 수단과 통로가 확보되면 거대한 집단의 사람들을 변화시킬 수도 있다. 교회에 대한 진정한 위험이 도사리고 있던 곳은 바로 이곳이었다.

Notes

7장_ 새로운 사회 : 변화하는 유럽의 인간관

1) R. Jacoff, ed., *The Cambridge Companion to Dante*, Cambridge 1993 참조.
2) 르네상스 사상가들에 관한 매우 통찰력 있는 연구로 L. M. Baktin, *Gli Umanisti Italiani: Stile di Vita e di Pensiero*, Rome 1990을 참조. E. Garin, ed., *L'Uomo del Rinascimento*, Rome 1988에서는 르네상스의 다양한 '유형'에 대한 일련의 흥미롭고 생생한 묘사를 볼 수 있다.
3) 매우 훌륭한 개괄서로는 G. Nauert, *Humanism and the Culture of Renaissance Europe*, Cambridge 1995가 있다.
4) A. Rabil, ed., *Renaissance Humanism: Foundations, Forms and Legacy*, I–III, Philadelphia 1988은 개괄서로서 모든 것을 망라하고 있다.
5) 유럽에 관한 피콜로미니의 논문은 A. S. Piccolomini (Pius II), *Opera*, Basle 1551, 387 이하 참조.
6) W. Fritzemeyer, *Christenheit und Europa*, Munich-Berlin 1931, 18.
7) Fritzemeyer, *Christenheit*.
8) Piccolomini의 *Oratio de Constantinopolitana clade* in *Opera*, 682를 볼 것.
9) Piccolomini의 *Bulla de profectione in Turcos* in *Opera*, 923을 볼 것.
10) D. J. Geanakoplos, *Constantinople and the West*, Madison 1989; J. J. Yiannias, ed., *The Byzantine Tradition after the Fall of Constantinople*, London 1991; D. M. Nicol, *Byzantium and Venice: A Study in Diplomatic and Cultural Relations*, Cambridge 1992.
11) P. O. Kristeller, *Il pensiero filosofico di Marsilio Ficino*, Florence 1953 — 독일판은 1972년에 출판되었다. 이외에도 E. Garin, *La cultura filosofica del Rinascimento italiano*, Florence 1961; P. O. Kristeller, *Marsilio Ficino and his work after five hundred years*, Florence 1987 참조.
12) R. Sabbadini, *Storia del Ciceronianismo*, Turin 1885, 82.
13) G. Christianson, Th. Izbicki, eds, *Nicholas of Cusa in Search of God and Wisdom*, London 1991.
14) A. G. Weiler, *Desiderius Erasmus: De spiritualiteit van een christen-*

humanist, Nijmegen 1997에는 에라스무스의 정신적 의의에 관한 최근의 평가가 소개되어 있다. 전기에 관해서는 L. Halkin, *Erasme parmi nous*, Paris 1987과 그 번역본 *Erasmus: A Critical Biography*, Oxford 1993을 볼 것.

15) P. S. Allen, ed., *Opus Epistolarum Des: Erasmi Roterodami*, Oxford 1913, III, 587 이하, Erasmus to Cardinal Wolsey, 18 Mary 1519 참조.

16) G. L. Hersey, *The Evolution of Allure: Sexual Selection from the Medici Venus to the Incredible Hulk*, Cambridge, Mass., 1996.

17) R. J. Clements, ed., *Michelangelo: A Self Portrait*, Englewood Cliffs, NJ, 1963, 37, 44.

18) G. Bull, ed., trans., *The Autobiography of Benvenuto Cellini*, Harmondsworth 1956, 15, 28, 29, 31, 37-8.

19) E. Garin, ed, *La Disputa delle Arti nel Quattrocento*, Florence 1947, 5-6.

20) 이 과정은 G. Quazza, *La Decadenza Italiana nella Storia Europea*, Turin 1971에 간명하게 소개되어 있다.

21) P. Bange, ed., *De doorwerking van de Moderne Devotie*, Hilversum 1988; R. R. Post, *The Modern Devotion: Confrontation with Reformation and Humanism*, Leiden 1968.

22) M. M. Phillips, *Erasmus and the Northern Renaissance*, Woodbridge 1981.

8
새로운 사회

더 확대된 유럽의 세계

경제 및 과학기술의 변화와 '근대' 국가의 확고한 성립

긴 경기침체의 시기를 겪은 뒤 15세기에 유럽은 중요한 경제적 변화를 겪는다. 12, 13세기에는 부분적으로는 지구상의 기온이 약간 떨어진 관계로 — '작은 빙하기' 현상 — 심각한 위기가 닥쳤다. 기후는 좀더 서늘해지고 다습해졌으며 14세기에 급격하게 떨어졌다. 정착지를 포기하고 해변의 평야가 침수된 것은 단지 눈에 띄는 소수의 현상에 불과했다. 이후 매우 다습한 해가 계속되면서 흉작과 기근으로 이어졌고, 곧바로 질병이 널리 퍼지게 되었다. 이 때문에 아직까지 주로 농업에 의존하는 경제에 장기적인 혼란이 야기되었다. 영양부족, 유아사망, 낮아진 출생률의 악순환에다, 흑사병과 다른 풍토병까지 겹쳐 수천만 명이 사망했기 때문에 더더욱 인구가 감소하기 시작했다.[1]

그러나 14세기에 기후가 회복되고 15세기가 시작되면서 경제적·사회적 분열이 함께 극복되었을 때, 특히 서유럽은 놀라운 경제성장을 경험하기 시작했다. 농업분야가 확장되었고, 인구는 증가했으며, 잉여생산의 결과로 지역 내부와 지역간의 교역이 확장되었다. 이 모두의 결과로서 정부의 재정기반은 상당히 확대되었다. 점차 확대되는 국가의 복잡한 구조들은 전문적으로 관리될 필요가 있었다. 재정제도는 수학적 계산을 토대로 조직되었고, 육군과 해군은 완벽한 기계처럼 구축되었으며, 그 기계 속에서 병사들은 역시 수학적으로 계획된 전쟁의 규칙에 따라서 기능하게 되었다. 이외에도 학문과 과학과 기술은 점차 상업상의 수입, 즉 국가의 수입을 극대화하는 데 이용되었다.

국가가 새롭게 필요로 하는 것을 모두 실현시킬 수 있었던 많은 기술자들과 과학자들은 군주를 위해 봉사했다. 이들은 계량화할 수 있는 결과에 대해서 먼저 생각하고, 그 다음 구시대의 종교적이고 형이상학적인 질문들에 대해서 — 만약 그런 것이 있다면 — 생각하기 시작하는 사람들이었다. 자연 및 초자연적인 것과 인간과의 관계에 대한 사색의 형식들을 지식과 지혜라고 생각하는 사람들과, 단지 인간과 자연을 통제할 수 있는 방법만을 추구한 사람들 사이에 서서히 균열이 나타나기 시작했다. 이것은 17세기에 벌어진 문화의 특질에 대한 논쟁에서 '구'와 '신', '고대'와 '근대'와 같은 용어로 표현된 균열이었다. 실제로, '이성에 근거한' 합리적인 설명은 그것이 권력과 부를 창조하는 데 매우 성공적이었다는 사실에 비추어보면 미래가 보장되는 듯했다. 따라서 이런 설명을 생산해낸 지식의 분야는 그 분야에 종사하는 사람들에게 '문화자본'을 의미했다. 그들은 권력의 세계에 들어가는 입장권을 제공하고, 다른 상황에서는 부와 신분을 타고난 사람들만이 달성할 수 있었던 사회적 지위를 제공하는 것을 직업으로 삼았다.

15, 16세기에 유럽 국가들은 12세기 이래로 쌓여온 토대를 발판으로 지금도 남아 있는 특징적인 구조를 확실하게 획득했다. 통치자들과 다양한 귀족 권력집단과 주요 도시의 귀족 엘리트 계층 사이에 교대로 일어난 격렬하고 피비린내 나는 투쟁 및 평화적인 협상의 과정에서 대부분의 국가들은 복

잡한 중앙집권적 관료제로 발전했는데, 이 관료제는 르네상스의 미술작품이나 문학작품과 마찬가지로 인간이 만들어낸 '예술작품'이었다.

국가형성의 과정이 종종 매우 고통스러웠다는 점 때문에도 유럽의 많은 지식인들은 점차로 합리적이고 통일된 법률제도 및 국가권력의 명확한 기술의 필요성을 강조했다. 이와 같은 그들의 신념은 주위의 현실, 즉 국내외로 권력을 확장시키려고 열심이었던 국가들의 현실적인 경험과 정치이론에 관한 고전 텍스트의 섭렵에 기초한 것이었다. 따라서 로마법은 백성들에게 적어도 최소한의 불가침권을 보장하는 동시에 군주의 최고 권위를 강조하는 제도로서 정교하게 다듬어졌고, 군주의 통치권을 합법화하려고 노력하는 반면에 백성들의 자유를 보장하는 복잡한 이데올로기들도 등장했다. 대부분 이 과정은 군주의 권력이 신성한 기원에서 나온 것임을 언급하면서 진행되었으나, 점차로 세속적인 계약법을 통해 군주로 형상화된 국가와 그 백성들 사이의 합법적인 관계를 강화시키도록 요청되었다.

16세기에 이미 니콜로 마키아벨리는 유럽에 덕을 부여한 것은 바로 유럽을 분할하고 있는 군소 국가들이라고 자신의 견해를 표현했다.[2] 이들 국가는 적절하게 기능하는 경제가 권력의 필수적 기반이라는 것, 상대적으로 강력한 중산층이 경제를 지탱하는 주요소라는 것, 따라서 공적인 문제나 심지어 정치에서도 중산층에게 어느 정도 발언권이 허용되어야 한다는 것을 구 통치 엘리트 계층—국가의 관료뿐만 아니라 성직자와 귀족 모두—이 깨달을 때마다 더욱 강력해졌다. 이런 생각들은 정치를 분석할 때 점점 더 표면으로 부상했고, 유럽의 여러 국가에서 정치제도의 발전뿐만 아니라 각 개별 국가의 문화와 유럽 문화 전반에 엄청난 영향력을 끼쳤다.

2세기 후 1752년에 프랑수아-마리 아루에—그는 볼테르로도 알려져 있다—는 17세기의 유럽의 역사를 회고하면서 『루이 14세의 시대 Le Siecle de Louis XIV』라는 책을 썼는데, 그는 다음과 같이 언급했다.

모든 [국가]는 서로 닮는다. 서로 다른 종파로 분리되어 있을지라도 각 국가는 모두 같은 종교적 기반을 갖고 있다. 그들은 모두 똑같은 원칙을 가진 공법과 공공정책을 사용하는데, 이 원칙은 세계의 다른 곳에는 알려지지 않은 것이다.[3]

볼테르의 동시대인들, 이를테면 샤를 드 몽테스키외와 애덤 스미스와 같은 사람들은 과거 세계를 돌아보면서 유럽이 어떠한 역할을 했고 어떻게 권력을 행사했는지를 더 심층적으로 설명하려고 애썼다. 그들은 또한 이러한 군소 국가들이 존재한다는 사실과 함께 급속하게 발전하는 생산조직에 주목했다. 그들은 이것이 계속되는 경쟁뿐만 아니라 창조적이고 불가피한 의사소통의 덕분이라고 분석했다. 그들은 유럽을 기독교에 의해서 통합된 세계로 보았으나, 종교가 지나치게 힘을 가지고 있다고 보지는 않았다. 또한 그 문제에 관련해, 실제로 유럽은 한 명의 세속군주에 의해서 지배받지도 않았고, 다양한 국가를 구체화하고 있는 군주들 자신도 전권을 가진 것은 아니었다. 이들 지식인들은 유럽 국가들이 처한 상황에 대해서는 비판적이었으나, 특별히 네덜란드 공화국과 영국에서 성취된 균형에 경의를 표했다. 이들 두 나라에서는 '덕망 있는' 국가를 구성하는 주요소인 자유, 평등, 번영이 두 나라로 하여금 유럽과 그 너머의 더 광대한 세계에서 탁월한 위치를 점할 수 있도록 기여했기 때문이라고 그들은 주장했다.

대체로 후기의 역사가들은 이런 분석을 지지하고, 중앙집권적이고 경쟁력 있는 국가라는 현상과 공법의 정교화라는 현상을 유럽이라는 '경이'를 만든 가장 중요한 조형 요소로 지적한 바 있다.[4]

이 모든 발전은 무엇보다도 경제적·정치적·문화적으로 광대한 결과를 초래한 광범위한 기술공학적 발명에 의해 가능해진 것은 아니라 할지라도 그것에 의해 추진된 것이었다. 이러한 기술발명의 의미는 영국의 유명한 정치가이자 철학자, 과학자인 프랜시스 베이컨 경(1561-1626)의 계몽적인 발언에 의해 분명히 드러난다. 1620년에 그는 과학의 본질에 대한 아리스토텔레스의 유명한 작품인 「논리학 *Organon*」을 언급하면서 그의 『신논리학 *Novum Organum*』을 출판했다. 베이컨은 서문에서 다음과 같이 말한다.

> 고대인들이 알지 못한 발명품들인 인쇄술, 화약, 나침반보다 더 명확하게 발명의 힘과 효과와 결과가 나타나는 것은 없다는 사실을 주목해야 한다. 그 이유는 이 발명품들이 전 세계의 모습과 상태를 변화시켰기 때문이다.[5]

베이컨은 유럽이 어떤 발명품이나 도구를 발견함으로써 문화적이고 사회적인 변화를 가져왔는지 확언하고 있을 뿐만 아니라, 이 도구들이 고대에는 알려져 있지 않았으므로 동시대 유럽의 업적이라고 못박는다. 이러한 진술을 통해 베이컨은 일단 고대 그리스 및 로마 사람들의 문명의 수준에 다시 도달하게 되면 그 이상의 진보는 없을 것이라는 휴머니스트들의 믿음으로부터 어느 정도 거리를 두고 있음을 시사한다.

필사본에서 타자본으로

기독교 유럽이 인접하는 두 문화, 즉 이슬람 문화와 비잔틴 문화의 영향을 통해 급격하게 변했다는 점에는 이론의 여지가 없다. 두 문화는 기독교 문화를 포함해서 세 문화 모두의 기원인 고대 그리스-로마 문화로 거슬러 올라간다. 14, 15세기에 그리스-로마의 규범과 가치뿐만 아니라 문화의 외적 형태인 고전 전통은, 여전히 유럽의 문화 엘리트 저층의 기반을 형성하고 있던 전통적인 두 '계급'인 수도승과 전사 사이에서 더욱 확실하게 지배적인 형태가 되었다. 그러나 현재 르네상스와 휴머니즘이라는 용어로 분류되고 있는 문화형태들은 또 다른 상황이 전개되지 않았다면 그 지속적인 의미를 획득하지 못했을 것이다.

문화는 의사소통을 하기 때문에 존재하며, 대개는 의사소통 그 자체이기도 하다. 사람들이 다른 사람들과 생각을 공유하지 않으면 그 생각은 오래 지속되지 못할 것이다. 즉 그 생각은 인식할 수 있는 말로 형성되거나 표현되지 못할 것이다. 그런데 이러한 말에 의해 사람들은 공통의 특징을 가진 어떤 집단에 소속되는 것이다.

물론 말은 의사소통의 수단이지만, 일단 말로 표현된 것은 일시적이지 지속적인 인상을 남기지 않는다. 글로 씌어진 것은 그것이 발생한 상황에서 살아남기가 더 용이하다. 글은 스스로 생명력을 지니고 정보를 전달하게 되며, 더욱이 공통된 생각과 행동을 인식할 수 있는 토대가 된다. 글로 씌어진 것은 또한 지식으로 전환될 수도 있는데, 그 지식은 세대에서 세대로 전수되고 계속해서 존재하게 된다. 그리스-비잔틴 학자였던 요하네스 베사리온(1403-72)은 이 상황을 절감하고 이탈리아로 도망가서 휴머니즘 문화를 형성하는 데 영향을 끼쳤다. 1468년에 그는 소장하고 있던 방대한 필사본들을 대중이 구입할 수 있도록 한다는 조건으로 베네치아에 제공했다. 베네치아의 시장에게 보낸 편지에서 그는 자신의 소장도서를 제공하면서 그 책들에 관해 다음과 같이 언급했다.

이 책들은 생명을 가지고 있고, 우리와 대화하고, 우리를 가르치고, 우리의 정신을 도야하고, 우리의 마음을 위로하고, 우리가 잊고 있던 것을 지적해준다. … 책의 힘, 책의 가치, 책의 영예, 아니, 책의 신성한 힘은 너무도 위대해서 만약 책이 없다면 우리는 모두 미숙하고 무지할 것이다. 과거에 대한 지식도, 신과 인간의 일에 대한 어떤 모범도 학습도 없었을 것이다. 인간의 육체를 덮는 무덤은 또한 그의 이름도 가릴 것이다. … 그리스가 멸망하고 비잔티움이 적의 수중에 떨어진 이후, 나는 전례없이 열렬하게 그리스 텍스트를 찾아내기 위해 전심전력을 다했고 나의 물질적 가능성을 모두 쏟아 부었다. … 그래서 나는 그리스 철학자들의 책을 모두 수집했고, 특히 찾아내기 어려운 희귀본들을 수집했다.[6]

베사리온의 편지는 문화의 전달자로서 텍스트의 중요성을 시사할 뿐만 아니라 당시에 '책'이 희귀했다는 점을 명확히 알려준다. 15세기 후반까지 손으로 쓴 책은 텍스트에 대한 정보를 알려주는 유일한 매체였다. 더욱이 필사본은 희귀했을 뿐만 아니라 또한 비싸기도 했기 때문에 — 가죽을 가공해 만든 값비싼 양피지 위에다 손으로 썼다 — 필사본에서 지식을 입수한 집단 — 곧 그들이 엘리트 계층이었다 — 은 소수일 수밖에 없었다. 그런 텍스트들은 처음에 수도원의 필사실에서 생산되었다. 12세기 이래로 대학은 교재에 대한 교수와 학생들의 수요에 부응하기 시작했다. 얼마 후에는 대체로 아름다운 삽화 때문에 가치를 평가받는 사치스러운 필사본을 주문하는 개인적인 수집가, 애서가들의 요청에 부응하기 위해서 전문적인 작업실들이 생겼다. 그래서 그 성격뿐만 아니라 경제적·사회적 맥락 때문에도 손으로 쓴 텍스트의 양과 의사소통의 가치는 수세기 동안 최소한으로 제한되었다.[7]

한 예를 든다면, 상대적으로 빈곤한 지역이었던 약 1400년경 이전의 네덜란드 북부 지역에서는 단지 소수의 텍스트만이 생산되었다.[8] 네덜란드 남부와 현재의 프랑스 북부에서는 경제가 쇠퇴하기 전까지는 상황이 약간 나았다.[9] 부유한 시칠리아에서 14세기 말과 15세기 초에 개인이 소장한 가장 많은 장서도 20권에 불과했다.[10] 실제로 1450년경 유럽인구가 거의 1억에 이르렀을 때에 성당, 수도원, 왕궁 및 성의 도서관에 보관되어 있는 필사본의 수는 수만 권에 불과했을 것이다. 부와 명성에 관계없이 왕, 귀족, 고위 성직자, 대상 및 은행가들은 개별적으로 단지 몇 권의 필사본만을 소유했을 뿐이다. 그들이 책을 샀다고 해도 그것은 삽화가 들어 있는 성경이나 기도서, 미사전서 또는 귀족의 생활양식이나 혹은 거대한 재산을 관리하는 법을 다룬 책자나 궁정소설 한두 권이었을 것이다.

따라서 특정한 텍스트를 대량으로 정확하게 복사할 수 있는 기술이 있다면 그것은 모든 점에서 혁명적이었을 것이다. 그 기술은 특정한 텍스트를 반복해서 손으로 필사하는 데 드는 시간과 비용을 절감했을 것이고, 그 텍스트의 사본을 양적으로 크게 증가시켰을 것이며, 텍스트를 복사할 때 발생하는 수많은 오류를 제거했을 것이다. 이러한 오류들은 성경과 관련된 일들에서 명백히 나타나듯이, 필사본 시대의 문화에서는 가끔 여러 세대가 지나면서 특정한 텍스트의 본질적인 부분들이 훼손되어 그 본래의 의미가 부분적으로 혹은 완전히 상실되었다는 것을 뜻한다.

중국에서는 이 중요한 의사소통의 문제를 서력 기원전에 목판술을 사용함으로써 해결했다. 목판에 텍스트를 새기는 작업은 또 하나의 다른 발명, 즉 종이의 발명과 연계되었는데, 먹을 칠한 목판을 종이 위에다 찍는 방식을 사용했다. 기원후 1000년 이전에 이미 목판은 중국의 사회·정치철학의 창시자인 공자의 작품 150여 권뿐만 아니라―이는 중국 르네상스를 야기시킨 진정한 계기가 되었다―불교의 정전인 대장경을 5천 권 이상 생산하고 유포하는 데 도움을 주었다.[11]

한편, 12세기에 고려인들은 개별적인 문자들을 금속으로 주형하는 기술을 개발해 사용했는데, 이것도 또한 중국에 도입되었다. 그러나 한국인과는 달리 중국인들이 음표문자를 갖지 못했다는 사실은 중국에서 하나의 학문적 텍스트를 인쇄하기 위해서는 약 3만 개의 별개의 문자들이 필요했다는 것을 의미한다. 중국의 값싼 인력 때문에 한국의 발명은 당분간 중국에 받아들여지지 않았다.

베네치아의 여행가 마르코 폴로의 이야기를 통해서일 뿐이긴 하지만, 유럽이 중국의 인쇄술에 관해서 이미 13세기 말에 알고 있었다는 것은 확실하다. 또한 12세기 고려의 활자 주조술과 이슬람 세계와 국경을 접하고 있으면서 거의 같은 시기에 목판술을 사용하기 시작한 위구르 투르크족 영내의 활자 주조술에 관한 소식도 유럽에 도달했을지 모른다.[12] 실제로 14세기 이후 유럽에서 종교적인 인쇄물뿐만 아니라 게임용 카드의 생산에서 목판 인쇄술이 사용되었다는 증거가 있다. 목판화가 1370년경 라인 지방에 있던 것은 확실한데, 아마도 이슬람교 세계로부터 그곳에 도입되었을 것이다. 그렇지만 15세기 초에 네덜란드에서 활자를 주조하려고 노력한 사례와 뒤이어 다시 라인란트에서 요한 구텐베르크(약 1400-67)가 보여준 더욱 성공적인 사례처럼, 그것이 독립적인 발명인지 아니면 단지 아이디어의 전파였을 뿐인지를 판단하는 것은 여전히 불가능하다.

이 질문에 대한 답이 무엇이든 간에 15세기 말 이래로 서양은 계속해서 활판 인쇄술의 길을 따라갔던 반면, 중국은 목판 인쇄술의 전통을 고수하고 있었다. 오랫동안 이 두 가지 방식은 서양 책 한 면의 활자를 만들고 짜는 데 드는 시간과 비용이 목판 한 면을 새기는 데 필요한 것과 거의 같다는 점에서 적어도 상호 공존할 수 있었다. 중국에서 노동력이 훨씬 값비싸지고 활판 인쇄술 또는 유럽식 인쇄술이 회전 인쇄기의 도입과 더불어 크게 개선된 19세기 후반에 가서야 비로소 서양이 인쇄술의 원조인 중국에 이 체계를 성공적으로 전파할 수 있게 되었다. 중국에서는 활판 인쇄술이 1000년 전에 비실용적이라고 간주되어 폐기되었다는 점은 이해할 만하다.

유럽의 경우, 필사본 문화에서 인쇄 문화로의 거대한 도약을 실현시킨 명예는 전통적으로 독일의 요한 구텐베르크에게 돌아갔다. 그는 금속으로 주형된 단일한 높이와 폭을 지닌 분리된 양각의 글자들로 실험을 했는데, 유성 페인트로 만든 잉크를 사용했다. 그는 중국에서처럼 종이를 목판글자 위에 놓는 대신 종이 위에다 목제틀 속의 단어와 문장들처럼 정렬시킨 글자를 찍어내는 인쇄기를 개발했다.

1438년과 1452년 사이에 산업 스파이가 활개치는 상황에서 구텐베르크는 그의 실험을 비밀에 붙이며 기술을 개발했다. 그는 자본을 빌려서 작업을 했는데, 1453년 구텐베르크의 후원가 중의 하나였던 푸스트 회사는 그에게 빌려준 돈의 상환을 요구했다. 구텐베르크는 빚을 갚을 수 없었기 때문에 그의 물건들을 건네주어야만 했는데, 그는 막 자신의 발명품을 실제로 시험할 준비를 하고 있던 차였다. 같은 해에 현재 우리가 알고 있는 기술에 의해서 인쇄된 최초의 책이 나왔다. 의미심장하게도 그 책은 성경이었다. 그것은 소위 '인공글자의 예술'의 기념비였다. '구텐베르크 성경'이라고 언급되는 이 책은 정확히 똑같은 형태로 수없이 복사된 흠 없는 훌륭한 인쇄물이었다. 오늘날 이 구텐베르크 성경 한 권은 수백만 파운드를 주고도 살 수 없다.

구텐베르크의 발명은 유럽사회에 경제와 기술, 문화적인 면에서 진정한 혁명을 일으켰다. 어떤 사람은 이것이 서양 사람이 수천 년의 세월에 걸쳐 경험하게 될 가장 중요한 문화혁명의 시발점이라고 주장하기도 한다.[13] 출판업자요 서적상이기도 한 인쇄업자들이 유럽의 모든 대도시에 빠르게 나타났다. 책의 생산은 이제 경제요인이자 산업이 되었다. 필사본의 세계에서 사본은 보통 한 개인 고객의 요청으로 만들어졌다. 이제 책이 대량으로 인쇄될 수 있고, 값비싼 인쇄기들은 가급적 계속해서 가동하는 것이 유리했으므로 인쇄업자 겸 출판업자는 시장에 투자하고 때로는 시장을 만들어내기도 했다. 그들은 무엇보다도 출판물을 광고했는데, 이를 통해 무엇이 필요한지 아직 모르고 있는 고객들에게 출판물을 제공했다. 그들은 당시에 여전히 알려지지 않았던 고전 그리스 또는 로마 작가의 텍스트와 훨씬 증보된 판본의 성경과 찬송가를 광고했다. 또한 새로운 요리책, 어린이 교육용 서적, 혹은 노골적인 그림들로 가득찬 일련의 성애적 혹은 포르노 이야기들의 시장을 만들어내기 위해 광고를 했다. 새로운 매체는 문자 그대로 이전에는 시장이 없었기 때문에 존재하지 않았던 새로운 텍스트를 창조했다. 온갖 종류의 텍스트들이 정확하게 그리고 값싸게 생산될 수 있다는 바로 그 이유 때문에 이제 텍스트들이 씌어지고 인쇄될 수 있게 되었다. 그 결과 유럽의 생활은 근본적으로 변화했다.

똑같은 책을 대량으로 제공할 수 있고 또한 훨씬 비싼 양피지 대신에 종이가 사용되었기 때문에 책값은 극적으로 떨어졌다. 중국인에 의해서 개발된 제지 기술도 역시 아랍-이슬람교의 스페인 세계를 경유해 13, 14세기 유럽에 알려지게 되었다. 이와 같은 모든 이유로 필사자 혹은 필경사의 직업은 16세기에 거의 사라졌다.

이 새로운 기술은 곧 완벽해졌다. 인쇄의 정확성을 보장하고 신속하게 등장한 소판형 책들을 위해 모든 종류의 활자체가 개발되었다. 구텐베르크의 성경은 흔들리지 않는 거대한 기념비가 되었다. 16세기의 베네치아 출신의 화가 겸 출판업자였던 알도 마누치오는 점증하는 수요에 부응하여 더욱 편리한 책, 즉 포켓판 책들을 개발했는데, 이것은 또한 이런 제품에 대한 수요를 나타내는 증거였다. 물론, 중국의 지식층도 오랜 세월 동안 이와 같은 소형 책들을 보유하고 있었는데, 그들은 그것을 '옷 소매에 넣고 다닐 수 있는 책'이라고 칭했다.

화약과 나침반

베이컨이 열거한 도구들이 15세기 이후 오늘날까지 유럽의 발전에 중요한 역할을 했다는 사실은 부인할 수 없다. 그러므로 잠시 그 역할을 생각해보는 것이 필요하다. 인쇄기, 총, 나침반의 경우는 또한 유럽의 과학기술과 유럽의 국가들뿐만 아니라 더 넓은 세계 속의 유럽의 위치가 비약적으로 발전하는 데 기여한 상황을 일목요연하게 설명해준다.

인쇄술은 중국보다는 훨씬 늦었지만 이와는 독립적으로 발전한 유럽의 발명품이라고 볼 수 있으나, 화약이나 나침반은 결코 유럽의 발명품이 아니다. 그러나 유럽은 두 도구를 다른 곳에서는 생각해보거나, 정교하게 다듬지 못한 방법으로 응용했다. 어떤 문화에서는 조그만 변화를 일으키거나 거의 변화를 일으키지 않는 발명품이 다른 배경 속에서는 혁명을 불러일으킬 수 있다는 점은 인류 역사의 매혹적인 측면들 중의 하나이다.

유럽이 작지만 점점 더 경쟁적으로 발전하는 다수의 정치적 단위로 구성되어 있다는 사실은, 아시아로부터 전래된 기술을 창조적으로 변형시키는 과정에서 왜 유럽이 그러한 비약적인 진전을 보였는지를 설명해주는 주요한 이유들 중의 하나가 될 것이다. 차후에도 이러한 경쟁은 계속해서 유럽 고유의 발명품들을 낳는 자극제가 되었다.

인구의 증가라는 관점에서 유럽의 많은 국가들은 그들의 빈약한 자원을 최대한도로 활용하지 않을 수 없었다. 그러나 이렇게 작은 국가로 분리된 상황은 14세기에 전 세계적으로 영향을 끼쳤던 농업의 침체와 경제위기 및 그에 동반된 '범세계적 전염병'을 극복하는 데 도움이 되었을 것이다. 유럽의 인구는 1300년과 1400년 사이에 대략 8천만 명에서 6천만 명으로 감소했으나, 15세기에는 다시 증가하기 시작했다. 실제로, 유럽은 모든 분야에서 거대한 팽창국면에 들어갔다. 그러나 중국에서는 1200년에 약 1억 1,500만 명에 이르렀던 인구가 1300년에는 8,500만 명으로, 1400년에는 7,500만 명으로 감소했다. 이러한 위기는 장기간의 상대적인 경기침체의 시기를 예고하는 한 원인으로 보였는데, 이 경기침체는 1인 통치의 거대한 제국의 상층계급이 점차 보수주의로 기울었기 때문에 발생했다고 볼 수 있다.[14] 따라서 역사상 처음으로 두 문명 사이의 기술적·경제적 균형이 역전되었다.

그러나 중국과, 이보다 좀 덜하지만 일본과 인도에서 15세기 이래로 보수적이고 농업지향적인 이데올로기가 눈에 띄게 부활한 점과 기술혁신에 대한 유럽의 관심이 증가한 점을 한데 묶는다 해도 서양과 동양 사이의 커져가는 기술적 격차를 전적으로 설명할 수는 없다. 그 이유는 중국은 15세기 초 정호 제독이 매우 성공적인 대탐험을 한 후에 놀랍게도 해양팽창을 포기하기로 결심했으면서도 여전히, 이를테면 섬유산업에서 세 개의 바퀴가 달린 물레와 회전 광택기와 같은 발명품들을 계속해서 만들어냈기 때문이다. 아시아보다 유럽에서 식량가격과 임금이 더 높았던 사실—이것은 유럽에서 대부분의 생산분야에 기계를 도입하고 기계를 완벽하게 만들도록 자극했다—에 주목하는 것도 충분한 설명이 못 된다.

동양과 서양의 격차가 점점 벌어지게 된 주요 원인은 오히려 프랜시스 베이컨 경과 같은 사람이 전파한 생각, 즉 매우 방대한 양의 경험적 자료를 수집하고 분류하고 분석하고 해석함으로써 체계적으로 과학을 연구해야 한다는 생각과, 나아가 그런 과학적 작업을 엄밀하게 체계화해야 한다는 생각에 있는 듯하다. 이러한 실증주의 사상은 분명 13세기 이래로 성경과 고전 텍스트를 다루기 위해서 발전되어온 초기의 문헌학적 경험주의의 방법에 기원을 두고 있다. 물론, 이같은 정신적 태도가 서서히 전파됨으로써 추상적인 사고의 습관이 강화됐다. 그리고 실증주의적 태도는 인쇄술에 의해 정보를 입수할 수 있게 됨으로써 크게 강화되었다. 인쇄술의 발명은 최초의 해양팽창 시대와 일치했다. 인쇄술이 수많은 문화적 변화를 가져온 것 이외에도 유럽에서 새로운 기술의 발전을 조장하고, 확장시키고, 촉진시키는 데 매우 중요한 역할을 한 것은 분명하다.

16세기 유럽의 과학발전에 있어, 체계적인 조직과 운영이라는 관점에서 모든 것을 사고하기 시작한 출발점은 초기의 기계 공정과정을 정신적으로 흡수한 것에서 시작되었다고 볼 수도 있다. 이 중에서 시계는 질서의 비전을 제공하고 규정된 시간관념을 부여한다는 점에서 가장 큰 영향력을 끼쳤을 것이다. 시계가 경제생활에 도입되었을 때 일과 휴식에 대한 사람들의 태도도 변하기 시작했다.[15] 이러한 사고방식은 다시 인간의 다양한 활동 분야로 이전되었다. 장기적으로 보면, 이 모든 것은 일반적인 공업 생산양식에 있어서도 수공업 위주의 방식에서 일관작업(어셈블리 라인) 방식으로 정신적 및 제도상의 변화를 촉진시켰음에 틀림없다.[16] 단기적으로는, 공공생활의 두 분야가 급변하게 되었다.

삽화 19_ '필사본 시대'에서 발췌 — 학자요 필사가로서 대가였던 힐데베르트가 자신의 서재에서 제자 에베르빈을 가르치고 있다. 이 그림은 성 아우구스티누스의 『신국론 De Civitate Dei』의 필사본에 묘사되어 있고, 1136-7년경의 올로모츠 주교 하인리히 츠디크를 위해서 만들어졌으며, 프라하의 성 비투스 성당의 수사회 도서관에 보존되어 있다.

삽화 20_ '인쇄술 시대'에서 발췌 — 이 그림은 1470년대에 활동한 초기 인쇄업자 중의 한 사람인 겐트의 페트루스 카이사르가 사용한 간단한 인쇄기 하나를 보여주는 인쇄업자의 책 표지이다.

화약은 14세기에 유럽에 도입된 후 곧 무거운 대포를 발사하기 위해서 뿐만 아니라 기병보다는 지상에서 작전을 하는 보병이 지니고 사용하는 가벼운 무기의 탄약용으로도 사용되었다. 이같은 새로운 용법은 유럽사회에 군사적인 영역을 훨씬 넘어서는 중요한 변화를 가져왔다.
　중무장한 값비싼 말을 탄 소규모의 비효율적인 기사들은 주로 소화기로 무장한 값싼 보병으로 구성된 군대로 대체되었고, 그 군대의 규모는 점차로 커져갔다. 무기산업이 새로 태어났으며, 이와 더불어 군비경쟁도 나타났다. 점점 더 대규모의 군대가 배치되었고, 군사기술과 그에 대한 투자도 더욱 중요한 역할을 하게 되었다. 새로운 유형의 무기가 개발되었고, 사정거리가 긴 총과 대포의 집중 사격으로부터 도시를 보호하는 새로운 방식이 고안되어야 했다. 전쟁은 더 잔인해졌으며, 또한 더 많은 돈이 들었다. 평화시에도 군대는 계속해서 돈이 필요했다. 병사들을 집으로 보내지 않고 주둔지에 머물게 할 때에는 그들에게 월급을 주고 음식과 의복을 제공해야 했다.
　네덜란드 북부 나사우의 마우리츠 공과 스웨덴의 구스타프 바사 왕이 시행한, 행진과 무기사용을 위한 군사훈련과 같은 군대즈직의 개혁은 조직적인 노동분업에 맞는 사고방식을 창출하는 데 큰 영향을 끼쳤다. 근대 초기 군대의 필요는 마찬가지로 음식과 의복과 무기를 단일한 작업라인을 따라서 그리고 대량으로 생산하는 데 큰 영향을 끼쳤다. 그러나 국가에 대한 생각은 일반적으로 좀더 기술적이고 기계적인 이미지에 의해서 영향을 받았다. 국가도 시계로, 즉 자신의 역할을 수행하는 수많은 사람들로 구성된 복잡한 기계장치(메커니즘)로 볼 수 있었다. 물론, 군주는 실제로 시계를 만드는 사람은 아니었으나 여전히 그 태엽을 감는 사람이었다.
　16세기 이후 국가재정에서 군비가 차지하는 비율은 점차 증가했다. 따라서 유럽 국가들은 수입을 증가시켜야 했다. 자체의 재정능력으로는 충분치 않았으므로, 해외로의 팽창이 하나의 해결책을 제공할 수 있었다. 유럽에 어느 정도 세력균형이 이루어질 때면 유럽 밖으로의 영토확장은, 말하자면 필요했기 때문에 계속되었다. 이는 수천 년 동안 자신이 거주하고 있던 세계의 경계를 넘어가본 적이 없던 유럽인들이 왜 이제 계속해서 자신의 안전한 영역을 떠나 미지의 땅으로, 심지어 미지의 바다로 향해 가기 시작했는지를 설명해주는 이유 중의 하나이다. 개인적으로 유럽인들은 모험과 명예와 부를 추구했을지 모르지만, 집단적으로는 국외에서, 더 중요하게는 국내에서, 더 큰 권력을 위한 기반으로 경제적 팽창의 기회를 찾았던 것이다.

이러한 맥락에서 나침반은 그 중요성을 획득했다. 13세기 또는 14세기에 나침반을 알게 된 유럽의 항해자들은 이 새로운 도구를 활용해 먼 바다로 진출했다. 프톨레마이오스와 스트라보와 같은 고대 작가들에 대한 재발견에 뒤이어 새로운 지리적 개념들이 유럽의 관심을 끌었을 때, 지구가 실제로 둥글고 따라서 밖으로 나가는 여행이 또한 고향으로 돌아오는 여행이 될 수 있을 것이라는 희망을 품고, 그리고 후에는 그것을 알고, 그들은 이제 감히 대양 횡단에도 나서게 되었다. 발견의 항해는 그렇게 시작되었다. 유럽의 식민주의도 그렇게 시작되었다. 나침반은 바다에서 확실한 방향과 확신을 제공했고, 무기는 새롭게 발견된 땅에서 확고하고 우월한 지위를 제공했다. 유럽은 날개를 펴고 세계의 대부분을 정복하기 시작했다. 대항해자들은 유럽의 여러 나라를 위해 그런 일을 했는데, 각각 포르투갈과 스페인 왕실에 고용된 바스코 다가마와 크리스토퍼 콜럼버스가 그 첫 주자들이었다.

⌜ 1625년 헤이그 : '국제법'에 대한 후고 그로티우스의 설명 ⌝

1625년에 네덜란드의 유명한 법률 이론가이자 변호사였던 후고 데 흐로트(1583-1645, 그로티우스의 별칭: 역주)는 『전쟁과 평화의 권리 De Iure Belli ac pacis』를 출판했는데, 이 책은 국가구조를 체계화하고 중앙집권화하는 과정에서 점차로 경쟁관계가 된 개별 국가 사이의 관계에 관한 법률적인 모든 개념을 체계적으로 설명한다. 종종 유혈사태를 야기시키는 이러한 경쟁을 체계적으로 조정할 필요성 때문에 그로티우스는 관련 문제들을 심사숙고하게 되었다. 이론과 실천 사이의 갈등, 즉 권력정치와 인권 사이의 갈등에 관한 그로티우스의 우려는 다음 발췌문에서 명확히 드러난다.

많은 사람들이, 예컨대 로마의 시민법이나 자기 나라의 시민법에 대해 해설하거나 또는 간결하게 개괄하려고 노력해왔다. 그러나 국가 사이의 관계나 국가의 통치자들 사이의 관계에 적용되는 법을—그것이 자연 그 자체로부터 나오는 것이든 혹은 관습이나 무언의 계약에 의해 제정되든지 간에—해설하거나 개관하려고 시도한 사람은 거의 없었다. 그리고 지금까지 아무도 그것을 완벽하게, 그리고 체계적으로 다루지 않았다. 그러나 세상 사람들은 이런 작업이 이루어지기를 간절히 바라고 있다. …

인간이 동물이라는 것은 사실이나 인간은 매우 우월한 종이며, 다른 종들 사이에 존재하는 차이보다 인간과 다른 종과의 차이는 훨씬 크다. 인류에게만 특유한 많은 활동들이 이를 보여준다. 인류의 특성 가운데 하나는 사회에 대한 욕구인데, 이것은 다른 식으로 사는 것이 아니라 평온 속에서 함께 살아가고자 하는 욕구이고, [자신의 지성을 만족시키기 위해서] 자신과 같은 부류의 사람들과 어울리며 살아가고자 하는 욕구이다. 그래서 모든 동물이 자연적으로 자신의 이익을 추구한다는 가정은 다른 동물들의 경우에는 사실이지만, 인간의 경우에는 인간이 자신의 독특한 자질을 발휘하기 이전의 단계에서만 사실이다. …

앞서 언급한, 사회성이 이른바 법의 근원이다. 여기에는 다른 사람의 재산을 탐하지 않는 것과, 설령 타인의 재산을 우연히 소유하게 되었다고 해도 그것을 돌려주는 것과, 과실로 손해를 끼쳤을 경우 배상하는 것과, 인간에게 처벌이 부과될 수도 있음을 인정하는 것이 포함된다. …

일부 사람들이 생각하는 것처럼 전시에는 모든 법이 적용되지 않는다는 가정은 정말로 잘못된 것이다. 전쟁은 합법적인 목적을 획득하기 위한 경우를 제외하고는 정말로 일어나서는 안 되며, 일단 전쟁이 발발하더라도 법과 성실성의 한도를 벗어나 수행되어서는 안 된다. 데모스테네스가 전쟁은 법 절차에 의해서 제어될 수 없는 사람들을 겨냥한 조치라고 주장한 것은 옳은 말이다. …

이같이 전쟁에 관해서 그리고 전시에 효력을 지니는 보통법이 국가간에 존재한다고 확고하게 주장할 수 있으므로 내가 그에 관한 책을 저술할 수 있는 명분은 충분했다. 나는 기독교 공동체 전역에서 야만인들조차도 부끄러워할 전쟁을 일으킬 준비가 되어 있는 것을 보았다. 인간은 사소한 명분 때문에 혹은 아무런 명분 없이 무기를 들며, 일단 전쟁에 들어서면 하느님의 법과 인간의 법을 모두 무시해버린다. … 그런 만행을 보고 진심으로 존경할 만한 많은 작가들은 기독교인들에게 만인을 사랑하는 것이 그들의 특별한 의무이므로 일체 무력에 호소하는 것을 금했던 것이다. …

〔이러한 상황이 비현실적이라고 결론지으면서, 그로티우스는 계속해서 전쟁법규에 대해 숙고한다.〕 정확하게 적인 사람들, 즉 항구적인 조건에 의해 적인 사람들에 관하여, 국제법은 그들에게 어느 곳에서나 위해를 가하는 것을 허용하고 있다. 전쟁이 선포되면 이것은 동시에 그 국민에 대해서도 선포되는 것이다. … 따라서 그들을 우리 영토나 적의 영토, 혹은 누구에게도 속하지 않은 영토나 공해에서 죽이는 일은 합법적일 수 있다. 그러나 평화로운 상태에 있는 〔중립〕 지역에서 그들을 죽이는 것은 허용되지 않는다. …

이러한 자유가 얼마나 널리 퍼져 있는가는 어린이와 여자를 죽이는 일이 합법적이라고 주장되고, 이것이 전쟁법에 포함되어 있는 사실에서 알 수 있다. … 심지어 포로조차도 예외가 아니다. …

여자를 범하는 것은 허용된 것으로 보기도 하고 그렇지 않은 것으로 보기도 한다. 이를 허용하는 사람들은 사람에게 가해지는 위해만을 고려하는데, 이들은 이것이 적에 속한 것은 어떤 것이나 가해할 수 있다는 전쟁법에 합치한다고 주장한다. 이보다 훨씬 나은 다른 견해는 다음과 같다. 즉 이 견해는 위해뿐만 아니라 제어되지 못한 욕정의 행위도 고려하고, 이러한 행위는 처벌의 유무에 관계없이 평화시처럼 전시에서도 합법적이 되어서는 안 된다고 결론짓는다. 이 후자의 관점은 모든 국가가 수용하고 있는 국제법은 아니나, 보다 존경할 만한 국제법이다.[17]

「1625년 헤이그: '국제법'에 대한 후고 그로티우스의 설명」

유럽 국가들이 국제법을 존중했든 존중하지 않았든 간에 그들은 15세기 이후로 어떤 유럽을 원하는지에 관심을 기울였다. 그들이 더 이상 바라지 않았던 것은 하나의 우월한 조직이 그들의 주권을 제한하는 상황이었는데, 이는 그런 주장을 하는 유일하게 남아 있는 조직인 가톨릭 교회가 의식과 희생을 통해 불가해하고 마술적인 것을 지배하는 능력으로부터 부분적으로 그 권위를 빌어왔기 때문에 더욱 그러했다. 대부분의 유럽 사람들은 계속해서 이런 힘에 깊이 영향을 받았다. 이를 기초로 하고 있는 가톨릭 교회의 힘은 잠재적으로 여전히 전능한 것으로 간주되었다. 따라서 가톨릭 교회는 이제 주로 국가의 국민으로 간주되는 사람들에 대한 절대적인 권력을 얻으려고 안간힘을 쓰는 군주들과 그들의 행정관료들에게는 더욱 더 불만의 대상이 되었다.

교회와 국가 : 종교적 단일성의 붕괴

15세기까지 가톨릭 교회는 유럽 전역에서 신봉되고 있는 종교의 유일한 담지자였다. 가톨릭 교회는 장원, 주, 공국, 왕국의 경계를 초월하는 기관으로서 수많은 가치관을 담고 있는 공통된 종교와 적어도 사회의 엘리트 계층에서는 공통의 문화의식을 창출했다. 10, 11세기와 연이어 14, 15세기에 십자군 부활운동이 계속되는 상황에서 기독교 세계를 이슬람 세계와 대립되는 것으로 규정하는 '기독교 공동체'라는 용어를 지리적 개념의 '유럽'과 동일시하는 습관이 발전했는데, 이는 유럽이 또한 어떤 문화적 단일체임을 시사하는 것이었다.

그러나 15세기와 16세기 초반에 로마교회는 서구 기독교 세계에서 그 독점적인 권력을 상실했다. 교회의 가르침과 정치적·도덕적 명분에 대한 비판은 이전 몇 세기 동안 점차 고조되고 있었지만, 교회의 구조는 다소 흔들리기는 했으나 전반적으로 손상되지 않은 채 남아 있었다. '최후의 일격'은 독일의 신학자 마르틴 루터(1483-1546)로부터 날아왔다.

1520년대부터 매우 성공적인 종교개혁 운동이 루터의 이름으로 전개되었다. 제네바에서 가르친 장 칼뱅과 같은 신학자들은 재빠르게 신학과 교회조직에 대한 그들의 견해를 밝혔다. 루터와 그의 동조자들은 교리와 신학상의 문제를 비판하는 것 외에도 수세기에 걸쳐 발전해온 교회의 다양한 관습을 맹렬히 비난했다. 신자들의 상당한 돈을 로마의 금고 속으로 보낸 교회의 십일조와 면죄부 판매에 대한 뜨거운 논쟁이 있었다. 또한 지적·영적 수준이 형편없이 낮은 목사들도 있었는데, 이들은 대부분 교육받지 못한 자들로서 신도들에게 가장 근본적인 기독교 신앙의 교리조차 가르쳐주지 못했다.

루터와 그의 동료들 이전에도 15세기에 교회의 다양한 회의석상에서 비판적인 성직자들이 개혁을 촉구한 바 있다. 두 가지 중요한 요인들이 없었다면 새로운 개혁요구는 전처럼 아무런 효과도 거두지 못했을 것이다. 그 요인 중의 하나는 물론 인쇄술의 영향인데, 인쇄술은 새로운 사상의 확산을 촉진시켰다. 그러나 이에 못지않게 중요한 것은 개혁에 대한 목소리가 유럽의 여러 통치군주들로부터 나왔다는 것이다. 그들 중 일부는 국민을 괴롭히는 교회의 수많은 폐해를 순수하게 우려했으나, 많은 군주들은 단지 로마 교황청과 그 지역 대표자들이 휘두르는 권력이 정치적·경제적으로 자신들의 권한을 지나치게 침해한다고 느꼈다. 그것도 바로 그들이 자신의 권한을 강화시키려고 애쓰는 시기에 말이다. 그래서 그들은 이 기회를 놓칠세라 적극적으로 당시에 팽배한 저항의 분위기를 이용했는데, 이는 대부분 재정적이고 정치적인 성격의 수많은 특권을 그들에게 양도하도록 로마를 강요하기 위해서이거나 ― 이 특권들은 군주들이 자기 영내에서 교회의 일에 관해 더 독립적이 될 수 있도록 했다 ― 또는 거의 천 년 동안 그들을 교황권에 묶어두었던 끈을 완전히 끊어버리기 위해서였다.

예컨대, 프랑스와 스페인의 왕들은 충실한 로마 가톨릭교도로 남아 있으면서도 국가에 미치는 로마의 영향을 크게 줄였고, 반면에 영국의 왕은 종교개혁 ― 국가마다의 사정이 달랐기 때문에 북서유럽과 중부유럽에서는 궁극적으로 다른 형태를 취했지만 전반적으로 이렇게 불렸다 ― 으로 전향했고, 덴마크와 스웨덴, 독일의 군주들이 그의 뒤를 따랐다.

루터와 다른 종교 개혁가들의 행동은 유럽의 통일성을 근본적으로 깨뜨렸다. 이들은 유럽에 천 년 이상 문화적 통일성을 부여한 유일한 교회를 여러 종교적 분파들로 분열시켰는데, 이들은 모두 진정한 기독교도였으나 곧 매우 다른 개념과 문화를 발전시켰다. 종교개혁으로 인해 유럽인들은, 로마에 충성을 다하며 예배와 문화의 언어로 라틴어를 사용하는 가톨릭교도와, 성경과 기도서를 자국어로 번역함으로써 언어적·문화적 민족주의를 촉진시키는 데 크게 기여한 다양한 분파의 프로테스탄트교도로 분열되었다.

트렌트 공의회 중에 가톨릭 교회는 여전히 보편적 교회로 불리는 로마교회의 힘을 새로 강화하기 위한 입장을 정립함으로써 그 탄력을 보여주었다. 이렇게 복원된 로마교회는 과거 어느 때보다 급진적으로 종교를 통해 문화의 거의 모든 영역에 영향을 주었을 것이다. 중앙 차원에서 교리의 (부)적절성을 판결하는 법원인 종교재판소는 정통성을 수호하는 도구가 되었다. 분명히 종교재판소는 교회의 가르침과 그 권력에 조금이라도 영향을 미치거나 혹은 영향을 미치려고 위협하는 일체의 비판적인 사고를 억압하는 데 이용될 수 있었다. 그러나 종교재판소는 이탈리아의 여러 국가들과 스페인 왕국들 밖에서는 그렇게 효과적이지 않았음을 알아야 한다. 실제로, 종교재판소의 온갖 노력에도 불구하고 교황청은 개혁된 기독교의 모습을 다시 한 번 '보편적'으로 만드는 데 성공하지 못했다.

정치적 배경과 종교개혁의 후원에 의해 유럽의 '개혁된' 대부분의 지역에서는 국가지배의 프로테스탄트 교회가 생겼고, 이것은 종종 불안한 균형을 유지하며 세속권력과 종교권력 모두의 통제를 받았다. 종교 개혁가들은 새로운 교리를 도입하도록 효과적으로 후원한 군주들과 그 관료들에게 감사해야 했으나, 종교공동체를 자유롭게 운영하도록 내버려 둘 것을 희망했다. 국가는 그 대신 교리영역에서도 그들의 관점을 도입하고 부과하기 위해서 개혁가들을 이용했는데, 이는 로마 가톨릭 교회가 유럽에서 지금까지 늘 해왔고 지금도 하고 있는 짓과 전혀 다를 바 없는 것이었다.

이러한 획일화의 경향에도 불구하고 창조주에 대한 개인의 우선적인 의무와 책임을 주장하는 개혁가들의 입장은 종교적 문제 및 사회적·정치적인 문제에 대한 대안적 사고가 여전히 로마교회의 지배를 받는 남부 및 동부유럽보다는 북서유럽의 프로테스탄트 국가에서 훨씬 더 쉽게 천천히 뿌리내릴 수 있게 했고, 심지어는 그러한 상황을 낳은 원인이 되기도 했다.

그러나 사회에 대한 종교의 영향은 프로테스탄트교 유럽에서든 가톨릭교 유럽에서든 대체로 줄어들지 않았다. "영토를 지배하는 자는 또한 그 영토의 종교를 결정한다"라는 격언에 따라 대부분의 군주들은 종교를 선전을 위한 수단으로, 그리고 많은 경우에 오로지 자신의 권력을 강화시키려는 목적으로 자국의 문화적 결속을 강화하기 위한 도구로 이용했다. 유럽 국가들이 여전히 제의와 성사로 국민을 붙잡아둘 필요가 있다고 느끼는 만큼, 각국의 왕들은 점점 더 신이 파견하고 재가한 통치자로 제시되었다. 국왕은 국가나 민족의 화신이거나 또는 바로 그 화신이 되었다.

이런 이데올로기를 형성하는 데 도움을 준 사람들은 이번에도 지식인 엘리트들이었다. 이 엘리트 계층은 언제나 그렇듯이 학자들을 주축으로 삼았으나 이제는 '지식인들'도 여기에 가세했다. 이 '지식인들'은 지식의 축적과 전달을 직업으로 삼으면서 그들이 장악한 언어권력을 통해, 그리고 이미지와 상징을 이용하고 조작하는 각종 기법을 통해 사회에 영향을 끼치기 시작했다.[18] 그들은 연대기와 사서(史書)의 저자들이고, 정치이론가이며 선동가였다. 그러나 그들은 이제 교회가 국가를 지탱한 카를 대제의 시대처럼 오로지 교회 성직자들로부터만 차출되지는 않았다. 오히려 점차 평신도 출신이 증가했고, 국가의 공복으로서 종종 교회의 요구사항에 대해 적대적이기조차 했으며, 유럽의 단일성을 수호하는 기관으로서의 독특한 기능을 요구하는 유일 교회, 즉 로마 가톨릭 교회의 확실한 적이 되었다.

심지어 가톨릭교 세력권에서조차도 종교개혁의 발흥과 점증하는 교황권에 대한 반대로 인해 16세기에는 공통의 종교적 기반을 토대로 하는 공동의 유럽전선 — 예컨대, 이슬람교와 대치하는 공동전선 — 도 이에 수반된 정체성에 대한 인식도 존재하지 않았다. '교황식보다는 차라리 투르크식으로'라는 슬로건이 종종 들렸을 정도였다. 많은 사람들이 보편적인 기독교를 유럽과 동일한 것으로 제시함으로써 최고의 지위를 주장한 교황청에 반대했기 때문에 점점 더 많은 사람들이 천 년에 걸친 유럽과 기독교 공동체의 동일시까지 거부하게 되었다. 요컨대, 여러 가지 상황이 전개되면서 기독교 공동체라는 개념은 점차 잊혀지고 유럽이라는 개념이 확립되었다. 그러나 비록 교육을 많이 받은 사람들은 대부분 이러한 관점으로 사고했을지 모르지만, 이들은 유럽을 전적으로 하나의 혼합체, 즉 균형을 유지함으로써 평화와 번영을 실현하려는 주권 독립국가들 사이의 상호작용의 맥락으로 보았다.[19]

인쇄술, 독서, 학교 : 대중을 위한 교육인가?

15세기까지 교육은 주로 엘리트 계층에게만 국한되었다. 상류층 자제들은 수도승이나 다른 성직자들이 교장으로 있는, 수도원과 성당에 부속된 학교에서 읽기와 쓰기를 핵심으로 하는 기본적인 교육을 받았다. 실제로, 기사(騎士)나 관리가 될 사람들은 그보다 더 많은 것은 필요로 하지 않았다.

교회의 성직자로 입신하려고 하는 사람은 물론 라틴어, 신학, 철학과 같은 다른 기술을 필요로 했다. 게다가 교회에서의 경력은 다른 환경에서 출생한 젊은이들에게는 제대로 교육을 받을 수 있는 유일한 기회였는데, 이는 교회가 성직자를 채용할 때 출신성분을 따지지 않았기 때문이다. 물론, 교회조직의 가장 높은 자리들은 점차 훌륭한 교육뿐만 아니라 성직 서임권 및 권력에 쉽게 접근할 수 있는 가족배경을 가진 사람들에게 주어졌지만 말이다.

바로 이 제대로 된 교육은 흔히 성직자들이 세속적인 정치에 참여해서 모든 기능을 수행하도록 요청되었다는 사실을 의미한다. 이들이 왕의 참모로 일하는 것을 언제든지 보게 되는데, 왕들은 귀족출신보다는 결혼하지 않은 성직자들을 더 선호하기도 했다. 왜냐하면 귀족들은 결국 군주들을 희생시키고 자신의 권력과 자식의 권력을 확대하려고 했기 때문이다.

군주들이 무엇보다도 중앙집권적인 행정정책을 통해 권력을 확장하기 시작한 15, 16세기에, 그들은 효과적인 관료조직의 필요성을 인식하고 있었다. 그들은 강력한 국가란 잘 조직된 다수의 공무원을 기반으로 해서만 존속할 수 있음을 알고 있었다.

이를 위해서는 글을 읽고 쓸 수 있을 뿐만 아니라 과세와 공공재정의 원리에도 정통한 잘 교육받은 사람들이 많이 필요했다. 이외에도 이들은 특히 로마법의 기본을 숙지하고 있어야 했다. 로마법이 '게르만적'인 법률 전통과 어느 정도나 혼합되어 있는지에 관계없이, 로마법은 거의 유럽 전역에서 정치행정 사상과 법률제도의 근간으로서, 즉 강력한 국가에 필수적인 획일성과 동질성을 보장해주는 가장 중요한 요소로 간주되었다. 훌륭한 교육은 또한 경제활동을 위해서도 중요해졌다. 증가하는 국제무역과 은행업은 자연스럽게 구멍가게를 운영하는 것과는 다른 기술을 요구했기 때문이다.

따라서 더 많은, 더 나은 교육에 대한 필요성이 유럽 전역에서 절실해졌다. 그러나 궁극적으로 이것을 실현시킨 것은 인쇄술이었다. 따지고 보면 인쇄된 글자 없이는 대규모의 교육이란 사실상 불가능했을 것이다. 이제 모든 학문 분야의 교재는 사회 엘리트 계층만이 아니라 중산층 부모들도 구입할 수 있는 가격으로 인쇄되었다. 왜냐하면 자기 자식들에게 새로운 모든 분야 — 팽창하는 정부 관료제도, 은행업, 상업, 해외무역, 신흥산업 등 — 에서의 경력을 통해 사회적 출세의 사다리를 기어올라갈 수 있는 기회를 마련해 주기를 원한 것은 바로 부유한 도시 시민들이었기 때문이다.

실제로 15, 16, 17세기에는 학교 수가 크게 증가했고, 따라서 교육은 이론의 여지없이 유럽의 '기본적인 문화구조'의 하나가 되었다.[20] 예컨대, 영국에서는 15세기가 끝나갈 무렵 더 많은 사람들을 교육시키기 위해 더 많은 학교를 세우는 추세가 뚜렷해졌고, 다음 몇 세기 동안 더욱 강화되었다. 이러한 추세는 영어가 엘리트 계층의 대화언어와 정부의 공문서용 언어로서 프랑스어를 서서히 대체해간 사실, 영국과 프랑스 사이의 정치적 차이가 커짐에 따라 촉발된 상황에 의해 가속화되었다.[21] 교육이 기본 3과목, 즉 읽기, 쓰기, 산수 이외에 주로 종교적인 가르침으로 구성되어 있었으므로, 영국의 종교개혁으로 토착어인 영어가 교회의 예배에 사용된 사실과 독자적으로 성경을 읽는 일, 즉 영어로 번역된 소위 흠정역 성경(King James version, 1611)을 읽는 일이 강조된 사실은 매우 큰 영향을 끼쳤다. 같은 이유로 소위 네덜란드판 흠정역 성경(Statenvertaling, 1637)도 네덜란드어를 표준화하고 네덜란드 공화국 국민 — 학교에 다니는 사람이건 집안에서만 성경을 접할 수 있던 사람이건 — 의 독서능력과 언어사용에 영향을 끼쳤다.

그러나 새로운 인쇄 문화에 기초한 교육의 효과는 유럽에서 지역이나 사회집단에 따라 크게 달랐고, 모든 곳에서 빠르게 효과가 나타나지는 않았다. 교육의 가장 기초적인 수준, 즉 모국어로 글을 읽고 쓰는 능력을 따져보면, 그런 언어능력이 서서히 증가한 것은 확실하다. 그러나 대부분의 연구에서 자신의 서명을 할 수 있는지의 여부가 종종 이와 같은 발전의 유일한 증거로 사용됐다는 사실을 지적할 필요가 있다. 이렇게 측정한 결과, 엘리자베스 I세 치하의 영국에서 문맹률은 남성이 80%, 여성이 95% 수준으로 떨어졌다. 1600년경에 여전히 높았던 문맹률은 1650년경에는 70~90%로, 1700년경에는 55~75%로, 1750년경에는 40~60%로 떨어졌다. 이후 경기침체가 시작되었고 이것은 19세기 중반까지 지속되었다.[22] 프랑스에도 똑같은 측정방법을 사용하면, 심지어 1700년경까지도 70%의 남성과 90%의 여성이 여전히 문맹이었고, 이 상황은 다음 1세기 반 동안에도 전혀 개선되지 않았다.[23]

이같은 수치는 인상적인 교육성과는 아닐지 모르지만, 대부분의 가톨릭교 지역에서는 엉터리 교육을 받은 성직자들이 유일한 교육자였음을 이해한다면 이와 같은 낮은 수준의 문자해독률은 놀랄 일이 아니다. 1671년에 새로 취임한 카뮈 주교가 자기 교구인 그르노블을 시찰했을 때—200년 동안에 처음으로 수행된 시찰이었다—그는 경건하고 교양 있는 몇 사람의 사제들을 만나기도 했으나, 그들 대부분은 알코올 중독자거나, 간음을 일삼거나, 거의 문맹이었으며, 심지어 한 신부는 신약에 대해 한 번도 들어본 적이 없는 사람이었다.[24] 이런 사람들한테 농민들이 무엇을 배울 수 있었겠는가? '개혁된' 유럽 지역에서도 상황은 더 낫지 않았다. 17세기 영국의 신학자 리처드 백스터의 자서전을 읽어보면, 그가 여전히 제대로 교육받고 높은 도덕적 품성을 갖춘 성직자들의 가르침을 받지 못한 한 청년을 보고 불만에 차 있음을 느끼게 된다.

우리는 설교를 거의 들을 수 없는 시골에서 살았다. 내가 태어난 마을에는 6년 연속 4명의 무지한 평신도 출신 목회자가 있었는데, 그 중 두 명은 비도덕적인 생활을 했다. … 교회 서기는 글을 잘 읽지 못했다. … 마을 주변의 몇 마일 내에는 설교를 … 한 번도 해본 적이 없는 십여 명의 목사들이 있었다. … 이들은 가난했고 무지했다.[25]

그러나 역사가들은 가톨릭교 국가보다 자국어로 번역된 성경을 읽도록 장려된 프로테스탄트교 국가에서 문자해독률이 분명히 더 높았다고 오랫동안 주장해왔다. 트렌트 공의회(1545-63)의 칙령들은 가톨릭교 국가에서 성경의 번역을 금했고, 따라서 대부분의 사람들은 성경을 읽을 수 없었으며, 계속해서 성직자들은 유일한 '정보계급'을 형성했다. 그러나 이 주장에는 오류가 있는 것 같다. 왜냐하면 종교개혁을 수용한 독일의 여러 나라에서는 아주 간략한 성경 발췌문만을 접할 수 있었는데, 사람들은 이 발췌문조차도 이해할 수 없었던 것처럼 보이기 때문이다. 또한 스웨덴에서는, 특히 루터파 교회의 노력에 의해 이미 17세기에 대다수 국민의 독서능력이 높은 수준에 도달한 것에 대한 엄청난 감격이 표출되었다. 그러나 여기서도 이런저런 지표들을 보면, 이 독서능력은 주로 성경에 국한되어 있었고, 사람들이 읽고 있는 글을 실제로 이해하고 있었다는 의미는 결코 아님을 알게 된다.

한편, 로마의 가톨릭 교회 당국은 교회의 비전을 드높여줄 다양한 형태의 대중적 경건함을 조장하기 위해 값싼 인쇄물들을 활용하려고 시도했다. 물론 인쇄업자들도 이러한 상황을 십분 활용했다.[26] 그러나 대체로 가톨릭 교회와 프로테스탄트 교회는 모두 인쇄된 글을 통해 신도들이 어느 정도나 독립적인 사고를 하게 될 것을 원했는지에 관해서는 매우 제한적인 정책을 추구한 것처럼 보인다.[27]

읽고 쓰는 법을 깨우친 사람들은 대부분 다른 것은 배우지 않았다. 대다수의 유럽 사람들은 단지 '자국어 학교'에만 다녔는데, 그곳에서는 두 가지

교수법, 즉 14, 15세기에 가장 대중적이었던 받아쓰기와 당시에 개발된 일부 새로운 교수법이 이후 몇 세기 동안 줄곧 사용되었다.[28] 18세기에 이러한 학교의 개선을 둘러싼 논쟁이 시작되었을 때, '계몽된' 국가라고 자칭한 프랑스의 대다수 사상가들은 경제적·사회적 편의를 이유로 들어 서민계급의 학생들에게 읽기, 쓰기, 산수 이외의 다른 과목으로 부담을 주지 않는 것이 현명하다고 생각했다. 거창한 사상이란 정치와 사회에 대한 비판과 불만을 초래할 뿐이라고 그들은 주장했다.[29]

학생들은 '초등학교'에서 라틴어 학교 ― 항상 이렇게 불린 이유는 라틴어가 교육용 언어였기 때문이다 ― 로 진학할 수 있었다. 15세기 이래로 유럽 전역에서 라틴어 학교의 교육은 인문학의 영향을 상당히 받았다. 가능한 한 원본에 가깝게 재구성된 고전 텍스트들이 인문학의 핵심이 되었고, 키케로는 우아한 산문의 전범이 되었다. 대체로 20세기 중반까지 '라틴어 학교'에서는 전통적인 '김나지움'이나 '리세이움'이나 문법학교의 특징을 이루던 똑같은 과목들을 가르쳤다. 이 과목들은 고전 전통의 가치를 강조했는데, 그 가치는 유아시절부터 기독교가 모든 사람들에게 부과한 규범의 틀 안에서 제시되었다.

라틴어 학교와 소수의 남학생들이 그 후에 다녔던 아카데미나 대학의 교육은 분명히 권위주의적이었고, 더욱이 창조적이라기보다는 모방적이었다.[30] 단 한 사람만이 진정으로 이 제도를 개선하려고 노력한 듯한데, 그의 이름은 요한 아모스 코멘스키 혹은 코메니우스(1592-1670)였다.[31] 모라비아에서 태어난 그는 학자요 설교자였을 뿐만 아니라, 모국인 체코에서는 수도승이요 시인이었다. 그는 여러 종교들 사이의 보편주의와 기독교적 평화주의의 필요성을 옹호했다. 그는 국제적 법질서와 만국 공통언어를 만들어야 한다고 주장하는 글도 썼다. 폴란드에 사는 동안 그는 『대교수학大敎授學 Didactica magna』을 저술했는데, 여기에서 그는 성경과 인문학 외에도 천지창조와 창조의 모든 '실체(realia)'를 연구하는 것이 중요하다고 강조했다.

그는 또한 바람직한 교과과정에는 스포츠와 다른 형태의 놀이가 반드시 포함되어야 한다고 주장했다. 마지막으로 그는 남녀 학생을 함께 교육시키자고 제안했다. 스웨덴에서는 일부 그의 생각이 학교제도에 도입되었다. 그는 헝가리에 전적으로 자신의 이념을 토대로 한 학교를 세웠다. 코메니우스의 이상들 속에서 우리는 근대적 교육개념에 기여한 많은 부분을 발견할 수 있으나, 전반적으로 그의 생각은 시대를 너무 앞선 것이었고 아주 서서히 수용될 수밖에 없었다. 그 결과 여학생들은 초등단계 이상의 공립학교에서 오랫동안 제외되었다. 즉 그 이상의 여학생들의 고등교육은 가정에서 이루어지거나 가톨릭권에서는 수도원 학교에서 이루어졌다. 여학생을 위한 세속적인 사립 기숙사 학교가 프로테스탄트교권에서 세워진 것은 겨우 17세기 말에 이르러서였다.

대부분의 라틴어 학교들은 도덕적·지적·경제적·사회적·성적 제한에도 불구하고, 유럽문명의 주요한 기둥으로 간주되지 않으면 안 된다. 기독교 가치와 서서히 혼합된 고전 형식들은 당대 문화를 더 명확하게 표현하고 창조한 사람들과, 수사적으로 다소 과장이 있기는 하지만 유럽문명의 '담당자'로 불려진 사람들에게 오랜 세기 동안 확고한 토대가 되었다.

재능이 있거나 부유한 청년들은 라틴어 학교를 졸업하고 대학에 진학하곤 했다. 초기 대학들은 대부분 성당과 수도원의 부속학교에서 출발한 반면, 15, 16세기에는 세속적인 신흥재단의 수가 폭발적으로 증가했다. 신흥국가들은 당연히 국가의 이익을 위해서 중등 및 고등교육을 촉진했는데, 이는 특히 행정 엘리트 관료의 공급원인 고등 교육자들을 확보하기 위해서였다. 또한 대학은 도시나 국가에 위신을 세워주는 것으로 생각되었다. 마지막으로 종교개혁은 프로테스탄트 신학자들을 학문적으로 훈련시키기 위한 신학교의 신설을 유발했는데, 이 중 다수가 곧 스트라스부르(1538)와 레이덴(1575)처럼 보다 일반대학의 기능을 가지게 되었다.

그러나 이것은 항상 엘리트를 위한 교육이었고 엘리트에 의해 수행된 학문이었다. 비록 사회·경제적으로 볼 때, 이러한 두 종류의 엘리트들이 완전히 중복되지는 않았지만 말이다. 학생수는 상당히 증가했으나 중등 및 고등교육이 모두에게 베풀어진 것은 분명 아니었다. 더욱이 대학수준에서는 확실히 재정적인 요인들이 학문의 선택에 강력하게 영향을 미쳤다. 예컨대, 의학공부는 비용이 많이 들었으므로 대부분의 사람들은 엄두를 낼 수 없었다.

그럼에도 16세기의 대학교육이 엄청나게 팽창한 것은 대학교육에 참여할 수 있는 유럽인구의 비율이 증가했음을 의미하는데,[32] 이것은 그 후에 유럽의 문화적 성격을 크게 바꾸어놓았다. 그러나 17세기 말에는 엘리트주의가 나타나 서서히 득세함으로써[33] 대학 진학률은 다시 떨어졌다.[34] 그 부분적인 결과로서 주로 대학에 의해 조성된 유럽의 사회적·정신적 개방성은 18세기 말에 위축된 것 같다. 20세기에 가서야 비로소 고등교육 참여자의 비율이 다시 16세기 및 17세기 초와 같은 수준으로 회복되었다.

초등학교에서 라틴어 학교로, 그리고 대학까지 진학한 유럽의 지식인들은 세상의 모든 면에서 자신의 위치를 이해하고자 했다. 15, 16세기는 세계가 훨씬 더 복잡해진 시기였다. 최초의 해양 발견들, 새로운 인쇄매체, 점차 높아져가는 교육기회는 이제 정보의 홍수가 과거 어느 때보다도 많은 대중에게 전달되었음을 의미한다. 매일매일 커지는 세계 속에서 사람들은 손에 들어오는 수많은 새 자료와 생각들을, 전통을 바탕으로 하지만 불가피하게 서서히 변화해가는 준거틀에 적응시키려고 노력했다. 이런 모든 요인들에 의해, 지식인 독자들은 자신의 위치를 동료와 사회와 창조주와 관련지어서 재정립해야만 했다. 변화하는 문화는 자극제가 되는 질문을 유발하기도 하지만, 흔히 사람을 괴롭히는 회의와 의심을 불러일으키기도 했다.[35]

그리스로마의 고전과 기독교로부터 취한 규범과 가치 사이의 상호작용은 점차 복잡해져가는 세계가 제기하는 도전으로 인해 강화되었다. 고전과 기독교는 함께 학문의 세계뿐만 아니라 중등 및 고등교육을 결정했다. 르네상스와 휴머니즘의 두 개념은 이러한 발전을 주도했다. 르네상스와 휴머니즘은 다 같이 오랫동안 지속적인 유럽적 사고의 형태였고, 지금도 변형되고 개조된 형태로 존재하고 있는 문화적 이상인 것이다.

보편적인 가톨릭 교회의 분열, 즉 로마(교황청)와 비텐베르크(루터)와 제네바(칼뱅) 사이의 분열처럼 16세기에 유럽을 황폐하게 만든 종교적인 차이들 때문에 교육과 학문의 '유럽적 성격'에 대한 일반적인 설명이 불가능하다는 주장도 있다. 그러나 숱한 차이점에도 불구하고 어느 정도는 같은 질문들이 가톨릭권과 개신교권에서 모두 제기됐다는 점을 명심해야 한다. 사람들은 같은 문제들을 논의했고, 또한 같이 모여서 논의하지는 않았지만 수많은 교육적 이상과 실천을 공유했다. 예를 들면, 스트라스부르에서 살면서 일생 동안 기독교 세계의 통일을 위해 진력한 프로테스탄트 휴머니스트 야콥 슈투름(1507-89)의 교육개념은 예수회의 교과과정에 지대한 영향을 끼쳤다. 유럽 전역의 가톨릭교 기숙학교에서 예수회는 문화적·사회정치적 엘리트 계층 출신이거나 그 계층으로 진출한 수많은 청년들을 대대로 교육시켰다.

종교적으로 경계지워진 유럽의 두 문화 사이의 공통기반에 관해 고찰할 경우, 우리는 복음서뿐만 아니라 성경의 텍스트와 내용, 그리고 초기 기독교 교회의 규범적 기능을 둘러싸고 가톨릭교도와 프로테스탄트교도 사이에 벌어졌던 신학논쟁을 상기하게 된다. 양 진영은 또한 핵심개념인 은총에 관해서 논쟁을 벌였고, 신앙과 이성 사이의 긴장과 인식할 수 있는 자연과 그 안에서의 인간과 신의 위치에 관한 점차 고조되는 긴장에 대해서도 논쟁을 벌였다. 우리는 또한 종교적인 차이가 비교적 첨예하지 않은 영역이 많이 있었다는 점을 잊어서는 안 된다. 당분간 라틴어가 전통적인 교양 문화의 공용어로 남아 있었고 보편적인 상징언어인 수학이 새로운 과학의 전달수단이 됨에 따라 의사소통이 원활하게 이루어졌기 때문에 이러한 영역에서는 더욱더 상이한 종교적 관점을 가진 사람들이 서로 논쟁을 벌일 수 있었다.

인쇄술의 발명으로 전 유럽에 걸쳐서 크게 진흥된 교육과 학문은 진정으로 '유럽적인', 근본적이고도 고유한 특성들을 많이 공유하고 있었다.

단일성과 다양성 : 문화혁명으로서의 인쇄술

인쇄기술을 발명하고 도입했을 때 가장 중요하면서도 예견치 못한 결과는 가장 넓은 의미의 문화적인 결과였다. 실제로, 인쇄된 글자가 도래함에 따라 그 영향을 받지 않은 유럽의 생활영역은 없었고, 그 영향은 심지어 문맹인에게도 미치게 되었다. 그러나 우리가 실제 일어났던 문화혁명을 제대로 평가하기 힘든 것은 인쇄된 글자가 존재하지 않는 사회를 상상하기란 오늘날 매우 어렵기 때문이다.

인쇄술의 영향이 의사소통의 필요성을 가장 첨예하게 느끼는 학문분야에서 우선 나타난 것은 당연하다. 필사본 형태로 의사를 전달하던 시대에는 학자들이 자기 연구분야에서 다른 사람의 생각을 접하기란 매우 어려운 일이었다. 중요한 텍스트 중에서 단지 한 권 혹은 기껏해야 사본 몇 권만을 볼 수 있었다. 따라서 지속적이고 광범위한 지식의 축적은 거의 이루어지지 않았다. 새로운 개념이 특정한 지역에서 발전할 수는 있지만, 타 지역으로 쉽고 빠르게 전파됨으로써 토론의 활성화와 지식 증대에 기여하지는 못했다.

그러나 이러한 상황은 인쇄술의 영향으로 빠르게 변했다. 베네치아에서 알두스 마누티우스는 부분적으로 베사리온과 같은 그리스-비잔틴 망명 학자들이 소개한 필사본에 기초해 고전 그리스 텍스트들을 체계적으로 출판하기 시작함으로써 유럽에 『일리아드 *Iliad*』와 『오디세이 *Odyssey*』를 소개했고, 따라서 유럽은 문헌적·역사적 성격을 띤 학문적인 토론주제를 많이 확보하게 되었다. 잘 정리된 아리스토텔레스와 플라톤의 전집이 처음으로 등장했을 때 유럽의 철학자들은 그들의 행운을 믿을 수 없었다. 또한 앞서 언급한 대로 가톨릭 교회가 사용한 라틴어판 성경의 불완전성을 보여주는 그리스어판 성경이 등장함에 따라 로마의 신학자와 문헌학자들은 새로운 개정판 성경을 만드는 작업에 착수했고, 교회 정치학을 포함한 다양한 영역에서 반항을 일으킨 격렬한 토론이 벌어졌다.36) 이와 같이 '정확한' 텍스트를 확정하고 그것을 인쇄술을 통해서 대중화하려는, 외관상 단순하게 보이지만 본질적으로 학문적이고 과학적인 이 작업은 인쇄술을 개발한 중국, 일본, 한국과 같은 다른 문화권에서 그랬던 것처럼 유럽의 학자 엘리트 계층에게 공동체 의식을 심어주는 데 크게 기여했다.

인쇄된 글자의 가장 중요한 측면 가운데 하나는 그것에 대한 권한을 갖고 있는 사람들이 그것을 사용해 권력을 행사하거나 혹은 증대시킬 수 있다는 점이다. 유럽의 엘리트 계층을 구성하는 주요한 두 요소인 국가의 지도자들과 교회의 지도자들은 이 새로운 도구를 전유한 최초의 집단이었다.

1539년 프랑스 왕 프랑수아 1세는 빌리에-코테레 칙령을 통해 앞으로 파리의 방언, 즉 프랑스어가 왕국 전역의 공식 언어가 될 것임을 선언했다. 하나의 분명한 언어로 모든 공문서를, 즉 파리에서 인쇄되어 프랑스 전역에 팜플렛 혹은 대판지로 전파된 법률과 규정들을 제시함으로써 왕은 일반백성들에게 직접 통치권을 행사할 것을 기대할 수 있었다. 물론, 왕의 의도는 자신의 권위를 강화하고, 중요 사항에 대해 그 권위를 행사할 수 있는 기회를 확대하려는 것이었다. 프랑스에서는 각 지역마다 많은 방언들을 사용했기 때문에 프랑스 사람들은 서로 의사소통을 할 수 없었다. 스페인, 영국, 독일도 그러했으며, 이것은 사실상 전 유럽적인 현상이었다. 이 때문에 파리 중앙정부의 권력은 심각하게 제한되었다. 이러한 상황에서 '우리 프랑스인'이라는 감정, 즉 '민족의식'은 결코 발전할 수 없었다. 이는 또한 프랑스의 여러 지역에서는 지역의 고유한 문화적 정체성이 계속 유지되었음을 의미했고, 따라서 파리의 왕실관리들이 지방 혹은 지역정부에 간섭할 경우 더 잘 저항할 수 있었다는 것을 의미했다. 이런 상황은 또한 현실적으로 커다란 어려움을 야기시켰다. 관리와 시민이 같은 언어를 사용하지 않았기 때문에 세금징수와 법 집행이 기능을 다할 수 없었다. 프랑수아 1세는 단일한 언어를 강제함으로써 이 모든 문제들을 해결하고자 했다. 그는 인쇄기가 문자 그대로 이러한 규정이 효력을 발휘하도록 하는 중요하고도 유일한 수단임을 알고 있었다. 단일한 언어로 전 왕국을 교육시키지 않으면 성공할 수 없었기 때문이다. 또한 단일한 언어로 씌어진 값싼 텍스트, 즉 인쇄된 텍스트 없이는 대규모 교육은 이루어질 수 없었다. 따라서 인쇄된 글자의 도움으로 그는 자신의 왕권이 크게 확대될 것을 기대할 수 있었다.

언어 자체에 있어서도 인쇄술은 중대한 발전을 가져왔다. 어떻게 어린이들이 단일한 '민족' 언어, 즉 엘리트 계층의 언어를 배울 수 있었는가? 어떻게 파리의 방언이 프랑스어가 되고 또는 홀란드의 방언이 네덜란드어가 될 수 있었는가?

문법규칙을 정립하는 책들도 나타났다. 또한, 앞서 언급했듯이 프로테스탄트교 국가에서는 이제 민족언어가 된 다양한 토착어로 성경이 번역되고 인쇄되었다. 성경이 어렸을 때부터 어린이들에게 가장 중요한 자양분을 공급하는 이야기였으므로 성경을 읽을 때 쓰는 언어가 곧 '민족' 언어를 형성하는 데 가장 중요한 요인 중의 하나가 될 수밖에 없었다. 그러나 이런 식으로 장려되거나 성문화되지 않은 언어들은 — 많은 '지역' 언어를 가진 프랑스의 경우처럼 — 말로는 사용되지만 더 이상 글쓰기나 인쇄용으로는 사용되지 않는 '단순' 방언이 되었다. 이 방언들은, 말하자면 그 지위를 상실했기 때문에 뒷전으로 밀려난 것이다. 정치적이건 문화적이건 체제의 일원이 되고자 하는 사람들은 브르타뉴어나 프로방스어 대신에 프랑스어를, 게일어 대신에 영어를, 겔더즈어 대신에 네덜란드어를 배울 수밖에 없었다. 이렇게 해서 언어는 민족적 통일성을 나타내는 특성이 되었다. 그러나 이 사실은 또한 언어가 중앙정부, 군주, 관료의 도구가 되었음을 의미했다.

인쇄된 교재를 바탕으로 한 초기의 대중교육을 통해서 단일한 '민족' 언어가 이제 프랑스와 다른 유럽 국가에서 형성되었다. 중앙정부는 단일한 언어로 규정이나 법령을 공포하고 부과하기 시작했고, 이것을 교육받은 모든 시민들이 똑같은 방식으로 이해하기 시작했다. 17세기 초에 프랑스의 루이

13세는 정부의 견해를 가능한 한 많은 사람들에게 알리기 위해 정부의 공식적인 신문을 창설하기로 결정했다.

　이러한 사태진전은 물론 부정적인 측면도 내포하고 있었다. 정부에 반대하는 사람들도 인쇄라는 무기를 사용하기 시작했다. 그래서 16세기에는 국가의 공식적인 언론과 은밀한 언론을 통해서 대규모의 정치선전과 반정치선전이 처음으로 등장했다. 정부는 그때까지는 거의 필요 없던 무기인 검열제도를 도입했는데, 이것은 모든 인쇄물은 국가의 사전 승인을 받아야 한다는 것을 의미했다.37) 그러나 은밀한 언론은 침묵을 거부했다. 전복적인 텍스트들은 비밀리에 혹은 해외에서 인쇄되어 지하에서 유통되었다.

　인쇄된 글자 외에도 인쇄기를 통한 다른 형태와 용도의 정치선전 수단이 생겨났다. 대부분의 사람들은 여행을 해본 적이 없고, 따라서 수도에 가본 적이 없기 때문에 왕권이 공개적으로 과시되는 것을 보지 못했으나, 이제는 인쇄된 그림으로 묘사되어 값싸게 대량으로—예컨대, 루이14세와 프랑스의 영광을 나타내기 위해 17세기에 프랑스 전역에 보급된 왕실연감처럼—팔리게 되었다. 말하자면, 대관식, 궁정의식, 전승기념 행진을 이제 모두 볼 수 있게 되었다. 이와 같이 왕에 의해, 왕이라는 인물로 상징된 국가의 권력은 사람들에게 더 가까워졌다. 천국과 지상 사이의 어딘가에 거주하는 것으로 여겨지던 특이한 존재인 왕조차도 가시적인 인물이 되면서 이제 평민들은 그를 '눈으로' 볼 수 있게 되었다. 인쇄된 초상화를 통해서 평민들은 그들의 지배자가 어떤 모습을 하고 있는가를 보게 되었고, 군주들도 당연히 온갖 위엄과 권력을 화려하게 과시해 자신의 모습이 가능한 한 인상적으로 재현될 수 있도록 만전을 기하였다.

　다른 통치제도인 교회도 그들의 이념과 소망을 드러내고 가급적이면 통일성 있게 그것을 부과하고 집행하기 위해 인쇄된 글자를 사용했다. 이미 15세기 후반에 가톨릭 교회는 권력을 강화하고 단일한 행동을 강요하기 위해 가능한 한 많은 사람들에게 그리고 가능한 한 긴밀하게 통제된 상황 속에서 교리와 규율을 전파하는 탁월한 수단임을 깨달았다. 로마 교황청은 심지어 인쇄술의 발견이 기독교 문명의 우수성을 증명하는 훌륭한 증거라고 선언하기도 했다. 이러한 주장은 인쇄술의 도움을 받아서 전개된 최초의 대규모 정치운동에서, 즉 이미 비잔티움을 점령한 술탄의 병사들이 발칸 제국을 공격하고 심지어 비엔나의 성벽까지도 위협하게 된 15세기 말과 16세기 초에 투르크족에 대항해 유럽 국가를 동원하기 위한 외침 속에서 다시 들을 수 있었다.

그러나 교황청은 인쇄술이 대안적인 견해를 퍼뜨리고 르네상스 문화와 휴머니즘의 관점에서 교육받은 사람들이 점차로 목소리를 높여 제기했던, 인간·신·세계의 관계에 관한 개인주의적인 해석을 부추기는 것을 원치 않았다. 따라서 로마 가톨릭 교회는 소위 금서목록, 즉 진실한 가톨릭교도는 읽지 못하게 되어 있는 책과 출판물의 목록 형태로 검열제를 도입하려고 했다. 이것은 문맹 문화에서 식자 문화로 이행되어 가는 과정에서 그 권력을 유지하려고 애쓰는 조직에서 예상될 수 있는 형태의 검열제도였다. 그러나 여기에서도 가톨릭 교회의 권력은 독자가 로마의 금지령을 도덕적으로 어떻게 수용하느냐에 주로 달려 있기 때문에 제한적일 수밖에 없었다는 사실을 인정해야 한다. 더 효과적인 검열은, 가톨릭 국가의 경우 인쇄업자에게 텍스트를 출판하기 전에 교회당국의 허가를 얻도록 요구하는 것이었다. 물론, 이 처방도 무시되는 수가 많았지만 말이다. 실제로 정치비판을 제어하는 무기로서 효과적인 검열제도를 만들어내려는 세속당국의 노력은 프랑스의 예에서 증명되듯이 대부분 매우 성공적이었던 것 같다.

교회의 사고방식과 관습, 그리고 로마의 교황권에 대한 비판이 15세기 말에 현저히 증가했다. 물론, 그 전에도 비판은 있었다. 14, 15세기에 영국인 존 위클리프와 체코인 얀 후스와 같은 사람은 이러한 불만을 분명히 표현했다. 그러나 그들의 영향은 지역적으로 제한되었다. 그들은 생각을 단지 입이나 손으로 쓴 문자를 통해서만 전파할 수 있을 뿐이었기 때문에 유럽의 여러 지역에서 추종자를 결집하는 일은 불가능했다. 그러나 16세기 초에 상황은 크게 달라졌다. 독일의 신학자 마르틴 루터(1483-1546)는 바로 그 좋은 예이다. 루터는 성경과 초기 기독교 시대의 중요한 텍스트들에 대한 연구를 바탕으로 그가 도달한 결론에 대해서 토론하는 일이 필요하다고 판단했을 때 — 가톨릭 교회의 관습이 미흡한 것으로 판정되었기 때문에 — 학계의 관행적인 절차를 따랐다. 비텐베르크 성당 문에 손으로 쓴 명제들을 못질함으로써 그는 자신의 생각을 수많은 명제로 정리하여 대중에게 홍보했는데, 이번 경우에는 손으로 직접 쓴 명제들을 비텐베르크 성당의 문에 못으로 박아 내걸었다. 이날은 1517년 10월 31일이었다.

인문주의의 전통 속에서 교육받은 루터는 마침내 그가 보기에 고대의 기독교 텍스트를 바탕으로 하지 않는 각종 가톨릭 전통과 결별했다. 루터가 기독교의 근원에 대한 철저한 연구로부터 도출한 교리의 골자는, 하느님의 계시의 핵심은 오직 성경에서만 발견된다는 것이다. 그는 7개 성사 중 일부의 가치를 의심했는데, 그의 견해에 따르면 그것들은 예수가 확립한 제도가 아니며, 더욱이 아무 내용도 없는 단순한 행위에 지나지 않기 때문이라는 것이다. 실제로, 루터는 많은 기독교인들이 성경에 제시되어 있는 규범과 가치들에 대해서는 전혀 이해하지도 못한 채 사제가 행하는 마술과 같은 온갖 행위를 유익한 것으로 알고 그저 무비판적이고 미신적으로 수용한다고 언급했다. 그래서 그는 다음과 같이 썼다.

> 따라서 어떤 사람의 죄를 용서하거나 그에게 이익을 주는 것은 세례가 아니라 그 약속의 말씀에 대한 믿음이다. 세례는 이러한 약속의 말씀에 덧붙여진 것뿐이며, 이 믿음이야말로 세례의 의미를 정당화하고 달성한다. … 따라서 성사에 죄를 사하여 주는 효력이 포함되어 있다고 하는 것이나, 성사가 은총의 '유효한 징표'라고 하는 것은 사실이 아니다. … 왜냐하면 내가 성사를 받기 때문에 성사가 내게 은총을 하사한다면, 실제로 나는 믿음이 아닌 노력의 덕으로서 은총을

받는 것이 되기 때문이다. 또한 나는 성사에 포함되어 있는 약속을 얻지 못하고 단지 징표만을 얻게 된다. … 따라서 눈을 열고 징표보다는 말씀에, 노력과 징표를 사용하기보다는 믿음에 더 유의하자.[38]

보다 근본적으로, 루터는 '자유의지'에 의문을 제기했다. 그에 의하면, 인간은 어떻게 살았느냐에 따라 구원을 얻고 복받을 수 있는지를 스스로 결정할 수 없다. 신은 이미 이것을 예정해 놓았다. 단지 믿음만이 — 이 또한 신의 자비로 태초에 인간에게 주어진 것이다 — 그를 파멸로부터 구할 수 있다. 루터는 이 점에서 그가 진정한 휴머니스트임을 증명하고 있다. 아무튼 이 섭리의 교리는 루터가 초기 기독교 사상에 대한 연구로부터 도출한 것이 분명한데, 초기 기독교 사상은 그것대로 그리스 스토아 철학과 페르시아 마니교의 영향을 받은 것이다.

루터는 자유의지의 교리를 가톨릭 신학의 핵심으로 강력하게 옹호한 에라스무스와 논쟁하면서 1520년에 출판된 그의 『속박상태의 의지 *De servo Arbitrio*』에서 다음과 같이 답변했다.

그렇다면 하느님은 세상 만사를 어렴풋이 미리 아는 것이 아니라 그의 불변의 영원한 무류의 의지에 따라서 모든 것을 예견하고 계획하고 행하신다는 것을 깨닫는 것이 기독교인에게는 근본적으로 필요하며 유익한 것이다.

… 권능은 본질적으로 하느님에게 속하는 것이므로 하느님의 의지는 유효하고 방해받을 수 없다. 또한 하느님의 지혜는 너무도 탁월하여 하느님은 속지 않는다. 하느님의 의지는 방해받지 않으므로 하느님이 행하신 것은 하느님이 예견하고 원하는 장소와 시간과 방법과 정도에 따라서, 그리고 하느님이 예견하고 원하는 사람에 의해 행해질 수밖에 없다. …

솔직히 고백하건대 나로서는 설령 그것이 가능하다 해도 '자유의지'가 주어지는 것을 원치 않으며, 나로 하여금 구원을 얻기 위해 노력하게끔 하는 어떤 것이 수중에 들어오는 것도 원치 않는다. 이는 많은 위험과 역경과 악마의 공격에 직면해 내 입장을 고수할 수 없기 때문이 아니라 … 내가 성공의 보장 없이 수고해야 하고 허공에 주먹을 휘둘러야 하기 때문이다. … 내가 영원히 살아서 일한다고 해도, 나의 양심은 하느님을 만족시키기 위해 얼마나 일해야 하는지 편안한 확신에 결코 도달하지 못할 것이다.[39]

이런 사상이 도입됨으로써 전통적인 인간관과 세계관, 그리고 그 결과로서 모든 문화형태에 근본적인 변화가 일어났다. 많은 사람들이 보다 더 사적인 신과의 관계를 선행의 삶을 통해서도 발전시킬 것을 희망하면서 루터의 가르침으로부터 경건한 낙관주의를 끌어낸 반면, 다른 많은 사람들은 암담한 파멸과 우울한 사고 속으로, 즉 냉담한 비관주의로 빠져들어갔다.

루터의 동료와 추종자들은 전통적인 전파방법에 의존하지 않았으며 새로운 인쇄문화가 제공하는 더 많은 논쟁 기회에 착안했다.[40] 그들은 루터의 주장을 인쇄하여 배포시켰다. 한 가지 방법은 당시의 새로운 현상이었던 떠돌이 책장사들을 이용하는 것이었다. 이들은 글을 읽을 수는 있으나 서점에 정기적으로 갈 수 없는 사람들에게 읽을거리를 제공하기 위해서 도시에서 도시로, 특히 마을에서 마을로 여행했다. 1517년에서 1519년까지 독일의 많은 책장사들이 루터의 추종자들이 준 돈을 받고 그들이 늘 갖고 다니는 책들 대신에 단 한 종류의 책, 즉 루터의 출판물만을 갖고 다녔다는 사실은 널리 알려져 있다. 많은 고객들이 호기심에서 또는 단지 독서를 좋아해서 루터의 글을 사서 읽었고, 그 결과 그의 사상에 영향을 받는 일이 허다했다.

이런 방식으로나 또는 다른 방식으로 1517년에서 1520년 사이에 루터의 작품은 30만 권이나 팔렸다. 그 전에 나왔던 대안들은 루터와 같이 급진적이었지만 이런 영향력을 미치지 못한 반면, 루터의 사상은 진정한 종교개혁을 위한 토대가 되었다. 루터는 스스로 인쇄기술의 발명을 '하느님의 가장 위대한 은총'이라고 말했다. 곧 독일에서 삽화를 곁들인 포스터와 그림책들이 문맹자와 준문맹자들에게 시각적으로 선전하는 역할을 함으로써 대중적인 믿음을 창출했을 뿐만 아니라 또한 그것을 이용하기도 했다.41) 영국에서도 또한 신과 인간의 관계에 대한 새로운 사상들이 사람의 마음을 끄는 경건한 선율을 종교적인 그림들과 결합시킨 포스터를 통해 널리 유행하게 되었는데, 이것도 글을 거의 못 읽거나 혹은 전혀 읽을 수 없는 사람들을 가르치기 위한 것이었다.42)

루터와 다른 종교 개혁가들의 행동에 대한 가톨릭 교회의 반응은 반종교개혁 — 이것은 19세기 용어이다 — 혹은 가톨릭교 개혁이라고 불렸다. 실제로, 15세기 말 이후에 나타난 많은 문제들에 대한 로마의 접근방식은 교회의 주요 대표자들이 모여 20여 년 동안 이탈리아의 트렌트에서 간헐적으로 열었던 공의회에서 주로 정식화되었다. 이 회의는 천 년 전통을 가진 회의 중의 하나로서, 로마 교황청이나 로마의 교황보다는 지역과 지방의 교회 대변자들이 내외적인 문제에 관해서 숙고하거나 통일성을 다시 확립할 필요가 있다고 느낄 때마다 소집되었다. 소위 트렌트 개혁은 상당 부분 인쇄술 덕분에 성공했다. 1530년부터 점차로 로마는 루터와 다른 종교 개혁가들에게 교회의 답변을 통보하기 위해 인쇄된 글자를 사용했다. 종교적 통일성은 각종 서적을 통해서 부여되고 강요되었다. 교리문답서는 가톨릭 교리의 핵심 사항을 일반대중을 위해 포괄적으로 요약해놓았다. 기도서와 미사서는 예배식을 전 가톨릭교 세계에 걸쳐서 똑같게 만들었다. 설교집은 사제들에게 신도에게 접근하는 가장 훌륭하고 심리적으로 가장 효과적인 방법을 가르쳤다.

사회적 통제와 기강을 위해 로마교회가 고안한 많은 도구 중에서 아마도 고해성사를 개혁하고 강화한 일이 가장 성공적이었을 것이다. 트렌트 공의회에서 고해를 핵심 성사로 새롭게 강조하고, 실제로 성직자들에게 인쇄된 고해록의 도움을 받아 그들의 교구에서 고해를 실시하도록 교육시킨 후속정책은 가장 심오한 수준의 도덕적이고 문화적인 동질화를 초래했다 — 즉 신과 교회와 사회의 눈에는 무엇이 허용된 행동이고 무엇이 그렇지 않은 행동인지 따져봄으로써 사람들의 가장 내면적인 사고를 동질화시킨 것이다. 자신의 죄에 관해, 자신이 교회의 규율에 어떤 식으로 복종하지 않았는지에 관해 그 교회의 대표자인 사제에게 고백하는 일은, 위로부터 부과된 일련의 규칙과 점차로 이 지침에 따라서 살아가기 시작한 개인과 단체의 규칙 수용 사이에 곧 복잡한 심리적·사회적 상호작용을 일으켰다.

트렌트 공의회에서 정립되거나 새롭게 고안된 교리를 도입하는 일은 새로운 수도회 교단들이 창설됨으로써 훨씬 쉬워졌다. 그 중 예수회는 가장 두드러졌다. 예수회의 회원들은 특히 교육에 관심을 집중해, 도시의 중류층과 상류층 학생들을 모집하여 진정한 로마 가톨릭 엘리트를 양성하려고 애썼는데, 지적으로 엄격하고 우수한 교육을 한다는 명성 때문에 예수회의 대학에는 많은 학생들이 몰려들었다.

더욱이 로마가 이용 가능한 모든 선전수단을 동원해 새로운 선교운동을 펼침에 따라 유럽의 광대한 가톨릭 지역, 특히 오지의 농업 지역이 처음으로 기독교화되었다. 이같은 새로운 정책이나 다시 추진된 정책과 이것을 확산시키는 데 도움을 준 인쇄술의 영향으로, 기독교는 천 년 역사상 처음으로 정말 강력한 세력이 되었다고 말할 수 있을 것이다—동시에 그 제도적인 통일성은 깨졌지만 말이다. 유럽의 기독교 역사 중 처음 천 년 동안에는 지역에 따라 숱한 가톨릭 변종들이 존재했지만, 이제 가톨릭권 유럽의 종교적 문화와 관습규범은 훨씬 더 단일해졌다.

개신교회도 나름대로 통일성을 강화하는 데 성공했다. 물론, 성경을 읽고 따르는 것의 중요성을 강조하는 것은 신자 개인에게 일차적인 책임을 지우는 것처럼 보였다. 그러나 목사—칼뱅파 국가에서는 지역공동체에서 선출된 장로—를 중심으로 지역별로 조직된 교회들은 종교적·사회적 통제를 규격화함으로써 신자들의 행동에 확실하게 영향을 미쳤다. 이 교회들도 올바른 행동에 대한 교회의 생각을 확실히 인식시키기 위해 도덕적이고 경건한 논문형태의 인쇄물을 이용했다.

이처럼 인쇄기술은 교회와 국가의 새롭고 강력한 통치수단으로 사용되었고, 문화와 사고를 표준화하고 획일화하는 데 크게 기여했다. 더욱이 표준화와 단일화는 언어와 종교뿐만 아니라, 전에는 상당한 다양성을 갖고 있던 다른 여러 생활영역에서도 일어났다. 1520년에는 최초의「재단사를 위한 지침서」가 세비야에 등장했고, 널리 유행하는 스페인의 복식습관을 확립했다. 인쇄를 통해 이 책자가 배급됨으로써 이제 유럽의 다른 지역에서도 스페인의 의복관습에 익숙해질 수 있게 되었다. 스페인은 또한 식민지와 그에 수반된 유럽에서의 무력정책으로부터 획득한 부에 힘입어 문화적 선진국으로 대접받았기 때문에, 스페인의 관습을 많은 사람들이 모방하게 되었다. 세비야 안내서와 같은 책이 없었다면 재단사들은 결코 고객의 수요를 자극하고 만족시킬 수 없었을 것이다.

따라서 인쇄술은 의복처럼 본질적으로 문화적인 것을 국제적으로 확산시키는 데 기여했다. 그러나 동시에 인쇄술은 언어의 경우에서 보듯이 종종 지역변종들이 퇴화함으로써 획일화가 증가하는 결과를 낳기도 했다. 인쇄술을 통해 지배적인 의복관습을 광고함으로써 또한 더 급속한 변화가 일어났고 그 결과 오늘날 '유행' 이라고 부르는 현상이 나타났다. 이것은 16세기 초부터 관찰할 수 있는 현상이다. 유행이 인간의 소비패턴을 바꾸고 또한 그 결과 경제도 변화시킨 것은 분명하다. 최초의 요리책이 출판되었을 때도 똑같은 일이 일어났다. 음식 문화에서도 특정 지역이나 사회집단의 관습이 이제 더 빠르게 전파되고 '유행하게' 되었다.

실제로 더욱 더 많은 사람들이 인쇄된 글자의 가능성을 발견했다. 훌륭한 교육방법이나 사랑하는 젊은 남녀를 위한 보다 나은 행동규범이나 집을 짓는 더 좋은 방법에 대한 아이디어가 있는 사람들은 이제 누구나 그들의 생각과 견해를 가능한 한 많은 독자들에게 각인시키기 위해 노력할 수 있었다. 승마술과 펜싱에 관한 논문,[43] 춤과 음악의 이론과 실습에 관한 논문, 그림과 극장에 관한 논문이 엄청나게 쏟아져나왔다. 건축은 그 좋은 예이다. 건물과 도시의 건설 및 설계에서 '고전적' 형태의 덕목들, 즉 고대 로마의 위대한 건축가인 비트루비우스가 주창한 것으로 생각되는 형태들이, 안드레아 팔라디오와 세바스티아노 세를리오 같은 이탈리아의 르네상스 건축가들—실제 건축 일을 했던 사람도 있고 이론가인 사람도 있다—이 쓴 텍스트에서 매우 높게 평가되었다. 이것은 다음 4세기 동안 유럽의 공공건물과 도시의 형태에 영향을 미쳤고, 1980년대 이래 여전히 절충적으로 이 시기의 건축을 참고하고 있는 '모던' 혹은 '포스트모던' 건축에 영향을 미쳤다.

또한, 명확한 문화형태는 아니지만 유럽의 행동규범으로서 훨씬 깊이 스며든 여러 '문화적' 형태들도 인쇄술이 영향을 끼친 최초의 시기로부터 유래한다. 입을 다물고 식사하라, 음식을 손으로 잡지 마라, 나이프와 포크를 사용하라, 손으로 코를 풀지 말고 손수건을 사용하라, 다른 사람의 모욕에 대해서 처음에는 싸우지 마라—이런 것들은 모두 특수한, 그리고 흔히 유력한 문화집단이 사회적 지위를 차별화하기 위해서 처음으로 채택한 개념들이다. 보다 구체적으로 말하면, 새로운 생각을 가진 사람들이 정부나 사회 문화적 엘리트 계층의 후원을 받을 경우, 그들이 텍스트를 통해 전파한 개념들은, 규범을 확립하고 규범이 구체적으로 구현될 수 있도록 도움을 주었다. 왜냐하면 사람들은 그러한 개념들이 사회 문화적 상류층을 함축하고 있다는 이유만으로 무조건 모방하고 싶어했기 때문이다.

요컨대, 다양한 풍습과 생각이 인쇄된 글자와 그로 인해 가능해진 교육을 통해 광범위하게, 그리고 때로는 일반적으로 생활에 적용되었다. 이렇게 해서 집단적이면서 실은 개인적인 행동의 자제를 향한 진전이 시작되었고, 이것은 20세기에 들어와서도 계속되었다. 유럽 전역에서 획일성은 사상보다는 풍습의 측면에서 증가했고, 이와 동시에 인쇄술이 전보다도 더 빠르고 대규모로 이루어진 안팎의 변화에 기여했다. 그러나 '개화과정'[44)]으로 다소 잘못 표현된 이러한 과정이 반드시 유럽인을 더 개화시킨 것이 아님은 분명히 밝혀져야 한다. 만약 '개화과정'이라는 용어가 흔히 그렇듯이 본질적으로 인도적이라는 용어와 같은 뜻으로 사용된다면 말이다.

이와 같이 유럽의 문화는 점진적이지만 명확한 변화과정을 겪었다. 많은 사람들에게 현실에 대한 새로운 인식이 싹텄다. '문자 그대로의' 진리, 즉 글로 씌어진 진리는, 특히 루터에 의해서 성경이 하느님의 말씀으로서 유일한 권위의 출처로 제시된 프로테스탄트권에서 점차 핵심이 되었는데, 이러한 상황은 실제로 많은 신자들로 하여금 성경의 모든 말씀을 '진리'로 간주하도록 유도했다. 더욱이 어디서나 사람들은 '성경에 따라서 살기' 시작했고, 그 결과 그들의 생각과 행동은 이제 더욱 획일화되었다. 그러나 동시에 이와 같은 강제와 규제로부터 도피하려는 욕구 또한 커졌는데, 이는 개인으로서 '나'의 개발이 15세기 이래로 지식인들의 삶의 목표로서 제시되었고 '나'는 자신을 표현하기를 원했기 때문이다. 표준화는 반작용을 촉발했다.

새로운 의사소통 매체로서의 인쇄 문화에 내재한 많은 요소들이 매혹적이고 성공적인 한 인쇄물에 의해 예시되었다. 1605년 스페인의 미구엘 데 세르반테스 사아베드라(1547-1616)는 한 권의 책을 출판했다. 세르반테스는 이것을 책을 너무 많이 읽고 자신이 읽은 모든 것이 진리라고 믿는 돈 키호테라고 불리는 사람에 관한 익살스러운 소설로 만들려고 했다. 돈 키호테가 애독한 것은 편력기사들이 자기 애인의 호의를 얻기 위해 명예로운 싸움으로 가득찬 복잡한 모험을 벌이는 궁정 연애소설이었다. 이러한 소설들은 필사본 문화에서 인기 있었던 이미 낡은 장르를 새롭게 더 많은 대중에게 가져다 준 인쇄술의 초기에 매우 번성했다. 세르반테스 자신도 이탈리아로 여행한 적이 있었고, 스페인에서 변변찮은 직업을 전전하기 전에 기독교 유럽과 이슬람과의 피비린내 나는 전투인 레판토와 알제리 전투에서 모두 싸운 경험이 있었다. 그는 곧 소설과 다른 텍스트를 통해서 많은 독자에게 제시된 궁정의 이상과 당시의 사회적 현실 사이의 괴리에 매우 실망했다. 그의 소설 『라 만차의 재기발랄한 향사 돈 키호테 *El ingenioso hidalgo Don Quijote de la Mancha*』에서 주인공은 하인 산초 판사를 데리고 긴 여행을 떠나는 데, 그는 어디서나 불의를 상대로 기사도적인 전쟁을 벌일 준비가 되어 있었다. 여러 가지 경험을 통해 점점 낙심하는 돈 키호테는 차츰 그의 이상을 상실하게 된다. 반면 농업사회, 즉 현실적이고 합리적인 사회의 구현체인 산초 판사는 주인과 함께 출발했을 때는 매우 회의적이었으나 점차 본질적인 기사도적 이상의 가치를 확신하게 된다. 『돈 키호테』에서 세르반테스는 등장인물들의 심리를 탐구하고 심지어 성격의 발전까지 보여주는 최초의 '근대적인' 문학 텍스트 가운데 하나를 창조했다.[45] 인쇄술 덕분에 이 소설은 곧 스페인 전역에서 유명해졌고 영어, 프랑스어, 독일어로 번역되어 17, 18세기 유럽 전역의 수많은 작가들에게 영향을 주었다. 유명한 미술가들이 이 책의 삽화를 그렸다. 19, 20세기에는 살바도르 달리와 구스타브 도레가 이 책에 의해 영감을 받았고, 줄 마스네와 마누엘 데 파야와 리하르트 슈트라우스와 같은 작곡가들도 마찬가지였다.[46]

16세기 초 이래 유럽의 일상생활은 과거 어느 때보다 공통 규칙의 틀에 묶이게 되었다. 인간은 인쇄된 글자를 통해서 더 쉽고 집중적으로 전파되고 확산된 집단적인 도덕체계를 만들어냈고 또한 그에 지배당하게 되었다. 유럽 전역에서 개별적으로 그리고 종종 지역적으로 '정보의 해석자'나 문화적 중개자로 인정된 전통적인 관계기관의 권력은, 지금까지는 말로 제시되었으나 이제는 주로 익명으로 규율을 만들어내는 사람들이 편집한 텍스트에 의존하게 되었다. 인쇄된 글자가 권력을 국민으로부터 더욱 멀어지게 했기 때문에, 또한 종교적·세속적 권력 그 자체는 더 익명화되었지만, 권력은 강화되었다. 오랫동안 권력당국이 구두로 부여해온 질서는 ─ 바로 그런 이유로 국민에게 가깝게 느껴졌었다 ─ 이제 보이지는 않지만 '존재하는 권력'이 써서 내려보내는 글로 부과되었다. 이것은 글을 읽을 수 없던 많은 사람들이 왜 종종 인쇄술을 위협으로, 즉 '고위' 권력의 은밀한 도구로 보았는지 설명해준다. '문화 중개자', 즉 성직자나 행정관료와 같은 다양한 엘리트 계층의 구성원인 '공식적인' 중개자들과 돌팔이 의사나 서적 행상인과 같은 비공식적 중개자들, 요컨대 기존의 표준적인 행동규범인 '예의범절'을 형성하는 데 기여한 모든 사람들은, 오랫동안 그들이 편리하고 유용하게 이용할 수 있었던 애매모호한 공간과 공식적이고 규범적이며 점점 강제성을 띠는, 통제 가능한 인쇄 문화 사이에서 발생하는 긴장 속에 살게 되었다.

문맹자들은 행정적으로 새로운 압력을 경험하는 것 외에도 글과 인쇄물 속에 기호화되고 정형화된 규범에 영향을 받았는데, 이는 문자 메시지가 대개는 시장과 길거리, 여인숙, 혹은 대폿집에서 불려졌던 노래[47]와 각종 연극처럼 대체로 아직도 구비적인 문화의 몇 가지 가장 효과적인 매개물의 여과장치를 통해 그들에게 부과되었기 때문이다. 말과 이미지와 감정을 표출하는 연기를 결합시킴으로써 19세기까지 가장 영향력 있는 의사소통 수단의 하나로 남아 있던 연극은 문명과 야만에 대한 새로운 개념을 설명했다. 16세기 이후 연극 속에서 흔히 농부들이 거칠고 야만스럽게 묘사된 사실, 즉 사람들 앞에서 배변하고, 게걸스럽게 먹고, 짝짓기하는 배역이 농부에게 주어졌던 것을 생각해보라 — 이 모두는 더 이상 수용될 수 없는 야만적인 것으로 간주되었다. 이와 같이 권력을 소유한 귀족이나 도시의 영향력 있는 중산층은 인쇄물을 통해 새로운 기준을 부과했는데, 이들은 단순하게 '다르다'는 것은 또한 '통제할 수 없다'는 것을 뜻한다고 생각했기 때문이다.

교육, 문자, 인쇄 문화가 말과 노래로 표현되는 구비 문화에 어떻게 침투했는지를 보여주는 적절한 예는 『뉴메겐의 마리켄 *Mariken van Nieumeghen*』이라는 연극인데, 이 작품은 또한 영어와 독일어로 번역되었다. 마리켄이 악마와 살 것을 고려하면서 악마에게 다음과 같이 묻는다.

당신이 저와 결혼하기 전에,
제게 자유 7과를 가르쳐 주세요.
저는 모든 걸 배워서 더욱 완벽한 사람이 되고 싶어요.
제게 모든 걸 가르쳐 주시겠지요, 그렇죠?[48]

악마는 "나의 숙녀여, 지금까지 지상에서 나처럼 당신을 유식한 사람으로 만들어줄 사람은 없었지"라고 동의한다. 16세기 이래로 여성의 평등권 주장에서 핵심적이었던 요소는 종종 르네상스 인간관의 영향을 받아 표명된 더 나은 교육에 대한 요구였고, 이러한 개념을 인쇄물을 통해 확산하는 일이었다는 사실은 놀라운 일이 아니다.[49] 극심한 가부장적 문화에서 이 요구를 수용하는 데에는 여전히 문제가 있었다. 마리켄은 다시 한 번 교회와의 영적 교섭을 추구함으로써 간신히 유혹으로부터 그리고 최악의 파멸인 악마와의 결합으로부터 벗어났다. 이 연극이 전달하고자 하는 핵심 메시지는 아무나 지식을 추구해서는 안 된다는 것이다. 뭐니뭐니 해도 유럽 전역에서 식자층은 글을 읽고 쓸 줄 아는 사람들의 수가 너무 많아질까봐 두려워했다. 그렇게 되면 그들이 지식의 독점에 내재되어 있는 권력의 독점을 침해할 것이기 때문이었다. 바로 그 이유만으로도 가톨릭 교회는 자국어로 성경을 읽는 것을 금했다. 따라서 이 연극은 아는 것이 힘이라는 점을 인정하고는 있지만, 사회가 안정을 유지하고 혼란에 빠져들지 않기 위해서는 지식에 대한 여성의 열망은 처벌받지 않을 수 없다는 메시지도 전하고 있는 것이다. 실제로, 유럽의 성차별에서 아마도 가장 중요한 문화적 요인인 '제2의 성'에 대한 교육적 불이익은 19세기 후반까지 대체로 남성지배적인 유럽사회에 의해 의도적으로 권장되었다.

인쇄술이 유럽의 모든 영역에서 생활과 문화에 혁명을 일으키기 시작하자 동시대인들 — 대부분 지성인이고 정치인들이었다 — 은 우려의 목소리를 나타냈다. 평민들이 만약 새로운 사고를 수용하여 현재의 지위에 대한 그들의 의견과 대비시켜 시험할 기회를 얻는다면 혹시 비판의 목소리가 나오지 않을까 해서이다.[50] 세계를 해석한 인쇄된 글자는 또한 세계를 움직이려고 했다. 인쇄된 글자가 미래에 혁명을 불러오지나 않을까 하는 우려는 실제 현실로 변했다.

유럽과 변경 : 민족의식과 문화적 자기인식

지적 전통의 바탕인 그리스-로마의 텍스트들에 대한 세심한 분석을 촉구함으로써 유럽 문화의 고전적 기원과 기독교적인 기원을 좀더 분명히 볼 수 있도록 유도한 바로 그 인문학은, 또한 16세기에 토착어로 씌어진 귀중한 모든 것을 연구하고 더 높게 평가하도록 이끌었다. 이런 식으로 사람들은 가톨릭 교회가 주장하는 유럽 '신화'와의 상호작용과 어느 정도의 긴장관계 속에서 형성된 자신의 공동체의 과거를 더 명확히 이해하기 시작했다. 휴머니즘은 그 세계주의적인 성격에도 불구하고 점차 '민족적인' 문화의 탄생을 촉진했다. 오히려 유럽은 다양성의 통일체로 변해갔다. 생존하는 것과 권력을 가능한 한 확장하는 것이 대다수 국가들의 가장 중요한 목표가 되었다.

실제로 최초의 '민족' 시들이 위협이 가장 큰 지역, 예를 들면 이베리아 반도와 발칸 제국에서 발전했다는 것은 놀라운 일이 아니다. 그곳에서는 항상 경계심을 늦추지 않는 전형적인 '변방' 정신이 선전의 중요성을 강조했다.[51] 생존을 위한 끊임없는 싸움에 연루된 사람들을 가장 효과적으로 강화하고 그들에게 동기를 부여할 수 있는 요소들을 얻기 위해 이용 가능한 온갖 이념적 자료들이 닥치는 대로 동원되었다. 이를 통해 그들이 자기 정체성을 확립하거나 유지하도록 돕기 위해서였다. 이념적인 자료들은 보통 기독교 공동체라는 개념과 감정과 행동을 공유했던 것으로 이상화되는 과거로부터 유래한 것들이었고 언어적인 연대감에 의해서 강화되었다.

초기단계에서는 피레네 산맥의 남부에서 기독교 공동체와 이슬람교의 충돌이 자기성찰을 유발해 지역의 정체성을 고취하기 위해 씌어진 '변방시'를 낳게 했다. 11, 12세기에는 기독교와 이슬람교 세계의 경계에서 『롤랑의 노래 *Chanson de Roland*』와 『나의 시드의 노래 *Poema del mio Cid*』가 창작되었는데, 이 시들은 처음에는 이슬람의 적에 대한 프랑크족의, 나중에는 카스티야족의 '변경 정서'를 표현한 서사시들이다. 15세기 후반에는 포르투갈과 재발견된 아시아 세계가 접촉하고 충돌한 새로운 전선과 결부된 똑같은 변경 정서가 루시타니아 민족주의를 표방한 루이스 드 카몽스의 『우스 루시아다스 Os Lusiadas』에서 표현되었다.52)

유럽의 다른 변경, 즉 콘스탄티노플이 함락하기 전의 비잔틴 제국에서는 이슬람교도의 위협으로 변방시의 일종인 「아크리트의 노래」가 지어졌는데, 여기에는 그리스정교 신자인 한 소녀가 이슬람교의 사라센인과 결혼하고 이 사라센인은 그 후 기독교로 개종한다.53) 더 북쪽인 발칸 반도의 스플리트에서는 1500년경 마르코 마룰리치가 서사시 『주디타 Judita』를 썼고,54) 세르비아인 이반 군둘리치는 『오스만 Osman』을 출판했는데, 이 두 작품은 투르크군의 진격에 저항할 것을 목표로 삼았다. 그러나 이 시들의 밑바닥에 깔려 있는 종교적 감수성과 좀더 넓은 의미의 문화적 감수성으로는 술탄의 친위 보병이 그 지역을 점령하는 것을 막을 수 없었다.

이런 텍스트들은 서서히 증가하고 있는 민족적 정체성의 정서를 보여주는데, 특히 이러한 정서가 적에 대항해 싸워야 할 명백한 필요성에 도움이 되는 지역에서는 더욱 그러했다. 이것은 또한 문학과 같은 문화적인 표현과 정부의 행정과 교육 등에서 모두 '자국어'를 점차로 많이 사용하는 것에서도 관찰할 수 있다. 실제로, '민족' 언어의 순수성은 민족의 순수성과 동일성에 대한 상징이 되었다. 이를테면 후안 데 발데스는 1535년 스페인인의 역사에 관해 쓰면서 다음과 같이 말했다.

> 이 정복은 … 찬란한 명성에 빛나는 가톨릭교 왕들이 그라나다 왕국을 점령하고 포악한 무어인들을 스페인에서 몰아낸 1492년까지 지속되었다. 그러나 이 기간 중에 스페인 사람들은 그들이 사용하는 언어의 순수성을 유지할 수 없었고, 아랍어와 혼합되는 것을 막을 수 없었는데, 이는 그들이 왕국과 도시와 마을과 다른 곳을 되찾았지만 많은 무어인들과 그 언어가 그곳에 남아 있었기 때문이다.

이러한 상황은 카를 5세 황제가 무어인들한테 기독교인이 되거나 그렇지 않으면 스페인을 떠나라고 명령한 수년 전까지도 그대로 계속되었다. 그러나 무어인들과 대화를 함으로써 그들의 많은 어휘가 우리에게 남아 있게 되었다.[55]

스페인에서 언어의 순수성에 대한 요구는 곧 종교적 순수성뿐만 아니라 나아가서는 인종적 순수성에 대한 요구와 결합되었다. 유럽의 모든 국가들이 스페인에서 사용된 극단적인 조치들을 사용하지는 않았으나 ― 스페인 사람들은 무어인들을 강제로 개종시키거나 추방시킨 다음 유태인들도 똑같은 방식으로 다루었다 ― 대개는 그러한 순수성을 보호하기 위해 몇 가지 정책을 펼치기 시작했다.

한편, '민족적인' 색깔이 보다 뚜렷한 텍스트들을 비교해보면 어떤 민족 고유의 문화에서 비롯됐다고 생각된 덕목들이 종종 다른 민족의 덕목들과 일치한다는 것이 드러나는데, 이 덕목들은 흔히 최우선적으로 중요시되었던 기독교와 종종 시금석이 되었던 고전문명과의 접촉에 궁극적으로 뿌리박고 있었기 때문이다. 이와 같이 '유럽'은 점점 다양해졌지만 여전히 이원적인 ― 그때까지는 어느 정도 감춰진 ― 요소로 스스로를 규정했다.

Notes

8장_ 새로운 사회 : 더 확대된 유럽의 세계

1) 훌륭한 개괄서로는 W. Ch. Jordan, *The Great Famine: Northern Europe in the Early Fourteenth Century*, Princeton 1996을 볼 것.
2) F. Chabod, "L'Idea di Europa," *Rassegna d'Italia II* (1947), 7.
3) F. -M. Arouet, Voltaire, *Le Siècle de Louis XIV*, Paris 1752.

4) E. J. Jones, *The European Miracle: Environment, Economies and Geopolitics in the History of Europe and Asia*, Cambridge 1987.
5) Francis Bacon, *Novum Organum*, London 1620 (혹은 그 후 판), aphorism 129.
6) M. Devèze, R. Marx, trans., eds, Textes et documents d'histoire moderne, Paris 1967, 77-8.
7) 훌륭한 입문서로는 L. Avrin, Scribes, *Script and Books: The Book Arts from Antiquity to the Renaissance*, Chicago 1991을 참조. 중세의 필사본 제작과정의 모든 면을 삽화와 함께 훌륭하게 소개한 것으로 J. Glenisson, ed., *Le Livre au moyen âge*, Paris 1988도 볼 것.
8) P. Gumbert, *The Dutch and their Books in the Manuscript Age*, London 1989 를 볼 것.
9) C. Bozzolo, E. Ornato, *Pour une histoire du livre manuscrit au moyen âge*, Paris 1983. 특히, 제1부 "La production du livre manuscrit en France du Nord," 15-121 참조.
10) H.. Bresc, *Livre et societe en Sicile (1299-1499)*, Palermo 1971, 187, 표 2.
11) 제반 배경에 관해서는 Tsien Tsuen-Hsuin, *Paper and Printing*, Cambridge 1985 (혹은 J. Needham, ed., *Science and Civilisation in China*, 1)를 볼 것.
12) J. Moran, *Printing Presses: History and Development from the Fifteenth Century to Modern Times*, Berkeley 1973.
13) E. L. Eisenstein, *The Printing Press as an Agent of Change: Communication and Cultural Transformation in Early Modern Europe*, I-II, Cambrridge 1979.
14) 동양 전반의 — 특히 중국제국 — 경제적·기술적 침체에 관한 논의가 최근에 많이 개진되었지만, 학자들마다 매우 흥미롭기는 하나 대체로 결론이 없고 항상 모순적인 해석을 개진했다. M. Elvin, *The Pattern of the Chinese Past*, London 1973; C. A. Alvares, *Homo Faber: Technology and Culture in India, China and the West from 1500 to the Present Day*, The Hague 1980을 볼 것.
15) D. S. Landes, *Revolution in Time: Clocks and the Making of the Modern World*, Cambridge, Mass., 1983.
16) W. Schivelbusch, *The Railway Journey: The Industrialization of Space and Time*, New York 1986.
17) G. R. Elton, *Renaissance and Reformation, 1300-1648*, London 1963, 135-40.

18) 유럽 문화사에서 사용되는 '지식인' 이라는 용어가 갖는 문제성은 다음 세 연구자에 의해서 가장 잘 나타나 있는데, 각자 나름대로 귀중한 공헌을 하고 있다. J. le Goff, *Intellectuals in the Middle Ages*, Oxford 1993 (원래는 1994년 Paris에서 처음 출판되었음); D. Masseau, *L'Invention de l'intellectuel dans l'Europe du XVIIIe siècle*, Paris 1994; C. Charle, *Naissance des intellectuels 1880-1900*, Paris 1990. 필자는 지식인을 박식한 혹은 전문화된 학문을 배경으로 자신이 속한 문화 및 사회의 기능과 방향에 관한 폭넓은 논의에 참여하는 사람으로 생각한다.

19) 그 중에서 E. Kaeber, *Die Idee des Europäischen Gleichgewichts in der publizistischen Literatur vom 16. bis zur Mitte des 18. Jahrhunderts*, Berlin 1907 참조.

20) W. Schmale, N. L. Dodd, eds, *Revolution des Wissens? Europa und seine Schulen im Zeitalter der Aufklärung*, Bochum 1991의 서문을 볼 것.

21) R. O'Day, *Education and Society, 1500-1800: The Social Foundations of Education in Early Modern Britain*, London 1982, 13, 42.

22) D. Cressy, *Literacy and the Social Order: Reading and Writing in Tudor and Stuart England*, Cambridge 1980, 175-89.

23) F. Furet, J. Ozouf, *Lire et ecrie: l'alphabétisation des français de Calvin à Jules Ferry*, Paris 1977, 59-68.

24) K. P. Luria, *Territories of Grace: Cultural Change in the Seventeenth-Century Diocese of Grenoble*, Berkeley 1991.

25) J. M. Lloyd Thomas, ed., *The Autobiography of Richard Baxter*, London 1931, 3-4.

26) R. Gawthrop, G. Strauss, "Protestantism and literacy in early modern Germany," *Past and Present* 104 (1984), 31-55; G. Strauss, "Lutheranism and literacy: a reassessment," in K. von Greyerz, ed., *Religion and Society in Early Modern Europe, 1500-1800*, London 184, 109-23; R. A. Crofts, "Printing, reform and the Catholic Reformation in Germany," *The Sixteenth Century Journal* 16 (1985), 369-81; R. B. Bottigheimer, "Bible reading, 'Bibles' and the Bible for children in early modern Germany," *Past and Present*, 139 (1993), 66-89.

27) 한 예로 T. Watt, *Cheap Print and Popular Piety, 1550-1640*, Cambridge 1991

을 볼 것.
28) P. E. Grendler, *Schooling in Renaissance Italy: Literacy and Learning, 1300-1600*, Baltimore 1989, 111 이하도 볼 것.
29) H. Chisich, *The Limits of Reform in the Enlightenment: Attitudes toward the Education of the Lower Classes in Eighteenth-century France*, Princeton 1981.
30) 이 주장은 A. Grafton, L. Jardine, *From Humanism to the Humanities: Education and the Liberal Arts in Fifteenth- and Sixteenth-Century Europe*, Cambridge, Mass., 1986, 17이 제기했다. G. Strauss, "Liberal or illiberal arts?" *Journal of Social History* (1981), 361-7도 볼 것.
31) N. Kolowski, J. B. Lasek, eds, *Internationales Comenius-Kolloquium*, Bayreuth 1991; G. Michel, *Die Welt als Schule*, Hanover 1978.
32) R. A. Houston, *Literacy in Early Modern Europe: Culture and Education, 1500-1800*, London 1988, 83 이하.
33) 예를 들면, R. Kagan, *Students and Society in Early Modern Spain*, London 1974; L. Brockliss, *French Higher Education in the Seventeenth and Eighteenth Centuries*, Oxford 1987을 볼 것.
34) W. Frijhoff, "Grandeur des nombres et misères des réalités: la courbe de Franz Eulenburg et le débat sur le nombre des intellectuels en Allenmagne, 1576-1815," in D. Julia *et al.* ed., *Histoire sociale des populations étudiantes I*, Paris 1986, 23-64도 볼 것.
35) H. Blumenberg, "Der Prozess der theoretischen Neugierde," in H. Blumenberg, *Die Legitimität der Neuzeit*, Frankfurt 1966, 201-433도 볼 것.
36) N. G. Wilson, *From Byzantium to Italy: Greek Studies in the Italian Renaissance*, London 1992.
37) R. Myers, M. Harris, *Censorship and the Control of Printing in England and France, 1600-1910*, Winchester 1992.
38) A. R. Wentz, ed., *Luther's Works*, Philadephia 1959, XXXVI, 66-7.
39) J. I. Packer, O. R. Johnston, trans., eds, *Martin Luther: On the Bondage of the Will*, London 1957, 80-1, 313-4.
40) M. U. Edwards, *Printing, Propaganda and Martin Luther*, Berkeley 1994.
41) R. W. Scribner, *For the Sake of Simple Folk: Popular Propaganda for the*

German Reformation, Oxford 1994.

42) T. Watt, *Cheap Print and Popular Piety, 1550-1640*, Cambridge 1991을 볼 것.

43) 한 훌륭한 예로 S. Anglo, ed., *Chivalry in the Renaissance*, Woodbridge 1990, 1-12와 그의 논문 "How to kill a man at your ease: fencing books and the duelling ethic" 참조.

44) 특히 이 문화과정에 정통한 역사가인 Norbert Elias의 *The Civilizing Process. I: The History of Manners*, New York 1978 참조.

45) E. C. Riley, *Don Quijote*, Winchester, Mass., 1986.

46) A. Flores, M. J. Bernadete, *Cervantes across the Centuries*, New York 1947을 볼 것.

47) R. Palmer, *The Sound of History*, Oxford 1988, 1-29.

48) C. Kruyskamp, ed., *Mariken van Nieumeghen*, Antwerp 1982, 227-30.

49) L. Smith, *Reason's Disciples: Seventeenth-Century English Feminists*, Urbana 1982를 볼 것.

50) E. L. Eisenstein, "Revolution and the printed word," in R. Porter, M. Teich, eds, *Revolution in History*, Cambridge 1986, 190-2.

51) 유럽 변경에 관한 문제를 다룬 것으로는 R. Bartlett, A. Mackay, eds, *Medieval Frontier Societies*, Oxford 1994 참조.

52) J. -Cl. Margolin, ed., *L'Humanisme portugais et l'Europe*, Paris 1984; M. Simoes, "Camoes e a Identidade Nacional," *Peregrinaçao* 5 (1984), 3-8; J. Kaye, "Islamic imperialism and the creation of some ideas of Europe," in F. Barker *et al.* ed., *Europe and its Others*, Colchester 1985, 59-71을 볼 것.

53) R. Beaton, *Folk Poetry of Modern Greece*, Cambridge 1980; R. Beaton, D. Ricks, eds, *"Digenes Akrites"*: *New Approaches to Byzantine Heroic Poetry*, Aldershot 1995.

54) H. R. Cooper, *Judith*, Boulder 1991.

55) C. Barbolani, ed., *Juan de Valdes, Diálogo de la Lengua*, Madrid 1992, 132.

9
새로운 사회

15세기 이후의 유럽과 더 확대된 세계

'오래된' 세계와 '더 오래된' 세계

　기독교 공동체가 생성되기 훨씬 전에도 유럽에 살고 있던 몇몇 민족은 그들이 아시아에 진 빚을 의식하고 있었다. 그리스 사람들은 이집트와 메소포타미아의 지혜를 존경했고, 실제로 근동과 페르시아와 인도의 문명으로부터 문화의 상당한 부분을 전수받았다. 알렉산더 대왕의 시대 이후로 중앙아시아와 중국과 인도 아대륙과의 유대는 뚜렷이 남아 있었다. 비록 이곳과의 접촉은 거의 언제나 중개인들을 통해, 예컨대 '비단길'이라는 중국과 지중해의 경제를 연결하는 일련의 무역로를 따라 여행한 상인들에 의해 간접적으로 이루어졌지만 말이다.[1] 로마도 동양의 위력과 생산품을 계속 의식하고 있었다. 물론, 로마제국이 붕괴한 후 여러 세기 동안에는 명백히 그 유대가 약해졌고 아시아는 더욱 환상적인 나라가 되었는데, 이는 카롤링거 왕조하에 유럽의 경제가 다시 소생할 때 은의 역할을 가장 학식 있는 정치가와 무역상들조차 그저 어렴풋하게만 이해했기 때문이다.

아시아의 특성으로 여겨진 부와 경이라는 함축이 기독교의 뿌리가 근동에 있었기 때문에 강화된 것은 의심의 여지가 없다. 이 때문에 많은 순례자들이 성지로 갔고, 그곳에서 아라비아 사막 너머에 있는 세계의 환상적인 부에 관한 이야기를 들었던 것이다. 성경에 신이 에덴동산에서 숭고한 형태로 최초의 세상을 창조했고 그 정원이 아직도 동양 어딘가에 존재한다고 적혀 있었기 때문에, 이것이 마술적인 아시아의 이미지에 크게 기여했다. 이처럼 레반트 건너편에 가본 사람은 거의 없었지만, 그곳은 계속해서 유럽 사람들을 매혹했다.2) 한때 교황들은 이슬람과 싸우기 위해 몽고의 황제들과 동맹을 체결하려고 수도승들을 카라코람에 있는 칭기즈 칸의 궁정에 파견하기도 했다. 이러한 노력은 물거품으로 돌아갔으나, 수도승들은 유럽 사람들의 상상력에 불씨를 당겨준 경이로운 이야기를 갖고 되돌아왔다. 13세기 말 베네치아의 상인 가문인 폴로 일가의 중국 여행은 그 이야기들에 고무된 것이 확실하다.

마르코 폴로가 중국에 갔었다는 사실은 그가 돌아와서 귀를 기울이면서도 믿지 못하는 청중들에게 자신의 경험담을 얘기하는 순간부터 의심을 받았지만—그의 이야기는 필사본 시대의 마지막 세기와 인쇄술 시대의 최초의 세기에서 모두 최대의 베스트셀러 가운데 하나가 되었다—그는 분명히 중국에 갔다온 것처럼 보인다.3) 그곳에서는 지폐가 사용되었고—이는 그들이 지폐를 발행하는 국가는 신뢰를 받았기 때문이다—대도시의 가로는 포장되어 있고 가로등이 밝혀져 있었으며, 사람들이 안전하게 여행했다. 또한 그곳에서는 황제가 옛 로마의 통치자들처럼 막강한 권력을 갖고 통치했다. 요컨대, 그곳에서는 모든 점에서 유럽보다 우수하지는 않더라도 대등한 문명을 발견할 수 있었다. 왜냐하면 중국에는 실제로 기독교가 스쳐간 아무런 흔적이 없는데도 유럽에서도 신성하게 간주되는 가치들을 유지하는 인도적인 사회기 때문이다.

곧 아시아나 인도나 중국이나 동양은—이 모든 용어가 이슬람 세계 너머의 세계를 의미하는 것으로 아무 구분 없이 사용되었다 — 그 환상적인 부 때문에 선망의 대상이 되었을 뿐만 아니라, 유럽 사람들이 심지어 자신의 업적을 다시 한 번 생각하도록 유도한 문화 때문에 감탄의 대상이 되기도 했다. 실제로, 16세기 이래로 과학기술의 발전을 특징으로 하는 모든 변화에도 불구하고 유럽은 계속해서 동양으로부터 배워야 했다. 16세기 이래로 그 과정은 과학기술 분야에서는 덜 일방적으로 되었지만, 일반적인 의미에서, 특히 철학적인 의미에서는 더욱 그런 상황이 두드러졌다. 점차 유럽인들은 아시아가 정말 시원의 땅이 아닐까 하고 생각하기 시작했다. 인간은 너무 많이 알고 싶어하기 전에 에덴동산에서 놀라운 지식을 갖고 있었기 때문에 아시아가 지식의 기원일 뿐만 아니라 언어의 기원이며, 어쩌면 심지어 종교의 기원이 아닐까?

물론, 인간의 지평을 확대해주는 가능성으로서 여행은 여러 가지 면에서 항상 유럽 문화의 일부분이었지만 15, 16세기 이후 유럽인들은 점점 더 많이 자신의 신뢰하던 세계를 떠났다. 아랍인이 쓴 선박 조종술과 우주학에 관한 논문과 유태인 지도 제작자가 그린 지도가 유럽인들에게 지중해와 그 너머의 길 모두를 보여주지 않았던가? 일부는 성장해가는 자의식을 통해서, 일부는 많은 새로운 개념들이 가져온 발전의 약속에 의해 유럽인들은 더욱 독립적인 성향이 되어, 미지의 세계가 제공하는 도전에 과감히 직면했다. '근대' 국가의 탄생은 15세기 말부터 20세기 초까지 세계의 대부분 지역에 대한 경제적·정치적 지배를 가져온 유럽의 해외확장을 가져온 부차적 원인으로 제시될 수 있을 것이다. 유럽이 세계를 지배한 이유는, 유럽의 국가들은 제한된 영토를 놓고 서로 경쟁해야만 했으므로 모든 물적·인적 자원을 가능한 한 독창적으로 사용하지 않을 수 없었기 때문이다.

14, 15세기에 이미 무역상, 탐험가, 모험가, 선교사들은 — 때로는 똑같은 사람이 이 중 몇 가지 역할이나 모든 역할을 다 하기도 했다 — 점점 자주 지중해를 건너 중동과 극동 그리고 북아프리카의 해안으로 여행했다. 그러

나 15세기 말 이후 지중해 지역, 특히 지중해 동쪽 지역의 세력의 균형이 변화하기 시작했다. 지역의 두 강대국인 오토만 제국과 페르시아 왕국간의 투쟁은, 유럽의 시장을 근동의 사막을 통과하고 지중해를 거쳐 인도양과 아시아의 생산지와 연결하는, 대상로와 항로의 수익성을 심각하게 감소시켰다. 유럽인들은 이제 동양으로 가는 그들 자신의 통로를 발견하기를 원했다. 그래서 포르투갈인들은 서부 아프리카의 오지에 있는 금과 노예를 찾기 위해서 대서양을 항해하기 시작했을 때도 아시아의 부와 이슬람교도와의 싸움을 도와줄 동맹국, 그리고 심지어 성지에도 도달할 수 있는 전략적인 남부 우회로를 찾고 있었다. 그들은 15세기 말 여전히 다소 불안하게 아프리카 해안선을 따라감으로써 희망봉과 인도양을 경유해 전설적인 동양으로 가는 대안 항로를 발견했다.

역사의 아이러니는 15세기에 유럽의 '비상'에 도움이 된 가장 중요한 기술적 현상이 아시아에서 유럽으로 이전된 과학기술의 일부였다는 것과, 또한 이 현상으로 인해 궁극적으로 유럽이 동양의 부를 찾아서 이슬람 세계를 우회하게 되었다는 것이다. 조선술 및 자석 나침반과 같은 다채로운 해양도구의 개발은 모두 이전 세기에 이슬람의 지중해를 거쳐 기독교의 서양에 도달한 핵심적인 지식에서 유래했던 것이다.

나침반의 흥망성쇠는 기술 이전의 또 다른 문제적 사례를 제공한다. 나침반은 중국의 고대 종교에서, 더 구체적으로는 땅과 하늘을 같이 표현하는 판자와 자석 바늘이 함께 사용된 점술에서 유래한 것으로 알려졌다. 나침반은 서기 1000년 훨씬 이전에 다양한 측량도구로 발전했다. 그러나 나침반이 어떻게 유럽에 도달하게 되었는지는 알 수 없다. 유럽에서는 나침반이 1198년에 처음 언급되었다. 나침반은 측량도구로서 중앙아시아와 이슬람 세계를 통해 육로로 도입되었을지 모른다. 아니면 그것을 나침반 형태로 사용한 중국과 아랍 선원들과 함께 인도양을 통해서 유럽에 도달했을지도 모른다.[4]

조선술에 관해서 살펴보면, 14, 15세기에 건설기술은 — 예컨대, 이베리아 반도에서처럼—정교한 수준에 도달했음이 분명한데, 이는 적어도 부분적으로 포르투갈의 뒤이은 모험적 항해가 왜 인도양에서 성공했는지를 설명해준다. 그러나 돛대가 세 개인 가벼운 이베리아 배의 건조는 14세기 말과 15세기 초의 유럽의 세계지도와 마르코 폴로의 이야기 속에 묘사된 돛대가 여러 개인 중국의 평저선 그림에서 영향을 받았을 가능성이 높다. 기술의 전이과정은 다시 한 번 동지중해의 동양과 서양이 합류하는 지점에서 일어났을지 모른다. 일찍이 1420년에 항해사 엔리케 왕자의 기지인 사그레스에서는 유태인과 아랍인 선원 및 학자들이 도우로의 카라벨라(경쾌한 범선)와 아랍의 카라보(범선)를 결합해 바람을 거슬러서 귀향할 수 있는 배를 건설했다. 이 배는 이집트 해안과 인도양에서 흔히 보였던 큰 삼각돛을 달고 있었다.

최초의 유럽인들이 아시아 해역에 도착하자 유럽과 아시아 사이에 새롭고 직접적인 과학기술의 이전이 전개될 수 있었다. 1490년대에 희망봉을 돌았던 바스코 다 가마는 아랍인 키잡이인 유명한 이븐 마지드로부터 새로운 항해기술을 배웠다—그는 항해와 해양기술에 대한 기념비적인 백과사전인 『해양백과 Kitab al-Fawa'id』(1490)의 저자이다. 인도 해안에 도착한 후에 포르투갈인들과 이후 영국인들은 곧 현지의 재료를 사용한 현지의 조선술을 배웠는데, 이 과정은 18세기까지 계속되었다. 예컨대, 당시 영국의 동인도회사는 솜과 타르로 접합부분을 봉하는 수라트식 홈맞춤 작업을 채택했는데, 그들은 이 공법이 더욱 내구성 있는 배를 제작할 수 있고 건조비를 거의 반 정도나 줄인다는 사실을 알게 되었다.

또 다른 역사의 아이러니는 총과 대포의 사용이 동양에서 유럽의 세력 확장을 뒷받침했다는 것이다. 유럽의 주요 경제적·군사적 목표물이었던 인도와 중국의 예를 들면, 두 곳에서 무기산업은 이 분야의 초창기 기술이 유럽으로 천천히 이전되기 시작한 이후 계속해서 번성했지만, 유럽의 무기산업은 15세기 후반까지 아시아에서는 볼 수 없는 비약적인 발전을 이룩했다. 그 결과 16세기와 17세기 초기에 포르투갈인들은 중국에 도착하자마자 당

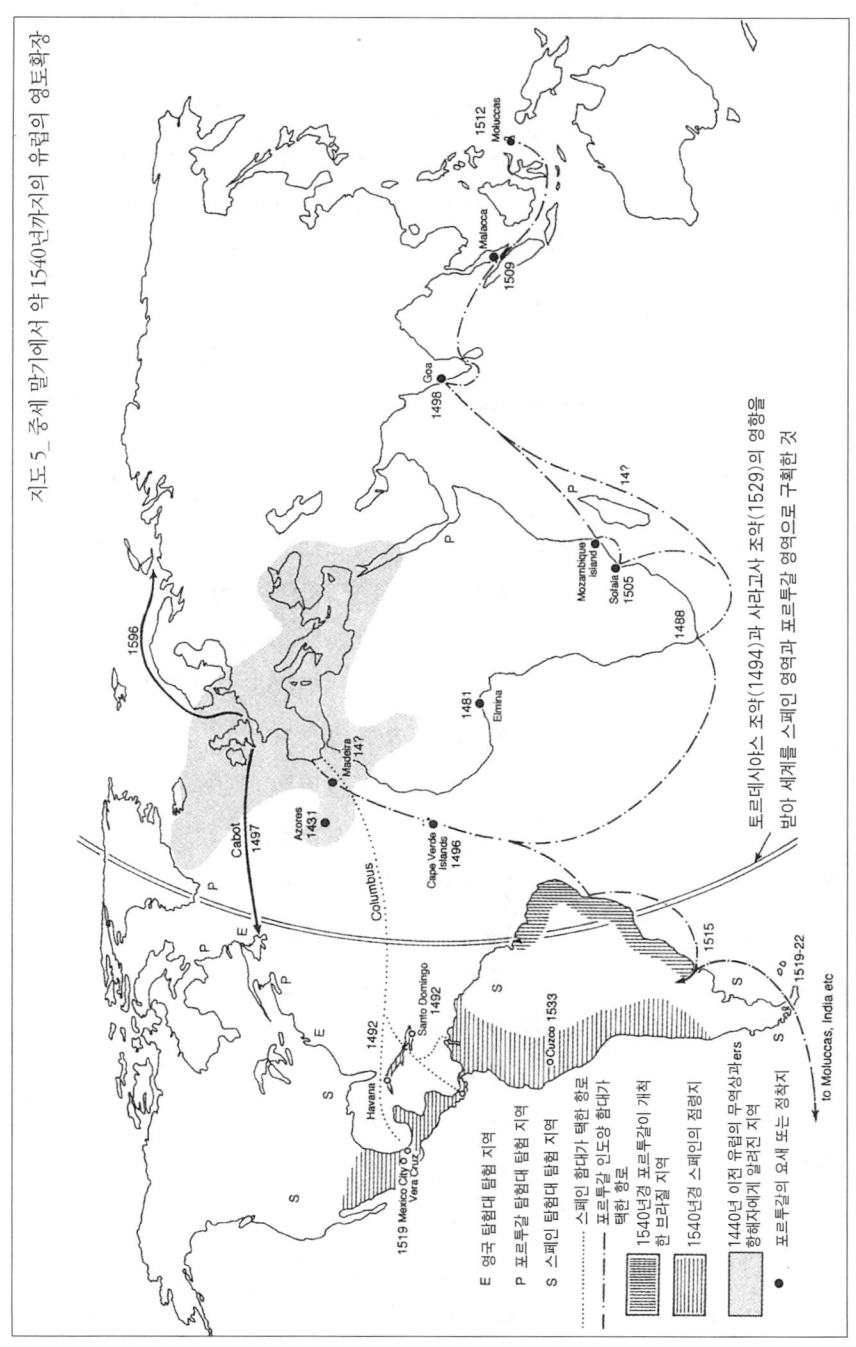

시 그들의 우월한 기술로 서로 싸우고 있던 중국의 파벌을 도와주는 대신 이익을 취할 수 있었다. 일본에서는 16세기에 커다란 내란을 치른 후 권력을 잡은 쇼군 정권이 화약과 대포에 관한 지식을 보유하고 있었다. 그럼에도 불구하고 그들은 17세기 초에 도착한 네덜란드인들의 두기에 의존해 1638년의 시마바라 기독교 농민들의 봉기를 진압하는 데 도움을 받았다. 그러나 그 후 일본정부의 강요에 의해 고대의 사무라이 전통에서 신성시된 검과 활로 돌아가는 과정이 완벽하게 이루어졌다. 그래서 19세기에 서양인들이 다시 찾아왔을 때야 비로소 일본은 화약을 이용한 전쟁의 개념을 재인식하게 되었다.[5]

한편, 수세기 동안 아시아와 유럽의 중요한 중개자였던 이슬람 세계에는 무엇이 일어났는지 궁금해진다. 물론 많은 학자들은 문화적으로, 더 구체적으로는 지적으로, 이슬람교 세계가 고대 그리스의 과학과 철학에 진 큰 빚만으로도 아시아 문명보다는 지중해-유럽 문명에 속해 있다고 주장할 것이다. 따라서 이슬람 문화권은 기독교 세계에 전이하여, 유럽이 경제적·기술적·정치적 세력을 얻을 수 있도록 해준 수많은 중요한 발명을 하는 데 참여하고 그 발명품들을 사용하지 않을 수 없었을 것이다.

그러나 15세기 말에 이르러 이슬람 세계는 특히 기술 분야에서 정체기에 들어간 반면, 유럽은 계속해서 발전했다. 이곳은 이 과정에 대한 이유를 상세하게 탐구할 자리는 아니다. 그 이유는 다양하고 그에 대한 논의도 여전히 계속되고 있다. 그 이유의 대부분은 위에서 약술했듯이 유럽과 아시아의 기술적인 균형, 경제적·정치적·문화적인 균형까지 변화시킨 복잡한 원인들과 같은 것들이다. 그러나 몇몇 요인들은 꼬집어 지적할 수 있다.

종전보다 더욱 보수적인 경향을 가진 오토만 제국이 헤게모니를 장악하면서 국가간의 경쟁과 같은 유익한 요소들이 사라졌다. 또한 이슬람 세계가 인쇄술과 같은 주요 기술을 사용한 방식—혹은 사용하지 않은 방식—을 지적할 수도 있다. 유럽에서 인쇄술은 일반적으로는 지식의 발전에, 특히 교육과 학문과 지식의 교환에 크게 기여했고, 그 결과로 과학기술의 진보와 물질적인 진보에 기여했다. 그러나 여러 가지 이유로 — 주로 종교적인 이유로, 보다 넓은 의미의 문화적인 이유로 — 인쇄술은 이슬람 세계에 실제로 도입되지 않았으며, 발전을 단지 경제적인 시각으로만 판단한다면, 지속적인 부정적 결과를 낳았다.

유럽이 아시아 항로를 발견하고 이를 장악하면서 아시아의 부로 향하는 주요 통로로서의 이슬람 세계와 지중해의 중요성이 감소했을 뿐만 아니라, 과학기술의 수용자와 전달자로서의 역할도 축소됐음은 부인할 수 없다. 또한 이슬람 지역의 정치투쟁 때문에 레반트 지방의 수송비, 즉 무역비용이 상당히 증가했고, 이것은 유럽인들이 중동의 사막을 통과하는 낙타길 사용을 주저하게 만들었다. 따라서 상업적·문화적 교환 지역으로서 지중해의 쇠퇴가 이슬람 세계의 일반적인 문화적·정치적·경제적 쇠퇴의 결과인지, 아니면 반대로 그 쇠퇴를 일으킨 원인 중의 하나인지, 그래서 이슬람 세계로부터 중개자의 기능을 빼앗아 그 활력을 감소시킨 것인지는 판단하기 어렵다. 이슬람의 활력이 감소한 것은 장기적으로 볼 때 결국 대부분의 문화가 고립보다는 상호작용으로부터 이익을 얻는다는 사실을 부인할 수 없기 때문이다.

15, 16세기에 유럽의 무역과 산업활동이 지중해 해안으로부터 대서양으로 이동해 새로운 중심지를 확보해가는 과정에서 유럽인들은 아시아로 가는 독자적인 길을 발견했다. 태고 적부터 근동과 중앙아시아를 통과하는 해로와 육로를 따라서 발달한 문화교류는, 이제 전부는 아니지만 대개 희망봉을 경유하는 대양항로를 택했다. 이 길을 지배한 조직은 필연적으로 아시아에서 유럽으로의 기술이전을 포함한 문화교류의 주요 중개자가 되었다. 이들은 북유럽 국가의 대규모 해운회사와 로마교회의 영적인 회사, 더 구체적으로 예수회였다. 즉 상인과 선교사들은 오래된 세계와 더 오래된 세계를 연결하는 주요한 중개자가 되었다. 어느 스웨덴 동인도 무역상이 중국 농업의 기술혁신에 관한 소식을 전하자, 그의 글은 곧 유럽 전역에서 번역되었다.[6] 또

한 어느 예수회 신부가 최초로 자기 제조 공법의 비밀을 유럽에 소개하자 유럽은 재빨리 기회를 포착했다. 그러나 이 집단들은 더 오래된 세계로 가는 새롭고 더 편한 길을 끊임없이 찾고 있었기 때문에, 그들은 유럽이 완전히 새로운 세계를 발견했을 때도 역시 중요한 역할을 하게 되었다.

포르투갈 사람들이 인도로 가는 길을 찾으려 애쓰면서 바스코 다 가마가 1498년에 캘리컷에 도착한 반면, 스페인 사람들은 콜럼버스의 뒤를 따라 위험한 서쪽 바다를 건너서 지구상에서 가장 멀리 떨어진 외진 곳으로 항해했다. 이렇게 해서 그들은 신세계를 발견했다. 그 다음 유럽은 아시아와 아메리카 사이에 자리잡고서 매우 순탄한 길을 걷게 되었다. 국제무역은 이제 유럽 상업의 항구적인 요소가 되었고 유럽경제를 크게 부양시키는 작용을 했다. 상업자본주의는 15세기 후반과 16세기에 처음으로 진정한 의미에서 그 절정에 이르렀다.

'구' 세계와 '신' 세계

오늘날 대다수의 유럽인은 감자와 커피원두와 담배를 당연한 것으로 생각한다. 유럽인들이 자신의 문화에 대해서 이야기할 때, 그들은 매일 매일의 식사와 같은 매우 소박한 것을 바탕으로 하고 있으며, 또한 여기에 표현된 문화에 대해 말하고 있는 것임을 기억할 필요가 있다. 일부 통계에 의하면, 담배의 사용은 최근에 감소하고 있다고는 하지만—잘 알려진 대로 통계는 믿을 만한 것이 못 된다—감자와 매일 매일의 커피의 소비는 여전히 유럽의 식습관에서 중요한 요소들이다.

이 식습관은 1492년에 발생한 사건으로 거슬러 올라간다는 것을 깨달아야 한다. 그러나 이것을 덜 낭만적으로, 좀더 정확하게 표현하자면, 이 사건이란 스페인이 카리브 해 지역과 멕시코와 페루를 정복하고 16세기에 포르투갈이 브라질을 식민지로 만든 것을 말한다. 알코올 중독처럼 많은 서양 사람들은 초콜릿에 중독되어 있는데, 바로 그곳이 초콜릿의 원료가 되는 코코아 열매와 같은 농산물이 생산되는 지역인 것이다. 이 문제를 생각하면, '신세계'의 발견은 '구세계'에 지대한 영향을 주었을 뿐만 아니라, 심지어 유럽의 문화를 본질적으로 변화시켰다는 결론에 금방 도달하게 된다.[7]

유럽인들은 정말 무엇 때문에 서쪽을 향해 갔는가? — 안전한 해안선이 보이지 않아 대부분의 사람들에게는 여전히 위협적이었던 바다를 왜 해도에 기입하고, 결국 어디에 도착할지도 모르면서 왜 수평선을 향해 항해했는가?[8] 이것은 모험에 대한 동경에서인가, 아니면 명예욕이나 종교적 열정 또는 광신에서, 아니면 단순한 이익 추구에서 일어난 일인가? 몇몇 사람들에게 그것은 이런 모든 요소들이 합치하는 꿈, 즉 순수를 약속하고 물질적 풍요에 대한 세속적인 동경을 충족시켜 줄 낙원에 대한 꿈이었다. 여기서 잊지 말아야 할 사실은 15, 16세기의 유럽인들에게 기아는 끔찍한 현실이었고, 낙원에 대한 어떤 개념도 역시 안락하고 풍성한 음식을 포함하는 물질적인 것이어야 했다는 점이다. 제노바 출신의 크리스토발 콜론 혹은 크리스토퍼 콜럼버스는 그 중의 한 사람이었다.[9]

그가 1492년의 최초의 서쪽 여행에서 기록한 항해일지에는 놀라운 사실이 기록되어 있다. 원본이 16세기에 없어진 것은 사실이지만, 그 대부분은 원본을 읽은 수도승 바르톨로메 드 라스 카사스가 필사하고 각색한 기록에 보존되어 있다. 콜럼버스는 주기적으로 황금과 진주에 관해서 이야기했고, 그가 서쪽으로 항해하면 도달할 것으로 생각한 동양의 나라인 중국과 일본과의 수지맞는 상업적 접촉에 관해서 이야기했다. 콜럼버스는 카리브 해의 이 섬 저 섬으로 항해하면서 그가 곧 일본이나 중국에 도착할 것이고, 그래서 스페인 왕들이 그에게 준 친서를, 13세기의 수도승들과 마르코 폴로의 허구적이고 왜곡된 이야기를 통해서만 알고 있던 극동의 통치자 칭기즈 칸에게 전달할 수 있을 것이라고 반복해서 언급했다.[10] 콜럼버스는 마르코 폴로의 여행기를 최초로 인쇄된 텍스트를 통해, 즉 1492년 네덜란드 고우다의 인쇄업자 게라르트 레우에 의해서 인쇄된 텍스트로 읽었다. 콜럼버스는 그의 책에서 허리케인이 휩쓸고 간 섬들의 해변에 부딪치는 중국의 동쪽 바다에 관해서 마르코 폴로가 언급한 대목들만을 주목했다.

콜럼버스는 마침내 발견한 카리브 해 섬들에 관한 묘사에 수많은 페이지를 할애했는데, 그 중에서 가장 인상 깊은 것은 그가 지금까지 보았던 그 어느 것보다도 아름다운 나라와 사람들에 대한 놀라움과 유럽에서는 발견할 수 없었던 매우 온화한 기후와 풍부한 곡물에 대한 놀라움이었다. 물론, 콜럼버스는 그의 사업에 대한 더 많은 지원을 필요로 했으므로 이러한 칭찬의 이면에는 정치적인 목적도 얼마간 숨어 있었으나, 그의 황홀함은 매우 순수하게 보인다. 이곳에는 평화가 지배하고, 무기와 법은 이제까지 들어본 적이 없으며, 모든 사람들이 서로를 이해하고, 체계화된 종교는 아니지만 신에 대한 믿음을 어디서나 볼 수 있었다. '낙원'이라는 용어는 콜럼버스가 이야기의 마지막 부분에 가서야 사용할 뿐이지만, 실제로 그가 묘사한 것을 보면 처음부터 낙원을 발견했다고 생각했음을 분명히 알 수 있다. 아니면 라스 카사스가 썼듯이, 콜럼버스는 인간의 타락과 언어의 혼돈이 일어나기 전과 같은 상태에서, 즉 에덴동산과 같은 멋진 풍광 속에서 "그곳에 영원히 머물고 싶은 기분"이었다.[11]

다른 사람들의 관심과 감동은 이보다는 덜했다. 베르날 디아스 델 카스티요는 1519년 멕시코의 아즈텍에 상륙한 최초의 유럽인인 스페인 출신의 에르난도 코르테스의 동료로서, 코르테스와 그가 '진정한 십자가'라는 의미로 베라 크루즈(Vera cruz)라고 명명한 곳에 정박하자마자 "우리는 이곳에 신과 왕을 섬기고 부자가 되기 위해서 왔다"라고 그의 생각을 간결하지만 강력하게 표현했다.

대서양을 횡단해온 최초의 유럽인 세대는 실제로 그들이 '인도'에 도착했다고 생각했다 — 인도라는 이름은 인더스 강 너머에 존재하는 아시아를 의미한 것으로서 유럽인들은 수세기 동안 동양에 관한 이야기 속에서 흘러 나왔던 환상적인 부를 발견할 수 있는 곳으로 기대했다. 콜럼버스를 필두로 유럽인들은 아시아의 해안에 상륙했다고 생각했다. 그들은 이전에 지중해와 근동 및 중동의 복잡한 무역로를 경유해서만 입수할 수 있었던 비단, 향료, 진주, 보석과 같은 구대륙의 신화적인 부의 일부분을 손에 넣기를 희망했다.

그러나 '인도'의 가상적인 부는 유럽 사람들이 도달한 서쪽 땅에서는 발견될 수 없음이 차츰 명확해졌다. 대서양을 횡단한 최초의 스페인 사람들이 '인도'나 아시아에 상륙한 것이 아니라 신세계에 상륙했다는 것을 깨달았을 때에야 비로소 사람들은 이 사실을 이해할 수 있었다. 정복자들과 최초의 식민지 개척자들에게 모종의 실망감이 찾아왔고, 이 실망감은 그들에게 신세계가 예기치 않은 보물들, 즉 새로운 자극과 영양분이 많은 곡물 외에도 풍부해 보이는 금과 은을 제공할 때까지 계속되었다.

콜럼버스의 뒤를 따라 아메리카 땅에 발을 디뎠던 유럽인들 및 아즈텍과 잉카제국을 정복한 코르테스와 피사로와 같은 사람에게 그들이 마주쳤던 문화적 요소들은 정말 놀라운 것이었다. 해양 발견자를 아버지로 둔 에르난 콜론은 자신의 보고서에서 그의 부친의 쿠바 도착을 다음과 같이 서술했다.

> 일행은 도중에 어떤 약초에 불을 붙이기 위해 수중에 불을 지니고 다니는 여러 사람들을 만났는데, 그들은 이 약초에서 나는 연기를 들이마셨다. 그들은 또한 이 약초를 사용해 불을 붙여, 기독교인들에게 먹으라고 준 그들의 주요 영양식인 구근을 굽기도 했다.[12]

여기 묘사된 것은 담배와 감자였다. 그러나 더 많은 것이 있었다. 코르테스와 아즈텍 황제 몬테수마가 최초로 상면하는 자리에서 몬테수마가 식사하고 있는 동안 스페인 사람들이 그를 관찰한 모습을 베르날 디아스는 다음과 같이 적고 있다.

> 가끔 그들은 그에게 순금으로 된 컵에다 코코아 열매로 만든 음료수를 가져다주었는데, 그들에 의하면 그는 첩들을 찾아가기 전에 이 음료수를 항상 마신다고 했다.[13]

그는 계속해서 다음과 같이 언급했다.

> 그들은 또한 도금된 식탁 위에 세 개의 파이프를 올려놓고, 그 식탁에 담배라고 불리는 약초를 섞은 호박죽을 따랐다. 식사 후에 몬테수마는 파이프로 연기를 들이마셨다. 그는 단지 조금만 마셨을 뿐인데, 곧 잠이 들었다.[14]

이와 같은 아메리카 원주민 문화의 요소들은 재빠르게 유럽의 공통적인 특성이 되었다. 1520년경에 브라질에서 최초의 담배종자가 포르투갈에 도착했다. 그때 리스본에 있던 프랑스 대사는 그것을 프랑스로 가져갔다. 그의 이름은 장 니코 드 빌레망이었다.[15] '니코틴'은 세계를 정복하기 시작했다. 폐암은 유럽에 대한 아메리카 원주민의 지체된 복수였던가?

감자는 1550년대에 페루로부터 스페인으로 처음 도입되었는데, 그동안에 스페인은 페루에서 잉카제국을 쳐부수고 총독제의 형태로 통치하고 있었다.[16] 감자의 도입은 성공적이지 않았다. 씨에는 독이 있었고, 줄기 또한 처음에는 그렇게 생각되었다. 이 작물은 스페인에서 오스트리아로 건너갔다. 그곳에서 사람들은 인간이 먹을 수 있도록 감자를 조리하는 법을 배웠다. 17, 18세기까지는 그렇지 못했지만, 감자는 점차 대중화되었다. 일부 개화된 사람들은 이전 수천 년 동안 곡물이 주식이었던 대다수의 유럽 사람들에게 감자가 주식으로서 가치가 있음을 인식했다. 자신의 군대를 위해 튼튼한 신체를 가진 병사들을 필요로 했던 프로이센의 프리드리히 대왕은 병사들이 영양가 있고 값싼 감자를 먹기를 원했으나, 주로 농부의 자제였던 병사들은 완강하게 이를 거부했다. 그래서 왕은 브레슬라우에 그의 군대를 소집하기로 결심했다— 적어도 전해지는 이야기는 그렇다. 그는 왕궁의 발코니에 놓여진 테이블 위에 단 하나의 요리, 즉 한 사발의 김나는 감자만으로 멋지게 상을 차려놓았다. 그는 병사들이 지켜보는 가운데 맛있게 식사를 했고, 그렇게 해서 병사들에게 시범을 보였다.

17, 18세기를 거치면서 감자 재배와 소비는 점차 유럽 전역에 확산되었다. 감자를 주식으로 한 곳은 좀 빈곤한 지역이었다. 그 결과 일부 지역에서는 곡물재배가 거의 사라졌다. 예를 들면, 17세기 아일랜드의 경우 처음에 감자는 영국 주둔군의 값싼 배급식량으로 사용되었고, 그 결과 그 지역 사람들은 전적으로 감자에 의존하게 되었다.

그러나 안타깝게도 당시의 식물학으로는 감자의 곰팡이병을 방지할 수 없었다. 이 병이 발생할 때마다 한 해 또는 여러 해 동안 수확은 완전히 흉작이었다. 아일랜드에서 이런 일은 정기적으로 발생했다. 특히 1847, 48년의 재난은 그곳에서 오늘날까지도 기억되고 있다. 끔찍한 기근이 발생했고, 수십만 명의 아일랜드인들이 죽었으며, 수십만 명이 가정을 떠났다. 아이러니하게도 그들은 3세기 전에 그들의 불행의 원인이 건너온 아메리카에서 도피처를 찾았다. 아일랜드인들의 뒤를 따라 수천 명의 네덜란드인들이 아메리카로 떠났고, 독일과 중부유럽 그리고 스칸디나비아에서 더 많은 사람들이 이주했다. 이곳에서도 19세기에 파괴적인 감자 전염병이 발생했기 때문이다.

16세기의 처음 몇 십 년 동안 아메리카 인디언들 사이에서 발생한 대규모의 인구감소는 주로 독감, 홍역, 이하선염, 천연두, 결핵과 같은 질병의 결과였는데, 유럽인들이 들여온 전염병들은 저항력이 없는 아메리카 원주민들에게 재앙을 가져왔다. 특히 19, 20세기에 신세계에 정착한 수많은 이주자들은 부지불식간에 기울었던 균형을 원상태로 회복시켰다.

    신세계로부터 수입한 식품은 담배와 감자에 국한되지 않았다.[17] 코코아와 커피는 부유한 유럽인들 사이에서 사치스러운 음료로 빠르게 유행했다. 더욱이 설탕이 브라질과 카리브 해 지역으로부터 수입되면서 곧 그 결과로 '달콤함'을 좋아하는 유럽인의 기호가 생겨났다.[18] 또한 최초의 '후추'도 아메리카로부터 도착했는데, 그 얼얼하고 매운 맛 때문에 무미건조한 유럽 요리에서 매우 가치 있게 평가되었다. 후추는 스페인을 통해서 수입되었기 때문에 '스페인 후추'라고 불렸다. 유럽 사람들은 이 작물들을 다시 아시아로 보냈는데, 말레이 제도 및 중국의 요리법에 아주 실질적인 영향을 미쳤다. 이 작물들은 동양화된 음식 문화의 일부로서 20세기에 아시아에서 서양으로 되돌아왔다.

    마찬가지로 16세기에 새로운 현상이 이탈리아 문화에 나타났다. '황금사과', 즉 토마토가 새로운 진미로 빠르게 인정받았다. 유럽인들이 도착하기 수세기 전에 이미 아즈텍족은 옥수수대 사이에서 자라고 그들이 나와틀어로 '토마트(tomat)'라고 불렀던 잡초가 식용작물로 개량될 수 있음을 발견했다. 스페인 사람들이 들어왔을 때 이미 아즈텍족은 다수의 변종을 만들었고 재배법에 대한 지침을 써 놓았었다. 토마토는 유럽에서 처음에 '사랑의 사과' 또는 미약으로 간주되었다. 몇 세기가 흐른 뒤에야 비로소 이 과일은 비타민 강박관념에 사로잡혀 있는 유럽 식단의 화려한 한 부분이 되었다.

'콜럼버스의 교환'

콜럼버스의 뒤를 따라서 수천 명, 나중에는 수십만 명의 유럽인들이 아메리카로 이주했다. 스페인과 포르투갈 사람들은 자기 나라의 빈곤과 배고픔에서 탈출하기 위해 신세계의 엄청난 부를 꿈꾸면서 그곳으로 떠나갔다. 이렇게 해서 이베리아인들은 중앙아메리카와 남아메리카를 식민지로 만들었다.

그러나 그 경험은 분명 아메리카 원주민들에게는 끔찍한 것이었다. 수백만 명의 원주민들이 죽었다. 소수는 정복자들과 토착 주민들 사이에 벌어진 피비린내 나는 전쟁으로 죽었으나, 압도적인 다수는 유럽인들이 자기도 모르게 옮겨준 질병 때문에 죽었다. 그 과정에서 대부분의 원주민 문화는 심하게 변형되고 일부는 완전히 파괴되었는데, 이는 새로운 세속적·종교적 식민지 세력이 기독교를 문화적 결속의 주요 도구로 삼아 유럽의 노선에 일치하는 정치제도와 사회를 만들려고 했기 때문이다. 특히 아메리카 인디언 문화의 유물들은 사라졌다—예컨대, 그들의 토착어로 된 텍스트들은 대부분 불태워졌다. 그러나 새로운 언어, 즉 라틴어와 스페인어를 강요한 것은 또한 집단적 기억의 상실과 점진적인 새로운 혼혈 문화의 탄생, 즉 아메리카 인디언과 유럽인의 융합에 기여했다.[19]

여러 가지 다양한 동기에 의해서 다양한 이민들이 카리브 해와 북아메리카에 들어왔다. 16세기 말에는 유태인들이 펠리페 2세가 통치하는 스페인의 이베리아 왕국들로부터 강제로 추방된 후 이곳에 정착했다. 그리고 17세기 초에는 영국인들이 어마어마한 부를 스페인에 안겨줬다고 전해진 황금과 은을 찾아서 바다를 건너 북아메리카의 동쪽 해안으로 출발하기 시작했다. 그들은 그 귀금속을 찾지는 못했지만, 수익성 높은 온갖 종류의 농사에 적합한 비옥한 토양을 찾았다. 그들은 곧 기업형 농장(플랜테이션)을 세웠는데, 아프리카에서 사들여온 흑인 노예들은 이곳에서 담배와 목화와 설탕을 기반으로 한 또 다른 종류의 부를 생산하기 위해 쉴새없이 일했다. 종교적·정치적으로 자신의 견해를 자유롭게 표현할 수 없다고 느낀 다른 영국인들도 조국을 등졌다. 국내에서 학대받던 '청교도'와 로마 가톨릭교도 모두 그들만의 '약속의 땅'을 만들기 위해 식민지를 건설했다. 한편, 네덜란드인과 스웨덴인 그리고 독일인과 프랑스인들도 때로는 국내의 가난이나 박해를 피하기 위해, 때로는 정부가 수익성 있는 확장을 위해 해외기지를 건설하도록 장려했기 때문에 식민지를 건설했다.

각 집단은 신세계에 그들의 고유한 관습과 생각을 가져왔지만, 또한 이곳의 일부 농산물을 고국에 다시 보냄으로써 비록 여러 면에서 불평등하지만 유럽과 세계의 역사에서 매우 중요한 교환체제를 확립했다. 아메리카를 최초로 왕복 항해한 스페인 사람들이 유럽으로 수입한 것은 귀금속과 소출이 많고 영양가 있는 농산물만은 아니었다. 사람들이 이 사실을 깨닫지 못한 채 최초의 '콜럼버스의 교환'은 또한 죽음을 가져왔다. 1493년 바르셀로나에서 콜럼버스를 환영하기 위한 전승행진에 참여한 아메리카 인디언들은 황금과 화려한 앵무새들뿐만 아니라, 그들은 면역되어 있지만 또한 잠복되어 있던 질병도 갖고 왔다. 아메리카 인디언과 유럽인 사이에 최초의 성적 접촉이 있은 후 매독이 구세계에 수입되었다.[20] 이 질병은 16세기 말까지 거의 백 년 동안 유럽의 인구를 황폐화시키는 작용을 했다. 이 질병은 특히 이동을 계속해야 하는 군대 때문에 16세기에 널리 퍼지게 되었다. 군대는 이 질병을 유럽대륙에서 가장 멀리 떨어진 지역으로까지 옮겼는데, 프랑스인들은 그것을 '이탈리아 병'이라고 불렀고, 반면에 영국인들은 '프랑스 질병'이라고 칭했다. 더 심각한 것은 유럽의 선원과 무역상과 병사들이 이 성병을 아시아와 아프리카로 옮긴 것이다. 1498년 아메리카의 발견 후 6년이 채 못 되어서 인도에 발을 디딘 최초의 포르투갈인은 그곳에 매독을 전했다.

그러나 다른 주장을 펴는 학자들—주로 생물학자들이다—도 있다. 이들은 여러 형태의 매독이 지구상에 늘 존재했으므로, 콜럼버스가 아메리카로부터 새롭고 끔찍한 것을 처음으로 가져온 것은 아니라고 주장한다. 이 주장을 뒷받침할 만한 증거는 거의 없다. 1492년 전까지는 유럽에서 매독이 대규모로 만연된 적이 없었기 때문에 현재로서는 콜럼버스 가설이 더 설득력이 있어 보인다.

한편, 매독의 기원이 어떻든 그 문화적 결과는 놀랍고도 파괴적이었다.[21] 그때까지 다소간 허용된 현상이었던 매춘은 16세기 초기에 심각한 반대에 부딪치게 되었다. 그 결과의 일부로서 공중목욕탕에서 목욕하는 관습이 유럽 문화에서 빠르게 사라졌다. 당국은 공중목욕탕이 대부분 사창가임을 정확히 파악하고서 — 이곳을 '매춘굴(stews)'이라고 불렀다 — 이곳을 폐쇄하기 시작했다. 또한 그때가지 우정과 감정을 나타내는 정상적인 표현이었던 키스도 갑자기 의심받게 되었다. 셰익스피어는 이 현상을 그의 극 『헨리 5세 Henry V』(1600)에서 암시하는데, 한 병사가 출발하는 장면에서 그는 작별인사로 병사에게 키스하려는 사람들에게 경고한다.

이제는 모든 의학적 치료방법도 거의 정신병적인 불안감 속에서 바라보게 되었다. 당시의 역사의 중요한 기록자였던 에라스무스는 그의 『대화집 Colloquia』에 수록된 한 대화에서 당시의 히스테리를 요약하고 있는데, 이 책에 따르면 고객의 벌린 입과 코 위로 면도칼을 휘두르는 이발사는 얼굴 전체를 헝겊으로 감싸거나 다른 방식으로 자신을 보호하도록 충고했던 것 같다. 1980년대와 90년대에 에이즈를 둘러싸고 존재했던 무시무시한 공포와 필적할 만한 현상이 당시에도 존재했던 것이다. 흔히 이 시기의 대중의 반응은 500년 전처럼 예측할 수 없고 잔인했다. 이러한 배경에 비추어 지난 500여 년 동안에 유럽인들이 훨씬 더 개화되었는지는 의심해볼 만하다.

유럽인들이 소중하게 여겼던 향료가 존재하지 않은 데 대한 초기의 실망을 누그러뜨린 온갖 종류의 매혹적인 식품 외에도 아메리카는 스페인과 포르투갈에게 귀금속, 즉 금과 은을 무진장 공급했다. 돌이켜보면, 이 발견은 유럽 문화의 발전뿐만 아니라 15세기로부터 20세기에 걸쳐 자랑스럽게 확립된 세계 속의 유럽의 정치경제적 위치에도 결정적인 기여를 했다.

유럽의 귀금속 매장량은 언제나 무시해도 좋을 만큼 그 양이 적었다.[22] 이 때문에 금과 은은 아메리카가 발견되기까지 커다란 가치를 지녔던 것이다. 8세기에 카롤링거 왕조가 통치하는 유럽에서 무역이 회복되면서 금과 은은 곧 지역간의 무역에서 모든 생산품을 결재하는 필수적인 지불수단이 되었다. 금과 은은 그 후 북아프리카 및 근동과의 무역이 다시 번성하게 되었을 때는 더더욱 중요해졌다. 12, 13세기에 서서히 발전한 유럽의 자본주의를 형성하는 데 하나의 기초가 된 것은 바로 무역이었다. 무역이야말로 성장하는 유럽의 변영과 부분적이지만 유럽 문화를 꽃피우게 만든 토대였다.

14, 15세기에 유럽인들은 처음으로 지중해 너머로 여행했다. 점차로 중동과 동아시아는 향료와 비단과 자기 등과 같은 사람들이 매우 갈망하는 사치품들의 공급처가 되었다. 그러나 아시아 무역상들은 현금 결제를 원했고 그들의 눈에 열등하게 보이는 유럽의 생산품과 교환하지 않으려고 했다. 그들은 현찰, 즉 금과 은을 요구했다.

15세기중에 이 현상은 유럽에 심각한 재정적·경제적 문제를 일으켰다. 상인들이 어떻게 입수하는지 알고 있던 귀금속의 양은 해외무역을 결재하고 계속해서 경제를 확장하는 데 충분하지 못했다. 따라서 16세기 초기에 신세계에서 거대한 양의 금과 은을 발견한 것은 거의 하늘이 주신 선물이나 다름이 없었다. 이 발견으로 유럽의 경제는 위협적인 불경기와 그에 수반되는 느리지만 확실한 몰락에서 구제되었다. 또한 이 발견으로 유럽은 더 많은 것을 얻었다. 금과 은은 유럽의 경제생활에 자극을 주어 20세기 중엽까지 유럽을 세계에서 가장 강력하게 만들었다.[23]

스페인이 개척한 멕시코와 페루의 금광 및 은광은, 아메리카 원주민들이 이런 종류의 심한 육체노동에 적합하지 않다는 것이 곧 드러났지만, 1520년대와 30년대부터 매우 왕성하게 운영되었다. 이것은 아프리카에서 흑인을 노예로 수입하기 시작한 중요한 이유 가운데 하나였다. 물론 노예제도라는 현상은 지역적인 현상이었다. 그러나 이제 기독교인과 유럽인들이 주요한 노예 매매상이 되었고, 종교와 성경까지 끌어들여 그들의 노예무역을 정당화했다. 유럽의 대아시아 무역의 배후에서 점차 그 원동력으로 작용하고 있던 아메리카의 귀금속은, 이제 더욱 촘촘해지는 '유럽의 세계경제' 그물망 속에 사하라 사막 주변의 아프리카도 끌어들이기 시작했다. 점차 금의 매장량이 고갈되는 것이 처음으로 명백해진 16세기 말까지는 계속 거대한 양의 금괴가 아메리카에서 유럽으로 유입되었다. 1540년까지는 주로 금이었고, 후에는 대부분 은이었다.

금과 은을 가득 실은 함대는 매년 호위선들의 엄중한 호위를 받으면서 스페인의 독점 항구인 세비야를 통해 스페인의 경제 속으로 이들을 들여왔다. 그러나 스페인 경제는 스페인에게만 해당되는 문제는 아니었다. 오스트리아 합스부르크 가문의 스페인 왕 카를 5세와 펠리페 2세는 유럽의 다른 지역, 즉 이탈리아와 피레네 산맥 및 알프스 산맥 이북을 모두 지배한 왕들이었기 때문이다. 따라서 다른 지역에도 금과 은이 쏟아져 들어왔다. 금과 은을 통해서 스페인의 귀족과 성직자와 일반시민들은 16세기 초에 성당, 수도원, 궁전을 건축하고 장식하기 위해 스페인으로 떼지어 몰려들었던 수백 명의 네덜란드 미술가와 공예가의 임금을 지불할 수 있었다. 이들은 곧 스페인 사회에 편입되었다. 금과 은을 통해 또한 스페인 정부는 합스부르크가의 광범위한 정치적 이권들을 수호하기 위해 싸웠던 병사들의 급료를 지불할 수 있었다. 펠리페 2세에 대한 네덜란드의 반란은 1560년대 후반에 점점 격렬해졌는데, 여기서 네덜란드 반군을 상대로 스페인을 위해 싸웠던 용병들의 급료는 아메리카의 은으로 지불되었다. 이들 중 많은 병사들은 그곳에 계속 남아서 그 지역의 여자와 결혼했다. 이와 같이 아메리카의 금괴는 유럽의 인구이동을 간접적으로 자극했다.

아메리카 식민지들이 이렇게 왕실의 국고에 기여하지 않았다면 스페인 왕들은 분명히 국제정치와 값비싼 전쟁에 관여할 수 없었을지도 모른다. 실제로, 금이나 은을 실은 함대가 역풍 또는 해적의 활동 때문에 여름이 끝날 때까지 세비야에 도착하지 못하게 되면 네덜란드인들은 피트 헤인을 떠올리기를 좋아했고, 반면에 영국인들은 프랜시스 드레이크와 월터 롤리를 스페인 사람들의 검은 돈을 훔쳐온 국민적 영웅으로 생각했다. 스페인 군대의 경리담당관은 빈 금고를 마주보게 되었고, 스페인 사람들이 고용한 플랑드르 또는 독일 주둔 용병들은 즉시 싸움을 중단했으며, 때로는 심지어 약탈을 하거나 즉각 폭동을 일으키기도 했다.

그러나 스페인과 스페인의 권력정치만이 돈의 덕을 본 것은 아니다. 전비를 충당하기 위해 스페인 정부는 특히 포르투갈, 이탈리아, 플랑드르의 금융업자들과 아우구스부르크의 푸거 은행 가문과 거액의 차관을 얻으려고 협상했다. 아메리카의 귀금속은 스페인의 국채를 지불하는 데 사용되었다. 그 결과 이러한 재정순환은 아메리카의 금과 은을 유럽의 전체 경제에 투자하는 효과를 나타냈다. 이것은 다음 세 가지 면에서 유럽사회에 중요한 영향을 끼쳤다.

첫째, 이 재정적 유입은 16세기 후반부터 성장하기 시작한 유럽의 아시아와의 무역을 확장하는 데 실질적으로 기여했다. 아시아와의 오래된 접촉을 회복하고 강화하는 일은 바로 유럽이 갖고 있던 자신에 대한 이미지 때문에, 즉 유럽은 동양의 위대한 문명과 경쟁해야 했기 때문에 매우 의미심장한 것으로 판명되었다.

둘째, 이 유입은 주로 그 광범위한 경제적 여파 때문에 유럽국가의 정부재정에 영향을 끼쳤다. 또한 새로이 창설된 기업들은, 특히 스페인, 프랑스, 영국, 네덜란드에서 더 많은 세금을 발생시켰다. 이 조세수입은 16세기에 거대하게 확장된 정부 관료조직의 토대가 되었다. 이렇게 해서 국가가 관리들을 통해 사회를 통제하게 된 거대한 권력의 토대가 마련되었다.

대략 80년 동안 유럽에 쏟아져 들어온 귀금속의 해일이 가져온 세 번째 결과는 평범한 유럽인들에게는 확실히 부정적인 것이었다. 급속도로 진행되는 인플레이션은 가장 부유한 사람들을 제외하고 모든 사람들에게 영향을 끼쳤다.[24] 왜냐하면 통제할 수 없는 화폐공급의 증가가 이와 병행하는 생산 증가로 즉시 흡수되지 않았기 때문이다. 그 결과 물가가 모든 부분에서 급등했다. 고정된 수입을 지닌 사람들이 가장 곤경에 처했다. 이것은 단지 저소득층에게만 타격을 준 것이 아니었다. 예컨대 대지주들도 역시 피해자였다. 많은 지주들이 자신의 땅을 장기 임대해주었기 때문에 치솟는 물가를 새로운 계약에 반영시킬 수 없었고, 그래서 그들의 구매력은 감소했다. 이 귀족들은 종종 불만을 느끼게 되었고, 더욱이 그들의 세력이 다른 방식으로 위협받았을 때에는 틀림없이 불만을 드러냈다. 이것이 이 시기의 실정이었다. 오랫동안 왕정은 구귀족들의 경쟁력을 약화시키고 그들의 군사적·행정적 기능을 빼앗으려고 노력해왔다. 이제 경제적 분위기가 변함에 따라 군주들은 서서히 세금으로 더 많은 수입을 얻을 수 있었고, 귀족들을 유급 행정관료와 용병으로 대체함으로써 그들로부터 자유로워질 수 있게 되었다. 16세기 후반과 17세기 초에 유럽국가에서 발생한 지방귀족 또는 심지어 중앙귀족의 반란들은 대부분 이런 상황으로부터 유래한 것이었다. 프랑스에서는 프롱드의 난 중에 불만에 가득 찬 귀족들이 때로는 불만을 품은 도시의 엘리트 계층과 연대를 추구하면서 억압적으로 변해가는 중앙권력에 맞서 싸웠다. 16

삽화 21, 22_ 잉카제국을 정복한 스페인의 모험가 프란시스코 피사로를 나타내는 16세기 판화로서, 피사로는 1535년 보석금으로 지불할 보물을 모으고 있는 잉카 제국의 마지막 황제 아타왈파를 바라보고 있다. 그럼에도 불구하고 황제는 살해되었다. 한편, 또 다른 아메리카 인디언은 세례를 받고 있다. 유럽인들은 세계의 다른 지역에서도 기독교를 전파하려고 애썼다. 아시아로 여행하면서 그들은 특히 중국에 매료되었다. 중국과의 무역이 유럽 상인들에게 쉽지는 않았지만, 중국 당국은 예수회가 북경에 선교단을 설치하도록 허용했다. 주로 과학기술, 특히 그들이 관측소에서 연구한 천문학 분야의 과학기술을 중국인에게 가르치도록 허용했는데, 여기에 보이는 판화는 18세기에 그려진 관측소로서 다양한 측량도구들도 함께 보인다. (네덜란드 네이메헨 예술사 자료센터 소장)

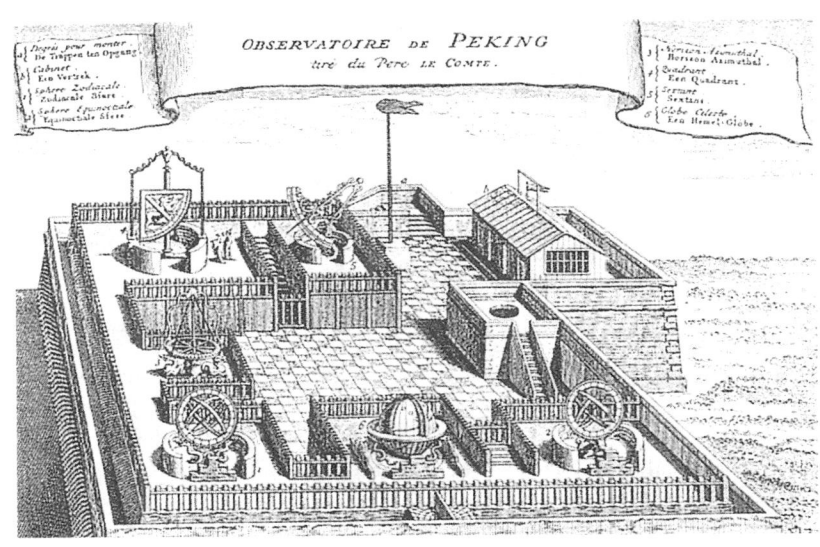

9장 새로운 사회: 15세기 이후의 유럽과 더 확대된 세계

세기와 17세기 초 영국에서는 귀족집단 사이의 투쟁이 계속 격화되었는데, 그들 중 대부분은 경제적·정치적 상황의 변화 때문에 자신의 세력과 지위가 제한됐다고 느낀 사람들이었다. 1566년에 프로테스탄트교 '물 구걸자들'은 네덜란드를 통치하는 스페인 총독에게 유명한 탄원서를 제출했다. 여기에서 그들은 황실정책에서 무엇보다 종교의 자유에 대한 조정을 요구하는 등 불만을 표현했다. 이 집단에는 전반적인 경제상황으로 불이익을 당한 귀족들도 포함되어 있었다. 이것은 네덜란드 저항운동과 뒤이은 네덜란드의 독립을 유발한 위기들 가운데 하나였다.

따라서 아메리카의 귀금속이 유럽에 유입된 것이 유럽 사람들 모두에게 분명 축복만은 아니었다는 결론을 내리지 않을 수 없다. 축복은 고사하고 많은 사람들에게는 저주와도 같았는데, 이것은 매독은 물론이고, 감자에 대해 의존이 후에 저주로 판명된 것과 같은 맥락이라 할 수 있다.

16세기 초 유럽 : 아메리카 정복과 그 결과에 대한 견해

당시 사람들은 아메리카가 유럽의 세력권 안에 들어왔을 때 무슨 일이 벌어졌는지에 대한 명확한 시각을 갖고 있었다. 스페인이 유입한 아메리카의 금과 은은 합스부르크 가문의 신용도를 높여서 카를 5세가 아우구스부르크 은행 회사인 푸거 가문이 제공한 차관원조를 받아 그의 경쟁자인 프랑스의 프랑수아 1세를 가까스로 제치고 황제의 권좌에 오를 수 있었다. 1523년, 나이든 야콥 푸거는 황제에게 그의 채무를 상기시키면서 당시 은행가들이 누리고 있던 권력의 위상을 솔직히 드러냈다.

황제 폐하께서는 저와 제 친척들이 지금까지 오스트리아 황실의 복지와 번영을 증진시키기 위해 얼마나 충성으로 봉사했는지 분명 알고 계십니다. 폐하의 조부

이신 고 막시밀리안 황제의 기분을 상하지 않게 하고 폐하가 로마의 왕관을 확보할 수 있도록 저희는, 아마도 저를 제외하고는 다른 어떤 사람도 신뢰하거나 의존하지 않는 여러 군주를 설득하는 데 열심히 나섰습니다. 더욱이 저희는 같은 취지에서 폐하의 대리인들에게 막대한 양의 돈—그 중 상당 부분은 저희 친구들에게서 빌려와야만 했습니다—을 빌려주었습니다. 제 도움이 없었다면 황제 폐하께서 로마의 왕관을 얻지 못했을 거라는 점은 모두가 잘 알고 있는 사실입니다. 저는 같은 내용을 폐하의 대리인들이 직접 쓴 글에서 증명할 수 있습니다. 이 일에 대해서 저는 제 자신의 이익을 고려하지 않았습니다. 제가 오스트리아 왕가를 등지고 프랑스를 밀려고 마음먹었다면, 저는 당시 제게 제시된 많은 돈과 재산을 획득했을 것이기 때문입니다.[25]

늙은 야콥의 말은 무시된 채로 넘어가지 않았다. 카를 5세가 푸거가의 채무를 변제하기 위해 내놓은 것 가운데는 페루의 수지맞는 광산 채굴권과 광대한 합스부르크 제국의 여러 국가 내의 수지맞는 다수의 독점권들이 포함되어 있었다.

아메리카의 귀금속이 유럽으로 흘러들어온 지 수십 년이 지나자 마침내 초기의 금 저장량이 고갈되었다. 유럽의 정치가들은 이 상황을 주의깊게 지켜보았다. 1559년 스페인 궁정에 파견된 베네치아 사신 미셀 소리아노는 성 마르코 공화국의 통치자들, 즉 그의 군주들을 위해서 전반적인 식민지 상황을 냉정하고 인상적으로 평가하는 글을 썼다.

새로운 스페인으로부터 금과 은, 코치닐 염료(파리와 같은 자그마한 벌레들로부터 진홍색 물감이 만들어진다), 가죽, 목화, 설탕 등을 획득했다. 그러나 페루로부터는 광물을 제외하고는 아무것도 얻지 못했다. 생산물 중 5분의 1은 왕한테 가지만, 금과 은이 스페인으로 가게 되고 조폐국으로 가서 정제되어 화폐로 주조되는 것 중 10분의 1을 왕이 갖기 때문에 왕은 결국 총액의 4분의 1을 갖게 된다—이것은 40만 혹은 50만 다카트를 초과하지 않는다. … 또한 과거에도 그랬던 것처럼 거대한 양의 금과 은이 더 이상 지구의 표면에서는 발견되지 않을 것이기 때문에 이 숫자도 오래가지 못할 것 같다. 지구의 내부로 뚫고 들어가기 위해서는 더 큰 노력과 기술과 경비가 필요한데, 스페인 사람들은 그 일을 기꺼이 하려고 하지 않으며 원주민들에게도 그렇게 하도록 강요할 수 없다. 황제께서 원주민들이 기독교를 수용하자마자 봉사의 모든 의무로부터 그들을 해방시켰기 때문이다. 따라서 지브롤터 해협 안팎의 아프리카 해안에서 데려온 흑인 노예들을 확보하는 것이 필요하다. 이 노예들은 날이 갈수록 더 비싸게 팔리는데, 그 이유는 그들을 혹사시키고 그들에게 먹을 것을 매우 적게 주는 노예 주인들의 결여된 분별력 외에도 흑인 노예들이 선천적으로 원기가 부족하고 바뀐 기후 때문에 병에 걸리고 대부분 죽기 때문이다.[26]

당시의 가장 훌륭한 정치분석가 중의 한 사람이었던 프랑스의 장 보댕(1530-96)은 널리 퍼져 있던 새로운 과학정신을 보여주는 견실한 역사적·통계적 연구조사를 바탕으로 이 새로운 상황의 결과를 이론화했다. 1568년 그는 다음과 같이 썼다.

현재 우리가 목격하는 고물가의 원인은 너댓 가지가 있다고 본다. 주요 원인이자 거의 유일한 원인은—아무도 지금까지 이것을 언급한 사람은 없었다—다량의 금과 은으로서, 오늘날 이 왕국에는 400년 전보다 훨씬 더 많은 금과 은이 저장되어 있다. 내가 보유하고 있는 궁정과 왕실의 기록 발췌록은 400년 전의 것은 없기 때문에 더 과거를 추적하지는 않는다. 그 밖의 자료는 거의 확실성이 없는 옛 사서에서 끌어낸 것이다. 고물가의 두 번째 원인은 부분적으로 독점에 있다. 세 번째는 희소성인데, 이것은 낭비에 의해서뿐만 아니라 수출에 의해서도 마찬가지로 발생한다. 네 번째는 왕과 명문귀족들의 쾌락에 연유하는데, 이들은 자신이 좋아하는 것들의 가격을 올려놓는다. 다섯 번째는 과거의 기준에서 평가절하된 화폐의 가치에 연유한다.[27]

「16세기 초 유럽 : 아메리카 정복과 그 결과에 대한 견해」

유럽의 거울에 비친 아메리카의 이미지

비록 유럽과 아메리카의 관계에 대한 분석이 지금까지는 어느 정도 물질적인 측면에서 이루어진 것처럼 보이지만, 인간은 배고픈 상태로 철학적 혹은 종교적 차원의 위대한 사상에 도달할 수 없다는 점을 명심할 필요가 있다. 또한 돈 없이는 어떤 교회나 궁전도 세울 수 없고, 어떤 멋진 그림도 그릴 수 없으며, 어떤 장엄한 오페라도 작곡하거나 제작할 수 없다. 건전한 재정적 토대는 모든 형태의 예술적·과학적인 창조에 필수적이다.

이 점에서, 아메리카의 발견은 유럽 문화의 물질적 토대를 크게 강화시켰다. 실제로, 16세기 이후 유럽 문화는 여러 영역에서 새로운 발전을 보여주었다. 더욱이 유럽 문화에서 '아메리카의 경험'은 본질적인 요소, 즉 영감의 원천이 되기도 했다. 유럽인의 정신에 아메리카의 발견은 많은 분야에서 근본적인 변화를 일으켰다. 무엇보다도 기존의 지리적 개념이 거의 매일 변화함에 따라 당시의 지배적인 세계관을 조정해야 했다.[28]

16세기 말까지 거의 대다수의 유럽인들은 여전히 코스마스의 지구관에 집착해 있었는데, 그에 의하면 지구는 납작한 평면으로서 그 주위를 일정 한도의 바다가 둘러싸고 있고, 이 바다는 죽음으로 이르는 무(無) 속에 묻혀 있다. 이처럼 유럽인들은 실제로 바다가 얼마나 광대한지, 그리고 육지의 개략적인 윤곽이 어떠한지에 대해 전혀 알지 못했다. 또한 토지에 매여 있는 유럽인들은 그것을 알려고도 하지 않았다. 도대체 더 넓은 세계에 그들이 얼마나 관심이 있었겠는가?

이슬람 문화와의 접촉으로 얻은 새로운 지식과 그 지식을 통해 고대 그리스 과학의 영향을 받은 극소수의 유럽인들만이 전혀 다른 세계관을 갖고 있었다. 이것은 고전시대의 지리학자 프톨레마이오스의 천체 개념과는 다른 것이다. 이와 같은 유럽인들 중의 한 사람이 콜럼버스였다. 그러나 그가 '인도'에, 즉 동아시아에 도달하려고 했다는 사실은 그가 실제 지구의 규모를 완전히 이해하지 못했다는 것을 시사한다.29)

콜럼버스가 항해를 시작한 해와 같은 해인 1492년에 뉘른베르크의 마르틴 베하임은 세계 최초의 지구의를 제작했다고 전해진다. 이것이 우연의 일치일까? 실제로 그렇지는 않다. 베하임은 콜럼버스처럼 포르투갈-스페인의 해양환경 속에서 성장한 사람이었다. 베하임은 발견된 지 얼마 안 되는 대서양 아조레스 군도의 플랑드르 상인들의 식민지에서 살았다. 따라서 이 바이에른 사람은 아프리카 서해안을 따라 내려간 포르투갈 탐험대가 가져온 지리적 지식을 상세히 알고 있었다. 그는 또한 피렌체 학자 파올로 토스카넬리 (1397-1492)와 그의 세계지도, 그리고 유럽에서 서쪽으로 항해해 '인도'의 동쪽 해안에 도달할 수 있다는 그의 이론에 대해서도 알고 있었다. 당시 콜럼버스는 토스카넬리와 서신으로 의견을 교환하고 있었다.

그럼에도 베하임의 지구의에는 '신세계'가 나타나지 않는다. 그는 유럽과 아시아 사이에 거대한 대양을 두었다 — 여기에는 신세계를 발견하기 위해서 오래 전에 바다에 나갔다고 알려진 아일랜드 수도승 성 브렌던의 신화적인 나라인 자그마한 섬만이 포함되어 있다. 베하임이 중국과 일본의 위치를 처음으로 표시한 것은 사실이다. 그러나 그의 지구의에 나타난 그 밖의 모든 것들은 현재의 시각에서 보면 잘못된 것이 많다. 따라서 비록 세계가 유럽을 위해 활짝 열려 있었지만, 대다수의 유럽인들은 세계가 어떤 모습을 하고 있는지 거의 모르고 있었다고 결론짓지 않을 수 없다. 그러나 세계가 둥글다는 사실은 이제 많은 사람들에게 명확해졌다. 지구의는 매우 비쌌지만 점차로 많이 제조되고 있었으며, 그것을 통해 지구가 둥글다는 것을 눈으로 볼 수 있었다. 지도도 역시 이러한 새로운 개념을 전달할 수 있었는데, 비록 지도의 신뢰도는 아직 보잘것이 없었지만 최근에 발명된 인쇄술 덕분에 더 많은 대중을 위해 지도를 찍어낼 수 있었다.

한편, 지도의 신뢰도를 향상시키기 위한 많은 노력이 이루어졌다. 신대륙 발견으로 엄청난 호황을 누리게 된 유럽경제는 과학에 기초하지만 무엇보다도 실제 응용할 수 있는 지식을, 특히 지도제작과 같은 분야에서 갈망했다. 지도제작은 곧 산업이 되었는데, 이 산업은 과학적인 정확성과 객관성에 대한 사심없는 추구에 의해서 추진되었다기보다는 유럽의 국제무역 및 정치의 성공과 진보가 여기에 달려 있다는 인식에 의해서 추진된 것이었다. 실제로, 지도는 곧 유럽 내부의 통치자와 정부뿐만 아니라, 훨씬 더 중요하게는 세계 전역에서 부와 지배의 길로 출발하는 모든 사람들의 경제적·정치적 관심사를 보여주게 되었다.30)

콜럼버스의 탐험에 이어서 16세기의 처음 몇 십 년 동안에 더 새로운 사실들이 거의 매일 쏟아져나왔다. 1513년 중앙아메리카의 파나마 지협을 통과한 스페인 사람들은 아메리카의 건너편에 또 하나의 거대한 대양이 펼쳐져 있다는 것을 발견했다. 이제 아시아의 동쪽 해안에 도달했다는 콜럼버스의 믿음이 틀렸다는 것이 명확해졌다. 그러나 실망은 새로운 도전을 불러일으켰다. 1519-21년에 포르투갈인 페르디난드 마젤란(약 1480-1521)은 남아메리카의 폭풍우가 몰아치는 곶들을 돌아서 최초로 세계일주를 했다.

우선 당장에 필요한 것은 '신세계'의 위치를 지리적으로 정하는 것이었다. 지구의에 '아메리카'를 적절히 수용해야만 했기 때문에 종전의 배치법은 재고되어야 했다. 이미 1507년에 마르틴 발트제뮐러는 잠정적으로 신대륙의 동쪽 해안을 지도에 그렸고, 그 명칭을 피렌체 항해자 아메리고 베스푸치(1451-1512)의 이름을 따서 붙였는데, 그는 베스푸치가 1497년 혹은 1499년의 항해에서 아메리카 본토에 처음으로 도달했다는 주장을—지금까지도 이 주장이 맞는 것인지 아닌지 확실하지 않지만—수용했다. 한편, 아메리카의 서쪽 해안은 여전히 개략적인 직선으로 그려져 있는 상태였다. 코스마스의 『천체론 *Kosmographia*』이 나온 지 천 년이 지난 뒤 발트제뮐러는 다음과 같이 썼다.

천체의 전 영역과 비교해 볼 때 지구가 하나의 점에 불과하다는 것은 천문학적인 증거로부터 명확한 사실이다. … 우리와 같은 생명체가 거주하고 있는 세계의 … 네 번째 … 지역이 막 등장하고 있다. 지금까지 세계는 유럽, 아프리카, 아시아의 세 부분으로 구분되었다.

유럽은 서쪽으로는 대서양, 북쪽으로는 영국해(지금의 북극해), 동쪽으로는 타나이스 강, 즉 돈 강과 마에오티스 호수, 즉 아조프 해와 흑해, 그리고 남쪽으로는 지중해를 경계로 하고 있다. 유럽은 근동 페니키아 아게노르 왕의 딸 에우로파의 이름을 따서 붙여진 이름이다. 에우로파가 소녀적인 열정으로 항구도시 티루스의 시녀들과 함께 해변에서 놀면서 바구니에 꽃을 모으고 있을 때, 눈처럼 하얀 황소의 형태로 가장하고 있던 주피터가 바다로 데리고 가 그녀를 그의 등 위에 앉히고 바다를 건너서 크레타 섬에 도착한 뒤, 반대편에 놓여 있는 육지에 그녀의 이름을 부여한 것으로 전해진다. …

아프리카는 서쪽으로는 대서양, 남쪽으로는 에티오피아 해, 북쪽으로는 지중해, 그리고 동쪽으로는 나일 강을 경계로 하고 있다. 아프리카란 이름은 혹독한 추위로부터 해방되었다는 의미에서 붙여졌다. …

아시아는 크기나 자원에 있어서 다른 지역을 훨씬 능가한다. … 아시아라는 이름은 그 이름을 가진 여왕을 따서 그렇게 불려졌다. …

이제 … 네 번째 지역이 아메리고 베스푸치에 의해서 발견되었다. 유럽과 아시아가 그 이름을 여자에게서 따온 것이기 때문에 이 지역을 아메리게, 즉 아메리고의 나라 혹은 위대한 능력의 소유자인 그 발견자 아메리고를 따서 아메리카라고 부르는 것에 반대할 정당한 이유가 없다고 본다.[31]

지도상에 아메리카의 적절한 위치를 정해준 명예는 게라르트 메르카토르(1512-94)에게 돌아가야 한다고 많은 사람들은 주장한다. 루뱅에서 인문학을 연구한 후에 메르카토르는 수학도구 제작자로서의 경력을 준비하기 위해 그곳에서 계속해서 유명한 수학자인 겜마 프리시우스에게 교육받았다.

1536년 스승과 함께 그는 최초의 천체의를 만들었고, 루뱅의 어느 대장장이와 함께 두 번째 지구의를 만들었다. 그 후 메르카토르는 기존의 자료를 기초로 해서 성지 지도를 그렸고 이것을 출판했다. 이것은 기독교 사회에서 문화적 관점으로 볼 때, 더욱이 순례산업에 대한 상업적 이익의 관점에서 볼 때 당연히 '해야 할 일'이었다. 메르카토르는 곧 명성을 얻게 되었다. 신성로마제국 황제 카를 5세는 그에게 천문학 도구를 제작할 것을 명령했다.

1579년 베하임 이후 4분의 3세기가 흐른 뒤 메르카토르는 「항해자용 지도 *ad usum navigatorum*」라는 세계지도를 출판했다. 지도에 그는 직각으로 교차하는 경도와 위도를 나타내는 직선을 토대로 원통 평면도법을 사용해 지구의 윤곽에 대한 자신의 해석을 확립했다. 메르카토르는 프톨레마이오스의 자료와 생각을 비교적 최근의 것, 즉 마르코 폴로의 것과 ― 그에 대해선 여전히 논란이 계속되고 있었으나 상관하지 않고서 ― 포르투갈 및 스페인 항해자들의 발견과 같은 거의 동시대적인 것과 결합시켰다. 이 지도는 또한 아메리카를 포함시켰다. 그러나 항해자와 토지 측량사들이 유럽에 들여온 각종 정보에 근거하여 메르카토르는 남아메리카는 너무 크게, 거의 알려지지 않았던 북아메리카는 너무 작게 그렸다. 더욱이 그는 또한 남극과 북극의 두 거대한 대륙도 포함시켰다.

그 사이 지도제작법은, 메르카토르가 세계지도를 만들어낸 뒤에 나온 수많은 지도를 볼 때, 명백히 과학적·경제적으로 중요한 주제가 되었다. 이런 지도들은 모두 장려하고 값비싼 호화판이었지만, 상업적으로 성공했다.

메르카토르와 같은 사람에게도 세계가 여전히 하나였다는 사실은 흥미롭다. 그는 이론적인 개념과 실제적인 연구 및 응용을 지구와 천체를 포괄하는 기독교적 우주라는 문맥에서 한데 통합했다. 이 관점은 1596년 그의 사후에 명백해지게 되는데, 그의 작품을 종합한 것으로 간주되는 『천지학 *Cosmographia*』 제1부가 출판된 시기가 바로 이때였다. 그의 아들이 편집한 이 책은 5부로 구성되었다. 제1부는 아틀라스라고 불렸다. 「아틀라스에 대한 서문 Forward to the Atlas」에서 메르카토르는 진짜 현명한 사람은 자신이 알고 있는 천국과 지상에 대한 지식을 조화시키려고 시도하는 사람이라고 분명하게 말했다. 표지인쇄에는 신화적 인물인 아틀라스가 무릎에는 천구를, 다리에는 지구 — 물론 아메리카를 포함하고 있는 지구 — 를 올려놓고 있는 모습을 보여준다. 그는 창세기와 네 개의 복음서를 분석했다. 이에 뒤이어 유럽의 다양한 지역과 이전에 출판된 기존의 다른 대륙들을 그린 지도들을 모아놓은 4부로 된 신판이 나왔다.

『천체론』의 완결판은 암스테르담에서 출판되었다. 유럽경제의 중심지가 16세기 초기에 지중해로부터 대서양의 무대로 바뀜에 따라 세기 말에는 스페인에 대항해 반란을 일으킨 네덜란드가 스헬데 강을 영구히 봉쇄하기로 결정했기 때문에 유럽 경제의 주요 상업도시가 앤트워프로부터 홀란드의 항구들로 옮겨갔다. 지도와 도구 제작자들은 이제 네덜란드의 여러 항구도시에 자리잡고 경험적 연구의 결과를 새로운 기술을 생산하는 데 적용했으며, 그렇게 해서 국제무역의 성공과 성장에 크게 기여했다. 홀란드는 또한 유럽에서 가장 중요한 인쇄업자와 출판업자들이 정착한 곳이었고, 신세계에 관한 지식을 파는 데 노력했다. 여행기와 소설, 백과사전과 지도책을 쏟아내면서 인쇄업자와 출판업자들은 재발견된 구세계와 구세계 속의 신세계에 관한 지식을 전파했는데, 처음에는 믿기지 않는 놀라움 때문에, 그 다음에는 수세기 동안 오래 지속된 호기심 때문에, 새로운 텍스트와 그림들에 대한 활발한 수요가 계속해서 이어졌다.

돈은 힘이다. 유럽이 더 부유해짐에 따라서 통치자들이 전쟁에 보내는 군대와 바다를 항해하는 함대의 규모도 증가했다. 유럽 밖의 점점 더 많은 지역이 자발적으로 유럽국가들에게 복종했다. 힘은 우월감을 유발한다. 여행을 하는 유럽인들은 그들이 다른 사람들보다 더 막강하고, 아시아인이나 아프리카인, 아메리카인들보다 '더 훌륭하다'는 것을 목격했다. 우선, 유럽인들은 화약을 사용함으로써 군사적으로 우월했다. 그들이 이와 같이 우월한 이유에 대해서 궁금해 한 것은 당연하다. 대체로 단순하고 잘 믿는 사람이 그러하듯이 유럽인들이 발견한 답은 간단했다. 그 이유는 유럽인들이 기독교인이기 때문에, 즉 그들은 진정한 유일신이 후원하는 사람들이기 때문이라는 것이다. 교육을 더 받은 지식인은 좀더 복잡한 추론을 사용했다. 장 보댕은 유럽의 독특한 문화가 그리스 문명의 주요한 업적에 토대를 두었을 뿐만 아니라, 그 업적의 많은 부분을 뛰어넘을 수 있었기 때문에 세계의 다른 문명을 능가했다고 이해했다.[32]

점차 커져가는 이 자의식은 또한 지리적 표현에도 반영되었다. 유럽은 이제 지도상에서 거대한 유라시아 대륙의 외진 구석으로 표현되지 않고 세계를 지배하는 지역으로 등장했다. 심지어 지리적인 형태까지도 심하게 변형되었는데, 이를테면 1588년 바젤에서 출판된 세바스티안 뮌스터의 『일반천지학 Cosmographia universalis』의 유명한 지도에 나타난 것처럼 대륙의 서쪽 지역은 승리감에 찬 여왕의 모습으로 표시되었다. 이 우월감은 곧 영토확장을 '사명'이라는 명분으로 바꾸었고, 이 사명은 스스로 정당성을 창조해 계속적인 영토확장을 위한, 즉 새로운 정복을 위한 근거를 제공했다.

물론 어떤 세계관이 지구의나 지도에만 나타나는 것은 아니다. 세계관은 또한 사고방식이기도 하다. 신세계는 유럽인들의 마음에 제자리를 잡아야 했다. 아메리카는 완전히 다른 체형과 습관을 가진 사람이 살고 있는 세계이고, 전통적인 생물학 텍스트에는 존재하지 않은 동식물이 살고 있다는 얘기가 전해졌으므로, 유럽인들에게 그 발견은 엄청난 문화적 충격이었다.[33]

많은 유럽인들에게 신세계에 관한 보고들은 매우 놀라운 것이어서—콜럼버스의 항해 이후 처음 몇 십 년간은 확실히 그랬다—유럽인들은 수세기 동안의 추적 끝에 지상의 낙원, 즉 선악과를 따먹은 인류의 타락으로 손상되지 않은 채 신이 창조하신 그대로 사람들이 살고 있는 곳이 마침내 발견되었다고 생각했다.[34] 1524년 멕시코를 향해 출발한 최초의 선교사인 프란체스코파 수도사들은 이러한 믿음을 강하게 지니고 있었다. 이들은 멕시코 인디언들을 개종하려고 최선을 다했다. 이들 선교사들은 어떤 대가를 치르고서라도 이 새로운 신도들을 그들이 보기에 불경한 스페인의 식민 통치자들과의 접촉으로부터 보호하려고 했다. 새로운 기독교인들을 그들의 지배하에 두고자 힘을 집중시키는 한편, 그들은 또한 하느님의 순수한 어린 양인 인디언들과 함께 신의 왕국을 지상에 실현하려는 희망을 품었다.

지상의 낙원이 계속 존재하거나 지구상의 어딘가에 인간이 낙원을 재창조할 수 있다는 (오늘날의 독자에게는) 순진한 믿음 같은 것을 여러 문학 텍스트에서 발견할 수 있다. 영국 시인 앤드류 마블(1621-78)과 같은 유명한 작가는 그의 시 「버뮤다 *Bermudas*」에서 영국인을 이곳에 데려오신 하느님을 찬양하고 있다.

> … 오랫동안 알려지지 않은 작은 섬,
> 그러나 우리 나라보다 훨씬 더 친절하다.
> 신은 풀빛 무대에 우리를 상륙하게 하셨다,
> 폭풍우와 고위 성직자의 분노로부터 안전하게.
> 신은 우리에게 이 영원한 봄을 주셨다,
> 이곳의 만물을 오색찬란하게 치장하는.[35]

따라서 버뮤다는 영국인이 고향에서는 더 이상 가져볼 수 없는 자유의 분위기, 무엇보다도 종교의 자유를 누릴 수 있는 분위기 속에서 살 수 있는 낙원과도 같은 섬이었다. 몇 십 년 후에 조지 버클리(1683-1753)는 「아메리카에 예술과 학문을 이식할 전망 *Verses on the Prospect of Planting Arts and Learning in America*」이라는 시를 썼다.

> 영예로운 주제가 모두 메말라버린
> 시대와 풍토에 염증이 난 뮤즈는

이제 먼 나라에서 명예에 값하는 주제를 생산하는
더 나은 시대가 오기를 기다린다. …
그곳에서 또 하나의 황금시대가 구가되리라,
제국과 예술의 융성을 …
유럽이 쇠잔할 때 낳은 것들이 아니라
신선하고 젊은 시기에 낳았던 것들을.36)

    이 시는 여러 세기 동안 반복될 또 하나의 주제를 표현하고 있다. 즉 구세계 유럽은 쇠퇴하고 있으며, 자양분이 되는 토양이 없어 유럽에서는 더 이상 실현할 수 없는 것을 신세계에서 실현할 수 있다는 것이다. 이는 버클리가 18세기 대부분의 유럽인들이 여전히 유럽의 본질로 간주한 예술과 학문을 실제로 전수하기를 원했기 때문인데, 이 사실은 유럽의 자기인식 방식이 14세기와 15세기 혹은 그 이전에 그런 개념들이 표명된 이후 본질적으로 변하지 않았음을 보여준다.

    신세계를 에덴동산과 비교하고, 인디언을 신이 창조한 자연 속에서 살아가는 타락하지 않은 '고상한 야만인'으로 보는, 어떤 점에서는 훨씬 더 목가적인 시각은 16, 17세기의 많은 인쇄물과 그림 — 두 명의 예만 들자면, 알브레히트 뒤러와 얀 모스타에르트 — 에서 찾아볼 수 있다.37) 그렇지만 다수의 유럽인들은 인디언 사회가 문명사회가 아니라고 주장했다. 의사소통이 대중연설과 웅변을 통해서 발전해 나가는 질서정연하고 규범화된 체제를 의미하는 휴머니스트적 문명규범이나, 보이지 않는 진정한 유일신에 대한 믿음이 그와 같은 규범화된 체제를 의미한다고 보는 기독교적 문명규범으로 판단한다면, 인디언들은 유럽의 수준에 맞게 교육되고 끌어올려야 하는 대상이었다. 게다가 인디언과의 실제적인 접촉은 인디언에 대한 비교적 이상적인 이미지들에 어울리게 평화스럽지 못했다. 유럽과 아메리카와의 관계는 오히려 당시의 기준으로 보아도 타산적인 동시에 잔인하기도 했다.

갈등으로 발전한 이 접촉의 흔적들은 셰익스피어의 또 다른 드라마 『폭풍우 The Tempest』에서 추적될 수 있는데, 이것은 추방된 프로스페로가 이끄는 일단의 유럽인들이 낯선 섬에 표류하게 된 이야기이다. 극작가는 해외에서 난파당한 유럽인들의 이야기에 영감을 받았다고 알려져 있다. 그러나 이 극은 이러한 여행기를 시적으로 구성한 것에 그치지 않고 새로운 인간에 대한 유럽인의 행동방식을 풍자하는 알레고리이다. 그러므로 『폭풍우』는 다음처럼 읽을 수 있다. 우선, 야만적인 칼리반이 대표하는 원주민들은 친절한 사람들이고, 이방인들이 그들에게 유럽의 기술을 일부 가르쳐준 것만으로도 그들은 자신의 보물과 비밀을 보여준다.

> 당신은 처음 와서는
> 내 머리를 쓰다듬고 애지중지 했지. 내게
> 딸기를 물에 타서 주었고, 내게
> 밤낮으로 번쩍이고 있는 큰 빛은 무엇이고
> 작은 빛은 무엇인지 가르쳐 주었지. 그래서 난 당신이 마음에 들어
> 이 섬의 보물들을 모조리 보여주었지.
> 맑은 샘터며 저수지와 불모지, 옥토 할것없이 모두.[38]

그런 다음 유럽의 이방인들은 원주민들이 미개하다는 것을 발견하고 그들로부터 등을 돌린다. 인디언들도 이에 상응하는 반응을 보인다. 이제 유럽인들은 연극에서 프로스페로의 마술로 상징된 그들의 우월한 기술을 사용하기 시작한다. 유럽인들은 원주민들을 노예로 삼기 위해 이 기술을 사용한다. 원주민들은 방금 도착한 이방인들로 하여금 그들의 주인에게 저항하도록 조장함으로써 자신들을 방어하려고 한다. 칼리반은 외친다.

> 당신을 기가 막힌 샘터로 안내해드리죠. 맛좋은 열매도 따 드릴게요…

나를 부려먹는 저 폭군은 염병이나 걸리라지!
앞으론 그 녀석에게 장작개비 하나 갖다주나 봐라.
이제부터는 당신을 따르겠어요.
그대, 경이로운 존재여.[39]

그러나 그들의 운명은 결정되었다. 그들은 더 의존적으로 되었을 뿐이다. 더욱이 그들은 이제 잔인한 악마들로 낙인찍혔다.[40]

북아메리카에서도 유럽인들과 인디언들이 보다 자주 접촉하기 시작한 17세기의 처음 몇 십 년 동안 영토권 싸움이 시작되었다. 엄격한 프로테스탄트교의 전통 속에서 태어나 자란 대부분의 식민주의자들은 성경의 논거를 이용하여 자신들의 도덕적 입장을 강화하고 자신들의 행동을 옹호했다. 수십 개의 설교와 논문에서 그들은 과거에 광야에서 이스라엘 사람들에게 일어났던 것처럼 하느님이 이 '황야'에 시험 배치한 엘리트 신자들이라는 이미지를 사용했다. 성경에 씌어 있듯이 약속의 땅은 정원은 둘러치고 샘은 밀봉된 채 바로 가까이에 있었고, 하느님의 도움으로 "예루살렘은 성벽이 없이도 살 수 있는 곳이 될 것이다."[41]

그러나 투쟁이 없는 예루살렘은 존재하지 않는다. 정착자와 원주민 사이의 노골적인 전쟁이 곧 뒤따랐다. 1637년에 최초로 대규모의 전쟁이 일어났는데, 여기에서 피쿼트 부족은 완전히 멸종되었다. 일부 식민지 개척자들은 이 모든 살상이 어떻게 정당화될 수 있는지 의문을 제기했다. 한 이름 없는 목사의 답은 다음과 같다.

나는 당신에게 다윗의 전쟁을 인용하겠습니다. 한 민족이 신과 인간에 대해 더할나위 없는 살상과 죄를 범할 경우, … 성경은 종종 아녀자들이 그 부모와 함께 반드시 멸망한다고 선언하고 있습니다.[42]

과거에 유태인들이 구약 식으로 폭력을 사용해 그들의 약속의 땅을 정복했던 것처럼, 신세계를 정복할 것을 제안하는 많은 텍스트 가운데, 로버트 베벌리의 경우처럼 다소 뉘앙스가 다른 판단을 발견하면 그래도 안도하게 된다. 1705년 그는 인디언 사회에 대한 개괄적인 결론으로서 다음과 같이 말했다.

> 앞에서 나는 인디언들에 대해 간결하게 묘사했다고 본다. 나는 그들이 자연의 소박한 상태에서 그리고 노동의 저주 없이 풍요를 향유한다는 점에서 행복하다고 본다. 그들은 여러 면에서 유럽인들이 도착한 것을 슬퍼할 만하다. 유럽인들 때문에 그들은 순수함뿐만 아니라 행복까지 상실한 것 같다.[43]

다른 식민지 개척자는 1708년 한 걸음 더 나아가 다음과 같은 것을 깨달았다.

> 우리는 인디언들의 천성을 고려하지 않았고, 또한 그들의 생존조건이자 훈련방식인 숲 속의 교육과 [우리에게 투박하게 보이는] 낯선 관습에 대해서도 고려하지 않았다. 이것은 기독교인으로서 그릇된 조치를 취한 것이며, 실제로 처신과 행동에 준거가 되는 더 나은 규범을 선택하고 사용하지 않으려는 사람은 어느 누구도 도덕적 인간으로 간주될 수는 없다.[44]

18세기가 상당히 진행될 때까지도 일부 아메리카 유럽인들과 많은 유럽인들은 무비판적으로 '고상한 야만인'을 이상화하는 데 몰두했다. 그러나 대부분의 이러한 사상가들이 쓴 글을 주의깊게 분석해보면, 필요할 경우 아직 타락하지 않은 원초적 세계 및 존재물과 대조함으로써 자신의 결점을 인식하고 자신을 개선해야 한다고 호소하고 있음을 알 수 있다. '타자'를 유럽인과는 근본적으로 다른 것으로, 다시 말해 타자 고유의 자아로 받아들이라는 호소는 거의 발견할 수 없다. 실제로, 상호관계의 문제를 언급할 때 주로 나타나는 것은 비유럽인의 유럽인에 대한 의존의 이미지이다. 이것은 18세기 초에 유럽인과 '타자' 사이에 존재하는 관계의 원형을 창조한 다니엘 디포의 유명한 소설 『로빈슨 크루소 *Robinson Crusoe*』에서 규범화되었다. 이 경우 타자가 홍인종이 아니라 흑인인 것은 중요하지 않다. 이 작품은 아메리카, 즉 신세계의 발견과 '타자' 와의 만남이 유럽인들이 자신을 보는 시각에 본질적인 영향을 주었음을 보여준다. 유럽인들은 스스로를 상대보다 우월한, 천부적인 지도자로 보기 시작한 것이다.

영토확장이 미친 여타의 문화적 결과

유럽이 세계의 상당 부분을 지배하게 된 접촉과 정복의 과정이 전 지구에 커다란 고통을 가져왔다는 것은 부인할 수 없다.[45] 역사기술이 종종 우리 자신과 매우 다른 가치관을 가진 과거와 과거의 사람들에 대해 도덕적 판단을 내리는 법정이 아님은 분명하다. 그러나 유사 이래 식민주의와 제국주의가 전 세계의 많은 문명권에 의해 자행되어왔지만, 그것이 유럽적인 형태로 그리고 유럽의 기술적 가능성들에 의해 자행된 식민주의와 제국주의는 흔히 그 시대 자체의 규범까지도 넘어섰다고 결론지을 수 있을 것이다.

그러나 유럽 역사를 개관해보면, 우리는 아시아의 재발견과 아메리카의 발견은 또한 수많은 지속적인 형태의 문화창조 — 유럽 전역에서 아직도 볼 수 있는 예술 걸작품들과 생활양식 및 사치품들뿐만 아니라, 더 중요하게는 다가올 미래에 유럽정신을 형성하고 다시 더 넓은 세계에 영향을 준 사상과 태도의 창조 — 에 결정적인 요인이었음을 주목하지 않을 수 없다.

아시아와 아메리카에서 온 거대한 양의 금과 은으로 가득찬 금고를 가진 메디치가와 같은 피렌체의 은행가 가문은 미켈란젤로의 최초의 후원자였다.[46] 16세기에 로마에 세워진 새로운 성 베드로 대성당은—이것을 짓는데 100년 이상이 걸렸다—부분적으로는 스페인과 포르투갈로부터, 따라서 아메리카의 이베리아령 금광과 은광으로부터 유입된 교회의 세금 덕분에 건설되었다. 17세기에는 로마의 피아차 나보나 광장에 지안로렌초 베르니니가 환상적인 분수인 '4대 강의 수원'을 건립했는데, 이 중 하나는 리오 데 라 플라타, 즉 은의 강을 상징하고 있다. 네 강은 모두 세계에서 가장 오래된 문화인 이집트를 대표하는 오벨리스크(방첨탑: 역주)를 지탱하고 있으나, 오벨리스크에는 다시 기독교의 십자가가 맨 꼭대기에 놓여 있다.

이베리아 반도 자체 내에는 아메리카에서 오는 금괴 덕분에 호사스러운 건물들이 세워졌는데, 그 중에는 마드리드를 굽어보는 산에 자리잡은 펠리페 2세의 교회-수도원-궁전인 에스코리알 궁전이 있다. 이 궁전은 언제라도 음악과 노래가 교회와 수도원과 궁전에 동시에 연주되고 불려지도록, 그리고 이 건물을 장식하는 정서적으로 강한 호소력을 지닌 바로크 양식의 그림과 조각에 대한 광범한 수요 때문에 지어졌다.

먼 북쪽의 암스테르담에서는 야콥 반 캄펜이 플랑드르 조각가들이 만든 조상들이 놓여 있는 대궐 같은 시청을 건축했는데, 17세기 최고의 상업도시를 자랑스럽게 상징하는 이 시청은 네덜란드의 무역 중심지를 '세계의 연인'으로 치장했다. 건물 정면의 꼭대기에는 의미심장하게도 지구의를 어깨에 짊어지고 있는 거대한 아틀라스의 조상이 배치되어 있다. 큰 홀의 다양한 색깔의 대리석 포도에는 두 개의 거대한 세계지도가 표시되어 있는데, 여기에는 타당한 이유가 있다. 지구의와 지도는 이곳을 찾는 사람과 지나는 사람들에게 브라질의 포르투갈인들을 정복하고 세운 네덜란드 식민지들과 네덜란드 무역상과 정착자들이 허드슨 강 기슭에 세운 '뉴암스테르담', 그리고 그들이 동양에 건설한 더 거대한 식민지 제국을 상기시켜주는 역할을 했다.

이와 같은 만족감은 신세계와 구세계에서 암스테르담이 누리고 있는 권력의 위상을 언급한 네덜란드의 시인 유스트 반 덴 본델의 시 속에서도 표출되었다. 그는 새로운 시청의 낙성식에서 천여 개의 시행을 통해 알레고리 및 이데올로기적 문맥을 제공하고, 황금이 가득한 아메리카의 해변을 포함해 모든 '해변'을 잘 알고 있는 암스테르담이 세계의 당연한 지배자라고 읊었다. 본델이 살던 시대에 세계 최초의 다국적 기업이었던 네덜란드의 동인도 회사는 이미 남아프리카, 인도의 일부 해변 지역, 실론 섬 및 현재의 인도네시아에 대한 지배를 확고히 해놓고 있었다. 네덜란드인은 신비의 섬 일본 제국에 입국이 허용된 유일한 유럽인이었다.

17세기 말 프랑스에는 호화스러운 벽걸이 융단이 화려한 베르사유 궁전에 걸려 있었다. 이 중 몇몇 시리즈의 내용은 네덜란드령 브라질의 네덜란드 화가가 그린 그림들에서 나온 것들이었다.[47] 다른 그림들도 17세기의 네덜란드에서 성공적으로 출판된 여러 여행기 — 카스파르 바를라에우스가 1647년에 기술한 네덜란드의 브라질 정복사와 이보다 더 유명한, 세계적인 무역 조직으로서 특별히 아메리카 경영에 중점을 두었던 네덜란드의 서인도 회사의 관리였던 요한 니우호프가 1672년에 쓴『브라질의 육지와 바다 여행 Brasiliaensche Land-en Seereise』— 속의 삽화를 위한 기초자료로 사용되었다.[48] 프랑스도 물론 혼자서 세계를 모두 지배하려고 열망했다. 루이 14세의 국무총리는 그에게 황제의 관을 씌우려고 애썼다. 젊은 루이 14세는 1662년 황태자의 탄생을 축하하는 축제행렬을 위해 '플라스 뒤 카루셀 광장'에 들어섰다. 그는 로마황제의 복장을 하고, 그의 형제와 친척 귀족들은 전형적인 페르시아인, 투르크인, 인도인, 아메리카인의 차림으로 그의 시중을 들었다. 물론, 이것은 그 후 태양왕의 모든 축제가 그랬던 것처럼 일종의 정치선전 행위였다.[49]

18세기의 처음 몇 십 년 동안 지오반니 바티스타 티에폴로는 장엄한 프레스코 천장화를 뷔르츠부르크에 있는 군주 겸 주교의 바로크 양식 저택의 나선형 계단을 위해서 그렸고, 또한 근처의 폼머스펠덴에 군주 겸 주교의 새로운 여름 궁전인 바이센슈타인에도 그렸다. 이 천장화들은 세계의 다른 지역들을 다채로운 알레고리로 표현했는데, 유럽을 '대륙의 여왕'으로 묘사함으로써 유럽이 세계의 지배자임을 암시했다.50) 합스부르크가 황제들의 궁정뿐만 아니라 18세기 독일의 다른 궁전들도 아메리카를 그린 그림들로 장식되어 있었다.51) 이 궁정에서 작곡가 카를-하인리히 그라운이 작곡한 아즈텍족 황제 몬테수마가 스페인의 정복자들 때문에 당한 비극적 운명을 그린 오페라를 들을 수도 있었다. 같은 이야기를 또한 베네치아의 작곡가 안토니오 비발디가 음악으로 만들기도 했다. 실제로, 이 곡들은 서인도 제도, 즉 아메리카가 중심무대를 이루고 인디언들이 주인공으로 등장하는 수많은 음악 가운데 일부에 불과할 뿐이다. 이제 비교적 '개화된' 유럽에서는 '야만의' 인디언이 다시 '고상하게' 여겨졌고, 탐욕스러운 유럽인들의 수중에 넘어간 인디언의 운명에 대해 좀더 색다른 관점으로 바라볼 수 있게 되었다.

영국에서는 18세기 초에 중국 황제의 여름 궁전인 러허의 정원을 묘사한 판화가 극동으로부터 돌아온 한 예수회 선교사에 의해서 출판되자, 거대한 정원을 설계하려는 귀족들의 열정이 새로운 자극을 받게 되었다. 이 선교사는 황궁에 머물렀던 일단의 기독교 선교사들 중 한 사람으로서 16세기 초부터 중국 황궁에 머물렀던 선교사 제4세대에 속했다. 중국의 탑들이 영국의 계곡에 솟아오르기 시작했고, 중국 양식의 가구가 시골의 저택을 채우기 시작했다. 실제로, '중국 취미'의 물결이 유럽을 휩쓸었는데, 이는 새 유행에 대한 욕구를 충족시켜 주었을 뿐만 아니라, 예수회 선교사들이 여행담에서 중국을 세계에서 유일하게 유럽문명에 필적하는 문명을 가진 강력한 국가로 묘사하는 데 성공했기 때문이기도 했다.

요컨대, 유럽의 많은 예술작품들은 아시아와 아메리카 세계의 강요된 물질적 기여가 없었더라면 창조되지 못했을 것이고, 또한 아시아와 아메리카의 새롭고 이국적이고 꿈 같은 세계의 경이로움이 유럽인의 정신에 제공한 영감이 없었더라도 창조되지 못했을 것이다.

초기단계에서 유럽은 헬라스(그리스의 옛 이름: 역주)와 아시아의 대립에서 주로 표명된 그리스의 자기인식 속에서 처음으로 독립되었다. 이 인식은 유럽이 이슬람교도에 맞서는 공통전선, 즉 십자군에 협력할 필요를 실제로 느꼈을 때 더 한층 강력하게 표현되었다. 15, 16, 17세기에 이 인식은 더 오래된 세계인 아시아의 문화와 신세계 아메리카 문화와의 충돌의 결과로서 다시 한 번 정교하게 다듬어졌다.

앞에서 인용된 본델의 시는 암스테르담만을 찬미한 것이 아니다. 이 시는 또한 '시민'이, 즉 고대 그리스 도시국가의 전통에 따라 정치적인 자유인으로서의 개인이 사회의 중심을 이루는 대륙으로 유럽을 묘사했다. 그러나 시민들은 이제 아시아에서 수입한 커피와 차를 마시고, 때로는 특별 주문한 양식으로 장식된 자기그릇이 놓여진 테이블에 앉아 저녁식사를 하고, 아메리카산 담배로 만든 시가를 피우면서 즐겁게 저녁을 마쳤다. 이들은 담배가 아프리카 출신의 흑인 노예들에 의해 농원에서 재배되고 있고, 자기가 중국 본토의 매우 복잡한 공장에서 생산되고 있으며, 차와 커피의 경작이 아시아의 전통적인 경제를 서서히 붕괴시키고 있고, 그들이 즐기는 다수의 사치품들이 아편무역에서 발생된 수익으로 사들인 것이라는 사실을 명백히 깨닫지 못하거나 느긋하게 무시하고 있었다.

종종 이들은 정원에 네덜란드의 동인도 회사의 배가 머나 먼 인도나 인도네시아로부터 가져온 묘목을 심어 식물을 재배하기도 했다. 일부 부유한 시민들은 개인소유의 동물원도 소유했는데, 이곳에는 특권층의 방문객만이 전 세계에서 수집한 이국적인 동물들을 감탄하며 구경할 수 있었다. 이 방문객들은 또한 해외에서 가져온 진기한 소장품 — 광석과 필사본, 동전과 다른 골동품 등 — 을 구경하거나 연구하기 위해 암스테르담 운하에 도열해 있는 화려한 도시주택에 초대되기도 했다. 실제로, 이와 같은 수집은 골동품 수집가와 부자들이 교양과 지위를 나타내기 위해서, 혹은 순수하게 지식과 학문의 목적으로 유럽 전역에서 이루어지고 있었다. 영국에서는 독일 태생의 왕실 주치의 한스 슬로언 경이 대중에게 전시될 것을 전제로 자신이 광범위하게 수집한 예술품, 책, 필사본 등 소장품을 제2의 조국인 영국에 유산으로 남겼고, 그렇게 해서 대영박물관과 도서관의 초석을 놓았다.

동물과 식물뿐만 아니라 이러한 수집품들도 변화하는 세계를 기록으로 남겼다. 이 세계는 새로운 발견들이 지도의 빈 자리를 채워가지만 더욱 복잡해짐으로써 해석과 이해를 필요로 했다. 새로운 것과 낯선 것은 피상적으로는 다르지만 본질적으로는 유럽적인 것과 같기 때문에 통제될 수 있고 안전하다고 설명할 수도 있고, 아니면 근본적으로 다르기 때문에 위험하고 맞서 싸워야 할 도전이며 통제할 수 없는 타자로서의 위협을 제거하기 위해 정복해야 할 세계라고 설명할 수도 있었다.

중국 문화와 일본 문화 같은 몇몇 문화는 유럽의 기준으로 볼 때도 그 자체로 고도로 발전된 문화로 보였기 때문에, 기독교 문명이고 따라서 우월한 문명이라는 식으로 유럽 고유의 정체성을 강조할 필요성을 더욱 증가시켰다. 그렇지 않고서는 유럽의 힘을 경제적·군사적으로 확장시킬 목적으로 다른 문화를 정복하려고 감행된 수많은 시도에서 어떻게 총과 대포의 사용을 정당화시킬 수 있었겠는가?

근본적으로 다른 모든 문명들은 기독교와 고전에 뿌리를 두고 있는 유럽 문명보다 뒤처져 있다고 주장함으로써만, 그 때문에 여타의 문화는 흔쾌히 유럽의 우월성과 그로 인한 경제적·정치적 지배를 수용해야만 한다고 믿고 선언함으로써만, 유럽인들은 16세기 이후 나타난 현상인 해외 식민지와 제국을 건설하려는 그들의 노력을 정당화시킬 수 있었다. 경제·정치·종교·문화적으로 대부분의 비유럽 지역은 서서히 '유럽의 세계체제'에 통합되어 갔다.

이때부터 자신의 세계, 즉 유럽에 관해서 사고했던 유럽인들은 항상 다른 세계에 대한 꿈에 의해 영향을 받았다. 처음으로 떼를 지어 안전한 고향을 떠난 유럽인들은 또한 처음으로 마음 속 가장 깊은 곳의 공포와 욕망을 설명하지 않을 수 없었다. 이 감정들은 위태롭게 된 주위환경의 상대적 안정을 유지하기 위해 고향에서는 마음대로 발산할 수 없었다. 어떤 형태의 문화가 비용의 고하에 관계없이 보존되고 수호되고 심지어 전파되어야 하는가? 새롭고 '낯선' 것 중에서 어떤 것을 이해하고 수용해야 할까?

머나먼 여행을 한 사람들은 이제 무엇이 그들만의 '고유한' 것이고 무엇이 그들과 '다른' 것인지 더 잘 알게 되었고, 그래서 유럽의 자의식에 더욱 기여하게 되었다. 1544년 지도제작자 세바스티안 뮌스터는 유럽이 지금까지 알려진 대륙 가운데 가장 작지만—이제는 인정할 수 있고 또한 인정해야만 하는 사실이었다—가장 비옥하고 가장 인구가 밀집되어 있으며, 따라서 가장 강력한 대륙이라고 선언했다.[52] 영국의 목사 새뮤얼 퍼처스는 선원들의 여행담에 항상 귀를 기울이고 메모를 해서 꽤 많은 양의 여행기를 수집해 이것을 1625년 출판했다. 그는 "유럽은 양보다 질이 우수하다. 양은 세계에서 가장 적지만, 질은 세계에서 최고다"라고 썼다.

유한한 인간에게 부여된 불멸의 유산으로서 인간에게 가장 고유한 자산인 예술작품과 발명품에 관해 말하자면, 다른 세계에는 이에 필적할 만한 것이 있는가? 우선, 인문학이 우리에게 가장 풍성하게 남아 있다. 왜냐하면 아시아와 아프리카에서는 학교가 오랫동안 버림을 받았지만 유럽에서는 단과대학과 종합대학들이 설립되었기 때문이다. 만약 동양에 있는 [고대 유럽의 영예였던] 아테네가 야만적인 투르크족에 오염되어 있다면, 우리는 서구에서 얼마나 많은 기독교 아테네를 가지고 있는가? 기계공학에 관해 말한다면, … 유럽의 시계 속에는 수많은 인공적인 미로와 미궁, 즉 매우 작은 모형 속에 설치된 거대한 천체와 천체의 움직임이 들어 있다. 유럽인을 제외하고 누가 응접실과 들판과 교회를 위해 창작된 수많은 음악에 귀를 기울인 적이 있는가?

지금까지도 많은 사람들이 유럽의 독특한 문화적 유산을 구성하는 것으로 생각하고 있는 많은 현상들을 열거하고 있는 이 주목할 만한 찬사는 여러 단락에 걸쳐 계속되는데, 결국 퍼처스는 다음과 같은 질문을 던진다.

이것이 전부인가? 유럽은 단지 풍요로운 들판이요, 관개가 잘 된 정원이요, 자연 속의 즐거운 낙원일 뿐인가? 살 수 있는 영원한 도시일 뿐인가? 강력한 힘을 지닌 세계의 여왕일 뿐인가? 인문학을 가르치는 학교, 기계상점, 군대의 천막, 무기고와 선박창고일 뿐인가?

문명의 핵심 장소로서 정원, 낙원, 도시는 구약의 처음 몇 권을 통해서 기독교 사고방식에 이식된 원형적인 이미지들이다. 무엇이 정원과 낙원과 도시에서 꽃을 피웠는가? 음악을 작곡하고 도구를 만드는 것 외에도 미술, 과학기술, 상업 등 모든 것들이 가장 넓은 의미의 힘을 창조했다. 퍼처스가 이러한 것들 사이에 어떻게 거의 본질적인 관계를 설정하는가를 살펴보는 것은 매우 흥미롭다. 그에게는 예술과 과학뿐만 아니라 유럽의 초기 상업·산업사회 그 자체도 하나의 문화현상으로 간주되었다. 이 개념은 서서히 더 폭넓게 수용되어 19세기에는 모든 문화계와 학문계에서 유럽의 자부심의 진정한 토대가 되었다.[53]

퍼처스의 질문은 당연히 대답을 요구했는데, 그는 똑같이 열정적인 산문으로 이렇게 대답했다.

그렇지 않다. 이런 것들은 유럽에 대한 혹은 유럽에 독수리의 날개보다 더한 것을 부여하시고 유럽을 뭇 별 위로 올려주신 하느님에 대한 가장 미미한 찬양이다. … 유럽은 천체 측량법을 수학적인 원리보다는 신성한 진리에 의해서 배웠다. 예수 그리스도는 유럽인의 길이요, 진리요, 생명이다. 그리스도는 그가 오래 전에 태어난 곳인 배은망덕한 아시아와 그가 도피하고 은신한 곳인 아프리카에

게 이혼장을 발부하고 거의 완전하고 유일한 유럽인이 되었다.[54]

또다시, 성경은 다른 구대륙들의 의미를 폄하하기 위한 역사적 논거를 제공했다. 그러나 퍼처스는 무엇보다도 유럽이 세계를 발견하고 정복했다는 사실을 특히 주목했다. 유럽의 문화적 특성은 종교, 정치구조, 군사력, 예술, 과학에 국한되지 않고 영토확장을 할 수 있는 능력도 포함하는 것이었다.

지금껏 누가 저 거대한 대양을 소유하고 거대한 지구를 일주했는가? 지금껏 누가 새로운 성좌를 발견하고, 얼어붙은 극지에 인사하고, 불타오르는 열대 지역을 정복했는가?[55]

여기서 퍼처스는 정말 중요한 점을 언급하고 있다. 유럽을 제외하고는 어떤 문명도 여지껏 이런 대규모 여행을 감행하지 못했다는 사실을 인정하지 않을 수 없기 때문이다. 모험과 발견의 정신, 따라서 인간의 지평과 힘을 확장하려는 의지는 특별히 유럽적인 것은 아니지만 유럽이 다른 어느 문화보다도 실제 행동으로 옮겼다고 주장할 수 있는 특성인 듯하다. 아니면 이것을 기독교적 특성이라고 불러야 할 것인가? 아무튼, 기독교는 퍼처스 자신이 지적했듯이 그 뿌리가 실제로 그것이 널리 퍼진 지역에 있지 않다는 사실을 인식한 종교였다. 따라서 기독교는 거의 강제적으로 신자들이 여행을 하도록 했는데, 약속의 땅뿐만 아니라 지상의 낙원에 대한 기독교의 믿음은 신자들이 위험을 무릅쓰고 여행에 나서도록 만드는 강력한 자극제가 되었다.

세계의 다른 지역과 유럽의 접촉은 종종 불협화음을 일으켰고, 그 결과 자기성찰이 이루어졌으나 그것이 유럽에 대한 본질적인 정의를 확대하는 데 이르지는 않았다. 많은 사람들은 유럽의 단점과 치료법을 심사숙고하기 시작했다. 의미심장하게도, 15세기 후반부터 더 나은 사회를 건설하려는 계획들이 되풀이해서 고안되었다. 이 계획들은 그것이 형성된 시기의 현실과 이상 모두에 대한 흥미로운 관점들을 보여준다. 대부분의 계획들은 네 가지 요소를 중심으로 하고 있다. 행복한 사회는 거의 항상 도시로서 제시되었는데, 이 개념은 확실히 유럽인들이 그리스 사람들에게서 물려받은 것이다. 도시 개념은 또한 근본적으로 통제 불가능한 자연은 길들여져야 한다는 뜻을 암시하기도 했다. 이 도시에는 최적의 건강관리가 이루어진다. 죽음에 대한 공포는 분명 유럽의 기독교적 인간관에서 중요한 역할을 했다. 또한 중산층, 통치자, 학자를 교육하는 일에는 높은 우선권이 주어졌다. 마지막으로 중요한 요소로서 번영은 정의의 원칙에 따라 분배되었다. 때로는 자신의 작품집을 출판하고 유통시킬 기회가 이상적 사회의 다섯 번째 특징으로 등장하는데, 이는 지식인과 학자들이 장래의 명성에 관심이 있었음을 드러낸다.[56]

물론 이와 같은 이상사회는 결코 실현되지 않았지만 유럽의 자화상에는 중요한 영향을 주었다. 그 결과, 국내 사회의 부정적인 측면들에 의해 아직 오염되지 않았다고 상상되는 지역—그것은 유럽 안의 지역이기도 했지만 해외 지역인 경우가 더 많았다—의 현실은 흔히 이상적인 것으로 묘사되었다. 그 밖에도 이와 같은 이상은 종종 개인이나 집단의 현실에 대한 불만족으로부터 나온 정치적·사회적 요구 속에 포함되었다. 이렇게 해서 이러한 이상들은 현실을 서서히 변화시키는 데 기여했다.

이 과정은 토마스 모어의 『유토피아 *Utopia*』(런던, 1516)와 토마소 캄파넬라의 『태양의 도시 *Citta del Sole*』(1603), 요한 발렌틴 안드레아의 『기독교 공화국의 기술 *Description of a Christian Republic*』(뉘른베르크, 1619)을 거쳐 18세기의 독일 철학자 라이프니츠와 헤르더 그리고 19세기 영국과 프랑스의 '유토피아적' 사회사상가들이 보여준 인간과 사회에 대한 비전에서 찾아볼 수 있다. 이 중에서 한 가지 측면은 주목할 만하다. 유토피아란 실제로 처녀지를 필요로 한다는 점이다. 다수의 초기 유토피아 사상가들은 자기들이 꿈꾸는 세계를 현재 살고 있는 세계나 더 오래된 환상적인 아시아 세계보다는 아직 문명에 의해 오염되지 않은 신대륙 아메리카에 설정했던 것이다.

돌이켜 보면 15, 16세기는 변화의 시기였다. 문화의 많은 분야에서 옛 가치와 제도가 사라지고 새로운 규범과 기관들이 주로 유럽 자체의 통신혁명에 의해 탄생했다. 한편 교육과 텍스트의 보급으로, 더 넓은 세계에 대한 개념이 — 유럽 자체뿐만 아니라 그 너머의 세계도 지리적·정신적으로 인식되었다 — 더 많은 사람들에게 여과되어 스며들 수 있게 되었다. 이러한 세계와의 접촉을 통해 더욱 완전하고도 세속적인 자의식이 형성되었다.

18세기 후반에 대서양 세계의 지식층에 뿌리박고 있던 조잡하고 피상적인 문화상대주의를 먹고 자란 시인 필립 프레노는 1772년 「아메리카의 마을 *The American Village*」에서 자신의 세계를 다음과 같은 곳으로 묘사했다.

> 옛날에 인디언의 유명한 족장들이 건전한 법률의 토대 위에서
> 제국을 일으키고 제물을 불태웠다.
> 관대한 영혼은 정직한 가슴에 영감을 주었고
> 자유인이 되는 것은 두 갑절로 축복받는 일이었다.

그러나 프레노는 문명화된 서양에서 이제는 불가능해진 삶에 대한 동경을 반영하여 인디언 사회를 고상하고 자유롭고 자치적인 인간들의 공동체로서 이상적으로 표현한 후에, 「떠오르는 아메리카의 영광 *The Rising Glory of America*」이라는 또 다른 시에서는 이렇게 읊었다.

> 여기서 인간의 본성은 얼마나 많이 가려져 있는가!
> 과학과 진리의 빛으로부터 차단된 채로.[57]

프레노는 소박한 낭만적인 사회를 꿈꾸었지만, 그가 특히 18세기에 점차로 과학을 진리와 진보의 기본적인 규범으로 간주한 유럽의 가치에 여전히 뿌리박고 있다는 것은 부인할 수 없는 사실이다.

Notes

9장_ 새로운 사회 : 15세기 이후의 유럽과 더 확대된 세계

1) I. M. Franck, D. M. Brownstone, *The Silk Road: A History*, New York 1986.
2) 훌륭한 개괄서로는 K. N. Chaudhuri, *Asia before Europe: The Economy and Civilization of the Indian Ocean from the Rise of Islam to 1750*, Cambridge 1990을 참조.
3) 폴로가 실제로 중국에 있었는지 의심하는 사람들의 긴 계보에서 가장 최근의 것은 F. Wood, *Did Marco Polo Go to China?*, London 1995이다. 그러나 이 책의 저자도 자신의 주장을 실질적으로 뒷받침하지 못하고 있다.
4) J. Needham, *Clerks and Craftsmen in China and the West: Lectures and Addresses on the History of Science and Technology*, Cambridge 1970, 239 이하.
5) N. Perrin, *Giving Up the Gun: Japan's Reversion to the Sword, 1543-1879*, Boston 1979.
6) C. G. Ekeborg, *Kort Berättelser om den chineska Landthusholdningen*, Stockholm 1757. 독일어 번역본은 1765년에, 영어와 프랑스어 번역본은 1771년에 이루어졌다.
7) 주요 연구서로는 J. H. Elliott, *The Old World and the New, 1492-1650*, Cambridge 1992.
8) 가장 최근의 문헌자료는 *Amerika 1492-1992: Neue Welten, Neue Wirklichkeiten — Eine Dokumentation*, Berlin 1992와 *Amerika 1492-1992: Neue Welten, Neue Wirklichkeiten — Geschichte-Gegenwart-Perspektive*, Berlin 1992에 수록되어 있다. 이 외에도, H. J. König, *Die Entdeckung und Eroberung Amerikas*, Berlin 1992는 또한 수록하고 있는 시대에 관한 시각적 자료가 매우 훌륭하다.
9) '발견자'에 관한 상당한 양의 문헌이 1992년에 이미 엄청나게 증가해 있었다. 그 중에서 유용한 한 제목은 W. D. Phillips, C. R. Phillips, *The Worlds of Christopher Columbus*, Cambridge 1992이다.
10) Cipangu와 Cathay에 관련된 언급으로는 W. Uitterhoeve, H. Werner, eds, *Christoffel Columbus: De Ontdekking van Amerika. Scheepsjournaal 1492-93*, Nijmegen 1992, 48, 55, 65, 79, 80, 81, 84, 88, 114 등 참조.

11) 섬의 아름다움에 관해서는 Uitterhoeve, Werner, *Columbus*, 66, 71, 73, 78, 83; 언어의 아름다움에 관해서는 90, 100; 악의 부재에 관해서는 96, 97; 선천적으로 타고난 신앙에 관해서는 65, 97-3; 무기와 법의 부재에 관해서는 93을 볼 것. 인용은 116.
12) Divine, *Ontdekkers van een Nieuwe Wereld*, Bussum 1973, 249.
13) Divine, *Ontdekkers*, 245.
14) Divine, *Ontdekkers*, 246.
15) 담배가 세계의 다른 문화에 끼친 영향에 관한 개괄서로는 J. Goodman, *Tobacco in History: The Cultures of Dependence*, London 1993을 볼 것.
16) R. N. Salaman, *The History and Social Influence of the Potato*, Cambridge 1949.
17) E. Forster and R. Forster, eds, *European Diet from Preindustrial to Modern Times*, New York 1975; R. forster, O. Ranum, eds, *Food and Drink in History*, Blatimore 1979.
18) S. W. Mintz, *Sweetness and Power*, New York 1985.
19) 매우 유익한 사례 연구로는 S. Gruzinski, *The Conquest of Mexico: The Incorporation of Indian Societies into the western World, sixteenth-eighteenth Centuries*, London 1993이 있다.
20) A. Crosby, Jr, *The Columbian Exchange: Biological and Cultural Consequences of 1492*, Westport 1972.
21) Crosby, *The Columbian Exchange*, 158-60.
22) H. Kellenbenz, ed., *Precious Metals in the Age of Expansion*, Stuttgart 1981; J. F. Richards, ed., *Precious Metals in the Later Medieval and Early Modern Worlds*, Durham 1983, 특히 397-496을 볼 것.
23) H. Pohl, ed., *The European Discovery of the New World and its Economic Effects on Pre-Industrial Society, 1500-1800*, Stuttgart 1990.
24) R. Pieper, *Die Preisrevolution in Spanien (1500-1640)*, Stuttgart 1985을 볼 것.
25) R. Ehrenberg, *Capital and Finance in the Age of the Renaissance: A Study of the Fuggers and their Connections*, New York 1963, 80.
26) H. Rowen, C. I. Ekberg, eds, *Early Modern Europe: A Book of Source Readings*, Ithaca 1973, 74-5.
27) Rowen, Ekberg, *Early Modern Europe*, 77.

28) 이 문제에 관해서는 E. Zerubavel, *Terra Cognita: The Mental Discovery of America*, New Brunswick 1992를 참조.
29) J. B. Russel, *Inventing the Flat Earth: Columbus and Modern Historians*, New York 1910도 볼 것.
30) 최근의 개괄서로는 다음 두 권의 책을 볼 것: J. Brotton, *Trading Territories: Mapping the Early Modern World*, London 1997; J. Black, *Maps and Politics*, London 1997.
31) J. Fischer, F. von Wieser, eds, trans., *Martin Waldseemüller: Cosmographiae Introductio*, Ann Arbor 1966, 68-70.
32) Bodin's *Methodus ad facilem historiarum cognitionem* in P. Mesnard, ed., *Jean Bodin, Oeuvres Philosophiques*, Paris 1951, 223 이하를 볼 것.
33) 이 문제를 다룬 연구로는 S. Greenblatt, *Marvellous Possessions: The Wonders of the New World*, Oxford 1991; A. Grafton, A. Shelford, N. Siraisi, *New Worlds, Old Texts: The Power of Tradition and the Shock of Discovery*, Cambridge, Mass., 1992가 있음.
34) L. E. Huddleston, *Origins of the American Indians: European Concepts, 1492-1729*, Austin 1967.
35) K. Crossly-Holland, ed., *The Oxford Book of Travel Verse*, Oxford 1986, 364-5.
36) Crossly-Holland, *Travel Verse*, 365-6.
37) J. A. Levenson, ed., *Circa 1492: Art in the Age of Exploration*, Washington, DC, 1991.
38) Shakespeare, *The Tempest*, 1막 2장, 407-14.
39) Shakespeare, *The Tempest*, 2막 2장, 163-4, 166-8.
40) 심리학적인 배경에 관해서는 O. Manoni, *Prospéro et Caliban: sychologie de la colonisation*, Paris 1984 참조.
41) P. N. Carroll, *Puritanism and the Wilderness: The Intellectual Significance of the New England Frontier, 1629-1700*, New York 1969, 72, 112, 134.
42) R. H. Pearce, *Savagism and Civilization: A Study of the Indian and the American Mind*, Berkeley 1988, 23.
43) L. B. Wright, ed., *Robert Beverly: History of the Present State of Virginia*, Chapel Hill, NC, 1947, 235.

44) *Lawson's History of North Carolina*, Richmond 1937, 251-2.
45) 이 과정에 관한 짧지만 훌륭한 개괄서로는 U. Bitterli, *Cultures in Conflict: Encounters between European and Non-European Cultures, 1492-1800*, London 1993이 있음.
46) D. Heikamp, *Mexico and the Medici*, Florence 1972.
47) G. Th. M. Lemmens, "Die Schenkung an Ludwig XIV. und die Auflösung der brailianischen Sammlung des Johann Moritz 1652-79," in G. de Werd, ed., *Soweit der Erdkreis reicht: Johann Moritz von Nassau-Siegen, 1604-79*, Cleves 1979, 265-93.
48) P. J. A. N. Rietbergen, "Zover de aarde rijkt. De werken van Johan Nieuhof (1618-72) als illustratie van het probleem der cultuur- en mentaliteitsgeschiedenis tussen specialisatie en integratie," *De Zeventiende Eeuw* 2-1 (1986), 17-40.
49) J. -M. Apostolides, *Le Roi-machine: spectacle et politique au temps de Louis XIV*, Paris 1981.
50) Th. Hetzer, *Die Fresken Tiepolos in der Würzburger Residenz*, Frankfurt 1943; C. le Corbeiller, "Miss America and her sisters: personifications of the four parts of the world," *The Metrpolitan Museum of Art Bulletin*, April 1961도 볼 것.
51) *Federschmuck und Kaiserkrone: Das barocke Amerikabild in den Habsburgischen Ländern*, Schlosshof im Marchfeld 1992.
52) S. Münster, *Cosmographia Universalis*, Basle 1559, 40-1.
53) U. Nef, *Cultural Foundations of Industrial Civilization*, Cambridge 1958도 볼 것.
54) S. Purchas, *Hakluytus Posthumus or Purchas His Pilgrimes*, New York 1965 (원래는 *Works of the Hakluyt Society*, Extra Series I, London 1905로 출판되었음), 248, 249, 250, 251.
55) Purchas, *Pilgrimes*, 251.
56) M. Eliav-Feldon, *Realistic Utopias: The Ideal Imaginary Societies of the Renaissance, 1516-1630*, Oxford 1982; J. C. Davis, *Utopia and the Ideal Society: A Study of English Utopian Writing, 1516-1700*, Cambridge 1981, 299.
57) Pearce, *Savagism*, 86.

10
새로운 사회

이주, 여행,
유럽의 문화보급과 통합

이주, 여행, 문화

사람들은 때로 여행과 그에 따른 다른 문화와의 접촉이 실제로 문화적 통합을 일으키는 요인이 되는지 궁금해한다. 여행자는 사람들이 다른 규범에 따라 생활하고 별개의 문화를 창출하는 곳으로 이동하는 것이 사실이다. 그러나 대부분의 여행자들은 자기 자신, 즉 자신의 정체성과 편견을—이것은 따라서 때로는 당연히 타자와의 대면에 의해 확인된다—운반할 뿐이지 않던가? 종종 여행은 통합은 말할 것도 없고 긍정적인 상호작용도 유발하는 것 같지 않다.

그러나 이 장에서는 여행이 유럽 밖에서뿐만 아니라, 더욱 중요하게는 유럽 안에서 문화적 변화를 초래했음을 입증하도록 노력하려고 한다. 예를 들면, 실질적인 오랜 지배기간과는 별개로 다양한 형태의 여행, 특히 무역은 결국 계속되는 언어적 교환을 유발했고, 각종 유럽언어의 어휘와 개념의 발전에 기여했다. 스페인에는 700년에 걸친 이슬람의 지배로 인해 당연히 수백 개의 아라비아 어휘가 들어와 있었다. 영국도 프랑스와의 훨씬 짧은 접촉을 통해 프랑스 어휘를 수용했다. 이탈리아는 무역을 통해 상당량의 터키 어휘를 흡수했으며, 네덜란드가 상업적·기술적으로 우위를 누렸던 황금기에 네덜란드의 해운용어는 러시아어를 포함해 많은 언어에 유입되었다. 또한 여행의 결과로 개인 여행자뿐만 아니라 유럽을 구성하는 지역문화의 주요 집단들은 축적된 경험을 통해 타 지역의 지리, 경제, 정치, 윤리 및 관습과 같은 분야에 대해 더 많이 알게 되었다. 결국 여행은 유럽 차원에서 각국의 엘리트 계층을 더욱 결속시키고 범세계적인(코스모폴리탄) 문화를 형성한 중요한 요소였다.

물론, 이 과정이 전적으로 여행이라는 현상에 의해 결정된 것은 아니다. 다른 요인으로는 인쇄술의 발명과 그에 따른 교육의 발전을 들 수 있는데, 인쇄술과 교육은 16세기에 문화를 전파하는 데 느리지만 중요한 역할을 했으며, 통신망과 문화 정기간행물의 출현도 이 전파를 더욱 확산시켰다. 결국, 지식과 정보로 무장된 책은 ─ 책이란 지식과 정보 없이는 쓰여질 수 없으므로 ─ 16세기 이후 팽창하는 독서인구로 하여금 새로운 사상에 접하도록 만들었다. 그러나 여행과 서신교환이 없었다면 지식과 정보가 그처럼 대규모로 축적되지 못했을 것이므로 16세기 초 이후를 복합 문화기라고 부르는 것은 과장이 아닐 것이다. 일부는 전통적이고 일부는 새로운 요소들이 함께 작용하고 상호 영향을 줌으로써 대략 1500년에서 1800년 사이에 특별히 '유럽적인' 성격이 만들어졌다.

타의적 여행 : 이주의 문화적 의의

　유럽인의 대다수가 토지에 예속되었기 때문에 19세기 초까지 대부분의 사람들은 전혀 여행을 하지 않거나 거의 여행을 하지 못했다. 여행을 한 소수도 실제로 문화적 의사소통의 가능성을 열고자 여행을 한 것은 아니었다. 각종 사회집단에 속한 상당수의 사람들이 직업상 혹은 유쾌하지 못한 상황 때문에 여행하거나 심지어는 이주하도록 늘 강요되었는데, 이러한 형태의 여행은 분명 유럽에 문화적으로 중요한 의미를 지니고 있지만, 강화된 연대의식, 즉 '유럽'이라는 개념으로 발전하지는 못했다. 게다가 여행을 한 사람들, 특히 본의 아니게 여행을 한 대다수 사람들의 집단적·개인적 경험들은 대체로 그들이 경험한 바를 기록하지 않았기 때문에 알려진 바가 거의 없다. 과거의 여행 경험과 그에 따른 감상 — 편지와 기행문[1] — 을 연구하기 위한 중요한 자료들이 부족한 탓으로 여행의 문화적 의의에 대해서는 어쩔 수 없이 다소 빈약한 그림이 그려질 수밖에 없다.

　여행을 한 수많은 집단 중에서 어느 정도는 자발적으로 여행을 한 유일한 집단이 있었다. 이 집단은 매년 무수한 지역의 성지와 보편적으로 숭배되는 소수의 기독교 성지 — 중요한 두 행선지로서 로마와 산티아고 데 콤포스텔라가 두드러졌으며, 예루살렘은 대부분 사람들에게 너무 멀고 비용이 많이 들었다 — 를 방문하는 순례자들이었다. 순례자들은 지팡이와 목도리로 표시를 내면서 종종 도보로 성지까지 여행했다. 순례자들을 위한 안내서뿐만 아니라 초서의 『캔터베리의 이야기 *The Canterbury Tales*』와 같은 — 이 작품은 사회에서 바로 찾아볼 수 있는 현실적인 이야기들 때문에 성공할 수 있었다 — 문학작품을 통해 우리는 순례의 내용을 어느 정도 알 수 있다.[2] 순례의 충동을 느낄 때마다 사람들이 순례의 길을 떠난 것은 아니고, 순례가 적지 않게 계절의 영향을 받았으므로 겨울 추위가 물러간 다음부터 새로운 눈이 알프스 산맥과 피레네 산맥의 길을 다시 막기 전까지만 길을 떠날 수 있었다. 그래서 초서는 그의 이야기를 다음의 유명한 구절로 시작한다.

> 4월의 달콤한 소나기가
> 3월의 가뭄을 뿌리까지 파고들면
> … 이때 사람들은 순례를 갈망하고
> 순례자들은 낯선 성지를 찾아 떠난다.3)

순례자들의 수는 어마어마했다. 16세기 이전 시대의 수치는 믿을 수 없는 경우가 많으나, 다행히도 로마에서는 세밀하게 계산되었다. 추정에 따르면, 성스러운 해인 1600년에는 유럽 전역에서 최소한 50만 명이 인구 10만 명에 불과한 로마시에 도착했다고 한다. 이러한 순례여행의 분위기는 예상보다 덜 경건했다. 그것은 소풍과 같은 분위기였다. 세속 재판관이나 교회 재판관이 내린 처벌로 순례를 떠나는 참회자들을 제외한 대부분의 순례자들은 자연스럽게 이 분위기를 경험했다. 대부분 노동과 수면으로 채워지는 일상생활을 오랫동안 중단할 수 있도록 허락된 유일한 시간이기에 순례는 개인의 삶에서 특별한 계기로 경험되었다.

순례자들의 개인적인 경험에 관해서는 알려진 바가 거의 없다. 그들 대부분은 문맹으로서 자신의 인상이나 감정을 글로 표현할 수 없었다. 만났던 사람들, 보았던 마을과 도시들, 여행중에 경험한 독특한 음식관습 및 다른 형태의 생활방식에 대해 그들이 어떻게 반응했는지는 알 수 없다. 그렇지만 그들이 숱한 이야기, 때로는 황당한 이야기를 갖고 돌아왔을 것은 틀림없다. 그 이야기들은 고향 사람들에게 영향을 미쳤을 것이며, 그 결과 지평선 너머의 세계에 대한 생각이 무의식적으로 바뀌었을지도 모른다. 그러나 또한 그들은 기존의 편견을 확인했을 가능성이 크다.

마찬가지로 의심스러운 것은, 과연 가난하고 비참한 사람들의 타의적인

삽화 23_ 종교와 여행 — 해마다 유럽 도처에서 수만 명의 순례자들이 7개의 주요 대성당(바실리카)을 방문하기 위해서 로마로 여행했다. 여기 16세기 지도에 나타난 바실리카는 로마에 있는 수백 개의 교회와 성지 중에서 가장 중요한 것들이다. 최종 행선지는 하단에 보이는 성 베드로 대성당이었는데, 성 베드로 대성당의 본당 회중석과 미켈란젤로의 반구탑은 아직 미완성인 상태이다. (사진: 리트베르겐)

여행이 긍정적인 영향을 미쳤는가 하는 것이다. 이들은 온갖 경제적·사회적 고통에 내몰려 장기간 집을 떠나 신흥국가의 용병으로 계약 입대하거나 대형 상선대의 선원이 되었다. 16세기 이후 대부분의 유럽국가에서 군인과 그들의 생활방식은 확실히 국제화되었다.

18세기 후반부터 19세기 초 사이의 80년 전쟁[4] 기간 동안에 스페인 군인들이 쓴 편지와 나폴레옹의 원정[5] 기간 동안 네덜란드 군인들이 쓴 편지를 보면, 고향을 떠나도록 강요받고 때로는 끝내 고향에 들어갈 수 없었던 군인들의 가혹한 삶의 실체를 엿볼 수 있다. 그들 중 상당수는 전장에서 죽었고, 그들의 죽음으로 유럽의 지도는 계속해서 새롭게 그려졌다. 그들의 편지를 읽어보면, 이 모든 '여행'이 지식의 증대를 가져왔을지는 모르지만, 광범위한 상호이해와 아직 발전중에 있던 모종의 '유럽식 사고'에 기여한 것이 아니라는 가정이 설득력을 가지게 된다.

경제적·사회적으로 매우 중요한 떠돌이 노동자 집단의 문화나 떠도는 사람들, 즉 흔히 국경선을 넘나드는 뜨내기 집단이라는 매혹적인 현상이 전파되고 통합된 효과를 실제로 측정하는 것도 마찬가지로 어렵다.[6] 그러나 엄밀한 의미에서 여행을 한 것은 아니지만 고향을 떠나서 오랜 세월이 지난 후 언젠가 고향이나 다른 곳에 다시 정착할 때까지 방랑하는 대규모의 이주자들은 주목할 만하다. 우선, 고향 땅을 버리고 좀더 자유로운 땅에 정착한 종교 망명자들의 강요된 이주에 관해서 생각해 볼 수 있다. 그들은 자신의 고유한 문화, 즉 그들의 고유한 사상과 생활방식을 가지고 신세계로 건너가서 흔히 힘겹게 그 문화에 적응해가면서 그들의 자리를 찾아야 했다.

물론, 가장 분명한 예는 유태인이다. 서력 기원이 시작할 때 이스라엘을 정복한 후로 로마인들은 다양한 유태인의 반란을 진압했다. 이 반란중에 로마인들은 예루살렘을 파괴시켰다. 그러자 많은 유태인들은 피난길에 올라 중부유럽과 지중해 부근에 정착했다. 점차로 기독교화되고 그들에게 적대적으로 변해가는 세계의 변방에서 유태인들은 수세기 동안 주변적인 생활을 강요당했다. 지역적인 문제가 발생할 때마다 그들은 마술사, 예수의 살인자 등으로 낙인찍혀 종종 희생양이 되었다. 이런 적대적인 태도의 저변에 깔린 한 가지 이유는 분명 다수의 부유한 유태인들에 대한 시기심이었다. 왜냐하면 유럽경제에 상당히 기여하고 있는 유태인 은행가와 유태인 상인들이 유럽의 경제생활에서 종종 두드러져 보였기 때문이다. 부차적인 이유로는 종교와 언어 같은 문화형태의 차이를 들 수 있다.

오랫동안 이베리아 반도의 이슬람 세계에서 유태인의 운명은 비교적 편안했다. 그러나 기독교인이 스페인을 재정복하고 스페인 군주들이 종교·문화적인 의미에서도 통일되고 동질적인 국가를 건설하려고 시도했기 때문에 수많은 유태인이 16세기 말에 추방되었다.[7] 이후에 그들을 겨냥한 잔인한 박해나 학살을—이것은 19세기까지 수세기 동안 계속되어온 현상이다—피해 유태인들은 동유럽 국가에서 좀더 안전한 지역으로 이주하지 않을 수 없었다. 이동을 계속하면서 유태인들은 그들의 새로운 세계에서 어느 정도 공인된 게토(유태인 강제 거주지구)에서 거주했는데, 게토는 그들의 문화적 영향력을 제한시켰다. 그럼에도 학계와 같은 영역에서는 기독교 주류 문화와의 대화가 이루어졌다.[8] 랍비(유대교 율법학자)의 전통을 바탕으로 한 유대교의 신학적 사색과 유대교 신비주의는 19세기까지 많은 기독교도 과학자와 학자들에게 영감을 불어넣었다. 게다가 히브리어와 성경에 관련된 다른 언어에 대한 논의들은 16세기 이후 근동의 문화에 대한 유럽의 관심을 부활시키는 데 기여했다.

종교적 망명자의 또 다른 예로는 프로테스탄트교 발도파와 위그노파가 있는데, 그들은 루이 14세의 중앙집권화된 종교정책과 경제력의 결과로 17세기 후반에 프랑스와 서북부 이탈리아로부터 도망쳐 다른 곳에 정착했다. 프랑스의 프로테스탄트교도들은 주로 독일, 네덜란드 공화국, 영국에서 피난처를 찾았다.[9] 그들은 유태인들이 그랬던 것처럼 이들 나라의 초기 제조업에 경제적·기술적인 활력을 불어넣었다.[10] 특히 위그노파 지식인들은, 위그노파와 발도파의 비극적인 운명에 대한 끔찍한 이야기들이, 때로는 루이 14세의 공격적인 외교정책 때문에 서유럽 전역에 이미 존재하고 있던 프랑스에 대한 적대적 시각을 더욱 강화시켰음에도 불구하고, 많은 유럽 국가에서 점차 '프랑스' 문화가 영향력을 발휘하도록 기여했다.

세 가지 형태의 문화적 여행

실제로 해외 인사들과 의사소통할 수 있는 위치에 있던 지식인 집단 내에서는 어떤 종류의 여행이 특징적으로 이루어졌을까? 어떤 집단의 문화가 좀더 국제적인 성격을 띠었고, 유럽에 좀더 특징적인 문화적 통일성을 부여했는가?

출신과 교육이라는 경제적·사회적 전제조건을 고려하면, 그런 여행은 대체로 토지를 소유한 귀족과 도시의 귀족들 그리고 부유한 상위 중산층에 한정되었다. 따라서 이 시기에 여행은 유일하지는 않더라도 원칙적으로 엘리트적 현상이었고, 19세기 후반에 대중 운송수단의 출현과 함께 시작된 대중관광과 비교될 수는 없다. 대부분의 여행자들이 엘리트 계층 출신이었기 때문에, 그들의 경험은 우선적으로 엘리트 계층 내부의 문화의 형성과 통합과 변화에만 기여했다.

사업상의 여행 : 상인과 은행가

오래 전부터 유럽을 활동의 무대로 삼았던 상인들의 사업상의 여행은 매우 중요했다. 심지어는 로마시대 이전에도 유럽의 경계를 넘어선 무역 접촉이 있었다. 4세기에서 7세기 — 이때는 집단이주, 인구감소, 경제적 불안, 정치적 위기로 소란스러운 시기였다 — 에 상업적 여행은 상당히 줄어들었다. 카를 대제의 경제정책에 힘입어 8세기 이후 상업적 여행이 부활되어 간혹 중단되기는 했으나, 14세기의 위기에 이르기까지 지속되었다.

15세기에 유럽의 경제적 생활은 크게 강화되었다. 그때까지 한자동맹과 알프스 관통교역 및 지중해의 교역과 같은 예외적 현상을 제외하고 무역과 산업은 종종 지역 단위로 이루어졌다. 아시아, 아메리카, 아프리카와의 더욱

지도 6_ 1500년경 푸거가의 무역대행소 및 상업적 이권과 은행의 위치

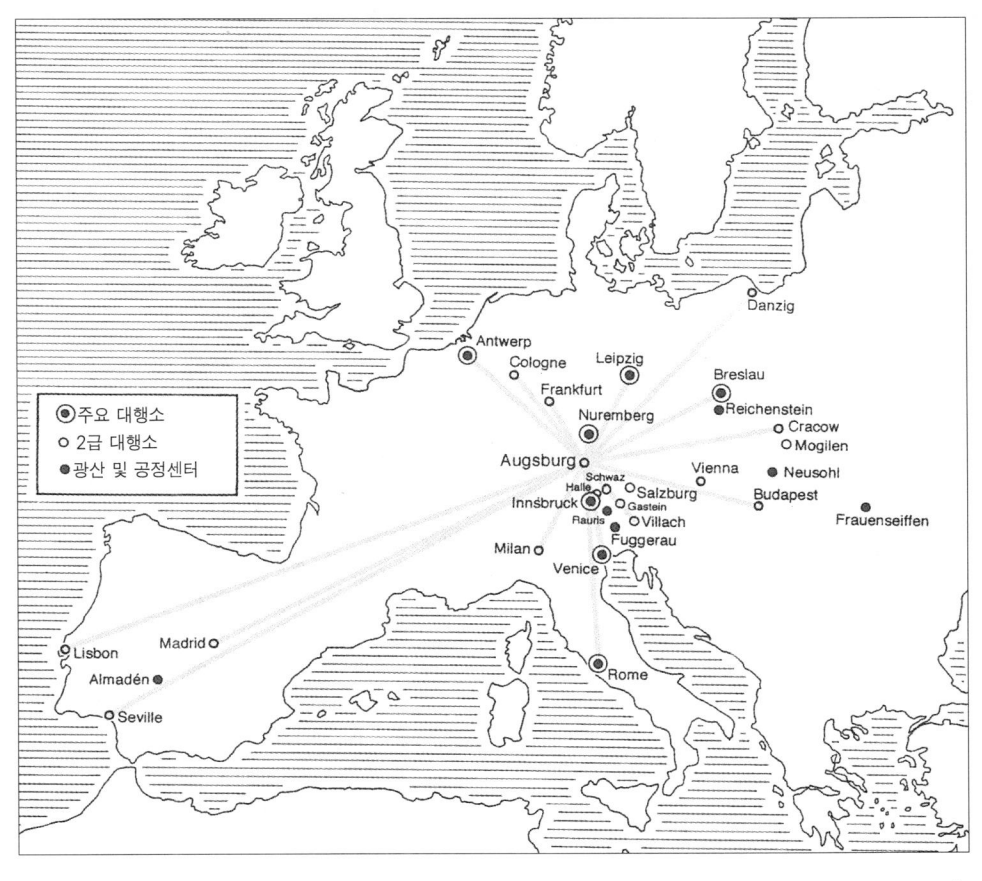

강화된 접촉에 고무되어 이제 국가무역과 국제무역이 발달하기 시작했다. 그러나 수천 년 동안 그런 접촉이 장거리 여행을 하는 어느 한 개인이 아니라 각기 지방 단위로 여행한 상인들의 연결망을 통해 유지되었다는 점을 인식해야 한다.

그럼에도 상인들이 유럽을 변화시키는 데 어느 정도의 역할을 했는지는 특별히 이런 종류의 출판시장을 노리고 출판업자들이 간행한 수많은 여행 안내서에서 찾아볼 수 있다. 한 연구에 의하면, 1500년과 1600년 사이에 거의 천 종의 여행 안내서가 발간됐다고 한다.[11] 이 안내서들은 대체로 매우 실용적인 성격과 목적을 지니고 있다. 이 책들은 가장 접근하기 쉽고 안전한

삽화 24_ 무역과 여행—아우구스부르크의 은행가 야콥 푸거와 그의 참모인 회계사 마퇴우스 슈바르츠의 모습이 푸거가의 본부에 푸거가 제국을 형성한 여러 지사의 이름이 붙여 있는 파일용 벽장과 함께 묘사되어 있다. 잡다한 사업을 경영하기 위해 푸거가의 대리상들은 이 지사들을 여행했다. 이 그림의 출처는 1516년에 착색된 그림이다. (네덜란드 네이메헨 예술사 자료센터 소장)

여행로를 제시했고, 또한 다양한 지역통화에 대한 정보도 제공했다. 지역 통화들은 워낙 다양했기 때문에 환산표가 필요했다. 시장의 영업시간과 값싸고 편안한 호텔에 관한 유용한 정보도 제공되었다. 심지어 일부 안내서는 사람들이 다른 유럽 언어로 의사소통을 할 수 있도록 간단한 단어집을 수록하기도 했다.12) 이런 안내서들은 여행을 매우 편리하게 해주었고, 다른 곳에서는 모든 것이 다를 수 있다는 점을 강조하기도 했다.

농업인구로 구성된 농업사회보다 훨씬 더 광범위한 상업사회에서 국제무역의 대행업자이자 은행가문인 푸거가를 만날 수 있다. 푸거가는 카를 대제 이후 최초로 실질적인 초국가적 영향력을 행사한 통치자 황제 카를 5세 (1500-57)의 후원자였다. 그들 나름대로 푸거가와 그 직원들은 바르샤바에서 리스본까지, 로마에서 앤트워프까지 뻗어 있던 업무망을 통해서 초국가적으로 활동했다. 그들의 사고는 국제적이 되었다. 그들의 편지에서 국경선은 사라지는 것처럼 보였고, 적어도 공통적인 경제문제에 대한 의식, 즉 세계무역을 결정하는 요인에 대한 의식이 발전하고 있었다.13) 거대 기업가들과 그 휘하의 순회 영업사원들이 유럽 단위로 사고한 것은 확실하다.

그러나 증가하는 경제 의존도와 통일의 의식이 그들의 다른 측면의 세계관에도 영향을 미쳤는지에 대해서는 의문의 여지가 남는다. 다시 한 번 그들의 편지가 이에 대한 실마리를 제공한다. 독일의 푸거가와 벨저가 외에도 포르티나리와 델라 파이에처럼 유럽을 무대로 활동하는 다른 상인들과 금융가들이 있었다. 그들은 이탈리아 출신이었으나, 곧 새로운 유럽경제의 중심인 남부 네덜란드에 자리잡았다. 또한 루카 출신으로 암스테르담에 온 부르라마치스뿐만 아니라 수아소스처럼 포르투갈계 유태인도 있었다. 이 기업가들의 편지를 보면, 그들이 유럽의 다양한 무역 지역의 문화적 특성을 완전히 파악하고 있었음을 알 수 있다. 이 때문에 그들은 각국의 이해관계와 사소한 정치적 문제들을 그들 고유의 관점에서 파악하게 되었다.

이 집단에서 좀더 세계주의적인, 즉 '유럽식' 사고방식이 성장한 것은 교육수준의 덕택이기도 했다. 유럽식 사고방식은 가족 회사의 ─ 이것이 조직의 기본단위로 남아 있었기 때문이다 ─ 젊은 사원들을 자주 해외로 보냄으로써 확실히 고무되었다. 이들은 업무상 해외관계를 계속 유지하면서 무역의 기본을 배울 뿐만 아니라, 국제경제에서의 차이점은 무엇인지에 대한 감각을 익힐 수 있었다. 유명한 철학자 아르투어 쇼펜하우어의 아버지이자 단치히 도매상 가문의 후손이며 네덜란드 상인의 딸을 모친으로 둔 하인리히 플로리스 쇼펜하우어(1747-1805)는 젊었을 때 프랑스와 영국에서 몇 년을 보냈다. 귀국했을 때 그는 매일 『타임즈 The Times』 신문을 읽는 습관을 들였다. 그의 서재는 루소와 볼테르와 같은 프랑스 작가들의 작품으로 채워졌다. 1758년에 결혼한 쇼펜하우어의 아내 요한나 트로지너는 그보다 19세 아래로, 같은 환경에서 자랐고 영어와 프랑스어를 구사했다. 그녀가 가장 신임하는 친구는 단치히에 개업한 스코틀랜드 출신의 의사였다.[14] 예테보리에서 세비야까지, 암스테르담에서 나르바까지 존재한 국제적인 상업환경에서 모종의 '유럽식' 사고는 지극히 정상적인 것이었다.

외교상의 여행 : 대사와 정치가

광범위하게 여행했던 또 하나의 집단은 외교관들이었다. 이 집단은 자의식을 가진 신흥국가의 등장과 함께 15, 16세기에 처음 생긴 지금보다 훨씬 더 큰 규모의 집단으로서, 유럽 각국의 수도에 파견된 대사들은 수십 명의 수행원을 거느렸고 특별 행사에는 그 범위가 귀족 수행원에서 하인들까지 수백 명에 이르렀다. 유럽의 '유럽화'에서 그들의 중요성은 상인들 만큼이나 컸다는 점은 확실하다.

이들 외교관들이 신임장을 받은 유럽의 궁정은 다양한 방식으로 문화가 표현된 특별한 장소였다. 다양한 왕실가문 사이의 동맹 때문에 궁정은 말 그대로 최소한 두 개, 때로는 그 이상의 '민족' 문화가 끊임없이 뒤섞이는 환경이었다 — 그러나 어떤 점에서는, 민족이 아주 서서히 형성되기 시작한 이 시기에는 '지역' 문화에 관해 논하는 것이 더 나을지도 모르겠다.

처음에는 이탈리아와 프랑스 사이의 접촉이 빈번했다. 부분적으로는 이탈리아를 두고서 프랑스 왕과 스페인 및 오스트리아의 합스부르크 왕들이 벌인 권력투쟁의 결과로 사람들은 16세기에 종종 프랑스에서 이탈리아 반도로 여행했다. 이는 이탈리아 궁정과의 문화적 관계를 낳게 했으며, 프랑스의 궁정 문화에 상당한 변화를 일으켰다. 그 중에서도 피렌체의 은행가로서 금으로 몸을 치장할 정도로 부유한 공작이 된 메디치가의 딸로서 프랑스의 왕위 계승자와 결혼한 마리아 데 메디치를 따라 16세기 말에는 이탈리아 풍습이 프랑스 궁정에 전해졌다. 많은 프랑스인들은 외국 문화가 우월한 문화로 나타났기 때문에 잽싸게 이 부자연스러운 외국 문화의 결점을 들춰냈다. 그러나 동시에 프랑스인들은 미술, 과학, 음악, 음식 등, 요컨대 엘리트 문화의 모든 표현에 적응했다.

수십 년 후에 프랑스 문화는 영국의 찰스 1세의 며느리가 된 부르봉 왕가의 앙리에타 마리아의 수행원들을 따라 섬나라 왕국의 수도까지 전해졌다. 런던 생활을 기록한 유명한 일기 작가이자 연대기 편자인 새뮤얼 핍스(1633-1703)는 인생의 즐거운 면과, 그에게 해당되지는 않았지만 즐겁지 못한 면들, 즉 프랑스 문화가 연극, 음악, 심지어는 음식 및 성 풍속에까지 미친 영향에 대해서 언급했다.[15]

왕궁이라는 무대에 대규모의 외교관 배우와 관객들이 등장함으로써 궁정의 국제적이며 세계주의적인 성격이 더욱 뚜렷해졌다. 대부분의 유럽국가에서 엘리트 계층은 교육을 완성시키기 위해 적어도 한 번은 외교적 임무를 띠고 여행을 해야 한다고 깨닫기 시작했다. 그런 여행은 왕실과 귀족 자제들의 교육지침서에 곧 필수적인 과정으로 언급되었다.[16]

이런 형태의 여행을 통해 상대적으로 다수의 미래 지도자들은 외국 궁정 문화의 다양한 측면을 접하게 되었다. 외국에서 관찰된 규범과 행동방식, 그리고 그 밖의 문화표현들이 충분히 매혹적이고 지배적일 경우에는, 의식적으로 또는 무의식적으로 수용했다. 그렇게 해서 16세기 말과 17세기 초에 유럽의 상류사회는 처음에는 이탈리아 문화가, 나중에는 스페인 문화가 주도하게 되었다. 1637년에 새로 선출된 신성로마제국의 황제 페르디난도 3세의 대사로 비엔나에서 로마로 파견되어 교황 우르바누스 8세에게 황제의 충성을 전달한 요한 퓌르스트 에겐베르크는 제왕처럼 영접받았다. 로마와 교황청은—이것은 말할 필요도 없는 것이지만—여전히 기독교적이고 유럽적인 것으로 이해되는, 유행의 창조자이자 문화의 중재자로 자처했다.

로마에서의 경험 가운데 무엇이 에겐베르크에게 가장 깊은 인상을 주었는지는 알려져 있지 않다. 그러나 당시 교황의 조카로서 국무장관 겸 추기경이었던 프란체스코 바르베리니와 로마에 거주하고 있던 다른 많은 고관들이 그에게 제공한 연회는 가장 호화롭고 첨단 유행에 따른 것이었음에 틀림없다. 이탈리아 궁정의 식탁 문화는, 한 마디로 중요한 문화요소 바로 그 자체였다. 소개, 예법, 음식으로 이루어지는 이 요리 문화의 '구성요소'는 이탈리아적이고, 스페인적이며, 국제적이었다.[17]

알프스 이북의 교양 있는 사람들은 아직 로마 궁정의 세련된 수준에 도달하지 못했다고 느꼈다. 앞서 이탈리아와 프랑스의 관계를 통해 일어났던 것과 비슷한 과정을 거쳐 에겐베르크와 같은 대사들을 뒤따라, 로마인들이 로마적인 것으로 자연스럽게 경험한 이탈리아의 규범은 점차 북유럽에 소개, 시행되었다. 르네상스의 영향이 계속되면서 춤과 음식, 유행과 음악, 문학 및 예술적 관례 등 모든 문화형태들이 외교관들의 뒤를 좇아 이동했다. 따라서 16세기의 거의 전 기간중 문화의 많은 영역에서 이탈리아의 사례가 유럽적 규범이 되었다.

17세기 후반에는 프랑스의 궁정 문화가 유럽에서 지배적인 요소가 되었고, 이는 18세기 말까지 지속되었다. 프랑스는 경제적으로나 정치적으로나 유럽에서 가장 강력한 국가로 발전했다. 프랑스 왕은 이 힘의 구현체였다.

특히 17세기 후반의 대부분을 지배한 루이 14세는 교묘한 정치선전을 통해 그의 위엄을 강조하고 강화하려고 노력했다. 이러한 정치선전의 핵심적인 도구는 '권력의 무대'가 된 그의 궁정으로서, 이곳에서는 모든 것이 군주를 위한 '과시적 소비'였다.[18]

목표를 실현하기 위해 루이 14세는 비좁고 답답하고 정치적으로 골치아픈 수도 파리로부터 멀리 떨어진 곳에 베르사유 궁전을 새로 짓도록 명했다.[19] 궁전이 완공되었을 때 그 안에는 수백 개의 방과 회랑과 현관홀이 있었다. 모든 방의 벽과 가구를 장식한 커튼과 벽걸이 융단은 1년에 두 번 바뀌었다. 겨울에는 녹색과 붉은색의 벨벳이 사용되었고, 여름에는 금실과 은실로 수놓은 비단을 사용했다.

궁전에는 두 개의 핵심부분이 있었다. 첫번째는 유명한 '거울의 방'으로서, 이 방에는 17개의 커다란 거울이 벽을 장식했는데, 각각의 거울은 여러 장인들에 의해 수십 년에 걸쳐 만들어졌다. 천장에는 프레스코 천장화가 루이의 군사적 승리와 프랑스의 영광을 찬양했다. 이 방에서 왕은 경쟁국가의 대표를 맞이하고, 연회를 베풀었다. 두 번째 핵심부분은 왕의 침실이었다. 이곳에는 단 위에 화려하게 차양으로 가려진 왕의 침대가 있다. 그곳에서 왕의 하루는 기상과 취침의 정교한 의식으로 시작되고 끝났다. 매일 아침 프랑스에서 가장 저명한 귀족들이 루이의 침대 주변에 모여 황제 폐하가 일어나는 것을 지켜보았다. 왕자와 공작들 중 소수의 행운아들은 왕이 잠옷을 벗는 일을 돕도록 선발되었고, 그 다음에 선발된 집단이 왕이 옷입는 것을 돕는 동안 약 100명가량의 사람들이 침실에 들어와서 구경하도록 허용되었다. 그들은 왕에게 셔츠, 바지, 양말, 구두, 칼, 망토, 깃털 달린 모자 등을 하나씩 경건하게 건네주었다. 이 의식은 '작은' 기상의식과 '큰' 기상의식으로 불렸다. 사람들은 그 자리에 참석할 수 있는 명예를 얻기 위해 아귀다툼을 했다. 왕의 의복을 관리하는 집단에 포함되기 위해 막대한 뇌물이 건네지기도 했다. 밤에는 전체 의식이 역순으로 반복되었다. 이 두 순간 사이에서 왕의 하루는, 왕의 측근 궁정귀족 중의 한 사람인 생 시몽 공작이 '베르사유 궁전의 기계장치'로—기계적인 무대장치가 바람직한 효과를 만들어내는 연극의 세계처럼—묘사한 것처럼, 엄격한 일과에 따라 진행되었다.[20]

왕이 움직일 때마다—식사를 하거나, 카드놀이를 하거나, 걷거나, 예배당에 가거나 혹은 춤을 줄 때나—수십 명, 심지어는 수백 명의 귀족과 평민들이 참석했다. 루이는 종종 그를 태양으로 칭송한 장 밥티스트 륄리와 같은 작곡가들의 웅장한 음악으로 편곡된 발레와 오페라의 중심인물이기도 했다.[21] 이렇게 화려한 무대에서 왕은 그의 가장 단순한 행동조차도 특별한 의미를 띠고 있는 것처럼 반신반인으로서 행동했다. 물론, 그것이 이 연극의 진짜 목적이었다. 즉 고상한 궁신들, 비천한 하인들, 거만한 외국의 외교관 등 모든 사람들에게 깊은 인상을 심어주고, 왕의 권력이 절대적이며 모든 것은 왕에게 달려 있음을 납득시키는 것이 목적이었다. 익숙하지 않은 눈에는 실제로 왕이 정부와, 최고 군사직과, 가장 수익성 높은 주교직에 가장 큰 영향력을 행사하는 것처럼 보였다. 왕의 총애를 받으면 권력의 정상에 오를 수 있었다. 왕의 총애를 잃는다는 것은 많은 사람들에게 인생이 무상해진다고는 말할 수 없지만 삭막해진다는 것을 의미했다.

프랑스의 사례는 유럽 전역에서 모방되었다. 모든 군주들은 베르사유와 같은 웅장한 궁전을 원했다. 당시에 수많은 군소국가로 갈라져 있던 독일의 여러 도시와 지방에는 지금도 아름답지만 값비싼 경쟁심의 결과에 관한 숱한 사례들로 넘쳐난다. 실제로, 모든 유럽의 귀족들은 어떻게 해서든지 프랑스 귀족들에게 뒤지지 않으려고 안간힘을 썼다. 영국과 폴란드에서, 스웨덴과 스페인에서 그들은 프랑스 식으로 지방의 궁전과 도시의 대저택을 짓기 시작했고, 그곳을 프랑스의 모범에 따라 귀중품으로 가득 채웠으며, 프랑스가 정하는 유행에 따라 옷을 입고, 프랑스 요리사들이 만든 책자에 적힌 대로 음식을 먹었다.[22] 그들은 심지어 베르사유 궁전의 복잡한 예법을 흉내내어 프랑스 귀족들처럼 걸을 때는 양 손을 흔들고 머리를 조아리는 등의 행동을 했다. 심지어 춘화와 매춘까지도 포함해서 프랑스적인 것은 모든 것이 유행의 대상이었다.

　독일의 군소국가 군주의 궁전을 방문하든, 스웨덴의 스캔이나 오스트리아의 슈타이어마르크에 있는 귀족의 호화로운 저택을 방문하든, 프랑스 문화의 흔적은 어디서나 쉽게 볼 수 있었는데, 이는 부분적으로 귀족들이 외교사절로서 프랑스에 체류하는 동안 경험한 것의 결과였다. 심지어는 17세기 헤이그의 경우처럼 중산층에서도 네덜란드의 문화는 프랑스의 사례에 엄청나게 영향을 받았는데, 이 또한 지방의 엘리트 시민계층이 외교적인, 주로 귀족적인 환경의 영향을 받았기 때문이다.[23]

　요컨대, 수세기에 걸쳐 엘리트 계층의 문화는 서서히 변화했다. 8세기 이후 교회가 보편적인 것으로 선언한 기독교적 가치와 이보다 더 오래된 지역문화 또는 대중 문화 사이의 상호작용은, 결국 9세기와 10세기 이후 '민족적인' 엘리트 문화의 탄생을 가져왔다. 15세기 이후 이탈리아 궁정과 프랑스 문화, 즉 프랑스의 왕실 문화와 접촉함으로써 민족 문화는 독자적인 특성을 보유하면서도 좀더 '유럽적인' 면모를 갖추었다. 매혹적인 18세기의 영국 여성 메어리 워틀리 몬터규 부인의 여행기를 읽어보면, 이 외교관의 부인이 이탈리아와 프랑스를 여행하면서 그녀와 같은 사회계층 내에서 얼마나 편안하게 지냈는지 알 수 있다.[24] 특정한 국가의 엘리트 계층에 속한 여행자들은 유럽의 어느 곳에서나 금방 자신과 같은 엘리트층 사이에서 편안함을 느낄 수 있었다.

　그러나 또 다른 요소가 이러한 세계주의적인 궁정 문화의 발전에 중요한 역할을 했다. 인쇄술의 발명으로 단지 책을 통해서만 간접적으로 여행할 수 있었던 사람들은 궁정 문화에 대한 온갖 종류의 기록을 읽을 수 있었는데, 이 기록들은 처음에는 주로 이탈리아와 스페인을 무대로 하다가 그 후에는 프랑스로 무대를 옮겼다. 오노레 뒤르페의 『아스트레 *L'Astrée*』(1627)나 라파예트 부인의 『클레브 공작부인 *La Princesse de Clèves*』(1678) 같은 소설 속에 이상적으로 그려진 궁정 문화는 특히 영향력이 있었다. 후자는 궁정사회가 구성원들에게 강요한 숨막히는 규범에서 비롯된 정열과 이성 사이에서 한 여성이 고뇌하는 모습을 심리적으로 묘사한 작품으로, 많은 귀족 특히 귀족 여성들에게 반향을 일으켰다. 실제로, 17세기에는 소위 '궁정소설'이라고 불릴 수 있는 호기심을 자극하는 장르가 번창했는데, 현재의 감상적인 통속소설처럼 문학적 가치가 거의 없는 것도 있지만 귀족과 다른 독자들 사이에 새로운 규범과 행동과 기대를 발전시키는 데는 분명 중요한 역할을 했다.

교육적 여행 : 학생, 학자, 예술가

학생, 학자, 예술가로 구성된 문화적 여행자들의 세 번째 집단이 문화의 형성과 전달에 있어서 가장 중요한 역할을 했다는 것은 의심의 여지가 없다. 그들의 작품은 문자와 활자 또는 시각적인 표현의 형태로 전자 대중매체 시대에 상상할 수 있는 것보다 훨씬 더 강력하게 중요한 의사전달의 기능을 수행했다.

이 집단의 여행이 상인과 외교관의 여행보다는 직접적으로 전문적인 성격이 약한 것으로 생각한다면, 즉 이런 여행은 오히려 이상적인 '문화'의 세계에만 고정된 것으로 생각한다면, 그것은 잘못이다. 이 집단에 속한 상당수의 학생과 학자와 예술가들에게는 고급 문화의 세계 역시 그들의 전문분야였거나 미래의 전문분야였다. 그들의 전문분야는 그들에게 교육, 서점, 출판사, 혹은 예술분야의 일자리를 마련해줄 활자화된 텍스트의 세계였다. 이 분야에서 말과 '이론'과 '설명'은 시각적 생산물을 수용하고 이해하는 데 점차 중요한 역할을 했다.

이 집단의 경우에는 근본적으로 '유럽적인' 특성을 가진 교육, 학문, 과학제도가 존재했다. 이 제도에는 탁월한 중심지가 있었다. 예를 들면, 볼로냐, 하이델베르크, 레이덴, 오를레앙, 옥스퍼드, 파리, 살라망카와 같은 특정

대학들은 유럽에서 명성을 누렸고, 다른 대학들도 다소 제한적이기는 해도 여전히 지역을 초월하는 매력을 갖추고 있었다.

좋은 교육은 경력상 필요하거나 사회·문화적인 필수조건이었기 때문에 학생들은 출신계급과 재정상태에 따라 가장 가까운 대학이나 가장 유명한 대학을 찾아 이동했다. 오부 대학이나 룬드 대학 또는 웁살라 대학에 만족하지 못하는 스웨덴 학생들은 하이델베르크 대학이나 레이덴 대학 또는 위트레흐트 대학으로 갔다. 네덜란드 학생들은 그들의 종교적인 배경에 따라 루뱅 대학이나 오를레앙 대학과 같은 가톨릭 대학으로 가거나, 하이델베르크 대학이나 제네바 대학 또는 소뮈르 대학과 같은 프로테스탄트교 대학으로 갔다.[25] 프랑스 학생들은 피사 대학이나 볼로냐 대학으로 이동했다. 그리스 정교회 출신의 젊은 그리스인들은 파도바에 있는 유명한 대학인 베네치아 대학에 떼지어 몰려와서, 졸업한 뒤에는 투르크 제국의 옛 기독교 지역이나 심지어 투르크 제국의 황실 정부에서 관직을 차지했다. 이렇게 해서 파도바는 16세기에서 18세기까지 유럽의 남동부 주변 사람들이 서양학문을 공부하기 위한 관문이 되었다. 90% 이상이 도시의 중산층 출신인 보헤미아 학생들은 독일제국과 스위스의 대학을 찾아갔다. 스위스의 경우에는 학생들이 해외여행을 떠났을 때의 나이가 대체로 12세 또는 13세였다.[26] 당시에 통용되던 '어린이'와 '청소년'의 개념은 오늘날과는 상당히 다르게 해석되었고, 실제로 정서적으로나 신체적·생물학적으로도 다르게 경험되었다는 점을 상기해야 한다. 대부분의 유럽인이 대학공부를 시작하는 나이가 오늘날의 '표준연령'인 18세가 된 것은 18세기 이후부터였다.[27]

명망 있는 학자들도 학생들과 같은 길을 여행했다. 그때나 지금이나 국경은 그다지 중요한 요소가 아니었다. 때로는 종교적인 차이로 학자들이 목적지를 선택하는 데 제한을 받기도 했지만 말이다. 저명한 학자들은 짭짤한 봉급을 주는 곳으로 이동했으며, 유명한 대학의 특권적인 교수직을 수락하거나 훌륭한 연구지원 약속을 받아들였다.

그래서 '대학순례'는, 적어도 그런 여행을 할 여유가 있는 학생들에게는, 대학교육의 필수과정으로 자리잡았다. 네덜란드의 많은 학생, 즉 미래의 정부관료, 의사, 변호사, 교회의 성직자와 대학의 교수들은 단기간 혹은 장기간 해외에서 공부하기 위해 '독일 노선'이나 '프랑스 노선'을 택한 반면에, 1575년에서 1814년 사이에 약 5천 명의 외국인들이 대개 의학이나 법학을 네덜란드 공화국에서 공부했다.[28]

외국유학의 가치는 일찍이 16세기 초에 모든 사람들에게 각인되었다 — 에라스무스는 이때 그 가치에 관해 글을 쓴 바 있다. 그러나 가장 영향력 있는 글은 플랑드르의 휴머니스트 유스투스 립시우스(1547-1606)가 쓴 것으로서 많이 읽히고 번역되었다. 그는 1586년 안트베르펜에서 출간된 저서 『백 통의 서간집 *Epistolarum … centurio prima*』에서 학문을 위한 여행에 나서도록 감동적이고 또한 실용적으로 호소했다. 18세기까지 여러 판을 거듭하며 팔려나간 립시우스의 책은 인간의 지식과 이해를 개발하는 가장 중요한 요소 중의 하나로서, 즉 진정으로 개화된 삶과 행동으로 인도하는 길로 여행을 강조함으로써 유럽의 지식인들에게 상당한 영향을 끼쳤다. 립시우스와 같은 시대에 살았던 스페인 국왕 펠리페 2세가 신하들이 잘못된 사상에 빠질까봐 스페인 학생들이 해외로 유학하는 것을 금지시킨 것도 바로 그런 이유에서였다. 이 책은 또한 문명의 요람으로서 이탈리아의 중요성을 강조했다. 물론, 립시우스는 실제로 남성에게만 국한시켜 언급했다. 여행을 한다고 해도 여성들은 단지 아내 혹은 딸의 자격으로 남편이나 아버지를 동반하여 여행할 뿐이었다.

립시우스의 글 외에도 특정한 경력을 위한 준비과정으로서 대학순례에 관한 좀더 상세한 정보를 제공하는 다른 입문서들도 곧 나타났다. 예를 들면, 특별히 변호사와 의사를 위한 안내서나, 아직 학업을 수행하고 있거나 이미 자리를 잡은 사람들을 위한 여행 안내서도 있었다.[29]

'예술가들도 여행을 하는 데는 그만한 이유가 있었다. 그들은 자신의 수

련을 완성하기 위해 대학에 가기보다는 유명한 동료 예술가들의 작업장이나 전문적인 학원을 찾아보려고 했다. 대개의 경우 그들은 스케치북을 들고 이러한 여행과 병행하여 고대와 현대의 기념물들을 둘러보았다. 학생들과 마찬가지로 그들의 여행은 거의 언제나 이탈리아에서 끝났는데, 이탈리아는 18세기 후반까지는 유럽에서 가장 권위 있는 예술 중심지 가운데 하나로 간주되었다. 마침내 유명 예술가로 성공했을 때, 많은 저명 학자들의 경우와 똑같은 일이 일어났다. 즉 그들은 '민족적인' 문화와의 유대감을 깊게 느끼지 않았다. 그들은 그들의 후원가가 살고 있는 곳, 즉 유럽 각국 주요 도시의 궁정이나 예술가들을 후원함으로써 권력과 지위를 과시하려는 대귀족의 저택에 자리를 잡았다.

    16세기 초에 화가들은 안트베르펜과 브뤼즈, 하를렘과 위트레흐트에서 이탈리아로, 로마로 여행을 가서 추기경과 교황청의 관리에게 작품을 팔았다. 그들은 원근법을 이탈리아의 사실주의적인 풍경화에 도입했다. 반면에 그들은 이탈리아에서 특히 지금까지 오랜 전통으로 내려오는, 인간의 신체를 해부학적으로 정확히 묘사하는 법을 배웠다. 알브레히트 뒤러의 그림은 이탈리아 체류를 전후하여 상당히 다른 특성을 드러냈다. 어떤 예술가들에게 여행은 문화적으로 필수적인 것이 되었고, 다른 예술가들에게는 직업적으로 필요한 것이 되었다. 1521년 대가 얀 반 스코렐은 심지어 예루살렘을 여행한 다음 그의 그림에 이상적인 성지의 모습을 구체적으로 표현했다. 같은 세기에 성가대원들과 음악가들은 부르고뉴와 플랑드르에서 뮌헨과 부르고스의 궁정, 베네치아와 크라코프의 궁정, 만투아, 피렌체, 로마의 궁정으로 여행을 가서 왕실교회와 교황청의 예배당에서 노래를 부르고 미사곡과 마드리갈을 작곡했다. 일부는 1년 정도 체류했고 나머지는 평생을 그곳에서 지냈다.

    이 사실은 어떻게 해서 네덜란드의 베르겐, 일명 몽스에서 태어난 롤란트 데 라트르(1532-94)가 12세의 성가대원으로서 시칠리아의 총독과 함께 나폴리와 팔레르모로 가서 그곳에서 오를란도 디 라소로 불려지게 되었는지를 말해준다. 20세의 나이로 그는 로마에 있는 요한 라테란 대성당의 성가대 지휘자가 되었고, 그 후에 그의 음악으로 돈을 벌 수 있다고 생각한 출판업자 틸만 수사토가 있는 안트베르펜에서 일했다. 그의 음악이 출판됨으로써 라소는 유럽 전역에서 유명해졌다. 1556년 그는 뮌헨에 있는 바이에른 공작궁으로 떠났고, 그곳에서 처음에는 가수로 일하다가 8년 후에는 공작 음악단의 지휘자가 되었다. 가수들을 고용하기 위해 그는 다시 네덜란드로 여행했고 다시 한 번 이탈리아를 방문했다. 교황은 그에게 기사작위를 수여했고, 바이에른 공작은 그를 귀족신분으로 상승시켰다.

반면에, 이탈리아의 화가들과 다른 예술가들은 북쪽으로 여행했다. 16세기에 피렌체 출신의 레오나르도 다 빈치는 그림을 그리기 위해, 벤베누토 첼리니는 은 세공품을 만들기 위해 프랑스의 퐁텐블로에 있는 프랑수아 1세의 궁전으로 갔다. 17세기에 로마의 건축가 겸 조각가 지안로렌초 베르니니는 루이 14세의 허영심을 채워주기 위한 궁전과 동상들을 설계하려고 잠시 파리에 정착했다. 18세기에 베네치아의 조반니 바티스타 티에폴로는 뷔르츠부르크의 '주교관구'에 주재하는 대주교를 위해 일했다. 많은 그의 동료들은 남부독일의 도시와 시골에 들어서기 시작한 호화스러운 교회와 수도원을 건설하고 장식하는 데 고용되었다. 그러나 그들은 곧 프랑켄과 모라비아의 곳곳에 성당, 수도원, 궁전을 지은 디엔첸호퍼 가문 출신의 다섯 명의 건축가와 같은 뛰어난 재주를 가진 현지 출신 예술가들에 의해 대체되었다.[30]

같은 기간에 몇 세대의 이탈리아의 건축가들은 새로운 제정 러시아의 수도인 상트 페테르부르크의 감청색 하늘을 배경으로 솟아오른 황금의 탑들을 세웠다. 한편, 런던의 오페라 하우스에서는 이탈리아의 소프라노, 테너, 카스트라토(어려서 거세한 남성 가수)들이 독일태생의 영국 궁정 작곡가인 게오르그 프리드리히 헨델(1685-1759)의 걸출한 아리아들을 불렀다. 이 아리아들은 헨델이 이탈리아 귀족들에게 고용되어 이탈리아에 머무는 동안에 개발한 자신만의 독자적인 스타일로 작곡한 것이었다. 같은 시기에 헨델의 동료인 두 명의 이탈리아 작곡가 도메니코와 지오반니 로카텔리는 일가친척도 없이 중부 유럽을 누비면서 가톨릭교나 프로테스탄트교를 가리지 않고 독일 각국의 궁정과 러시아에까지 일자리를 찾아나섰다. 전자는 그의 생을 카셀에서, 후자는 모스코바에서 마쳤다. 위대한 요한 세바스티안 바흐(1685-1750) 역시 이리저리 떠돌면서 라이프치히에 있는 성 토마스 교회의 예배용 음악으로 칸타타(독창부, 2중창부, 합창부로 된 성악곡: 역주)를 작곡했고, 안스바흐에 있는 선제후들의 궁정을 위해 〈브란덴부르크 협주곡 Brandenburg Concertos〉을 작곡했다. 음악에 재능이 있는 그의 아들들과 친척들은 독일 도처에서 일했다.

마지막으로 모차르트(1756-91)가 있다. 소년시절 볼프강 아마데우스는 잘난 척하면서도 돈에는 인색한 아버지에 끌려 파리와 런던과 헤이그에서 공연하며 유럽을 여행했다. 잘츠부르크의 군주 겸 대주교의 궁정 음악가로서 그의 경력을 시작하는 한편, 비엔나로 진출하여 합스부르크 왕가가 지배하는 여러 나라의 대귀족들에게 곡을 헌정했고, 또한 황제의 궁정 음악가로 명성을 떨쳤다. 1791년 레오폴드 2세의 대관식을 위해 프라하로 가서 그곳에서 적들을 용서하는 새로운 황제를 칭송하는 아름다운 오페라 〈티투스 황제의 자비로움 La Clemenza di Tito〉을 작곡했는데, 이 곡은 이탈리아 음악 스타일의 영향뿐만 아니라 음악의 고전적인 주제들이 음악을 통한 당대의 정치선전에 미친 영향을 보여주었다.

문화형태와 사상의 교류가 증가하는 현상을 보여주는 아주 적절한 예는 17세기의 스웨덴이다. 1640년대에 크리스티나 여왕의 총신이었고 후에 수상이 된 마그누스 드 라 가르디는 외교사절의 임무를 수행하기 위해 여러 차례 네덜란드 공화국과 프랑스를 여행했다. 그 다음 그는 스웨덴의 귀족과 예술가들이 그곳에서 공부할 수 있도록 주선했고, 그렇게 해서 데이비드 클로커 에렌스트랄은 네덜란드에서 유학하고 네덜란드인 아내와 결혼한 후에 스웨덴 바로크 양식의 으뜸가는 화가가 되었다. 예를 들면, 그는 새롭게 고전

양식으로 그려진 스톡홀름의 리다루스의 천장을 자부심 높은 이 나라를 우화적으로 재현하는 여신 스베아의 그림으로 장식했다. 드 라 가르디는 또한 외국의 예술가와 학자들에게도 스웨덴에 정착하도록 매력적인 조건을 제시했다. 그는 그들에게 궁정이나 대학의 자리를 제안했는데, 그는 웁살라 대학과 룬드 대학을 아낌없이 후원하는 한편 외국에서 입수한 풍부한 자료들로 도서관을 채워주었다.

왕국의 정부에서 일한 그의 동료 카를-구스타브 브랑겔은 야전사령관으로서 스웨덴이 발틱 해 동쪽 해안을 점령함에 따라 거대한 부를 얻게 되었는데, 그는 호화로운 저택을 짓거나 원정 도중 예술작품을 몰수하거나 — 일부는 독일제국에서 약탈했다 — 중개인 조직을 통해 유럽 곳곳에서 예술작품을 사들이는 데 주저하지 않았다. 르네상스 양식의 꿈의 궁전 스코클로스터는 반짝이는 하얀 돌로 만들어진 고전적인 좌우대칭 구조물로서, 그의 방대한 수집품들을 소장한 보석상자였다. 그는 또한 이 궁전에 화려한 도서관을 만들었다. 이와 같은 거물들이 후원한 결과 스웨덴의 문화는 수십 년 만에 휴머니즘-르네상스의 면모를 보여주기 시작했는데, 특히 건축과 내부장식에 있어서는 뚜렷하게 네덜란드와 프랑스의 특징을 드러냈다.[31]

사업상의 여행, 외교상의 여행, 교육상의 여행, 이 세 가지 형태의 여행은 중복되는 경우가 많았다.[32] 사업가들은 종종 외교임무를 수행토록 요구되었으며, 예술가들도 때로는 스페인 군주에 의해 영국으로 파견된 플랑드르 출신의 유명한 화가 피터 폴 루벤스의 경우처럼, 그러한 임무를 부여받았다. 귀족의 젊은 자제나 부유한 중산층 시민의 아들들은 대사의 수행원의 일원으로 여행하면서 동시에 대학에서 공부하고 가장 중요한 명소를 찾아보는 식으로 일석삼조의 기회를 이용했다.[33]

17, 18세기 동안 외교상의 여행과 교육상의 여행의 결합은 유럽의 문화적 관습, 즉 '대여행'(상류계급 자녀가 교육을 마치면서 하는 유럽 순회 여행)이라고 불릴 수 있는 현상으로 발전되었다.[34] '대여행'은 유럽 엘리트 계층의 교육에

세계주의적·문화적 의미에서 영향을 끼치려는 목적을 지녔다는 점에서 일종의 수학여행으로 이해되었다. 이 여행은 또한 북서유럽인의 시각으로 본다면 반드시 이탈리아를 포함시켜야 했고, 17, 18세기에는 종종 프랑스도 포함시켜야 했기 때문에 확실히 대여행이었다. 실제로, 대부분의 유럽인에게 '대여행'은 분명한 남쪽 취향을 보여주었다. 그것은 18세기까지 이미 문화적으로 국수주의적인 프랑스인도 포함하여 대부분의 교양 있는 유럽인 사이에 존재했던 것으로 보이는 '이탈리아 정서'[35]에 기초를 둔 것이었다.[36] 심지어는 이 정서를 '지중해 정열'이나 '남쪽을 향한 충동'[37]으로 부를 수도 있는데, 이 정서는 지금까지도 매번 다른 모습으로 계속해서 여행에 대한 유럽인의 충동을 촉발하고 있다.

이에 비해 북쪽으로의 여행은 훨씬 적었다. 물론 이탈리아인과 프랑스인들은 필요할 경우 중요한 행선지로 네덜란드 공화국을 포함시켜서 황량한 북유럽 지역으로 여행했다.[38] 17세기에 재정적 실용주의와 기본원칙에 따른 관용정책은 네덜란드 공화국을 유럽에서 교육, 과학, 출판의 중심지로 만들었다. 같은 이유로 북부 네덜란드도 중부유럽과 동유럽 사람들에게 뿌리칠 수 없는 매력을 갖고 있었다. 네덜란드 공화국 다음으로는 영국과 독일이 남쪽과 동쪽 여행객들이 택하는 차선의 여행길이 되었다. 그러나 자료의 양이 불충분해 잘 알 수는 없지만, 남쪽에서 북쪽으로의 이동은 북쪽에서 남쪽으로의 이동보다 훨씬 덜 중요하다는 인상은 남는다.

이것은 사실 그다지 놀라운 현상은 아니다. 엘리트 계층이 가장 소중히 여겼던 문화적 전통의 두 가지 구성요소인 고전문명과 기독교의 뿌리가 모두 이탈리아에서 발견될 수 있었으니까 말이다. 게다가 로마 유적지에서 로마의 찬란한 과거를 나타내는 유물과 유적들을 감상하고 숭배할 수 있었던 것처럼, 그에 의해 영감받은 최근의 문화적 산물도 당시의 로마에서 찾아볼 수 있었다. 고전 및 현대의 기념물과 다른 예술적 표현물들은 사람들이 그 전통에 참여하기 위해 재창조하고 싶어하는 집단적 유산으로 간주되었다.

› 1644-5년 로마의 겨울 : 존 이블린이 영원한 도시를 방문하다 ⌐

          1641년 5월 유복한 집안 출신으로 다소 게으르고 즐기기를 좋아하지만 탐구적인 기질의 영국 청년 존 이블린(1620-1706)은 유럽여행을 시작했다. 이 여행은 거의 9년 동안 계속되었는데, 그는 네덜란드, 독일, 이탈리아, 스페인, 프랑스를 둘러보았으며, 그 후 영국으로 돌아와 정착해서는 긴 여생을 주로 여가를 즐기고 취미삼아 학문연구를 하며 보냈다. 그는 매우 방대하고 유쾌한 일기를 남겼는데, 이 일기에는 그의 일생의 대부분이 기록되어 있으며, 그의 사고방식과 당시의 문화에 대한 귀중한 통찰이 담겨 있다.

 다음 발췌문은 로마 방문에 관한 기술로서, 여행 및 도시의 일상생활 그리고 유태인의 지위에 관한 몇 가지 특징들을 묘사하고 있다. 또한 어떤 점 때문에 로마가 대부분의 유럽인들에게 여전히 '영원한 도시'로 남아 있는지에 대한 교양 있는 방문자의 관심을 드러내고 있다.

 1644년 11월 4일 저녁 5시쯤에 나는 로마에 도착했다. … 11월 6일 나는 매우 실용적으로 변하기 시작했다. 우선, 우리의 안내인이 ― 이곳에서는 방문자들을 이끌고 도시를 구경시키면서 생계를 유지하는 사람들을 이렇게 불렀다 ― 파르네세 궁전으로 안내했다. 이 궁전은 미켈란젤로가 건축한 웅장한 정방형 구조물로, 고전적인 방식을 따라 세 가지 양식의 기둥으로 되어 있으며, 건축물은 고트족의 야만적인 행위로 훼손되었지만 새롭게 복원되었다.

 〔… 11월 8일〕 우리는 예수회의 교회를 방문했다. 건물의 정면은 자코모 델라 포르타와 유명한 비뇰라가 설계한 훌륭한 건축물로 꼽혔다. 교회에는 예수회의 다른 사도 사베리우스의 오른팔인 유명한 이그나티우스 로욜라의 시신이 안치되어 있고, 높은 제단의 오른쪽 끝에는 그들의 옹호자인 벨라르미네 추기경이 있었다. 이곳에서 수학 및 동양어 교수인 키르허 신부가 우리를 식당, 의무실,

실험실, 정원, 그리고 마지막으로 그들의 실용적이고 분주한 모험을 위해 그들의 명령이 어떻게 시행되는지를 묘사한 그림들이 걸려 있는 홀을 통해서 그의 서재로 안내하면서 여러 가지로 남다른 호의를 보여주었다. 서재에서 그는 네덜란드인의 인내심을 갖고 — 영국인은 네덜란드인과 독일인이 똑같다고 생각했는데 지금도 때로는 그렇다 — 우리에게 기계의 영구운동, 반사광학, 자기실험, 모형들, 그리고 다른 수많은 기발한 아이디어와 장치들을 보여주었다. 그는 나중에 그 대부분을 직접 발표했다.

〔… 11월 19일〕 나는 성 베드로 대성당을 방문했다. 성 베드로 대성당은 가장 거대하고 비길 데 없는 바실리카로 지구상에 현존하는 어떤 것보다 뛰어나며, 아마도 솔로몬의 사원을 제외하고는 지금까지 지어진 어떤 건물보다 훌륭했다.

〔… 11월 21일〕 나는 굉장한 미술품 수집가인 카발리에레 포초를 만나러 갔다. 그는 소장하고 있는 온갖 종류의 진귀한 골동품과 대부분이 고인이 된 품위 있는 문학가들의 작품을 엄선하여 비치해놓은 훌륭한 도서관을 보여주었다. 그는 로마를 얕게 돋을새김한 엄청난 양의 수집품을 소장하고 있었는데, 호기심 많은 그는 이것을 여러 장의 전지용으로 도안하도록 했다.

〔… 1월 15일〕 가난하기 때문에 교황이 준 지참금을 받아 결혼하게 된 젊은 처녀들이 성 베드로 대성당을 향해 열을 지어 걷고 있었다. 성당에는 베로니카 (예수의 얼굴이 찍힌 천)가 보였다.

나를 아는 유태인이 할례를 보라고 초대해서 유태인들만 거주하는 교외의 게토에 갔다. 나는 그들의 가옥이 시작되는 유태인 광장을 통과했다. 이 광장은 벽으로 둘러싸여 매일 밤 잠겨 있기 때문이다.

〔… 1월 18일〕 매우 긴 회랑을 지나 — 루브르 궁전에 있는 프랑스 왕의 회랑보다 더 긴 것 같았다. 그러나 벽에는 아무것도 없었다 — 바티칸 도서관으로 나왔다. 지금 이 통로는 가난한 사람들로 가득 차 있는데, 성 베드로 대성당으로 가는 길에 교황은 그들에게 돈을 주었다. 대략 1,500명에서 2,000명쯤 되는 것 같았다. 이 도서관은 세계의 어느 도서관보다 품위 있게 건조되고, 우아한 시설

을 갖추고, 아름답게 장식되었다. 도서관은 광대하고, 위엄있고, 밝고, 쾌적하며, 가장 즐거운 정원에 면해 있었다. … 가장 큰 방은 길이가 100보였고, 끝에는 인쇄된 책들로 차 있는 회랑이 있고, 그 다음 우르비노 공작의 도서관 회랑이 있는데, 이 회랑에는 정교하게 채색·장식된 세밀화가 들어 있는 필사본들과 갖가지의 도자기와 멕시코, 사마리아, 아비시니아 및 기타 동양의 책들이 있었다.

〔… 나폴리를 여행한 후에〕 2월 7일경 우리는 해안에 출몰하는 투르크 해적들이 두려워 해로로 모험을 감행하지 않고, 일행 중 일부는 그렇게 하고 싶어했지만, 왔던 길을 되짚어 로마로 돌아가기 시작했다.

〔…〕 2월 13일에 우리는 다시 안젤로니 씨의 서재에 초대받았다. 그곳에서 좀 더 여유를 갖고 유럽에서 최고의 소장품 중 하나로 평가받는 진품들, 특히 장식장과 메달을 살펴보았다. 그는 우리에게 두 개의 골동품 램프를 보여주었는데, 램프에 새겨진 명문(銘文)에 의하면 하나는 팔라스 여신에게, 다른 하나는 라리부스 사크룸에게 바쳐진 것이었다. 우리는 또한 고대 로마시대의 반지와 열쇠, 철로 주형된 이집트의 풍요의 여신 이시스, 갖가지의 희귀한 얕은 돋을새김한 조각들, 훌륭한 미술작품들—주로 코레조의 예수와 화가의 자화상—바사노 부자의 다양한 작품과 티티안의 수많은 작품들을 보았다.

〔…〕 다음날 우리는 한때 유명했던 카라칼라 원형광장에 갔다. 지금은 가운데에 이집트 상형문자로 가득찬 웅장하고 오래된 오벨리스크 중 하나만이 쓰러져 있을 뿐이었다. 이 탑은 야만인들에게 정복당했을 때 네 조각으로 파괴되었다. 바다로 잘 운반할 수만 있었다면 저 위대한 애런들 백작 토마스가 그것을 구입해 영국으로 수송했을 것이다. 그 이후 다시 봉합되어 이노센트 10세가 만든 거대한 인공바위 위에 설치되었고, 교황의 건축가 베르니니가 만든 나보나 광장의 분수구실을 했다. … 그래서 조그만 예배당에 "주여, 어디로 가시나이까?"라는 이름이 붙었을까? 이곳은 우리의 구세주께서 도망치는 성 베드로를 만나 다시 돌려보낸 곳이다.[39]

「1644-5년 로마의 겨울: 존 이블린이 영원한 도시를 방문하다」

대여행에서 받은 인상은 유럽 전역에서 여행경험이 풍부한 고객과 여행경험이 풍부하거나 혹은 여행중에 있는 예술가들 사이에 창조적인 상호작용을 유발해 유럽 전역에 수용된 미학원리에 따라 교회, 궁전, 시골과 도시의 저택들이 지어지고 그림과 조각이 창조되었다. 이 모든 문화적 표현들은 — 회화와 건축뿐만 아니라 문학과 과학 및 음악을 포함해서 — '보편적'이고 고전적이고 기독교적인 가치를 드러냈지만, 점차 양면적 의미를 띠게 되었다. 즉 이 표현들은 또한 그들의 조국과 민족의 우수성을 노래했고, 조국과 민족을 창시하고 완성한 사람들도 찬양했다. 그 결과 국가마다 차이는 있어도 유럽 어디에서나 즉시 알아볼 수 있는 보편적인 '양식'이 나타났다.

사업상의 여행, 외교상의 여행, 교육상의 여행, 이 세 가지 유형의 여행 이외에 단순히 '관광'이라고 부를 수 있는, 즉 여행과 구경을 위한 여행, 배후의 동기 없이 단순한 경험을 위한 네 번째 유형의 여행은 과연 없었는가? 물론, 틀림없이 있었다. 17세기에 시작되었지만 특히 18세기에 사람들은 새롭고 더 긍정적이고, 심지어 '낭만적'이기까지 한 자연관에 영향을 받아 유람여행을 떠나기 시작했다. 그러나 위에서 언급된 여행들과는 반대로 이 여행은 장거리 여행이 아니라 대체로 짧은 여행이었으며, 결국 유럽의 문화적 통합에 거의 기여하지 못했다.

여행의 실상

여행사와 빠른 교통수단에 익숙한 현대의 여행자들은 19세기 초까지 여행이 얼마나 힘든 것이었는지 상상하기가 쉽지 않을 것이다. 당시 여행자들은 여행과 관련된 제약과 여행에 수반되는 어려움을 어떻게 극복했을까?[40]

여행자들은 '대여행'처럼 수개월에서 때로는 수년에 걸리는 여행인 경우에는 철저히 사전 준비를 했다. 양육과 교육에 의해 형성된 기대 양식과 집중적인 독서가 실제 경험이 자라날 수 있는 토대를 형성했다. 출판된 여행기와 여행안내서는 간략하게 볼거리가 무엇인지 알려줄 뿐만 아니라, 유용한 많은 정보를—예를 들면, 어디에서 무엇을 먹을지에 대한 정보를—담고 있기 때문에 중요했다.

앞으로 여행할 사람들은 또한 가족, 친구, 지인, 스승 혹은 동료들로부터 누구를 방문할지—지방의 고관, 유명한 학자, 흥미로운 고대의 유물이나 골동품을 소장한 수집가, 행인들에게 아틀리에를 개방한 예술가 등—가르침을 받았다.

애서가이자 연구자이며 수집가인 프랑스의 유명한 니콜라 파브리 드 페레스(1580-1637)는 젊었을 때 1년 이상 이탈리아를 여행하고 공부했다. 그는 또한 프랑스 대사의 수행원으로 영국을 여행했고, 그 후 선도적인 학자들과 토론하기 위해 단신으로 네덜란드에 갔다. 그는 서신으로 유럽 도처의 학자들과 편지로 계속 접촉했기 때문에 17세기 초에 국제적인 명성을 누렸다. 그는 영국이나 이탈리아로 여행하는 효율적인 방법을 적은 목록을 작성하여 젊은 친구들과 지인들에게 실속 있는 도움을 주었다.[41] 다년간의 풍부한 여행경험을 통해 그는 무엇을 보고, 누구와 이야기하고, 무엇을 살 것인가 등 모든 것에 대해 알려줄 수 있었다.

여행할 때는 이런저런 사람 앞으로 된 추천서를 갖고 가도록 권고되었는데, 이는 어떤 곳에서 불청객이 되어 문전박대를 당하는 일을 피하기 위해서였다. 또한 유럽 어딘가에서는 항상 전쟁이 계속되고 있던 사실을 감안하면 통행증과 안내인도 상당히 중요했다. 물론, 재정적인 문제도 해결해야 했다. 현금을 갖고 다니는 것은 위험한 일이었다. 현지 금융가와 상인들을 통해 현금으로 바꿀 수 있는 환어음은 심각한 문제를 사전에 예방할 수 있었다.

여행자들은 긴 여행길에 올랐다. 아주 부유한 사람에게 있어서만 그 경험은 편안한 것이었다. 물론, 그들도 포장되지 않은 길 위로 제대로 된 충격흡수장치가 없는 마차를 타고 심하게 흔들리며 달리는 여행을 즐길 수는 없었지만 말이다. 그러나 더 많은 사람들은 자기 소유의 마차 없이 여행해야 했는데, 그들은 역마차[42]를 타거나 말을 타거나 혹은 기회가 되면 거룻배나 돛단배를 타고 여행했다. 순례자뿐만 아니라 가난한 학생이나 예술가들에게 도보여행은, 그루타롤루스가 일찍이 1561년에 바젤에서 출판한 『말을 타고 여행하거나 도보로 여행하거나 배를 타고 여행하거나 혹은 둘 내지 네 개의 바퀴가 달린 마차를 타고 여행하는 사람들을 위한 유용한 지침을 담고 있는 두 권의 책 *De Regimine iter agentium vel equitum, vel peditum, vel navi, vel carru, seu rheda … utilissimi libri duo*』이라 불리는 유용한 안내서에서 보듯이 아주 보편적이었다. 대부분은 교통수단이 무엇이든지 간에 그것이 주어진 장소와 시간에 이용할 수 있고 알맞은 가격이라면 가리지 않고 이용해야만 했다.

안전상의 이유를 제외하고도, 거리에는 보통 불이 켜져 있지 않았고, 항해선박과 마차는 등을 달지 않은 경우가 많았기 때문에, 낮 시간에 여행하는 것이 현명한 처사였다. 따라서 사람들은 일찍 일어나서 그날의 여행을 제시간에 마치고 이어 밤을 지낼 장소를 찾아야 했다. 여관 주인들의 지시에 따라 길가에 기다리고 있다가 숙박시설의 질을 — 이것은 흔히 완전히 환상에 불과한 것으로 판명되었다 — 부풀려 선전하는 뻔뻔스러운 젊은이들의 공세에 여행자들이 시달리는 것은 바로 이때였다. 벼룩이나 이가 없는 깨끗한 침대는 그나마 두세 명의 다른 손님과 함께 써야 할 정도로 비싸서 여행을 하는 다수의 학생이나 예술가들은 꿈도 꿀 수 없는 사치였다. 요컨대, 여관은 대부분의 여행자들에게 거의 휴식을 제공하지 못했다. 풍부한 여행경험이 있는 에라스무스는 그의 저서 『대화집 *Colloquia*』에서 여관의 열악한 환경, 특히 독일의 여관에 대해서 맹렬히 비난했다.[43] 그럼에도 여행의 속도가 느렸기 때문에 빈번한 숙박을 피할 수 없었다. 마차로 여행하면 하루에 50km

는 갈 수 있었으나 도보로는 분명히 불가능했다.

여행자들은 주변을 둘러보았다. 핵심적인 문제는 무엇이 그들의 시선을 끌었으며, 그들은 무엇을 보았는가 하는 것이다. 물론, 그 과정에 대해서 알려진 바는 거의 없다. 앞서 말한 것처럼 어느 정도까지는 기독교-휴머니즘 교육과 전문 여행안내서와 역사적·문화적 성격의 개괄서를 독서함으로써 '대여행'은 준비되었다. 그러나 일단 목적지에 도달하고 나면 대부분의 여행자들은 종종 매우 의존적이 되어서 전문적인 안내자의 지시를 맹목적으로 따르는 것을 볼 수 있는데, 안내인들은 여행을 위해 특별히 고용되거나 혹은 경호원으로서 처음부터 여행을 동반하기도 했다. 이들은 귀족의 젊은 자제들이 여행할 때 수행하는 일을 직업으로 하는 사람들이었다.[44] 다른 사람들은 노정과 관광일정을 스스로 결정했으며, 그럴 경우 종종 인쇄된 안내책자를 사용했다.

우리가 알고 있는 이 시기의 여행경험에 관한 지식의 상당 부분은 영국의 유수한 학자요 지식인인 프랜시스 베이컨의 격언을 염두에 두고 사람들이 쓴 일기에서 나온 것이다. 에세이「여행 *On Travel*」에서 베이컨은 "획득한 경험과 지식을 유익하게 사용하기 위해서는 체계적으로 기록해야 하므로 일기를 쓰도록 하자"[45]라고 썼다. 여행자들의 편지와 일기에 기록된 경험과 인쇄된 안내서를 비교연구하면 놀라울 만한 ― 예상하지 못한 것은 아니지만 ― 결과가 나타난다. 다수의 여행자들은 여행안내서가 지시하는 것만을 보았다. 그들은 현장에서 혹은 그 후에 앉아서 기억을 떠올리면서 느낌을 적었는데, 자신의 견해를 적기보다는 종종 가까이에 두었던 책이 가르치는 것을 적었다. 여행자 자신의 감정에 관해서도, 때로는 찬탄 위주의 논평, 말하자면 활자화된 여행안내서에 내장되어 있는 찬사와 여행자의 기록에 독창성이라는 허울을 쓰고 표현된 감정 사이에는 의심스러운 유사성이 드러난다.

여행자들은 여러 사람들을 만났다. 또는 최소한 베이컨의 에세이에 있는 "동향인들과 떨어져 여행하는 나라의 훌륭한 사람들과 어울릴 수 있는 곳에서 식사하도록 하라"⁴⁶⁾고 한 충고를 기억한다면 그렇게 해야 했다. 물론 대부분의 여행자들이 실제로 호기심이 많았는지, 호기심이 있다 해도 실제로 사람들과 접촉할 가능성이 얼마나 있었는지는 알 수 없다. 프랜시스 베이컨은 또 "여행국의 언어에 입문하기도 전에 어떤 나라로 여행하려는 사람은 여행을 떠날 것이 아니라 우선 학교로 가라"⁴⁷⁾고 했다. 실제로 언어는 중요한 의사소통 수단이었으나, 흔히 극복할 수 없는 장벽이기도 했다. 수치상으로 가장 중요한 여행집단인 순례자들은 소수의 지도자들이 모든 것을 해결해줄 것이라고 믿고서 종종 자기들의 언어만 사용했다.

언어는 엘리트 계층에게는 그다지 문제가 되지 않았다. 그들은 어려서부터 라틴어를 배웠다. 게다가 16세기와 17세기 초에는 이탈리아어가 '유럽의' 언어였고, 17세기와 18세기에는 프랑스어가 그 기능을 이어받았다. 그래서 같은 특권층 내에서 이동하는 사람들, 같은 사회적·교육적 배경을 가진 사람들과는 이 세 가지 언어 중 하나로 교분을 쌓는 것이 가능했다. 당시의 여행편지와 여행일기를 읽어보면, 독일이나 영국의 귀족들은 자기 나라 노동자들의 천한 일보다는 자신과 같은 사회계층의 프랑스인이나 이탈리아인의 호화로운 생활에 훨씬 더 편안함을 느꼈던 것으로 보인다. 그들은 언어의 차원에서도 서로를 더 잘 이해했다.

여행의 유용성

유럽 여행이 16세기 이후에는 분명히 그 규모가 커졌고, 그 빈도도 더 많아졌다. 이 사실은 특히 여행시장을 겨냥해 실용적인 정보를 제공하거나 도덕적이고 교육적인 측면을 강조함으로써 대중에게 봉사하고자 하는 출판물들이 엄청나게 증가한 데서 이미 알 수 있다. 이와 같은 여행안내서의 출간 붐은 16세기 말과 17세기 초, 그리고 17세기 말과 18세기 초에 일어났다.[48]

대부분의 안내서들은 영국인 윌리엄 본이 표현한 견해와 유사한 견해를 제시했다. 본은 1578년 런던에서 출판된 『해로나 육로로 여행하는 모든 부류의 여행자들을 위한 매우 필수적인 문제를 다루고 있는 … 여행자들의 보배 같은 책 *A Booke called the Treasure for Travailers … contaynyng very necessary matters, for all sortes of Travailers, eyther by Sea or by Lande*』에서 "해외 여행자들이 공공복리에 많은 이익이 된다는 것은 평범한 진리다"라고 썼다. 본은 다른 나라와 다른 문화를 접촉할 필요성을 강조했으며, 비록 명백하게 요구하지는 않았지만, 여행을 하지 않으면 "시간이 지나면서 우리는 점점 야만스럽고 미개해진다"고 주장했다. 위에서 보았듯이 바로 그런 외부의 영향에 대한 우려 때문에 16, 17세기의 스페인 사람들은 교육상의 해외여행을 금지당했다. 다른 곳에서도 여행이 정말로 경험할 만한 가치가 있는지에 대해 회의적인 사람들도 있었다. 17세기 초에는 이미 그런 현상을 부정적으로 판단하는 비평가들도 등장했다. 모든 부모와 교육자가 남쪽을 향한 이탈리아 여행의 가치를 확신한 것은 결코 아니었다. 젊은 여행자들은 먹고 마시고 카드놀이와 룰렛을 하며 허송세월하는 일이 허다했고, 때로는 건강을 해칠 뿐만 아니라 빈털터리가 될 수도 있는 섹스에 탐닉하는 일도 드물지 않았다.

다른 반대 의견도 제기되었다. 영국인 존 홀은 1671년 런던에서 출판된 그의 소책자 『어디로 가시나이까? 정당한 여행 비판 *Quo Vadis? A just Censure of Travell*』에서 단순히 대륙으로, 특히 프랑스와 이탈리아로 여행을 가야 한다고 말하는 영국 귀족계층의 젊은이들이 모두 나쁜 사상에 물들지는 않을지, 요컨대 여행이 '사적이고 공적인 해독'을 끼치지는 않을지 의문을 표시했다. 또한 독일의 요하네스 토마지우스는 1693년에 할레에서 출판된 『여행의 합리성과 불합리성에 관한 42항 요목 *Programma XLII de peregrinationis usu et abusu*』이라는 소책자에서, 지금은 책을 쉽게 구입해볼 수 있기 때문에 여행은 실제로 필요 없게 되었다고 주장했다. 그는 여행이 위험한 이유 중의 하나는, 사람들이 다른 곳에서 우연히 마주치게 되는 것을 무비판적으로 수용하는 데 있다고 덧붙이면서, 특히 여행이 프로테스탄교의 본질을 흐트러뜨릴 수 있다고 지적했다. 경건한 프로테스탄트교도인 토마지우스는 로마 가톨릭교의 위험을 지적한 것이 분명하다.

이와 같은 언급은 성찰의 계기를 마련한다. 사람들은 유럽에서, 즉 같은 기독교 세계에서 상이한 도덕과 관습을 대면하게 될 경우에도 당연히 문화적 연대감을 느끼지 않았다. 게다가 토마지우스나 홀과 같은 사람은 정치선전적이고 심지어 타락하기조차 한 가톨릭교 세력에 대한 어떤 두려움을 드러냈는데, 가톨릭교는 남부 독일, 프랑스, 특히 이탈리아를 방문하는 많은 여행자들에게 트렌트 공의회 이후의 바로크 양식의 웅장함을 보여주고 있었다. 이 두려움은 수세기 동안 유럽의 특징적인 반가톨릭 공포로서 기독교의 단일성에 근본적인 분열을 일으켰던 가톨릭교와 프로테스탄트교간의 대립에 기인한 것이다.

영국의 철학자이자 교육자인 존 로크(1632-1704)는 다른 이유에서 '대여행'의 유용성에 대해 완전히 확신하지 않았다. 그는 성년이 되어서 외국에 체류할 경우 쉽게 영향을 받지는 않을 것이기 때문에 더 많은 이익을 얻을 수 있을지 의심했다.[49] 스웨덴의 유명한 생물학자 카를 린네(1707-78)는 1741년에 웁살라 대학의 교수 취임연설에서 다른 논거를 펼쳤다. 그는 먼 지역으로 여행을 가면서도 모국에 대해서는 거의 알지 못하는 많은 스웨덴 젊은이들의 방랑벽을 개탄했다. 그는 상당한 자부심을 갖고서 자신의 경험을 언급했다. 그는 젊었을 때 스웨덴의 라플란드(유럽 최북부의 지역)에 파견된 최초의 과학탐험대 중 하나에 참여했었다. 그는 자기 나라의 알려지지 않은 지역과 문화를 경험하는 것이 유익하다고 생각했다.[50] 이와 같은 견해에도 불구하고 린네는 나중에 자신의 학생을 심지어 지구의 가장 먼 지역을 탐험하는 해외 원정대에 보내기도 했다.

이런 경고에 귀를 기울이지 않고, 실제로 여행능력이 있음에도 여행을 거의 하지 않는 사람들은 소위 '안락의자 관광여행'에 몰두했다. 벽난로 옆이나 책상에 앉아서 그들은 유럽 출판계에서 빠르게 매우 성공적인 장르의 하나가 된 기행문학을 즐겼다. 심지어 그들을 위해서 특별한 책들이 저술되었을 정도였다. 1600년에 영국인 새뮤얼 류케너는 런던에서 『외국 도시로 여행하지 않고서 사회와 관습을 알고자 하는 사람들에게 전적으로 무익하지도 않고 또한 불쾌하지도 않은 이야기 *A Discourse not altogether unprofitable, nor unpleasant for such as are desirous to know the situation and customs of forraine cities without travelling to see them*』라는 그럴듯한 제목의 책 한 권을 출간했다.

이국적인 것에 대한 갈망, 매일의 일상으로부터 탈출하려는 욕구가 완전히 다른 세계―주로 비유럽적인 세계―즉 유럽인들이 지상의 낙원이나 약속의 땅에 대한 그들의 꿈을 투영시킬 수 있는 세계를 묘사한 여행기를 크게 유행시킨 것이 분명하다. 유럽에서 여행기는 상당한 성공을 거두었다. 17세기에 벨루웨 지역의 암메르조덴 성에서 조용한 삶을 영위한 헬데를란트 주의 지주였던 토마스 왈라벤 반 아르켈은 학업을 마친 뒤로는 거의 여행을 가지 않았다. 많은 책을 보유하고 있는 그의 장서 목록을 보면―그는 약 2천 권 정도의 책을 소유했다―그가 상당히 많은 책, 특히 여행기를 읽었고, 또한 그의 출생과 지위로 보면 그렇게 놀랄 일도 아니지만, 위에서 기술된 장르인 궁정소설도 많이 읽은 것을 알 수 있게 된다. 다수의 다른 목록에 나타나는 것처럼, 그와 같이 유럽의 시골 변두리에 사는 비슷한 계층의 많은 사람들은 이런 식으로, 그들이 젊었을 때 외교상 또는 교육상으로 여행을 하는 동안 알게 되었고, 단지 부분적으로만 생활에 적용했지만 여전히 표준적인 것으로 생각하고 있는 가장 최근의 생활양식의 발전에 뒤쳐지지 않고 따라잡을 수 있었다.[51]

세계주의의 발전과 문화적 통합 요소로서의 여행

여행편지, 여행일기, 출판된 여행보고서 등을 근거로, 성장하는 세계주의와 더불어 15세기 말 이후의 여행이 초지역적인 결속의 어떤 형태, 즉 '유럽'이라는 개념을 유발시키고 조장했다는 결론을 내릴 수 있을까? 그 답은 두 가지이다.

다수의 여행자들이 다른 나라와 민족에 관한 어떤 지식을 얻은 것은 확실하지만, 대부분은 서로 다른 유럽국가들의 상이한 '민족' 문화 혹은 지역 문화를 거의 이해하지 못하거나 그 가치를 평가하지 못했다. 기록된 경험을 읽어보면, 여행을 통해서 그들의 편견이 거의 제거되지 않은 채로 존재했음이 드러난다. 오히려 그런 편견들은 종종 여행을 통해 확인된 것처럼 보인다. 아마도 이것은 쉽게 예상할 수 있는 결과였을 것이다. 어쨌든 여행자들로 하여금 새로운 경험에 대비하도록 한 안내서들은 유럽의 다양한 국가의 특징적인 습관과 행동방식에 관한 경고로 가득 차 있었다. 심지어는 대체로 편견이 없던 립시우스도 그런 경고, 즉 프랑스인의 허영심, 이탈리아인의 타락, 독일인의 폭식, 스페인인의 '아프리카성'을 주의하라고 열거하지 않을 수 없었다. 실제로, 많은 유럽인들은 스페인을 비유럽적인 나라로 보았는데, 이는 마드리드를 방문할 때 안달루시아(스페인의 남부지방으로 옛 무어문명의 중심지: 역주)를 경유해서 여행한 모로코의 대사들이 분명히 알아볼 수 있었던 바로 그러한 비유럽성 때문이다.[52] 이들은 다른 점에서는 기분 나쁜 이 나라에 아랍 문화가 생존해 있음으로써 그 결점을 보충하는 역할을 하고 있다고 자랑스럽게 언급했다.

따라서 유럽에는 여행자들이 알아 두어야 할 명확한 한계가 있었다. 여행자들은 특히 일상생활의 다양한 측면, 즉 '하찮은' 전통의 '하층' 문화를 이해하는 데 종종 과민하게 반응했다. 대체로 관대하고 세계주의적이었던 존 이블린 같은 여행자도 눈 하나 깜빡하지 않고 한 사건을 '겉 다르고 속 다른 전형적인 이탈리아 식'이라고 묘사했다.[53]

다수의 여행자들에게 여행국의 당시 사회는 별로 매력이 없었다. 오히려 여행자들은 때로는 기괴하기도 하고 무례하게 보이기도 하는 외국의 관습을 불쾌하게 여겼던 것 같다. 중부유럽과 북유럽의 이와 같은 부정적인 평가가 정확히 남쪽 나라들을 겨냥하여 표현되었다는 것은 주목할 만하다. 지나치게 이상화된 찬란한 과거, 동경해 마지 않지만 언제나 발견되지는 않는 과거의 환상, 그것이 바로 '고급' 문화와 '위대한' 전통의 토대였지만, 그것은 일상생활의 현실, 당시의 바로 그 지역 문화의 현실, 특히 프로테스탄트교도에게는 명백히 가톨릭적이고 미신적이며 게다가 종종 창녀와도 같은 개방성 속에 다소 누추하게 보이는 현실과 불가피하게 충돌했다.

그럼에도 어떤 형태의 문화들은 여행이라는 현상에 깊은 영향을 받았고, 그 결과 보다 넓은 유럽의 특징이 되었다. 고국으로 돌아온 여행자들은 외국 체류를 단지 비교적 자유분방한 청춘을 즐겁게 마감하는 일로서만, 즉 책임 있는 일을 시작하기 전에 정리하는 인생의 한 장으로서만 회상하지는 않았다. 많은 사람들에게 그 추억은 삶을 고양시키는 경험으로서, 미래의 사고와 행동을 어떤 식으로든 결정짓는 요인으로 남았다. 여행과 다른 형태의 지적인 의사소통 사이의 긴밀한 상호작용이 점차 증가함에 따라 유럽 문화를 보는 엘리트 계층의 시각은 변하게 되었다.

10장_ 새로운 사회 : 이주, 여행, 유럽의 문화보급과 통합

1) 점차로 문학의 한 장르가 된 여행기의 발전과정과 여행기를 사료로 사용하는 것에 대한 논의를 다룬 글들이 많이 씌어졌다. 그 중에서 몇 가지만 언급해보면, B. I. Krasnobaev et al. eds, *Reisen und Reisebeschreibungen im 18. und 19. Jahrhundert als Quellen der Kulturbeziehungsforschung*, Berlin 1980와 A. Maczak, H. J. Teuteberg, eds, *Reiseberichte als Quellen Europäischer Kulturgeschichte. Aufgaben und Möglichkeiten der historischen Reiseforschung*, Wolfenbüttel 1982 등이 있다.
2) D. Brewer, *Chaucer and His World*, London 1978.
3) A. W. Pollard et al. eds, *The Works of Geoffrey Chaucer*, London 1923, 1.
4) J. Brouwer, ed., *Spaansche reis-enkrijigsjournalen uit de Gouden Eeuw*, Groningen 1932; Brouwer, *Kronieken van Spaansche soldaten uit het begin van de tachtigjarige oorlog*, Zutphen 1933.
5) J. van Bakel, P. Rolf, eds, *Vlaamse soldatenbrieven uit de Napoleontische tijd*, Bruges 1977.
6) 개괄적인 이해를 위해서는 A. Kopecny, *Fahrenden und Vagabunden: Ihre Geschichte, Ueberlebenskunste, Zeichen und Strassen*, Berlin 1980과 C. Kother, *Menschen auf der Strasse: Vagierende Unterschichten in Bayern, Franken und Schwaben in der zweiten Hälfte des 18 Jahrhunderts*, Göttingen 1983을 볼 것.
7) J. Edwards, *The Jews in Christian Europe, 1400-1700*, London 1988; J. I. Israel, *European Jewry in the Age of Mercantilism, 1550-1750*, Oxford 1985.
8) M. A. Shulvass, *The Jews in the World of the Renaissance*, Leiden 1973; B. D. Cooperman, ed., *Jewish Thought in the Sixteenth Century*, Cambridge, Mass., 1983; D. B. Ruderman, *Jewish Thought and Scientific Discovery in Early Modern Europe*, New York 1995를 볼 것.
9) 개괄적인 이해를 위해서는 M. Yardeni, *Le Refuge protestant*, Paris 1985, 특히 129-54, 179 이하와 201 이하를 참조.
10) 예를 들면, S. Jersch-Wendel, *Juden und "Franzosen" in der Wirtschaft des Raumes Berlin/Brandenburg zur Zeit des Merkantilismus*, Berlin 1978, 특히

182 이하를 볼 것.
11) P. Jeannin, "Guides de voyage et manuels pour marchands," in J. Céard, J. -Cl. Margolin, eds, *Voyager à la Renaissance*, Paris 1087, 160.
12) 예를 들면, G. Miselli, *Il Burattino veridico … per chi viaggia*, Rome 1682를 볼 것.
13) V. von Klarwill, *Fugger-Zeitungen: Ungdruckte Briefe an das Haus Fugger aus die Jahre 1568-1605*, Vienna 1933.
14) K. Pisa, *Schopenhauer: Kronzeuge einer unheilen Welt*, Vienna 1977.
15) R. L. Latham, *The Illustrated Pepys*, London 1983 참조: 핍스의 일기를 11권으로 편집한 멋진 삽화가 든 이 기념비적인 책에는 이 점을 더욱 자세히 조명해주는 구절들이 많다.
16) Julius Bellus, *Justinopolitani Hermes Politicus sive de Peregrinatoria Prudentia Libri tres*, Frankfurt 1608; S. Von Birker, *HochFürstlicher Brandenburgischer Ulysses*, Bayreuth 1669.
17) P. J. A. N. Rietbergen, "Prince Eckembergh comes to dinner: food and political propaganda in the seventeenth century," *Petit Propos Culinarires: A Journal of Culinary History* VI (1983), 45-54. 또한 S. Bertelli *et al.* eds, *Rituale. Cerimoniale. Etichetta*, Milan 1985; M. Jeanneret, *A Feast of Words: Banquets and Table Talk in the Renaissance*, Oxford 1991 (초판은 Paris 1987) 도 볼 것.
18) 이하 N. Elias, *Die höfische Gesellschaft*, Darmstadt 1969 (*The Court Society*, Oxford 1983으로 번역됨)과 R. von Krüdener, *Die Rolle des Hofes im Absolutismus*, Stuttgart 1973 참조.
19) 개괄서로는 G. Walton, *Louis XIV's Versailles*, Harmondsworth 1986 참조.
20) L. Norton, *Saint-Simon at Versailles*, Hamilton 1985를 볼 것.
21) Ph. Beaussait, *Lully, ou le musicien du soleil*, Paris 1992를 볼 것.
22) 재미있고 유익한 연구로는 B. Ketcham Wheaton, *Savouring the Past*, Baltimore 1983, 특히 7장과 그 이하를 참조.
23) P. J. A. N. Rietbergen, "Den Haag, 20 April 1660: de bruiloft van Susanna Huygens," *De Zeventiende Eeuw* III-2 (1987), 181-9.
24) E. B. Johnson, ed., *The Letters of the Right Honourable Lady Mary Wortley Montagu, 1709-62*, London 1906 이하 참조.

25) 예를 들면, H. Bots *et al.* eds, *Noordbrabantse Studenten, 1550-1750*, Tilburg 1979 이하 참조.
26) J. Pesek, D. Sanan, "Les étudiants de Bohême dans les universités et les académies d'Europe centrale et occidentale entre 1596 et 1620," in D. Julia *et al.* eds, *Historie sociale des populations étudiantes*, I, Paris 1986, 89-112.
27) R. A. Houston, *Literacy in Early Modern Europe: Culture and Education, 1500-1800*, London 1988, 85.
28) W. Th. M. Frijhoff, *La Société neerlandaise et ses graduées, 1575-1814: une recherche sérielle sur le statut des intellectuels*, Amsterdam 1981, 83 이하, 102, 106.
29) 예를 들면, J. G. Klinger, *Commentario de promotionibus studiosorum iuris ad iter iuridicum pertinentibus*, Leipzig 1744; Th. Bartholinus, *De peregrinatio medica*, Copenhagen 1674.
30) H. Zimmer, *Die Dientzenhofer: Ein Bayerisches Baumeistergeschlecht in der Zeit des Barock*, Munich 1976.
31) P. J. A. N. Rietbergen, "Magnaten en Maecenassen in Zwedens Stormakstid: Magnus Gabriel de la Gardie (1622-86) and Carl-Gustaf Wrangel (1613-76)," *Artilleri* III-3 (1986), 67-80; IV-1 (1986), 35-50.
32) 이 모든 종류의 여행에 대한 경험에 관해서는, 특히 17세기중의 영국 출신의 여행가들에 의해서 잘 알려져 있다. J. W. Stoye, *English Travellers Abroad, 1604-67: Their Influence in English Society and Politics*, London 1993; J. Lough, *France Observed in the Seventeenth Century by British Travellers*, Stocksfield 1984.
33) 한 가지 예는 P. J. A. N. Rietbergen, "Papal policy and mediation at the Peace of Nijmegen," *Acta. International Congress of the Tercentenary of the Peace of Nijmegen, 1678-1978*, Amsterdam 1980, 29-96.
34) A. Frank-Van Westrienen, *De Groote Tour: Tekening van de educatiereis der Nederlanders in de 17e eeuw*, Amsterdam 1983; J. Black, *The British and the Grand Tour*, London 1985.
35) N. N., *Het Italiëgevoel: Nederlandse schrijvers over* Italië, Amsterdam 1989.
36) H. Harder, *Le Président de Brosses et le voyage en Italie au dix-huitième siècle*, Geneva 1981.

37) 이 표현은 J. Pemble, *The Mediterranean Passion: Victorians and Edwardians in the South*, London 1988의 매우 흥미로운 연구에서 유래한다. 그는 주로 19세기 여행가들의 동기와 경험에 대해서 기술했지만, 또한 프랑스 혁명 이전에 이미 북부지방 사람들을 남부로 끌어들였던 결정적인 구조들도 노정시키고 있다.
38) 한 예로서 G. J. Hoogerwerff, ed., *De twee reizen van Cosimo de' Medici, prins van Toscane, door de Nederlanden (1667-9)*, Amsterdam 1919를 볼 것.
39) W. Bray, ed., *The Diary of John Evelyn*, I-I, London 1950, I, 101, 102, 107-8, 128, 136, 139, 140, 161-2.
40) 훌륭한 개괄서로는 A. Maczak, *Travel in Early Modern Europe*, London 1995 참조.
41) 그런 목록은 *Carpentras, Bibliothèque Ingouimbetine*, Mss. 1821, folios 494, 496, 497에서 찾아볼 수 있다.
42) P. Charbon, *Autemps des malles-postes et des diligences: historie des transports publics et de poste du XVIIe au XIXe siècle*, Strasbourg 1979.
43) L. E. Halkin, ed., *Deiderius Erasmus, Colloquia*, Louvain 1972, 333-8.
44) 그런 전문 안내인으로는 자신의 경험을 기록한 17세기 영국인 Richard Lassels를 들 수 있다. R. Lassels, *Description of Italy, With Instructions for Travellers*, London 1660.
45) Pitcher, *Bacon, Essays*, 113.
46) Pitcher, *Bacon, Essays*, 114.
47) Pitcher, *Bacon, Essays*, 113.
48) M. Rassem, J. Steigl, *Apodemiken: eine räsonnierte Bibliographie der reisetheoretische Literatur des 16., 17. und 18. Jahrhunderts*, Paderborn 1983.
49) J. Locke, *Some Thoughts Concerning Education*, London 1693, 189-201.
50) Carl von Linné, *Oratio, qua peregrinationum intra patriam asseritur necessitas*, Upsala 1741.
51) P. J. A. N. Rietbergen, "The Library of a Guelders country squire: Thomas Walraven van Arkel van Ammerzoden (1630-84): a contribution to the history of Dutch aristocratic culture in the seventeenth century," *LIAS* IX-2 (1983), 271-84.
52) H. Peres, *L'Espagne vue par les voyageurs musulmans de 1610 à 1930*, Paris 1937을 볼 것.
53) W. Bray, ed., *The diary of John Evelyn* I-II, London 1907. 이 구절을 보려면, I, 118을 볼 것.

11
새로운 사회

지식인 공화국
— 분열된 세계에 대항하는
고매한 가상세계

지식인 공화국 : 조화에 대한 탐색

유럽의 정치적·경제적 분열은 어느 한쪽에서 분쟁이 일어나면 다른 분야의 논거를 동원하여 끝까지 싸웠기 때문에 16세기 이후 더욱 심화되었고, 결국 거의 끊임없는 불화와 전반적인 불안감으로 나타났다. 실제로, 모든 국가가 서로 싸웠을 뿐만 아니라, 단일국가가 패권을 차지하게 되면 점점 중요하게 여겨진 자국의 정체성을 상실할 수도 있다고 느꼈다.

이 우려는 16세기에 합스부르크 왕가의 제국주의적 야심에 집중되었다. 그 야심은 수세기 동안 제국의 왕관을 차지한 이 가문의 이데올로기와 정치선전책 속에 반영되어 있었다. 이러한 이데올로기와 정치선전에 따르면 합스부르크가는 카를 대제, 과거의 게르만과 로마제국들, 더 나아가 야벳과 아담에까지 그 뿌리가 거슬러 올라갔다. 그런 한편, 결혼을 통해 아라곤과 카스티야의 스페인 왕관을 획득해 결과적으로 지중해 일부 지역과 나아가 아메리카, 아프리카와 아시아의 일부 지역에 대한 지배권을 획득하게 된 것은 전 세계를 지배할 수 있는 합스부르크가의 권리에 대한 긍정적인 증거라고 보았다. 17세기에 유럽은 프랑스의 루이 14세의 똑같이 과대망상적인 개념들을 우려했는데, 이것은 당시 특히 군소국가의 외교정책을 결정한 평화와 안정에 대한 추구를—이것은 물론 이상주의 때문이라기보다는 순수한 필요성 때문이었다—끊임없이 위협했다. 정기적으로 파괴적인 군사적 위기를 초래한 이 상황에 대한 반응은 두 가지였다. 두 가지 다 '유럽'에 대한 좀 더 정확한 정의에 도달하고, 그렇게 함으로써 가능한 한 전쟁과 분쟁의 결과를 제한시키려는 시도로 이해된다.

우선, 적어도 유럽의 엘리트 계층 사이에서는 사고와 행동이 외교여행과 교육여행 중에 얻어진 경험에 의해 크게 강화됐음을 알 수 있다. 유럽 전역에서 알아볼 수 있는 세계주의적(코스모폴리탄) 문화가 발전했는데, 이것은 비록 상류계층에 제한되긴 했지만, 장기적으로 보면 다양한 삶의 분야에서 좀 더 광범위한 영향을 끼쳤다. 분명히 많은 사람들은 단지 피상적인 생활양식으로서만 이 문화를 체험했으나, 특히 지적인 엘리트 계층은 단일성과 문명, 그리고 바라건대 그 결과로서의 평화라는 보다 근원적인 이상들을 보장해주는 것처럼 보이는 가치들에 눈길을 돌리기 시작했다. 이러한 가치들은 본래의, 보편적 형태의 기독교와 그리스-로마의 고전 문화였는데, 공통의 교육 규범과 실천을 통해 내면화되었고, 따라서 유럽의 집단적인 유산으로 여겨졌다. 그러나 이 유산은 당시 이에 관련된 사람들의 특정한 철학과 세계관에 따라 기독교 유럽이나 유럽적인 기독교, 혹은 어떤 뚜렷한 종교적인 의미를 내포하지 않은 채 단지 유럽적이라고 인식되었다.

통일과 문명, 평화는 많은 사람들의 일상생활에 매우 잔인한 영향을 끼치거나 생활을 분열시키는 정치적·종교적 이견으로부터 피할 수 있는 가능성을 제공했으므로 사람들은 국경—각국은 점차 '민족적인' 관점에서 생각하게 되었고 따라서 불화를 더욱 부채질하게 되었다—을 넘어서 서로 접촉하고 그 접촉을 유지하려고 애썼다. 엘리트 계층이 대학공부를 다른 곳에서

하거나, 미술 수집품과 고전 유적들을 찾아보거나, 학자와 다른 유명인사들과의 접촉을 통해 그들의 문화적 수련을 완성하려고 행한 빈번한 여행은 그 자체만으로는 분명 근본적인 유대감을 만들어내지 못했다. 다른 의사소통 수단들도 문화의 발생에 기여했다. 즉 궁극적으로 정치적·종교적 갈등의 결과들은 가장 중요하고, 만인을 결속하게 하는 것, 즉 개인의 자유에 대한 믿음, 창조적 발전의 기회에 대한 믿음, 인간정신의 진보에 대한 믿음, 하느님의 천지창조라는 위대한 기적에 의해 제기된 각종 도전들과 관련된 모든 것을 강조함으로써 극복할 수 있다는 사고방식의 발생에 기여했다. 자신의 지역과 국가의 경계를 초월하고 심지어 부분적으로 부정해야만 하는 이런 이상들은 지극히 의미심장하게 '지식인 사회'라고 불리는 개념으로 형상화되었다. 이 개념은 흔히 기독교 세계라는 부가적인 개념에 의해 그 범위가 한정되었지만, 시간이 흐름에 따라 그 정도가 약화되었다.[1] 15세기 후반부터 '지식인 사회'는 우애와 관용 같은 공통적으로 경험된 규범과, 보다 인간적으로 되기 위해 필요한 지식의 증진과 같은 공통의 목표에 토대를 둔 비제도화된 공동체로서 인식되었다. 이런 이상과 배경은 16세기 영국의 새뮤얼 다니엘이 쓴 시에 잘 표현되어 있다.

> 행복한 펜에게 할당된 몫은,
> 어느 군주의 노예가 되지 않고,
> 하나의 공동체라는 의식을 가진,
> 훌륭한 세계의 사람들과 더불어 사는 것.
> 대양도, 사막도, 바위도, 모래도
> 그들의 정신적인 교류를 막을 수는 없다,
> 정신이 모든 영토에 보물을 쏟아 붓고
> 매우 안전한 역할을 수행하게 되는 것을 제외하고는.[2]

지식인 사회와 종교적 관용의 이상 : 이론과 실제

그렇지만 인간과 세계를 관대한 형제애의 관점에서 보는 이런 이상은 그 주창자들의 의식적이고 무의식적인 정치선전 속에서 표명된 꿈에 불과했다. 실제로, 나중의 역사기술은 — 그것은 이러한 전통에 뿌리를 둔 사람들의 산물이었으므로 — 지식인 사회라는 개념에 대해 당시의 실체로서보다는 완성된 유럽의 문화적 통일로서의 지위를 더 많이 부여했다. 순수문학을 발전시키고자 한 사람들의 형제애가 미치는 인간적이고 교화적인 영향에 대해서 사람들이 품었던 기대는 이러한 이미지에 기여했다.

삽화 25_ 종교적 배척의 실제 — 밀집 헛간에서 화형을 당하고 있는 이교도와 마녀들을 구경하는 사람들의 모습이 1632년에 출판된 형법과 형사소송에 관한 책인 『범죄 규정 *Cautio Criminalis*』에 묘사되어 있다. (네덜란드 네이메헨 예술사 자료센터 소장)

⌈ 1580년 보르도 근처의 몽테뉴 성 : 몽테뉴의 유럽과 '타자'에 대한 명상 ⌋

1580년, 당대의 명민한 프랑스 지성인 중의 하나인 미셸 드 몽테뉴(1533-92)는 회의론이라고 말하기는 어렵지만 비평정신에 입각해 당대 문화의 여러 국면들을 다룬, 고도의 통찰력이 번득이는 수많은 에세이들을 출판했다. 『수상록 Essais』에서 그는 이전 몇 세기 동안 성장해온 휴머니즘을 구현한 탁월한 예로서 독단에 얽매이지 않은 세계주의적 사고를 보여주었다. 피에르 베일, 존 로크, 장 자크 루소, 프리드리히 니체와 같은 17, 18, 19세기의 사상가들은

삽화 26_ 종교와 관용에 대한 희망 ─ 예수 앞에서 교황과 프로테스탄트교 목사와 예수회 선교사 사이에 성체에 관련된 질문에 대해서 벌어진 듯한 가상적인 대화가 17세기의 프랑스 판화에 묘사되어 있다. 종교적인 알력과 전쟁이 국민의 생활에 크게 영향을 끼쳤던 유럽 각국의 군주들이 그 진행과정을 열심히 지켜보고 있다. (네덜란드 네이메헨 예술사 자료센터 소장)

11장 새로운 사회 : 지식인 공화국　201

그의 영향을 받았다. 에세이 「식인종 On the cannibals」에서 몽테뉴는 문필사회 — 실제로는 유럽 — 의 가장 근본적인 논쟁 중의 하나였던 종교적 관용에 관한 견해를 피력했다. 그는 새로 발견된 아메리카 인디언들의 '타자성'에 관한 명상을 통해 실제로 유럽의 상황을 비판했다. 여행문학을 근거로, 그는 위계적인 질서를 토대로 하지 않고 출생과 부로 신분이 결정되지 않는 인디언 문화와 사회의 이상적인 모습을 기술했다. 이 사회에서 인간은 '야만의 상태로', 즉 자연의 상태로 고상하게 살고 있는데, 이것은 어떤 점에서는 천지창조시 신이 의도한 대로 사는 것이다.

거대한 대륙의 발견은 고찰할 만한 가치가 있다. 차후에 다른 대륙이 더 발견되지 않는다고 확신할 수 있을지는 모르겠다. 수많은 위대한 사람들이 이 점에서 착각을 했기 때문이다. …

내가 아는 한도 내에서는 … 어떤 것이 자신이 익히 아는 것과 일치하지 않는다고 해서 그것을 야만적이라고 부른다면 몰라도, 내가 지금까지 아는 한, 인디언들의 어떤 점도 미개하고 야만적인 것은 없다고 생각한다. 물론 자기 나라의 관념과 관습의 선례와 모범을 제외하면 진리와 이성에 대한 다른 판단기준은 없다. 다시 말해 자기 나라에서는 당연히 완전한 종교와 완전한 사회와 만물의 완전한 사용이 존재한다고 믿는다. 자연이 외부의 도움 없이 그 통상적인 작용에 의해 생산해 낸 농산물을 야생이라고 부르는 것처럼, 우리와 다른 사람들은 야만인이 된다. 그러나 우리는 당연히 야만이라는 용어를, 우리의 과학으로 그 고유한 본질을 변화시키고 왜곡시킨 것들에 적용시켜 사용해야만 한다. …

인디언들은 인간정신의 간섭을 거의 받지 않고 여전히 태초의 순수함에 가깝다는 이유로 야만적으로 보이는 것이다. 인간의 법칙에 의해 조작되지 않은 자연의 법칙이 여전히 그들을 지배하고 있다 — 이러한 자연의 법칙은 너무나 순수한 형태로 남아 있기 때문에, 나는 때로 이 모든 깨달음이 우리보다 훌륭한 통찰력을 갖고 있던 사람들이 살고 있던 과거의 시대에 보다 일찍 찾아오지 않았다는 생각에 안타까움을 금할 수 없다. 나는 리쿠르구스와 플라톤이 이것을 전혀 몰랐다는 사실이 유감스럽다. 나로서는 인디언들로부터 배운 것이, 시에서 황금시대를 장식하고 인간의 행복한 상태에 관한 환상적인 고안들을 장식하기 위해 사용된 모든 이미지와, 또한 철학자들의 온갖 논거와 욕망보다 탁월한 것처럼 보이기 때문이다. 이 철학자들은 우리의 눈 앞에 보이는 것처럼 인공성이 결여된 그렇게 순수하고 소박한 것이 있으리라고는 상상하지 못했고, 또한 인간사회가 인위적인 장치도 거의 없이 인간의 땀도 거의 흘리지 않고 스스로 유지될 수 있다는 사실도 믿을 수 없었을 것이다.

인디언들은 무역도, 글자도, 수학도, 행정관의 이름조차도 모르고, 그들을 통치하는 상관도 모르며, 풍요와 빈곤을 이용할 줄도 모르고, 계약도, 유산도, 재산권도 모르며, 한가로운 직업을 제외하고는 직업도 모르고, 모두 공유하는 조상을 제외하고는 조상에 대한 존경도 없으며, 옷도, 농사도, 쇠붙이도 없고, 술이나 밀도 이용하지 않는다. 거짓, 반역, 사기, 탐욕, 질투, 중상, 용서를 의미하는 어휘들도 모두 들어본 적이 없다고 플라톤에게 말하그 싶다! 플라톤은 이와 같은 완전한 상태와 그의 가상의 공화국이 얼마만큼 다른지 알 수 있을까? …

〔그러나 인디언들은〕우리의 타락과 접촉함으로써 그들의 평화와 행복이 언젠가 얼마나 비싼 대가를 치를지 모르고 있고, 이러한 교류가 어떻게 그들의 파멸을 초래할지 모르고 있다.[3]

몽테뉴의 에세이를 유럽인의 자기비판 또는 '유럽의 꿈'으로 해석할 수 있을까? 물론 그렇게 할 수 있다. 그것은 '타자'에 대한 관용의 호소로 볼 수 있는가? 분명 그렇다. 그러나 몽테뉴가 찬양한 인디언들은 머나먼 곳에 살고 있었다. 그가 근처의 발칸 반도에 살고 있으면서 많은 유럽인들에게 현실적으로 위협적인 존재였던 이슬람교도인 '무어인'을 묘사의 대상으로 선택했다면, 그의 메시지는 이들 이웃 사람들에 대한 실제 유럽의 반응이 보여주듯이 오히려 더욱 신랄하거나, 아니면 그대로 수용하기가 더 힘들었을 것이다. 모차르트의 오페라 〈후궁으로부터의 도주 *Die Entführung aus dem Serail*〉(1782)의 주요 등장인물 중의 한 사람인 오스민(술탄

의 부하: 역주)은 이 오스트리아 작곡가의 가극 작사가에 의해서 조롱을 당했다. 이처럼 조롱하는 것은 가까이 있는 '타자', 즉 위험한 존재로 간주된 외국인의 위협을 모면하기 위한 하나의 방법이다. 흑과 백, 빛과 어둠, 선과 악이 매우 천진하게 그러나 매우 뚜렷하게 서로 대조되어 등장하는 모차르트의 오페라 〈마술피리 *Die Zauberflöte*〉(1791)에 나오는 '무어인' 모노스타토스 역시 명확히 '적' 이다. 토착어로 쓰여진 텍스트를 기초로 하고 있는 모차르트의 두 오페라는 매우 인기가 있었다. 두 오페라는 엘리트 계층을 위한 작품이라기보다는 그야말로 대중에 영합한 작품으로서 의심의 여지 없이 기존의 편견을 확인하는 작용을 했다.

그러나 몽테뉴가 바로 그런 정서에 반격을 가하려 했다고 주장할 수도 있다. 그럼에도 그의 텍스트는 그조차도 '인디언'을 묘사하고 분석하는 데 사용한 규범과 용어를 유럽의 이상적인 문명의 모델인 고대 그리스로부터 끌어오지 않을 수 없었다는 사실을 보여준다. 그렇다고 몽테뉴의 사고를 단순히 '문화 제국주의'로 해석할 수는 없다. 사람들은 잠재적인 '적'을 이상적인 자아로서 묘사할 수 있을 때에만 '외국인'을 수용할 수 있을 것이다.

[1580년 보르도 근처의 몽테뉴 성 : 몽테뉴의 유럽과 '타자'에 대한 명상]

수세기 동안 유럽도 지구상의 다른 대부분의 문화들처럼 내부 사람과 외부 사람의 문제, 즉 관용의 문제와 씨름했다. 이 문제는 기독교의 규범적인 기능이 힘을 상실해가기 시작하면서 유럽이 자신을 하나의 통일체로 이해하는 데 있어 핵심적인 문제가 되었다. 그것은 이론과 실천에서 다 같이 문제로 남았다. 17세기 후반에 관용논쟁에 참여한 많은 지성인 중에서 존 로크와 피에르 베일(1647-1705)은 그들의 글을 통해서 이 개념에 대한 기술(記述)에 있어 점진적인 변화를 가져왔다. 즉 변화될 수 없는 것을 체념적으로 수용하던 것에서 다른 의견과 행동을 — 반드시 이것을 승인할 필요는 없지만 — 평화적으로 수용하는 쪽으로 변했다.

그러나 실질적인 문제는 여전히 해결되지 않은 채 남아 있었다. 사실, 이

논쟁은 관용해야 할 실질적인 차이가 대체로 그다지 크지 않다는 점에서, 일종의 지적인 논쟁이었다. 그러나 지적인 엘리트 계층 내에서 개념적 합의가 증가했다고 해서, 덜 편안한 처지에 있는 사람들뿐만 아니라 지식인들 자신도 일상생활에서 매우 상이한 문화를 지닌 동료를 확실히 수용한 것은 결코 아니다. 관용을 베풀기에 불리한 경제적 상황에서 그러한 관용을 입증해야 했을 때는 더욱 어려웠다. 17세기 프랑스의 상황은 두드러진 예를 보여준다. 1589년 국왕 앙리 4세는 낭트칙령을 선포하고, 압도적으로 가톨릭교가 우세한 프랑스의 소수파 프로테스탄트교도에게 안전과 자유까지 보장하는 조치를 취했다. 1세기 동안 그들은 이와 같은 종교적 관용을 누릴 수 있었다. 이것이 전국적으로 확대되지는 않았지만, 결국에는 소위 위그노들이 프랑스 사회에서 경제적·문화적으로 강력한 존재가 되었다. 이 점이 앙리의 후계자인 가장 유명한 또는 악명 높은 루이 14세의 심기를 불편하게 했다. 관용논쟁이 진행되고 있던 1685년에 프로테스탄트교도는 개종하는가 아니면 재산을 버리고 프랑스를 떠나든가 선택해야만 했다. '태양왕'의 종교적 편협성의 희생자로서 그들 수십만 명은 망명길에 올랐고, 그들 고유의 문화를 포기해야 했다.

많은 유럽 국가들은 위그노들을 진심으로 동정하거나 혹은 잠재적으로 유일한 이민 노동자로 보고 받아들였다. 그러나 모든 망명자들이 쉽게 고용된 것은 아니었다. 위그노들은 가난했고 계속 가난한 상태로 남아 있었다. 사회적 기금의 도움을 호소하자 그들은 지역사회의 안정에 위협적인 존재가 되었다. 관용이 진정으로 시험된 때는 ─ 지금도 여전히 시험되고 있다 ─ 바로 그때였다. 많은 위그노들은 현지사회에 속속들이 동화하고 자신의 꿈을 포기하는 것이 최선이며, 이것이야말로 실제로 당시 대부분 사람들이 그들을 대할 때 드러내는 원한과 악의에 대한 유일한 보호책임을 깨달았다.

그렇다고 이것이 다수의 유럽인들이 온갖 종류의 고매한 사상을 순수하게 실천에 옮기려고 애썼던 사실을 손상시키는 것은 결코 아니다. 16세기 말부터 지식인층에서는 '영구 평화'를 정착시키기 위한 매우 웅대한 구상이 고안되었다. 이러한 구상들은 대부분 권력과 편협성의 그릇된 사용이 초래한 참담한 결과를 유럽에서 추방할 것을 보장하는 모종의 연방제 정치조직의 창설을 호소했다. '지식인 사회'의 창설 외에도 이 구상에는 걸핏하면 위기로 치달을 위험을 안고 있는 상황에서 다시 한 번 어떤 통일성을 실현하려는 시도가 포함되어 있었다.[4] 그러나 이런 구상들은 지식인 사회라는 개념처럼 종이 위의 이상으로서만 남았다. 이 구상들이 19세기 말 이후 유럽의 통합을 위해 제안된 많은 요소들을 포함하고 있었지만 말이다.

퀘이커교도라는 별명을 가진 프로테스탄트교 분파의 지도자인 영국의 윌리엄 펜은 1693년에 『유럽의 현재와 미래의 평화에 대한 모색 *Essay towards the present and future Peace of Europe*』을 출판했다. 이 책은 통상적 관례에 따라 장황하게 성경이나 고전을 인용하지 않고, 또한 바로크식이나 고전적인 수사적 표현들을 거의 사용하지 않는 데 성공한 독특한 텍스트이다. 이 책은 분량 또한 적다. 이 책에서 그는 '유럽 의회'를 제안했는데, 이 의회에 참여하는 모든 국가는 다수의 의원들에 의해 대표된다. 그리고 의원의 숫자는 국가의 경제력을 바탕으로 결정된다. 독일은 12석으로 자부심을 유지하게 되고, 프랑스와 스페인이 그 다음으로 각기 10석을 차지한다. 평화주의와 관용이라는 문화적·종교적 배경을 바탕으로 한 그의 글에서 펜은 다음과 같이 주장했다.

> 투르크인과 모스크바인들도 받아들일 경우—이것은 진실로 공정하고 올바른 일이다—10×2명의 의원을 추가해야 한다.

그래서 일종의 환상적인 정치제도가 탄생하는데, 사실 이것은 다음과 같은 유럽에만 해당되는 것이다.

기존의 세계에서 비록 4분의 1만을 차지하고 있지만 여전히 최고이자 가장 부유한 지역으로서, 이곳에는 종교와 교육, 문명과 예술이 각기 고유한 역할을 하고 있다.5)

유럽 문명을 구성하는 요소들에 대한 펜의 정의는 명백히 오랜 전통을 언급하고 있지만, 그가 정말로 대부분의 동시대인들이 단호하게 배제한 이 두 문화를 포함시키고 있음은 주목할 만하다. 또한 현재의 시각으로도 매력적인 것은 주권국가와 대표자들로 구성된 '의회' 사이에 불가피하게 발생할 긴장에 대한 펜의 인식이다.

펜의 계획에서 가장 중요한 측면 중의 하나는, 전통적인 기독교적 세계 질서를 확립하려고 시도하지는 않았지만 본질적으로 그의 영감은 성경에 깊게 뿌리를 두고 있다는 것이다. 그러나 경제적·공리적인 고려도 분명한 역할을 했는데, 이는 그의 이론이 부분적으로 동시대의 존 로크처럼 '상식'을 바탕으로 한 사상가들의 글을 바탕으로 해서 형성되었기 때문이다.

문명화된 사회에 대한 펜의 개략적인 기술에는 '자유'라는 개념이 명확하게 그리고 핵심적으로 자리잡고 있다. 그에 의하면, 단 한 사람도 두려움에 떨며 살아서는 안 된다는 것이다. 그 결과 '정의' 혹은 통제된 '폭력'이 국가의 근간이 되고, 그 논리적 결과는 양심의 자유이다. 펜은 진정한 기독교는 타인을 수용하는 데 — 그들 역시 정의와 자유를 수용한다면 — 있다고 시사한다. 마지막으로 교육은 필수적인 것이다.

10년 전에 이미 펜이 대양의 건너편에 있는 신세계에서 — 많은 독자가 토마스 모어의 『유토피아 *Utopia*』의 위치를 이곳에서 찾았고, 또한 수많은 사람들이 이곳에서 실제로 그들의 꿈을 실현시키려고 시도했다 — 그의 계획을 실현하려고 애썼다는 사실은 그의 이상주의적인 비전의 문제적 성격의 특징을 나타낸다. 에덴동산과 같은 '숲 속에 건설된 펜의 거류지'와 '형제애의 도시'를 의미하는 펜실베이니아와 필라델피아는 윌리엄의 이상적인 국가와 이상적인 도시에 대한 구상의 결과였다. 그러나 기독교적인 사명으로 간주된 문명화 작업이 수행될 수 있다는 조건하에서 인디언과 유럽인들의 평등을 옹호하고 있는 그곳에서 그의 추종자들은 이론상의 이상과 실천상의 요구가 서로 화해할 수 없음을 곧 증명했다.[6] 펜의 유토피아적 사회는 곧 인디언의 영토와 그들을 이용하고 심지어는 착취하는 유럽의 식민지가 되었다.

지식인 사회와 적 : 국가의 문화정책 혹은 문화의 정치적 이용

펜의 계획과 같은 구상들은 다수의 지식인들이 유럽의 이상적인 자아에 대해서 품었던 개념을 드러낼 뿐만 아니라, 바로 이 유럽에서 16세기 이후 서서히 인지된 현실, 즉 점점 더 강력해지는 민족국가의 존재를 유럽인들이 진지하게 고려했다는 것을 분명히 보여주었다. 민족국가는 유럽의 문화적 자의식이 표현되고 형성되는 틀을 이루었다. 프랑스의 정치평론가인 루이 르 로이가 그의 『우주만물의 변천 혹은 다양성에 관하여 De la vicissitude ou variété des choses de l'univers』(파리, 1575)에서 어떻게 과거를 회고하고 있는지 읽어보자.

우리 서양인들은 과거 200년 동안에 지식과 학문의 가치를 되찾았고, 오랫동안 멸종된 것으로 보였던 과학의 여러 분야를 명예롭게 복원시켰다. 많은 학자들의 끊임없는 헌신 덕분으로 숱한 성공을 거두어 오늘날 우리 시대는 과거의 최고 시대와 겨룰 수 있게 되었다. … 문화의 회복을 위해 최선을 다한 통치자들은 교황 니콜라스 5세와 나폴리의 알폰소 왕인데, 그들은 그리스 서적의 라틴어 번역본을 제공한 사람들에게 선물과 지원을 제공하며 환영했다. 프랑스 왕 프랑수아 1세는 파리대학 교수들의 봉급을 지불했고, 퐁텐블로에 모아놓은 멋진 장서들을 갖고 있었다. 카스티유와 포르투갈 왕들의 후원과 아량 없이는 신세계의 발견과 서인도 제도로의 항해는 결코 성사되지 못했을 것이다. 피렌체의 메디치가 영주들인 코지모와 로렌초도 또한 세계 도처에서 학자들을 받아들여 후원했기 때문에 많은 공적을 달성했다.

16세기 말과 17세기 초기에 유럽의 문화 엘리트 계층은 지난 200년 동안 사회와 문화에 커다란 변화가 있었음을 잘 인식하고 있었다.

르 로이가 기술한 시기의 초기에 다수의 유럽인들의 목표는 고대 그리스와 로마인들의 문화를 복원하고 재생하는 것이었지만, 그에 의하면 2세기 후에 이제 사람들은 더 이상 그것을 가치 있는 유일한 목표로 여기지 않게 되었다는 것이다. 실제로, 유럽의 지식과 예술은 너무도 급속도로 발전하여 이미 고전문명을 앞지르게 되었다.

통치자로 대표되는 국가가 예술 및 과학의 진보에 중요한 역할을 한 것도 분명하다. 그 이유는 물론 군주가 언제나 타고난 문명인이기 때문이 아니라, 오히려 군주의 후원이 초래했던 문화적 명성과 선전적 가치 때문이었다. 많은 문화 생산품들, 특히 과학은, 예컨대 교육의 발전을 도모함으로써 박식한 관료를 양성하고 또한 모든 종류의 과학기술적 발전, 특히 군사발전을 위해서 사용되는 등 매우 실용적으로 이용될 수 있다는 고려도 마찬가지로 중요한 역할을 했다.

점점 강력해지는 국가 정부가 그 힘을 더욱 증대시키기 위해 각종 문화 형태를 사용하기 시작했기 때문에 사상의 자유와 사상을 교환할 수 있는 자유는 서서히 제한되었는데, 이는 문화가 이제는 공식적인 구조물 속에 편입되었기 때문이다. 왕립과학원과 예술원 등이 창립되었고, 특히 대학수준의 교육기관들이 왕실의 위신을 드높이기 위해서 이용되었는데, 왕실의 위신은 물론 국가와 민족의 위신이었다.[7] 이 현상은 역사기술에서 가장 명확히 나타난다—그것이 '보수' 체계를 매개로 유명 작가들에게 위임된 프랑스 왕실의 전기이건, 16세기 이래로 독일에서 생산된 소위 '국정조서'이건, 『이탈리아 기술 Italia Illustrata』에서처럼 한 민족의 과거와 현재의 문화적·정치적 업적을 찬양하는 사서이건 간에[8] 말이다. 스페인에서 후안 데 마리아나는 국가의 명예를 군비확장 및 식민지 확장에 결부시키면서 다음과 같이 썼다.

> 스페인의 명성과 무용은 소수의 사람들에게만 알려져 있고 스페인의 작은 영토에만 국한되어 있었으나, 단시일 내에 그리고 커다란 영화와 함께 이탈리아와 프랑스와 북아프리카 전역뿐만 아니라 지구의 끝까지 널리 퍼져갔다.[9]

실제로, 18세기 말까지는 주로 엘리트 계층을 위해 생산되고 엘리트 계층에 의해 지배된 시각예술, 문학, 음악과 같은 문화표현들은 후원가와 후원받는 자와의 제한된 관계의 틀 안에서만 존재할 수 있었다. 이에 따라 국가나 교회의 지도자, 군주, 귀족, 고위 성직자들은 후원가 역할을 했다. 이것은 해당 예술가들에게 항상 유쾌한 상황만은 아니었다. 이를테면, 1508년 화가 라파엘로 산지오는 친구에게 보낸 한 편지에서 "자네는 자신의 자유를 빼앗기고 후원가의 멍에에 매여 사는 것이 무엇을 의미하는지 여러 차례 경험한 바 있지 않은가"라고 한탄했다.[10]

이제는 가톨릭 교회만이 교회의 위대한 문화적 표현들이 실제로 보편적인 대의에 기여했다고 주장할 수 있었다. 대부분의 국가는 명백히 '민족적인' 다양한 문화를 발전시켰다. 프랑스의 막강한 대신 리슐리외, 마자랭, 콜베르는 국가의 구현체인 군주의 영예를 드높이기 위해 문화를 이용했는데, 이들은 산문작가, 극작가, 역사가뿐만 아니라 건축가, 음악가, 화가들을 지금까지 유럽사에서 유례가 없는 예술 관료제의 틀 속에 얽어맸다. 과학원—아카데미 프랑세즈는 1635년에 창설되었다—과 도서관과 박물관의 창설은 '민족' 문화에 대한 정부의 통제를 더욱 강화시켰다. 독일의 여러 공국에서도 문화는 점차 국가의 관심사, 즉 국가의 위신과 관련된 문제가 되었다. 1700년에 프로이센의 과학원이 베를린에 창설되었고, 유명한 철학자 고트프리트 빌헬름 라이프니츠(1646-1716)가 원장이 되었다.

유럽 전역에서 그런 것처럼 영국에서도 고전 건축이 높게 평가되었다. 로마의 유명한 건축의 대가 비트루비우스의 것이라고 주장하지만, 실은 16, 17세기의 그에 대한 해석에 기초를 둔 디자인들이 영국적인 필요성과 토양에 맞게 변용되어 『비트루비우스 브리타니커스 *Vitruvius Britannicus*』라는 그럴듯한 제목으로 출판되었다. 또한 이탈리아와 프랑스 음악도 영국인의 귀를 즐겁게 했지만, 1698년과 1707년 위대한 작곡가 헨리 퍼셀의 미망인이 출판한 두 권짜리 가곡집인 『오르페우스 브리타니커스 *Orpheus Britannicus*』와 1700년에 존 블로우가 그의 음악을 모은 선집인 『암피온 안글루스 *Amphion Anglus*』에서처럼 새로운 선율들은 고전적인 동시에 민족적인 색채로 표현되었다. 실제로, 음악은 이제 흔히 거리낌없이 스스로 민족적인 성향을—퍼셀의 유쾌한 음악으로서 매우 국수주의적인 아리아 〈모든 섬들을 능가하는 가장 아름다운 섬 *Fairest Isle, all isles excelling*〉으로부터 존 드라이든이 더 이상 아무 걱정도 없고 다만 인간의 향락적인 즐거움만이 있는 사회로서 이상적인 섬 영국을 찬양하는, 똑같이 국수주의적인 가면극 〈아서 왕 *King Arthur*〉에 이르기까지—드러냈다.

이 시기에 고립에서 벗어나려고 시도했던 러시아에서는 세계주의 문화와 민족 문화 사이의 상호작용 과정이 훨씬 더 복잡했다. 비잔틴 대관식의 장관은 어느 정도 교황청의 복잡한 의식을 통해 서양에서 명맥을 유지했는데, 이것이 16세기 말에 러시아에 도입되었다. 한편, 이탈리아의 르네상스 형식을 본따서 모스코바 크렘린 궁 내부에 지어진 대성당들—대천사장 성미가엘 교회와 성모 마리아의 돌미시온 교회—의 구조가 형성되기 시작했다. 그러나 궁전 밖에 있는 대광장을 위압적으로 내려다보는 다양한 색깔의 정면과 둥근 천장을 지닌 유명한 성 바실리 성당은 매우 다른 스타일로 건축되었는데, 이 양식은 덜 유럽적인 대신 더 민족적이고 '러시아적'인 것으로 간주되었다.[11] 17세기 말 이후 표트르 대제는 대규모의 글쓰기, 읽기운동을 지시했고 또한 황실소속의 아카데미와 대학설립을 포고했다. 이 모든 것이 유럽의 전례를 따른 것이지만, 분명히 러시아의 국가적 명성과 번영에 봉사할 목적을 지닌 것이었다.[12] 예를 들면, 1720년대부터 황실 아카데미가 조직하여 중앙아시아와 동아시아에 파견한 대규모의 과학탐험대가 그와 같은 것인데, 이 원정은 성장하는 러시아 제국의 지도상에 영토가 나타나도록 일조했다. 표트르 대제의 계승자들은 그의 서양식 교육과 현대적, 즉 유럽적인 학문의 증진 정책을 계승했으나, 이것은 일부 도시 귀족과 도시 엘리트 계층의 경우에만 성공적이었다. 1767년에 카타리나 여제는 유명한 포고령에서 "러시아는 유럽 국가다"라고 선언했다.[13] 그녀는 자신이 독일 공주 태생임을 과시하면서 러시아 문화현실보다는 그녀의 소망에 담긴 의지를 드러냈는데, 그 의지는 흔히 법이 되었다.

유럽 전역에서의 민족 문화의 발전은 아마도 특징적인 한 계기 속에서 가장 잘 드러난 것 같다. 15세기 말 유럽의 가장 큰 박람회가 되었고, 18세기에 그 쇠퇴에도 불구하고 계속해서 명성을 유지한 프랑크푸르트 도서박람회의 1700년도 목록을 보면,[14] 책 제목 가운데 4%만이 한때 세계의 언어였던 라틴어로 되어 있는 것을 알 수 있다. 이 박람회의 도서목록이 웅변적으로 보여주듯이 유럽의 책들은 이제 주로 다양한 민족언어로 출판되었다.[15]

지식인 사회 혹은 가상 세계의 의사소통

지식인 사회의 목표인 초국가적인 공동체는 여행과 그 결과로 인한 사적인 접촉을 통해 계속 새롭게 형성되었지만, 일상생활에서는 주로 글쓰기에 의해서, 그리고 편지읽기를 통해서 지속되었다. 이 점에 관해서 베이컨도 여행에 관한 에세이에서 명확히 표현한 적이 있다. "여행한 사람이 고향에 돌아오면 여행중 사귄 가장 중요한 사람들과 편지로 연락을 계속 유지하도록 하라"[16]고 한 것이 그것이다.

오늘날과는 달리 편지는 개인적인 의사소통뿐만 아니라 전문적인 의사소통의 특권적인 수단이었다. 인쇄된 글이 영향력을 미쳤음은 당연하다. 유럽사회에서 인쇄된 글의 역할은 16, 17세기에 상당한 중요성을 획득했다. 왜냐하면 생활과 문화 전반에 관한 정보의 필요성이 계속해서 증가하고 있었기 때문이다. 그럼에도 일상적인 의사소통을 위해서는 손으로 직접 쓴 글인 편지가 오랫동안 여전히 일차적인 정보 전달자로 남아 있었다.

유럽 전역에서 사람들은 비교적 폐쇄된 환경 속에서 일했지만, 수천 명의 다른 사람과 함께 소속된 통신망에 의해 결합된 더 커다란 세계의 꿈에 영감을 받았다. 정기적으로 편지를 주고받은 많은 사람들은 서로를 잘 알았다. 비록 편지교환이 그들이 교육을 완성하기 위해 수행한 여행중에 있었던 몇 번의 만남의 결과라고 해도 말이다. 그렇지만 몇 년 동안 서로 편지를 주고받으면서도 한 번도 만나지 않고 계속 편지로만 접촉하는 사람들도 있었다. 그러나 이들 모두에게 편지교환은 개인적이건, 정치적이건, 종교적이건, 혹은 과학적이건 간에 가장 최근의 뉴스를 접하기 위한 가장 중요한 방법 중의 하나였다. 특히 학문세계는 주로 편지에 의한 접촉에 의존했다. 예를 들면, 에라스무스와 같은 사람은 백여 명과의 정규적인 서신교환에 의존했는데, 이들 대부분은 네덜란드, 영국, 프랑스, 이탈리아, 독일 사람들이었다.

한편, 1세기 뒤에 프랑스의 박식한 학자 페레스는 같은 지역에 거주하는 200명 이상의 친구들과 편지를 교환한 바 있다.17) 물론, 주고받은 편지의 성격이 '사적인' 것은 아니었다. 수신자는 흔히 편지의 학문적인 내용을 최신 뉴스를 듣기 위해 특별히 그의 집에 모여든, 같은 생각을 가진 사람들에게도 전해주었다. 기후조건과 정치적 상황에 의한 제반 우편문제에도 불구하고 여러 통의 편지사본을 보냄으로써 그런 불확실성을 피할 수 있었다. 그러나 인쇄된 텍스트는 무게가 많이 나갔으므로 그렇게 하기가 쉽지 않았고 비용도 훨씬 많이 들었다. 또한 그것을 우편으로 배달하는 것도 상업적·재정적·정치적 한계 때문에 마찬가지로 어려웠다.

인쇄술은 논란의 여지 없이 양적이고 질적인 면에서 모두 지식보급의 획기적인 증가를 가져왔다. 유럽에서 전대미문의 경제성장과 구매력 증가가 시작된 시기와 동시에 이루어진 인쇄술의 발명 이후에도, 일부 기술적인 사소한 문제들과 매우 야심적인 출판사업의 경우 보다 중대한 재정문제들이 여전히 책의 보급과 의사소통의 확장 및 지식의 전파를 제한했다. 14, 15세기에도 대부분 학문적·종교적 성격의 텍스트 필사본을 거래하던 사람들과 마르코 폴로의 이야기 혹은 유명한 로맨스와 같은 베스트셀러를 판매한 사람들이 있었지만, 진정한 의미에서 텍스트의 대량보급이 이루어진 것은 16, 17세기에 들어와서였다.

인쇄업자와 출판업자의 시대가 도래했다. 즉 그들 제품을 팔아먹을 시장을 발견한 사람들의 시대가 온 것이다. 그들은 때로는 문화의 진흥에 관심이 있었으나, 대부분은 오로지 금전상의 이익 때문에 출판시장에 들어와 있었다. 이탈리아의 알두스 마누티우스,18) 에라스무스의 인쇄업자 겸 출판업자 친구들인 바젤의 요한 아머바흐와 요한 프로베니우스, 안트베르펜의 크리스토펠 플란테인과 같은 소수의 유명한 '학자 겸 출판업자들' 외에도, 이제 막 태어난 정보 문화에서 돈 벌 생각만 하는 덜 학구적이고 덜 이상적인 기업가들도 대단히 많았다. 개선되는 교육과 확장되는 독자층을 이용하고, 유일한 보편언어인 라틴어에서 다수의 민족언어로의 변화를 고려하면서, 그들은 시장에 적응하고 심지어 선도적인 역할까지도 했다. 그들은 16세기를 풍미한 무거운 2절판과 4절판 책들보다 다루기가 쉬운 값싼 책들을 내놓았다. 일반적인 정보나 오락을 제공하는 텍스트처럼 다양한 국가의 언어로 제목을 붙인 책을 보급하는 추세가 점차로 확대되었다. 서서히 산문과 시, 역사, 특히 여행기가 신학 또는 과학에 관한 글보다 인기를 끌게 되었다.[19]

인쇄술이 개발된 초기에 도서생산은 궁정이 많이 있는, 로마와 교황청의 나라이자 휴머니즘과 르네상스의 요람인 이탈리아에 주로 집중되었다. 특히 출판업자들이 오랜 전통을 지닌 무역망을 사용할 수 있고 그리스의 고전 텍스트에 대한 수요를 가장 쉽게 충족시킬 수 있는 베네치아는 그 중심지였다. 오토만 제국의 통치하에 인쇄술의 혜택을 박탈당한 발칸 제국의 동방 정교회 기독교인들은 이제 베네치아의 인쇄소에서 찍어낸 출판물을 통해 주로 교육되었는데, 이 인쇄소는 고전학문을 제공했을 뿐만 아니라 그리스어로 된 종교문학과 대중문학을 출판하기 시작했으며, 후에는 근대과학에 관한 책들로 출판도서의 종류를 다양화했다. 그 결과 남동부의 동방 정교회 지식계급이 유럽으로 통합되는 데 상당한 기여를 했다.

16세기 초에 이르러 도서생산은 북쪽으로 이동했다. 처음에는 안트베르펜이, 이어서 17세기에는 암스테르담과 레이덴, 네덜란드의 홀란드 지역 도시들이 국제적으로 출판을 좌지우지했다.[20] 앞서 언급한 위그노들이 도착하게 된 것은 홀란드가 점차로 지식의 집산지로서 중요한 기능을 담당하는 데 확실히 기여했다. 위그노들은 책으로 돈을 벌고자 기대했는데, 이는 바로 그들을 추방한 나라가 해외에서 — 프랑스 왕들의 검열 때문에 — 더 이익을 가져다줄 거대한 시장이라고 정확하게 추론했기 때문이었다. 그들의 동료 신도들 중 일부가 결국에는 독일과 영국에서 살게 되었다는 사실은 그들이 쉽게 국제적 접촉을 할 수 있도록 했다.[21] 이를테면, 18세기 레이덴의 인쇄업자이자 출판업자, 홍보업자였던 위그노 엘리 루자크는 베를린에 있는 프로이센의 과학원 비서였던 위그노 사무엘 포르메와 『편견 없는 도서관 *Bibliothéque Impartiale*』이라는 제목의 정기간행물을 출판하는 데 협력했는데, 이 제목은 당시의 관용적이면서도 비판적인 지식의 이상을 명확히 나타내고 있다.[22]

여행에는 시간과 돈이 들었는데 책읽기도 마찬가지였다. 이미 17, 18세기에 책읽기는 다수의 사람들에게 너무 돈이 많이 드는 일이 되었다. 그럼에도 정보는 문화의 모든 분야에서 새로운 발전을 전문적으로 따라가려는 사람이나 그러한 발전에 관심이 있는 사람에게는 중요했다. 동시에 정보의 이동은 급격하게 이루어지고 심지어는 통제할 수 없을 정도가 되기도 했다. 유럽의 출판업자들은 이유가 어떻든 간에 새로 나온 책을 많이 살 수 없거나 사지 않으려고 하는 사람들에 대한 해결책을 재빨리 생각해냈다. 새로운 현상인 정기간행물은 1660년대에 유럽의 문화현장에 나타났다. 불과 몇 년이 지나지 않아 정치, 문학, 과학 잡지들이 중요한 기능을 획득했고, 이 잡지들은 여행 경험이 거의 없고 비싼 책을 살 여유가 없던 사람들 사이에 지식과 새로운 사상을 전파했다. 이런 정기간행물은 각종의 진지한 과학연구 이상으로 지식인 사회의 생각을 전파했다. 이는 바로 정기간행물이 점차 성장하고 있던 거대한 독자층의 마음을 사로잡았기 때문이다. 아무튼, 정기간행물은 책을 사볼 수 있고 편지를 교환할 수 있던 전문학자들을 일차적으로 겨냥한 것은 아니었고, 오히려 신학, 철학, 정치이론, 문학과 같은 다양한 분야의 최근 정보를 따라가고 싶어하는 좀더 폭넓은 지식인을 겨냥한 것이었다.[23]

일반적인 정보를 전문으로 다루거나 최근의 사건에 관해 논평하는 정기간행물이 점차 증가하는 수요를 충족시켰다. 즉 가장 인기있었던 것은 새로운 책들의 내용을 요약한 정기간행물로서, 이것은 광범하고 비판적인 발췌문이나 서평을 우선적으로 제공했다. 18세기 말까지 이런 정기간행물 시장에는 주로 네덜란드의 출판업자들이 책을 공급했다. 이 정기간행물은 흔히 공용어로서 그 역할이 이미 외교분야에서 확인되었고, 당시에 그러한 역할이 더욱 강화되었던 프랑스어로 씌어졌다.

　그렇지만 정기간행물을 정기적으로 구독하는 것조차 너무 벅찰 수 있다. 출판업자들은 훨씬 더 간결하고 가급적이면 비판적으로 수용할 만한 형태로 집대성된 지식이 해결책을 제공할 것이라고 생각했다. 출판업자들은 그러한 상황도 또한 그들이 제공해야만 한다고 깨달았다. 그 자체로서 매우 유서깊은 현상인 백과사전이 이제 유럽시장에 나타났다. 17세기 유럽에 예수회 수도사들과 다른 여행자들의 보고서를 통해서 알려지게 된, 중국 황제들이 제작한 대백과사전의 인쇄에 대한 이야기들이 백과사전의 도입에 기여했는지에 대해서는 판단하기 어렵다. 실제로 일어났던 일은 17세기 후반에 최초로 '벽이 없는 도서관'이 나타났다는 것이다. 즉 1674년에 루이 모레리의 『사전 Dictionnaire』이 출판되었고, 1697년에는 수십 년 동안 인구에 회자되고 읽혀진 피에르 베일의 『역사와 비평 사전 Dictionnaire Historique et Critique』이 그 뒤를 따랐다.[24] 후자는 '회고문학'의 훌륭한 사례였는데, 이 책에서 베일은 그가 독서를 통해 친숙해진 유럽 문화의 기억을 제공하고자 했다. 그는 유럽 문화가 역사적으로 성장한 것으로 이해되고 그렇게 해석되기를 원했으나, 또한 비판적으로 고려되기를 바랐다.

지식인 사회와 정신의 '내적 소통' : 세 가지 예

　17세기 말 스톡홀름 주재 네덜란드 사절 크리스티안 콘스탄테인 룸프 (1633-1706)는 스웨덴의 정치적·문화적 엘리트 계층의 주요 대표자들과 접촉을 유지하고 있었다. 또한 그는 25년 동안 거의 매달 데벤테르 대학의 고전어 교수이자 자기 고향의 시장이요 네덜란드 공화국 국회의원이기도 한 기스베르트 쿠페르(1644-1716)와 서신을 주고받았다.[25] 박학한 쿠페르와의 접촉을 통해 룸프는 그의 집에 자주 모였던 스웨덴 친구들과 지인들에게—그 중에는 젊은 시절 네덜란드 공화국에 유학했고 그 시절의 가장 좋은 추억을 간직하고 있던 웁살라 대학의 교수들도 많이 있었다—뜻하지 않은 행운을 가져다 주었다. 룸프의 도움으로 스웨덴인들은 지식인 사회에서는 논의되었지만 자기 나라에서는 쉽게 구할 수 없었던 책과 정기간행물을 입수했다. '소식통'인 쿠페르는 또한 이들에게 가장 최근의 정치, 문화 뉴스를 제공할 수 있었다.

편지를 통한 쿠페르의 스웨덴과의 접촉으로 스웨덴인들의 과학연구가 네덜란드 공화국에서—그때까지 스웨덴에는 최신의 인쇄설비가 없었기 때문에—출판될 수 있게 되었다. 마무리 작업을 위해서 그들은 암스테르담으로 어려운 여행을 해야만 했다. 어려운 여행이라고 말한 것은, 당시의 파괴적인 수많은 전쟁의 여파로 발트 해와 북해는 결코 평화로운 바다가 아니었기 때문이다. 이들의 책이 마침내 출판되자 북유럽과 중앙아시아의 지리와 고트족의 기원에 관한 스웨덴인들의 지식이 유럽의 식자층 사이에서 논의될 수 있게 되었다.

쿠페르는 또 그 나름대로 유럽 전역에 흩어져 있는—로마교황청의 추기경 노리스와 피렌체의 자유주의자 마글리아베치로부터 영국의 성공회 신학자요 역사가인 버넷과 독일의 루터파 철학자 라이프니츠에 이르기까지—수십 명의 사람들과 정기적으로 서신을 교환했다. 모든 이탈리아발 뉴스는 이렇게 해서 암스테르담과 네덜란드에 도착했고, 그 후에는 스웨덴뿐만 아니라 베를린과 프로이센으로 전달되었다.

쿠페르의 가장 절친한 친구 중의 하나인 암스테르담의 상인 겸 정치가 니콜라스 비트젠(1641-1717)은 네덜란드 공화국에서 가장 부유하고 유력한 인사 중의 하나로서, 네덜란드 동인도 회사의 사장이었다. 그는 궁전 같은 운하저택과 시골 별장에 거대한 서재를 보유하고 방마다 진귀하고 이국적인 수집품들로 가득 채웠다. 그의 정원에는 동양에서 가져온 정선된 관목들이 자라고 있었고—그는 암스테르담 식물원에 커피 묘목을 제공하기도 했다—그의 동물원도 또한 유명했다. 암스테르담을 찾은 유럽 전역의 여행자들은 그를 방문할 수 있도록 허락해달라고 요청했다.

쿠페르는 거의 매달 비트젠에게 6, 7쪽 분량의 편지를 보냈고 제때 답신을 받았다.[26] 쿠페르와 비트젠이 주고받은 편지의 상당 부분은 열광적인 여행기 독자인 그들의 독서자료가 제공한 다양한 정보와 관련된 질문, 즉 언어의 기원은 무엇인가, 한때 아시아와 아메리카는 서로 연결되어 있었나, 중국의 유교는 기독교의 이전 형태인가 등에 관한 것이었다. 비트젠은 쿠페르에게 중국, 일본, 인도에서 온 자료뿐만 아니라 브라질과 캐나다에서 온 자료도 제공했다. 쿠페르는 독일과 스웨덴에 있는 그의 지인들에게 다시 정보를 제공했고, 비트젠을 라이프니츠에게도 소개했는데, 라이프니츠는 비트젠에게 지구상의 수많은 언어에 관한 자료를 요청했다. 이런 식으로 전파된 정보는 결국 과학분야 또는 다른 분야의 출판물이나 정기간행물로 출판되었다.

그의 교신자인 쿠페르와는 달리 비트젠은 러시아까지 멀리 여행을 했다. 그는 수많은 러시아의 저명인사들뿐만 아니라 프랑스의 예수회 수도사들과 영국의 왕립협회의 회원들과도 정기적으로 서신을 교환했다. 편지를 통해 그는 과학과 관련된 독서와 탐독한 여행기로부터 얻은 자료에 관한 더 자세한 정보를 요구했다. 편지로 이루어진 토론을 살펴보면, 비트젠의 세계관, 즉 그의 문화에 대한 개념이 점차로 어떻게 변했는지, 어떻게 해서 그가 세계를 본질적으로 하나의 통일체로 생각하게 되었는지, 다시 말해 문화적 다양성이라는 표면을 자세히 살펴보면 그것이 놀라운 유사성을 지닌 통일체, 즉 단일한 창조물임을 드러낸다고 생각하게 됐는지를 알 수 있다.

전 유럽을 연결하는 이런 연결망(네트워크)은 사람들로 하여금 생각을 교환할 수 있게 했다. 서신교환은 지적인 호기심을 강화시켰고, 그 결과 지식인층에서 역동적인 세계주의의 한 형태가 나타나게 되었다. 룸푸, 쿠페르,

비트젠이 편지를 통해 복잡한 남북 축을 확립한 다음, 1720년대에 파나르 지구(콘스탄티노플의 그리스인 거주구: 역주)의 그리스인 니콜라스 마브로코르다토스는 암스테르담의 위그노 학자요 잡지 편집장인 장 르 클레르와 계속해서 편지를 교환했다. 아버지가 파두아 대학에서 의학공부를 했고 여러 권의 책을 출판한 적이 있는 지적인 그리스 가문의 자손인 마브로코르다토스는, 오토만 황제에 의해 기독교와 이슬람교 세계 사이의 경계 지역인 발칸 반도의 몰다비아와 왈라키아의 술탄으로 임명되었다. 르 클레르는 그에게 중부유럽과 동지중해의 최신 지도를 제공했다. 또한 예술과 문학세계의 새로운 발전에 대한 정보를 끊임없이 요청하는 마브로코르다토스에게 화답하면서, 그가 요청한 최근의 서구학문에 관한 책들도 보냈다. 이런 식으로 마브로코르다토스는 자신의 도서관을 뉴턴과 같은 과학자들의 책과 절대왕권을 대의기관, 즉 의회에 의해 완화시키는 균형잡힌 정치제도를 다룬 존 로크의 엄청나게 영향력 있는 논문「정부론 *Two Treatises of Civil Government*」(1690) 등으로 풍성하게 채웠다. 마브로코르다토스의 지적인 관심은 자신의 소설『애서가의 여가 *Les Loisirs de Philothé*』에 잘 나타나는데, 이 소설에서 그는 처음으로 베이컨과 홉스의 이름을 그리스 문화에 소개했고, 아리스토텔레스가 생존해 있다면 그는 기꺼이, 당시 문화가 고전문명을 능가한다고 주장하는, 근대인들의 제자가 될 것이라고 선언했다.[27]

18세기 말에 로테르담의 공무원과 네덜란드의 영국 주재 대사를 역임한 부유한 애서가 게라르트 메에르만(1722-71)은 헤이그에 살았다. 그는 3년 동안의 대여행을 시작으로 독일, 프랑스, 스웨덴, 이탈리아로 널리 여행했다. 그의 사치스러운 저택은 책, 필사본, 동전, 고대유물의 수많은 소장품들로 꽉 채워져 있었고, 적절한 소개를 받은 사람들에게 관대하게 개방되었다. 메에르만은 편지로 유럽 전역의 인사들과 접촉했는데, 그 중에는 스페인의 박식한 그레고리오 마얀스 이 시스카르(1691-1781)도 포함되어 있었다.[28]

메에르만과 마얀스는 서로 만난 적은 없었다. 그러나 그들이 주고받은 편지는 20여 년간 수백 통에 이르렀고, 각각의 편지는 종종 3, 4쪽 분량이었다. 이 편지들은 많은 분야에서 귀중한 정보를 전달하는 데 이바지했다. 18세기 스페인 문화의 가장 중요한 인물 중의 하나인 마얀스는 이로부터 큰 혜택을 입었고, 그의 작품을 통해 스페인의 문화부흥을 달성하기 위해 과학과 사회에 대한 좀더 근대적인 관점을 주장할 수 있었다. 이 편지들은 네덜란드 공화국 — 이곳에 메에르만은 마얀스가 보낸 편지의 지시대로 중요한 원조를 제공했다 — 을 포함해서 해외에서 출판되었다. 다음에는 마얀스가 메에르만이 스페인 책과 필사본들을 구입할 때 중개자 역할을 했고, 메에르만에게 수많은 출판물들에 관한 상세한 정보, 특히 메에르만이 유럽의 핵심적인 문화업적 중 하나로서 네덜란드인 라우렌스 얀스준 코스테르의 업적으로 돌리고자 한 인쇄술 발명의 역사에 관련된 상세한 자료들을 제공했다.

  이 편지들은 또한 마얀스와 메에르만이 '지식인'으로서 그들의 의무라고 인식한 것, 즉 지식을 모으고 비판적으로 시험하는 일을 하려고 애썼음을 보여준다. 또한 중요한 것은 두 사람 모두 그들의 국가를 갈라놓은 정치적·종교적 구조와 전통에 대해 얼마나 잘 알고 있었는지를 보여준다는 사실이다. 따라서 그들은 이런 장벽을 허물고, 구체적으로 언급한 바는 없지만 명확히 경험한 바 있는 유럽의 '공통 문화'와 그것을 통해 그들 자신의 인간성에 이바지하기 위해 관용과 상호이해가 필요하다고 표명했다.

  같은 생각을 가진 다른 나라의 사람들과 접촉하는 것은 지식인 사회의, 즉 유럽의 세계주의적 엘리트 계층의 독특한 배타성의 토대를 마련했다. 이 기간 중에 엘리트 계층 — 주로 남자들이었다 — 은 개인보다 조국을 위해서 지적·문화적 선택을 하도록 강하게 압박받지는 않았다. 그러나 부인할 수 없는 점은, 이들 중 다수는 또한 다른 국가를 대표하는 사람들에 대해 뿌리 깊은 선입관을 갖고 있었다는 사실이다. 특히 다른 나라 사람들이 익명을 사용하거나 같은 사회 문화적 계층에 속하지 않는 집단일 경우에는 그러했다. 물론, 그들이 개인적으로 혹은 편지를 통해서 서로를 알게 되면 흔히 편견이 사라지긴 했지만 말이다.

　물론, 우리는 지식인 사회의 이상이 제한적이고 엘리트적인 것인지 물을 수 있다. 나는 그렇다고 생각한다. 편지로, 책으로, 정기간행물로 추상적인 개념에 관해서 말뿐인 호의를 베푸는 일은, 다시 말해 종이 위에서 관용과 이해를 제안하는 일은, 일상생활에서나 해외여행 중에 다른 사람들의 지역적·민족적인 문화 특이성과 대면하는 것보다 쉽다는 것은 분명하다. 그러나 이상과 그 이상을 전달하는 다양한 엘리트 계층의 불가피한 한계로 인해 그 이면에 존재하는 사상이 제 기능을 발휘하지 못하고 그 가치가 훼손되지는 않았다. 문화의 민족주의화가 점차 증가했음에도 불구하고 유럽은 지식인 사회에서 사실상 다른 분야에서는 거의 완전히 결여된 어떤 통일성을 창조하는 의사소통의 한 형태, 즉 문화의 한 형태를 향유하고 있었다. 이 상황은 거의 3세기 동안 지속되었고, 19세기 초에 가서야 그러한 상황은 비로소 변하기 시작했다.

Notes

11장_ 새로운 사회 : 지식인 공화국

1) 간략한 소개서로는 F. Wacquet, H. Bots, *La République des Lettres*, s. l. 1997을 볼 것.
2) A. B. Grosart, ed., *The Complete Works in Verse and Prose of S. Daniel*, I, London 1885, 106.
3) Michel de Montaigne, *Essais*, Paris 1580.
4) 이러한 계획의 대부분은 K. von Raumer, *Ewiger Friede: Friedensrufe und Friedenspläne seit der Renaissance*, Munich 1953의 독일어 번역본에 발표되었고 논평되어 있다.

5) Von Raumer, *Ewiger Friede*, 321
6) Von Raumer, *Ewiger Friede*, 89 이하 참조.
7) G. Kanthak, *Der Akademiegedanke zwischen utopischem Entwurf und barocker Projektmacherei*, Berlin 1987, 특히 64 이하를 볼 것. 한 예로는 R. Hahn, *The Anatomy of a Scientific Institution: The Paris Academy of Sciences, 1666-1803*, Berkeley 1971이 있음.
8) O. Ranum, ed., *National Consciousness, History and Political Culture in Early Modern Europe*, Baltimore 1975, 54 이하, 73 이하를 볼 것.
9) Juan de Mariana, *Historia de Espana*, Book 26, ch. 1
10) M. Warnke, *Hofkünstler: zur Vorgeschichte des modernen Künstlers*, Cologne 1985, 314.
11) M. Cherniavsky, "Russia," in Ranum, *National Cosciousness*, 118-43.
12) P. J. A. N. Rietbergen, "Onderwijs en Wetenschap als instrumenten van cultuurpolitiek: Rusland in de tweede helft van de zeventiende en in de achttiende eeuw," *Ex Tempore* 11 (1992), 147-59.
13) W. F. Reddaway, ed., *Documents of Catharina the Great*, Cambridge 1931, the nakaz of 1767, ch. 1, sec. 6을 볼 것.
14) A. Dietz, *Zur Geschichte der Frankfurter Büchermesse, 1462-1792*, Frankfurt 1921을 볼 것.
15) H. Kiesel, P. Münch, *Gesellschaft und Literatur im 18. Jahrhundert*, Munich 1977.
16) Pitcher, *Bacon, Essays*, 114.
17) R. Mandrou, *Des humanistes aux hommes de science*, Paris 1973에 들어 있는 지도를 볼 것.
18) M. Lowry, *The World of Aldus Manutius: Business and Scholarship in Renaissance Venice*, Oxford 1979.
19) 그 한 예로 H. -J. Martin, *Livre, Pouvoirs et société à Paris au XVIIe siècle (1598-1701)*, I-II, Geneva 1969, 1064, 1073을 볼 것.
20) C. Berkvens-Stevelinck *et al.* eds, *Le Magasin de l'Univers. The Dutch Republic as the Centre of the European Book Trade*, Leiden 1992.
21) G. C. Gibbs, "The role of the Dutch Republic as the intellectual entrepot of

Europe," *Bijdragen en Mededelingen betreffende de Geschiedenis der Nederlanden* 86 (1971), 323-49; Gibbs, "Some intellectual and political influences of the Huguenot émigrés," *Bijdragen en Mededelingen betreffende de Geschiedenis der Nederlanden* 90 (1975), 255-87을 볼 것.

22) J. Marx, "La Bibliothèque impartiale," in M. Couperus, ed., *L'Etude des periodiques anciens*, Paris 1972, 89-108.

23) 또한 배경 지식을 위해서 E. L. Eisenstein, "The cosmopolitan enlightenment," *Grub Street Abroad*, Oxford 1992, 101-30도 볼 것.

24) H. H. M. van Lieshout, *Van Boek tot Bibliotheek: de Wordinggeschiedenis van de "Dictionnaire Historique et Critique" van Pierre Bayle (1689-1706)*, Grave 1992.

25) P. J. A. N. Rietbergen, "Light from the North: Christian Constantijn Rumph, Gisbert Cuper and cultural relations between Sweden and the Dutch Republic during the last quarter of the seventeenth century," in J. A. van Koningsbrugge et al. eds, *The Netherlands and the Balticum, 1524-1814*, Nijmegen 1991, 315-42.

26) 이하 P. J. A. N. Rietbergen, "Witsen's world: Nicolaas Witsen (1642-1717) between the Dutch East India Company and the Republic of Letters," *Itinerario* IX-2 (1985), 121-34 참조.

27) J. Bouchard, "les relations épistolaires de Nicolas Mavrocordatos avec Jean Le Clerc et William Wake," *O Eranistis* 1 (194), 67-92; Bouchard, ed., *N. Mavrocordatos, les loisirs de philothée*, Athens (1989)

28) 이하 P. J. A. N. Rietbergen, "Dutch and Spanish 'Englightenments?' The case of Gerard Meerman (1722-77) and Gregorio Mayans y Siscar (1691-1781)," in Rietbergen, ed., *Tussen Twee Culturen: Nederland en de Iberische wereld, 1500-1800*, Nijmegen 1988, 105-34 참조.

12 새로운 사회

휴머니즘에서 계몽주의로

'이성'과 '계시' 사이의 휴머니즘과 경험주의

많은 사람들은 아벨라르두스와 에라스무스와 같은 사람들이 보여준 온갖 종류의 성경 지식에 대한 비판적인 태도를 공유했다. 이 현상은 인쇄술과 편지 통신망으로 지식의 보급과 그에 따른 논쟁이 격렬해짐에 따라서 15세기 말 이후 점차 뚜렷해졌다. 고전 전통에서 유래하거나 그 전통에 입각한 텍스트를 강조한 것은 교육에 대한 교회의 커다란 영향력과 결합해 근대적이고 좀더 경험적인 과학의 발전을 저해했다고 흔히 주장한다. 그러나 이것은 사실이 아니다. 종교적·문학적 텍스트의 연구에 사용된 문헌학의 경험적인 연구방법과, 철학이 인간과 우주의 본질에 관해 끊임없이 체계적으로 정식화했던 근본적인 문제들간의 상호작용은, 실제로 다른 분야, 예를 들면 자연과학 분야의 실험에 의한 정밀한 연구에 자극을 주었다.[1] 이를테면, 베네치아인 다니엘레 바르바로는 그리스의 식물학에 관한 사고를 성문화한 디오스쿠리데스의 작품을 번역했다. 그러나 그는 경험주의를 기초로 하지 않는 디오스쿠리데스의 책에 동시대의 많은 지식을 덧붙였다. 실제로, 이 시기에는 과거 어느 때보다도 지각할 수 있는 실체에 관한 근본적인 문제들을 제기하면서, 또한 장기적으로는 당시 사람들의 생각에 합리적으로 이해되고 설명될 수 있는 현실, 즉 물리적 세계와 오로지 권위와 믿음을 바탕으로 해서만 그 존재를 인정할 수 있는 가상세계 사이의 틈을 더욱 벌려놓은 하나의 사고방식이 유럽에서 발전되었다. 폴란드의 천문학자 니콜라우스 코페르니쿠스(1473-1543)와 이탈리아의 천문학자이자 물리학자인 갈릴레오 갈릴레이(1564-1642)의 삶과 업적은 무슨 일이 일어났는지 보여준다.

코페르니쿠스는 폴란드의 토룬이라는 도시에서 태어나 유명한 크라코프 대학에서 철학, 의학, 천문학, 수학을 전공했다. 그는 이탈리아의 볼로냐, 페라라, 파도바 대학을 여행했고, 그곳에서 학업을 계속했으며, 고국에 돌아와서는 병원을 개업했다. 후에 그는 프라우엔부르크의 주교직에 취임했다. 연구를 계속해오던 코페르니쿠스는 죽기 직전인 1543년에 저서『천체의 회전에 관하여 *De Revolutione Orbium Coelestium*』를 위험을 무릅쓰고 출판했다.[2]

이 책은 16세기의 교회와 국가가 인간과 신, 속세와 천국의 확립된 질서로 보았던 일체의 것에 역행하고 있다는 점에서 위대한 지적 용기를 보여주는 저서였다. 그것은 근대적인 서구 세계관의 초석이 되었다. 책에 등장하는 일부 개념들은 그의 생각이 얼마나 혁명적이었는지 분명히 보여준다. 교황 파울루스 3세 앞으로 된 서문에는 이렇게 적혀 있다.

오랫동안 연구한 끝에 마침내 나는 다음 사실을 확신한다.
 태양은 고정된 별로서 그 주위를 도는 행성들에 의해 둘러싸여 있고, 그 행성들의 중심이자 횃불이다.
 주요 행성들을 제외하고도 위성처럼 그 주변을 도는 두 번째 서열의 행성들이 있고, 이들은 모두 함께 태양 주위를 돈다.

태양은 삼중 운동을 하는 주요 행성이다.

매일 그리고 해마다 일어나는 모든 현상, 이를테면 주기적인 계절의 순환, 밤낮의 변화, 그리고 이 운동에 수반되는 대기온도의 변화와 같은 현상은 지구의 자전과 지구가 태양 주위를 주기적으로 공전한 결과이다.

별들이 움직이는 것처럼 보이는 외관상의 궤도는 단지 착시일 뿐, 이것은 지구의 실제 운동의 산물이요 지축이 주기적으로 진동해서 생긴 산물이다.

내가 이 책에서 제시하는 증거에 관해 수고스럽지만 피상적이지 않은 건전한 방식으로 연구한다면 수학자들이 내게 동의할 것임을 의심하지 않는다.

피상적이고 무지한 어떤 사람들이 일부 성경 문구의 의미를 왜곡하여 사용함으로써 나를 공격하려고 한다면 나는 그것을 거부한다. 수학적 진실은 오직 수학자들에 의해서만 판단될 수 있기 때문이다.[3]

이 글은 저자가 성경을 이용하여 경험적인 고찰을 부적절하거나 심지어는 불경한 것으로 거부하려는 사람들의 비난에 미리 대비해두었음을 명확히 보여준다. 실제로, 코페르니쿠스는 과학적 지식이 추론될 수 있는 유일한 책으로서 성경의 권위에 대해 의문을 제기했다. 더욱이 그는 비전문가가 판단할 수 없는 어떤 과학의 형태가 있다고 주장했다. 그런 능력은 수학에 능통한 사람들에게만 있다는 것이다. 이 글에서는 '새로운 언어', 즉 새로운 의사소통의 매체로서의 수학의 발전과 더불어 낡은 세계관과 새로운 세계관 사이의 점점 커지고 있는 분열이 명백히 드러난다. 수학의 발전은 보다 기술적인 과학들을 보통의 지식인들이 알 수 없는 영역으로 만들었고, 그 결과 장기적으로는 유럽의 문화를 분열시켰다. 이러한 주장은 한 세기가 지난 1623년 이탈리아의 천문학자 갈릴레오 갈릴레이에 의해 다시 제기되었다.

철학은 우주라는 거대한 책에 씌어져 있다. 그러나 씌어진 언어와 기호를 먼저 배우지 않고서는 이 책을 이해할 수 없다. 이 책은 수학이라는 언어로 씌어졌고,

삼각형과 원과 다른 기하학적 도형이라는 기호로 씌어졌다. 이에 대한 지식 없이는 우주의 어떤 현상도 결코 이해할 수 없다. 이에 대한 지식 없이는 깜깜한 미로에서 길을 잃고 헤매게 된다.

이븐 루슈드의 말을 의식적으로 또는 무의식적으로 반복하면서 갈릴레이 역시 성경 그 자체는 아무리 숭배된다 해도 다른 책을 읽을 수 없는 사람들을 위한 우화에 지나지 않는다고 확신했다.[4]

다른 과학자들은 천체의 비밀을 발견하려고 노력하는 대신에 생명의 화학적 근거를 발견하기 위해 지구를 탐구했다. 16세기에는 광물학과 동굴 및 화석의 비밀에 대한 연구가 시작되었으며, 또한 연금술, 즉 불로장수 약과 모든 지식을 밝혀줄 것으로 기대된 '지혜의 돌'에 대한 탐구열기도 점차로 증가했다. 게다가, 현대인에게는 사이비 과학이나 완전한 속임수처럼 보이는 요술과 주술, 마법과 운명의 별에 대한 믿음은 17세기까지 상당히 교양 있고 심지어는 학구적인 환경에서도, 그리고 실제로 새롭고 경험적인 과학에 가장 관심을 보인 사람들에게서도 강하게 존재했다. 이를테면, 황제 루돌프 2세, 교황 우르바누스 8세, 국왕 루이 14세의 궁정생활은 이와 같은 출처에서 나오는 통찰력과 권능을 주장한 사람들에 의해 지대한 영향을 받았다.

성 아우구스티누스와 토마스와 같은 사람들이 시도했던 바, 고대에 발전된 합리적인 세계관 및 인간관과 기독교의 계시 및 우주론의 융합 속에 감춰진 모순은 더욱 명확해졌다. 결국, 자연 ― 인간은 그 안에서 작은 부분에 불과하다 ― 을 복잡하지만 이해할 수 있는 기계로 보는 새로운 자연관은 제도화된 종교와 충돌하게 되었다. 확실히 1630년대까지 로마 교황청은 모든 분야의 연구를 환영하는 새로운 과학의 중심지였다. 갈릴레이를 침묵시킨 것은, 그의 우주관 때문이라기보다는 그가 물체의 성질에 관해 고찰하면서 가톨릭교의 핵심교리인 성체화(성찬의 빵과 포도주를 예수의 살과 피로 변화시키는 것: 역주)를 슬쩍 언급함으로써 걷잡을 수 없는 회의가 유발될 것임을 가톨릭 당국이 깨달았기 때문이다. 또한 그 당시 이 피렌체 출신의 과학자를 보호한 교황 우르바누스 8세가 과학이론보다는 권력문제를 둘러싸고 싸우고 있는 교회의 주요 교단들 사이에서 더 이상 줄타기를 할 수 없다고 느꼈기 때문일 것이다.5)

한편, 갈릴레이의 선배인 니콜라우스 코페르니쿠스와 요하네스 케플러(1571-1630)는 프로테스탄트교 지도자들에 의해 노골적으로 비난받았다. 코페르니쿠스의 태양중심설과 맞선 마르틴 루터는, 이 폴란드 학자를 단지 독창성을 과시하고 주의를 끌기 위해 '천문학의 모든 지식을 왜곡시키고 구약의 여호수아서에 언급된 것을 부정하려고 하는 바보'라고 불렀다. 동료 신학자인 필립 멜랑히톤과 함께 루터는 지구중심설을 결코 의심할 수 없는, 성경에 유일하게 부합되는 모델로서 열렬히 옹호했다.6)

코페르니쿠스, 갈릴레이, 케플러는 신의 위대성을 계시하는 것은 자연이라고 주장하면서 '자연이라는 책'을 연구하는 것이 성경을 읽는 것만큼 신을 즐겁게 한다고 옹호했지만, 새로운 과학과 새로운 '숫자와 도형'의 언어, 즉 수학 — 지식인 엘리트 계층 내의 다수 집단에게는 이해하기 어려웠지만 갈릴레이에게는 필수적이라고 생각되었다 — 은 기독교 전통을 위태롭게 했다. 많은 사람들에게는 마치 신과 신이 내리시는 구원의 은총이 완전히 그 힘과 의의를 잃은 것처럼 보였다.

오늘날까지도 영향력을 미치고 있는 이들 사상가 외에도 신의 창조에서 핵심 역할을 다시 인간에게 부여하기를 원하는 사람들도 자기 목소리를 냈다. 이 시기에 조르다노 브루노(1548-1600)와 야콥 뵈메(1575-1624)는 신앙과 이성 사이의 심연을 좁히려는 종전의 시도로 되돌아가는 입장을 대표했다.

브루노는 창조주로서 우주 밖에 존재하는 초월적인 신에 대한 플라톤적이고 기독교적인 견해를, 우주는 그 자체로 살아있는 생물이며 우주의 영혼이 바로 신이라는 개념으로 대체했다. 그에게는 신과 자연은 거의 분리할 수 없는 존재였다. 교리상 이 범신론적 제안을 결코 수용할 수 없었던 가톨릭

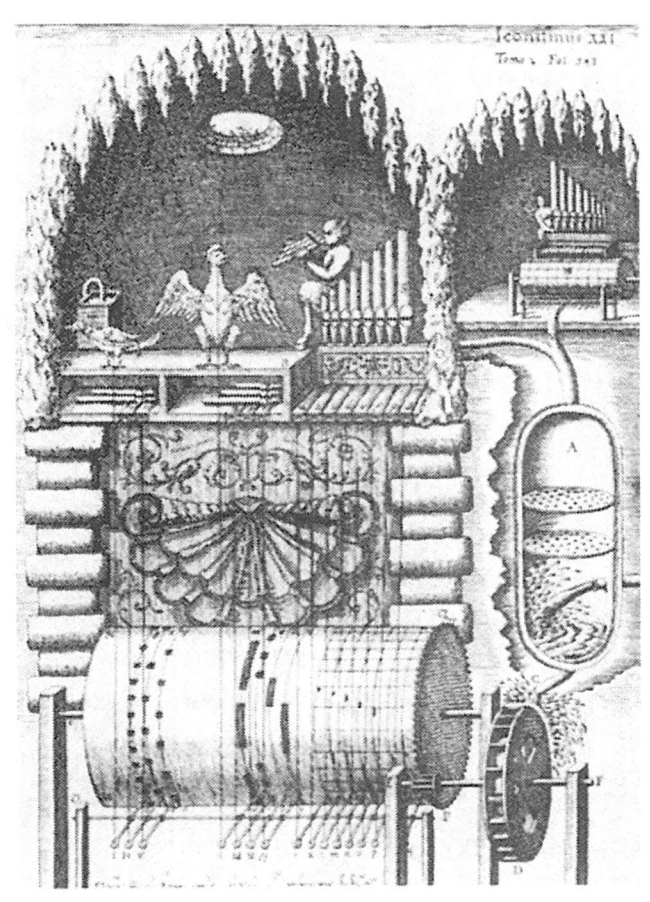

삽화 27, 28_ 유럽은 꿈과 현실 사이에서 과학기술이 확장되는 시대에 들어섰다. 당시의 출판물에서 볼 수 있는 수많은 기계장치들은 시대정신을 잘 보여준다. 그 중 박식한 예수회 수도사 아타나시우스 키르허(1602-80)가 고안한 수력 추진 자동 오르간과 같은 일부 장치들은 실제로 개발되었다(A. Kircher, *Icnismus*, Rome, vol. II, 343 이하 참조). 많은 사람들에게 새로운 개념들은 허황되고 비현실적으로 보였다. 여기 제시된 18세기의 판화는 하늘에 떠 있는 세계의 모습을 통해 과학을 조롱하고 있다.(네덜란드 네이메헨 예술사 자료센터 소장)

교회의 종교재판소 재판관들은 브루노에게 화형을 선고하기까지 8년 동안 고심했는데, 이는 판결을 내린 사람들이 지적인 가책을 전혀 느끼지 않은 것은 아니라는 것을 나타낸다.

남부독일의 구두 수선공인 야콥 뵈메는 다수의 논문에서 천국과 지옥, 선과 악, 빛과 어둠은 자연, 신 그리고 결국 신의 현시인 인간의 본질적인 특징들이라고 주장했다. 이 모두는 공간과 시간이 부재하는 '무(無)'에 존재한다. 물질과 자연은 이 무 속에서 성장한 것이다.

> 자연이 없다면 오직 영원한 부동과 정적, 즉 무만이 존재할 뿐이다. 그러면 무에는 영원한 의지가 존재하는데, 이 의지는 스스로를 알고 느끼고 볼 수 있기 때문에, 무에서 무엇인가를 형성하려고 한다.[7]

이런 식으로 신과 인간과 다른 유기적 피조물과 비유기적 피조물이 존재하게 된다. 선과 악은 '무엇인가가 되려는 의지'와 '무가 되려는 의지'이기 때문에 인간에게 열려 있는 두 가지 선택사항이다.[8]

인간의 덕, 즉 인간의 창조력을 자연 및 신과 결합된 것으로 본 이 사상가들의 영향력은, 과학기술적 성공으로 한층 더 명성을 얻은 동시대 경험주의자들의 영향력보다 훨씬 미약했지만, 여전히 하나의 사상적 저류로서 오늘날까지 인식되고 있다. 더욱이 후대에 서구적 규범의 일부로 남게 될 위대한 철학자들치고 이에 영향을 받지 않은 사람은 없었다.

과학적 경험주의에서 인간과 사회에 대한 새로운 비전으로

대부분의 학자들은 교회가 전파하는 근본적인 가치에 따라 자신들이 행동하고 있는지 공개적으로 묻지 않은 채, 즉 과학적 사고를 신과 인간과 세계 사이의 문제에 종속시키지 않은 채, 연구를 수행하려고 노력했다. 17세기에 영국의 프랜시스 베이컨(1561-1626)과 프랑스의 르네 데카르트(1596-1650)는 앞서 코페르니쿠스와 갈릴레이와 같은 사람들이 보여준 사고방식을 구체적으로 발전시켰다.

17세기 초 유럽 : 베이컨과 데카르트의 과학적 방법론에 대한 견해

학자요 정치가인 프랜시스 베이컨 경은 폭넓은 분야의 수많은 논문으로 근대적인 과학적 사고의 발전에 기여했다. 특히, 그는 귀납법의 핵심적 가치를 전파했다.

XIV   연역법은 명제로 구성되어 있고, 명제는 단어로 구성되어 있으며, 단어는 사상의 증표이다. 따라서 물질의 토대인 사상 그 자체가 혼란에 빠지고 사물로부터 경솔하게 추론된다면 상부구조에는 어떤 견고함도 없게 된다. 따라서 진정한 희망은 오직 귀납법에 있다.

XVIII   지금까지 과학분야에서 발견된 모든 것은 통속적인 관념에 지배받기 쉽다. 자연의 핵심과 한계를 꿰뚫어보려면 사물로부터 사상과 원리 모두를 추론할 수 있는 좀더 확실하고 잘 보완된 방법을 찾아내야 할 것이다. 요컨대, 좀더 훌륭하고 확실한 추론법이 사용되어야 할 것이다.

XIX   진실을 탐구하고 발견하는 데는 두 가지 방법이 있고, 오직 두 가지 방법만 있을 수 있다. 어떤 사람들은 감각 자료와 세부적인 것에서 비약해 매우 일반적인 원리와 원인에 도달하고, 이들 원리와 그 불변의 진리로부터 중간 원리를 찾아낸다. 이것이 현재 사용되고 있는 방법이다. 다른 사람들은 감각 자료와 세부적인 것으로부터 꾸준히 점진적으로 더 높이 올라가 마침내 가장 보편적인 귀납적 결과에 도달함으로써 원리를 추론한다. 이것이야말로 참된 방법이지만 아직 시도되고 있지 않은 방법이다.

XXI   침착하고 느긋하고 진지한 상태에 — 특히 이미 받은 교육에 의해 방해받지 않는다면 — 홀로 남겨진 지성은 두 번째의 올바른 방법으로 기우는 경향이 있지만, 그 진행은 매우 느리다. 왜냐하면 지도와 도움을 받지 않으면 지성은 부적절한 무기가 되며, 결국 사물의 모호함을 극복할 수 없기 때문이다.

XXII   두 가지 방법은 감각 자료와 세부적인 것으로 시작해서 보편적 질서의 일반화라는 정점에 도달한다. 그렇지만 이 방법들은 서로 상당히 다르다. 왜냐하면 전자(연역법)는 오직 실험과 세부적인 것에만 관련된 반면에, 후자(귀납법)는 이 자료를 적절히 반복적으로 사용하기 때문이다. 전자는 처음부터 어떤 추상적이고 쓸모없는 일반화를 가정하지만, 후자는 실제 인식할 수 있는 자연의 국면에 단계적으로 도달한다.

XXVIII   예측 — 가설을 의미하는 베이컨의 용어 — 은 [현상을] 해석하는 것만큼이나 합의된 사실을 확정하는 데 전혀 유용하지 않다. 예측은 몇 가지 사실로부터, 그리고 대체로 친숙하게 일어나는 것으로부터 모아지기 때문에 그저 지성을 현혹시키고 공상을 자극할 뿐이다. 반면에, 해석은 여러 곳에서 매우 다양하고 멀리 흩어진 자료로부터 모아지기 때문에 급격한 힘으로 정신에 충격을 줄 수 없다. 사실들은 의견들과 마찬가지로 까다롭고 거북한 것으로 취급되어야 하며, 신앙의 신비도 이와 다르지 않다.

XCV   과학에 종사한 사람은 모두 경험론자 아니면 독단론자였다. 경험론자들은 개미처럼 단지 자료를 수집하고 사용하기만 한다. 독단적인 추론자는 거미처럼 자기 내부로부터 거미줄을 뽑아낸다. 벌은 중간방식을 취한다. 벌은 정원과 들판의 꽃에서 물질을 뽑아내지만, 자신의 능력을 사용해 그것을 전환시키고 소화시킨다. 철학의 진정한 운용도 이와 다르지 않다. 철학은 오로지 정신력에만 의존하지도 않고, 또한 자연의 역사와 물리실험이 제공한 자료들을 건드리지도 않은 채 기억 속에 그냥 저장해두지도 않는다. 오히려 철학은 이 자료들을 지적으로 변형시키고 가공한다. 따라서 실험적 방법과 합리적인 방법을 서로 연결시킴으로써 — 이러한 연결은 아직까지 이루어지지 않고 있다 — 엄청난 결과를 얻을 것을 기대할 수도 있다.[9]

오직 실험적인 방법에 의해서만 유효한 지식을 도출할 수 있다는 베이컨의 주장에 반해, 프랑스의 데카르트는 모든 과학의 토대로서 수학적이지만 연역적인 논증법을 제안했다. 그 결과 '데카르트주의'는 수세기 동안 서양의 사고방식에 영향을 주었다. 비록 그 후에 데카르트 자신의 과학적 사고 — 예컨대 물리학 분야의 과학적 사고 — 의 실제 결과가 경험론적 연구와 다른 이론에 의해 곧 빛을 잃긴 했지만 말이다. 데카르트는 완벽한 방법론의 탐구에 관해 자서전 식으로 말하고 있다.

젊었을 때 나는 철학적인 내용 중에서는 논리학, 수학적인 내용 중에서는 기하학 분석과 대수학 공부에 약간 열성적이었다 — 이 세 과목 혹은 과학은 내 계획에 무엇인가 기여할 수 있을 것으로 보였다.

그러나 그 과목들을 검토하면서 나는 논리학의 삼단논법과 이 학문의 나머지 대부분이 고대인들의 (기하학) 분석과 근대인들의 대수학을 … 우리에게 가르치는 데 도움이 되기보다는 오히려 다른 사람에게 우리가 이미 알고 있는 것을 설명하거나 혹은 심지어 … 우리가 모르는 것에 대해 판단하지 않은 채 말하는 데 도움이 된다는 것을 깨달았다. 그 밖에도 그 과목들은 매우 추상적인 문제로만 확대될 뿐, 다른 쓸모가 없는 것처럼 보였다. 고대인들의 기하학 분석은 항상 도형을 고찰하는 데로만 제한되어 있어서 상상력을 혹사하지 않고는 이해할 수 없었고, 근대인들의 대수학은 특정한 규칙과 암호에 매여 있어서 정신을 교화시키는 과학이 아니라 정신을 산란하게 하는 혼란스럽고 모호한 학문이 되었다.

이 때문에 나는 이 세 학문의 장점들을 결합하는 한편 그 결점들은 제거한 어떤 다른 방법을 모색해야 된다고 생각했다. … 나는 어떤 일이 있어도 그 지침들을 준수한다는 확고부동한 결의를 전제로, 다음 네 가지 지침이면 충분하다고 생각했다.

첫번째는, 내가 명확히 진리로 인식하지 않으면 어느 것이라도 진리로 받아들이지 말라는 것이다. 즉 경솔함과 편견을 주의깊게 피하고, 내게 매우 명확하고 분명하게 나타나서 의심의 여지가 없는 것을 제외하고는 어떤 것도 내 의견에 포함시키지 않는다는 것이다.

두 번째는, 내가 검토해야 할 어려운 점들을 가능한 한, 그리고 더 좋은 해결책을 위해서 요구되는 만큼 많은 부분으로 나누는 것이다.

세 번째는, 가장 복잡한 지식을 향해 한 계단 한 계단 조금씩 올라가기 위해, 가장 단순한 대상과 가장 알기 쉬운 것부터 시작하고, 자연스럽게 순서가 정리되지 않는 것들 사이에서도 하나의 질서를 가정하면서 내 생각을 순차적으로 이끄는 것이다.

마지막으로는, 모든 계산을 완벽하게 하고 광범위한 조사를 해서 누락된 것이 없도록 확인하는 것이다.

기하학자가 가장 어려운 논증을 하기 위해 잘 사용하는 매우 단순하고 쉬운 일련의 긴 추론들이, 인간의 지식으로 포괄될 수 있는 모든 사물은 같은 방식으로 서로 연계되어 있다는 것과, 진리가 아닌 견해는 어떤 것도 옳은 것으로 수용하지 않고, 무엇을 추론할 때 필요한 체계를 항상 준수한다면 도달하지 못할 만큼 먼 것도 없으며, 발견하지 못할 만큼 숨겨진 것도 없다는 것을 믿을 만한 이유를 나에게 제공했다. … 이 방법이 나에게 주는 가장 큰 만족은, 내가 이성을 완벽하지는 않지만 적어도 최선을 다해 항상 사용하고 있다는 확신이었다.[10]

「17세기 초 유럽 : 베이컨과 데카르트의 과학적 방법론에 대한 견해」

실제로, 데카르트는 그의 『방법서설 Discours sur la Méthode』에서 자신의 사고과정을 연구했다. 그는 인간이 사고나 지각, 행동에 영향을 주는 모든 요인을 체계적으로 보지 않기 때문에 흔히 그릇된 가정에서 출발한다고 결론지었다. 따라서 데카르트는 근본적인 회의라는 개념을 도입했다. 즉 비교적 확실하다고 가정하고자 하는 특별한 사항에서 출발하기 전에 가능한 한 철저하고 공정하게 그것에 대한 자신의 사고를 검토해야만 한다는 것이다. 그러나 데카르트는 여전히 신의 창조물인 인간에게 이런 특별한 권한을 부여한 것은 바로 신이라는 가능성을 열어두고 있었다. 그래서 그는 합리적인 논거를 바탕으로 수용될 수 없는 모든 권위의 기능을 약화시키지 않을 수 없었던 반면, 신은 성 아우구스티누스의 경우처럼 그에게도 의문의 여지가 없는 존재로 남았다.

존 로크는 신을 인정도 부정도 하지 않으면서 데카르트보다 한 발 더 앞서 나갔다. 그는 『인간오성론 Essay concerning Human Understanding』 (1690)에서 무엇보다도 어린이에 대한 관찰을 기초로 해서 인간에게는 선천적인 사상이나 원칙이 없다고 추론한다. 즉 인간이 일생동안 생각하고 행동하는 것은 모두 그가 학습하거나 혹은 그가 속한 문화적 환경에서 전수된 사상이나 원칙에서 나오거나 그에 근거한 것이다. 다시 말해, 인간은 '보편적인 사상'에 지배받지 않는다. 같은 해에 '저널리스트'이자 문화평론가 피에르 베일은 『역사와 비평 사전 Dictionnaire Historique et Critique』에서 근본적인 회의에 대한 데카르트의 주장을 확산시켰다. 이것은 그의 견해로는 불가피하게 수용할 수밖에 없는 것이었다.

한편, '새로운 과학'인 실험물리학의 인상적인 발견에 관한 논쟁이 점차 신앙과 종교의 모든 쟁점들에 영향을 미쳤다. 1620년대의 현미경의 발명은 난자나 정자로부터 많은 생명체가 단계적으로 발육하는 모습을 보여줌으로써 '보이지 않는 세계'의 문을 열었다. 몇몇 사람들은 자연의 한 부분을 현미경 밑에 놓는 것이 복잡한 자연 전체를 더 잘 이해하는 데 크게 기여하지 못할 것이라고 주장했다. 어떤 점에서 그들은 옳았다. 그러나 다른 사람들은 이제 자연의 표면 밑에 존재하는 자연의 실체를 볼 수 있게 되었다는 생각에 기뻐했고, 그것은 수세기 동안 자연이라는 책을 암호로 가득 찬 텍스트로만 사용한 신비주의자들에게 대항할 수 있는 강력한 무기를 제공했다.[11]

17세기 말기까지 경험론자들의 관념은 새로운 철학이 되었는데, 그들의 사유는 우주, 즉 가시적 세계에 대한 연구에 의해 인도되었다.[12] 새로운 철학은 처음에는 케임브리지 대학의 교수였고 후에는 왕립조폐국장이 된 물리학자 아이작 뉴턴(1642-1727)의 글에서 매우 명확하게 나타난다.[13]

1704년 뉴턴은 그의 위대한 저서 『광학 *Optiks or Optica*』을 출판했다. 이 책에서 그는 지식과 통찰을 얻기 위한 진정한 방법, 즉 인간과 세계를 올바르게 보는 방법을 다음과 같이 설명한다.

> 분석이란 실험과 관찰을 본질로 하며 실험이나 다른 확실한 진리로부터 도출된 결론에 반하는 어떤 주장도 인정하지 않는 것을 의미한다. 그 이유는 가설은 실험철학에서는 인정될 수 없기 때문이고, 실험과 관찰에 의한 귀납적인 논증이 일반적인 결론을 증명하지 못하더라도, 그것은 사물의 본질이 허용하는 최고의 논증방법이고 그 귀납법이 얼마나 더 보편성을 띠는가에 따라서 더욱 강력해질 수도 있기 때문이다. 여러 현상에서 어떤 예외도 발생하지 않는다면, 결론을 일반적으로 공표할 수도 있다.

뉴턴과 동시대 사람들의 사고방식은 경험적 연구의 가치에 대한 베이컨식의 신뢰와 '근본적인 회의'라는 데카르트적 방법을 모두 사용하고 있음을 보여주는데, 그 결과 많은 사람들은 세계와 심지어 우주조차도 파악할 수 있는 인간의 능력에 대한 명확한 낙관론을 가지게 되었다. 사람들은 이제 우주가 주의깊게 관찰하면 파악될 수 있는 일반적인 법칙의 지배를 받는다고 가정하기 시작했다. 이와 같은 인식론은 영국왕립협회의 도움으로 1687년에 출판된 뉴턴의 『자연철학의 수학적 원리 *Philosophiae naturalis Principia mathematica*』에서 성문화되었다. 책 제목이 나타내듯이 이것은 물리학 논문 이상이었기 때문에 일대 혁명을 일으켰다. 뉴턴의 생각을 들어보자.

> 이 책은 철학의 수학적 원리를 설명한다. 그 이유는 운동현상으로부터 자연의 힘에 대한 연구에 이르기까지, 그리고 이런 힘으로부터 다른 현상을 증명하는 것까지 철학의 전체 내용이 이 안에 들어 있는 것처럼 보이기 때문이다. … 나는 여러 가지 이유에서, 즉 모든 자연현상이 지금까지는 알려지지 않은 물체의 입자들이 서로를 향해 움직이며 규칙적인 형태로 응집하거나 또는 서로 밀어내거나 물러나게 하는 어떤 힘에 의존할지 모른다고 생각하게 되었다. 나는 여기에 주장된 원리들이 그런 철학 탐구방법 혹은 다른 더 진정한 철학 탐구방법에 모종의 빛을 던져주기를 희망한다.[14]

코페르니쿠스, 케플러 및 다른 사람들이 제시한 행성운동에 대한 성찰들을 더욱 자세히 설명하면서 뉴턴은 수량적인 물리적 논거에 기초한 견고한 체계를 제시하고자 했다. 뉴턴은 이런 목적으로 미분법과 적분법을 사용했고, 그것을 통해서 물체의 위치와 속도 사이의 관계나 다른 시간에서의 속도의 변화를 알게 되면 특정한 순간에서의 물체의 위치를 알 수 있게 되었다. 그 후 중력에 관한 일반적인 연구에서 중력에 관련된 기존의 개념들에 대해서 숙고할 때, 뉴턴은 우주를 천체가 태양과 지구와 행성들의 상대적인 중력에 의해 결정된 고정된 위치에서 영원히 움직이는 체계로 수학적으로 설명할 수 있었다.

그 결과는 엄청난 것이었다. 왜냐하면 이것은 운동을 일정한 힘의 작용으로 가정했으므로, 창조주가 항상 제일의 동인(動因)으로 제시되어야 했던 기독교 세계의 아리스토텔레스적 우주론과의 명확한 단절을 초래했기 때문이다. 뉴턴에 따르면, 창조는 신이 했지만, 일단 창조한 뒤에 그 세계는 원자들로 확립되어 단순한 자연의 법칙에 따라 작용하는 역동적인 기제(메커니즘)이다. 뉴턴은 많은 사람들이 이미 의심했고 두려워한 것을 확인했다. 즉 신은 인간의 삶에 계속해서 관여하는 것은 아니라는 점을 말이다.

이제 인간은 이제껏 회의한 것보다 훨씬 더 자신에 대해 회의하게 되었다. 『팡세 *Pensées*』에서 여러 문제에 관해 인상적인 사상을 정립한 프랑스의 블레즈 파스칼(1623-62)은 이 불안정이 불러일으키는 '불안'을 이렇게 표현했다.

> 내가 차지하고 있는 작은 공간의 전후에 — 마치 단 하루만 묵어가는 손님처럼 — 오는 영원 속에 흡수되어 있으며, 내가 그것에 대해 아는 바도 없고 그것도 나에 대해 아는 바가 없는 무한한 공간들 속에 삼켜져버린 내 짧은 생애를 생각할 때, 나는 그곳이 아닌 이곳에 있는 나 자신을 보고 겁이 나고 두려웠다. 왜냐하면 내가 그곳이 아닌 이곳에, 그때가 아닌 지금 있을 이유가 없기 때문이다. 누가 나를 이곳에 놓아두었을까? 누구의 명령과 행위에 의해 이 시간과 공간이 나에게 할당되었을까? … 무한한 공간의 영원한 침묵은 나를 두려움에 떨게 한다.[15]

많은 사람들이 여전히 그런 공포를 느끼고 있었지만, 합리적인 세계관에 대한 방해물로서 교회의 힘과 권위를 경험한 다른 사람들은 기뻐했다. 그들에게는 뉴턴의 등장으로 유럽이 마침내 광명을 본 듯했다. 즉 우주에 대한 보편적 설명이 발견된 것이다. 이제 과학도 가급적 그럴듯한 도구를 사용하여 모든 실험을 공개적으로 제시함으로써, 유용성을 과시하는 막강한 기관이 되었다는 사실은 과학의 사회적 입지를 강화시켰다.

그러나 경험적이고 합리적인 관찰은 유럽의 경제와 사회에서 점차 중요하게 된 자연과학 분야의 연구를 좌우하기 시작했을 뿐만 아니라, 자신과 우주 속의 자신의 위치에 대한 사람들의 사고방식도 지시하기 시작했다. 뉴턴의 물리학과 기타 과학적 개념들은 곧 비물리적인 인간 사고의 다양한 영역에, 즉 육지와 바다에서의 시간과 거리의 측량과 같은 실용적인 측면으로부터 개별적인 시민이나 기업가로서의 인간에 관련된 경제적·정치적 철학에 이르기까지 상당한 영향력을 행사했다. 실제로, 새로운 과학은 사람들이 환경을 관찰하는 방식을 변화시키기 시작했고 사회와 정치의 성격과 조직과 기능을 해석했다.16)

이렇게 해서, 정치철학자 토마스 홉스(1588-1679)는 사회를 마치 물리적 현상인 것처럼 분석하고 기술했다. 유명한 작품 『리바이어선 — 종교 및 시민 공화국의 본질, 형태, 권력 Leviathan, or the Matter, Form and Power of a Commonwealth, Ecclesiastical and Civil』(1651)에서 그는 모든 시민은 가능한 한 충돌을 피하려고 애쓰는 소용돌이 입자처럼 단지 개별적인 단위일 뿐이라는 학설을 세웠다. 그리고 충돌을 피할 필요 때문에, 시민들은 재난을 피하고 최대 다수를 위해 최선의 행복을 실현시킬 수 있는 도구로서 국가를 세웠다고 그는 주장했다.

휴머니즘에서 계몽주의에 이르기까지 : 긴 여명

자신과 세계를 이해할 수 있는 인간의 능력에 대한 신뢰의 증가는 지식인 사회 전체에 널리 확산되었고, 이것은 17세기 후반과 18세기 초에 유럽의 지식인 문화의 특징이 되었다. 많은 사람들은 자신과 자기 시대를 '계몽된' 것으로, 즉 관찰을 통해서만 결론에 이르는 건전한 상식의 빛에 의해 계몽된 것으로 여겼다. 많은 식자층 유럽인들은 점차 경험적인 관찰로 환원될 수 없는 사상은 진리로서 수용하지 않으려는 경향을 보이게 되었다.

논리적인 추론과 그래서 수용될 수 있는 원리를 토대로 하지 않은 권위와 권력에 대한 모든 주장에 대해 회의가 일어났다. 사람들은 전통의 족쇄를 던져버렸다. 그들은 인간이 과거에 의해 마비되지 않고서도, 즉 교회와 국가가 힘을 행사하기 위해 사용한 권위적이고 불합리한 방식에 의하지 않고서도 살아갈 수 있다고 주장했다. 특히, 교회를 통해 설교되는 종교는 인간의 사상과 행동의 토대가 되어야 할 자질, 즉 이성과 관용을 혼탁하게 만드는 것으로 생각되었다. 요컨대, 사람들의 인생에 대한 태도는 비판적이거나 심지어 회의적으로 되었고, 이에 따라 주변 세계를 판단했다. 르네상스 시대에 시작된, 보다 경험적이고 개인적이며 세속적인 사고방식은 이제 소위 계몽주의라고 불리는 인간과 세계를 바라보는 어떤 방식을 통해 잠정적으로 완성되었다. '계몽주의'라는 명칭은 그것의 주요 옹호자들이 세계가 드디어 이성의 빛으로 계몽될 준비가 되었다고 확신했기 때문에 붙여진 것이다.

계몽 세기의 특징은, 신에 대한 전통적인 관점과 창조 및 우주 안에 내재하는 신에 대한 전통적인 관점으로부터 인간을 격리시키는 데 다시 한 번 도움을 준 개념들에 있었다. 이 개념들이 때로는 오랜 역사를 지닌 것이었지만 말이다. 널리 논의되고 많은 사람들에게 혐오감을 준 『기계 인간 *L'homme machine*』(1747)이라는 소책자를 쓴 프랑스 작가 라 메트리처럼, 몇몇 사람들에게는 우주에 신은 없고 다만 무생물과 생물만 있을 뿐이었다. 지금까지 진화된 가장 복잡한 물체인 인간은 연료, 즉 음식에 따라 자동적으로 기능을 발휘하거나 아니면 기능장애를 일으키는 기계라는 것이다.[17] 이런 생각은 과학기술과 전문과학의 영향이 증가하면서 자연스럽게 힘을 얻었다.

그러나 장기적으로는 주로 기독교적인 '계몽' 사상이 가장 성공적이었다. 그것은 20세기까지도, 특히 교육 및 과학기관과 같은 문화적 기관에서 구조화되었을 때, 지식인의 정신에 영향을 주었다. 모든 곳에서 기독교적 계몽운동은 대부분 도시적 현상이었고, 18세기 말의 에든버러와 같은 도시에서 뚜렷하게 드러났다. 에든버러에서는 17세기 말 장로교 목사가 일요일이면 모든 시민을 예배에 참석시키기 위해—필요할 때면 무력으로, 그리고 물론 오전과 오후에 모두—거리를 돌아다녔고, 이와 동시에 여전히 마녀들이 화형에 처해지고 있었다. 이와 유사한 변화가 18세기의 암스테르담과 미델부르크뿐만 아니라 카를 3세 치하의 마드리드와 발렌시아의 '계몽' 사회와 밀라노와 같은 북부 이탈리아 도시의 시민계층의 환경에서도 눈에 띄었다. 영국에서 '계몽주의'는 조지 버클리(1684-1753)와 데이비드 흄(1711-76) 같은 학자들을 통해 구체화되었다. 독일에서는 고트홀트 에프라임 레싱(1729-81)의 작품에서, 그리고 누구보다도 고트프리트 빌헬름 라이프니츠에 의해 표현되었다.

라이프니츠가 최후의 진정한 '보편적 학자'로 일컬어진 것은 당연하다. 그러나 그는 그가 갈망했던 바, 모든 것을 포괄할 수 있는 과학체계와 그에 적합한 불변의 수학논리에 기초를 둔 언어를 결코 만들어내지 못했다—뉴턴과 함께 미분학을 발전시킨 영예를 공유하기는 했지만 말이다. 그럼에도 그는 언어학에서 철학, 도서관학에서 정치이론에 이르는 광범한 분야의 사상적인 싹을 틔우는 데 기여했다. 그의 우주론은 현재까지도 영향력을 미치고 있는데, 이것은 우주의 본질적이고 기본적이며 의식적인 요소인 '단자(monad)'라는 개념 위에 세워졌다. 즉 한 단자에는 물체와 영혼이 합치되어 있고 그것을 바탕으로 좀더 복잡한 모든 구조가 세워지는데, 이 복잡한 영역 어딘가에 인간 자신도 포함되지만, 모든 것을 포괄하는 구조, 즉 신에서 정점에 이른다.[18]

실제로, 신의 문제는 계몽사상가들에게 큰 부담이 되었다. 정도의 차이는 있을지언정, 대부분의 사상가들은 인식할 수 있는 자연과 인식할 수 없는 초자연의 관계와, 물체와 영혼 사이의 관계를 붙들고 씨름했다. 이미 17세기에 네덜란드계 유태인 철학자 바루크 데 스피노자는 이 시대 이 시점에서 인간은 신의 존재에 대한 과학적 증거를 필요로 한다고 판단하고 그 증거를 제시하는 작업에 착수했다. 『신학정치론 *Tractatus Theologico-Politicus*』

(암스테르담, 1670)에서 그는 수천 년 동안 유태인과 기독교인들에게는 핵심적이었던 인격적인 신과는 매우 다른 신의 이미지를 창출했다. 스피노자의 신은 태초의 힘으로서 모든 인간과 모든 피조물은 어떤 점에서는 그 일부였다. 그러나 그런 신을 이해할 수 있기 위해서 스피노자는 자유를 요구했다. 그에게 자유는 공공의 평화와 개인의 신앙심을 위한 필수적인 전제조건이었고, 공공의 평화와 개인의 신앙심은 인도적인 사회의 조건이었다.19)

궁극적으로는, 18세기의 주요 지성인들 역시 창조되지 않은 실체로서, 세계의 밖과 위에 있는 창조주로서의 신에 대한 모종의 비전으로부터 벗어날 수 없었다. 독일의 철학자 임마누엘 칸트(1724-1804)조차도 그렇게 할 수 없었다. 『순수이성비판 Kritik der reinen Vernunft』(1781)에서 칸트는 모든 경험은 오직 이성적인 범주 안에서만 실현될 수 있고, 영혼과 세계와 신과 같은 개념들은 사유할 수는 있으나 이성으로 증명할 수도 논박할 수도 없으므로, 신앙의 세계는 이론적인 이성의 경계선 바깥에 놓여 있다고 판단했다. 그러나 『실천이성비판 Kritik der reinen Vernunft』(1788)에서는 윤리적인 이유에서 종교를 인간과 사회에 필요한 것으로서 — 물론, 이것은 어떤 신앙의 개념을 함축하고 있지만 — 수용할 것을 주장했다.

1760년대에 이루어진 칸트와 스웨덴의 채광 전문가이자 사상가인 엠마뉴엘 스베덴보르크(1688-1772) 사이의 토론은 유럽적·기독교적 사유에 존재하는 영원한 긴장을 분명히 표현하고 있어서 매우 흥미롭다. 가장 중요한 1749-56년의 『천국의 비밀 Arcana Coelestia』과 『천국과 지옥에 관하여 De Coelo st Inferno』를 포함하는 일련의 작품에서 스베덴보르크는 인간과 우주에 대한 비전을 전개했는데, 이것은 칸트를 적으로 만들었지만 현재까지도 많은 지지자를 확보할 수 있게 했다. 신의 존재를 증명하려고 시도하는 이 스웨덴인에게 영혼은 본질적으로 완전한 유기적 통일체로서, 그 안에서 인간과 신은 영혼의 연속되는 자각의 단계 속에 일치한다. 그에게 교회와 종교는 아무 관계가 없었고, 그는 주저없이 기독교의 보편적인 주장들을 거부했다. "계몽된 정신을 가진 사람은 단 한 사람도 지옥에 가기 위해 태어나지 않았다는 것을 알 수 있으며" "하느님의 교회는 전 세계에 퍼져 있고 따라서 보편적인 것이다. 자기 자신의 신앙에 따라 형제애의 삶을 사는 모든 사람은 그 교회의 일원이다."[20]

다른 사람들에게 세계와 만물은 단지 인간정신의 투사에 불과했다. 아르투어 쇼펜하우어(1788-1860)의 경우가 그러했다. 그는 『의지와 표상으로서의 세계 Die Welt als Wille und Vorstellung』(1819)에서 인간은 경험을 통해 지식을 습득할 수 있다고 인정했지만, 인간이 사물의 본질에 관해 무엇을 말할 수 있느냐고 물었다. 그의 대답은 그렇게 많지는 않다는 것이었다. 왜냐하면 각각의 인간은 객체요, 육체요, '개념'인 동시에 주체요, 자의식이요, '의지'이기 때문이다. 이 세계에서 살아남기 위해서 모든 인간은 똑같은 것이 다른 인간에게도 중요하다고 가정한다.

> 따라서 물질세계가 그것에 대한 우리의 단순한 표상 이상이라고 주장하려 한다면, 우리는 그것이 표상 너머에, 말하자면 그 자체로서, 그리고 그것의 가장 내밀한 본질상, 우리가 우리 자신 속에서 즉각 의지로서 발견하는 바로 그것이라고 결론짓지 않을 수 없다.

쇼펜하우어는 여러 종류의 세계가 실제로 존재하고 세계의 다양성에 대한 환상도 있지만, 실제로 다양한 세계란 단지 하나의 본질이 투영된 것일 뿐이라고 결론짓는다. "모든 사람은 오직 하나의 본질, 즉 자신의 의식 속에서 자신의 의지만을 즉시 인식할 수 있다."[21]

유럽대륙의 국가 중에서 18세기의 프랑스는 아마도 '계몽주의'에 가장 개방적이었을 것이다.[22] 프랑스 사회의 특징은 쇄신과 확산, 생산과 분배, 순환과 이동이었다. 서적과 사상은 사회적 풍습, 관례, 문화유물에 작용했고, 이런 모든 것들은 훨씬 긴밀해진 통신망과 변화의 망 속에 서로 엮어졌다.[23] 볼테르(1694-1778) 같은 계몽 사상가들은 교육과 독서를 통해, 그리고 사전과 백과사전으로 지식에 접근하도록 만들고, 자연과 문화를 박물관에 전시하며 실험을 통해 지식을 시각화함으로써, 그들의 원칙들이 널리 전파된다면, 사회를 힘차게 진보의 도상에 올려놓을 수 있을 것이라고 생각했다.

그 결과 계몽주의의 특징으로 간주된 많은 개념들이 주로 프랑스에서 발전되었다. 그 중 일부는 이미 오래 전부터 있던 것이지만, 이제는 과거 어느 때보다 더 설득력 있게 기술되고 옹호되었다. 장 자크 루소(1712-78)는 그의 『사회계약론 *Du Contrat Social*』(1762)에서 자유, 평등, 박애에 관한 혁신적인 사상을 향한 길을 찾아냈다. 비록 국민주권이라는 그의 개념은 대부분 그가 태어난 제네바라는 작은 도시국가에서의 경험에 기초하고 있어서 더 큰 사회에 적용하기가 어려웠지만, 정치적·사회적 변화에 대한 루소의 이상은 많은 사람들을 열광시켰다. 그의 이상은 일관성이 없었기 때문에 오히려 사람들은 자기 좋을 대로 해석할 수 있었다. 그러나 프랑스 철학자들 가운데 루소만큼 급진적인 사람은 거의 없었다. 다수는 기존의 경제 및 사회구조와, 특히 정치를 통한 점진적인 변화의 필요성 사이에서 중도노선을 추구했다.[24]

유럽의 지식인 사회는 모두 비록 프랑스 작가들의 다분히 극단적인 개념들을 부분적으로만 적용되었지만 그들의 글을 읽고 논평했다.[25] 많은 나라에서는, 특히 표현의 자유에 관한 관용이 확대되고 이성의 교화적 가치에 대한 신뢰가 증가함으로써 종전의 휴머니즘 사상과 세계주의 사상을 강조하는 온건한 계몽주의가 더 유리하다고 보았다.[26]

'계몽' 사상의 비종교적 측면 혹은 심지어 반종교적 측면은 대다수의 지식인 유럽인들에게 공유되지는 않았지만, 계몽주의 자체와 그 본질에 관한 다양한 논의는 모두 유럽인의 전지전능한 규범적 틀인 기독교를 급속히 침식하는 데 기여했다. 이것은 유럽의 도덕과 관습에 대한 판단에 관계 없이, 유럽의 통일성에 대한 가장 근본적인 논거를 형성했던 동일한 사고방식, 동일한 세계관을 점차 유럽에서 빼앗아가는 과정을 강화시켰다.

한편, 세계주의적인 사고는 덜 기독교적으로 되었을 뿐만 아니라 유럽보다는 전 세계를 끌어안으려는 이상이 되었다. 이성의 힘에 대한 믿음은 점차로 범세계적으로 인식될 수 있는 보편적인 도덕성 ― 순수한 형태로 적용되면 공적인 책임의식과 미에 대한 탐구와 같은 가치가 저절로 생기게 되는 보편적 도덕성 ― 을 매우 강조하는 인간관과 사회관을 낳았다.27) 앞의 두 세기 동안에 급속도로 증가한 비유럽적인 세계에 관련되거나 그에 의해 영향을 받은 지식은 이런 심성의 기초를 쌓았다. 이와 같은 심성에 의해 태어난 민족학과 문화 상대주의는 인간과 세계 및 유럽인과 다른 민족에 관한 유럽적 사고의 일부가 되었다.28) 그러나 물론 지금 우리가 보고 있는 보편적인 가치는 인류에 대한 유럽의 비전이 낳은 결과였다.

이런 비전에 있어서는, 모든 지식을 포괄하려고 한 책이 핵심적인 역할을 했다. 처음에는 1728년에 영국의 E. 체임버스가 편찬한『백과사전 Cyclopaedia』이, 그 다음에는 1751년에서 72년 사이에 총 28권으로 출간된 훨씬 더 급진적이고 영향력 있는 프랑스의『백과사전 Encyclopédie』이 계몽문화의 기본적인 지식 저장고가 되었다.29) 그러나 1732년부터 계속해서『모든 학문과 예술에 대한 보편적인 대백과사전 Grosses Vollständiges Universal-Lexicon aller Wissenschaften und Künste』을 출판한 독일의 기업가 J. M. 제들러를 파리에서 모르고 있었다는 것은 특이한 현상이다. 이것은 라틴어가 유럽의 공용어로서의 지위를 상실함으로써 지역언어들 사이의 의사소통에 한계가 있었음을 나타낸다.

계몽주의와 낭만주의는 상반된 개념인가?

역설적이지만, 대체로 온건한 기독교적 해석을 바탕으로 하는 계몽주의가 18세기 말과 19세기 초기 몇 십 년 동안에 유럽의 광범한 지식인 사회 속에 스며든 과정은, 일부 더 과감한 '계몽적' 개념들에 대한 상당히 강력한 비판을 통해 강화되었는데, 특히 이 개념들이 정치적·사회적 혁명과 연계되었을 때는 더더욱 그러했다. 이 현상은 유럽 도처에서 진보적이라고 자칭한 사람들의 집단 — 누구보다도 프랑스 지향적인 지식인들 — 밖에 있던 사람들이 1789년 이후 프랑스를 뒤흔들어 군주제의 몰락과 독재정부의 수립을 가져온 정치적·사회적 혁명 '정신'에 대해 부정적으로 반응했을 때 일어났다. 그들에 따르면, 이 시기의 프랑스 정치를 특징짓는 노골적인 비속함과 피비린내 나는 대혼란은 그들이 보기에 물질주의와 종교적 회의, 비인간성으로 표현된 계몽주의의 부정적 측면이 낳은 피할 수 없는 산물이었다. 동시에 이러한 프랑스 혁명의 진전과정이야말로 그들이 보기에는 계몽주의를 전면적으로 거부한 그들이 옳았다는 것을 증명한 셈이었다. 그들의 확신은 보나파르트 장군, 즉 후일의 나폴레옹 황제와 전 유럽을 정치적으로 통일하려는 그의 대규모 시도들에 의해 강화되었다. 이러한 나폴레옹의 시도는 처음에는 프랑스 혁명가들의 젊은 혈기의 도움을 받아 이루어졌으나, 곧 파괴적인 전쟁들을 통해 추진되었다.

이런 상황에서 1780년대 후반 이래로 많은 유럽의 지식인은 그들의 문화에 대한 새로운 사고방식을 전개시켰다. 상이한 사회집단간의 문화의 전달과 차용의 복잡한 과정 속에서 일종의 공생 문화가 발전했는데, 이를 통해 기원과 본질에 있어 세계주의적이면서 또한 엘리트주의적인 휴머니즘 문화는 지식인 사회의 계몽주의적 제도 속에서 새로운 자극을 받아 이제 훨씬 더 폭넓은 사회적 기반을 획득했다.

한편, 이런 문화는 다분히 민족주의적인 사고방식 속에 편입되었는데, 유럽국가들이 자신의 목적을 위해, 특히 과학적·기술적 업적을 달성하기 위해 그것을 이용하려고 할수록 더욱 그러했다.[30] 점차 이런 문화의 전달자가 된 중산층에게는 국가에 대한 봉사가 그들의 가장 중요한 목표라는 것이 명확해졌다. 유럽 전역에서 고전문명은 계속해서 숭배되었지만, 귀족계급의 살롱과 대응되는 것으로서 시민계급의 문화생활의 온상이 된 많은 독서 및 토론 서클에서는 민족의 과거에 대한 숭배가 사고와 행동의 초점으로서 중심적인 위치를 차지했다.[31]

18세기 말에 이미 가시화된 이 경향은 프랑스 혁명의 여파로 훨씬 강력해졌다. 실제로, 계몽주의의 뒤를 따라서 보편타당한 것으로 제시된 모든 사상과 다른 형태의 문화는, 이제 보다 전통적이고 통제 가능한 틀 속에 편입될 수 없을 경우 광범한 반감에 직면하게 되었다. 많은 사람들은 사고의 초점을 바꾸거나 그렇게 하는 법을 배웠다. 사람들은 모호하고 근거 없는 보편성에 의존하는 대신에, 이른바 보편적인 고상한 철학원리보다 정체성의 근거로 좀더 쉽게 알아볼 수 있는 종교, 언어, 관습, 도덕과 같은 자기 나라의 신뢰할 수 있는 특수성에 다시 의존하게 되었다.

특히 세속적인 색채가 짙은 18세기 프랑스 문화의 영향을 비교적 덜 받은 나라에서도 ― 일부 독일제국, 네덜란드, 스코틀랜드와 또한 스페인과 이탈리아까지 ― 항상 계몽운동의 영향에 의한 것은 아니었지만, 전통적인 종교적 개념들이 새로운 과학관과 혼합되었다. 흔히 경건주의적 성격을 띠었던 개인적인 신앙과 온건한 형태의 진보적인 사고가 조국의 업적에 대한 높은 자부심과 어울려 상호 유익한 영향을 미쳤다. 유럽 도처에서 모종의 공동체적 사고는 이미 오랜 전통을 갖고 있었지만, 이제 공통의 뿌리에 대한 탐구는 더욱 구체화되었고 잘 정의된 민족감정으로 발전했다.

남은 것은 이제 유럽 고전문명의 위대한 업적에 대한 숭배였는데, 적어도 지식인들은 고전문명을 정체성의 일부로서, 실제로 그들 자신의 뿌리로서 경험했다. 이 감정은 베수비오스 산의 화산재와 용암 속에서 로마의 도시인 헤르쿨라네움과 폼페이의 광채를 보여주는 유물을 발견하고 연이어 그것을 발굴함으로써(1738-48) 크게 강화되었다. 동시에 부인할 수 없는 고전문명의 아프리카-아시아적 요소는, 전통의 수호자인 학자들에 의해 이러한 전통을 독특하게 '유럽적'인 것으로 제시할 수 있도록 고대 그리스와 유럽의 역사로부터 점차 지워졌다.[32] 프랑스 혁명, 더욱이 나폴레옹의 정치를 통해 다수의 유럽국가들은 제국의 야심에 대한 증가하는 거부감을 경험했다. 그 결과, 고대 로마에 대한 숭배는 감소한 반면, 고전 그리스에 대한 찬양은 증가했다. 민주주의의 요람으로 이상화된 그리스, 지성인들이 제국의 로마에서보다 훨씬 더 강력하게 자기 입장을 주장할 수 있었던 그리스는 19세기 말까지 고전적 이상의 진정한 계승자라고 주장했던 독일과 영국에서 매우 인기를 끌었다.[33]

한편 발칸 반도의 대부분 지역과 마찬가지로 오토만 제국의 후진 지역이었던 그리스 본토에서도, 물론 소수의 도시 엘리트 계층에 국한된 것이지만, 몇 백 년 동안 계몽주의 사상이 지배하게 되었다. 이오시포스 모이시오다스(약 1725-1800)와 같은 지성인은 대담하게 앞장서서 발칸 사회는 유럽의 '계몽' 노선에 따라 스스로 개조되어야 한다고 주장했다. 그것을 위한 한 가지 방법은 토착어 그리스어를 매개로 해서 교육을 재정비하는 것이었다.[34]

서서히 민족주의화하는 유럽의 배경을 바탕으로 자기 국가와 사회의 성격과 특이성을 보다 설득력 있게 강조하고 설명하는 데 도움이 되는 과거의 특정 부분에 대한 평가가 점차 눈에 띄게 증가했다. 17세기 후반에 시작된 이 경향은 이제 더욱 뚜렷해졌다.

영국에서는 제임스 맥퍼슨이 그의 『오시안 시집 *Ossian Poems*』(1761)에서 영국을 형성하는 요소로서 켈트 문화를 칭송하는 노래를 불렀다. 1750년대에는 작곡가 토마스 안이 왕세자의 궁정에서 상연될 가면극 〈알프레드 왕 *King Alfred*〉을 지었는데 — 알프레드 왕은 아서와 함께 영국의 전설적인 시조 중의 한 사람이다 — 이 가면극에는 〈브리타니아여 지배하라 *Rule Britannia*〉라는 감동적인 민족주의적 노래가 포함되어 있다. 독일에서는 요한 볼프강 폰 괴테(1749-1832)와 프리드리히 쉴러(1759-1805)가 고전 그리스와 게르만적 독일의 과거에서 그들의 영감을 끌어내었다. 스페인에서는 수도승 베니토 페이호오와 마르틴 사르미엔토가 스페인 문화에 대한 이슬람 문화의 영향을 강조하면서, 전체적으로 스페인의 '황금시대'(16세기 초부터 17세기 말까지 지속된 스페인 문학의 전성기: 역주), 즉 '황금의' 16세기를 찬양했다.

과거에 대한 이러한 평가가 보수주의의 어리석음을 드러내는 결과에 이르지 않고 창조적인 영향력을 끼칠 수 있음을 증명이라도 하는 것처럼, 이들 중 다수는 민족의 옛 영광을 되찾기 위해 변화가 필요하다고 강력하게 주장했다. 주로 프로테스탄트교인 북유럽인들에게서 발칸 제국과 더불어 낙후 지역으로 간주된 — '성직자로 인해 고통받는'다는 이유만으로도 — 스페인에서조차, 주로 지방의 시민계급 출신인 계몽된 수도승과 다른 사상가들의 영향으로 백여 년 만에 처음으로 일부 지배 엘리트 계층이 새로운 정책을 고려하고 실천하려는 분위기가 조성되었다. 또한 경제, 교육분야에서는 영국과 프랑스에서 건너온 사상이 논의되고 채택되었다.[35] 같은 현상이 이탈리아의 밀라노와 롬바르디아 평원의 여러 도시에서도 일어났다. 그곳에는 교회의 통치가 교황령 국가에서보다 덜 억압적이었다. 세속의 시민계급뿐만 아니라 성직자 출신의 지성인들과 혁신적인 기업가들은 과거와 미래를 논의하고, 고대 이탈리아의 문화적·경제적 명성을 회복하기 위한 개혁안을 제안했다. 그렇게 함으로써 그들은 18세기 말에 북부 이탈리아가 유럽에서 가장 번창한 지역 가운데 하나로 발전하기 시작하는 상황을 창출했다.

의미 있는 경험의 공간을 자신의 조국으로 환원시키고 그것을 과거의 위대함 속에서 찬양하려는 경향 외에도, 조화롭게 성장하는 — 새로운 정원 건축양식에 따라 인공적으로 배치되어 있을지라도 — 자연의 숭배와 자발적인 감정의 고양은 새로운 인식, 즉 인생에 대한 새로운 의식을 구성하는 요소가 되었다. 고전주의 건축의 수학적인 차가운 선과 베르사유 궁전의 비자연화된(인공적인) 정원으로 요약되는, 완전 통제된 사회와 환경 대신에, 사람들은 예술과 건축, 사회와 자연 모두에서 유기적인 성장의 가치를 강조했다. 의미심장하게도, 이전에 야만인과 미개인, 케케묵은 이교도 신들의 거주지였던 숲은, 이제 자신의 뿌리와 우주 — 우주가 인격적이고 전지전능한 신에 의해서 통치되든, 궁극적인 힘을 지닌 생명 그 자체에 의해서 통치되든 간에 — 에 대해서 편안하게 교류하는 인간의 자연스러운 서식지가 되었다. 시간이 자양분을 제공하고 그 결과물을 신성하게 만듦으로써 여러 시대를 거쳐 '자연스럽게' 성장한 사회의 과거와 자연을 다 같이 예찬하는 것, 바로 이러한 감정이 낭만적이라고 이름 붙여졌다.

새로운 관점은 큰 공명을 일으켰다. 제국의 수도 비엔나에서 프란츠 요세프 하이든(1732-1809)은 당대의 철학자와 다른 학자들의 작품을 탐독했다.[36] 그는 우선 영국으로 여행했다. 1791년과 94년에 다시 그곳에 갔을 때 영국에서 그의 음악은 높이 평가되었다. 런던에 머무는 동안 그는 헨델의 위대한 합창곡들을 알게 되었고, 그에 필적할 만한 것을 만들어보려고 생각했다. 고향으로 돌아왔을 때 황후 마리아 테레사의 궁정인이요 사서인 반 스비텐 남작은 하이든에게 자신이 번역하고 각색한 영국인 존 밀튼의 시 〈실락원 *Paradise Lost*〉(1658-67) — 인간의 창조와 낙원에서의 삶에 관한 작품 — 을 하이든에게 선사했다. 하이든은 이것을 1798년 음악으로 만들었다. 낙원은 이들 18세기 음악가와 사상가들에게는 상실되지 않았다. 시간과 공간을 통해 전해지는 문화적 계보를 흥미롭게 연계함으로써 오라토리오 〈천지창조 *The Creation*〉는 신이 창조한 만물을 찬양하는 찬가, 즉 자연의 다양성과 순수한 삶에 대한 기쁨에 넘치는 노래가 되었다. 이것은 인간의 기원과 발전에 대한 유럽인의 기독교적 비전과 지상의 지배자로서 인간의 미래 업적에 대한 낙관론을 소리로 요약한 것이다.

그러나 수많은 다른 요소들과 함께 낭만적이라고 부를 수 있는 하이든의 비전에서조차도 유럽의 공동체성은 불가피하게 뒷전으로 밀려났다. 그것은 소위 계몽주의라는 문화형태와 낭만주의라는 다른 문화형태를 구별짓는 가장 중요한 요소 중의 하나였을 것이다.

계몽사상이 18세기 말에 유럽 전역에서 확고한 입지를 확보하고 있는 동안에도, 이에 대한 반작용은 이미 나타나기 시작하여 계몽주의의 이른바 비인간적인 경향들을 비난했다. 특히, 독일의 예나 대학을 중심으로 새로운 철학이, 아니 오히려 새로운 용어와 개념을 사용하는 옛 철학이 설교되었다. 프리드리히 빌헬름 셸링(1775-1854)을 통해서 구현되었고 또한 괴테와 다른 낭만주의 작가의 과학적·시적 작품에도 뚜렷이 제시된 이 '자연철학'은 자연과 문화를 재결합하려고 노력했다. 이를 위해 화학과 수학을 사용하고 양극성과 상보성, 변형과 정체성과 같은 개념들을 적용하여 자연현상을 역동적이고 유기적으로 설명하는 방법들이 개발되었다. 이런 철학은 실험을 좋아하지는 않았지만 결국 중요한 과학적 결과를 낳았는데, 이는 단일성과 양극성과 같은 개념들이 접촉 전기와 전자기학 분야에서 여러 가지 발견들을 이끌어냈기 때문이다. 결국 주로 연역적인 성격의 이 접근방식은 비생산적인 것으로 인식되었고, 1830년대에는 어떤 철학적인 사유와의 관계도 거부한 매우 실증적이고 귀납적인 과학관을 낳게 되었다. 그럼에도 다분히 총체론적인 자연해석이라는 개념은 사라지지 않고 남아 있었고, 가끔 표면화되기도 했다 — 예를 들면, 19세기 말 인문학으로 돌아갈 것을 의미하는 "괴테에게 돌아가라"라는 구호가 울려퍼진 독일에서처럼 말이다. 이 외침은 이른바 '우리 시대의 미완의 사업'이라는 용어를 통해 현재까지도 들리고 있다.[37] 이 외침은 과학자든 혹은 다른 식자층이든, 순수하게 실증주의적이고 게다가 기술공학적인 편향이 인간다운 문화를 손상시킬 것으로 우려하는 모든 사람들의 귀에 울려퍼졌다.

실제로, 18세기 말 이후 많은 사람들은 실증주의와 시의 양극단 사이에서 선택의 기로에 섰다. 이 시기에 괴테는 그의 가장 위대한 드라마인 '학자의 비극' 『파우스트 Faust』를 구상했는데, 그는 여기에서 경험주의 사상가이자 회의론자인 파우스트를 통해 지식의 한계에 관한 문제들, 따라서 세계 속의 인간의 위치와 목적에 관한 중대한 문제들을 제기했다. 예컨대, 독일과 네덜란드에서 바루크 데 스피노자가 일부 인사들에게는 반기독교도요 과학 및 세속 문화를 표현하는 무신론적인 철학자로, 다른 인사들에게는 강력한 범신론의 대변자로 재발견되었다는 사실은 놀라운 일이 아니다.

계몽주의와 그 결과에 대한 비판이 20세기의 마지막 몇 십 년 동안에 크게 메아리쳤기 때문에 그 전개과정을 살펴보지 않을 수 없다. 계몽주의의 초기 발전의 결과를 어느 정도나 긍정적으로 혹은 부정적으로 경험했느냐에 따라 유럽사의 이 시기를 축복의 시기 혹은 저주의 시기로 간주하게 될 것이다.

돌이켜보면, 많은 사람들은 계몽주의가 서서히 표면화되고 뒤이어 성공을 거둔 대략 1680년에서 1820년 사이의 시기를 권위에 대한 믿음이 감소하는 시기로 판단했다. 특히, 종교영역에서의 불신은 세속화와 회의론 및 무신론으로까지 발전했다. 이 시기는 또한 성장하는 인간의 의식과 합리주의의 시기라고 볼 수도 있다. 둘 사이에서 이 현상들은 대부분의 지성인들이 이전에 고전적 세계관과 기독교 세계관의 통합을 추구한 이래 어떤 식으로든 유지하려고 애쓴 '조화로운 우주'와의 명확한 단절을 나타내는 신호였다. 종합해보면, 이러한 형태의 휴머니즘과 합리주의는 제도화된 종교에 의해서 결정되었던 유럽 문화의 쇠퇴에 크게 기여했고, 더욱 세속적인 인간관과 세계관으로 전이하는 과정을 특징적으로 보여주었다. 유기적 세계관은, 20세기 중반까지 유럽에 거의 절대적으로 영향을 끼친 기계적 세계관에 의해 대체되었기 때문에, 동시대인들뿐만 아니라 오늘날의 많은 관찰자들에게도 문제는 더욱 악화되었다.

계몽주의가 처음에는 단지 소수의 지식인들과 식자층에게만 영향을 주었지만, 19세기에는 중산층에 영향을 미치기 시작하고 그 다음 20세기에는 유럽의 인간관과 세계관의 토대가 되었다는 것은 의심의 여지가 없다.

그러나 이러한 과정은 계몽주의가 흔히 주장되는 것처럼 낭만주의와 정면 배치되는 것이 아니었기 때문에 일어날 수 있었다. 계몽주의는 경험주의를 찬양했지만, 이때의 경험주의는 이성의 경험주의일 뿐만 아니라 감각의 경험주의이기도 했다. 그래서 경험주의는 초기 휴머니즘과 그 뒤를 이은 르네상스의 토양 속에 뿌려졌던 씨앗의 열매를 맺은 것이다. 차이점은 주로 보다 세속적인 성격의 계몽주의 속에서 명백히 나타나게 되었다. 그러나 바로 이 시기에도 이성과 종교의 수많은 창조적인 결합들이 ― 이를테면 장미십자회(반가톨릭교적 기독교 비밀결사: 역주)와 프리메이슨단(상호부조와 우애를 목적으로 한 비밀결사: 역주)과 같은 비밀단체의 신비주의로부터 가톨릭 '계몽주의'에 이르기까지 ― 존속하거나 새로 생겨나기도 했음을 우리는 깨닫게 되었다.[38] 특히 온건하고 부르주아적인 낭만주의는 기독교적 계몽주의의 주창자들도 언급했던 질문들을 다른 말로 포장하여 계속 제기하고 있었다. 아마도 더 종교적이고 더 형이상학적인 세계관으로 어느 정도나 명확히 복귀하고 있느냐에 따라 낭만주의와 계몽주의를 구분할 수 있다고 결론지어야 할 것이다. 실제로, 이 두 사조는 특히 19세기 초에는 종종 융합된 것처럼 보인다.

Notes

12장_ 새로운 사회 : 휴머니즘에서 계몽주의로

1) 이 문제에 관해서는 A. Grafton, *Defenders of the Text: The Traditions of Scholarship in an Age of Science, 1450-1800*, Cambridge, Mass., 1993 참조.
2) 프랑스어 번역판은 1934년 A. Koyré에 의해서, 독일어 번역판은 1939년 Cl. Menzer에 의해서 간행됨.
3) M. Devève, R. Marx, eds, *Textes et documents d'histoire moderne*, Paris 1967 119-20.
4) Galilei에 관해서는 P. Redondi, *Galilei eretico*, Turin 1983을 참조. 이 책의 내용

은 이 분야의 학자들에게 모두 수용된 것은 아니지만 매우 흥미로운 연구이다.
5) Redondi, Galilei를 볼 것.
6) G. de Santillana, ed., *The Age of Adventure: The Renaissance Philosophers*, New York 1956, 159에서 인용됨.
7) Bax, ed., trans., *The Signature of All Things, with Other Writings by Jacob Boehme*, London 1926, 14, II, no. 8 참조.
8) Bax, Boehme, 268.
9) Francis Bacon, *Novum Organum*, London 1620.
10) R. Descartes, *Discours sur la méthode*, Paris 1637.
11) C. Wilson, *The Invisible World*, Oxford 1995.
12) 배경에 관한 훌륭한 연구서로는 M. F. Cohen, *The Scientific Revolution: A Historiograpical Enquiry*, Chicago 1995를 볼 것.
13) R. S. Westfall, *Never at Rest: A Biography of Isaac Newton*, London 1981.
14) I. Newton, *Foreword to Philosophiae naturalis principia mathematica*, London 1687.
15) A. J. Krailsheimer, trans., *Blaise Pascal, Pensées*, Baltimore 1966, 48, 95.
16) 과학 발전에 관한 개괄서로는 R. Olson, *Science Deified and Science Defied: The Historical Significance of Science in Western Culture, II: From the Early Modern Age Through the Early Romantic Era, ca. 1640 to ca. 1820*, Berkeley 1990을 볼 것.
17) A. Thomson, ed., *La Mettrie: Machine Man and Other Writings*, Cambridge 1996.
18) R. M. Adams, *Leibniz: Determinist, Theist, Idealist*, Oxford 1994.
19) 입문서로는 H. Allison, *Benedict de Spinoza*, London 1987을 볼 것.
20) J. H. Spalding, F. Bayley, eds, trans., *Heaven and its Wonders, and Hell: From Things Heard and Seen: by Emmanuel Swedenborg*, London 1920, nos 318, 328.
21) A. Hübscher, ed., *A. Scopenhauer, Sämtliche Werke I-VII*, Wiesbaden 1972에 수록되어 있는 A. Schopenhauer, *Die Welt als Wille und Vorstellung*, I, 125 이하와 II, 366을 볼 것.
22) 개괄서로는 D. Goodman, *The Republic of Letters: A Cultural History of the French Enlightenment*, Ithaca 1994를 볼 것.
23) 매우 시사적인 분석으로 D. Roche, *La France des lumières*, Paris 1994가 있다.

24) H. C. Payne, *The Philosophes and the People*, New Haven 1976.
25) R. Porter, M. Teich, eds, *The Enlightenment Thought*, Notre Dame 1977.
26) 예를 들면, R. B. Sher, *Church and University in the Scottish Englifhtenment: The Moderate Literati of Edinburgh*, Princeton 1985.
27) Th. J. Schlereth, *The Cosmopolitan Ideal in Enlightenment Thought*, Notre Dame 1977.
28) H. Vyverberg, *Human Nature, Cultural Diversity and the French Enlightenment*, New York 1987.
29) 간결한 개괄서로는 Ph. N. Furbank, *The Encyclopédie*, Milton Keynes 1980; P. Swggers, "Pre-histoire et histoire de l'encyclopédie," *Revue Historique* 549 (1984), 83-93; J. Lough, *The Encylopédie*, London 1971, Geneva 1989 등이 있다.
30) U. im Hof, *Das gesellige Jahrhundert: Gesellschaft und Gesellschaften im Zeitalter der Aufkläung*, Munich 1982; R. von Dülmen, *The Society of the Enlightenment: The Rise of the Middle Class and Enlightenment Culture in Germany*, Cambridge 1992(초판은 Frankfurt 1986).
31) O. Dann, ed., *Lesegesellschaften und bürgerliche Emanzipation: ein europäischer Vergleich*, Munich 1981.
32) J. Bernal, *Black Athena: The Afroasiatic Roots of Classical Civilization*, London 1987 참조.
33) F. M. Turner, "Why the Greeks and not the Romans in Victorian Britain," in G. W. Clarke, ed, *Rediscovering Hellenism: The Hellenic Inheritance and the English Imagination*, Cambridge 1989, 61-81. 독일어로 씌어진 책을 선호한다면 B. Näf, *Von Perikles zu Hitler? Die athenische Demokratie und die deutsche Althistorie bis 1945*, Berne 1986을 볼 것.
34) P. Kitromilides, *The Enlightenment as Social Criticism: Iosipos Moisiodax and Greek Culture in the Eighteenth Century*, Princeton 1992 참조.
35) D. Ringrose, *Spain, Europe and the "Spanish Miracle," 1700-1900*, Cambridge 1996 참조.
36) E. Sisman, ed., *Haydn and his World*, Princeton 1997.
37) A. Harrington, *Reenchanted Science: Holism in German Culture from Wilhelm II to Hitler*, Princeton 1996.
38) A. Faivre, *Mystiques, theosophes et illuminés au siècle des lumières*, Hildescheim 1976.

제 4 부
새로운 형태의 소비와 통신

13_
유럽의 혁명들

14_
진보와 그에 대한 불만

15_
유럽과 다른 세계

16_
'서양의 몰락' — 꿈의 상실

17_
새로운 유럽을 향하여

13
유럽의 혁명들

자유와 소비는
만인을 위한 것인가?

물질 문화와 과시적 소비 : 18세기 말까지의 소비자 변화과정

유럽에서는 18세기에 들어와서도, 그리고 일부 지역에서는 19세기 말까지도, 특히 시골에서 대부분의 가정에는 꼭 필요한 여남은 개의 가재도구밖에 없었다. 간단한 의자 몇 개와 널빤지로 된 테이블 하나, 취사도구 몇 개, 침대와 매트리스 두 개, 담요 몇 장이 전부였다. 이러한 사실은 19세기 말 독일의 한 시골에서 실시된 조사에서 확인된다. 이 조사에 따르면,

침대는 나무판자에 밀짚 매트리스를 깐 것이었고, 찬장 하나와 대충 대패질한 나무탁자 하나, 목수 한 명이 몇 시간 만에 만들었음직한 의자 몇 개가 있었다. 내가 어렸을 적에 처음으로 난로를 들여놨는데, 그 전에는 화덕 위에 주전자를 올려놓는 것이 고작이었다. 1860/70년에 아버지가 난로를 샀다. … 낡은 집에는 … 부모님들이 결혼할 때 장만한 오븐과 펌프, 소파 하나 씩이 있었다. 우리는 나무바닥과 반들반들한 테이블, 긴 의자, 찬장이 있는 부엌에서 먹고 생활했는

데, 이런 가구들은 모두 아버지가 만든 것이었다. … 우리가 가진 옷가지들은 커튼 뒤켠의 못에 걸려 있었다. 대개는 아이 두 명이 침대 하나를 같이 썼다.[1]

유럽 전역의 사정이 모두 이러했는지, 그리고 농민 이외의 주민들도 다 그러했는지를 알려면 문화사 연구자들은 많은 서류더미를 뒤져야 할 것이다. 왜냐하면 적어도 그 해답의 일부는 도시와 마을에 사는 시민과 농민들의 재산목록 속에 들어 있기 때문이다. 유럽의 물질 문화에 대한 연구는 최근에야 생긴 학문분야이다. 종전에는 대부분의 사학자들이 위대한 사상가와 예술가들의 발자취와 복잡한 정치적 음모, 왕실에 얽힌 사건들, 사회적 과정의 메커니즘 따위에 주로 관심을 가졌었다. 그러나 이런 것들만 가지고는 결코 제대로 된 문화사를 쓸 수 없다. 우리는 평범한 보통 사람들이 어떻게 살았는지, 그들의 집은 어떤 모양이었는지, 그들이 무엇을 먹고 어떤 옷차림을 했는지도 알고 싶다. 왜냐하면 근본적으로 유럽의 문화는 그들의 일상생활 속에서, 즉 기본적인 물질적 조건 속에서 형성되었기 때문이다.

이러한 새로운 유형의 연구가 낳은 최초의 성과들 가운데 하나는, 서유럽 전역에 걸쳐 가재도구가 15세기 말에서 18세기 말 사이에 점차 증가했다는 사실이다. 같은 기간에 물질적 소유(재산)가 더디기는 하지만 눈에 띄게, 보다 균등하게 모든 사회계급들에게 확산되었다. 이러한 두 가지 발전은 의심의 여지없이 특히 무역과 산업에 의한 경제적 변화에 기인한 것이었다.

18세기 말까지는 단 하나의 사회집단만이 오늘날의 소비사회와 비슷한 생활을 누렸다. 단 하나의 사회집단만이 언제나 잘 먹었고, 사치스런 식품도 살 수 있었으며, 생존에는 전혀 쓸모없는 물건들을 마음대로 사들일 수 있었다. 이 집단은 주로 토지수입을 부의 원천으로 하는 구귀족층과, 국가 공무원 생활을 하면서 부유해진 소수의 고위관료, 그리고 교역과 금융업으로 재산을 모은 부자들로 이루어진 엘리트였다. 그들의 물질 문화는 어떠했을까?

그들의 저택은 엄청나게 컸고, 단순한 안식처보다 훨씬 넓은 공간을 자랑했다. 이것으로 그들은 '불필요한' 잉여공간, 즉 사치스러운 공간을 살 만한 돈을 가지고 있다는 것을 만천하에 선언하고, 그럼으로써 그 소유자에게 신분을 제공하는 공간으로 사용했다. 그것은 부와 더불어, 흔히 모종의 권력과 결부된 사회적 지위를 과시했다. 이러한 저택의 방들은 조각된 나무 흉상들과 커다란 갑옷들, 벽걸이, 그림 등, 역시 불필요한 물건들로 가득 차 있었다. 옷장과 벽장 속에는 값비싼 옷들이 보관되어 있었고, 보석함들은 보석과 금붙이로 채워져 있었다. 이러한 온갖 물건들은 그것들이 차지하고 있는 공간과 마찬가지로 부를 과시하고 소유자에게 그의 힘과 결부된 신분을 제공하는 기능을 했다.

그러나 이런 것들 뒤에는 보다 깊은 속셈이 작용했다. 먹고 사는 데 쓸 필요가 없는, 이들 엘리트 집단의 남아도는 돈은 유익한 일에 투입되었다. 화려한 저택과 성과 궁전을 짓거나 사는 것, 그리고 그것들을 채우고 있는 아름답고 값비싼 물건들을 주문하는 것은 이 엘리트들이 문화를 애호한다는 것을 의미했으며, 이들이 이끌고 있는 상류사회가 진정한 문명사회라는 것을 보여주었다. 이런 식의 논리는 이미 16, 17세기에 널리 퍼져 있었다. 이러한 현상을 낳은 정신(멘탈리티)은 '과시적 소비'의 필요라고 일컬어져왔다. 사치에 돈을 쓰는 것은 소유자들의 특권적 지위를 강조하기 위한 것이었다. 물론 이러한 현상에는 사치품뿐만 아니라 여가도 포함되었다. 왜냐하면 여가도 먹고 살기 위해 일하지 않아도 된다는 사실을 만천하에 과시하는 것이었기 때문이다. 따라서 여가 역시 사치였으며 신분을 제공하는 소비재였다.

프랑스와 잉글랜드, 스웨덴, 부르군트, 스페인-합스부르크 왕궁의 귀족들과 고위관료들은 걸핏하면 며칠씩 계속되는 사냥과 마상시합을 열었다. 그리고 휘황찬란하게 차려입고, 흔히 1주일 간의 축제로 치러지는 왕가나 귀족들의 결혼식에 참석했다. 그들은 하루 종일, 백여 가지 요리가 나오는 연회의 손님들이었다. 이런 것들이 모두 돈과 시간의 '과시적 소비'였다. 그리고 이러한 축제와 만찬들은, 말하자면 이러한 볼거리를 지켜보는 일반인들에게 최대한 많이 보여주기 위해 공개적으로 치러졌기 때문에 더욱 더 과시적이었다.

이러한 귀족들은, 프랑수아 클루에와 한스 홀바인, 티치안이 그린 15, 16세기 왕족과 귀족들의 그림에서 보듯이, 금실과 은실로 수놓고 진주와 보석을 박은, 값비싼 벨벳과 실크 옷들을 입고 있었다. 그들이 먹는 요리는 공작새의 혀와 연어의 뺨 같이 그야말로 이국적이고 값비싼 산해진미들이었다. 이런 요리들은 금접시와 은접시, 크리스털 술잔, 판금 포크와 나이프, 스푼 등의 무게로 상다리가 휘어진 테이블 위에 차려졌다. 분수에서 포도주가 뿜어져 나오는 동안 악사와 무희들이 손님들의 흥을 돋워주었다.

왕가의 행렬이 진행될 때는 화려하게 치장된 장식마차들이 보통 정치적 메시지와 왕가의 메시지를 표현하는 온갖 종류의 고전장면들과 신화장면들을 빼곡히 그려넣은 개선문 밑을 지나갔다. 이것은 모두 돈과 권력의 과시였다. 그리고 그것은 권력을 재생산했다. 이러한 권력의 과시에 의해 일반 백성들은 현존 질서가 그야말로 자연스러운 질서라는 믿음을 더욱 강화하게 되었기 때문이다. 스코틀랜드 출신의 제임스 보스웰처럼 냉소적이고 비판적인 관찰자조차도 1763년 런던 체류중 일기에서 이렇게 썼다.

> 오늘이 여왕의 탄신일이었으므로 나는 화려한 장신구로 치장하고 멋지게 차려 입은 수많은 사람들이 말을 타고 왕궁으로 가는 것을 구경하는 즐거움을 누렸다. 정말 왕실이란 멋진 것이라고 고백하지 않을 수 없다. 사람들이 언제나 즐겁고 활기찬 것은 그처럼 풍성한 볼거리와 화려함 때문이다.[2]

그야말로 오랫동안 유럽 왕가의 궁전들은 이러한 '체제'의 중심이었고 심지어는 그 추동력이었다.

특히 베르사유의 프랑스 궁전은 프랑스의 권력이 집중된 곳이었을 뿐만 아니라, 엄청난 부와 풍요가 과시되고 끝없이 계속되는 환락의 향연으로 귀족들이 숨이 막히는 일종의 극장이었다.3) 약 3, 4천 명의 귀족이 궁전을 드나들었는데, 이들은 프랑스의 전체 귀족 약 40만 명의 1%에 해당되었고, 귀족계급은 약 2천만인 프랑스 인구의 2%에 불과했다. 이들 귀족들은 수많은 하인들과 함께 프랑스라는 국가의 고위관료들에 둘러싸여 있었다. 왜냐하면 그곳은 프랑스 정부의 심장부였기 때문이다.

궁정귀족들은 치열한 경쟁 속에서 살았다. 그들은 권력과 부를 얻기 위해 모두 왕의 총애를 갈구했다. 경쟁적으로 왕이 하는 짓을 모방하면서 가능한 한 왕에게 잘 보이려고 애썼다. 남녀 모두 왕과 왕비, 또는 왕의 공식 정부(情婦)의 패션에 따라 호사스럽게 차려입었다. 행여나 왕이 왕림해주실까 바라면서 잔치에 돈을 쏟아붓지 않을 수 없었다. 귀족들은 자기 집을 작은 베르사유 궁전처럼 꾸몄다. 그야말로 궁정귀족이 무엇을 뜻하는지를 안다는 것을 모든 사람들에게 보여주기 위해서, 즉 그가 권력의 핵심에 속한다는 것을 세상 사람들에게 각인시키기 위해 물불을 가리지 않았다. 일기 속에서 놀라울 만큼 냉소적으로 궁정생활과 베르사유를 지배하는 '태양왕'의 생활을 묘사한 생 시몽 공작이, 루이 왕은 고의적으로 귀족들로 하여금 돈을 쓰도록 부추기고 사치를 명예로운 일로 만들어 그들이 빚더미에 앉도록 만듦으로써 왕에 대한 의존도를 높이도록 했다고 쓴 것은 놀라운 일이 아니다.4)

외국 방문객들의 숱한 기록에 따르면, 17세기의 마지막 4반세기에 베르사유는 왕가와 귀족층의 힘을 과시하고 강화하는 데 기여한, 사치스럽고 시간을 낭비하는 의식들에 의해 '과시적 소비'가 펼쳐지는 유럽의 최고 무대였다. 이 무대에서는 이런 식의 생활을 할 수 있는 사람들, 즉 그처럼 엄청난 돈을 헛된 일과 오락에 쓸 수 있는 사람들이, 건실한 시민과 부지런한 수공업자, 뼈빠지게 일하는 농부보다 훨씬 더 잘 산다는 메시지를 만천하에 공포했다. 이런 생활을 하는 사람들이야말로 정치적·사회적·문화적 엘리트가 아니고 무엇이겠는가.

궁정귀족이 유럽의 대부분 지역에서 사회의 지도자였으므로, 신분상승을 추구하고 사회적·정치적으로 출세하려는 사람들은 귀족티를 내려고 안간힘을 썼다. 실제로 생 시몽이 이미 이런 취지로 말한 바 있거니와, 그는 과소비의 '죄악'이 베르사유에서 파리로 퍼져나가 마침내는 일반대중을 감염시켰다고 단정했다. 보다 구체적으로, 이런 문화를 누리도록 태어나지는 않았지만, 근면의 덕분으로 상당한 경제력을 갖춘 부유한 부르주아들이 궁정 귀족들을 모방하기 시작했다. 그들의 숫자는 17, 18세기를 거치면서 증가하고 있었다. 1800년까지 그들은 유럽인구의 10%를 차지했다. 그들 중 대다수는 상층 귀족들처럼 사시사철 '빈둥빈둥 놀고 먹는' 생활을 할 만한 여유는 없었다. 그럼에도 불구하고 그들은 기를 쓰고 여가를 과시하고, 부와 권력을 과시할 온갖 사치품들을 산더미처럼 쌓아올림으로써 귀족들의 생활방식을 흉내내려고 애썼다. 즉 상층 부르주아는 정확하게 '과시적 소비'를 통해 귀족들의 행태를 모방했던 것이다.[5]

필연적으로 이러한 사태를 규탄하는 사람들이 나타났다. 많은 사람들은 증가하는 소비가 사람들로 하여금 신과 자연과 사회가 부과한 제약을 위배하도록 조장한다는 이유로 과시적 소비가 조화를 깨뜨리는 죄악의 일종인 사치라고 도덕적 거부감을 표시하기까지 했다. 그들은 이러한 온갖 사치가 낭비일 뿐이며, 사람들을 인생의 진정한 가치로부터 멀어지게 함으로써 결국 도덕적 타락에 빠뜨린다고 주장했다. 적어도 15세기 이후 각국 정부는 대체로 도덕적 논거를 내세우면서, 그리고 덧붙여 계급의 경계선, 즉 전통적인 사회질서를 유지하려고 애쓰면서, 거듭해서 이른바 사치 금지령을 선포하여 각종 사치에 탐닉하는 경향이 있는 중·하위 계급의 사치를 금지시켰다. 부르주아 여성들은 값비싼 벨벳이나 모피를 입어서는 안 되었고, 점점 길어지는 구두코―때로는 다른 사람이 구두코에 발이 걸려 넘어지지 않도록 무릎에 붙들어 매지 않으면 안 되었다―는 귀족이 아닌 사람들에게 금지되었다. 장례행렬의 참석자도 사회적 지위에 따라 규제되었고, 마찬가지로 집의 굴뚝 수도 규제되었다. 그럼에도 이러한 법들은 한 번도 성공을 거두지 못했는데, 그 이유는 단 하나, 각국 정부가 생산과 소비에 붙는 세금을 많이 걷기 위해 백성들로 하여금 가급적 돈을 많이 쓰도록 유도하는 것이 편리하다는 것을 깨달았기 때문이다.[6]

실제로, 도덕군자인 체하지 않는 명석한 프랑스인 볼테르 같은 철학자와, 영국·네덜란드인 버나드 맨더빌 같은 경제학자는 그러한 도덕적 논거를 반박하려고 시도했다. 그들은 '과시적 소비'가 도덕적 관점에서는 퇴폐적일지 모르지만 경제적·사회적 발전에 기여한다고 주장했다. 과시적 소비의 강력한 자극이 없다면, 유럽의 경제는 동력장치가 없어지는 셈이 되고 유럽의 발전도 멈추게 될 것이라는 주장이었다. 맨더빌의 언급이 가장 통렬했다. 그는 본질적으로 자본주의의 도덕성과 소비주의에 관한 논의인『꿀벌의 우화: 개인적 부도덕과 공공적 이익 *Fable of the Bees: Private Vices and Public Benefits*』(1714)에서, 비록 허랑방탕한 낭비가들의 생활방식이 지극히 부도덕한 것으로 계속해서 매도되고 있지만, 유럽경제와 유럽사회는 적어도 어떤 의미에서는 특정 집단의 고삐 풀린 과소비에 의존해 번영을 구가하고 있음을 보여주었다.[7]

생산과 재생산 : 18세기 말까지의 경제·인구 변화

17세기까지 서유럽에서 사회조직의 기본단위의 '정상적 구조'는 몇 세대가 가부장이나 가모장의 지배를 받으며 함께 사는 이른바 '대가족'이나 씨족이 아니었다. 사실 서유럽에서는 세계의 다른 지역과는 달리 씨족이 통상적인 가족형태인 적이 한 번도 없었다. 그 대신 소가족제도가 확립되어, 자녀들이 결혼하면 따로 나가 살면서 자신들의 가정을 꾸몄다. 부모나 연로

한 친척이 노령으로 자신들을 돌볼 수 없게 되면 자녀들이 그들을 받아들이는 경우도 있고, 이런 식으로 3대가 함께 사는 대가족의 이미지가 보편화되기도 했으나, 그 핵심은 여전히 부부와 자녀였다.[8]

다음 세대를 위해 권력과 재산의 유지를 확고히 하기 위해 흔히 어린 나이에 결혼하는 귀족계급을 제외하고, 일반인들은 비교적 늦게, 즉 성인이 된 한참 후인 20대 말에 가서야 결혼을 했다. 또한 아예 결혼하지 않는 사람들도 많았다. 왜냐하면 결혼이란 주로 미래의 부부가 스스로를 부양할 수 있는지에 달려 있었는데, 대부분이 농경사회인 유럽에서 이것은 부부가 함께 일을 해야만 자기 농장을 마련할 수 있다는 것을 의미했기 때문이다. 상공업에서도 자기 사업을 시작할 수 있으려면 오랫동안 일해야 했다. 대부분의 소년들과 청년들이 가족사업에 종사하지 않을 경우 밖에 나가 일했는데, 여자들도 취업기회는 남자들보다 적었지만 역시 밖에 나가 일했다. 여자들이 할 수 있는 거의 대부분의 일자리는 시골이든 도회지든 남의 집에서 하녀로 일하는 것이었다. 여기서 때로는 주인 마님과 주인 나리의 구타와 성적 공격으로 그들의 처지가 편치 않았다는 것을 밝혀야겠다. 보통 하녀들은 임신하게 되면 그 집에서 쫓겨났다. 그들은 창녀가 되는 것 이외에 다른 방도가 없었다. 이렇게 해서 창녀가 된 여자들과 자발적으로 이 직업을 택한 여자들, 그리고 순전히 가난 때문에 어쩔 수 없이 그렇게 된 여자들 때문에 유럽의 도시에는 엄청나게 많은 창녀들이 있었는데, 런던과 파리, 빈 같은 수도에는 그 수가 수천 명에 이르렀다.

한편, 온갖 종류의 혼전 정사와 혼외 정사가 이루어졌는데, 이것은 짝짓기 행동을 둘러싼 많은 규칙들에서 드러나고 있으며 구애와 관련된 수많은 민간풍속에 반영되어 있다. 이런 것들은 특히 이 분야에서 꽤나 위압적인 사회적 통제조치가 취해졌음을 시사한다. 교회와 국가에 의해 합법적인 결혼이 선전되기는 했으나, 19세기에 개발되고 시행된 아이디어들을 얼핏 보고 당시 사회가 성적으로 제한되고 그야말로 엄격한 사회였다고 생각해서는 안

된다. 그래서 예컨대 17, 18세기 영국의 인기 대중가요에 사용된 성적 암시는 엄청나게 다양하다. 사무엘 아이브스의 독자들은 다음과 같은 가사에 맞춰 음탕하게 노래했다.

> 아리따운 아가씨, 뱀장어보다 날랜 그대여 이리 오시라,
> 그리고 훌륭한 내 상자와 내 돌과 내 쇠를 사가오.
> 나로 하여금 그대의 부싯깃만 치게 해주면 그대는 감탄하리라.
> 내 쇠와 돌이 얼마나 빨리 불을 붙여주는지 …
> 아가씨, 내 쇠를 손에 쥐고 단 한 번만 쳐주오,
> 정말로 맹세코 제대로 치기만 하면 된다오.[9]

남녀의 성적 소망의 성취가 노골적으로 표현되었는데, 이러한 상황은 18세기 말 또다시 교회가 결혼을 성의 유일한 합법공간으로, 출산을 성의 유일한 합법적 근거로 만들려고 나설 때에야 비로소 변하기 시작했다.

간단한 피임장치가 아직 없었기 때문에 일단 결혼하면 산아제한은 특별한 것이 아니면 효과를 보지 못했다. 가장 일반적인 방법은 사정 전에 남자의 성기를 빼는 것이었다. 따라서 지극히 원시적인 각종 낙태법이 성행했고, 그 결과 임산부의 사망률이 놀랄 만큼 높았다. 그러나 낙태는 불법이었고, 게다가 특히 교회에 의해 부도덕한 죄악으로 비난받았다.

교회와 국가는 결혼을 도덕적·법적 단위로서 가족을 얽어매는 끈으로 통제하려고 시도하는 한편, 특히 가난한 사람들이 결혼하는 것을 억제하려고 애썼다. 왜냐하면 가난뱅이들이 결혼하면 수많은 어린이들이 버려지고, 시골을 떠도는 수많은 거지들이 약탈을 자행하며, 빈민구제에 막대한 돈이 필요하게 될 것이기 때문이었다.

이 기간중 유럽의 특징적인 결혼과 가족제도가 다른 문화권의 그것과 상당히 다른 심성을 형성하는 데 기여했을 가능성이 없지 않다. 적어도 서유럽

에서는, 자립정신과 자기책임감을 지닌 성인 남녀가 사회의 기반을 형성했고, 이것은 개인과 공동체 모두에서 여러 형태의 창조성으로 전화되었다.

18세기 중엽까지는 수많은 요인에 의해 엄청난 인구변화와 더불어 그 결과로 문화적 변화가 일어나기 시작했다. 삼포식 농업체제가 무너지고 농민들이 모든 땅을 경작하여 새로운 윤작체제와 새로운 비료의 사용으로 소출을 증대시켰을 때 '농촌혁명'이 일어났다. 같은 기간중에, 면공업과 그 후에 나타난 보다 복잡한 형태의 산업화로 인해 돈을 벌 수 있는 기회가 많아지면서 경제적 행동도 달라졌다. 특히 비교적 산업화된 지역에서는 결혼이 보다 이른 나이에 이루어졌으며, 이보다 중요한 것은 결혼이 이제 더 이상 경제적 이유에 의해서만 결정되지 않고 감정에 의해 좌우되었다는 점이다. 그러나 사생아의 숫자는 급증했으며, 특히 도시 지역에서 그러했다. 이는 유럽의 전반적인 생활의 이동성이 커지고 특히 폐쇄된 사회의 사회적 통제가 약화된 것과 관련된, 성적 변화는 물론 문화적 변화를 나타낸다. 이것은 또한 현존의 생활조건에 대한 일반적인 불만, 즉 갖가지 경제적 제약과 법적으로 계급이 분리되어 있는 사회, 가난뱅이들이 아예 결혼하지 못하도록 금지하는 법률들에 대한 불만으로 설명할 수도 있을 것이다.

이러한 상황은 1763년에서 18세기 말까지 계속된 예외적으로 긴 평화기와 일치하며, 또한 위생조건의 개선과도 일치한다. 도로포장과 쓰레기 수거 같은 것들이 서유럽의 주요 도시들에 도입되었으며, 몇몇 치명적인 질병들의 치료법이 마침내 발견되었다. 가령 1796년에는 천연두 예방접종이 도입되었다. 사망률이 크게 떨어지면서 이러한 변화들은 '인구변환'이라고 불리는 새로운 상황을 낳았다.

그러나 신생아의 평균수명은 여전히 낮았다. 유아사망률은 여전히 매우 높았고, 다섯 가운데 하나는 첫돌 전에 주로 전염병으로 죽었다. 모유 먹이기―하위계급들은 생모에 의한, 부르주아와 귀족들은 유모에 의한―는 아기들에게 훌륭한 영양을 공급했고, 배란을 방해했기 때문에 출산율을 낮추는 데도 도움을 주었다. 그렇지만 유모제도는 필연적으로 좋지 않은 제도였다. 많은 민담 속에 퍼져 있는 일반적인 믿음, 즉 아기에게 젖을 먹이기 위해 고용된 여자는 아기의 성격을 나쁘게 바꾸어놓으며, 실지어는 돈을 구하려고 그녀에게 맡겨진 갓난애를 죽이는 수도 있다는 믿음 때문이 아니라, 그것이 결국 거래였으므로 대부분의 아이들을 필요한 만큼 정성들여 보살피지 않는 경향이 있었기 때문이다.

고대에 일반적으로 행해지던 관습인 영아살해를 교회가 초기단계부터 범죄행위로 선언하고 사형으로 처벌할 수 있도록 했으나, 주로 경제적인 이유로 자기 자식들을 죽이는 일이 계속되었다. 어린애를 교회의 문간에 버리는 것은 그나마 덜 잔인한 해결책이었다. 주요 도시의 기아는 연간 수천 명에 이르렀다. 주로 교회가, 그리고 점차 사설 자선기관이나 국가가 버려진 아이들과 고아들을 돌보기 시작했다. 병원이나 고아원 안의 아이들의 생활은, 런던과 파리, 베네치아, 로마 등지에 세워진 겉에서 보기에 궁전과도 같은 화려하고 거창한 건물에서 이루어졌지만, 결코 위생적이지 않았다. 영양실조와 질병, 그리고 시늉만의 의료는, 특히 경제적·정치적 위기가 닥칠 때면, 이들 기관 안의 사망률이 엄청나게 높아지도록 만들었다.

살아남은 아이들은 가혹한 세상에 직면했다. 19세기에 가정예찬이 부르주아 세계에서 보편화되기 이전에 아이들에 대한 부모의 태도가 어떠했는지에 관해서는 사학자들 사이에서 의견이 분분하다.10) 사실 몇 가지 시각적인 증거들—특히 네덜란드 회화의 '황금시대'인 17세기에 얀 스텐과 다른 네덜란드 화가들이 그린 정겨운 풍속화들과 18세기에 세련된 프랑스 화가 장 밥티스트 샤르댕이 그린 풍속화들—은 포동포동한 아이들이 장난감이나 애완용 동물과 즐겁게 놀고 있는 조화로운 가정생활을 암시하는 것 같다. 그렇지만 대개의 경우, 모든 사회·경제적 집단에서 물질적 환경은 천차만별이었지만, 어린이들의 생활은 오늘날의 관점에서 보면 정서적으로 가혹한 것이었다.

13장· 유럽의 혁명들   269

사회·문화적 변화과정 : 18세기 말까지의 엘리트 형성

인쇄기와 여행을 비롯한 다양한 통신수단의 증가하는 영향력과 이들 사이의 상호작용에 의해, 15세기 말과 16세기에는 유럽에서 세계주의적(코스모폴리탄적) 경향이 강화되었다. 이러한 경향은 한편으로 유럽의 궁정 문화에서 관찰되며, 다른 한편으로 교육받은 사람들의 사고에서 감지된다. 이제 이들의 인문교육적 배경은 당대 문화의 지속적인 자극에 의해 강화되었다. 유럽의 엘리트 문화는 연대기적으로 볼 때 이탈리아와 스페인, 그리고 프랑스 궁정 문화의 영향과, 부분적으로는 이들 영역 안팎에서 발전한 인문주의 문화의 영향을 보여주는 문명화 과정 속에서 진화했다.[11]

그렇지만 16세기에 들어와서도 이러한 문화—'위대한 전통'—에 참여한 유럽인들은 여전히 사회적으로 상당히 다른 두 개의 집단에 속해 있었다. 하나는 부분적으로 학식의 직업화를 통해 그들의 지위개선을 추구한 중산층 출신의 비교적 지적이고 학문적인 엘리트였고, 다른 하나는 재산을 소유한 귀족층과 다른 한편으로는 부르주아 도시 귀족층과 대체로 일치하는 엘리트였다. 귀족과 도시귀족은 유럽 전역에서 지도적 지위를 차지한 상류층을 이루고 있었다. 이들은 문화를 출세의 기회가 아니라 차별화와 신분의 한 요소로 여겼다.

16세기 이래 복잡한 통합이 일어났다. 왕과 귀족들의 환경을 온상으로 하는 '궁정 문화'는 필연적으로 다른 사회적 환경, 특히 유복한 중산층의 상층부로 침투했다. 국가에 대한 봉사—보다 구체적으로는 국가 관료제도와 군대—과정에서, 그리고 상공업과 자유업을 통해 서서히 영향력과 부를 획득해온 '저명인사'나 '신흥귀족'이 주로 도시적인 독특한 엘리트를 형성하게 되었다.[12] 사실 서유럽 전역에서 이 집단은 경제적·정치적으로 점점 중요한 역할을 하기 시작했다. 그러나 이들은 귀족집단의 많은 문화적 표현들을 받아들임으로써 사회적·문화적으로는 적어도 부분적으로 여전히 전통적인 상류층인 귀족들의 규범과 가치관을 반영했다.

그러나 16, 17세기로 넘어서면서 구귀족들은 더 이상 관료적이고 중앙집중적인 '새로운' 국가의 주요 관리자가 될 수 없었다. 그러한 권력을 효과적으로 행사하기 위해서는 새로운 권력수단이 필요했기 때문이다. 국가권력과 점점 더 밀착되는 경제 사이의 관계는 성공적인 기업가와 강력한 정부관료들이 이제는 다 같이 중산층 출신이라는 사실에서 확인되었다. '아는 것'이 실제로 '힘'을 의미한다는 사실이 분명해지면서, 교육과 지식을 더욱 강조함으로써 자신의 경제적·정치적 힘과 사회적 진보를 지지하고 강화한 것은 주로 부유한 부르주아였다. 교육과 지식은 지위와 부를 성취하도록 돕는데 효과적이었으므로, 유용할 뿐만 아니라 '고귀한' 것으로 여겨졌다. 따라서 필연적으로 구귀족들도 '현대적'인 관료·기술적 정부를 가진 국가에 봉사하는 것이 그들의 경제적·정치적·사회적 지위를 유지하는 수단임을 깨닫게 되었다. 구귀족들도 역시 교육은 물론이고 전문화까지 필요하게 되었다. 문화는, 특히 유용한 과학의 형태로, 보편적 가치를 획득했다.

이러한 과정이 가시화된 곳의 하나가 17세기 파리의 '살롱'이었다. 여기서는 부유한 중산층의 딸들이 지참금을 가지고 귀족과 결혼함으로써 점점 더 주도권을 장악했다. 이들은 이제 중산층 출신의 예술가와 과학자들을 자기 집에 초대해 베르사유 궁정귀족 출신의 영주들과 어울리도록 했다.[13] 마찬가지로 그러한 과정이 가시화된 곳은 독일 군소국가들의 수많은 궁정들이었다. 18세기의 바이마르와 같은 코스모폴리탄적 환경 속에서 겨울 저녁이면 공작 부인과 그녀의 시종들이 학식 있는 고문들 및 도시출신의 교육받은 시민들과 함께 테이블에 앉아 있는 것을 볼 수 있었다. 그 중에는 요한 볼프강 폰 괴테도 있었다. 귀족층이 여전히 사회적으로 가장 바람직한 계급으로 평가되었던 당시, 그는 귀족으로 올라선 평민이었다.

서서히 중산층의 규범과 가치관이 귀족층으로 스며들었고, 귀족들은 자신들의 지위를 경제적·정치적으로 유지하기 위해 점차 다른 사회집단 출신들을 끌어들였다. 그 결과 이 집단의 구성과 성격과 문화가 변하기 시작했다. 비록 두 집단이 결코 완전히 하나가 되지는 않았지만, 그들은 점점 더 공동의 생활방식과 코스모폴리탄적 태도를 공유하게 되었다. 이를 근거로 영국의 사상가이자 정치가인 에드먼드 버크는 18세기 말에 "어떤 유럽인도 유럽의 어느 곳에 가든 완전히 이방인 같은 느낌을 가질 수 없다"[14]고 말할 수 있었다. 그러나 그가 말하는 '유럽인'이란 당연히 읽고 쓰고 여행할 수 있는 엘리트를 가리키는 것이었다.

귀족 엘리트 문화와 부르주아 엘리트 문화의 충돌과 융합은 아마도 정기간행물(잡지)에서 가장 잘 관찰될 수 있을 것이다. 처음 몇 년 동안 이러한 잡지들은 주로 학자들 사이의 '교신'을 촉진시키거나,[15] 경제적·정치적 엘리트들이 시사문제에 대한 전문적 식견에 접하도록 도와주는 것을 목표로 했다. 그러나 17세기 말까지는, 학자들의 언어인 라틴어와 프랑스어 대신에 지방어인 독일어와 영어, 네덜란드어가 사용되었으므로, 각종 정보와 지식의 대중화를 목표로 하는 잡지들이 간행되었다. 새로운 독자층은 1692년 네덜란드 공화국에서 창간된 『유럽 문고 *Boekzaal van Europe*』[16] 같은 새로운 잡지들을 탐독했다. 『스펙테이터 *Spectator*』는 1712년부터 영국 내외에서 영향력이 있었으며, 매력적인 『비더만 *Biedermann*』은 독일어권에서 널리 읽혔다. 18세기에는 잡지의 종류가 크게 증가했다. 1780년 현재 독일에서만 대략 1천 종의 잡지가 있었다. 상당수의 잡지들에서 구귀족과 밀착되어 있는 특정한 규범과 전통을 바꾸거나 심지어는 철폐하기를 원한다는 징후가 발견된다. 『스펙테이터』는 귀족들이 과시하는 돈과 시간의 낭비에 대해 호통을 쳤고, 『비더만』은 귀족들이 행하는 부재 부모의 관행에 언급하면서, 친엄마 대신 하인들에 의해 양육되는 아이들이 과연 훌륭한 시민이 될 수 있겠는가 하고 독자들에게 물었다.

사람들은 피에르 코르네유와 장 라신 같은 17세기 프랑스 극작가들의 비극과 앙드레 캄프라와 장 필립 라모 같은 18세기 작곡가들의 우의적이고 신화적인 오페라의 음악적 표현 속에 형상화된, 명예와 사랑과 의무 사이의 고상하지만 비현실적이고 낡아빠진 귀족적 갈등에 귀를 기울이기보다, 안락한 부르주아 가정의 '사실적인' 남녀를 다룬 소설들을 읽었다. 교육과 독서를 통해, 그리고 공리적 과학을 통해, 행복한 가정과 착실하고 덕망 있는 생활의 원칙들을 유포시킴으로써, 이들 주간지들은 귀족적 가치보다는 중산층을 기반으로 해서 사회를 개화시키려고 했다.[17] 이러한 '개화공세'는 매우 성공적이었다.

유럽 전역에 걸쳐 부르주아들은 사교적인 방식으로, 즉 합리성과 학식을 갖춘 사람들끼리 다소 폐쇄적인 동아리를 이루어 지식과 진리를 추구하고자 했다. 실제로 점점 더 많은 유복한 부르주아와 귀족들이 이러한 방식을 덕에 이르는 길로 채택했다.[18] 오로지 읽을거리에 드는 비용의 부담을 경감시키기 위해 살롱이나 카페 또는 독서회에서의 사교는 18세기 유럽 엘리트들의 세계주의적 문화의 특징이 되었다. 비록 다른 많은 점에 있어서는 그들의 행동이 천차만별이었지만 말이다.

점점 지배적으로 되어가는 '중산층'의 자의식 형성과정에서 가장 중요한 단일요소는 아마도 수많은 자발적인 협회였을 것이다. 이 협회를 통해 시민들은 스스로를 조직하기 시작했으며, 여기서 그들은 서열이나 재산 또는 심지어 법적으로 제한된 사회적 지위에 구애받지 않고 자유롭게 얘기했다. 이러한 협회들은 일종의 '회원 민주주의 제도'가 되었다.[19] 각종의 시민적 또는 문화적 목적을 위해 설립된 수백 개의 클럽들은 곧 헌법과 선거와 대의원에 의한 자치정부를 특징으로 하는 축소판 시민사회로 발전했다. 이것들은 또한 부르주아 문화의 성장하는 힘의 일부를 이루면서 사회조직과 정치조직에 관한 새로운 이념의 온상이 되었고, 사람들이 일반적으로 사회에 도입하기를 원한다고 생각했던 관례의 훈련장으로 변했다.[20]

두 개의 '혁명': 문화혁명으로서의 정치적 혁명과 경제적 혁명

유럽 전역에 걸쳐 정치권력에 대한 통제는 지배자들과 지배 엘리트들이 다 같이 소중히 여겼던 안정을 위협하는 문제였다.

17, 18세기에 많은 나라에서는, 12세기 이래의 '신분제'에 의해 정해진 자문역할을 넘어서려는 경향이 있는 영주들과 그 휘하의 고위관료들의 증가하는 힘에 대한 불가피한 반작용이 입헌주의의 형태로 나타났다. 이것은 물론 모든 성인에게 참정권, 즉 투표권이 부여된 보통선거에 바탕을 둔 대의정부라는 현재적 의미의 민주주의는 아니었다. 그렇지만 이것은 이러한 방향을 향한 진일보였다. 많은 사람들이 '절대' 권력에 대한 군주들의 주장에 점점 더 강력하게 반발했다. '절대' 권력이란, 적어도 이론상으로는 군주 자신이 만든 법률과 신이 세상을 만들 때 부여한 보편적 '자연법'에 의하지 않고는 제한을 받지 않는 권력을 말한다. 그들은 왕으로 구현된 정부와 백성들의 권리 사이에 어느 정도 힘의 균형이 이루어져야 한다고 느꼈다. 특히 그들은 국가의 지속적인 번영에 기여한 도시와 함께 당연히 귀족들의 권리가 보장되어야 한다고 생각했다.

많은 나라에서 왕과 국민 사이의 힘의 균형의 한계를 탐색하면서 각 분파세력들이 지배자로 하여금 일종의 헌법을 받아들이도록 강제하려고 시도했다. 이 헌법은 군주 혼자서 만들기보다는 대의원들로 구성된 의회에서 만든 법을 통해 지배자들을 통제하려는 것이었다.

그러나 이러한 의회가 그 나름대로 권력집단의 도구가 되자, 경제라는 새로운 영역에서 힘을 획득하고 국가경제에 기여한 만큼 그 정부에 보다 많이 참여하는 것이 당연하다고 느끼는 다른 사회·경제집단들이, 때로는 권력의 배분에 불만을 가진 구엘리트들의 도움을 받아 자기 목소리를 내기 시작했다. 그들은 지배귀족들이 국왕에 반기를 들도록 부추김으로써 힘의 균형에 영향을 주려고 애썼다. 엘리트들은 결코 통일된 집단이 아니었으므로, 그 결과 유럽 여러 도시의 사업가·기업가 계급의 부유한 대표들을 주축으로 한 엘리트들은 그들 자신의 힘을 확보할 수 있는 지위를 차지하거나—유럽의 다양한 경제적·정치적 상황에 따라 그 결과는 달랐지만—이것이 정치적으로 더 현실적일 경우에는, 지배 엘리트 중의 불만세력과 힘의 균형을 자기들 쪽으로 기울이려는 사람들과 동맹을 맺을 수 있는 지위를 차지했다. 이렇게 해서 여러 나라에서는 보다 광범한 토대를 가진 정치체제가 확립되었다. 그러나 변화는 매우 느리게 일어났다. 많은 것이 정치·경제체제를 바꾸려는 군주들과 지배 엘리트들의 의지나 필요에 따라 결정되었다. 모든 사람이 주로 '3부제' 노선에 따라 조직된 전통사회가 케케묵은 것이라는 데 동의한 것은 아니었다. 실제로 대부분의 군주들은 오로지 자신들의 권력을 강화하는 데만 관심을 기울였다.

영국에서는 17세기에 '절대' 권력을 장악하려는 스튜어트 군주들의 시도가 저지되었다. 그것은 의회를 지배하는, 즉 상·하원의 다수의석을 차지하고 있는 귀족의 일부와 비귀족 엘리트 일부 사이의 불편한 동맹에 의해서 이루어졌다. 두 세력 모두 토지와 도시를 기반으로 삼았는데, 후자는 런던과 다른 상업도시의 영향력 있는 금융·상업계의 대표들이었다.

1688년 승리자들이 '명예혁명'이라 부르는 쿠데타가 일어났다. 명예혁명의 중요성은 새로운 국왕, 즉 네덜란드의 반란 진압자인 오렌지공 윌리엄 3세가 왕위에 추대되어 그의 아내이자 쫓겨난 왕의 딸인 메리와 함께 통치하면서 국왕의 권위에 대한 많은 제한들을 수락한 반면, 이에 성공한 동맹세력은 정부로 하여금 그들의 재산에 대해 세금을 부과하도록 허용함으로써 점점 부담스러워지는 국가지출의 상당 부분을 담당하기 시작했다는 것, 즉 국가에 대한 책임을 떠맡았다는 점에 있다. 그러나 1688년 이후의 영국은 민주주의와는 거리가 멀었다. 실제로 새로운 정치체제는 분명히 과두체제였다. 하지만 신·구 엘리트의 융합은 그 후 1세기 이상 심각한 사회적·정치적 불안을 막는 데 도움을 주었다. 또한 이것은 특히 다른 종교적 견해를 가진 사람들에 대해 상당한 관용을 보장해주었다.

영국의 이러한 상황에 영향을 받고, 이에 따라 국가의 다양한 기능과 시민 사이에는 보다 안정된 균형을 이룩해야 한다는 확신을 가지고 글을 쓴 사람은 프랑스의 귀족 샤를 드 몽테스키외(1689-1759)였다. 유럽 각국을 두루 여행한 다음 그는 『법의 정신 *De l'esprit des lois*』(1748)을 간행했다. 이 책에서 그는, 부패와 남용을 가져올 뿐인 권력의 소수 독점을 막기 위해, 적어도 사법권은 입법권 및 행정권과 분리시켜야 한다고 제안했다. 이 책은 유럽의 정치권과 비교적 자유로운 분위기의 영국은 물론이고, 심지어는 대서양 건너편의 스페인과 포르투갈 식민지에서도 탐독되고 논평되었다.

이러한 변화가 필요하며, 자신의 권리를 너무 많이 양보하지 않으면서도 그렇게 할 수 있다고 생각한 군주는 바로 1740년부터 86년까지 통치한 브란덴부르크-프로이센의 프리드리히 2세였다. 그는 적대적인 사회·경제집단들 사이에서 위태로운 줄타기를 하는 대신, 모든 시민의 지지를 바탕으로 하는 보다 근대적이고 효율적인 국가를 건설하려고 했다. 그는 감자의 도입[21]에서 보듯이 농업개혁과 실험을 적극 장려했을 뿐만 아니라, 각종 산업을 촉진시켰다. 법 앞에서의 만인의 평등과 보다 합리적이고 인도적인 행형제도를 갖춘, 보다 '계몽된' 사회의 가장 대담한 옹호자 가운데 하나인 볼테르의 열렬한 지지자인 그는 이에 따라 행동하기로 결정했다. 1740년에 그는 이렇게 선언했다.

> 프로이센 국왕 폐하는 중대한 이유 때문에 폐하에 대한 범죄와 국가 대역죄, 다수 인명이 관련된 살인, 그리고 중대 범죄의 공범을 판정하기 위해 필요할 경우를 제외하고 그의 나라에서 취조중 고문을 완전 철폐하기로 결정했다. 다른 모든 경우에, 범죄자들은 자유의사로 자백하지 않는다 해도, 신빙성 있는 증인의 가장 유력한 증언을 청취한 다음 법에 따라 처벌될 것이다.[22]

프리드리히 2세는 또한 납세자들—주로 농민들—에게 부당한 행위를 하는 지주와 정부관리들을 엄벌하기로 결정했다. 1750년에 그는 칙령을 내렸다.

> 지금까지 많은 관리들은 농민들을 몽둥이로 구타함으로써 학대해왔는바, 짐은 짐의 백성들에 대한 이러한 횡포를 용납할 수 없다. 짐은 누군가가 농민을 몽둥이로 구타한 것이 증명될 경우, 비록 그가 사전에 징세구역의 세금을 대납했다 할지라도, 집형유예의 가능성 없이 즉각 6년 간의 징역형에 처한다는 것이 짐의 뜻임을 선포하노라.[23]

하인들을 학대한 귀족들도 마찬가지로 처벌받았다. 그러나 영국과 프로이센에서는 비록 다른 환경과 의도에서 이루어지기는 했으나 사정이 달라진 반면, 프리드리히 왕만큼 계몽되어 강력하게 정치적 개혁을 단행한 서유럽 군주는 거의 없다는 사실을 인정해야 한다.

예를 들면, 프랑스와 스페인, 스웨덴 같은 왕국과 네덜란드 공화국에서는 전통적인 관점들이 상당히 오랫동안 존속되었다. 이것이 1770년 이후 몇십 년 동안 유럽사회에서 점차 긴장이 고조되어 결국 대격변을 일으킨 다양한 폭력혁명들로 폭발한 원인 중 하나일지도 모른다.

프랑스 혁명은 특별히 언급되어야 한다. 왜냐하면 우선 프랑스 혁명은 대부분의 유럽국가들이 안고 있던 경제적·사회적·정치적 문제들을 모두 드러냈기 때문이고, 아울러 이러한 문제들에 대한 응답인 혁명이 유럽의 다른 지역의 사태 발전에 지대한 영향을 미쳤기 때문이다. 전통적인 세 계급 가운데 제1계급과 제2계급인 성직자나 귀족들은 세금을 거의 혹은 전혀 내지 않음으로써 사실상 국가의 재정적 부담을 분담하기를 거부했다. 이러한 자유를 누리는 대신 비록 그들이 특히 베르사유의 왕에게 봉사할 경우에는 개인적으로 막강한 권력을 가진 자리로 출세하기도 했지만, 집단으로서는 정부의 진로를 결정할 권한이 없었다. 실제로 프랑스의 왕들은 16, 17세기에 귀족, 교회, 도시들과 계속 투쟁하면서 거의 절대적인 권위를 유지했다. 결국 이러한 상황은 앙시앵 레짐으로 불리는 구체제의 몰락을 가져왔다.

18세기 후반 프랑스는 주로 농민과 도시에 대한 과세 대신에 모든 국민의 재산에 대해 과세할 수 있는 재정체제를 기반으로 하는, 건전한 재정적 기반을 가지지 못했다는 것이 분명해졌다. 1780년대에 심각한 재정위기가 닥치자 루이 16세의 고문관들은 근본적인 재정개혁을 제안했다. 왕은 설득되었으나 귀족들은 격렬하게 저항했다. 어쨌든 개혁을 도입하기 위해 왕은 1614년 이후 한 번도 소집되지 않은 세 계급의 대의기구인 3부회의를 소집하지 않을 수 없었다. 지방과 도시민들이 자기 목소리를 낼 수 있는 기회를 잡은 것은 바로 이때였다. 교육받은 농촌과 도시 중산층 출신인 그들은 비판적인 글들을 통해 정치영역에서의 인간의 위치에 관해 깊은 영향을 받았고, 국가는 물론이고 교회의 권위에 대한 신뢰도 크게 줄어든 상태였다.[24] 이제 그들은 대의제도를 과감하게 뜯어고치라고 요구했다. 즉 사실상 프랑스 국민의 절대다수를 배제한 3부회의를 소집하여 거기서 투표를 하는 대신, 총선을 실시하여 진정한 대표들로 이루어진 의회를 만들고, 대표 한 사람이 그를 뽑아준 사람들에 대한 자신의 책임에 따라 각자 자기 의견을 표명하도록 하라는 것이었다. 이러한 요구들은 1789년 이후 혁명으로 귀결되었으며, 다음 몇 년 동안 자체의 동력을 얻어 근본적인 정치적 변화와 함께 곧 사회적·경제적 변화도 일으켰다.

프랑스 혁명은 '신조'의 형태로 된 수많은 원칙들이 나타나는 계기를 제공했고, 우여곡절 끝에 1790년에서 1850년 사이에 많은 유럽국가에서 점진적인 사회구조의 변화를 일으켰다. 이 시기에 서유럽 전역에서 제1계급과 제2계급인 구엘리트들의 힘은—적어도 법적인 특권이라는 의미에서의 힘은—서서히, 그러나 돌이킬 수 없게 와해되었다. 모든 나라에서 모든 시민은—다시 말해, 교육받고 세금을 내는 남성 시민은—하나의 투표권을 가지게 되었고, 사회계급 사이의 법적 장벽은 제거되었다. 이렇게 해서 르네상스 이후의 인간관에서 점차 뚜렷이 드러났던 개인화 과정은, 이제 적어도 유복한 남성들에게는 정치적·경제적·사회적 영역으로 이전되었다. 물론 여성은 사회계급에 관계 없이 아직 그러한 권리를 누리지 못했는데, 처음으로 몇 나라들에서 여성의 투표권이 도입되기까지는 백여 년의 시간이 더 걸렸다. 이울러 이러한 혁명들이 여성으로 하여금 다른 분야에서 완전한 법적 권리를 획득하도록 도와주지는 않았다는 점을 덧붙여야겠다. 대부분의 나라에서는 19세기에 들어와서도 여전히 여성이 가진 모든 재산은 아버지가—결혼한 경우에는 남편이—관리했다.

파리, 1789년 8월 27일 : '인권선언'의 문화적 중요성

1789년 8월 27일, 새로 선출된 프랑스 국민의회는 이른바 '인간과 시민의 권리'를 채택하기로 가결했다. 그들은 이른바 수세기에 걸친 프랑스 국민들에 대한 귀족들의 억압을 끝장내기를 희망했을 뿐만 아니라, 사회에 대한 새로운 비전을 내걸고 선량한 프랑스 국민들을 모두 규합하려고 했다. 이 선언의 내용은 비록 유럽적인 상황과 매우 특수한 사회적·정치적 상황에서 나온 것이지만, 인간을 양도할 수 없는 권리를 가진 존재로 제시하고 있으며, 이것은 지금도 국가와 개인의 관계를 민주주의적 관점에서 논할 때마다 거듭해서 거론되고 있다. 바로 이러한 이유 하나만으로도 이 선언은 유럽 문화의 획기적인 기념물이다. 그 내용은 다음과 같다.

국민의회를 구성하고 있는 프랑스 국민의 대표자들은 인권에 대한 무지와 망각 또는 멸시가 공공의 불행과 정부의 부패를 낳는 유일한 원인이라는 데 유의하면서 인간의 타고난, 양도할 수 없는, 신성한 권리들을 엄숙한 선언을 통해 천명하기로 결정했다. 이는 이러한 선언이 사회조직의 모든 구성원들 앞에서 계속해서 그들의 권리와 의무를 상기시키도록 하기 위함이며, 입법권과 행정권의 제 행위가 계속해서 모든 정치제도의 목적과 비교됨으로써 이에 따라 보다 존중되도록 하기 위함이며, 시민의 요구가 앞으로 단순하고 명확한 원칙들에 입각하여 언제나 헌법의 유지와 모두의 행복에 이바지하도록 하기 위함이다.

따라서 국민의회는 지고의 존재, 하느님의 임하심과 보살핌 속에 다음과 같이 인간과 시민의 제 권리를 승인하고 선언하는 바이다.

1. 인간은 자유롭게 동등한 권리를 가지고 태어났다. 사회적 차별은 공동이익을 근거로 해서만 성립될 수 있다.
2. 모든 정치적 결사의 목적은 인간의 자연적이고 양도할 수 없는 제 권리를 수호하는 것이다. 그 권리란 자유와 재산, 안전, 그리고 압제에 대한 저항이다.
3. 모든 주권의 원천은 본질적으로 국민에게 있다. 어떤 집단과 개인도 국민으로부터 명시적으로 나오지 않는 권위를 행사할 수 없다.
4. 자유란 남에게 해가 되지 않는 일은 무엇이나 할 수 있음을 말한다. 따라서 모든 인간의 자연권 행사는 사회의 다른 구성원들에게 같은 권리의 향유를 보장하는 이외의 제약을 받지 아니한다. 이러한 한계는 법에 의해서만 규정될 수 있다.
5. 법은 사회에 유해한 행위가 아니면 금지할 권리를 갖지 아니한다. 법에 의해 금지되지 않은 것은 어떤 것이라도 방해될 수 없으며, 누구도 법이 명하지 않는 것을 행하도록 강제할 수 없다.
6. 법은 일반의사의 표현이다. 모든 시민은 스스로 또는 대표자를 통해 그 작성에 협력할 수 있는 권리를 갖는다. 법은 보호를 부여하는 경우에도, 처벌을 가하는 경우에도 모두에게 동일한 것이어야 한다. 모든 시민은 법 앞에 평등하므로 그 능력에 따라, 그리고 덕과 재능의 차별 이외에는 차별 없이, 모든 공적인 위계, 지위, 직무에 평등하게 취임할 수 있다.

삽화 29, 30_ 1789년의 '인간과 시민의 권리선언'을 담은 포스터. 모든 것을 살피시는 하느님의 눈을 포함한 우의적인 삽화가 인상적이다. 오랫동안 인간을 속박해온 온갖 족쇄가 사라진 '새로운 유럽'의 특징 가운데 하나는 크게 확대된 이동의 자유였다. 이같은 이동의 자유는 최초의 철도들이 건설되면서 크게 신장되었다. 뉘른베르크와 퓌르트 사이의 독일 최초의 철도는 1835년에 개통되었다. (출처: 네덜란드 네이메헨 예술사 자료센터)

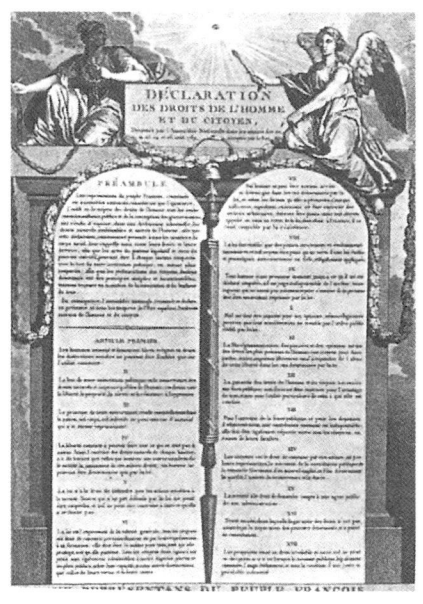

13장 유럽의 혁명들　281

7. 누구도 법에 의해 규정된 경우에, 그리고 법이 정하는 형식에 의하지 아니하고는 소추, 체포, 또는 구금될 수 없다. 자의적인 명령을 간청하거나 발령하거나 집행시키는 자는 처벌된다. 그러나 법에 의해 소환되거나 체포된 시민은 모두 즉각 순응하여야 한다. 이에 저항하는 자는 범죄자가 된다.
8. 법은 엄격히 그리고 명백히 필요한 처벌만을 설정해야 하고, 누구도 범죄 이전에 제정·공포되고 또 합법적으로 적용된 법률에 의하지 아니하고는 처벌될 수 없다.
9. 모든 사람은 유죄선고를 받을 때까지 무죄로 추정되므로, 체포가 불가피할 경우 피의자의 신병을 확보하는 데 불가결하지 않은 모든 강제조처는 법에 의해 준엄하게 제압된다.
10. 누구도 그 의사가 종교상의 의사라 할지라도 그 표명이 법에 의해 설정된 공공질서를 교란하지 않는 한 방해될 수 없다.
11. 사상과 의사의 자유로운 통교는 가장 소중한 인권의 하나이다. 따라서 모든 시민은 자유롭게 발언하고 기술하고 인쇄할 수 있다. 다만, 법에 의해 규정된 경우에 있어서의 그 자유의 남용에 대해서는 책임을 져야 한다.
12. 인간과 시민의 권리를 보장하기 위해서는 공공의 무력이 필요하다. 따라서 이는 모두의 이익을 위해 설치되는 것으로서, 그것이 위탁되는 사람들의 특수이익을 위해 설치되지 아니한다.
13. 공공무력의 유지와 행정비용을 위해 일반적인 조세는 불가결하다. 이는 모든 시민에게 그들의 능력에 따라 평등하게 배분되어야 한다.
14. 모든 시민은 스스로 또는 대표자를 통해 공공조세의 필요성을 검토하고, 그것에 자유로이 동의하며, 그 용도를 감시하고, 또한 그 액수, 기준, 징수, 그리고 존속기간을 설정할 권리를 갖는다.
15. 사회는 모든 공직자에게 그 행정에 관한 보고를 요구할 권리를 갖는다.
16. 권리의 보장이 확보되어 있지 않고, 권력의 분립이 확정되어 있지 아니한 사회는 헌법을 가지고 있지 아니하다.

17. 소유권은 신성하고 침해할 수 없는 권리이므로, 합법적으로 확인된 공공 필요성이 명백히 요구하고 또 정당하고 사전배상의 조건하에서가 아니면 침탈될 수 없다.

[파리, 1789년 8월 27일 : '인권선언'의 문화적 중요성]

18세기 말과 19세기 초에 유럽사회는 급격하게 변화했다. 몇 세기에 걸쳐 유럽의 생활을 조건지웠던 많은 전통적인 정치·경제·사회구조가 이제 빠르게 사라졌다. 1750년과 1850년 사이에 프랑스 혁명과 그 후속 운동들에서 절정을 이룬 정치적 변화와 발맞추어 이에 못지않게 근본적인 산업혁명이 진행되었다. 이것들은 다 함께 유럽 문화의 실질적이고 거의 완전한 변형을 촉발시켰다.

산업혁명을 하루 아침에 유럽경제에 일어난 극적인 변화라고 생각해서는 안 된다. 산업혁명의 실상은, 유럽의 일부 지역에서 주로 농업적인 공동체가 산업적인 사회로 바뀌는 매우 느린 과정이었다.[25] 이 과정은 초기 상업자본주의로부터 비롯된 것이었고, 따라서 근본적으로 유럽과 아시아, 남북 아메리카, 아프리카와의 점점 중요해지는 경제관계와 연관되어 있었다. 그러나 그것은 17세기에 공산품 가격에 비해 농산물 가격이 떨어지기 시작하면서 가속화되었다. 특히 1650년대부터 공산품의 수요가 증가했고, 사람들이 쉽게 시장에 접근할 수 있었던 영국과 네덜란드, 북부 프랑스, 독일의 일부 지역에서 면공업이 국내교역과 더불어 제조업의 팽창을 유지시켰다. 해외무역은 제조업 팽창의 주요인은 아니었다. 산업혁명은 자체의 수요를 창출하는 공급과, 수요가 주도하는 성장과정 사이의 복잡한 상호작용이었다. 이들 지역의 가정들은 그들의 노동형태를 바꾸었으며, 전문화가 시작되었다. 남자는 물론이고, 점차 여자와 어린이들까지 늘어나는 1일 노동시간과 연간 노동일수를 메웠다. 노동일수를 늘이기 위해 많은 기독교 휴일이 축소된 것도 바로 이 시기였다.

노동자 1인당 생산량의 현저한 증가와 자기계발이 가계수입을 증가시켰고, 공장제 수공업(매뉴팩쳐) 쪽으로 수요패턴을 바꾸어 놓았다. 늘어나는 금전수입은 소비에 투입되었다. 즉 상품과 서비스를 공급하는 시장에 소비되었다. 그 결과 전단계 '산업혁명'이 일어났다. 그것은 또한 단계적이고 복잡한 사회 문화적 변화를 가져왔다. 즉 점점 더 많은 여성들이 가정경제에서 전략적 위치를 차지하여 의복과 주거, 즉 소비재에 돈을 쓰는 소비자의 역할을 맡게 되었다.

본격적으로 산업화가 이루어진 첫번째 국가는 영국이었다. 여기서는 18세기 초에 농업과 면공업, 무역으로 쌓은 잉여의 부가 새로운 투자를 위한 출구를 찾고 있었다. 또한 보다 적은 농업노동자로도 보다 많은 소출을 얻을 수 있었으므로 농업생산성이 높아졌고, 그로 인한 잉여노동력의 덕분으로 자유롭게 다른 종류의 일을 할 수 있었다. 농업과 가내수공업 분야에서는 이제 더 이상 충분한 일자리가 없었기 때문에, 사람들은 보다 쉽게 돈벌이를 할 수 있는 곳으로 이동함으로써—비록 이것이 비참한 상태에서 일하고 살지 않으면 안 된다는 것을 의미했지만—전보다 이동성이 높아졌다.

아주 오랫동안 농업관련 소규모 공업의 일부였던 방적과 방직은, 특히 직조기의 작동을 편리하게 한 '나는 북(fly shuttle)'과 일종의 실 잣는 바퀴인 제니 방적기 같은 기술적 개선이 도입되면서 이제 점점 수지맞는 대안이 되었다. 이러한 혁명은 1780년대에 리처드 아크라이트가 바퀴들을 돌리기 위해 증기기관을 사용하기 시작했을 때 완성되었다. 이러한 새로운 기술은 연료—특히 석탄—와 기반시설—특히 수로—에 힘입어 공장에 대한 투자가 촉진된 곳이면 어디서나, 가령 네덜란드 남부와 북부 프랑스, 독일의 라인지방, 북부 이탈리아 등지에서 공장제 수공업에 응용되었다.

이러한 진전이 무르익어 주로 공장 시스템의 조직적·기술적 구조조정을 뜻하는 본격적인 산업혁명으로 귀결되는 데는 수십 년이 걸렸다. 그 영향은 대략 1780-1830년의 기간중에 뚜렷하게 나타났다. 탄광과 철광업 자체도 증가하는 수요를 충족시키기 위해 대규모의 기계화된 산업으로 성장해 많은 사람들에게 일자리를 제공했다.

19세기 초에 두 가지 혁명, 즉 정치적·법적 혁명과 산업혁명의 문화적 결과가 우선 물질적 측면에서 진면목을 드러내기 시작했다. 1830년대에 독일의 귀족인 퓌클러-무스카우 공이 영국 여행중에 겪은 일들을 그의 아내에게 설명하는 편지는 많은 것을 드러내준다.

> 버밍엄은 영국에서 가장 유명하며 동시에 가장 추악한 도시 가운데 하나라오. 인구는 12만 명인데 3분의 2가 공장노동자임에 틀림없소. 실제로 이 도시는 거대한 공장과 같소.
>
> 아침식사를 마치자마자 나는 우리 영사인 토마스 씨의 공장으로 갔다오. 그곳은 규모와 크기에서 두 번째라오. 왜냐하면 매일 1천 명의 노동자가 일하고 80마력짜리 증기기관이 단추와 바늘을 포함한 엄청난 양의 제품을 생산하는데, 제일 큰 공장은 오스트리아 왕자의 방문 이후 모든 외국인에게 밀폐되어 있기 때문이오(몇몇 수행원이 모종의 중요한 비밀을 훔쳐갔다고 하오). 여기서 나는 작업실 격인 끔찍하고, 더럽고, 악취가 나는 구덩이 속에서 그야말로 흥미진진하게 몇 시간을 보냈소. 나는 직접 단추를 만들어보기도 했다오.… 1층의 좀 나은 방들에는 공장에서 만든 모든 제품들이 전시되어 있소. 금, 은, 동, 은도금 동판, 칠기, 각종 강철 등등으로 만든 … 정말 감탄을 자아내는 우아한 수많은 물건들 … 여기서 나는 크고 작은 수많은 새롭고도 재미있는 사치품들을 알게 되었소.[26]

한 마디로, 이 편지는 새로운 산업사회와 그 문화를 요약하고 있다. 버밍엄 같은 도시에서 일어난 인구증가는 개선된 위생과 몇 가지 치명적인 질병에 대한 간단하고도 효과적인 치료법이 발견된 결과였다.

한편, 인구증가로 말미암아 기존 도시가 급속히 팽창하고 산업적으로 유리한 지역에 새로운 도시가 세워져 빠르게 인구와 부가 증가하게 되었다. 이러한 산업중심지의 공장들이 노동자들을 이주시켰는데, 처음에는 수많은 빈농들로부터, 그리고 곧 도시 프롤레타리아로부터 노동자들을 충원했다. 도시생활과 공장노동이라는 매우 다른 환경은 유럽사회 공업 지역의 성생활에 영향을 미쳤다. 특히 성윤리는 보다 느슨해졌고 결혼은 전보다 빨라졌다. 이것은 그 대신 인구증가를 촉진시켰을 뿐만 아니라, 가족관계의 영역에서 태도의 변화를 일으켰다. 주로 농경적인 사회에 결속력을 제공하던 경제적·사회적 유대는 느슨해지거나 완전히 사라졌다.

결국 많은 유럽인들은 공장지대의 끔찍한 노동조건 속에서 기계의 종속물이 되어버렸는데, 이러한 공업중심지에서는 새로운 형태의 연대가 요구되었다. 공장노동자들은 그들의 권리를 청원하기 위해 스스로를 조합으로 조직하기 시작했으며, 필요할 경우 이러한 청원을 강요하기 위해 파업을 했다. 선두주자로서의 이점을 안고 처음에는 유럽대륙을 자기 제품으로 뒤덮은 영국에서, 그리고 산업화된 유럽의 다른 지역 모두에서 경제적 논거와 사회적·윤리적 논거를 동원하여 새로운 사태발전에 대한 항의의 목소리가 높아졌다. 1818년의 『쾰른 신문 *Kölnische Zeitung*』은 다음과 같은 논지의 기사를 실었다.

증기기관 하나가 때로는 천 명의 사람을 실업자로 만들고, 모든 노동자들에게 나누어질 이익을 한 사람의 수중에 넘긴다. 기계가 새롭게 개선될 때마다 숱한 가정의 빵이 강탈된다. 증기기관이 하나 만들어질 때마다 거지들의 숫자가 늘어난다. 머지 않아 모든 돈이 수천 가문의 수중에 들어가고, 나머지 사람들은 그들에게 잘 보이려고 애걸하게 되는 사태를 예상할 수도 있다.

곧 사람들은 노동착취의 거대한 음모에 항의하기 시작했고, 유럽사회의 모든 악을 새로운 기계들의 탓으로 돌렸다. 또한 대개는 노동조건이 형편없었기 때문에, 공장이 제공하는 일자리에 의존하고 있는 사람들의 요구를 대변하는 새로운 이데올로기들이 형성되고 있었다.

한편, 시장경제는 점점 더 기술의 진보에 의존하게 되었다. 공장들이 새로운 발명의 중요성을 인식하면서 산업 스파이가 나타났다. 공과대학들이 설립되고 연구소가 생겼으며, 기금이 제공되고 상이 수여되었다. 실제로 기술과학이 사회와 문화에서 점점 더 중심적인 위치를 차지하게 되었다.

유럽사회의 여러 집단 사이의 실질적인 세력균형을 변화시키지 않으면서도 이들 다양한 집단 사이의 차이를, 적어도 그 물질적 측면에서 사상 처음으로 제거한 것은 문화였다. 산업화의 가장 중요한 장기적인 결과는 퓌클러-무스카우가 적절히 사치품이라고 묘사한, 점점 더 많은 소비재의 생산이었다. 우선적으로 이득을 본 것은 부르주아였다. 산업경제는 그들에게 부와 권력뿐만 아니라 삶의 질을 높이고 편리하게 해주는 수많은 제품들을 제공했다. 그들을 안락하게 하는 온갖 종류의 가정용품과 장식품, 특허권을 가진 의약품과 보존식품들, 도시에 식량을 공급하는 데 도움을 주는 농기계, 조용하지만 아직은 오염되지 않은 주거지에서 상점이나 사무실 또는 나들이의 목적지까지 태워다주는 기차, 그리고 전쟁에 이기도록 도와주어 공장을 위한 원료를 착취해오고 생산품 가운데 일부를 수출하는 식민지 소유를 보장해주는 무기류 등등. 프랑스 등지의 박람회에 자극받아 1851년 영국정부가 런던 대박람회를 개최했을 때 이런 것들을 모두 볼 수 있었다. 그것은 기계시대의 축제였다.

생산시간의 단축과 이로 인한 임금의 감축, 그리고 생산량의 엄청난 증가를 가져온 증기추진 기계는 곧 다양한 소득집단에 대한 훨씬 더 광범한 소비재 분배를 가져왔다. 인쇄기의 발명이 값싸고 대량생산된 텍스트를 통해 종전에는 지식에 접근할 수 없었던 집단들에게 지식이 전파되도록 한 것과 마찬가지로, 대량생산을 가능하게 한 기계화가 이제는 다양한 값싼 소비재들을 점점 더 광범한 대중이 사용할 수 있게 만들었다.[27]

오래지 않아 기계는 수많은 기법을 구사해 고도로 세련된 모양의 생산품을 만들어냈다. 즉 수동선반을 조심스럽게 사용해 만든 값비싼 가구들과 흡사한, 소용돌이 무늬와 덩굴 무늬로 장식된 가구가 만들어졌다. 대량생산된 도자기는 손으로 힘들게 그리는 대신, 찍어넣은 복잡한 무늬에 의해 예술적으로 장식되었다. 새로운 화학적 처리과정에 힘입어 세필드와 졸링겐의 공장들은 완벽하게 은제품과 똑같은 칼과 기타 사치스런 금속 세공품들을 만들 수 있게 됐다. 요컨대, 이러한 제품들은 귀족적 분위기를 풍기면서도 많은 사람들의 손길 가까이에 있었다. 사치는 민주화되었다.

다른 분야의 발전도 이러한 과정에 기여했다. 프랑스의 정치적 봉기와 그것을 전후한 다른 지역의 비슷한 변화들이 산업혁명에 의해 일어나지는 않았지만—역사학자들은 이에 동의하지 않는다—그것과 긴밀하게 연결되어 있었기 때문에, 이제 '봉건적'이라고 규탄되는 낡은 사회는 허물어지기 시작했다. 가장 눈에 띄는 변화는 구귀족이 헌법이나 다른 법에 의해 보장된 권력을 상실했다는 것이다. 비록 투표권은 개인의 납세능력과 결부되어 여전히 제한되어 있었지만, 민주주의의 진전과 더불어 상층부와 권력에 이르는 길은 이제 사실상 모두에게 열려 있었다. 상업과 함께 이제는 산업경제를 지배하는 대기업가들이 정치까지 지배하려고 서둘러 나선 것은 놀라운 일이 아니다. 따라서 다시 한 번 새로운 엘리트층이 형성되었다. 자신들의 지위를 고수하려고 필사적으로 발버둥치는 구엘리트층에, 기업가들로 이루어진 새로운 상류층, 즉 은행가, 공장 소유자, 선박 소유자, 철도 소유자, 국제 무역업자 등이 합류했다. 그들은 하나같이 새로 획득한 신분을 과시하고 과장하려 안달했으므로 구엘리트들의 행태를 흉내냈다. 부와 권력을 과시하고 그에 수반하는 사회적·문화적 지위를 획득하기 위해 외면적인 상징물인 사치품으로 주변을 감쌌다. 아무짝에도 못 쓰는 사치품들로 자신을 과시하면서 상류층에 '소속되어 있다'고 더 많은 사람들에게 인식시켰다. 마치 오스카 와일드의 소설 『도리언 그레이의 초상 *The Picture of Dorian Gray*』(1891)의 한 인물이 말하듯이, 그들은 불필요한 물건들이 그들의 유일한 필수품이 되어버린 시대에 살고 있었다. 그러나 다른 면에서는 이러한 새로운 산업 엘리트 역시 구귀족의 생활방식을 흉내냈다. 왜냐하면 앞서의 오스카 와일드가 독자들에게 말했듯이, "중산층은 현대적이 아니기" 때문이었다.[28]

예컨대, 각종 사회적·경제적 혁명들의 결과 가운데 하나로서, 왕실의 궁전이나 귀족의 저택에서 일하던 주방장이나 재단사들이 후원자(파트롱)를 잃었고, 정확히 말해 실업상태는 아니었지만 지갑이 텅 비게 되는 새로운 상황을 절감하게 되었다. 그들은 이제 시장바닥으로 나섰다. 그래서 19세기 초에 고급 레스토랑과 거창한 의상실들이 우후죽순처럼 생겨났다. 그들은 새로운 고객의 환심을 사려고 서로 경쟁하면서, 후하게 값을 치르기는 하지만 과거의 귀족들처럼 허랑방탕하게 돈을 뿌리지는 않는 고객들에게 사치스런 생활방식의 장식품들을 내놓았다. 과거에는 행복한 소수의 전유물이었던 음식과 옷과 가구를 이제는 신흥 부자들도 즐길 수 있었다.

앞서 언급한 혁명들은 또한 길드(동업조합)의 폐지를 가져왔다. 길드는 여러 경제 주체들의 자유로운 경제활동에 제한을 가함으로써, 진보를 방해하고 불평등을 온존시키는 것으로 여겨졌다. 사람들은 이제 원하는 곳이면 어디서나 자유롭게 사업을 시작하고 최선을 다해 경쟁할 수 있었다. 따라서 잘 훈련된 장인들이 고객을 잡으려고 서로 경쟁함으로써 전보다 자유롭고 값싼 새로운 시장을 만들어냈다. 실제로 종전에는 인위적으로 가격이 높게 유지되었던 제품들이 이제는 훨씬 더 많은 고객 집단, 즉 소비자 집단의 손에 닿을 수 있게 되었다.

19세기를 거치면서 계속적인 산업화와 국가관료의 엄청난 증가로 인해, 상당수의 유복한 집단이 형성되었다. 상속받은 유산이 없었으므로 그들은 구귀족의 상류층 신분을 넘볼 수 없었고, 새로운 산업 엘리트처럼 부유하지도 않았다. 그럼에도 불구하고 그들은 견실한 교육과 안정되고 보수가 좋은 직장 덕분으로 뚜렷한 중산층을 형성하게 되었다. 이 집단은 점차 그들이 사회적으로 우월하다고 간주하는 사람들의 생활방식으로부터 많은 요소를 받아들였다. 그 결과 17, 18세기에는 부유한 상인과 기업가들에 의해, 그리고 19세기 초에는 새로운 산업자본가들에 의해, 민주화된 귀족 문화는 이제 성장하는 중산층 사이에 훨씬 더 광범위하게 확산되었다.

도시·산업 문화 : 시간의 규제와 소비

산업혁명은 점차 유럽에 눈에 띄는 변화를 가져왔다. 가장 뚜렷한 변화는 아마 시골에서 도시로의 대량이주가 미친 영향일 것이다. 점점 더 많은 유럽인들이 먹고 살기 위해 도시로 몰려들었다. 가령 18세기에 60만이었던 파리의 인구는 1851년에 백만이 되었고, 1900년에는 270만으로 증가했다.

프랑스의 화가 외젠 들라크루아(1798-1863)는 이런 모든 변화가 일어나는 것을 보았다. 그는 수많은 프랑스인들이 도회지 공장에서 일하고 그곳에서 살기 위해 마을을 떠나는 것을 목격했다. 이러한 과정을 일기에 적으면서 그는 아주 음울하고 때로는 편파적인 그림을 그렸다. 유럽 전역의 많은 사람들도 이러한 생각을 공유하고 있었지만, 그들은 농촌생활이 전원의 목가와는 거리가 멀다는 것과, 많은 농민들은 단지 새로운 생활이 그들의 현재 상황보다 나아보이기 때문에 새로운 도시적 삶의 유혹에 넘어간다는 사실을 너무 쉽게 잊어버렸다. 실제로 문화 논평가들의 대다수는 한 번도 삽을 잡아본 적이 없는 지식인들이었다. 1853년에 들라크루아는 일기에서 이렇게 썼다.

교회와 묘지 앞에서 증기기관차가 멈출 것인가? 그리고 몇 년 후 자기 조국에 돌아오는 프랑스인이 자기 마을이 있던 곳이 어디고, 자기 조상들의 무덤이 있던 곳이 어딘가를 물어보게 될까? 왜냐하면 마을은 다른 것들처럼 필요없게 될 것이기 때문이다. 마을 사람들은 땅을 경작하는 사람들인데, 이들은 한시라도 보살필 땅이 없는 곳에서는 존재할 수 없기 때문이다. 들판에서 더 이상 할 일이 없게 된, 이러한 일자리 없고 물려받은 재산이 없는 수많은 사람들을 수용할 수 있을 만큼 커다란 도시를 크게 건설하지 않으면 안 될 것이다. 그들이 뒤엉켜 몸을 뉘일 거대한 판잣집들을 지어줘야 할 것이다. 그리고 그들이 거기 들어가게 되면, 플랑드르 사람이 마르세유 사람 옆에, 노르망디 출신이 알사스 출신과 뒤섞여서 신문에서 시세표를 보는 것밖에 무슨 할 일이 있겠는가? 추수가 잘 됐는지, 밀이나 건초 또는 포도를 좋은 값에 팔 수 있을지를 보는 것이 아니라, 주식 시세가 올랐는지 내렸는지를 보게 되고, 땅 대신 신문을 가지고 관습과 말씨가 다른 낯선 이웃들과 노름을 하기 위해 당구장으로 몰려갈 것이다.

아, 비열한 박애주의자들이여! 아, 가슴과 상상력이 없는 철학자들이여! 당신들은 인간을 기계라고, 당신들이 부리는 다른 기계와 같다고 생각한다. 당신들은 인간을 지극히 성스러운 권리들로부터 퇴화시킨다. … 인류를 천박한 가축으로 변환시키는 대신, 진정한 유산을 유지하게 하라―심지어는 땅에 대한 애착과 헌신을 … 그런데도 야만인들의 새로운 침공이, 아직도 그들이 여전히 조국이라고 부르는 것을 위협할 때면, 그들은 기꺼이 그것을 지키기 위해 일어설 것이다. 그들은 기계들의 재산을 지키기 위해 싸우지는 않을 것이다.

가련하도다, 불쌍한 농민들이여, 불쌍한 마을 사람들이여 … 그들은 벌써 아무 대책없이 허황한 꿈에 들떠 농사일을 포기하고 있다. 그들은 환멸만이 기다리고 있는 도시로 무작정 달려간다. … 거기서, 그들은 사랑의 노동이 제공하는 자긍심의 타락을 완성하며, 당신들이 만들어낸 그 잘난 기계들이 그들을 배불리 먹일수록 그들은 더욱 더 타락할 것이다! 인류역사상 가장 위대하다는 이 시대에 얼마나 기이한 광경인가―인간 가축이 철학자들에 의해 살찌게 되다니.[29]

들라크루아는 농업적인 경제와 별도의 관습, 고유의 언어적 정체성을 가진 오랜 지역 문화의 몰락을 우려하고 있다. 그것은 농경세계와 도시세계라는 두 세계가, 지속적인 산업화와 국민국가에 의해 이루어진 문화적 통합이라는 두 가지 영향에 의해 마침내 합병되는 과정이었다. 그런데 이러한 국민국가는 바로 산업화가 가져온 부 없이는 성공하지 못했을 것이다.[30]

이러한 과정에서 유럽의 문화와 사고방식은 크게 바뀌었다. 많은 유럽인들이 이제는 들판에서의 정적인 농사일과 밤낮과 계절의 순환리듬에 의존하는 시골생활을 도시의 일자리와 맞바꿨다. 도시의 일자리는 공장 혹은 새로운 소비자들의 요구를 충족시키기 위해 점점 늘어나는 상점의 일자리였다. 약간의 교육을 받았을 경우, 사무실 일자리를 얻을 수도 있었다. 그것은 점점 복잡해지는 사회를 통제하도록 국가를 도와야 하는, 점점 비대해지는 관료제도 속의 많은 일자리 가운데 하나였다. 그것은 또한 수많은 부유한 부르주아 가정의 일자리일 수도 있었다. 왜냐하면 중산층은 귀족들을 본받아 점점 더 많은 하인들을 고용했기 때문이다. 대여섯 명의 식구를 가진 부잣집은 흔히 같은 수의 하인을 고용했으며, 진짜 부자들은 그 몇 배의 하인들을 거느렸다. 런던 같은 도시에서는 1800년경에 인구의 약 30%가 전체 인구의 20%가 안 되는 부유한 시민의 집안에서 시중드는 사람들이었다. 이러한 하인들의 상당수는 농촌출신의 젊은 미혼여성들이었다.

도회지 사람들은 더 이상 해뜰 때부터 해질 때까지를 하루로 계산하지 않았다. 가정과 공장, 상점, 사무실은 인공적으로 조명되었다. 게다가 시간은 돈이라는 것을 일깨우기 위해 모든 곳에 시계가 도입되었다. 도시에서는 전통적인 의미의 시간이 서서히 사라지면서 유럽인들의 생체리듬이 바뀌기 시작했다.[31] 곧 시계가 최고의 지배자가 되었고, 공장과 사무실의 일을 규제하고, 때로는 끔찍한 조건하에서 성인 남자와 여성, 어린이들의 장시간—농장에서보다 훨씬 더 긴 10~12시간—의 노동시간을 통제했다. 특히 여성들이 거대하고 탄력적인 노동력을 형성하게 되었다. 이들은 저임금을 받으면서도 예고없이 해고되기 일쑤였고, 때로는 아이들과 연로하거나 병든 부모 친척을 혼자 남겨두고 일하러 나가는 수도 있었다. 도시에서 살아남기 위해서는 누구나 시골에서보다 힘들고 지겨운 일을 해야 했다. 시계처럼 움직이는 기계의 동작과 속도에 지배되어 모든 것이 틀에 박히게 되었다.

독일 최고(最古)·최대의 산업집단 가운데 하나인 크루프사는, 1838년에 노동자들에게 다음과 같은 규칙을 내놓았다.

> 모든 근로자는 성실하고 무조건 정직해야 하며, 공장 안팎에서 점잖게 처신해야 한다. 정확하게 작업시간을 지키고, 공장의 공익을 위해 일하겠다는 의지를 근면을 통해 보여주어야 한다. 그럴 경우, 그는 자기 노동의 가치에 따라 응분의 보수를 받을 것이다. 의식적·무의식적으로 자기 임무를 소홀히 하는 자는 처벌을 받을 것이다. 공장 구내에서는 술을 마셔서는 안 된다. 상품이나 기구를 훼손하는 자는 변상해야 한다. 종이 울린 다음 5분 지각하는 자는 4분의 1일을 잃을 것이다. 고의로 4분의 1일을 빠지는 자는 2분의 1일을, 2분의 1일을 빠지는 자는 4분의 3일을 임금에서 삭감할 것이다.32)

서서히 유럽 도시들의 모습이 달라졌다. 부자 동네와 가난뱅이 동네 사이의 구분이 전보다 뚜렷해졌다. 파리의 북쪽 변두리처럼, 대부분의 도시 변두리는 가난과 부도덕, 악의 영역이 되었다. 폭동이 일어날 경우, 경찰은 그곳에 감히 발을 들여놓지 못했다. 이런 동네에 사는 사람들은 '위험 계급'이라고 불렀다. 유복한 사람들, 즉 유산계급이 도시의 이런 지역을 방문하는 것은 다른 세상에 들어가는 것 같았다. 한 프랑스 정치가는 다음과 같이 선언했다.

> 노동자들은 정치생활의 바깥쪽에 있으며, 도시의 바깥쪽에 있다. 그들은 현대사회의 야만인들이다. 그들은 이 사회 속에 편입되어야 하지만, 먼저 재산소유의 견습기간을 통과한 연후에만 받아들여야 한다.33)

물론, 재산이야말로 대부분의 사람들에게는 없는 것이었다. 그리고 밤낮으로 거리를 배회하는 수많은 거지들과 창녀들이 보여주듯이, 그같은 저쪽 세계가 보다 유복한 이웃을 침범하는 이유는 바로 재산 때문이었다. 지방으로부터 대규모 노동력이 유입되고, 가난 때문에 남녀가 결혼하지 못하고, 여성들이 수입·지출의 균형을 맞추거나 심지어는 문자 그대로 입에 풀칠을 하기 위해 매춘은 엄청나게 증가했다.34) 18세기와 마찬가지로 아기가 태어나면 죽이는 것이 선택할 수 있는 하나의 대안이었다. 물론, 많은 여성들은 그러한 길을 선뜻 택할 수 없었다. 그러한 한 여성이 고아원에 아기를 맡기면서 이렇게 말했다.

> 왜 내가 이 어린 것을 [기아] 시설에 보내냐고요? 왜냐하면 나는 아무것도 가진 게 없기 때문이죠. … 그러나 나는 그 애를 영원히 잃고 싶지는 않아요 … 제발 아기를 이곳에 있도록 해주세요. 그러면 형편이 나아질 경우 다시 아기를 볼 수 있을테니까요. 왜냐하면 난 결혼하지 않았거든요.35)

대부분의 도시에서 먹는 데 쓸 돈이 거의 없는 사람들의 경우, 식단은 시골에서보다도 단조로웠다. 18세기 말에 위생과 보건이 개선되었지만, 질병은 증가했다. 영양이 부족하거나 형편없었을 뿐만 아니라 다른 생활조건도 열악했기 때문이다. 19세기에 도시는, 특히 지방이나 국가의 수도와 산업중심지는 불결하기 짝이 없는 빈민가가 되어버렸는데, 여기서는 흔히 예닐곱 명이 위생시설이라곤 전혀 없는 코딱지만한 방 하나에서 북닥거렸다. 집 안팎은 온통 시커먼 석탄 그을음에 절어 있었다. 프랑스 화가 구스타브 도레는 19세기 런던의 매연에 뒤덮힌 빈민가를 일련의 처참한 이미지로 잡아냈다. 또한 영국의 소설가 찰스 디킨스는 그곳에 살고 있는 가난한 사람들의 참상을 묘사했다. 물론, 영국이 산업화의 영향을 완벽하게 보여준 첫번째 나라였지만, 유럽 전역에서 그러한 산업화의 결과들은 뼈저리게 경험되었다. 그 결과 화가와 작가, 철학자와 정치가들은 이러한 새로운 세계의 긍정적인 측면

삽화 31_ 1860년경의 채색판화에 나타난 독일 에센 지역 크루프사 공장 전경. 공업중심지의 생활환경은 끔찍한 경우가 허다했다.

삽화 32_ 프랑스 화가 구스타브 도레의 유명한 판화 시리즈 〈런던순례〉(1872)에 묘사된 스모그와 매연에 뒤덮힌 런던 빈민가는 이를 여실히 보여준다. (출처: 네덜란드의 네이메헨 예술사 자료센터)

과 부정적인 측면을 다 같이 성찰하게 되었다.

Notes

13장_ 유럽의 혁명들

1) G. Wurzbacher, R. Pflaum, *Das Dorf im Spannungsfelde industrieller Entwicklung*, Stuttgart 1961, 13에서 재인용.
2) F. A. Pottle, ed., *Boswell's London Journal, 1762-3*, London 1982, 159.
3) M. C. Moine, *Les Fêtes à la cour du Roi Soleil, 1665-1715*, Paris 1984 참조.
4) A. Chéruel, ed., *Mémoires de Saint-Simon*, XII, Paris 1857, 461 이하.
5) 사례연구를 위해서는 J. H. Plumb *et al.* eds, *The Birth of Consumer Society: The Commercialization of Eighteenth-Century England*, Bloomington 1982 참조.
6) D. Roche, *The Culture of Clothing: Dress and Fashion in the Ancien Régime*, Cambridge 1995 참조.
7) F. B. Kaye, ed., *Bernard Mandeville: The Fable of Bees*, Oxford 1924 참조.
8) B. Gottlieb, *The Family in the Western World from the Black Death to the Industrial Age*, Oxford 1987 참조.
9) B. W. Robinson, R. F. Hall, *The Aldrich Book of Catches*, London 1989, 79, no. 56 참조.
10) H. Cunningham, *Children and Childhood in Western Society since 1500*, London 1995.
11) N. Elias, *The Civilizing Process*, I: *The History of Manners*. II: *State Formation and Civilization*, Oxford 1982.
12) J. Barry, C. Brooks, eds, *The Middling Sort of People: Culture, Society and Politics in England, 1550-1800*, Basingstoke 1994, 특히 1-27; D. Blackbourn, R. J. Evans, eds, *The German Bourgeoisie*, London 1991; P. M. Pilbeam, *The*

Middle Class in Europe, 1789-1914: France, Germany, Italy and Russia, Basingstoke 1990 참조.

13) D. Roche, *Les Republicains des lettres: gens de culture et lumières au X VIIIe siècle*, Pais 1988 참조. 중요한 사례로는 C. Lougee, *Le Paradis des Femmes: Women, Salons and Social Stratification in Seventeenth-Century France*, Princeton 1976.

14) F. Chabod, 'L'Ideal di Europa', *Rassegna d'Italia* II(1974), 3.

15) H. Bots, ed., *Henri Basnage de Beauval en de histoire des ouvrages des savans, 1687-1709*, I-II, Amsterdam 1976 참조.

16) P. J. A. N. Rietbergen, 'Pieter Rabus en de "Boekzaal van Europe", 1692-1702', in H. Bots, ed., *Pieter Rabus en de Boekzaal van Europe*, Amsterdam 1974, 1-102.

17) 많은 주간지들의 교화적 성격에 대해서는 W. Martens, *Die Botschaft der Tugend*, Stuttgart 1968 참조.

18) P. J. Buijinsters, 'Sociologie van de Spectator', *Spiegel der Letteren*, 15/1 (1973), 1-17.

19) P. Clark, *Sociability and Urbanity: Clubs and Societies in the Eighteenth-Century City*, Leicester 1986.

20) M. C. Jacob, *Living in the Enlightenment: Freemasonry and Politics in Eighteenth-Century Europe*, Oxford 1992.

21) R. Stadelman, *Preussens Könige in ihrer Tätigkeit für die Landeskultur. II: Friedrich der Grosse*, Leipzig 1882, 333.

22) G. Schmoller, ed., *Acta Borussica*, 1/2, Berlin 1892, 8.

23) Stadelman, *Preussens Könige*, 287.

24) R. Chartier, *Les Origines culturelles de la revolution française*, Paris 1991.

25) 수많은 입문서 가운데 배경 정보에 관해서는 Ph. Deane, *The First Industrial Revolution*, Cambridge 1979 및 J. Goodmann, K. Honeyman, *Gainful Pursuits: The Making of Industrial Europe, 1600-1914*, London 1988 참조. 탁월한 사례 연구로는 D. Sabean, *Property, Production and Family in Neckarshausen, 1700-1870*, Cambridge 1990이 있다.

26) H. Ch. Mettin, ed., *Fürst Pückler reist nach England: aus den Briefen eines*

Verstorbenen, Stuttgart 1958, 107 이하.
27) 영국 이외의 사례에 대한 연구로서는 18세기와 19세기의 오스트리아를 다룬 R. Sandgruber, *Die Anfänge der Konsumgesellschaft*, Wien 1982가 있다.
28) O. Wilde, *The Picture of Dorian Gray*, London 1891, 8장과 6장.
29) A. Joubin, ed., *Eugène Delacroix, Journal. 1822-63*, Paris 1981, 346-7.
30) R. von Dülmen *et al.* eds, *Volkskultur: zur Wiederentdeckung des vergessenen Alltags, 16.-20. Jahrhundert*, Frankfurt 1984 참조.
31) R. Wendorff, *Zeit und Kultur: Geschichte des Zeitbewußtseins in Europa*, Opladen 1980.
32) K. Jantke, D. Hiler, eds, *Die Eigentumslosen*, Freiburg-München 1965, 178.
33) *Journal des Débats*, 18 April 1832.
34) J. M. Meriman의 훌륭한 연구서인 *The Margins of City Life: Explorations on the French Urban Frontier, 1815-51*, New York 1991 참조.
35) P. McPhee, *A Social History of France, 1780-1880*, London 1993, 203에서 재인용.

14
진보와 그에 대한 불만

민족주의, 경제성장, 그리고 문화적 확신의 문제

혁명과 그 여파

중부유럽과 동유럽에서도 변화가 나타났지만, 산업혁명과 정치적 혁명은 주로 서유럽에서 복잡한 결과를 낳았다. 이념적으로 특히 보수파와 자유주의파가 새로 형성된 입헌적이고 부분적으로 민주적인 정치체제의 주요 반대집단이 되었다. 혁명의 결과 일체를 유감스럽게 생각한 보수파는 과거의 정치구조를 가능한 한 유지하거나 복구하기를 원했고, 강력한 정부를 옹호했다. 자유주의파는 사회적 진보가 사회세력들의 가급적 자유로운 활동에 의해 가장 잘 이루어진다고 생각했고, 경제·사회 문제와 특히 문화적 문제에 있어 정부의 유보적 태도를 은연중 환영했다.

한편, 보수주의와 자유주의 모두에 반대하는 제3의 이데올로기, 즉 사회주의가 전면에 등장했는데, 이것은 분명 유럽의 대혁명들, 특히 산업혁명의 아들이었다. 18세기 말과 19세기 초의 여러 변화가 없었더라면 사회주의가 정치세력으로 태어나지는 않았겠지만, 그 뿌리는 훨씬 더 오래된 것이었다.

사회주의는 12, 13세기 길드의 연대의식과 르네상스와 종교개혁 문화의 개인주의, 계몽클럽들의 조직구조, 노동과 직인의 가치에 대한 낭만주의적 개념과 같은 다양한 요소들로 구성되어 있었다.[1]

대부분의 사회주의자들은 당시의 정치적·경제적 변화들을 되돌리려고 하지는 않았지만, 주로 그러한 변화의 부정적 결과라고 생각한 것과 싸우려고 했다. 사회주의적 견해에 따르면, 대다수의 노동자들이 당면한 여러 문제들을 해결하려면, 진정으로 모든 국민을 보살피는 정부가 모든 사람에게 번영과 복지가 보장되도록 사회를 이끌어야 한다는 것이었다.[2]

1820년대 프랑스의 문필가이자 사회비평가인 생 시몽 백작 앙리는 다음과 같이 주장하면서 보수주의와 자유주의, 사회주의 3자를 혼합한 흥미 있는 사상을 내놓았다.

끝으로 나는 사람들을 먹여살리는 유일한 방안은 고용뿐이라고 말하고자 한다. 정부는 기업의 대표들에 의해 통제되어야 한다. 이들은 인민들에게 매일매일의 노동을 지시하는 인민의 진정한 지도자들이다. 따라서 기업의 대표들은 직접, 그리고 스스로 관심을 가지고 그들의 권한을 이용하여 최대한 사업을 확장해야 한다. 이로 인해 경제활동이 최대로 증가할 것이며, 결국 더 많은 고용이 이루어질 것이다.

생 시몽의 이상사회에는 다분히 가부장적 경향이 있었지만, 그는 다음과 같은 글에서 이를 완화—또는 훈련—시키는 방안을 희망했음이 분명하다.

이제 나는 다른 문제를 다루려고 한다. 무엇이 인민을 위한 최선의 교육이며, 어떤 방법으로 그것이 제공되어야 하는가? 인민이 가장 필요로 하고, 그들로 하여금 가장 잘 일할 수 있게 하는 교육은, 이론의 여지 없이 일생 동안의 일을 위한 준비로서 가장 유용한, 기하와 물리, 위생 … 의 과목들을 바탕으로 해야 한다.[3]

새로운 산업사회로부터 직·간접적 영향을 받아 파생한 모든 이데올로기 가운데서 생 시몽의 이데올로기가 특히 20세기 후반에 서구 자본주의가 실제로 택한 방향을 가장 정확하게 예언한 이데올로기였을 것이다.

생 시몽이 그의 세계를 성찰했던 시대에도 '현대' 과학, 특히 사상 처음으로 많은 사람들에게 어떤 식으로든 번영을 제공할 수 있었던 기술과 산업화의 성공은 문화와 사회에 커다란 영향을 끼쳤다. 산업계의 기계화 요구 때문에 19세기 들어 점차 분업이 확산되었는데, 이는 평행적이지만 크게 보아 독립적인 수많은 사회 문화적 연결망(네트워크)을 탄생시키는 데 기여했고, 궁극적으로 개인주의화 과정을 촉진시켰다. 동시에 표준화는 생산의 증가와 국제화를 낳았다. 그렇게 해서 발전한 소비자 문화는 점차 국가와 민족, 그리고 그들의 전통을 넘어 '세계화'의 첫 단계를 만들어냈다.

모순된 얘기처럼 들릴지 모르지만, 아직까지는 그리고 오히려 점점 더, 국민국가가 이러한 각종의 진보적 발전을 위한 가장 적합한 틀임이 입증되었다. 민족주의는 '근대화 과정'의 구성요소이자 그에 대한 반응이었고, 아마 지금도 그러할 것이다. 이러한 근대화의 과정은 경제적·정치적 혁명들의 표현이었으며, '변화의 과정'으로 부르는 것이 보다 적합할 것이다. 왜냐하면 '근대화'와 '진보'는 크게 보아 자로 잴 수 없는 현상이며, 주로 도덕적이고 따라서 주관적인 범주이기 때문이다.

한편으로 과거의 확실성은 사라졌고, 다른 한편으로 강력한 국가가 치열해지는 국제경쟁에서 유리하다는 것이 분명해졌다. 따라서 18세기 말부터 문화적 개념들은 일체감과 단결심을 형성하기 위해 점차 정치와 연결되었으며, 곧 극단적인 차원으로 발전하게 되었다. 민족주의는 유럽국가들을 구성하고 있는 상이하고 때로는 대립적인 사회 문화적 요소들과 지역적 정체성을 화합시키기 위해서뿐만 아니라, 이들 여러 나라들의 팽창주의적 정치를 지원하기 위해 동원되는 일종의 이데올로기적 도구가 되었다.

18세기 말에서 19세기 초까지의 유럽 민족주의는 초국가적 독재를 겪으면서 크게 촉진되었다. 1789년의 프랑스 대혁명에 뒤이어, 나폴레옹 보나파르트가 영국의 섬들은 제외하고 짜르 제국의 국경까지 유럽 전체를 통일하려고 시도했고 잠시 성공하기도 했다. 이를 위해 그는 군사적 수단뿐만 아니라 그 이전 수백 년 동안 수많은 사람들이 패권을 잡기 위해 써먹었던 똑같은 호소도 이용했다. 즉 총칼에 의해서만 가능하다 해도, 통일이야말로 분열과 그것의 파괴적인 결과들을 방지할 수 있다는 것이었다. 의심의 여지 없이 나폴레옹의 정책은 다양한 유럽국가들 내부와 국가들 사이의 공통의 문제들에 대한 의식을 강화시켰다. 그것은 또한 구조화된, 경제적으로 자유롭고 법적으로 보다 평등한 사회의 창조에 결정적으로 중요한, 많은 개혁을 가속화하거나 촉진시켰다. 가령, 유명한 나폴레옹 법전(1804)으로 절정을 이룬 법률의 통일, 유럽대륙의 대부분에서 서서히 채택한 도량형 제도와 표준중량제, 표준통화제 등, 한 마디로 유럽의 경제적·사회 문화적 변화에 박차를 가한 많은 제도들이 도입되었다.[4]

 그럼에도 불구하고 나폴레옹의 정복에 대한 반대운동이 많은 나라에서 일어났다. 이러한 반대운동 속에는 정치적·선동적 관점에서 다분히 이상적인 유럽통일과 유럽 문화를 옹호하는 논거가 차지할 자리는 전혀 없었다. 왜냐하면 바로 이러한 논거를 독재자가 써먹었기 때문이다. 영국과 스웨덴, 그리고 그 후에는 네덜란드와 남유럽의 일부가 반나폴레옹 진영에 동참했다. 샤를마뉴 이래 '신성로마제국'으로 통합되어 있던 많은 나라들도 가담했다. 나폴레옹은 이 제국을 없애버렸었다.

 1805년에 나폴레옹은 프로이센을 격파하고 이 나라에 가혹한 조건을 부과했다. 1813년 프로이센의 프리드리히 빌헬름 왕은 반나폴레옹 동맹에 가담하기로 결정했다. 격정적인 팜플렛을 통해 그는 백성들에게 싸울 것을 호소했다. 그의 말 속에서 민족주의의 다양한 문화적 요소들을 쉽게 확인할 수 있다. 공통의 과거와 그들이 과거에 싸워 얻은 것들이 논거로서 전면에 내세워졌다. 그러나 좀더 자세히 살펴보면, 오랫동안 유럽 문화의 자랑거리로 여겨졌던 문명의 요소들이, 이제는 한 민족 문화의 특성으로 거명되고 있다는 것을 알아차릴 것이다. 즉 양심의 자유와 과학이 명예와 독립과 나란히 제시되고 있는 것이다.

짐의 백성들에게
　현재 시작되고 있는 전쟁의 명분에 대해 짐의 충성스러운 백성들과 독일인들에게 설명할 필요는 거의 없을 것이다. 그것들은 제 정신을 가진 유럽인이라면 능히 알아볼 만큼 명백하다. 우리는 프랑스의 우월한 힘에 굴복하였다. … 이 나라의 생피가 빨리우고, 주요 요새들이 여전히 적에 의해 점령되어 있으며, 농업과 함께 한때 번성하던 여러 도시들의 산업도 불구가 되었다. 상업의 자유는 박탈되어 이익과 번영의 원천이 말살되었다. … 짐은 백성들의 짐을 덜어주기를 원했고, 프랑스 황제에게 프로이센의 독립을 허용하는 것이 그 자신에게도 이익이 된다는 것을 궁극적으로 확신시키기를 희망했다. 그러나 짐의 전적으로 순수한 의도는 그의 오만과 신의 없는 행동에 의해 수포로 돌아갔다. … 브란덴부르크인과 프로이센인, 슐레지엔인, 포메라시아인, 리투아니아인들이여! 그대들은 7년 동안 무엇을 참았는지 알고 있다. 그대들은 우리가 현재 시작되고 있는 전투를 명예롭게 끝내지 않으면, 어떤 비극적인 운명이 그대들의 운명이 될지를 알고 있다. 과거를, 위대한 선제후를, 프리드리히 대왕을 상기하라. 우리 선조들이 그들 밑에서, 피흘리는 전투 속에서 쟁취한 신의 은총들을 명심하라. 양심의 자유와 명예와 독립과 상공업, 그리고 과학을. 우리의 막강한 동맹자인 러시아인들의 위대한 모범을 생각하라. 스페인인과 포르투갈인들을 생각하라. 심지어는 이보다 더 작은 민족들도 이러한 은총들을 위해 더 강력한 적과의 전투에 참가하여 승리를 거두었다. 영웅적인 스위스인과 네덜란드인들을 기억하라. … 만약 우리가 프로이센인과 독일인이기를 그만두기를 바라지 않는다면, 어떤 개인적인 희생이 요구되더라도 그런 희생들은 우리가 그 대가로 그들에게 베푸는 성스런 은혜와, 그것을 위해 우리가 싸워 승리하지 않으면 안 되는 성스런 은혜에 비하면 오히려 가벼울 것이다. … 프로이센인과 독일인은 명예 없이는 살 수 없으므로 … 그대들은 담대하게 전진할 것이다. 그러나 우리는 반석 같은 믿음을 가져야 한다. 하느님과 우리의 확고한 의지가 우리의 정당한 대의에 승리를 가져다줄 것임을, 그리고 그와 더불어 안전하고 영광스러운 평화와 보다 나은 시대의 도래를 가져다줄 것임을.

1813년 3월 17일, 브레슬라우에서
프리드리히 빌헬름

프로이센 왕이 제시한 논거는, 나폴레옹에 대한 증가하는 적대감 속에서 민족지도자를 자처하는 숱한 정치인들에 의해 다른 나라에서도 사용된 수사법과 같은 것이었다. 때로 이러한 지도자들은 옛날 군주의 혈통상의 후손이거나 이데올로기적 후손이었고, 때로는 이제 점점 더 민족적 가치로 제시되는 과거의 전통에 대한 호소로써 자기 권력을 강화하려고 애쓰는 신참자들이었다.

민족주의의 요소들 : 19세기의 정치 문화

18세기 말에 '제 민족의 유럽'을 형성하기 시작한 이미지들은 비록 광범한 문화적 유산 가운데 일부를 제한적으로 선택한 것이었지만, 그 이전의 보다 보편적인 꿈으로서의 민족이라는 고안물은 하나의 이데올로기를 형성했다. 각국 정부와 지배 엘리트는 단결을 강화하기 위해 가능한 모든 수단을 동원하여 과거 어느 때보다 더 열심히 민족(국민)을 고유하고 본질적인 단위

로, 그 시민들의 살아 있는 실체로 제시하고 선전했다. 민족(국민)의 이념은 국가에 의해 다양한 문화적 선언들을 통해 의식적으로 구성되었고, 이러한 선언들은 결국 의도적인 국가의 정책이 되었다.

유럽 전역에 걸쳐, 시민들에게 수백 년의 역사를 가진 연대감을 제공하기 위해 전통들이 '날조' 되었다.5) 유럽 전역에서, 민족(국민)과 공동체가 자신을 정치적으로 표현한 자연적 구조가 바로 국가라는 관점에서, 역사가 다시 씌어지거나 새로 씌어졌다. 이러한 새로운 과거는 각 정부에 의해, 함께 싸운 전투의 중요성과 그 전과, 위대한 인물—여성은 거의 없다—의 역할과 과거의 영광스러운 업적을 강조함으로써, 국민을 단결시키는 요소로 찬양되었다. 이것들은 이제 그 민족(국민)이 공유한 영웅적 행위라는 '민족적'(국민적) 과거로 내세워졌다. 어디서나, 특히 역사화 교육 프로그램이 이러한 목적에 기여했다.

예술도 마찬가지였다. 전 유럽에서 민족의 위대함을 기리기 위해 웅장한 기념물들이 세워졌다. 예나 지금이나 그 자체가 보편적 가치를 표방하는 천년교회의 탁월한 기념물인 로마에서는, 나폴레옹의 이탈리아 정복의 결과물인 골수 민족주의적이고 반교권주의적인 로마공화국이, 세속적인 문화도 종교적 문화와 마찬가지로 기억해야 한다고 결정했다. 이 고도(古都)를 굽어보는 테라스인 삔치오 정원에는 이탈리아의 위대한 아들들—물론 몇 명의 딸들도 함께—을 기리는 수많은 대리석 흉상들이 배치되었다. 이탈리아가 잠시 정치적 분열로 후퇴한 다음 마침내 1860년대에 통일되었을 때, 이러한 정책은 계속 추진되었다. 이 '추모공원'의 안내책자는 19세기 이탈리아의 학교에서 상품으로 사용되었다.6) 바이에른의 왕들은 도나우 강을 굽어보는 산등성이에 고대 그리스 사원을 세우고는, 엉뚱하게 게르만족의 고대 신들의 천상의 거처인 발할라(Valhalla)라고 이름붙였다. 이렇게 함으로써 그들은 현재의 독일 문화의 두 가지 원류를 암시하면서 그곳을 독일의 위대한 인물들을 찬양하는 각종 기념물로 채웠다. 오래된 건물들과 유서깊은 다른 장소들도 이제 '유적지'로서 복원되었다.7) 이런 곳들은 민족의 과거를 생생하게 체험할 수 있는 세속적인 순례지가 되었다.

유럽 전역에서 문학도 역시 민족적 이상에 봉사했다. 멀거나 가까운 과거를 환기시키지만 언제나 결정적으로 낭만화하는 시와, 민족역사의 위대한 순간들을 재현하는 연극, 상대적으로 역사는 짧지만 특히 효과적인 장르인 역사소설을 통해서. 나폴레옹에 대항한 러시아의 영웅적인 전투를 다룬 톨스토이의 기념비적 소설 『전쟁과 평화』는 러시아 민족의 정체성과 운명을 확립함으로써 러시아 민족의 위대함이라는 정서를 창출하는 데 크게 기여했다. 순박한 농부출신의 병사 플라톤 카라타예프라는 인물을 통해 톨스토이는 러시아 민중의 오염되지 않은 순수한 영혼의 화신을 창조했는데, 카라타예프의 모범은 이 소설의 고상한 주인공인 귀족 피에르 베주호프에게 개인적·집단적인 고난의 의미로 스며들어 그로 하여금 다시 영혼의 자유를 획득하도록 도와준다.

그리고 민족 문화와 동일시되는 문호들이 살았던 곳을 약간 치장하기만 하면 쉽사리 문학적인 '추모지'를 만들어낼 수 있었다. 영국인들은 18세기 중엽부터 스트래드포드 아폰 에이븐에서 개최된 셰익스피어 축제에서 이런 일을 해왔고, 독일에서는 괴테의 바이마르가 순례지가 되었다. 1870년대에 맥밀란 출판사가 엄청난 성공을 거둔 『영국 문필가 *English Men of Letters*』 시리즈를 간행하기로 결정한 데서 보듯이, 민족의 문학적 유산을 집으로 가져가는 것도 가능했다. 약간 더 엘리트주의적으로, 프랑스의 문학적 정전(캐논)을 형성하는 것으로 여겨지는 작가들의 인쇄된 팡테온인 '플레아드(pleiade)' 시리즈를 만들어내는 것은 대중적인 국민교육의 확실한 연습과정이었다.8)

마지막으로 다른 장르에 못지않게 음악이, 특히 낭만적이고 애국적인 그랜드 오페라 형식으로 전 유럽에서 국민적 자부심을 고취시키는 수단이 되었다. 브뤼셀에서는 1830년대에 〈포르티치의 벙어리 처녀 *La Muette de*

Portici〉 같은 오페라가 그렇지 않아도 네덜란드의 지배에 불만을 가지고 있던 벨기에인들의 격앙된 감정에 기름을 부었고, 벨기에는 우여곡절 끝에 네덜란드로부터 하나의 국가로 독립했다. 이탈리아 반도가 정치적으로 사분오열되어 있는 동안, 작곡가 지우세페 베르디(1813-1901)의 이름은 그 자체가, 궁극적으로 봉건세력과 신권세력을 허물고 새로운 왕 '비토리오 엠마누엘레 레 디탈리아(Vittorio Emmanuelle Re d'Italia)' 밑에서 통일된 국민국가를 건설하려는 사람들에게 단결의 구호가 되었다. 왜냐하면 이 작곡가의 이름(Verdi)은 사르디니아 왕의 이름 첫글자를 짜맞춘 말(V. E. R. d'I)로 읽을 수 있었기 때문이다. 독일에서는 유명한 〈니벨룽겐 Nibelungen〉 연작과 같은 리하르트 바그너의 악극들이 신화적인 게르만의 과거 이미지를 환기시켰는데, 이러한 이미지는 지금 당장 행동을 촉발하기 위한 자극제 역할을 했다. 바그너는 독일인들이 바이로이트의 푸른 언덕에 있는 그의 신축 오페라 하우스로 구름같이 몰려와, 고대 아테네 극장의 그리스인들처럼 그들이 보고 듣는 악극 속에서 기호화되고 행동화된 메시지에 고무되어 곧 국가를 이루게 될 게르만 민족이 보다 훌륭한 시민이 되기를 희망했다.

이러한 민족주의의 기운 속에서 새로운 국가들이 탄생했다. 이러한 신생 민족국가는 정치·문화 지도자들의 수사법에 이끌려 같은 말을 사용하고 같은 전통을 공유하는 모든 사람을 끌어안는 진정한 통일체인 국가야말로 보다 나은 삶을 보장하리라고 느낀 사람들의 기대와 희망의 정치적 표현이었다. 19세기가 지나면서 수많은 독일 소공국들은 브란덴부르크-프로이센을 주축으로 통일되었고, 이탈리아도 사보이-피에몬테를 중심으로 통일되었다. 반면에 오랜 역사와 광활한 영토를 가진 합스부르크 제국 같은 다문화 국가는 점점 더 민족주의의 원심력이 강해졌고, 이것이 20세기 초에는 오스트리아-헝가리 제국의 궁극적인 해체로 이어졌다.

흔히 민족주의적인 국가형성 과정에서 보다 오랜 지역 문화는 민족국가라는 새로운 이상에 종속되었고, 때로는 그것에 따르도록 폭력에 의해 강요되었다. 유럽 전역에서 언어는 국가의 통일을 이룩하기 위한 권력의 도구로 사용되었다. 또한 민족(국민) 국가들은 자기 국경선 안에 있는 사람들로 하여금 같은 언어를 사용하도록 했고, 이러한 정책은 흔히 지역적 특수주의의 폭발을 야기시켰다. 이제 지역 문화들은 민족(국민) 문화에 편입되었다. 잠시 동안 아일랜드인과 발틱인, 핀란드인 같은 소수민족들은 그들의 문화적 자치권을 상실했다. 영국화, 러시아화, 스웨덴화의 잔혹한 운동들이 지배 엘리트의 언어와 함께 흔히 그들의 종교까지 강요하거나, 아니면 세력을 유지하는 데 성공하지 못한 언어와 종교를 강제로 지배 엘리트의 그것들로 대치하려 했다. 20세기 말에 '인종청소'로 불리게 된 끔찍한 정책은, 실제로 엘리자베스 1세 시대부터 19세기 말까지 아일랜드의 가톨릭 신도들을 상대로 영국인들에 의해 자행된 인종청소 운동들과 함께 시작되었다. 그 결과 유럽 전역에서 이제 '소수'의 지위로 전락한 집단들은 점점 더 고유의 전통을 소중히 간직하려는 경향을 보였다. 비밀리에 또는 공개적으로, 그들은 자신들의 정체성을 지키려고 시도했고, 종교적 용어를 포함한 문화적 용어로 인종적·정치적 근거를 내세우면서, 그러나 언제나 언어학적 논거를 함께 동원해 자기 정체성을 확고히 했다.

　이러한 민족주의 운동의 궁극적인 이유는 확고한 기반을 가진 대외정책을 수행하고 점점 더 확장되는 세계시장에서 주도적 위치를 유지하기 위해 필요한 국내의 단결과 평화를 확보하는 데 통일이 요구되었기 때문이다. 국가가 필요로 한 것은 지배자들의 통치권에 대한 요구와 이른바 '국민' 지도자들의 권력욕을 떠받치는, 대중들의 일반적인 공동체 의식이었다. 통치능력은 통제능력을 요구한다. 단일한 규범과 가치체계를 사회에 강요할 경우, 가장 쉽게 통제할 수 있다고 믿었던 것이다. 만약 공동체의 구성원들로 하여금 이러한 규범과 가치들이 정말로 그들의 고유한 정체성을 이루고 있다고 느끼도록 만들어 그들을 함께 묶고, 적으로 보이는 모든 사람에게 또는 그들에게 적으로 제시되는 모든 사람에게 강력하게 대응하도록 한다면, 훨씬 더 효과적일 것이라고 생각되었다. 19세기에 정도의 차이는 있지만 사실상 모든 유럽의 강대국들은 자국의 경제를 가능한 한 부강하게 키우고 그럼으로써 자신들의 힘의 우위를 지키기 위해 제한된 자원을 놓고 각축을 벌였다. 이것이 바로 과학, 특히 응용과학이 산업화의 진전과 상호작용하면서 점점 더 민족 문화의 뚜렷한 현시(顯示)가 되고, 민족적 '천재성'의 표현으로 자랑스럽게 내세워진 이유 가운데 하나이다. 따라서 1851년의 런던 '세계박람회' 같은 대규모 박람회들은 산업과 기술진보의 '보편성'을 강조했음에도 불구하고 주로 국민적 부를 과시하기 위한 쇼윈도였다.[9]

새로운 엘리트, 새로운 문화보급의 메커니즘, 새로운 문화의 출현

민족적 이데올로기를 주로 담당한 집단을 19세기의 함부르크 출판업자 요한 쿠리오는 다음과 같이 간명하게 묘사했다.

> 우리에게는 귀족도, 도시귀족도, 노예도, 아니, 심지어는 백성도 없다. 모든 진짜 함부르크인들은 단 하나의 계급, 시민계급만을 알고 그것을 가지고 있다. 우리는 모두 시민이며, 그 이상도 그 이하도 아니다.[10]

경제적·정치적 변화의 결과로, 1840년대까지 많은 분야에서 지배권을 장악한 것은 주로 유복한 산업계급과 전문직 계급 출신자들, 일부 새로 '자수성가한' 사람들, 일부 구 도시명사들의 후예 등이었다. 모든 분야에서, 즉 금융·경제계는 물론이고 정계에서도, 그들의 힘은 증가했다. 그 이유는 단 하나, 국가를 운영하는 관료들이 점점 더 많이 이들 계층으로부터 충원되었기 때문이다.[11] 그 결과 이들은 문화생활도 지배하기 시작했다. 광범하고 복잡한 일련의 문화보급 메커니즘의 틀 안에서, 그리고 그것을 통해 지적으로, 그리고 보다 넓은 의미에서 문화적으로 새로운 엘리트가 형성되었다.

민족적 정체성 의식을 강화하려고 애쓰는 각국 정부는 개선된 교통의 도움을 받았다. 즉 도로와 철도의 건설은 몇 세대 동안 자기 마을에 묶여 있던 사람들의 이동을 촉진했다. 산업화 과정의 일부인 이주의 증가가 다른 요인으로 작용했고, '국민의' 군대에 복무시키기 위해 시골 구석구석과 전 국민으로부터 병사를 징집한 것도 또 다른 요인이었다.[12]

그러나 온갖 종류의 사상과 전통을 확산시키는 데 기여한 것은 주로 교육의 엄청난 성장이었다. 성장하는 기술·산업적 경제의 필요를 충족시키기 위해 초등학교가 대규모로 설립되었으며, 초등교육은 흔히 의무화되었다. 이에 따라 유럽의 문자 해독률은, 비록 나라마다 크게 다르기는 했지만, 급속히 높아졌다.[13] 독일의 산업화 지역에서는 문맹자의 수가 1870년에서 1900년 사이에—군 징집자와 결혼증명서에 서명할 사람들을 대상으로 조사한 바에 따르면—2%에서 0%로 떨어졌다. 아직도 대부분이 농촌인 이탈리아에서는 문맹률이 59%에서 33%로, 여성의 경우에는 78%에서 48%로 떨어졌다.[14]

교육은, 특히 2차(중등)교육과 3차(고등)교육은 이제 더 이상 신·구 엘리트에게만 제한되지 않고 웬만큼 잘 사는 중산층의 대다수에게도 확산되기 시작했다. 그렇지만 그 구조와 내용은 여전히 15세기 말과 16세기 초에 개발된 관례와 개념을 바탕으로 하는 구태의연한 것이었다.

영국의 권위 있는 '교육철학자' 매슈 아놀드(1822-88)는 「문화와 무질서 Culture and Anarchy」(1869)라는 에세이에서 간결하게 이 문제를 설명했다.[15] 그는 양질의 교육은 '개화되고', '인도적인' 사회를 자처하는 모든 사회의 기본이라고 주장했다. 그는 무엇보다도 영국의 유복한 중산층과 귀족 출신 소년들이 교육받는 사립 중학교의 개혁을 원했다. 그러나 그는 자신의 개혁안에서 명시적으로 독일 여러 나라의 상황을 언급했다.[16] 독일에서는 빌헬름 폰 훔볼트(1776-1835)가 2차교육과 3차교육에 대한 새로운 이념들을 표명한 바 있는데, 그의 견해에 따르면 이것은 유럽의 거의 전 지역이 그렇듯이 교회와 다른 사립기관에 맡기는 대신 정부에 의해 통제되는 사려깊은 정책을 통해 시행되어야 한다는 것이다.

아놀드가 보기에 '헤브라이즘'과 '헬레니즘'은 유럽 문화의 두 기둥이다. 후자에서 나온 '이성에의 욕구'와 전자에 내재하는 '신의 의지'가 결합해 전파할 가치가 있는 문화형식, 즉 '이 세상에서 알려지고 창안된 최고의 문화'를 낳았다는 것이다.[17] 바로 이 문화를 전파할 이유는 얼마든지 있는데, 그것을 아놀드는 1848년에 "나는 도덕적·지적·사회적으로 미국식 천박함 이상의 천박한 물결이 우리를 덮치려 하는 것을 본다"[18]고 썼다.

그러나 훔볼트와 마찬가지로 아놀드도 기독교가 유럽인들에게 부과한 '양심의 엄격함'과 고전적인 고대(그리스)가 육성한 '의식의 자발성' 사이의 점점 커지는 위험한 분열에 주목했다. 그는 이렇게 썼다: "그 중 어느 하나도, 그 숭배자들의 의도처럼, 인간 발전의 정도(正道)는 아니다. 그것들은 각기 인간발전에 기여한다."[19] 그럼에도, 행간을 읽어보면, 그의 가장 깊은 내심은 분명 헬레니즘 쪽으로 기울고 있다. 다시 말해 "유일한 절대선은 … 완전을 향한 진보,—그것을 향한 우리 자신의 진보와 인간성의 진보라는 것을 우리가 깨닫도록 만드는 … 사물의 지적 법칙에 우리의 마음을 집중시키는 습관"이라는 것이다.[20]

몇몇 비판자들이 보기에 아놀드의 이러한 문화적 이상은 이교도 냄새가 났고, 많은 사람들에게는 너무도 엘리트적이었다. 헨리 시지위크는 이렇게 썼다.

> (전파할 가치가 있는 문화란) '어떤 것도 천하거나 더럽다고 부르지 않는 법을' 배워야 한다. 그것은 공감의 빛을 너그럽게 비침으로써 천한 사람들과 천한 것

들을 사랑하고, 천한 재미를 느끼는 것을 배움으로써 자신을 전파할 수 있을 뿐이다. 사람들로 하여금 그들 자신의 가난한 삶이 결코 아름답고 시적이 아니라는 것을 느끼도록 만들라. 그러면 그들은 고개를 돌려 그들의 삶 밖과 위에 있는 아름다움과 시의 보물을 찾을 것이다.[21]

교육의 영향력은, 전보다 훨씬 싼 값으로 대량출판할 수 있게 해준 새로운 인쇄 및 삽화기법으로 인해 달라진 독서 문화에 의해 크게 증폭되었다.[22] 18세기 말부터 유럽의 모든 대도시는 신문과 잡지, 책을 볼 수 있는 독서실과 대여도서관을 자랑하게 되었다. 그렇지만 이러한 시설을 찾는 사람들이 실제로 무엇을 읽었는지를 묻는다면, 그 대답은 실망을 자아낼 것이다.

도서목록과 대출기록을 분석해보면, 18세기에는 비교적 다양한 종류의 지식과 교양을 제공하는 간행물들이 읽혔으나, 프랑스 혁명 기간과 그 이후에 유럽 전역에서 독서실과 도서관에 대해 실시된 검열 때문에 19세기 초에는 독서패턴이 바뀌었다.[23] 일간지와 정기간행물(잡지)이 아직도 꽤 읽혔지만, 주로 읽힌 것은 소설이었다.[24] 이미 18세기 말에 두각을 나타낸 '픽션산업'은 이제 독서회와 대출도서관의 상호작용에 의해 최초의 호경기를 맞았다.[25] 19세기에 접어들어 많은 유럽국가에서 전면적인 초등교육이 실시되면서 이러한 발전은 더욱 높은 단계에 도달했다. 특히 싸구려 잡지들이 삼류작가들과 보다 진지한 작가들의 픽션을 연재하기 시작해 지금까지 손길이 미치지 않던 독자들에게도 영향력을 행사하면서 그러한 추세는 강화되었다.

다분히 민족주의적인 문화 속에서 소설은 흔히 현재나 과거의 자기 사회를 주제로 삼았다. 그러나 소설가들은 비록 민족을 찬양하는 맥락에서 벗어나지는 않았지만 오랫동안 유럽의 특징으로 간주되어 왔으며, 그동안에 중산층화되고 세속화된 많은 기독교적 가치를 표현하는 것을 회피하지 않았다. 그렇다고 소설들이 전적으로 무비판적인 것도 아니었다. 실제로 소설들은—비록 통속화되고 '걸러진' 것이었지만—문화비평가들에 의해 훨씬 더 강렬하게 표현되었으나, 아직 일반대중의 귀에는 들리지 않은 견해들을 슬며시 내비치기도 했다.

한편, 경제적·사회적·정치적으로 여전히 불리한 여성의 지위 때문에 문화와 사회면에서 많은 긍정적 영향력이 사장되었다. 심지어는 빅토리아 여왕 시대의 '가장 잘 팔리는' 계관시인 알프레드 로드 테니슨(1809-92)까지도 이를 깨달았다. 분명 그의 매우 인기 있는 시들은 중산층 가정의 이상을 찬양함으로써, 여성에게는 사실상 모든 권리와 심지어 감정까지도 거부되어 있는 남녀관계의 강화에 기여했다. 투표나 대학등록이 허용되지 않고 주로 아내와 어머니의 역할에만 제한됨으로써 집안에 갇힌 부르주아 여성들의 불만은 점점 커져갔다. 그런데도 과거 수백 년에 걸쳐 형성되고 남녀 모두를 가두는 감옥이었던 사회와 문화적 패턴은 몇몇 용감한 여성들의 항의에 의해 쉽게 바뀌지 않았으며, 이러한 여성들은 급진적 여성주의자(페미니스트)와 '여자 같지 않은 여자'로 구설수에 올랐다. 그럼에도 불구하고 테니슨은 어떤 문화생활의 영역에서 여성들이 제외되어 있는지를 분명히 밝히고, 그 도입부에서 자기 시대의 '정신'이 제한적이고 따라서 비생산적임을 자신이 직접 경험했음을 보여주는 시를 쓰고 싶은 유혹에 굴복했다.

마침내
그녀는 예언의 바람을 타고 일어섰다.
미래를 펼치면서, 어디에나
의회에도 둘, 벽난로 옆에도 둘,
인생의 관대한 사무실에도 둘,
과학의 심연과 마음의 비밀을 측정하도록
두 개의 추가 내려뜨려져 있으니.
음악가, 화가, 조각가, 비평가, 등등.
그리고 어디서나 넓고 넉넉한 지구는

이러한 희귀한 영혼들이 배로 늘어나도록 배려할지니,
생각으로 세상의 피를 풍성하게 만드는 시인들이.[26]

    실제로 19세기의 처음 몇 십 년 동안에 새로운 종(種)인 여성 소설가가 나타났다. 유럽 전역에서 여성들이 대량 인쇄매체가 제공하는 기회를 붙잡았다. 일부 여성들은 새로운 시장을 기반으로 생계를 꾸려나가기 위해, 다른 여성들은 억압된 창작의 충동을 발산하기 위해 글쓰기를 즐겼다. 또한 몇몇 여성 작가들은 흔히 두 가지 이유 때문에, 억압적이고 가부장적인 사회 속의 여성의 위치에 대한 견해들을 머뭇거리면서, 아니면 과격하게 표명했다. 이렇게 해서 대부분의 대중소설들의 독자층 가운데 다수를 차지하는 여성 독자들은 서서히 남녀간의 관계에 대한 새로운 견해를 알게 되었고, 이것이 여성의 자유와 평등을 주장하는 운동을 향한 첫걸음을 예고했다. 영국에서는 필명이 조지 엘리엇인 매리 앤 에반스가 그녀의 위대한 소설『미들마치 *Middlemarch*』(1872)에서 남녀 모두를 옥죄는 사회경제적·심리적 한계를 탐색했다.

    아직도 본질적으로 계급지배적인 사회에 대한 비판도 나타났다. 예를 들면, 독일의 소설가이자 언론인인 테오도르 폰타네는 그의 정교한 소설『에피 브리스트 *Effie Briest*』(1895)에서 19세기 말의 베를린과 주변 브란덴부르크의 시골을 무대삼아 한 귀족사회가 그 구성원인 남녀 모두에게 가하는 압박을 생생하게 그려냈다. 프랑스와 스페인에서는 구스타브 플로베르의『보바리 부인 *Madame Bovary*』(1857)과 클라린의『여교사 *La Reggenta*』(1884)가 지방 소도시의 생활을 묘사했다. 여기서는 전통에 의해 설정된 예의범절의 경계를 위협하는 개인적 감정의 모든 표현들이 교회와 지방유지들의 관습적인 힘에 눌려 질식하고 만다.[27] 한편, 19세기 여성의 상황을 묘사한 가장 유명한 세 편의 소설이 남성에 의해 씌어졌다는 사실은 주목할 만하다.

    소설 속에 효과적으로 표현된 사회 문화적 비판의 또 다른 핵심은 증가하는 산업화가 가난한 사람들에게 가하는 위협이었다. 이것은 영국에서 찰스 디킨스(1812-70)에 의해 가장 능숙하게 표현되었다. 그의 소설들은 보통 잡지에 먼저 연재됨으로써 소설을 사볼 여유가 없는 대중에게 전달되었기 때문에 더욱 효과적이었다. 이러한 비판 때문에 당국은 실질적인 사회개혁의 필요성에 눈뜨게 되었다.

그렇지만 인간에 있어 점점 증가하는 기계의 중요성 같은, 잠재적으로 보다 급격한 문화적 변화의 위험은 그보다 덜 심각하게 다루어졌다. 18세기의 마지막 수십 년 이후 과학, 특히 기계공학과 화학이 제공하는 것처럼 보인 미지의 가능성은, 일련의 소설에서 '기계적 인간'에 대한 우려를 부활시켰다.[28] 메리 고드윈 셸리의 인상적인 소설 『프랑켄슈타인, 일명 현대의 프로메테우스 Frankenstein, or The Modern Prometheus』(1817)는, 기계를 만든 인간이 언제나 자기 자신의 선이나 악을 위해 어느 정도까지 기계를 사용하기로 선택할 수 있는가를 보여준다는 바로 그 이유 때문에, 이 장르의 가장 중요한 작품 가운데 하나이다. 제1차 '기계시대'의 막바지에 영국의 소설가 사무엘 버틀러(1835-1902)는 풍자소설 『에레원 Erewhon』(1872)을 발간했는데, 여기서 그는 당시의 영국을 기계에 대한 두려움 때문에 온갖 종류의 '현대적' 이기로부터 의식적으로 멀어진 사회와 대조시켰다.

> 아무리 큰 기계라 해도 거의 틀림없이 그 크기가 대폭 줄어들 것이다. … 언젠가는 기계의 언어가 동물들의 울음소리로부터 우리 인간의 언어처럼 복잡한 언어로 발전할 날이 올 것이다. … 인간의 진짜 영혼은 기계의 덕분이다.[29]

버틀러의 소설에 나오는 인물들은 그리스의 프로메테우스 이야기의 로마판에 이미 표현된 해묵은 공포—그것이 동시에 어떤 갈망을 표현했기 때문에 더욱 강력하지 않았을까—를 표현하고 있다. 여기서는 주인공이 진흙으로 빚은 상에 생명을 불어넣어 신처럼 텅빈 물질로부터 생명을 만들어내고 그 결과 그것에 대한 통제권을 상실하게 된다. 물론 중심문제는 인간이 창조의 과정에 어느 정도나 간섭할 수 있으며, 간섭해야 하느냐는 것이다.

흔히 위에서 설명한 문화의 테두리 안에서 교육받은 새로운 '부르주아' 엘리트는 아직도 그 이전의 귀족 엘리트보다 더 제한된 재정적·문화적 환경 속에서 자라났다. 게다가 그들은 그들의 권력과 번영이 기본적으로 국민경제의 운명과 연결되어 있음을 확신하고 있었다. 그들은 가령 나폴레옹에 대한 싸움에서 자기 나라를 위해 돈과 목숨을 바칠 각오가 되어 있었다. 또한 그들은 모종의 국민대의제를 위한 틀을 만들어냄으로써 국민과 국가간의 보다 긴밀한 결속을 이루어냈다. 많은 서유럽 국가에서 적어도 민주주의를 위한 형식상의 뼈대를 만들어낸 이러한 과정이야말로 유럽 국민들, 즉 유럽이 정치적·제도적인 면에서, 그리고 심지어는 도덕적으로도 세계의 대부분 지역과 본질적으로 다르다는 증거가 아닐까? 독일의 소설가 구스타브 프라이타크는 그의 유명한 소설 『차변(借邊)과 대변(貸邊) Soll und Haben』(1855) 에서 시민적·국민적 가치와 열망을 가지고 이러한 새로운 사회를 묘사했다. 여기서 그는 교육받고, 검소하고, 이상주의적이며, 자기 자신의 번영과 국민의 진보에 다 같이 관심을 가진 부르주아가, 이기적인 귀족계급 및 유태인 은행가들의 금융조작과 대결하도록 했다. 왜냐하면 다른 많은 유럽 작가들처럼 그도 당시 점점 확산되고 감염성이 강해지는 반유태주의를 공공연히 표명했기 때문이다. 이러한 정서는 성장하는 민족주의에 의해 전혀 완화되지 않았으며, 심지어는 '전 세계적인 유태인들의 음모'를 날조하는 식으로 표출되었다. 프라이타크의 소설에서는 귀족과 유태인이 패배하는 반면, 당연히 부르주아가 승리를 거둔다.30)

승리에 도취한 중산층 민족주의의 이러한 분위기는 보다 유럽중심적인 정신을 거의 질식시키는 것처럼 보였다. 왜냐하면 민족주의적 사고는 18세기 말부터 유럽의 대부분을 재편하기 시작한 급격한 경제적 변화들과 긴밀하게 서로 얽혀 있었기 때문이다. 심지어는 전통적인 엘리트들 사이에서도 오랜 문화적 이상—유럽의 꿈—은 대부분 사라져버렸다. 이제 와서는 이러한 엘리트들도 가능한 한 그들의 국민 및 국가와 손을 잡지 않으면 안 되었다. 산업혁명과 전 세계적인 제국주의 속에서 이루어진 유럽경제의 비약적인 성장에 뒤이어, 그리고 18세기 후반의 여러 혁명이 가져온 정치적·사회적 변화를 겪은 이 시점에서, 전통적인 엘리트들은 더 이상 과거 수세기 동안과 같은 엘리트들이 아니었다. 많은 역사학자들에 따르면, 유럽 전역의 왕궁과 귀족들의 저택에서 감지되고 경험되었던 세계주의 문화의 단초들은 서서히 사라졌다. 아니면, 그것들이 사회의 새로운 권력집단에 의해 보다 민족주의적으로 경험될 수 있는 형식으로 번역되었다고 말하는 편이 낫겠다.

물론, 예술가와 학자들은 계속해서 읽고 쓰고 여행했으며, 이러한 지적 엘리트의 구성원들은 여전히 일종의 공동체 의식을 간직하고 있었다. 그러나 두 가지 현상이 이러한 세계주의를 무너뜨리기 시작했다. 한편으로는 18세기 말부터 고전 문화의 연구와 보급은 '직업적인 지식인들'의 영역이 되어버렸는데, 19세기에 접어들면서 이것들은 점점 더 대학과 다른 학술기관의 상아탑 속으로 은둔했다. 넓은 의미의 유럽사회에서 고전적 유산의 영향력이 '파괴' 되기 시작한 것이다.[31] 반면에 이제 여행과 독서에 의해 처음으로 자신의 울타리 너머를 쳐다볼 수 있었던 사람들, 즉 건실하고 자부심 넘치는 부르주아의 대다수는, 흔히 그 이전의 유럽 순회교육 여행자들과는 다른 심성과 동기를 지니고 있었다.

물론, 새로운 엘리트는 여전히 지중해권 유럽을 고전 문화의 영역으로 우러러보았다. 그들은 1861년에 통일국가가 된 이탈리아와 또한 그동안에 터키의 지배로부터 자유를 쟁취한 그리스로도 여행했다. 그리스는 이 과정에서 유럽 전역의 문화적 열광자들과, 오스만 터키의 지중해 동부지방에서 그들의 경제적·정치적 영향력을 증가시키기를 원하는 유럽 각국 정부의 도움을 받아 이제 유럽의 영향권 안에 편입되었다. 그러나 유럽의 중상류 계급은 이제 더 이상 떼를 지어 독일의 대학이나 프랑스의 궁전들을 순례하지 않

았다. 그들의 목표는 이탈리아에서 여행을 끝내고 교육을 완성함으로써 세계주의적인 엘리트의 일원으로 가입하는 것이었다. 국경선을 넘어 공통의 행동에 의해 식별될 수 있는 그 대표자들은 특정한 규준과 가치를 공유하고 있었다. 이제 해외로 나가는 사람들의 대부분은 점차 즐거움만을 위해 여행을 했다. 즉 되도록 이국적 풍광과 쾌적한 기후, 재미있고 신분상승적인 문화적 경험이 함께 어우러지는 분위기 속에서 즐기기 위해 여행을 했다. '유럽 순회교육'은 소비적 관광에 밀려나고 있었는데, 이를 위해서는 중산층의 늘어나는 부가 경제적 조건을 제공했다. 개선된 교통수단—기선과 기차—이 이것을 기술적으로 가능하게 했다. 그리고 문화적 맥락이 이것을 정신적·심리적 강박으로 만들었다. 실제로 여행이나 휴가는 유행이 되었고, 그 결과 전보다 훨씬 더 큰 집단, 그러니까 필연적으로 상이한 소망과 기대를 가진 집단에게도 곧 필수품이 되었다.

이러한 새로운 정서변화를 위한 자세한 정보는 광고물과 신문기사가 제공했는데, 이것들은 최초의 여행사들과 독일의 『베데커스 Baedekers』, 영국의 『머레이즈 Murray's』 같은 여행안내서에 의해 공급되었다. 이러한 여행안내서들은 1830년대와 40년대 초기 대중관광용으로 쓰여졌고, 교육에도 불구하고 문화와 유럽에 대해 상이한 태도를 가진 집단을 겨냥한 것이었다. 여행안내서에 못지않게 매력적인 것은 많은 여행기들이었는데, 이를 위한 특수 잡지들이 창간되었다. 하나의 좋은 예는 『세계일주 여행 Le Tour de Monde』이라는 잡지였는데, 이 잡지는 많은 언어로 번역되어 부르주아에

삽화 33, 34_ 많은 유럽인들은 앞을 다투어 '소비시대'로 뛰어들었다. 소비시대의 상징은 여기 1870년경에 그려진 것과 같은 파리의 오봉 마르세 같은 백화점들이었다.
한편, 다른 유럽인들은 보다 고상하다고 생각한 시대로 눈길을 돌렸다. 1800년경에 화가 티쉬바인은 독일 작가 괴테가 찬란했던 고대유적이 흩어진 로마 교외에서 깊은 상념에 잠겨 있는 모습을 그렸다(프랑크푸르트 시립미술관). 19세기 내내 유럽인들은 괴테의 발자취를 따라 향수에 젖어 유럽의 과거를 되찾기 위해 남쪽으로 여행했다. 물론 그들은 새로운 기술 덕분으로 훨씬 편안하게 여행할 수 있었다. (출처: 네덜란드 네이메헨 예술사 자료센터)

의해 탐독되었다. 여행안내서와 이러한 화보잡지들은 다 같이 비유럽 세계의 이국적 지역뿐만 아니라 유럽 자체까지도 다루었다. 유럽은 이제 서로 다른 민족 문화들로 구성된 지역으로 제시되었다. 대부분의 여행객이 서유럽인이었으므로, 중부유럽과 동부유럽에 대한 그들의 관점은 특히 시사적이다. 러시아에 대한 관심은 현저히 증가했으나, 그 수도인 상트 페테르부르크 이외의 세계는 '본토'인 서유럽의 변화된—기술적·정치적으로 개선되었다는 의미에서—조건과 닮지 않았으므로, 대다수의 여행자들과 논평가들은 짜르 제국을 '문명화된' 유럽의 일부라기보다는 '야만적인' 아시아의 일부로서 부정적으로 평가하는 경향이 있었다.

민족적인 것이든 유럽적인 것이든, 문화에 대한 지배적 개념들의 원천을 추적해보면, '유럽의식'은 거의 발전되지 않았다는 결론을 내리지 않을 수 없다. 사실 그러한 개념들은 심지어 유럽 내부에서도 이제 '우리'와 '다른 사람들' 사이의 점점 커지는 간격 같은 것을 가리키고 있다. 이것은 대체로 민족주의의 결과였다. 민족주의는 이제 대다수 유럽인의 정치적·문화적 맥락을 형성하고, 그들의 사고와 행동을 결정했다.

가장 많은 교육을 받은 유럽인들 사이의 지배적인 감정은 자기 민족의 과거에 대한 찬탄이었다. 이러한 과거는 문학과 시각예술에서 찬양되었으며, 과거의 모든 유적·유물들은 소중하게 모셔졌다. 처음에는 모욕적으로 '중세'라고 불리던 5세기 고전세계의 종말부터 15세기의 그 '부활'까지의 기간은 이제 미화되었다. 따지고 보면 대부분의 유럽민족들이 주권과 영토를 가진, 그리고 이제 19세기의 그들에게 이러한 힘과 영광을 제공한, 국가를 향한 길로 첫걸음을 내디딘 것은 바로 이 시기였기 때문이다.

이미 18세기 말에 노발리스로 더 잘 알려진 독일 시인 프리드리히 폰 하르덴베르크(1772-1801)는, 유럽이 과거에 통일과 문명을 위한 영감을 제공했던 원천, 즉 기독교의 샘물을 마실 경우에만 민족주의의 망령과 혁명의 공포가 사라질 것이라고 선언했다. 그러나 비록 노발리스의 신화적인 시는 많은 찬탄을 받았지만, 그의 인상적이고 열정적인 에세이 「기독교 또는 유럽 *Die Christenheit oder Europa*」(1799)은 많은 독자를 발견하지 못했다. 그는 모든 것을 포용하는 인도주의를 설교했다. 이것은 과학·기술에 의해 인간의 진보를 위해 정복된 자연과, 인간의 행동에 영감을 주는 가치체계로서의 문화 사이의 생산적인 상호작용과 민주주의에 바탕을 둔 것이었다. 따라서 그는 너무도 엘리트주의적이고 인문주의적인 문화관과 너무도 민중주의적이고 기계적·물질적인 세계관 사이의 근본적으로 위협적인 골짜기에 다리를 놓으려고 했다. 그는 또한 편협한 유럽중심주의의 결과들을 타파할 것을 희망했다. 노발리스는 분명히 천박한 문화상대주의는 물론이고 반동적 전통주의에도 빠지지 않았지만—그는 결코 낭만적·중세적 기독교를 설교하지 않았다—그의 생각들은 의도적이든 아니든 많은 사람들의 오해를 샀고,[32] 이것은 결코 놀라운 일이 아니었다. 그도 그럴 것이, 유럽의 여러 민족들은 통일을 추구하기는커녕 패권투쟁을 계속했기 때문이다.

> 바젤, 19세기 중반 : 야콥 부르크하르트, 당대 문화를 비판하다

자연은 측정할 수 있고 인간은 필요한 것을 모두 만들어낼 수 있다고 뽐내는 사람들과, 이것이 결코 인간의 유일하고 궁극적인 관심사일 수는 없다고 주장하는 사람들 사이의 골은 더욱 깊어졌다. 스위스의 역사학자 야콥 부르크하르트는 르네상스 문화에 대한 그의 탁월한 분석으로 유럽 전역에서 유명해졌다. 『이탈리아 르네상스의 문화 *Die Kultur der Renaissance in Italien*』(1860)에서 그는 앞으로 태어날 많은 후손들을 위해 르네상스 시대의 이미지를 거의 완벽하게 재현해냈다. 르네상스에 대한 그의 시각은 매우 긍정적인 것이었다. 사실은 지나치게 긍정적인 것이 아닌가 하는 의구심이 들기도 한다. 왜냐하면 이 '정신적 귀

족'은 현재에 대한 자신의 감정에 얽매여 과거를 묘사하면서, 자기 당대의 사회와 문화 속에서 발견한 많은 불쾌한 모습들로부터 일종의 정신적 도피처를 찾으려 했기 때문이다. 약 50년 후에, 유명한 네덜란드의 역사학자 요한 호이징아는 똑같은 유혹에 넘어가 생생하지만 역시 일면적인 후기 중세의 이미지를 재창조했다.

부르크하르트의 개인적 견해들—그 중 일부는 분명히 시대에 뒤떨어진 것이고, 일부는 아직도 현실성을 지니고 있으나, 대부분 매혹적이다—은 그의 많은 편지를 통해 살펴볼 수 있다. 그는 운명적인 시기인 1848년과 49년에 그의 친구 헤르만 샤우엔부르크에게 편지를 보냈다. 이때 새로운 엘리트들은 더 많은 권력과 민주적 권리를 요구한 반면, 서민들은 산업사회 속의 열악한 생활조건의 개선을 추구하고 희망했기 때문에 유럽 전역에서 혁명이 일어났다. 당시는 또한 칼 마르크스의 『공산당 선언 *Communist Manifesto*』(1848)이 널리 읽히고 논의되던 시기였다. 부르크하르트는 유럽 지식인들의 특징을 이루고 있는 고전적인 지중해 문화에 대한 지속적인 심취를 드러내면서 이렇게 썼다.

나는 자네의 두 눈에서 말 없는 질책의 기미를 감지할 수 있을 것 같네. 왜냐하면 폴란드에서는 모든 것이 산산조각이 나고 사회주의적인 최후의 심판을 알리는 사자들이 문간에 들이닥치는 판에, 나는 한가롭게 예술과 골동품의 모습을 한 남방의 쾌락을 탐하고 있으니 말이네. 오호라, 나는 아무래도 사태를 바꿔놓을 수 없으니, 전반적인 야만상태가 도래하기 전에(지금 현재로서는 나는 다른 어떤 것도 예견할 수 없네) 귀족적인 문화나 실컷 보면서 즐기고 싶네. 그래서 사회혁명이 잠시 기진맥진하게 되면, 불가피한 복구작업에 적극 참여할 수 있도록 말일세. … 자, 기다리게. 그러면 앞으로 20년 동안 말하자면 땅 속에서 유령들이 뛰쳐나오는 것을 보게 될 테니까! 지금 무대 앞에서 날뛰고 있는 공산주의 시인과 화가 따위는 단지 관객에게 예고편을 보여주는 어릿광대에 지나지 않네. 자네들은 아직도 인간의 본질이 어떤지를, 그리고 그들이 얼마나 쉽게 야만적인 떼거리로 변하는지를 모르고 있네. … 우리는 모두 멸망할지도 모르네. 그러나 적어도 나는 그 때문에 내가 멸망하게 될지도 모르는 관심사, 즉 유럽의 옛 문화를 발견하고 싶네.

나는 미래에 대해서는 아무것도 기대하지 않네. … 왜냐하면 민주주의자와 프롤레타리아는 아무리 열심히 노력해도 점점 포악해지는 전제에 굴복하지 않으면 안 될 것이기 때문이지. 우리의 매혹적인 세기는 결코 진정한 민주주의를 위해 만들어진 것이 아니니까.

약 20년 후 1870년대에 프랑스와 독일 간의 참혹한 전쟁의 결과로 다시 한 번 유럽이 혼란에 빠졌을 때, 부르크하르트는 그의 친구인 프리드리히 폰 프레센에게 편지를 보냈다.

유럽대륙의 위대하고 지성적인 두 국민이 그들의 문화를 송두리째 내팽개치고 있네. 1870년 이전에 사람들을 기쁘게 하고 그들의 관심을 끌었던 것들의 대부분을 1871년의 사람들은 거의 만져보지 못하게 될 걸세. … 가장 끔찍한 것은 현재의 전쟁이 아니라 이미 우리가 발을 들여놓은 전쟁의 시대라네. 그리고 새로운 심성은 이것에 적응하지 않으면 안 될 걸세. 아, 문화인들은 그들이 사랑했던 것들을 얼마나 많이 정신적 사치로서 뱃전 너머로 내던지지 않으면 안 될 것인가! 그리고 다음 세대는 얼마나 우리와 달라질 것인가. … 양식으로 삼아야 하는 것들은 모두 상당량의 영원성을 포함하고 있어야 한다네. 그리고 무언가 영속적인 것을 창조하려면, 그것은 진정한 시심(詩心)의 각고의 노력에 의해서만 가능한 법이지. 역사 선생인 나에게는 매우 기이한 하나의 현상, 즉 과거의 모든 단순한 '사건들'이 갑작스럽게 평가절하되는 현상이 분명히 나타났다네. 이제부터 강의중에 나는 문화사만을 강조하게 될 걸세. …

이따위 짓거리(즉, 독불전쟁)를 벌인 자들도 모두 신문기사와 다른 문학작품을 읽고, 쓰고, 심지어는 지어낼 수 있었다네. 그리고 독일 친구들도 … 누구 못지않게 교양인들이라네. 그러나 돈더미를 주체하지 못하면서도, 유사한 요인들 때문에 은밀하게는 계속 비상사태하에 있는 영국을 보게! 지금까지 200년간 영국인들은 모든 문제가 자유에 의해 해결될 수 있으리라고, 그리고 토론의 자유로운 상호작용에 의해 반대입장을 가진 사람들이 서로를 수정·보완해줄 수 있으리라고 생각해왔지. 그러나 지금은 어떤가? 엄청난 재앙은 지난 세기에 성선설을 주창한 루소에 의해 주로 시작되었지. 서민과 교양인이 다 같이 성선설로부터, 만약 인간만이 홀로 남는다면 앞으로 틀림없이 황금시대가 도래할 것이라는 교리를 추출해냈지. 그 결과, 삼척동자도 알다시피, 인간의 머리에서 권위라는 관념이 완전히 사라져버렸고, 이에 따라 우리는 당연히 정기적으로 벌거벗은 폭력의 희생물이 되는 거지. 한편, 성선설은 유럽의 지식분자들 사이에서 진보의 이념, 즉 수단방법을 가리지 않는 돈벌이와 현대적인 안락들, 그리고 양심에 대한 입막음용인 약간의 자선으로 바뀌었소. 제 정신이 아닌 이러한 크고 작은 낙관주의에 대해 생각할 수 있는 유일한 구원은, 그것이 인간의 뇌리에서 사라지는 것일 거야. 그러나 그렇게 될 경우 현재의 우리 기독교는 그 과업을 감당하지 못할 거야. 왜냐하면 그것은 지난 200년 동안 낙관주의를 지지해왔고 그것과 뒤섞였기 때문이지. …

  자네가 강조하는 주요 현상들 가운데 하나가 스위스에서 명명백백하게 나타나고 있네. 즉 사업의 위험부담으로부터 월급쟁이 신분으로 탈출하는 것이나, 농사가 수지가 맞지 않을 때면 교직과목 수강 신청자가 늘어난다는 사실에서 명백히 드러나고 있다네. 그렇지만 그 결과가 도대체 무엇일지 … 여기 바젤에서 우리는 지금 새 학교 건물들을 위해 2백만을 지출해야 하는 사태에 직면하고 있다네! 이것은 연관된 사실들의 한 고리일 뿐이지. 무상교육, 의무교육, 학급당 최대 30명, 학생 1명당 최소 몇 평방미터, 너무 많은 과목들을 가르치는 것, 교사들이 너무 많은 과목에 대해 피상적인 지식을 가져야 하는 것, 등등. 그러니 당연히 이런 결과가 나타나는 거지. 모두들 앙앙불락, 더 높은 지위를 얻으려고 아귀다툼을 벌이고 있지만, 그런 자리는 물론 그 수가 제한되어 있지. 여학교에서 계속되고 있는, 그야말로 제 정신이 아닌 고루한 교육적 관행은 말할 것도 없

고 … 현재의 교육제도는 이미 절정을 지나 내리막길로 접어들고 있는지도 모르네.33)

「바젤, 19세기 중반 : 야콥 부르크하르트, 당대 문화를 비판하다」

필연적으로 유럽 전역에서 도시생활은 더욱 복잡해져 인간의 감각에 대한 공격이 되어버렸다. 적절한 하수도 체계는 없는 경우가 더 많았고, 그래서 인간의 배설물이 마시는 물과 뒤섞여 콜레라 같은 전염병이 엄청난 인명을 앗아가 버렸다. 스모그로 뒤덮힌 도시들의 혼잡과 더러움, 만연하는 매춘과 그에 따른 성병의 영향, 취업시장의 불안정과 끊임없이 변화하고 유동적인 사회라는 불안감의 확산.34)

19세기 말까지는 유럽의 보다 산업화된 지역에서 엘리트층의 영리한 계산에 따라 아주 서서히 공장 내 작업조건과 주택공급의 개선이 이루어졌다. 또한 병원과 의료서비스가 재조직되고 확대되었다. 천연두와 같은 전염병에 대한 대대적인 예방접종 운동이 전개되었다. 처음에 이런 예방접종에 대한 정서적·정치적·종교적 반응은 정부와 과학이 이런 식으로 점점 인간의 사생활을 침범하는 데 대한 광범한 반감으로 나타났다. 사실 돌이켜보면, 이러한 정책들이 정부와 의사들의 힘을 키우는 데는 기여한 반면, 예방접종 운동이 보건증진에 효과적이었는지는 논란의 여지가 있다.

질병과 사고, 노령에 대비한 몇 가지 종류의 보험이 이미 19세기 초에 독일에서 도입되었다. 사회복지와 관련된 이런 저런 사태의 발전들이, 자발적 행동으로서의 자선을 바탕으로 한 사회에서 최저수준의 물질적 안락에 대한 권리가 모든 시민에게 보장된 '사회국가'로의 결정적인 변화를 가져왔다. 이것은 아마도 당시로서는 유럽사회를 다른 세계의 사회와 구분하는 주요한 발전이었을 것이다.35) 물론 산업 엘리트층이 언제나 자유의사에 의해 이런 결정을 내린 것은 아니었다. 실제로, 진행중인 노동운동의 영향력을 과소평가해서는 안 된다.36)

산업행동(노동운동)의 성과 중 하나는 노동계급에 대해 일 년에 며칠씩 휴일이 도입되었다는 것이다. 사람들은 나들이를 위해 힘들게 번 돈의 일부를 저축하기 시작했다. 그들은 만원인 도시를 떠나 신선한 공기를 마시고 싶어 했다. 단 며칠만이라도 신선한 공기를 마시면 몸에 좋을 것 같았다. 신선한 공기는 불결한 공장도시들의 환경과 끔찍하게 비위생적인 생활조건뿐만 아니라, 비록 그러한 용어는 아직 만들어지지 않았지만 스트레스에 의해서도 생긴 실제의 병과 상상 속의 병으로부터의 탈출을 뜻하는 상징이 되었다. 점점 더 많은 사람들이 산이나 바닷가로 여행했다.[37] 형편이 나은 사람들만이 휴양지에서 의사와 간호사의 보살핌을 받을 수 있었다. 이러한 휴양지는 대개 모든 사람에게 만병통치약인 광천(鑛泉)이었다. 유럽에는 지금도 부르주아 사회의 실제적·상상적 병에 대한 관심의 기념물인 이러한 광천들이 곳곳에 흩어져 있다.

한편, 훨씬 더 긍정적인 새로운 자연관이 나타나게 되었다. 거칠고, 길들여지지 않고, 통제할 수 없는 것으로서의 시골에 대한 예전의 경멸과 두려움이, 이제는 오직 여기서만 진정한 삶을 누릴 수 있고 여기서만 위대한 행위를 위한 인간의 진정한 영감을 얻을 수 있다는 느낌으로 대치되었다.[38] 이러한 견해는 특히 풍경화에서 가시화되어, 풍경화는 이제 숭고한 자연이라는 맥락 속에 제시되었다. 보다 대담하고 예술가적 기질을 가진 사람들 사이에서, 그때까지 들어본 적도 없는 도보여행이 유행하게 되었다. 노동계급은 눈이 휘둥그레져서 이를 바라보았다.

비록 대다수의 유럽인들에게는 진정한 휴가가 여전히 연간 2, 3일의 여행으로 제한되어 있었지만, 보다 여유 있는 시민들은 이미 2, 3주의 휴가를 즐겼다. 이러한 여가혁명을 일으킨 것은 바로 바퀴였다. 즉 증기기관차의 바퀴가 1840년대 이후 장거리 단체여행을 가능하게 했으며, 19세기 말까지는 이미 도입된 안전하고 다루기 쉬운 자전거의 바퀴가 비교적 가까운 주변 지역 안에서의 기동성을 높였다.

어디서나 사람들은 여가를 신분의 상징이자 생활의 필수품이라고 여기게 되었다. 19세기 말 이후에는 소비자의 수요와 소비양상이 점점 더 희귀하고도 값비싼 상품인 여가시간을 중심으로 바뀌었다. 더 많은 여가를 과시할 능력이 있는 사람일수록, 사회계층 가운데 최하층 집단인 가난한 노동자들로부터 더 멀찌감치 떠나게 되었다.[39]

그러나 여가시간은 채워져야 했고, 심지어는 규제되지 않으면 안 되었다. 심심해지면 사람들은 술을 마시기 시작하거나, 난잡한 성적 쾌락이나 노름에 빠지게 되는데, 이는 특히 노동계급의 경우 사회적 불안과 혼란을 일으키게 될 것이기 때문이었다. 민중의 문화란 무질서를 의미했다. 이것이 바로 당시 유럽의 도시들을 지배하고 있는 부르주아 출신 정치·사회 지도자들의 생각이었다.[40] 그 결과 수많은 새로운 문화적 현상들이 나타났다.

부유한 시민들—문명생활의 당연한 수호자로 간주된 남자들과 그 부인들—은 '하층계급들'을 개화시키고 훈련시키기 위한 각종 활동을 벌이기 시작했다. 술이라는 악마와 싸우기 위해 금주협회들이 만들어졌다. 각종 요리강습회가 이러한 하층계급 출신 여성들을 부르주아의 모델에 따라 모범적인 가정주부가 되도록 가르쳤다. 이것은 그들로 하여금 남편과 아이들에게 따뜻한 가정을 제공하도록 도와줌으로써, 남편들이 공장에서 곧장 선술집으로 달려가 힘들게 번 월급을 술독에 쏟아붓는 습관에 덜 빠지게 하고, 아이들이 보다 포근한 환경에서 자라나 모범적인 시민이 되도록 가르치기 위한 것이었다.

분명히 이런 모든 활동은 대규모의 저임금 노동자 집단을 계속 엄격하게 통제하기 위한 것이었다. 노동자들은 상상을 초월하는 충격적인 짓을 저지른다는 혐의를 받았는데, 이 때문에 그들은 사회질서와 정치질서 모두에 대한 위험요소로 간주되었다. 1825년 프랑스의 론 현(縣) 지사는 이렇게 썼다.

나는 이런 사실을 알게 되었다. 즉 남녀가 격리된 다락방의 테이블 주변에 앉아

… 쌍스러운 얘기를 나누고 그에 못지않게 외설스런 노래를 부른다. 후식 때면 모두가 완전히 옷을 벗고는 둘씩 짝을 지어 모의결혼식을 올린다. 그 중 한 명이 이상야릇한 옷차림을 하고 … 교회의 종교의식을 희화시켜 한 쌍을 결혼시킨다. 일종의 … 설교가 끝난 후 그 쌍은 '결혼'을 완성하기 위해 옆방으로 들어간다. 그들은 그 후 돌아와서 서로를 씻겨준다. 충격적이고 신성모독적인 이런 의식들이, 이러한 해괴한 짓거리에 참여할 남녀가 나타날 때마다 되풀이된다.[41]

이처럼 풍기를 문란케 하는 쌍스런 행동에 대한 우려에서, 민간 당국과 교회 당국이 각종 전통적인 민중오락을 바꾸어보려고 힘을 모으기에 이르렀다. 그래서 그들은 부르주아 관찰자들이 보기에 언제나 일반대중에게 술 마실 기회뿐만 아니라, 설상가상으로 성적 행동을 공공연히 드러낼 기회까지 제공하는 연례적인 공진회(共進會)와 사육제(謝肉祭)라는 현상을 공격했다. 특히 이러한 두 가지 현상은 당국이 매우 중요하게 생각하는 질서의 기본가치인 가족의 유대를 불안하게 하는 것으로 느껴졌다. 따라서 19세기 말 네덜란드의 많은 도시에서처럼 때로는 공진회와 대목장 같은 행사들이 전면 금지되기도 했다. 그러나 가끔씩은 '사회의 기둥'이라 불리는 지도층이 대중의 휴식이 필요하다는 것을 인정하고 이러한 축제의 성격을 통제하기 쉽게 변화시키려고 노력했다. 그래서 종교적 행렬과 소인극, 음악경연, 꽃 축제 등과 같은 흥겨운 행사에 초점을 맞추었다.[42]

또한 이제는 조직된 스포츠 역시 중시되었다. 스포츠도 역시 이러한 '천민들'을 말썽만 피우는 거리와 선술집으로부터 떼어놓는 데 도움이 될 수 있었다. 게다가 스포츠에 참가하는 것은 그들에게 단결심을 불어넣고, 대체로 그들을 건전한 생활방식과 사고방식으로 유도하게 될 것으로 기대되었다. 19세기는 '민족주의의 시대'였으므로 '왕과 국가', 애국심이나 조국을 찬양하면서, 대부분의 나라에서는 교회의 도움을 받아 국가가 백성들의 충성을, 필요할 경우에는 기꺼이 목숨까지 바칠 정도의 충성을 요구했다. 사회

기강이 기본적인 시민적 덕목으로 간주되었고, 스포츠는 이를 위한 탁월한 수단으로 간주되었다. 특히 축구가 곧 인기를 끌었는데, 공장노동자들 사이에서도 마찬가지였다. 그러나 축구는 곧 온갖 억압된 공격성의 배출구로 바뀌었다. 세기 전환기의 베를린의 가장 권위 있는 신문인 『포시셰 차이퉁 Vossische Zeitung』은 1895년 4월 23일 이렇게 보도했다.

> 1894/5년 축구시즌인 지난 6개월 간의 인명손실은 이미 사망 20명, 중상 수백 명에 이르렀다. 그러나 실제 사고의 10%만이 보고된 것으로 보인다. …
> 심판의 판정이 경기중인 팀의 분노를 자아내면 벽돌과 철근으로 심판을 공격하는, 점점 일상적이 되어가는 습관을 개탄하지 않을 수 없다. 종종 관중이 기다렸다는 듯이 가담하는데, 이는 매 경기마다 임석하는 경찰이 질서를 회복시킬 수 없다는 것을 의미한다. 시합 후의 사고로 정상적인 업무수행에 차질을 빚기 때문에, 고용된 종업원들로 하여금 여가시간에 축구를 하지 않겠다고 서약하도록 하는 영국회사들을 나는 알고 있다.[43]

부자들도 스포츠를 즐겼으나, 그것은 흔히 가난한 노동자들의 스포츠와는 다른 종류였다. 모든 문화형식처럼 스포츠도 특정한 신분과 문화적 가치를 지니고 있다. 18세기에는 권투가 어느 정도 엘리트 스포츠였다. 왜냐하면 귀족들이 권투구경을 좋아했고, 선수들을 종종 고용했으며, 가끔은 직접 경기에 참가하기도 했기 때문이다. 그러나 19세기에 그것은 서민적인 스포츠가 되어버렸다. 19세기의 처음 몇 십 년 간 축구는 주로 영국의 사립 엘리트 중학교에서 남학생들이 하는 엘리트 스포츠였다. 그러나 19세기 말에는 축구가 또 다른 서민 스포츠가 되어버렸다. 19세기의 처음 몇 십 년 간 정구는 엘리트 스포츠였지만, 2차 세계대전 후에는 '누구나' 코트에 들어갔다.

빠르게 변하는 산업사회에서 문화형식들의 지위 또한 마찬가지로 빠르게 변했다. 다양한 사회집단들이, 오래된 문화형식들을 다른 집단이 차지하면, 자신들을 차별화하는 새로운 방법을 찾으려 노력했기 때문이다. 실제로 19세기의 여가시간을 채운 모든 문화형식들은 지위를 제공했고 지위의 차이를 과시했다.

공장노동자들과 여타의 블루칼라 대중은 음탕한 노래와 외설적인 장면들을 엮은 뮤직 홀과 보드빌 이외에 흔히 작위적인 음모 속의 정서적 갈등과, 마찬가지로 작위적인 해피엔딩으로 포장된 지극히 통속적인 멜로 드라마를 제공하는 극장으로 떼를 지어 몰려갔다. 이런 '저급' 문화형식들을 지극히 의심스러운 눈초리로 보는 부르주아는, 그것들이 감상적일 뿐만 아니라 도덕적으로 저급하다고 평가했다.[44] 그렇지만 노동자들과 블루칼라 계급은 그들 나름대로 상류계급 문화와의 연상을 통해 신분을 제공하는 이러한 형식의 대중오락에 참여했다. 이렇게 해서 '고급' 극장이 공공 독서실과 과학협회들이 제공하는 대중강의처럼 계속 번창했다. 이러한 현상은, 이것이야말로 정말 진보의 시대라는 믿음을 강화시키면서, 과학의 대중화에 크게 기여했다. 실제로 넓은 이마와 좁은 이마 같은 신체적 개념을 일차적으로 품질보증하여 인간의 귀천을 낙인찍는 특징으로 만든 것은 바로 이러한 통속화된 과학이었다. 상류계급들은 좁고 거의 동물과 같은 이마를 가진 가난한 노동자들과는 다른 진화과정을 거친 것으로 여겨졌으므로, 넓은 이마는 지성이나 문화와 연결되었기 때문이다.

음악 문화에서도 중요한 발전들이 일어났다. 가장 오래된 음악인 교회음악을 제외하고도, 장터와 선술집의 '대중' 음악과, 부르주아와 귀족이 연주하고 즐기는 응접실 음악이 다 같이 오랫동안 유럽문명의 일부를 이루고 있었다. 이 세 가지 음악 사이의 차이는 오늘날의 고전음악 숭배를 기준으로 짐작하는 것보다 훨씬 적었다. 실제로 귀족적인 오페라와 교회음악은 흔히 대중적이고 세속적인 곡조들을 바탕으로 만들어졌으며, 궁정의 노래들이 길거리에서 휘파람으로 불려졌다. 그러나 비록 대부분의 유럽 수도에는 공공 음악당이 있었지만—17세기 영국의 일기 작가인 사무엘 페피스는 음악도 연주되었던 런던의 극장에서 보고 들은 것을 계속해서 얘기하고 있다—그 규모는 상대적으로 작았다.

18세기 후반의 여러 혁명과 더불어 왕족이나 부유한 개인 후원자를 위해 작곡하고 연주하던 많은 궁정 음악가들은—요셉 하이든은 합스부르크 제국의 가장 강력한 왕조 가운데 하나인 에체르하지 가문의 세습적인 장손들에 의해 고용되어 있었다—새로운 밥벌이 수단을 찾지 않으면 안 되었다.[45] 수가 늘어나고 자기 나름대로 문화적 열망을 가진 부르주아가 좋은 음악에도 열광적이었으므로, 머지 않아 궁정극장이나 궁정 오페라 극장이 점차 더 많은 일반 청중에게 개방된 대규모 음악당으로 발전했다. 실제로 최초의 대규모 음악당이 지어진 것은 18세기 말에서 19세기 초로 넘어가는 무렵이었다. 당연히 이러한 음악당들은 유럽 음악에 혁명을 일으켰다. 즉 청중의 규모가 커짐에 따라 필연적으로 보다 대규모의 작곡을 하지 않을 수 없게 됐으며, 그 결과 관현악단의 규모가 커지고 각종 악기의 가청(可聽)거리와 음역이 넓어지게 되었다. 따라서 베토벤의 교향곡들은, 가령 모차르트의 교향곡보다 대규모의 청중을 위해 작곡되고 보다 대규모의 청중에 의해 경청되었다.

이러한 청중은 때로는 연주되는 것을 즐기기도 했지만, 이런 자리에 참석하는 것이 그가 문화인임을 보여줌으로써 신분을 제공한다는 사실을 한시도 잊지 않았다. 청중들은 침묵 속에 경청하기 시작했다. 즐거움을 위해 돈을 지불했으므로, 그들은 음악을 뭔가 특별한 것으로 취급하지 않으면 안 된다고 생각했다. 그리고 음악가들은 하인에 불과한 것으로, 음악은 정중한 대화를 방해해서는 안 되는 일종의 막간 여흥으로 간주했던 귀족들과는 대조적으로, 신분이 덜 안전한 부르주아는 연주 도중 입을 여는 것을 두려워했다. 그러나 가장 중요한 변화는 사람들이 점점 음악을 오락이 아닌 예술로, 심지어는 일종의 종교로 우러러보았다는 것이다.[46]

부르주아의 가정예찬에서 응접실은 실제적이고도 상징적인 문화의 전당이 되었는데, 응접실의 구체적인 과제는 가족과 가정에 부르주아 계급의 규범과 가치들을 스며들게 하는 것이었다. 이에 대해서는 음악이 독서와 마찬가지로 흥미 있는 열쇠를 제공한다. 가령 19세기 초의 가장 재능 있는 작곡가 가운데 하나인 프란츠 슈베르트(1797-1828)에 의해 대부분 응접실용으로 작곡된 수백 편의 '낭만적' 시편을 분석해보면, 이러한 부르주아 사회의 희망과 두려움을 알 수 있다. 사랑과 행복한 결혼에 대한 동경, 고독에 대한 갈망, 번잡한 도시생활로부터 들판과 산으로 탈출하려는 욕구, 자연과의 합일, 때로는 분명하게 존재하지만 어떤 경우에는 광대무변한 우주 속에 알아볼 수 없게 숨어 있는 신과의 합일로부터 비롯된 우수.[47]

그러나 이같은 낭만주의적인 내면성 이외에도 음악, 특히 성악은 흔히 부르주아 사회의 가치뿐만 아니라 민족주의적인 사회의 가치를 표현하는 매체였다. 이 시기의 음악은 경제적·정치적 진보에 만족하여 오페라와 칸타타, 노래를 통해 종종 고무적인 멜로디로 민족의 영광스러운 과거를 찬양하거나 다른 세계에 대한 유럽의 우월성을 간접적으로 선전했다.[48]

19세기의 여러 변화에 의해 제기된 중요한 문제들 가운데 하나는 어떻게 도시 중산층의 가치들이 대다수 민중을 지배하게 되었는가 하는 것이다. 19세기의 처음 몇 십 년부터 20세기의 처음 몇 십 년 사이에, 유럽의 일부 지역이 농촌사회에서 산업사회로 변하고, 나아가 도시 문화나 중산층 문화로 전환한 것은, 사람들이 점점 비어가는 시골로부터 빠르게 성장하고 심지어 넘쳐나는 도시로 대거 이동함으로써 시작되었다. 몇 세대에 걸쳐 점점 더 많은 유럽인들이 부르주아의 규범 및 견해와 부딪치고 그 세례를 받았는데, 부르주아의 풍요는 가난에서 탈출하려고 안간힘 쓰는 모든 사람들에게 강력한 자극제가 되었다.

엘리트는 물론이고 도시적 소비경제의 유혹에 굴복한 서민들에 의해서도 추구된, 다양한 교화용·훈련용 문화정책에 의해 커다란 변화가 일어났다. 그러나 점점 광범한 유럽사회의 영역에서 부르주아 도덕관이 우세해지면서, 잠재의식적으로 두 세계의 통합도 진행되었다. 의심의 여지 없이, 거대한 하인들의 집단과 그보다 더 많은 하녀들의 집단이 부르주아 가정의 가치들이 서서히 노동계급으로 스며들어가는 주요 통로 가운데 하나였다. 이러한 가치들은 일하지 않고 아이들을 돌보는 아내, 이른바 현모양처의 이미지로 집약되었다. 하인(하녀)들은 또한 성교나 임신과정에 관련된 것은 모두 비밀의 장막에 가려졌던 이러한 중산층 가정에서 증가하는 성적 금기에 직면했다. 성이란 동물적이고 비인간적인, 즉 비교화적(非敎化的) 행동이라는 함축 이외에도, 그 뒤에 숨은 가정(假定)은 결혼이라는 속박의 한계 밖에서 이루어지는 성적 유혹은 남성은 물론이고 특히 여성의 경우에는 더욱 더 파괴적인 힘이라는 것이었다. 1860년대에 널리 읽힌 프랑스의 의학평론가 비레는 이상적인 남녀간의 결합에 관해 솔직하게 서술했다.

> 시커멓고, 털이 많고, 무뚝뚝하고, 뜨겁고, 열정적인 남성이 섬세하고, 눈물에 젖은, 희고, 수줍고, 얌전한 여성을 발견했을 때 이루어지는, 가장 여성적인 여자와 가장 남성적인 남자 사이의 결합. 한 쪽은 양보해야 하고, 다른 쪽은 상대방의 넘쳐흐르는 열정을 일종의 필요와 결핍감에서 받아들이고 … 환영하고, 흡수해야 한다.[49]

'이중기준'이라는 관념이 생각같이 보편적으로 받아들여지지는 않았으므로 부인이 마지못해 눈감아주는 것이었지만, 그래도 남자는 '시내'에서의 저녁과, 술 마시고 담배 피우는 모임들과 여자관계가 허용되어 있었다. 그러나 여자는 이러한 오락거리가 없었다. 흔히 신앙심이 깊은 중산층의 경우에는 여자들의 유일한 점잖은 외출은 매일 교회에 가는 것이라고 생각했다. 여자들은 점점 성적인 것과 무관한 존재가 되었다. 출산의 담당자로서, 그래서 성스러운 가정의 보증인으로서, 여성은 세상사에는 무관심하고, 앞에 나서지 않는 아내와 어머니로, 타고난 가사 담당자로 우상화되었다. 이러한 관념들도 서서히 유럽의 도시·산업 지역 노동계급에 도입되고 내면화되었다.

돈과 시간, 상품과 여가 : 소비 문화를 향하여

신분의 상징이자 심리적 갈망으로 되어버린 여가에 대한 수요가 증가하는 것과는 별도로, 물질 문화는 여전히 극도로 과시적인 소유를 통해 신분을 과시하는 유력한 표현수단이었다. 19세기 이전에는 그렇게 많은 집에 그렇게 많은 쓸모 없는 물건들이 빽빽하게 들어찬 적이 없었다.50)

19세기가 백화점의 세기였던 것은 놀라운 일이 아니다. 소비 문화의 이러한 진열장들은 이제 사치품들이 모든 사람의 손이 미치는 거리 안에 있음을 선언했다.51) 일련의 소설을 통해 당대의 생활상을 담은 사회학적 세밀화를 제공하려 한 유명한 프랑스의 작가 에밀 졸라(1840-1902)는 1883년 그 중 하나인 『숙녀들의 천국 Au Bonheur des Dames』을 발간했다. 그는 실제로 파리의 새로운 대규모 상점인 봉 마르셰에서 연구를 했다. 그가 찾아내어 묘사한 소매(小賣)기법들은 19세기 말과 마찬가지로 오늘날에도 들어맞는 것처럼 보인다. 이 소설의 주제가 영국의 변화하는 도회지 사람들의 심금을 울렸던지, 졸라의 소설로서는 처음으로 'The Ladies' Paradise' (1883)라는 제목으로 영역되었다. 이 소설은 시골을 떠나 파리라는 대도시로 올라온 한 젊은 아가씨와 두 남동생이 이 혼잡한 대도시에 압도되어 이리저리 헤매는 장면으로 시작된다. 그들은 아저씨의 집을 찾으려다가 갑자기 궁전 같은 건물에 마주치게 되는데, 이것은 온통 유리로 덮여 있고 온갖 종류의 상품들로 시선을 끌어 사람들을 안으로 유인한다. 한 쇼윈도는 예술적으로 전시된 수십 가지의 실크양산을 보여주고, 다른 쇼윈도는 호사스런 숙녀복들을 보여준다. 젊은이들은 이러한 신기한 구경거리에 벌린 입을 다물 줄 모른다. 각종 소비 상품들을 잇따라 묘사한 다음, 졸라는 이 순간 그 아가씨가 언젠가는 고객으로 이 초대형 상점에 들어갈 수 있도록, 어떻게 파리에서 기를 쓰고 '성공'하겠다고 결심하지 않을 수 없는지를 보여준다. 그녀는 두 남동생과 마찬가지로 소비 문화에 팔려 넘어간 것이다.

데니스는 셰르부르 발 열차가 그녀와 두 남동생을 내려놓은 생 라자르 역에서부터 걸어왔다. … 셋 다 여행으로 지쳐 있었고, 이 거대한 파리에서 놀라 어쩔 줄 몰랐다. …

그러나 가이용 광장에 도착했을 때, 이 젊은 아가씨는 깜짝 놀라 갑자기 발걸음을 멈췄다.

"아! 저기 좀 봐. 장, 저것이 정말 가게야!" 그녀가 외쳤다.

그들은 뤼 드 라 미쇼디에르 가와 뤼 뇌브 생 오귀스탱 가가 마주치는 모퉁이의 한 백화점 앞에 있었다. 그리고 그 쇼윈도들은 부드러운 시월의 햇빛 속에 밝게 빛나고 있었다. …

이러한 놀라운 광경에 가슴은 뛰었고 그녀는 넋을 잃고 다른 것들을 까맣게 잊어버렸다. 가이용 광장을 향하고 있는 높다란 통유리로 된 문은 복잡한 금박 장식으로 뒤덮힌 이층까지 닿아 있었다. 젖가슴을 드러낸 채 웃고 있는 두 여자들의 우의적인 조상(彫像)이 '숙녀들의 천국'이라는 간판이 새겨진 두루마리를 펼쳐 들고 있었다. … 그 백화점은 모퉁이에 있는 건물 이외에도 네 동의 다른 건물로 이루어져 있었다. … 그녀에게는 일층의 전시품과 통유리창—그것을 통해 계산대의 전체 길이를 볼 수 있었다—이 끝없이 이어져 있는 것 같았다. …

데니스는 정문 입구의 전시품에 완전히 넋을 빼앗겼다. 거기서 그녀는 바깥 길바닥에, 바로 포도(鋪道)에 산더미처럼 쌓인 싸구려 상품들을 보았다. 바겐 세일용인 이 물건들은 행인들을 유혹하고 주의를 끌기 위해 그곳에 쌓아둔 것이었다. … 그 백화점은 상품이 넘쳐서 남는 물건들로 포도를 가로막고 있는 것처럼 보였다.

… 진열장을 따라 매번 새로운 전시물 앞에서 발길을 멈추며 … 그들은 정교한 전시기법에 매료되었다. … 색깔을 교묘하고 예술적으로 배열하여 상상할 수 있는 가장 멋진 음영이 나타나도록 전시된 실크와 공단, 벨벳들.

… 거리로 나서는 순간, 데니스는 숙녀용 드레스들이 전시되어 있는 진열장에 매료되었다. … 그 드레스들은 여성의 아름다움과 우아함을 경배하기 위해 건립된 이런 식의 예배당 속에 있었다. …

"정말 놀랍기도 하구나" 하고 장은 중얼거렸다. 그는 자기 감정을 표현할 다른 말을 찾을 수 없었다. … 이런 온갖 여성들의 사치품이 그를 즐거움으로 흥분시켰다.

본질적으로, 18세기 말의 본격적인 산업화 이후 문화비평가들은 유럽문명에 두 가지 기본적인 문제를 제기하는 두 가지 상황에 주목했는데, 200여 년이 지난 오늘날에도 이러한 문제들은 그 시사성을 전혀 잃지 않고 있다.

우선 몇몇 이론가들은 고용과 생산의 증가로 인한 임금상승이 대중의 기본적 필요를 충족시킬 것이므로, 여가에 대한 수요가 증가하고 또 이를 충족시킬 수 있으리라고 판단했다. 그러나 이것은 규율이 흐트러진 여가시간의 무질서라는 도덕적 문제를 야기시켰다. 다른 한편으로, 사치의 증가에 자극된 경쟁적인 욕망은 점점 커지기 마련이었고, 이것은 몇몇 관찰자들에게 유럽의 구조적 문제로 보였다. 그러나 이것은 주로 가짜 필요를 바탕으로 한, 온통 일에 쫓기는 사회를 낳을 수밖에 없었다.[52]

18세기 말에 장 자크 루소는, 언제나 그렇듯이 자신의 소규모 '공화국'을 인간의 통상적인 정치적·사회적 맥락으로 설정한 궁극적으로 잘못된 전제들의 테두리 안에서 추론하면서, 이러한 문제들이 공동체의 기율에 의해 해결될 것이라고 예언했다.[53] 한편, 스코틀랜드의 철학자 데이비드 흄은 개인의 자기통제를 호소한 바 있다.[54] 19세기 중반에 존 스튜어트 밀은 산업화가 가져온 풍요는 민주적인 여가 문화에 이르게 될 것이라고 주장했다.[55] 진보적이고 사회주의적인 많은 다른 사상가들이 그를 따랐는데, 다만 이러한 목표를 달성하도록 도와주는 기관을 국가로 설정하느냐, 아니면 개인으로 상정하느냐는 점에서만 차이를 보였다. 문화의 다른 영역에서도 뚜렷해진 이러한 두 가지 균형문제 사이의 대립은 지금까지 정치인들과 사회·문화 비평가들 모두의 주목을 받고 있다.

Notes

14장_ 진보와 그에 대한 불만

1) 이 분야의 유사점과 차이점에 관한 섬세한 연구로서는 R. Wuthenow, *Communities of Discourse: Ideology and Social Structure in the Reformation, the Enlightenment and European Socialism*, Cambridge, Mass., 1989 참조.
2) 사회적·정치적 결과에 대한 비교 연구로는 G. A. Ritter, *Der Sozialstaat, Entstehung und Entwicklung im internationalen Vergleich*, München 1989 및 S. Padgett, W. E. Patterson, *A History of Social Democracy in Europe*, London 1991이 있다.
3) Henri de Saint-Simon, *Le Système industriel*, Paris 1821, 19.
4) 더 이상의 논거를 위해서는 S. Woolf, *Napoleon's Integration of Europe*, London 1991 참조.
5) B. Anderson, *Imagined Communities: Reflections on the Origin and Spread of Nationalism*, London 1983.
6) 개관을 위해서는 B. Tobia, *Una patria per gli Italiani: spazi, itinerari, monumenti nell'Italia unita (1870-1900)*, Rome 1991 참조.
7) '유적지' 개념에 대해서는 P. Nora, ed., *Realms of Memory: Rethinking the French Past*, I, New York 1996 참조.
8) S. Collini, *Public Moralists: Political Thought and Intellectual Life in Britain, 1850-1930*, Oxford 1991 참조.
9) 배경에 관해서는 P. Greenhalgh, *Ephemeral Vistas: The Expositions Universelles, Great Exhibitions and World Fairs, 1851-1939*, Manchester 1988 참조.
10) P. E. Schramm, *Neun Generationen: Dreihundert Jahre deutscher 'Kulturgeschichte' Im Lichte des Schicksals einer Hamburger Bürgerfamilie, 1648-1948*, Göttingen 1963, I, 295.

11) 가령, D. Blackburn, R. J. Evans, eds, *The German Bourgeoisie: Essays on the Social History of the German Middle Class from the Late Eighteenth to the Early Twentieth Century*, London 1991; J. Kocka, A. Mitchel, eds, *Bourgeois Society in Nineteenth-Century Europe* (Oxford 1993, 초판은 München 1988)의 에세이들을 참조. Pamela Pilbeam은 그녀의 방대한 저서 *The Middle Class in Europe, 1789-1914* (Basingstoke 1990)에서 혁명 전의 도시귀족과 새로운 산업 엘리트층의 연속성 문제를 제기했다.
12) 예를 들면, E. Weber, *Peasants into Frenchmen*, London 1976.
13) H. J. Graff, *The Legacies of Literacy: Continuities and Contradictions in Western Culture and Society*, Bloomington 1987 참조.
14) Kocka, Mitchell, *Bourgeois Society*, 430, 표 16.3.
15) S. Collini, *Matthew Arnold: A Critical Portrait*, Oxford 1994 참조.
16) M. Arnold, *Popular Education and the State*, London 1861; Arnold, *Schools and Universities on the Continent*, London 1868.
17) J. Dover Wilson, ed., *M. Arnold, Culture and Anarchy*, Cambridge 1971, 129 이하; M. Arnold, *Essays in Criticism* I, London 1865, 18.
18) G. W. E. Russel, ed., *M. Arnold, Letters* I, London 1895, 4.
19) *Culture and Anarchy*, 138.
20) *Culture and Anarchy*, 195.
21) J. Dover Wilson의 *Culture and Anarchy*, 서문 XXXV에서 재인용.
22) P. Anderson, *The Printed Image and the Transformation of Popular Culture, 1790-1860*, Oxford 1994.
23) O. Dann, ed., *Lesegesellschaften und bürgerliche Emanzipation: ein europäischer Vergleich*, München 1981, 159 이하.
24) 구체적인 사실은 F. Parent-Lardeur, *Lire à Paris au temps de Balzac: les cabinets de lecture à Paris, 1815-30*, Paris 1981, 171, 172, 178 참조.
25) G. Jäger, J. Schönert, eds, *Die Leihbibliothek als Institution des literarischen Lebens im 18. und 19. Jahrhundert. Organisation, Bestände, Publikum*, Hamburg 1980, 11 이하.
26) H. Nicolson, *Tennyson: Aspects of his Life, Character and Poetry*, London 1923, 1960, 235에서 재인용.
27) 필명이 Clarin인 L. Alas(1852-1901)가 쓴 *La Regenta*가 1984년 영어로 번역되었다.

28) L. Sauer, 'Romantic automata', in G. Hoffmeister, ed., *European Romanticism: Literary Cross-Currents, Modes and Models*, Detroit 1990, 287-306 참조.
29) S. Butler, *Erewhon*, London (Everyman's Library) 1951, 144, 145, 147.
30) M. Schneider, *Geschichte als Gestalt: Gustav Freitag's Roman 'Soll und Haben'*. Stuttgart 1980 참조.
31) 이것이 M. I. Finley, ed., *The Legacy of Greece: a New Appraisal*, Oxford 1981 및 R. Jenkyns, ed., *The Legacy of Rome: A New Appraisal*, Oxford 1992에 실린 대다수 에세이들의 요지이다. 단, 뒤의 책에서 문화를 예술과 문학으로만 국한시킨 것은 논란의 여지가 있다.
32) P. J. A. N. Rietbergen, 'Een Europeaan droomt: Novalis tussen Europa, Christendom en Wereld', in *Dromen van Europa: een cultuurgeschiedenis*, Amersfoort 1993, 255-81 참조.
33) Alexander Dru, ed., *The Letters of Jakob Burckhardt*, London 1955, 97; 107-8, 145-8, 150-1, 219-20.
34) A. Corbin, *Time, Desire and Horror: Towards a History of Senses*, Oxford 1995.
35) H. Kaeble, *Auf dem Weg zu einer europäischen Gesellschaft: eine Sozialgeschichte Westeoropas, 1880-1980*, München 1987.
36) 영국과 독일의 노동운동을 비교한 K. Tenfelde, ed., *Arbeiter und Arbeiterbewegung im Vergleich* (München, 1986) 참조.
37) 이에 대한 배경은 A. Corbin, *Le Territoire du vide*, Paris 1988; 영역본 *The Lure of the Sea: The Discovery of the Seaside in the Western World, 1750-1840*, Oxford 1994 참조.
38) 자연에 대한 유럽의 복잡한 태도에 대해서는 K. Thomas, *Man and the Natural World: Changing Attitudes in England, 1500-1800*, Harmondsworth 1982 참조.
39) A. Daumard, *Oisiveté et loisirs dans les sociétés occidentales au 19. siècle*, Amiens 1983 참조.
40) S. Easton *et al. Disorder and Discipline: Popular Culture from 1550 to the Present*, Aldershot 1988.
41) J. M. Merriman, *The Margins of City Life: Explorations on the French Urban Frontier, 1815-51*, New York 1991, 67에서 재인용.

42) 이 문제에 관한 중요한 입문서로는 W. Kaschuba, *Volkskultur zwischen feudaler und bürgerlicher Gesellschaft: zur Geschichte eines Begriffes und seinen gesellschaftlichen Wirklichkeit*, Frankfurt 1988 및 Van Dülmen, Schindler, eds, *Volkskultur, passim*가 있다.
43) G. Schönbrunn, ed., *Das bürgerliche Zeitalter, 1815-1914*, München 1980, 826에서 재인용.
44) V. Lidtke, 'Recent literature on workers' culture in Germany and England', in Tenfelde, *Arbeiter und Arbeiterbewegung*, 337-62 참조.
45) 훌륭한 전기로는 M. Marnot, *Joseph Haydn: la mesure de son siècle*, Paris 1996가 있다.
46) W. Weber, *The Rise of Musical Classics in Eighteenth-Century Orchestral Concerts: A Study in Canon, Ritual and Ideology*, London 1992; J. H. Johnson, *Listening in Paris: A Cultural History*, Berkeley 1995.
47) 슈베르트의 가곡(리트)에 대한 가장 뛰어난 분석들 가운데 하나는 20세기의 가장 탁월한 슈베르트 가곡 연주가인 D. Fischer-Diskau의 *Auf den Spuren der Schubertlieder*, München 1976이 있고, 훌륭한 전기로는 P. Guelke, *Franz Schubert und seine Zeit*, Laaber 1991이 있다.
48) S. Finkelstein, *Composer and Nation: The Folk Heritage in Music*, New York 1960 참조.
49) P. McPhee, *A Social History of France, 1780-1880*, London 1993, 125에서 재인용.
50) A. Briggs, *Victorian Things*, London 1988 참조.
51) M. Miller, *The 'Bon Marché': Bourgeois Culture and the Department Store, 1869-1920*, Princeton 1981.
52) G. Vickert, 'The theory of conspicuous consumption eighteenth century', in P. Hughes, D. Williams eds, *The Varied Pattern: Studies in the eighteenth Century*, Toronto 1971, 253-67 참조.
53) 영역본인 Jean-Jacques Rousseau, *The First and Second Discourses*, New York 1986, 4-5, 175, 180-1 참조.
54) D. Hume, *Treatise on Human Nature*, Oxford 1978.
55) J. S. Mill, *Principles of Political Economy*, 초판 London 1848; Toronto 1965, 753-96.

15
유럽과 다른 세계

유럽과 팽창하는 유럽 세계

'콜럼버스의 교역'이라는 개념은 콜럼버스의 '발견'에 뒤이어 유럽과 아메리카 신세계와의 상호작용에 의해 대서양의 양안(兩岸)에서 획기적인 발전이 일어났다고 암시하는 것 같다. 그러나 실은 아시아와의 지속적이면서도 증가하는 상호작용도 이에 못지않게 유라시아 세계에 여러 가지 변화를 일으켰다.[1]

16세기 이후 인도양과 중국해 주변에 무역거점들을 설치한 유럽의 해상무역상들은 도자기와 비단, 향신료 같은 아시아 제품에 대한 유럽의 수요를 충족시키고, 또 이를 자극했다. 이 과정에서 그들은 서서히 인도와 인도네시아, 실론의 생산양식은 물론이고, 이에 따라 생산자들의 생활방식에도 영향을 미치기 시작했다. 제품공급을 좀더 원활하게 통제하기 위해, 그들은 생산지를 정복하든가 달리 지배하려고 노력했고, 아니면 실제로 그들의 세력이 미치는 지역으로 생산시설을 이전하기로 결정했다. 17세기 이후 네덜란드와 영국, 프랑스의 식민상사들은 아시아 각지에 씨앗들을 실어보내 작물을 직접 재배함으로써 이윤을 남길 수 있게 되었다. 그 결과 의도적인 것은 아니었지만, 때로는 생태적 변화의 황폐화 과정이 나타나기도 했다.

1770년대에 발견된 태평양의 여러 섬들이 그 후 식민지화되었을 때, 이러한 황폐화 과정의 가장 심각한 양상이 나타났다. 최초의 유럽 방문자들이 그 섬들을 마지막 지상낙원, 진정한 에덴동산이라고 묘사한 반면, 다음 세대는 이처럼 절묘하게 균형을 이룬 생태계를 서구시장을 위한 과일생산이라는 유일한 기능만을 가진 기업형 농원(plantation)사회로 바꾸어놓았다. 이러한 단일재배의 도입은 권력관계와 더불어 이와 연관된 모든 가치를 변화시킴으로써 심각한 사회적 영향을 미쳤다.

오랫동안 유럽과 더 넓은 바깥 세계가 만나는 변방으로 남아 있던 지역에서 17세기 초 이래 이와 비슷한 일이 일어났다. 러시아의 짜르와 그 기업가들은 문화에 끌려 서쪽을 향하면서도, 러시아 영토에 농업 이외의 경제적 기반을 마련하기 위해 동쪽으로 뻗어나가기 시작했다. 우랄 산맥에서 중국해까지 펼쳐진 대초원에서는 모피가 생산되었고, 이것은 검은 황금의 형태로 모스크바의 지배자들에게 부를 가져다주었다. 때로는 잘 조직된 과학탐험대의 탐험가들이 일으킨 일련의 식민화 물결을 타고 러시아인들은 이 지역 너머로 세력을 확장하여, 마침내 1720년대에는 탐험가 비투스 베링의 이름을 딴 베링 해협에 도달했다. 그런 다음 그들은 알래스카뿐만 아니라 북미 태평양 연안 지역 전부를 식민화할 수 있기를 바라며, 약 3만 년 전에 아메리카 인디언의 아시아계 선조들이 그랬던 것처럼 베링 해협을 건넜다. 이러한 팽창과정에서 그들은 영국 및 스페인과의 경쟁으로 애를 먹기도 했다. 그러나 점점 팽창하는 러시아 제국과 중국의 북쪽 변방을 나누는 국경선에 말뚝을 박고, 사람이 거의 살지 않는 시베리아 지역에 흩어져 있는 여러 부족들을 이간시키는 한편, 우월한 총포의 힘을 이용해 러시아인들은 정치적·경제적으로 이 지역을 정복하는 데 성공했다. 이런 일을 원활하게 수행하기 위해, 그들은 다른 많은 유럽민족들이 그랬던 것처럼, 자신들이 어떤 소명을 가지고 있다고 자신을 설득시켰다. 즉 시베리아를 문명화하는 것이 그들의 명백한 운명이라고 자처했다.[2] 그들은 이제 시베리아를 모피뿐만 아니라 엄청난 광물자원까지 산출하기 시작하는 식민지로 바꾸어놓았다. 흔히 유럽인들의 남미와 북미 정복과정에 못지않게 잔인한 이러한 과정에서 서서히, 그러나 돌이킬 수 없게 전통사회는 파괴되어 버렸다.

그럼에도 많은 환경운동가들이 주장하는 것처럼 유럽의 팽창이야말로 세계를 덮친 모든 악의 근원이라고 비난하는 것은 비역사적일 것이다. 예를 들면, 16세기부터 18세기 말까지 세계의 열대 지역에서 발생한 대기근은, 대양의 운동으로 나타난 이른바 '저흘수기(底吃水期, little draught age)'에 의한 지구의 기후변화 때문이었다.[3]

유럽과 라틴아메리카는 단절된 관계인가?

두 세기 동안 스페인과 포르투갈 정부는 식민지 시장의 유럽 경쟁국들로부터 그들의 해외영토를 보호하는 데 성공했다. 처음에는 비교적 용이하게, 그 후에는 막대한 군사비를 들여서 그렇게 했는데, 18세기 중반 무렵에는 군사비가 늘어 더 이상 수지타산을 맞출 수 없게 되었다. 게다가 두 나라 정부는, 특히 그들의 힘이 거의 미치지 못하는 제국의 변방에서 토착민들이 유럽의 경쟁국들인 영국과 프랑스와 손을 잡지 않을까 두려워했다. 실제로 두 나라는 플로리다 같은 중요한 지역과 태평양 연안 전 지역을 지켜낼 수 없었다. 따라서 1750년대 중반에 이르러 특히 스페인은 새로운 팽창정책을 취하게 되었다.

그러나 이번에는 마드리드의 정책 수립자들이 군사작전은 비용이 많이 들 뿐만 아니라 이후의 요새 유지비용도 만만치 않으므로 소기의 목적을 달성하지 못할 것이라고 판단했다. 정복보다는 교역을 통해 엄청난 성과를 달성한 다른 유럽국가들의 식민정책에 주목하면서, 캄포마네스와 비체로이 갈베스 같은 유력한 장관들은 이러한 영토들을 평화적으로 합병하기를 희망했다. 교역으로 인디언들을 각종 상품, 특히 술에 익숙해지도록 만들면, 곧 그들을 식민지 소비시장 안으로 끌어들여 협조를 얻을 수 있을 것이라고 기대했다. 또한, 이제 스페인의 일부 지배 엘리트에게도 침투한 계몽의 정신에 비추어보더라도, 만약 인디언들이 개화되고 계몽된 제국과 자발적으로 동맹을 맺는다면, 그것이 훨씬 인도적이고 선전에도 도움이 될 터였다. 제국은 인디언들에게 혹시 있을지도 모르는 적에 대한 보호를 제공하고, 뒤늦게나마 기독교를 전파할 셈이었다. 그 후 이러한 과정을 통해 많은 인디언 부족들이 정착해 농업과 교역에 종사하게 되었다. 인디언들의 영토는 결국 합병되었고, 그들의 문화는 당연히 심각한 영향을 받았다.

이런 모든 일들은 스페인이 종전의 식민정책과 결별했음을 뜻하지만, 사실 이것은 너무 뒤늦은 결정이었다. 그것은 스페인의 심각한 재정 및 군사문제를 해결해주지 못했을 뿐만 아니라, 유럽에서의 상업적 경쟁이 스페인과 포르투갈의 식민지에 가한 압력, 특히 영국으로부터의 압력을 완화시키지도 못했다. 마침내 스페인은, 그리고 그보다는 덜하지만 포르투갈도 역시, 왕년의 이주자인 중남미의 초대 정착민 후손들의 격렬해지는 항의에 대응하지 않으면 안 되었다. 남미의 정착민 후손들은 식민지를 자기네 '고유의' 나라로, 자신들이 통치하고 즐길 나라로 간주했다. 실제로 그들은 마드리드와 리스본 정부가 통치하고 세금을 부과하는 것을 불쾌하게 생각하기 시작했으며, 북미의 13개 영국 보호령의 유럽계 엘리트들처럼 자치정부에 관한 명확한 의견들을 표명하기 시작했다. 왜냐하면 계몽주의의 정치적 견해들이 모든 아메리카 식민지의 교육받은 계급들 사이에서, 마드리드나 리스본 또는 이 문제에 관한 한 런던의 개혁자들보다 더 열심히 연구되어왔기 때문이다. 그 결과 유럽 중심부와 그 식민지 주변부 사이의 오랜 유대관계가 과거 수세기보다 결정적으로 불안정한 것처럼 보이는 상황이 나타났다.

이에 따라 무엇보다도 미합중국의 탄생을 가져온 1770년대와 1830년대 사이의 '대서양 혁명들'의 기운이 중남미에서도 감지되었다. 거의 모든 스페인과 포르투갈 식민지들이 싸워서 자유를 쟁취하거나 저절로 자유를 부여받았다. 17, 18세기의 200년 동안에 보호주의·제국주의 정책은 신대륙의 이베리아 지역과 유럽의 비이베리아 지역 사이의 경제적·문화적 접촉을 상당히 약화시켰고, 그 결과 유럽은 대체로 이 지역에 흥미를 잃게 되었다. 이제 새로 독립한 나라들은 유럽의 비이베리아 지역으로부터의 경제적·문화적 영향에 대해 문호를 개방할 수 있게 되었다. 그러나 처음에는 유럽인들의 중남미 이민이 북미 이민처럼 대규모로 증가하지 않았다. 중요한 원인은 신생국들이 눈부신 경제적 성공사례가 아니라는 사실이 밝혀지고, 그들의 새로운 정치구조가 확고한 신뢰를 얻지 못했기 때문이다.[4] 무덥고 습기가 많은 기후도, 다소 선선한 북유럽과 서유럽 출신이 대부분인 많은 잠재적 이주민들을 끌어들이는 데 장애가 되었다. 끝으로, 그들은 이 지역에서 가톨릭 교회가 주도적 역할을 하는 것도 못마땅하게 여겼다.

그러나 로마 가톨릭 신도들조차, 가령 교회의 범세계적인 선교운동에 엄청나게 많은 신부와 수도사, 수녀를 공급하기 시작한 네덜란드와 벨기에의 브라반트 및 림부르크 지방의 가톨릭 신도들조차 1820년대와 30년대에, 특히 노예무역이 폐지되었을 때, 인디언들과 네덜란드 식민지 내의 아프리카 흑인들에게 기독교 신앙을 전파하기 위해 라틴아메리카로 파견된 선교사들이 보내오는 대체로 재미없는 보고서를 읽고 마음이 끌리지는 않았다. 반면에, 같은 기간중 네덜란드와 벨기에의 신부들은 북미 대평원의 자유와 희망에 관해 열광적으로 보고해왔으므로, 선교사 지망생들의 선택은 어려운 것이 아니었다.[5]

19세기와 20세기 초에 특히 인구가 과밀하고 산업화가 지지부진한 남부 유럽의 가난한 가톨릭 지역으로부터 중남미로의 이민이 증가했다. 그러나 당분간은 이 때문에 구세계 엘리트들이 새삼스럽게 신세계의 이쪽 지역에 매력을 느끼거나 이곳으로부터 문화적 영향을 받지는 않았다. 라틴아메리카에서 유럽·기독교적 요소와 인디언적 요소, 아프리카적 요소들이 흑인과 홍인, 백인의 문명으로 융합됨으로써 발전한 매혹적인 문화적 혼혈의 결실인, 주로 문학적인 작품들에 새로운 시장을 만들어준 것은, 20세기 후반에 유럽을 휩쓴 이국주의의 새로운 물결이었다. 아르헨티나의 호르헤 루이스 보르헤스(1899-1986)와 콜롬비아의 가브리엘 호세 가르시아 마르케스(1928-) 같은 작가들의 작품이 특히 인기를 끌었다. 보르헤스는 흔히 어떤 문화의 기억이 가지는 복잡미묘한 작용을 탐색했고, 마르케스는 가령 그의 세계적인 베스트셀러 『백년 동안의 고독 Cien anos de soledad』(1967, 1970)에서 이러한 혼합 문화에 대한 신비스러운 그림을 제공했다. 따라서 이러한 작가들은 유럽 식민주의자들의 후손이면서도 새롭고도 복합적인 문화적 전통의 생생한 목소리로서, 북미의 작가들이 그랬던 것처럼, 그들의 사회는 물론이고 그야말로 모든 사회의 구조를 만드는 데 필요한 새로운 신화를 창조하면서 또한 낡은 신화를 허무는 작업을 하고 있었다.

'구' 세계와 '신' 세계 : 자유의 환상으로서의 북아메리카

1776년 영국의 북아메리카 식민지들의 런던 정부에 대한 반기와 이에 뒤이은 독립은, 종전의 식민지 개척자들에게 새로운 자의식을 심어주었다. 게다가 그들은, 1763년 오하이오 계곡에 그어진 경계선 너머 서쪽의 인디언

보호 지역으로 팽창하는 것을 금지한 규정을 포함해, 영국 의회가 설정한 많은 제한들로부터도 해방되었다. 아직도 거의 알려지지 않은 광대무변한 내륙이 땅에 굶주린 유럽 정착민들에게 개방되었고, 벤저민 프랭클린 같은 사람들이 가상의 공간에 투사했던 모든 이상들이 이제 실현 가능한 것처럼 보였다. 17세기 이주민들에 의해 표명된, 성서에서 연원한 팽창 이데올로기를 대변해 벤저민 링컨 장군은 1792년 이렇게 선언했다.

> 이 광대한 나라를 관찰해보건대 … 나는 그것이 오랫동안 지극히 미개한 나라로 남아 있을 것이라고 확신하지 않을 수 없다. 특히 자비로운 하느님의 원래 계획 속에서 이 지구가 온전히 인간에게 주어졌음을 고려할 때 … 만약 야만인들이 문명화될 수 없다면 … 그 종족은 모두 멸망할 것이다.[6]

1790년에서 1830년 사이에 서유럽 대부분 지역의 정치적·경제적 상황을 크게 바꿔놓은 여러 봉기에서 정치적 혁명을 정당화하는 이데올로기의 일부가, 미합중국의 토대를 형성했던 행동과 사상에 대한 때로는 무비판적이지만 진지한 찬양에서 파생된 것처럼 보였을 때, 신생국 미국의 자의식은 보다 뚜렷해졌다. 편리함을 좇아 사람들은, 미국의 지도자들이 흔히 그러했듯이, 1776년의 독립선언 후 첫 10년 동안 미국의 정부형태가 민주적이라기보다는 실제로 귀족적·과두적이었다는 사실을 잊어버렸다.

한편, 자유와 공간, 무한한 가능성, 아직도 완강한 전통과 엄격한 구조로 얽혀 있는 구대륙의 속박으로부터의 탈출이라는 생각은 점점 더 많은 유럽인들을 유혹했다. 유럽은 급속한 산업화의 결과로 전보다 부유해지기는 했으나, 이 과정은 흔히 증가하는 인구의 최하층 계급에게 엄청난 고통을 가져다주었기 때문이다.

이러한 요소들이 전부는 아닐지라도 대부분 1782년 런던에서 처음 출간된 『한 미국 농부의 편지 *Letters from an American Farmer*』에서 묘사되었다. 이 책은 유럽 각국어로 번역되자마자 곧 북미에 대한 이상화된 이미지를 만들어내는 데 엄청난 영향을 끼쳤다. 헌사에서 저자 헥터 세인트 존은 이렇게 썼다.

> 당신들은 북미 여러 지방의 진정한 모습을 보았습니다. 자유의 도피처로서, 미래의 국민들의 요람으로서, 그리고 괴로운 유럽인들의 피난처로서.[7]

최근에 식민지로부터 독립국으로 탄생한 미국의 생활에 대한 세인트 존의 묘사는 매우 사실적인 요소를 포함하고 있었지만, 이 밖에도 에덴동산의 꿈이나 새롭고 완벽한 세계로서의 제2의 에덴동산을 제시하는 분명히 목가적인 배음(背音)을 깔면서 유럽 독자들을 열광시켰고, 그로 인해 이 작품은 '베스트셀러'가 되었다. 미국의 모습을 그리고 있는 몇 구절을 인용해보자.

> 우리는 거대한 숲을 개간해 기름진 들판으로 만들고, 이들 13개 주를 통해 손쉬운 생존과 정치적 행복을 절묘하게 과시하고 있다. … 이곳의 자연은 새로 찾아오는 이를 받아들이고 먹을 것을 제공하기 위해, 그녀의 넓은 치맛자락을 펼친다. … 여기서 우리는 인류가 예전에 지녔던 품격을 어느 정도 되찾았다. 우리의 법은 단순하고 공정하다. 우리는 경작하는 종족이며, 우리의 경작은 아무 제약도 받지 않는다. 따라서 모든 것이 풍족하고 활기에 넘친다.[8]

다른 곳에서 세인트 존은 왜 대부분의 유럽인들이 대서양을 건넜고 계속해서 건너오는지를 설명하고 있다.

> 우리의 나라에 들어오는 순간, 번영과 예외적인 정의, 독립의 찬란한 이념이 내 마음을 들뜨게 한다. … 우리가 이 나라를 소중하게 여기는 것은 당연한 일이며, 한 번도 이러한 땅이 우리 것이라고 말할 수 없었던 수많은 유럽인들이 그들의

행복을 실현하기 위해 대서양을 건너는 것은 조금도 놀라운 일이 아니다.

그러나 예언자적인 시선으로 그는 미국에서도 산업경제가 점차 농업적·전원적이고 귀족적인 생활방식을 잠식함에 따라 가까운 장래에 이민을 권하는 논거가 달라질 수도 있음을 시사하고 있다.

우리가 소유하고 있는 부를 모은 것은 우리가 경작하는 땅의 표면으로부터이므로, 땅의 표면은 지금까지 알려진 유일한 부의 원천이다. 다음 시대의 산업은 미래 세대의 에너지를 필요로 할 것이며, 그 다음에 인류는 땅 속을 깊이 꿰뚫어 볼 여유와 능력을 가지게 되어 이 대륙의 지하에 틀림없이 묻혀 있을 부를 찾아내게 될 것이다.

다음과 같은 견해도 예언적이다.

우리의 거대한 호수들의 기슭이 내륙인들로 채워지는 것은 오랜 시간 동안 불가능할 것이며, 북미의 미지의 변경이 완전히 사람 사는 곳으로 바뀌지도 않을 것이다. 그것이 어디까지 펼쳐져 있는지 누가 알겠는가? 그것이 먹이고 보듬을 사람이 몇 명이나 될지 누가 알겠는가? 왜냐하면 유럽인들의 발길은 아직 이 거대한 대륙의 반도 밟아보지 못했기 때문이다.

그러나 구대륙의 거주자들은 신대륙에서 언제나 더 행복할 것이다.

아메리카라는 이 거대한 피난처에서, 유럽의 가난뱅이들은 우여곡절 끝에 함께 만났다. … 모든 것이 그들을 새롭게 탈바꿈시켰다. 새로운 법률, 새로운 생활방식, 새로운 사회체제. 여기서 그들은 비로소 사람으로 되었다. 유럽에서 그들은 쓸모 없는 잡초였고 … 궁핍과 기아와 전쟁으로 속절없이 베어 넘겨졌었다.

한 마디로 미국은 사람, 즉 유럽인에게 간절히 바라 마지않던 완벽함을 제공한다는 것이다.

미국인들은 이미 오래 전부터 동방에서 시작된 예술과 과학과 활력과 산업을 가득 싣고 오는 서방의 순례자들이다. 그들은 동서양이 만나는 거대한 원(圓)을 완성할 것이다.

이처럼 웅변적으로 표현된 메시지, 즉 발견과 탐험과 정복에 관한 미국인, 아니 유럽인의 꿈은, 다른 많은 이주민들이 전하는 열광적인 이야기 속에서 보다 단순한 형식으로, 즉 말로 묘사되었다. 18세기 말부터 이러한 꿈은 점점 더 많은 구세계 주민들로 하여금 신세계에서 그들의 운을 시험해보도록 자극했다. "개척지에는 언제나 꿈을 꾸는 사람들이 있다"고 미국의 소설가 윌라 캐더는 신세계에서 스웨덴 이주민들이 이룩한 삶을 되살려낸 그녀의 유명한 소설 『오 개척자들이여! *O Pioneers!* 』(1904)[9]에서 밝히고 있다. 실제로 미국을 오늘날의 모습으로 만든 것은 이러한 유럽인 이주민들이었다. 유럽의 경제적 재난이나 정치적 불안정 또는 종교적 분쟁과 더불어, 파도처럼 밀려들어와 서서히 미국의 개척지를 서쪽으로 이동시킨 것은 바로 이들이었다. 그래서 마침내 1860년대에는 심지어 록키산맥까지도 더 이상 장애물이 아니었고, 태평양 연안은 17세기에 그곳에 정착했던 스페인과 영국, 러시아의 상인과 군인, 농부들을 바탕으로 정복될 수 있게 되었다.[10]

19세기 후반에 이주민들의 유입은 어마어마한 규모에 도달했다. 많은 유럽국가들의 경우, 북미로의 이민은 비록 오랫동안 제대로 평가되지 않았지만 커다란 경제적·문화적 의미를 지닌 현상이었다.[11] 이것은 빌헬름 모베르히의 4부작 『이민소설 *Romanen om Utvandrarna*』에서 훌륭하게 표현되었다. 여기서 작가는 방대한 자료조사를 바탕으로 19세기 말 스웨덴에서 형성된 이러한 과정의 뒤에 숨어 있는 역사적·심리적 상황을 그리고 있다.

그는 구세계의 자유의 결핍과 신세계의 지극히 현실적인 자유—그러나 이것은 또한 개인의 발전이냐, 아니면 사회의 복지냐 하는 실존적 선택을 요구한다—사이의 긴장을 깊이 있게 파헤쳤다.[12]

자본주의와 소비주의 : 자유냐 노예냐, 진보냐 퇴폐냐

대략 1870년까지 미국은 오늘날의 크기를 획득했고, 특히 중서부 같은 대부분의 지역에서는 헥터 세인트 존과 다른 많은 사람들의 꿈대로 농업 '천국'이 재창조되었다. 그러나 50년 후 에덴동산의 꿈은 정착민들 자신의 손에 의해 과도하게 경작된 평원이 황량한 모래벌판으로 바뀌는 악몽이 되어버렸다.

한편, 동부 연안에서는 산업화가 급속도로 진전되어 미국은 곧 유럽에서 그 예를 찾아볼 수 없는 경제대국이 되었다. 점점 증가하는 이민—그 중에서도 중부유럽과 동부유럽 출신 농부의 아들들이 점점 많아졌다—의 유입으로 농업분야에서는 더 이상 일자리가 없었다. 그들은 철공장과 강철공장, 식육공장, 그리고 탄광과 철도공사장에서 저임금에 만족하지 않으면 안 되었다. 18세기에 러시아의 카타리나 여제에 의해 바르샤바와 오데사 사이의 지역에 '배치'되었다가 탈출한 유태인들도 사정은 마찬가지였다. 유태인들이 잔혹한 학살의 형태로 여전히 광범하게 위세를 떨치는 새로운 반유태주의 물결의 희생물이 된 19세기 중반에, 그들은 신세계에서도 약속된 나라를 찾게 되기를 희망하면서 구세계의 가혹한 생활을 청산했다.

미국 산업의 급속한 팽창에 기여했던 똑같은 요인들—매우 자유주의적인 금융체제와 입법부—이 노동빈민들을 거의 무방비 상태로 방치하는 상황을 만드는 데에도 기여했다. 수많은 이주민들의 경우—일부는 악랄한 '인간 상인들'의 꼬임에 넘어가서—대서양을 건네주는 형편없이 허술한 배에 오르면서 그들이 품었던 꿈은 약속된 땅에 도착한 순간 악몽으로 변했다.

19세기의 이주민들이 구세계의 고향으로 보낸온, 흔히 감상적인 보고들은 대중잡지와 대중 드라마들을 채우기 시작했고, 여기서 '미국에서 온 부자 아저씨'와 이주민들의 운명은 곧 단골 주제가 되었다. 이러한 잡지와 드라마들이 이주민들이 실제 상황 속에서 느낀 감정을 언제나 정확하게 반영한 것은 결코 아니었다. 많은 이주민들은 그들의 꿈을 실현할 수 없었다고 고백하는 것을 부끄럽게 여겨 속마음을 털어놓지 않거나, 아니면 언젠가는 형편이 나아지리라는 희망에 끈질기게 매달렸다.

때로 작가들은 다른 동시대인들이 그려낼 수 없는 그 시대의 분위기를 생생하게 묘사하는 데 성공하기도 한다. 미국의 작가 업턴 싱클레어는 착실한 자료조사와 몇 가지 회견을 바탕으로, 이제 막 유럽에서 도착한 수많은 이민들이 굶어죽지 않기 위해 일자리를 얻은 시카고 육류 처리공장의 비인간적 조건들에 대해 독자들의 전폭적인 공감을 자아내는 격렬한 고발장을 썼다. 1906년에 발간된 소설 『정글 *The Jungle*』에서 유르기스라 불리는 리투아니아 출신 농부의 아들은 "미국으로 건너가 결혼을 하고 이왕이면 부자가 되겠다고 생각한다. 그 나라에서는 부자든 가난뱅이든 자유롭다는 소문이었다"[13]고 했다. 그러나 잔인한 현실은 곧 이렇게 나타났다.

> 그것은 값비싼 대가를 치러야 하는 나라였다. 그리고 가난뱅이들은 이 지구의 어느 곳보다도 가난한 나라였다. 그렇게 해서 유르기스를 사로잡았던 부자의 꿈은 하룻밤 사이에 사라져버렸다.[14]

소설 속에서 패킹타운으로 되어 있는 시카고는 차갑고 음습하고 악취를 풍기는 지옥이다. 여기서는 어린이를 포함한 약 3천 명이 대개 일주일 내내 삽화 35_ 포드 매독스 브라운은 1850년대 중반의 유명한 그림 〈영국의 종말〉에서 불확실하지만 신세계의 보다 나은 미래를 향해 고국을 떠나는 일가족을 보여준다. (출처: 네덜란드 네이메헨 예술사 자료센터)

삽화 36_ 한편, 유럽인들은 '어둠의 심장'인 아프리카 대륙으로 침투해 들어갔다. 이 그림에서 리빙스턴은 『천일야화(아라비안나이트)』의 여행가 이름을 딴 신드바드라는 황소를 타고 1853-6년에 아프리카 대륙을 횡단하고 있다. (출처: 『리빙스턴 박사의 생애와 탐험』(런던 1878)

하루 10시간 이상 육류 가공공장에서 수천 마리의 도살된 동물이나 흔히 병에 걸린 동물들의 피 속을 철벅거리며 고달프게 일하고 있다. 상상을 초월하는 비위생적 조건에서 동물들은 식품으로 가공되고, 이것은 결국 수많은 소비자들의 건강을 해치기 마련이었다.

수십만 명이 직접·간접으로 이 일에 매달리고 있다. 그들은, 유르기스 일가처럼, 파렴치한 지주와 부패한 경찰, 비싼 값을 받으려고 식품을 가지고 농간을 부리는 교활한 상인들에 의해 착취당한다. 병이 들면 그들은 가차없이 해고되며, 사정이 악화되면 굶주림과 추위로 죽는다. 결핵과 술이 목숨을 앗아간다. 이런 모든 일에 넌더리가 난 유르기스가 노조에 가입함으로써 자신의 운명을 개선하기로 결정했을 때, 그는 자신이 파렴치한 정치인들의 손에 놀아나는 꼭두각시에 불과함을 곧 깨닫게 된다. 오래지 않아 그는 "세상만사에 대한 쓰라리고 격렬한 증오심으로" 이 도시를 증오하는 많은 사람들 가운데 하나가 된다. 그는 또한 계속해서 밀어닥치는 이주민들의 물결이 연대감을 만들어내기는커녕 오직 상호불신만을 야기시키는 것을 본다. 어느날 밤 마지못해 한 무리의 공장감독들을 속여넘기는 데 가담한 다음 집으로 돌아오면서 그는 "미국을 너무 믿는다고 비웃었던 사람들이 아마 옳을지도 모른다"는 것을 깨닫는다.

많은 이주민들이 겪어야 했던 열악한 생활환경에도 불구하고 수많은 유럽인들에게 '아메리카'는 아직도 마법의 단어로, 즉 고향에서는 이룰 수 없는 번영과 자유를 확실하게 실현할 수 있는 별천지로 남아 있었다. 따라서 구세계의 계속되는 빈곤과 신세계를 이상화하는 계속적인 보고들, 그리고 미국정부와 개인 기업가들의 의도적인 왜곡선전이 다 같이 사람들로 하여금 대서양을 건너는 모험을 감행하도록 만드는 데 전적인 역할을 한 것은 아니지만 많은 역할을 한 것은 사실이다.

⌈ 뉴욕, 1909년 : 허버트 크롤리, '미국식 생활의 약속'을 해석하다 ⌋

1909년 미국의 언론인이자 영향력 있는 잡지 『더 뉴 리퍼블릭 *The New Republic*』의 창간 편집인인 허버트 크롤리는 '미국식 생활의 약속'이라고 이름붙인 인기 있는 팜플렛을 발간했다. 이 소책자에서 그는 미국의 당대 문화와 사회현실을 비판하면서 지나친 개인주의와 소비주의, 그리고 지나친 민주주의의 위험에 적절히 대처한다면, 아직 미래에 대한 희망은 있다고 말했다. 이와 비슷한 일들이 유럽에서도 일어났으므로, 이 글은 미국의 경험을 뛰어넘는 의미를 지니고 있다.

미국식 생활의 모든 조건들은 안이하고, 관대하고, 무책임한 낙관주의를 부추겨 왔다. 유럽인들에 비해 미국인들은 환경의 혜택을 훨씬 더 많이 받아왔다. 대서양과 인간의 발길이 닿지 않은 황야가 없었더라면, 미국은 결코 약속의 땅이 되지 않았을 것이다. 유럽 열강들은 바로 그들의 생존조건 때문에 신중하고, 미래에 대한 확신이 약할 수밖에 없었다. 그들은 언제나 국가안보와 국민총화를 위해 싸우고 있다. 몇 군데의 국경선에서 실제의 적 및 가상의 적과 대치하고 있고, 국토를 자신의 국민이 완전히 차지하고 있으므로, 그들은 그 정책과 행동에 있어 무엇보다도 강하고, 신중하고, 일사불란하고, 기회주의적일 필요가 있다. … 우리는 대체로 외부의 간섭으로부터 자유롭기 때문에, 마음껏 정치적·사회적 이상을 실험할 수 있었다. 땅은 비어 있었고, 그것을 개간해 정착하는 것은 전례없이 풍부하고 다양한 경제적 기회를 제공했다.

물론, 미국식 생활 특유의 도덕적·사회적 열망은 '민주적'이라는 모호한 말로 표현되고 있다. 그리고 미국 국민들이 이룩한 실제 성과는 민주주의적 이상의 적절하고 효율적인 정의에 걸맞는 것이다. 미국인들은 보통 지극히 부적절한 민주주의에 대한 구두설명에 만족하고 있으나, 그들의 국민적 성취는 훨씬 더 포괄적이고 진취적인 민주주의를 함축하고 있다. 그들의 과거의 전통을 충실하게 지키려면, 더 많은 국민들의 더 많은 안락과 경제적 독립이 개인적 노력과 적절한 정치적 조직의 결합에 의해 확보되어야 한다. 그러나 무엇보다도 이러한 경제·정치제도는 도덕적·사회적으로 가치 있는 결과가 보장되도록 만들어져야 한다. 민주주의를 하나의 정치제도가 아닌 건설적인 사회적 이상으로 전환시키는 것은 바로 이러한 결과의 추구이다. 그리고 미국의 국민적 약속의 이상적 의미를 내세우고 강조할수록, 이러한 도덕적·사회적 이익의 확보가 지니는 중요성은 더욱 커질 것이다. 우리의 국민적 미래에 대한 잘못된 견해는 … 그러한 친숙한 이익들이 계속해서 자동적으로 쌓일 것이라는 예상에 있다. … 그러나 이것은 더 이상 사실이 아니다. 경제적 조건은 엄청나게 바뀌었고, 그와 함께 미국의 정치적·사회적 문제들도 바뀌었다. 이제 인적 없는 황야는 사라졌고 대서양은 단지 커다란 해협이 되어버렸으므로, 미국식 생활은 인적 없는 황야와 대서양에 전보다 덜 의존해야 할 것이다. 똑같은 안이한 방법으로는 더 이상 똑같은 결과를 얻을 수 없을 것이다. …

만약, 우리의 국민적 약속의 이행이 더 이상 필연적인 것으로 간주될 수 없다면, 그리고 그것이 움직일 수 없는 국민의 운명이 아니라 의식적인 국민적 목표에 상당하는 것으로 간주되어야 한다면, 그것은 물론 개인적인 사리사욕 속에 드러난, 그러한 임무가 어느 정도 배반당했음을 의미한다. 그렇다면 개인적인 필요의 자유롭고 무제한한 충족과 도덕적·사회적으로 바람직한 결과의 성취 사이의 예정된 조화란 전혀 존재할 수 없을 것이다. 미국적 생활의 약속은 단지 최대한의 경제적 자유에 의해서가 아니라 어느 정도의 훈련에 의해, 단지 개인적 욕망의 무제한한 충족에 의해서가 아니라 상당한 정도의 개인적인 복종과 자기부정에 의해 성취될 수 있는 것이다. … 개인의 자유에 대한 전통적인 미국의 확신은 도덕적·사회적으로 바람직하지 않은 부의 분배를 가져왔다. … 지금처럼 무책임한 소수의 손에 부와 금융권이 집중된 것은 우리 정치·경제조직의 무질서한 개인주의의 필연적인 결과인 동시에 이것은 민주주의에도 해로운 것이다. … 확고한 민주주의자에게는 보다 높은 정도로 사회화된 민주주의야말로 지나치게 개인주의화된 민주주의에 대한 유일한 실제적 대안이다. … 민주주의는 지금까지 인류에 의해 시도된 가장 중요한 도덕적·사회적 모험이지만, 아직 그 의미와 약속이 결코 명백히 이해되지 않은 매우 일천한 모험이다.15)

「뉴욕, 1909년 : 허버트 크롤리, '미국식 생활의 약속'을 해석하다」

유럽과 '아메리카' : 문화적 공생 또는 '서양'의 성장

이미 식민지 시대부터 상당수의 부유한 식민자와 그 후손들은 흔히 학교 교육을 마치기 위해 배를 타고 구대륙, 주로 영국으로 건너갔다. 그러나 18세기 말에는 영국—그 사이에 크게 불신을 받았다—이외의 알아주는 유학지는 '계몽된' 지식인의 나라, 프랑스였다. 파리는 유럽문명의 중심지로 여겨졌고, 식민지 세계에서 행세하려면 결코 지나쳐서는 안 되는 도시였다.

19세기를 거치면서 미국에서도 성공적인 산업화를 기반으로 부유한 중산층이 형성되었고, 이들은 이제 수세기에 걸쳐 유럽 엘리트를 형성한 똑같은 전통에 따라 문화적 혜택을 누리게 되었다. 이제 이탈리아까지 포함하는 유럽여행이 많은 미국인들에게는 교육을 완성하는 일종의 '졸업여행'이 되었다. 잘 알려진 작가 워싱턴 어빙은 자신의 여행기에서 이렇게 찬탄한다.

유럽은 온갖 이야깃거리와 시적 연상의 매력을 제공했다. 걸작 예술품들과 교양이 넘치는 사회의 세련미, 유서 깊고 신기한 지역적 관습을 볼 수 있었다. 내가 태어난 나라는 젊은이다운 약속으로 가득 차 있는 반면, 유럽은 축적된 시대의 보물들이 풍부했다. 유럽의 그러한 유적들은 지난 시간의 역사를 말해주었고, 무엇인가가 새겨진 돌멩이 하나하나가 일종의 연대기였다.16)

어빙은 구세계에 열광한 첫번째 사람도 아니었고, 마지막 사람도 아니었다. 유럽으로부터의 이민이 증가하면서, 점점 더 많은 이주민들과 특히 그 후손들에게 유럽은 과거의 나라가 되었다. 이민 1세대에게는 때로 그것과 결부된 불행한 기억들이 있었지만, 다음 세대들은 종종 그들의 뿌리가 내려져 있는 땅으로서 유럽을 가보고 싶어했다. 이 밖에도 특히 미국의 지식인들은 천 년의 문화적 전통을 자랑하는 유럽의 모습을 그들의 창의력에 대한 도전으로 경험했다. 또한 미국사회가 청교도적 규범에 의해 제약을 받고 있다고 느낄수록 그들은 유럽을 자유의 땅으로 보았고, 이것은 수세기에 걸쳐 수많은 유럽 이주민들로 하여금 대서양을 건너도록 했던 사고방식에 대한 멋진 보완이 되었다.

많은 미국 예술가와 작가들은 구세계에서 영감을 찾기 시작했는데, 가령 헨리 제임스는 실제로 유럽인들과 미국인들이 서로간에 느낀 매혹과 적대감을 연대기적으로 기술했다. 이들과 함께, 유럽의 미술품과 골동품을 사는 데 거금을 쓴 카네기, 모건, 록펠러 같은 자수성가한 억만장자들은 다 같이, 비록 그 이유는 달랐지만, 대서양 양안(兩岸)의 많은 사람들에게 비판의 대상이 아니면 심지어 조소의 대상이 되었다. 미국인들은 그들이 구세계를 흉내내기보다 진정한 독창적인 문화를 창조하려는 노력을 하지 않았다고 질책한 반면, 유럽인들은 그들의 매너와 돈의 힘에 대한 천박한 믿음을 비웃었다. 그럼에도 불구하고 이러한 현상은 두 세계 사이의 문화적 친선을 증진시키는 데 기여했다. 부유하고 교육받은 수많은 미국인들이 19세기 후반 이후 짧거나 길게 유럽을 여행함으로써 미국에 대한 긍정적인 이미지를 심어주는 데도 기여했다.

이러한 배경에서, 때로는 최근에야 미국에 도착한 이주민을 포함한 많은 이주민들이 과시하는 엄청난 부와, 이 신생국이 재빨리 성취한 힘의 지위에 의해, 19세기 말에는 미국이 과거 어느 때보다 강력하게 유럽에 도전하게 되었다.

특히 진보를 경제적 측면에서 평가하는 구세계 사람들에게 미국은 탁월한 모범사례였고, 많은 (사이비) 과학잡지와 대중잡지에 본받을 만한 가치가 있다고 소개되었다. 그들에게 미국은 타산지석이었다. 다시 말해, 규제된 정신의 자유와 고도의 물질적 발전, 즉 문명이 함께 어우러진 이상국가였다.

이러한 찬탄과 북미 · (서)유럽간의 증가하는 경제적 상호작용에 의해, 두 문화는 많은 점에서 비슷하며, 두 지역을 긴밀하게 연관된, 본질적으로 동일한 가치를 추구하는, 민주적 사회로 간주하는 상황에 이르게 되었다. 이제 북대서양의 양안(兩岸) 지역은 많은 사람들에게 서구라는 하나의 문화적 · 경제적 단위로 여겨지는 연속체를 형성하게 되었다.

'어둠의 속' 으로 : 유럽과 아프리카

17세기에 들어와서도 사하라 이남의 아프리카에 대한 유럽의 지식은 아프리카 해안의 요새들로부터 얻을 수 있는 정보에 국한되어 있었다. 이 요새들은 노예상인들과 황금을 찾는 상인들, 선교사들의 활동거점으로 세워졌으나, 이들은 건강을 위협하는 미지의 내륙으로 감히 들어가지는 못했다. 노예는 이 '상품'을 전문적으로 취급하는 토착 지배자들에 의해 주로 조달되어 유럽 회사들에 팔린 다음 아메리카로 보내졌다.[17] 그리고 금은 아시아와의 증가하는 무역의 자금으로 투입되었다. 선교사들에 따르면, 기독교로 개종한 사람들의 영혼은 천국으로 간다는 것이었다. 한편, 포르투갈의 요새에서 서아프리카의 이른바 황금해안과 노예해안에 있는 네덜란드 항구를 거쳐 희망봉의 네덜란드 식민지와 모잠비크 동해안의 포르투갈 도시들을 왕래하는 유럽의 배들은, 아프리카를 동방의 부로 향하는 길에 거쳐가는 사람 살 곳이 못 되는 대륙으로만 여겼다.

    18세기 말까지에는 이러한 상황이 바뀌었다. 한편으로 유럽경제는 원료 생산지와 완제품 판매시장으로서 아프리카의 가능성을 깨닫게 되었다. 이와 동시에 수백만의 아프리카 흑인들을 카리브해와 아메리카 대륙의 기업형 농장(플랜테이션)으로 수송했던 노예무역이 이제는 점점 공격을 받게 되었다. 특히 유럽의 신교도 지역에서, '계몽된' 인도주의자들과 교회 관련 단체들이 이루 형언할 수 없는 참상을 불러온 노예무역이라는 관행을 비난하기 시작했다. 곧, 이 문제를 뿌리뽑기 위한 범유럽적인 대중운동들이 전개되었다. 그 결과 폐지론자들은 각국 정부에게 노예무역 폐지의 당위성을 설득하기

삽화 37, 38, 39_ 1857-9년에 아프리카 지도를 그린 스피키와 그랜트 같은 탐험가들은 니요로의 캄라시 왕 같은 토착 지배자들에게 성경을 가르치려고 시도했다(J. Speke's *Journal of the Discovery of the Source of the Nile*, 1863). 한편, 유럽인들은 '원숭이'와, 원숭이와 별반 다를 바 없다고 생각한 '흑인들' 사이에 어떤 차이가 있는지, 그리고 온갖 놀라운 업적을 이룬 '유럽인들'과는 어떤 차이가 있는지 의아하게 생각했다. 많은 사람들은 다윈이 인간의 고유한 존엄성을 박탈했다고 생각했다. 다윈에 반대하는 이 풍자화는 다윈과 원숭이를 동류로 취급하고 있다. 만화잡지『펀치』1861년호에서처럼 다윈과 그 추종자들이 옳은지, 또 그렇다면 그 결과는 어떤 것인지에 대한 진지하고 장난 섞인 논쟁이 전개되었다.(출처: 네덜란드 네이메헨 예술사 자료센터)

위해 필요한 자료입수를 목적으로 아프리카 내륙지방을 탐험해야 했다. 많은 정부가 한편으로 인도주의적 이유에서, 다른 한편으로 이 대륙을 좀더 자세히 알고 그럼으로써 그들의 경제력을 확대할 가능성을 창출할 절호의 기회로 여겼기 때문에, 공식적으로 탐험대를 후원하기로 적극 동의했다.

결국 노예무역이, 그리고 후에는 노예제도 자체가 19세기에 폐지되었다. 그러나 이 과정에서 선교거점과 통상거점들이 아프리카의 여러 강을 따라 설치되었다. 이러한 두 가지 거점들은 종종 상호보완적이었다. 왜냐하면 2세기 전 남미에서처럼 많은 선교사들은 그리스도의 길이 반드시 맘몬(부의 신)의 길과 병행하지 않는다는 것을 깨닫고, 이에 따라 군인과 상인들의 파

15장 유럽과 다른 세계

괴적 영향력으로부터 '그들의' 검둥이들을 보호하기 시작했기 때문이다. 오래지 않아 노골적인 '아프리카 쟁탈전'을 벌이면서 유럽의 주요 강대국들이 경계선에 말뚝을 박고 본격적인 식민지를 건설했다. 이제 여기에는 1870년 정치적 통일을 이룬 다음 식민지 경영자가 되기로 작정한 독일제국도 포함되었다. 실제로 독일은 다른 산업화 도상국들처럼 아프리카 시장을 점점 더 필요로 했으며, 마찬가지로 신·구교의 독일 선교사들도 (그들이 구원해줄) 아프리카의 영혼들이 필요했다.[18]

그렇지만 아프리카를 유럽 약탈정치의 말 없는 희생자로만 보는 것은 너무도 순진한 생각일 것이다. 유럽인들이 17, 18세기에 식민통치를 확립하는 데 성공한 아시아와 아메리카의 일부 지역에서처럼, 유럽인들은 아프리카에서도 단지 현지 지배자들이 그들의 오랜 세력 쟁탈전에 유럽인들과 그들의 우세한 무기를 끌어들이기 위해 종종 식민 당국과 기타 우회적 방책들을 이용했기 때문에 성공을 거둘 수 있었다. 1세기 남짓 아프리카의 대부분을 지배한 소수의 유럽인들은 오직 현지 엘리트들이 그들 나름의 다양한 이유에서 협조했기 때문에 살아남을 수 있었다. 그럼에도 불구하고 유럽의 식민지배에 의해 야기된 변화는 경제적·사회적으로, 그리고 물론 문화적으로도 엄청난 것이었다. 아프리카인들을 열심히 일하는 노동자와 백성, 그리고 기독교인으로 만들기 위해, 시계의 규제를 받는 시간관과 점잖은 옷차림으로 시작되는 예의바른 행동, 노동기율에 관한 유럽인들의 개념이 도입되었다.

한편, 유럽에서는 아프리카를 한 번도 방문하려 하지 않고, 입거나 먹는 것들 가운데 많은 것들이 아프리카인들에 의해 생산되었음을 알지 못하는 많은 사람들이, 그들이 모르는 다른 세계를 포함시키기 위해 다시 한 번 그들의 세계관을 수정하지 않으면 안 되었다. 그들은 처음에 선교사들의 얘기와 교회의 개종정책을 위한 선전물로 사용하기 위해 널리 발간된 책을 통해 정보를 얻었다. 이국적인 것에 대한 유럽인들의 갈망을 충족시키기 위해, 특히 새로 탄생한 인류학이라는 학문분야의 과학적 연구가 대중화되었다. 그러한 연구들은 완전히 인간일지도 모르고 인간이 아닐지도 모르는 검둥이라는 생물들이 우글거리는 세계의 모습을 그려냈다. 그것들은 아마 원숭이와 인간의 중간단계를 나타내지 않을까? 많은 선교사들이 이 지역을 알고자 하는 열망에서 인종학자나 인류학자 비슷한 방식으로 방대한 양의 정보를 수집했으므로, 그 결과로 나타난 이미지들은 종종 뒤죽박죽이어서 이른바 '검은 대륙'에 대한 복잡한 시각을 만들어냈다.[19]

오랫동안 많은 유럽인들은 극단적으로 상반된 견해를 계속 지니고 있었다. 1864년 런던에서 열린 인류학회는 하등종족, 특히 아프리카의 하등종족들을 멸종시키는 것이 바람직한지를 토론했다. 1897년 독일의 인류학자 프리드리히 라첼이 『정치지리학 *Politische Geographie*』을 발간했을 때, 거기에는 후에 나치 독일의 지도자들에 의해 열렬히 채택된 것과 똑같은 생각들이 포함되어 있었다.[20] 사실 1860년대 이후 각종 진화론의 발전이 그러한 관점들을 강화하는 데 도움을 주었다.

19세기 말에 이르러서야 아프리카 흑인들이 일종의 야생동물이라는 생각은 비교적 계몽된 유럽인들에 의해 배척되었다. 그럼에도 불구하고 아프리카의 토착문명들은 여전히 '원시적'인 것으로, 때로는 한때 토착적인 아메리카에 붙어 있던 순수함이란 함축을 가지고 묘사되었다. 이윽고 19세기 말과 20세기 초에, 후진적인 종들은 진보하는 사회에서 설 자리가 없다는 식의 부정적인 견해와, 진화가 이루어지려면 교육―그것은 물론 기독교화를 의미했다―의 도움이 필요하다는 견해가 제기되었다. 그러나 다른 사람들은 만약 아프리카 흑인들이 교육을 받으면 유럽의 식민통치에 반항할 것이라는 이유로 교육계획에 착수하기를 꺼렸다. 흔히 이슬람화한 아프리카의 문화가, 정령숭배(animism)가 지배하는 지역의 문화보다 부정적으로 평가되었다. 왜냐하면 후자가 복음의 설교를 더 잘 받아들였기 때문이다.

몇몇 유럽인들이 개인적으로 그들의 '선택된' 아프리카인들 사이에서 정신적 만족을 느끼며 일하는 많은 사례에도 불구하고, 흔히 유럽의 여론은 계속해서 토착민들이 어리석고, 게으르며, 알코올 중독자이고, 개방적인 성생활을 한다고 낙인찍었다. 유럽인들이 이제 '부르주아' 단계의 문화로 접어들었기 때문에, 그들이 그동안 마주쳤던 다른 세계에 대한 것보다 훨씬 더 심하게 사하라 이남의 아프리카인들을 사회적으로 용납할 수 없고 따라서 도덕적으로 악한 감정과 행동의 소유자로 평가했다. 따라서 유럽인들은 자신들의 문화가 정말 우월하다고 계속 믿을 수 있는 한, 이러한 악과 싸우지 않으면 안 된다고 느꼈다.

19세기에서 20세기로의 전환기에 유럽의 많은 전위미술가와 음악가들이 그들이 보기에 지나치게 세련되고 제한적인 당대 유럽의 문명보다 인간됨의 본질과 보다 조화를 이루고 있다고 본 아프리카 문화의 '원시주의'에 대한 뚜렷한 경도(傾倒)를 보였지만, 이것이 일반대중의 아프리카 이해를 바꿔놓는 데는 거의 아무런 기여도 하지 못했다.

'구' 세계(old world)와 '고' 세계(older world)

16, 17세기에 신세계는 주로 토착사회의 효과적인 저항의 부재와 최초의 접촉에 이은 인구학적 재난 때문에 정복되었고, 지상천국을 발견하거나 적어도 그곳에 약속된 나라를 세울 수 있으리라는 유럽의 희망이 구체적으로 실현된 곳이 되었다. 아프리카도 19세기에 정복되었으나 유럽인들의 대규모 정착지로 이용되지는 않았다. 그러나 아시아는 유럽과 생물학적·세균학적 구성이 같고 더구나 강력한 황제들의 지배를 받았으므로 순순히 정복되지 않고 오랫동안 끈질기게 저항했다.

실제로 네덜란드인들은 포르투갈인들을 대신해 동인도 제도에 그들의 제국을 건설했었고, 스페인인들은 필리핀에 대한 지배를 유지했다. 그러나 그 이상의 팽창은 쉽지 않다는 것이 증명되었다. 12세기의 몽고족 침공시도의 악몽에 여전히 시달리고 있던 일본은, 총포뿐만 아니라 토착 제후들이 사용할지도 모르는 이데올로기적 무기로서 기독교를 두려워했다. 사실 총포와 기독교는 16세기 후반에 포르투갈인들에 의해 도입된 이래 그러한 목적으로 사용된 적이 있었다. 그 결과 1640년대 이후 도쿠가와(德川) 가문의 쇼군(將軍) 정부는 중국인과 네덜란드인을 제외한 모든 외국인에게 일본열도의 빗장을 걸어 잠갔다. 그러나 그들도 오직 나가사키 만의 두 섬에만 엄격히 제한되어 살도록 허용되었다.[21] 그럼에도 불구하고 네덜란드인들은 이런저런 경로를 통해 이 나라의 상당 부분을 볼 수 있었고, 17, 18세기에 출판된 일련의 중요한 책들을 통해 일본 역사와 문화를 수준 높은 유럽 독자들에게 소개했다. 이와 동시에 일본인들은 네덜란드인들을 이용해 의학이나 일부 신과학처럼 유용하다고 생각되는 유럽 문화의 일부를 습득하게 되었다.[22]

중국도 역시 도자기와 비단, 차가 거래되는 무역항 광둥(廣東) 너머 대륙으로 들어오려는 유럽 열강들의 시도를 성공적으로 저지했다.[23] 기독교 선교사들, 특히 예수회 선교사들만이 중국인들을 괴롭히고 개종시키도록 허용되었다. 그들의 영향력은 미미했으나, 유럽의 신자들로부터 그들의 정책에 대한 물질적·정신적 지원을 얻어내기 위해 중국을 일방적으로 미화시켜 유럽이 각별히 주목할 만한 가치가 있는 사회와 문명을 가지고 있다는 소문을 퍼뜨렸다. 즉 중국은 기독교만 없을 뿐 정말 찬탄할 만하며 기독교를 전파하기에는 조건이 유리하다고 말하면서 여러 신들—그러니 여기에는 아마 유일신도 포함될 것이다—과 질서정연한 가족, 그리고 전권을 가진 국가에 대한 유교적 숭배라는 점에서 중국은 친기독교적 이념과 가치를 지니고 있다고 그들은 주장했다.[24]

동양 문화를 둘러싸고 있는 이러한 상대적인 신비감 때문에 유럽인들은 현지의 실상은 거의 모르는 채 중국 문화를 이상화하고, 그보다 덜하지만 일본 문화도 이상화하는 경향이 있었다. 고국의 정치적·사회적 조건에 대해서는 몹시 비판적이었던 볼테르 같은 계몽 지식인들도, 중국의 정치·사회 체제의 실상에 대한 해박한 지식에도 불구하고, 그들이 보기에 후진적인 유럽의 전제왕국들에 대해 중국을 모범으로 내세웠다.

벵골의 무역기지를 발판으로 거대한 중국시장을 지배하기를 갈망하던 영국인들도, 여러 수단 가운데 하필이면 사람을 혼미하게 만드는 아편을 불법으로 대량 수출함으로써 천자의 제국으로 진입하는 길을 억지로 뚫기 시작했다. 19세기 초에 격렬한 논쟁이 벌어졌고 그 결과 노골적인 전쟁들이 발발했다. 영국의 군사적·기술적 우세에 의해 중국은 패전국이 되었고, 극도로 치욕적인 일련의 조약을 받아들이지 않을 수 없었다. 1840년대 이후 영국을 비롯한 다른 유럽 열강들은 중국에 대한 조직적인 경제적 착취를 시작했을 뿐만 아니라, 많은 서양인들이 중국문명에 대한 종전의 존경심을 상실하게 되었다.

1854년에 강요에 의해 서방세계에 문호를 개방한 일본은, 중국과 같은 운명을 피하기 위해 농업개혁은 물론이고 산업과 기술의 '서구화'라는 획기적인 정책을 추진했다. 일본은 경제적·정치적 독립을 유지하는 데 성공했을 뿐만 아니라, 서방세계의 물질적 성취를 성공적으로 모방했다는 이유로 어떤 점에서 서방세계의 자발적인 존경을 얻는 데도 성공했다. 게다가 새로운 개념을 모색하면서 언제나 이국적인 것에 기꺼이 유혹당하려 했던 세기말의 많은 유럽 예술가들은, 특히 일본의 목판화와 그림으로부터 영감을 얻었다. 이것은 폴 고갱과 빈센트 반 고흐 같은 인상파나 표현주의 화가들의 일부 작품에서 확인되는데[25], 이제 서구적 상상력을 사로잡은 것은 보다 구체적으로 선불교의 '본질주의적' 경향이었다.[26]

유럽과 아시아 사이의 지속적인 상호작용에 있어 가장 놀라운 삽화는 유럽과 그리고 그 후 미국이 인도에 대해 보인 반응일 것이다. 18세기까지 광대한 인도 아대륙은 유럽의 영향권 밖에 있었다. 그러나 이 무렵에 프랑스와—보다 성공적으로—영국이 무너지는 무갈제국을 잠식하기 시작했다. 한편, 16세기 이후 로마 가톨릭 선교사들은 힌두교도들을 개종시키려고 시도해왔다. 완강하게 저항하는 인도 문화에 부닥쳐 그들은 인도의 성전인『베다 Vedas』의 존재와 힘을 발견하게 되었다.『베다』는 승려계급인 브라만들에 의해 비밀에 붙여진 언어인 산스크리트어로 씌어져 있었으므로, 많은 로마 가톨릭 선교사들은 기를 쓰고 산스크리트어를 배우려 했다. 비록 그들은 부분적으로 성공을 거두었지만, 그 결과는 북유럽에서 널리 알려지지 않았다. 18세기 말에 영국과 프랑스의 식민회사 직원들도 토착적인 문화와 사회에 부닥쳐 똑같은 욕구를 느꼈다. 마침내 몇 사람이 가까스로 이 언어를 배우게 되었다. 1780년대 이후『베다』와『우파니샤드 Upanishades』, 그리고 고대 인도의 서사시들이 프랑스어와 영어, 독일어로 번역되어 그야말로 선풍을 일으켰다.

18세기 말 벵골의 영국 식민지 고위관리인 윌리엄 존스 경이, 비록 이러한 생각을 처음으로 공식화한 사람은 결코 아니었지만, 산스크리트어가 그리스어와 라틴어, 모든 게르만어족을 포함한 유라시아의 모든 주요 언어들의 어머니라는 견해를 처음으로 널리 알렸다. 산스크리트 텍스트들은 '가장 오래된' 언어로 씌어졌으므로, 또한 물질적·정신적인 것들에 관한 가장 오래된 지식을 포함하고 있는 것으로 간주되었다. 그 결과 많은 유럽의 대학에서 인도의 언어학과 문학, 종교, 철학을 연구하는 인도학 강좌가 개설되었다. 곧 공통의 언어학적 기원에 관한 생각은, 페르시아어와 산스크리트어를 포함하는 인도-유럽어들의 체계화를 통해 보다 정교하게 다듬어졌다. 이에 따라 인도-유럽어들은 하나의 '원(原)' 인도-유럽어의 후손들로 가정되었다. 아울러 인도 문화는 유럽 문화가 발원한 지금까지 알려진 가장 오랜 문명으로, 더욱이 어린이와 같은 순수함을 지켜온 문명으로—이것은 분명 인도문명의 위대한 고대성의 또 다른 표지였다—해석되었다.

이러한 이론들은 19세기 후반 이후, 오늘날의 이란과 아프가니스탄, 북

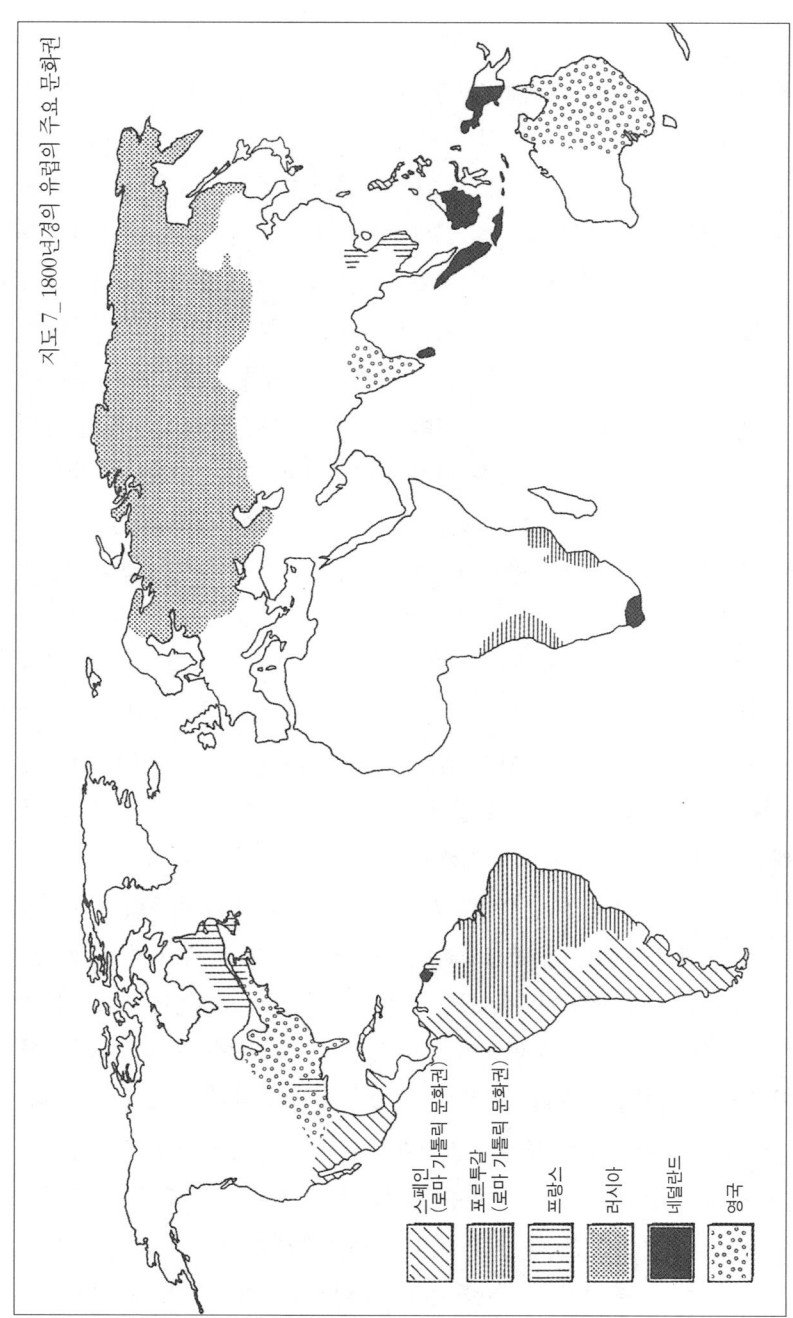

인도, 아시아 쪽 러시아 등을 포함하는 지역으로부터 문화가 유럽과 서아시아로 확산되었음을 시사하는 고고학적 연구에 의해 적어도 부분적으로는 확인되었다. 오래지 않아, 유독 이슬람 세계를 제외한 세계의 모든 주요 문명의 창조자였던 고대 '아리안' 족에 관한 개념이 유럽인들의 의식 속으로 스며들게 되었다. 이것은 영국과 독일에서 굉장한 인기를 끌었을 뿐만 아니라, 다른 여러 나라에서도 추종자들이 나타났다. 돌이켜보면, 이러한 '인도 르네상스'는 대체로 기원에 대한 매혹, 즉 유럽사회의 낭만적이고 탐구적인 뿌리찾기였다고 결론짓지 않을 수 없다.

19세기 후반에 인도 문화의 여러 요소들은 흔히 피상적으로 서구문학과 음악 속으로 도입되었으나, 때로는 창조적으로 도입된 경우도 있었다. 그보다 중요한 것은 인간 자아의 본질과 우주와 인간의 관계에 관한 인도 힌두교 철학의 관념들이 유럽철학 속으로 스며들어온 방식이었다. 그래서, 가령 아르투어 쇼펜하우어는 인도철학의 개념들을 사용해 인간의 모든 현실은 인간의 마음, 즉 브라만이라는 하나의 현실의 투사, 즉 마야라는 환영에 불과하다고 주장하기에 이르렀다. 그러나 그는 또한 이러한 개인적 본질은 세계-영혼, 즉 아트만의 부분이라고 추론했다.

많은 사람들에게 인도 문화는 때로 다른 동양문명과 무차별적으로 혼합되어 '유럽적 심성'보다 덜 합리주의 일변도인 것으로 보였다. 따라서 인도 문화는 그들의 견해로는 기독교가 더 이상 제공할 수 없는 새로운 영적 차원에 대한 갈증을 채워주었다. 서구의 과학적 사고와 동양의 총체론적 시각을 화해시키려고 노력한 신지학(神智學)협회가 1875년에 창립된 것은 그러한 많은 현상 가운데 하나에 불과하다. 1960년대의 '히피운동'과 1980년대의 '새로운 시대' 이념도 그 나름대로 이같은 영향이 지닌 변치 않은 매력을 보여주었다.

19세기 초에 이르러 이슬람의 근동 지역이 십자군 원정 이후 처음으로 유럽의 실제적인 팽창 지역으로 부각되었다. 비록 '신의 지상의 그림자'인이스탄불의 술탄이 아직도 예언자 모하메드의 후손으로서 이 지역을 통치한다고 주장했으나, 그의 권위는 17세기 이래 꾸준히 지방 제후들에 잠식되어 이제는 이름뿐인 권위에 불과하게 되어버렸다. 내우외환이라고, 이같은 내부의 약점이 드러나면서 외부의 압력이 가중되었다. 왜냐하면 오토만 제국은 이 무렵에 유럽의 무역에 중요한 존재로 부각되었기 때문이다. 실제로 18세기에 이르러 오토만 제국의 경제는 희랍 정교도 중간상인들의 도움을 받아 부분적으로 네덜란드와 영국, 프랑스 회사들에 의해 운영되었다. 19세기 초에 오토만 세계가 훨씬 더 중요해지기 시작한 이유는, 물론 유럽과 아시아 식민지들을 연결하는 중요한 육상통로들이 이곳을 관통하고 있기 때문이었다. 게다가 오토만 제국이 지배하는 발칸 지방은 유럽의 주요 팽창주의 세력인 오스트리아-헝가리 제국과 제정 러시아 사이의 각축장으로 변하고 있었다. 러시아는 동방에 제국을 건설하고 있었음에도 불구하고, 지중해에 부동항을 얻으려고 했다. 그 결과 동남유럽과 지중해 동부 연안, 또는 중앙아시아에 이해관계를 가진 모든 유럽 강대국들이 이제 호시탐탐 술탄의 힘을 더욱 약화시킬 기회만 엿보게 되었다.

경제적·정치적 관심과 더불어 흔히 두 가지 문화적 요소가 함께 작용하여 경제적·정치적 관심을 강화시켰다. 한편으로, 기독교 교회는 19세기 초부터 기독교의 발상지로서, 그리고 아마도 그 종착지로서—그리스도가 최후 심판의 날에 그곳에 돌아오지 않을까?—성지에 대해 다시 관심을 가지게 되었다. 부분적으로 이러한 운동과 연관되어, 점점 더 실증주의적·과학적 사고의 영향을 받은 성서학자들은 광범한 고고학적 탐사를 통해 문자 그대로의 성서의 진실을 증명하려고 시도했다.[27] 다른 한편으로, 인도의 발견과 병행하여, 아마도 유럽 문화의 모태가 그리스-로마 문화만은 아니라는 견해는 고대 근동세계를 새삼스럽게 매력적인 것으로 만들었다. 이제 근동의 언어와 문학은 새로 발견된 중앙아시아와 동아시아의 언어들과 함께 널리 연구되게 되었다. 최초의 동양학 학술지가 1808년 빈에서 오토만 연구의

'아버지'인 요셉 폰 하머-푸르크슈탈에 의해 창간되었다.

많은 학자들이 눈앞에 펼쳐진 새로운 세계의 매력에 깊이 빠져 있는 동안, 『동양의 보고 Fundgruben des Orients』와 그 직후 프랑스에서 나온 『아시아 저널 Journal Asiatique』 같은 학술잡지들도 동양학과 유럽 각국의 식민정책과의 증가하는 상호관계를 뚜렷이 보여준다. 러시아가 중앙아시아의 언어와 문화에 관심을 집중한 반면, 영국만이 거의 유일하게 인도의 언어와 문화를 연구한 것은 전혀 놀라운 일이 아니다. 프랑스가 인도의 소유권을 영국에 뺏긴 다음에도 프랑스 학자들은 아직도 그곳에 동방제국을 건설하려는 희망을 품고 근동학(近東學)과 인도·중국학 전공을 발전시켰다.

아시아와 다른 대륙의 문화에 대한 새로운 지식의 확산은 학계에만 국한된 것이 아니었다. 이렇게 되기까지에는 현대기술의 도움이 컸지만, 이를 사용할 수 없는 지역에서는 극악한 조건들을 용감하게 극복하고 지구의 오지들을 탐험한 여행자들의 증가가 상당한 기여를 했다. 19세기 말과 20세기 초에 이르러 사상 처음으로 유럽인들은 지구 전체를 '발견'했다고 자랑할 수 있게 되었다. 뚫고 들어갈 수 없는 아마존 열대우림에서 난공불락의 히말라야 봉우리들에 이르기까지 모든 곳에서, 경제적 모험가든, 제국 건설자든, 탐험대장이든, 기자든, 아니면 그저 평균보다 약간 더 진취적인 관광객이든 간에, 유럽인들은 제각기 이야깃거리를 고향으로 가지고 왔다.

또한, 사상 처음으로 이러한 여행자들의 상당 부분이 여성으로 구성되었다. 흔히 유럽여성들은 '노처녀'나 이혼녀로서 얌전한 생활의 제약을 벗어나기 위해 집을 나섰으며, 빈약한 개인자금으로 가까스로 여행을 해야 했다. 그렇지 않으면 이국적인 이야깃거리에 대한 점점 커지는 시장의 요구를 충족시키기 위해 자신들의 경험담을 출판함으로써 탐험비용을 마련하려고 했다. 그 배경이나 동기가 어떻든, 여성들도 세계에 대한 유럽의 지식을 확장하는 데 기여했으며, 이와 동시에 결국 여성도 남성만이 할 수 있다고 생각했던 일들을 해낼 수 있다는 것을 보여줌으로써 유럽의 새로운 여성관을 만

들어냈다.28)

이러한 탐험가들은 아프리카의 심장부를 여행한 헨리 스탠리나 고비사막을 횡단한 스웨덴인 스벤 헤딘뿐만이 아니었다. 용감한 스코틀랜드 여성 이사벨라 버드는 '정복되지 않은 험로(險路)'를 따라 일본의 최북단 지역을 여행하고 아이누족과 생활한 최초의 유럽인들 가운데 하나가 되었다. 네덜란드의 귀족인 알렉산드리네 티네는 처음으로 수단에 들어가 투아레그족 사이를 누비고 다녔다. 프랑스-덴마크인인 알렉산드라 다비드-닐은 자신이 '세계의 지붕' 티베트의 금단의 도시 라사에 들어간 최초의 여성이라고 주장했다. 이곳에는 18세기에 소수의 예수회와 카푸친파 선교사들이 기독교를 전파하려고 시도했으나, 별다른 성공을 거두지 못한 이후 유럽인의 발길이 닿은 적이 없었다.

저자들의 성(性)에 관계 없이 문학적·학술적 여행기의 대부분이 유럽인의 태도와 가치를 반영하여 모든 점에서 유럽 문화의 우월성을 강조했고, 흔히 '타자들'의 세계는 시간이 멈춘 세계로, 심지어는 정체된 세계 또는 낙후된 세계로 그렸다.29) 여기서 '그렸다'는 표현은 말 그대로 받아들여야 한다. 왜냐하면 19세기는 유럽역사상 처음으로 상당수의 화가들이 여행을 하기 위해 자신들의 세계를 떠난 시기였기 때문이다. 17세기에 네덜란드령 브라질에 간 소수의 화가들과 1770년대에 제임스 쿠크 선장의 역사적인 태평양 발견 항해에 동행한 화가들은 규칙이라기보다는 예외에 해당했다. 게다가 이러한 초기의 탐험에는 예술적 관찰과 과학적 관찰이 분명히 뒤섞여 있었다.30) 이제 많은 화가들이 장거리 여행에 나섰으나 그 행선지는 근동과 극동에 집중되었다. 일련의 동양적 그림들은 눈부신 빛에 대한 매혹과 더불어 동양의 이글거리는 태양에 의해 창조된 눈부신 색채에 대한 새로운 매혹을 보여주었다. 이들 화가들은 그들이 선택한 주제에 있어서도 자신들과 고객들이 가지고 있던 꿈—그러나 점차 산업화되어가는, 규제된 유럽사회가 더 이상 충족시킬 수 없었던 꿈, 즉 잃어버린 세계와 보다 단순한 생활, 보다 강력한 열정, 억제되지 않은 성의 꿈을 보여주었다.

의심의 여지 없이, 이러한 글과 그림들은 동양은 물론이고 유럽의 다양한 세계를 모두 이상화하고 대상화함으로써, 동양은 결코 현대적이지도 않고 진보적이지도 않으며, 유럽은 나머지 인류를 개명시킬 사명을 띠고 있다는 견해를 가진 모든 사람들에게 또 다른 근거를 제공했다. 그렇지만 소수의 사람들은 이러한 문화들이 표면적으로는 다를지 모르지만, 어떤 점에서는 동등하고 심지어는 본질적으로 동일하다는 사실에 보다 커다란 관심을 보였을 뿐만 아니라 이에 대한 보다 뚜렷한 의식을 드러내기도 했다. 몇 년 동안 『오이로파 *Europa*』라는 잡지의 배후 추진력이었던 프리드리히 슐레겔은 『인도인들의 언어와 지혜에 대하여 *Über die Sprache und Weisheit der Indier*』(1808)라는 글에서 학자로서는 처음으로 인도 문화에 대해 유럽에 경고를 던졌다. 그는 이렇게 썼다.

> 인간의 역사에서 유럽인과 아시아인은 하나의 커다란 가족을 이루고 있고, 아시아와 유럽은 하나의 분리할 수 없는 지역을 형성하고 있으므로, 우리는 모든 문명인들의 문자기록들을 지속적인 문화적 발전으로, 긴밀하게 구축된 하나의 건축물로 보려고 노력해야 한다. 이것은 우리로 하여금 모든 것을 그 통일성 속에서 보도록 허용해줄 것이며, [그 결과] 많은 편파적이고 제한된 견해들이 사라질 것이기 때문이다. 그리고 많은 상호의존성을 인정할 경우, 우리는 사물을 이해하고 그것을 새로운 관점에서 보게 될 것이다.

그럼에도 불구하고 유럽은 자신을 규정할 수 있기 위해 끊임없이 새로운 경계선을 만들고 있었다. 가장 치명적인 적은 또한 가장 가까운 이웃이었다. 왜냐하면 18세기에 중부유럽과 동부유럽의 '차이'에 관한 견해가 그 어느 때보다 강력하게 표명되었기 때문이다. 사실 1647년에 독일의 여행가 아브라함 올레아리우스가 모스크바의 문화에 관해 펴낸 책은 모스크바의 야만상태에 관한 불리한 증거를 유럽에 제공한 바 있다.

> 만약 러시아인들을 그 성격과 관습과 생활방식에 의해 판단한다면, 그들은 야만인 대열에 낄 것이다. … 왜냐하면 러시아인들은 예술과 과학을 사랑하지도 않고, 그것을 알려는 욕구도 없기 때문이다. … 그 결과 그들은 무식하고 거친 상태로 남아 있다.[31]

다시 한 번 유럽은 그 문화적 성취를 내세워, 특히 예술과 과학분야의 성취를 내세우면서 문명의 화신으로 자처했다. 거의 모든 서구어로 번역된 올레아리우스의 글은 17세기 말과 18세기 초에 다른 러시아 여행자들에 의해 이용되었고, 이들은 언제나 그의 견해를 확인하는 글을 썼다.[32] 18세기 중반 이후, 이러한 견해들은 오히려 더욱 강화되었고, 심지어는 러시아에서 발칸반도에 이르는 중·동부 유럽 전체를 그 대상에 포함시키기 시작했다.

이제 이 지역 전체가 유럽의 일부라기보다는 낯선 아시아 세계의 일부인 '동양'으로 기술되었다. 유럽의 여론에서는 이 지역의 후진성을 의도적으로 부각시켰고, 그 결과 계몽주의 사상가들—볼테르는 러시아의 카타리나 여제와의 우호적인 관계에도 불구하고, 이러한 견해를 표명한 많은 사람 가운데 하나였다—은 보다 효과적으로 자신들의 유럽을 문명의 모범으로 내세울 수 있었다. 평소 이런 문제에 관해 깊이 생각해 본 적이 없는 모차르트가 빈에서 프라하로 갔을 때 그는 다른 세계, 즉 슬라브 세계, 동양 세계로 들어간다고 느꼈다.[33]

중부유럽과 동부유럽의 일부가 서유럽의 열광적인 경제개발에 주변적으로만 가담했고, 러시아는 거의 가담하지 않았다는 사실이 그러한 차이를 더욱 뚜렷하게 보이도록 만들었다.[34] 인본주의와 르네상스에 대한 기여로 오랫동안 인정받아 왔고, 종교적으로 러시아 정교가 아닌 로마 가톨릭이었으므로 서유럽 기독교 세계의 일부라는 강력한 소속감을 가졌던 폴란드도 이러한 새로운 견해의 희생물이 되었다. 아마도 그렇게 된 상당한 이유는, 18세기 말에 폴란드 왕국이 각축을 벌이는 이웃 나라들에 쉽게 분할되어, 그 결과 '유럽'이 어떤 문명에도 필수적이라고 생각했던 하나의 특징, 즉 독립과 주권을 상실했기 때문일 것이다.

그렇지만 독일 철학자 요한 고트프리드 헤르더는 1791년 세계사의 진로에 대해 성찰하면서 동유럽, 보다 구체적으로 러시아가 결국에는 이러한 후진성을 벗어나지 않을까 하고 이렇게 자문했다.

슬라브인들은 의심의 여지 없이 너무나 오랫동안 예속상태에 있었기 때문에 타고난 노예로 보이지만, 유럽 문화의 가장 훌륭한 요소들을 흡수할 잠재력을 지니고 있으며, 그렇게 함으로써 언젠가는 식민지의 족쇄를 벗어던지고 주요 강대국이 된 미국의 예를 따르게 되지 않겠는가?[35]

Notes

15장_ 유럽과 다른 세계

1) 개관을 위해서는 언제나 균형잡힌 것은 아니지만 A. Crosby, *Ecological Imperialism: The Biological Expansion of Europe, 900-1900*, Cambridge 1986 참조.

2) G. Lantzeff, R. Pierce, *Eastward to Empire: Exploration and Conquest on the Russian Open Frontier to 1750*, Montreal 1973; M. Rywkin, *Russian Colonial Expansion to 1917*, London 1987; G. Diment, Y. Slezkine, eds, *Between Heaven and Hell: The Myth of Siberia in Russian Culture*, New York 1993.

3) D. Arnold, *Environment, Culture and European Expansion*, Oxford 1997.

4) D. Gregory, *Brute New World: The Rediscovery of Latin America in the Early Nineteenth Century*, London 1992 참조.

5) P. J. A. N. Rietbergen, 'Aan de vooravond van "het Groote Missi-uur": een onderzoek naar de Nederlandse missiebeweging gedurende de eerste helft van de negentiende eeuw en de rol van "missietijdschriften" daarin', *Nederlands Archief voor Kerkgeschiedenis* 70 (1990), 75-108 참조.

6) R. H. Pearce, *Savagism and Civilization: A Study of the Indian and the American Mind*, Berkeley 1988, 69.

7) J. Hector St. John de Crevecoeur, *Letters from an American Farmer*, London 1782. 여기서는 Everyman's Library, London, edition, 5에서 재인용.

8) 다음의 인용문들은 *Letters*, 11, 24-5, 13, 41, 41-2, 43-4에서 인용한 것이다.

9) W. Cather, *O Pioneers!*, New York 1913; Harmondsworth 1989, 301.

10) W. C. Davis, *The American Frontier: Pioneers, Settlers and Cowboys, 1800-90*, New York 1922; J. D. Unruh, *The Plains Across: Emigrants, Wagon Trains and the American West*, New York 1992; *Westward Expansion*, New York 1992에 실린 삽화본 증언 참조.

11) 일반적 개관을 위해서는 D. Bains, *Emigration from Europe, 1815-1930*, London 1991을 볼 것.

12) 이 소설들은 1949년에서 1959년 사이에 출간되었다. G. Eidevall, *Vilhelm*

Mobergs emigrantepos: studien i verkets tillkomsthistoria, dokumentära bakgrund och konstnärliga gestaltning, Stockholm 1974.
13) Upton Sinclair, *The Jungle*, New York 1965, 29.
14) 다음의 인용문은 *The Jungle*, 32, 59, 64.
15) H. Croly, *The Promise of American Life*, New York 1909, 17–25, passim; 452.
16) W. Irving, *The Sketch Book*, London, 2.
17) P. E. Lovejoy, *Transformations in Slavery: A History of Slavery in Africa*, Cambridge 1983.
18) 이에 대한 사례연구로는 H. Gruender, *Christliche Mission und deutscher Imperialismus*, Paderborn 1982.
19) 영국인들의 태도에 관한 조사로는 R. Robinson, J. Gallagher, *Africa and the Victorians: The Official Mind of Imperialism*, London 1981.
20) F. J. McLynn, *Hearts of Darkness*, London 1992; S. Lindquist, *Exterminate All the Brutes*, London 1997.
21) D. Massarela, *A World Elsewhere: European Encounter with Japan in the Sixteenth and Seventeenth Centuries*, New Haven 1990.
22) G. K. Goodman, *Japan: The Dutch Experience*, London 1986.
23) 개관을 위해서는 N. Cameron, *Barbarians and Mandarins: Thirteen Centuries of Western Travellers in China*, Oxford 1989 참조.
24) D. E. Mungella, *Curious Land: Jesuit Accommodation and the Origins of Sinology*, Honolulu 1985.
25) E. Evett, *The Critical Reception of Japanese Art in Late Nineteenth-Century Europe*, Ann Arbor 1982 참조.
26) S. Wichmann, *Japonismus: Ostasien-Europa. Begegnungen in der Kunst des 19. und 20. Jahrhunderts*, Herrsching 1980.
27) N. A. Silberman, *Digging for God and Country: Exploration, Archaeology and the Secret Struggle for the Holy Land, 1799-1917*, New York 1982.
28) S. Mills, *Discourses of Difference: An Analysis of Women's Travel Writing and Colonialism*, London 1991.
29) 이것은 물론 E. Said, *Orientalism*, London 1978의 논쟁적이지만 핵심적인 주장이다. 이는 *Culture and Imperialism*, London 1993에서도 반복되어 표현되고 있다.

30) M. Jacobs, *The Painted Voyage: Art, Travel and Exploration, 1564-1875*, London 1995; D. Mackay, *In The wake of Cook: Exploration, Science and Empire, 1780-1801*, London 1985.
31) A. Olearius, *Neue Beschreibung der Moskovitischen und Persischen Reiche*, Leipzig 1656, 184.
32) W. Leitsch, 'Westeuropäische Reiseberichte über den Moskauer Staat', in A. Maczak, H. J. Teuteberg, eds, *Reiseberichte als Quellen Europäischer Kulturgeschichte*, Wolfenbüttel 1988, 153-76.
33) 이에 관한 필독서는 L. Wolf, *Inventing Eastern Europe*, Stanford 1994가 있다. 여기서는 7-8쪽 참조.
34) D. Chirot, ed., *The Origins of Backwardness in Eastern Europe: Economics and Politics from the Middle Ages until the Early Twentieth Century*, Berkeley 1989.
35) D. Groh, *Rußland und das Selbstverständnis Europas*, Neuwied 1961, 65 이하 참조.

16
'서양의 몰락'
─ 꿈의 상실

19세기에서 20세기까지

과학 : 실증주의와 증가하는 상대주의

15세기 이후 나타난 인본주의적 인간관 및 사회관과 보다 물질적인 세계관 사이의 긴장은 19세기 후반과 20세기 초반에 더욱 고조되었다. 주로 진보의 개념으로 표현된 사유방식은 이미 18세기에 유럽 문화의 발전에 대한 장밋빛 전망을 반영하기 시작했고, 세기말에 철학자들에 의해 채택되었는데, 이제는 경험적·과학적 근거를 획득한 것처럼 보였다.

특히 정밀과학과 응용기술 분야에서는 10년마다 새로운 발견들이 나타났는데, 이것은 때로 즉각 실용적으로 사용될 수 있었으므로 그 결과 예전의 엘리트뿐만 아니라 일반대중의 생활도 더 편리하고 안락하게 되었다. 아직도 모든 사람이 똑같이 그 혜택을 누릴 수 없고 이익을 얻지 않았다고 해서 그 중요성이 감소되는 것은 아니다.

새로운 아이디어와 기술을 열거하자면 열 손가락이 모자란다. 몇 가지 예를 들면 충분할 것이다. 생물학에서는 레마르크가 1852년에 세포분열을 발견했고, 멘델의 유전이론이 1865년에 나타났다. 의학분야에서는 모턴이 1846년 에테르 마취를 개발했고, 1861년에는 제멜바이스가 산욕열 치료법을 선보였다. 코흐는 결핵 박테리아를 1882년에 발견했고, 1883년에는 베링이 디프테리아 혈청을 개발했다. 물리학에서는 프레스넬이 1815년 광파이론으로 세계를 놀라게 했고, 패러데이는 1831년에 전기유도를, 1833년에 전기분해를 각각 개발했다. 1888년 헤르츠는 전자파에 관한 논문을 발표했고, 1895년에는 뢴트겐이 세상에 X선을 선사했다. 지멘스는 발전기를 1867년에, 전기기차를 1879년에 내놓았고, 오토는 4행정 엔진을 1876년에 개발했다. 1884년에는 다임러가 가솔린 모터의 특허권을 얻었고, 1885년에는 최초의 자동차를 내놓았다.

1820년대 이후 니엡스와 탈보트, 다게르는 사진을 개발했고, 1839년에는 의기양양한 프랑스 정부가 다게르의 사진기를 사들여 '인류에 대한 선물'이라고 소개했다. 그러나 한 세대의 놀라운 발명은 다음 세대에는 철지난 유행이 돼버렸다. 사진 속에 포착된 정확한 유사성은 영화가 영상들을 실제로 움직이게 만들자 곧 유행에 뒤진 것처럼 보였다. 유럽사회와 서구사회에 깊은 영향을 줄 영화라는 새로운 대중매체가 1897년에 태어났다.[1] 많은 유럽인들의 경우, 삶은 새로운 속도와 거의 경이적인 품격을 얻게 되었는데, 이것은 사상 처음으로 그들이 자신의 진짜 모습을 볼 수 있었기 때문이다.

⌈ 베를린, 1877년 : 하인리히 슈테판은 독일 최초의 전화 서비스를 축하하다 ⌋

1877년 11월, 독일 우체총감 하인리히 슈테판은 새로 탄생한 독일제국의 총리 비스마르크에게 다음과 같은 편지를 보냈다. 이 편지에서 그는 전화의 일반적인 물리학적 원리와 그 발전의 역사, 그리고 그 효용 가능성을 간단히 설명했다.

각하께서는 강철이나 철조각을 자력장 안에서 움직이면 전자파가 발생하고, 이것은 강철이나 철조각이 움직이는 동안 지속된다는 것을 알고 계실 것입니다. 만약 사람의 목소리에 진동할 수 있을 정도로 얇은 강철판이나 철판에 목소리를 투사한다면, 그리고 코일 속의 자석이 가까이 있다면, 이 코일 속에서 그 목소리에 의해 발생하는 음파와 완전히 일치하는 전기진동이 일어날 것입니다. 이 코일을 보통의 전선에 연결하면, 그것을 통해 전류가 수신소로 송신됩니다. 여기서 비슷한 장치를 얇은 철판에 연결하면, 이 철판을 통해 전류는 다시 한 번 공기진동으로 바뀌고, 따라서 목소리로 변하게 됩니다. …

전화의 이론은 위에서 설명한 바를 바탕으로 하고 있습니다. 불과 1세기 전에야 사람들은 번개가 치면 나침반의 자극이 뒤바뀌는 것을 보고 전기와 자력의 관계를 처음으로 이해했습니다. 48년 전 외르슈테트가 전자력의 원리를 확립했고, 암페르는 불과 3년 후에 자력이란 전기진동의 결과임을 증명했습니다. 이러한 연구가 얼마 전부터 알려진 음향학의 원리들과 결합되어 최근에 전화의 발명에 이른 것입니다. 본인은 전화가 인간의 통신분야에 있어 위대한 미래를 열게 될 것으로 확신합니다.

지금까지 알려진 바로는, 1861년 프랑크푸르트의 학교 교사인 필립 라이스가 음악을 송신하는 전화선을 처음 만들었다고 합니다. 그 후 미국인들이 이에 착안하여 벨, 에디슨, 그레이 등 여러 연구자들이 사람의 말을 송신하는 다양한 전화기를 만들어냈습니다. 본인이 판단할 수 있는 한 가장 실용적인 것은 벨의 전화기인데, 이것이 지멘스와 할스케 사에 본인이 주문했던 많은 전화기의 모델 역할을 했습니다. 지난 10월의 몇 주 동안, 우리는 라이프치히 가에 있는 본인의 사무실에서 프란체지셰 가에 있는 중앙전신국까지를 시작으로, 이 전화기들을 시험해 보았습니다. 이러한 실험들이 완전히 만족할 만한 것이었으므로 … 우리는 같은 날 포츠담으로 송신하기 시작했습니다. 포츠담과도 완벽한 통신이 이루어졌습니다.[2]

「베를린, 1877년: 하인리히 슈테판은 독일 최초의 전화 서비스를 축하하다」

의심할 나위 없이 이러한 발전들은 수송과 통신뿐만 아니라 상품의 이동도 편리하게 만들었고, 이에 따라 예컨대 보다 다양하고 훌륭한 식단에도 기여하는 등 물질적 삶의 품격을 개선하는 데 커다란 도움이 되었다. 게다가 기계분야의 산업화에 뒤이어 발전한 화학공업은 의학지식의 증가를 이용하여 특허권을 가진 의약품을 대량생산함으로써, 비록 한편으로는 상업적 목적을 위해 사람들의 질병과 죽음에 대한 공포를 파렴치하게 이용하기도 했지만, 평균수명을 높이고 각종 질병으로 인한 사망률을 낮추도록 도울 수 있었다.

미묘하고 복잡한 방식으로, 이러한 새로운 발견들은 인간의 물질적 삶뿐만 아니라 인생관과 자연관까지 바꾸어놓았다. 당연히 대부분의 이러한 발전들은 과학과 기술의 승리로, 점점 더 유럽의 특징으로 보이는 천재성의 승리로 박수갈채를 받았다. 그 결과 유럽은 세계에서 특별한 지위를 차지하게 되었고, 많은 사람들에게 '유럽'과 '진보'는 거의 동의어가 되었다. 그렇지만 형이하학적 인간과 물질적 세계보다 정신적 인간과 정신적 세계가 관련된 인문학 분야의 연구결과는 심기를 불편하게 한다고는 할 수 없지만 분명 탐탁한 것은 아니었는데, 특히 기독교의 성서가 모든 지혜의 원천이라고 확신하는 사람들에게 그러했다.

이미 18세기에서 19세기로의 전환기에 뷔퐁과 라마르크 같은 프랑스 과학자들은 유기체 형태의 가변성과 단자에서 인간으로의 점진적 진화에 관한 글을 씀으로써, 인간 종의 특이성이라는 개념의 기반을 허물어뜨렸다. 한편, 지질학은 지구가 수천 년이 아닌 수백만 년에 걸쳐 형성되었음이 확실하다는 것을 보여줌으로써, 교회가 주장하는 지구의 나이와 단 1주일 만에 완성되었다는 창조설의 기반을 허물어뜨렸다.

부분적으로 이러한 발견과 성찰의 결과로, 생물학자들은 지구상의 생명의 발전에 관해 계속 새로운 의문을 제기했다. 이미 1780년대와 90년대에 에라스무스 다윈이라는 영국의 한 시골 의사는 새로운 종의 기원에 있어 자

삽화 40, 41_ 1873년의 빈 대박람회의 독일측 '기계관' 전경. 기계와 전기제품들은 거의 모든 경제분야에서 생산을 편리하게 했을 뿐만 아니라, 가정에도 도입되어 마침내 여성들을 과중한 가사노동으로부터 해방시키게 될 수단이라고 널리 선전되었다.

연적·성적 선택의 창조적 힘에 관한 소견을 표명한 바 있다. 비록 그는 종교 당국을 자극하지 않도록 조심스럽게 자기 생각을 표현했으나, 사회는 인간이 아마도 원숭이로부터 나왔다는 견해를 받아들일 준비가 아직 되어 있지 않다는 것을 곧 깨달았다. 약 60년 후인 1844년, 스코틀랜드의 괴짜 로버트 체임버스는 『자연의 창조사의 흔적들 Vestiges of the Natural History of Creation』이라는 책을 통해 생명발생의 진화론적 견해를 제시했다. 그는 보수적인 교회측의 적대적 반응을 두려워해 일부러 익명으로 출판했으나, 그의 책은 주목을 받지 못했다.

그러나 이때에 이르러, 찰스 다윈(1809-82)은 자기 할아버지를 포함한 모든 선배들의 연구를 바탕으로[3] 진화의 관점에서도 생물학을 고찰하기 시작했다. 1859년 그의 저서 『종의 기원』은 설득력 있게 과학적으로 새로운 종들은 끊임없는 진화과정을 통해 발전해왔음을 증명했다. 이러한 진화과정에서는 고정된 자연의 법칙에 따라 더 오랜 종 가운데 더 강한 것들이 적응에 의해 살아남은 반면, 더 약한 것들은 사라졌다는 것이다.[4] 다윈이 다소 주저하면서도 저기 입장의 논리적 결론에 도달하여 1871년 『인간의 혈통 Descent of Man』을 출판하자, 인간이라는 종은 하느님의 모습으로 창조된 유일한 존재라는 창조의 정상자리를 상실했다. 많은 사람들에게 교회는 온갖 권위주의적이고 제도화된 형식에도 불구하고 그 신뢰성의 핵심적인 부분을 상실하기 시작했다.

거의 소설체로 씌어졌고 바로 그 때문에 일반독자들에게 호소력을 발휘한[5] 다윈의 책들이 성공을 거둔 것은, 그럼에도 불구하고 19세기 초반에 문화풍토가 얼마나 달라졌는지를 보여준다. 왜냐하면 비록 교회는 부정적인 반응을 보였지만, 학계는 대체로 긍정적 반응을 보였으며 일반대중도 그러했기 때문이다. 유럽은 '패러다임의 변화', 즉 새로운 사회, 증가하는 경제적·사회적 긴장과 범지구적인 각종의 차이들 때문에 나타나는 의문들을 해결해주는 새로운 이론을 받아들일 준비가 되어 있었다. 다윈의 개념들은 신속히 대중화되었다.[6] 그 개념들은 종교분야의 지속적인 회의주의적 분위기 속에서 번창했고, 이러한 분위기를 더욱 부추겼다. 왜냐하면 그것들은 점차 반격할 수 없게 된 과학적 방법이라는 품질보증의 도장이 찍혀 있었기 때문이다.

18세기 말에 '발명된' 인간과학들도 이 시기에 고학적·문화적 논쟁을 주도하기 시작했다. 사회이론과 인류학, 그리고 마지막으로 심리학이 점차 학계에서, 그리고 이보다 훨씬 더 중요한 통속적인 작품 속에서 표현되었으며, 이것은 유럽인의 자기 자신에 대한 생각들을 개조하는 데 영향을 주었다.[7] 다윈이 그의 이론을 처음 세상에 발표한 1859년, 유럽인의 인간관과 세계관은 여러 방면에서 충격을 받았다. 왜냐하면 같은 해에 마르크스(1818-83)가 『정치경제학 비판 Zur Kritik der politischen Ökonomie』을 발간했기 때문이다. 산업화된 유럽의 대부분 지역에서 고삐풀린 경제적 팽창에 의해 야기된 사회적 고통과 정치적 긴장을 배경으로 하여 마르크스는, 그의 견해에 따르면, 다윈이 자연에 대해 말한 것과 똑같이 사회도 발전했다는 것, 다시 말해 생산수단을 위한 끊임없는 투쟁 속에서 강한 자는 더욱 더 강해졌고 약한 자, 즉 노동자들은 궁지에 몰렸다는 것을 과학적으로 보여주었다.

사실상 종교보다는 과학이 새로운 신앙으로 등장했다.[8] 유럽 역사상 최초로, 자연과학에서 비롯된 사고가 전례없이 짧은 시간에 삶의 모든 영역에—즉 다른 정밀과학들뿐만 아니라 정치학과 경제학, 철학과 문학, 그리고 실제로 종교 자체에까지—영향을 미치는 데 성공했다. 생물학적 결정론의 색채가 강한 새로운 인간관이 탄생한 것이다. 본질적인 인간의 특성으로서의 자유의지는 사라져버린 것처럼 보였다. 신과 섭리, 구원은 다윈적 세계에서 설 자리가 없었다. 이제 누가 아직도 자연을 조화로운 질서라고 믿을 수 있겠는가? 자연은 서로 다른 종의 대표들 사이의 투쟁으로 말미암아 끊임없이 변화하는 전장이 아닌가? 선과 악은 더 이상 의미 있는 범주가 아니었고, 생존과 진보가 유일한 가치기준이었다.

수도사 멘델의 유전실험과 다윈 이론의 함축적 의미를 연구하는 사람들에 의해 조성된 유전연구 붐 같은 잠재적 위험을 내포한 사태 발전에도 불구하고, 기술적인 면에서는 지극히 성공적이었던 19세기 말에 대부분의 유럽인들은 과학의 앞날을 우려하기보다는 기대감으로 가슴을 설레었다. 물론 유럽인의 대다수는 과학적 논의의 의미를 이해하지 못했다. 그들은 프랑스 작가 쥘 베른(1828-1905)이 쓴 수십 권의 흥미진진한 책을 탐독했다. 베른은 단지 종이 위에서 '발명'했고, 20세기에 들어와서야 과학과 기술에 의해 비로소 실현된 것들을 포함해[9], 많은 기계의 응용이 얼마나 인간의 삶을 더 편안하고, 더 즐겁고, 더 짜릿하게 만들 것인가를 보여주었다.

19세기는 그 이름에 걸맞는 대규모이자 최초의 '아동도서의 세기'였으므로, 모든 유럽어로 번역된 베른의 대량생산된 책들이 성인독자보다는 청소년 독자를 목표로 했다는 것은 유럽 문화의 매우 중요한 측면이다. 『달나라 여행』과 『정복자 로뷔르』 같은 책을 통해, 과학의 힘에 대한 믿음은 새로운 세대에게 어렸을 때부터 주입되었다. 그러나 새로운 착상을 구체화한 것은 베른 하나만이 아니었다. 찰스 킹슬리의 인기동화 『물의 아이들 The Water Babies』(1863)을 읽은 영국 어린이들은, 가난한 꼬마 굴뚝청소부가 물에 빠져 죽음으로써 박해자들로부터 벗어나 새롭고, 깨끗하고, 건강한 세계 ― 공해시대의 전형적인 이미지이다 ― 에서 계속 살아간다는 교훈적인 동화에 접하게 되었다. 이 책이 진화와 적자생존을 통한 진보의 이익이 실현된 곳으로 자신 있게 제시한 것은 바로 물의 세계였다.

그러나 의기양양한 실증주의와 유물론의 이 시대에도 현실도피의 필요성은, 특히 그것의 문학적 표현으로 판단할 경우, 과거 어느 때보다 절실한 것처럼 보였다. 과거, 또는 적어도 기계와 도시보다는 신화와 마을 문화가 인간의 삶을 지배하던 시절은, 강력한 매력이 되었다. 노벨문학상을 수상한 최초의 여성작가인 스웨덴의 셀마 라게를뢰프(1858-1941)는 1891년 『괴스타 베를링의 신화 Gösta Berling's Saga』를 썼다. 영광의 자리에서 추락한 루터파 목사의 인생역정에 관한 이 이야기는 그녀의 고향인 펠름란트의 풍광과 문화를 강력하게 환기시키는 리얼리즘과 환상, 민속학과 심리학의 혼합물이었다. 그리고 그녀의 이름을 전 세계에 알린 동화이자 여행기, 그리고 교양소설인 『닐스 홀거손의 놀라운 모험 *Nils Holgersons underbara resa genom Sverige*』(1907)에서 그녀는 청소년 독자들에게 스웨덴 농촌의 역사와 아름다움을 가르치는 데 성공했다. 이와 동시에 이 두 작품은 동물적 충동과 신적인 잠재력 사이에서 끊임없이 투쟁하며 진화하는 인간을 보여줌으로써, 일종의 형이상학적 다윈주의를 표현하고 있다.[10]

이러한 과거지향적 경향은 엘리트 문화의 여러 분야에서 지배적이었다. '다윈의 해'인 1859년에 이미 리하르트 바그너는 혁명적인 오페라 〈트리스탄과 이졸데 *Tristan und Isolde*〉를 통해 유장한 선율의 시행(詩行)을 선보였는데, 그는 여기서 육체적 사랑이 모든 것을 지배하는 원동력임을 공공연히 보여주었다. 이것은 이제 악보로 기호화되기까지 했다. 바그너의 음악적 특징인 주도동기(leitmotiv)는 사람들이 경험하는 어쩔 수 없는 충동, 즉 합리적 이성은 물론이고, 심지어 각종 감정을 억누르고 그들의 행동을 결정하는 어쩔 수 없는 충동을 표현하려고 시도했다.[11] 이 작품을 비롯한 바그너의 모든 작품들은 신화적인 게르만의 과거를 배경으로 삼았다. 물론 그의 영웅 이야기 속에서 현재에 대한 메시지를 찾아낼 수 있다고 생각한 청중도 많았다.

다윈의 영향을 받은 많은 사람들 가운데 하나인 프리드리히 니체는 이상화되거나 적어도 낭만화된 과거로 향하지 않고, 그가 생각하기에 보다 현실적인 현재에 관한 분석을 제시해야 한다고 느꼈다. 그러나 그는 이러한 과정에서 영웅적인 인간관을 만들어냈고 이것은 바그너에게 영향을 주었다. "이 세계는 권력에의 의지이다 — 그리고 다른 아무것도 아니다! 그리고 너희들 자신도 이러한 권력에의 의지이다 — 그리고 다른 아무것도 아니다!"[12]라고 외치면서 니체는 기독교야말로 인간으로 하여금 그에게 주어진 유일한 이 세계에서 살아남도록 도와준, 모든 자연적 가치들의 철저한 왜곡의 상징이라고 말했다.

> 육체와 지구를 경멸하고 천국과 구원의 핏방울을 날조한 것은, 병든 자들과 죽어가는 자들이었다. 그리고 그들은 육체와 지구로부터 달콤하고 어두운 선물을 빼앗기까지 한다.[13]

니체가 자신의 대변자로 삼은 고대 페르시아의 철학자 짜라투스트라는 이렇게 말했다. 기독교는 모든 열정을 긍정적인 힘으로 적절하게 활용하지 않고 이를 폄하함으로써 세계를 눈물의 골짜기로 만들었다는 것이다. 니체는 그가 보기에 유럽을 수세기 동안 부정적으로 이끌었던 전도된 가치관을 정상으로 되돌려 놓으려 했다.

같은 기간중, 특히 유럽 식민주의와 제국주의 때문에 점점 더 많은 다양한 민족 및 문화와 접촉하게 됨으로써, 과거 어느 때보다 비교민족학이 번창했다. 이것은 이제 서서히 문화적 환경 속의 인간에 관한 과학으로서의 틀을 갖추게 되었다. 최초의 영향력 있는 비교민족학자인 제임스 프레이저(1854-1941)는 비교종교사 연구에 투신했다. 세계의 종교 및 이와 연관된 신화를 분석한 주목받은 12부작 『황금 가지 The Golden Bough』(1890-1915)에서 그는 기독교가 그 본질과 기능상 결코 독창적이 아니며, 기독교의 교리와 특징적 의식은 다른 숱한 종교에서도 발견할 수 있다는 것을 보여주기 시작했다. 그는 많은 독자들에게 확신을 주었다. 그렇지만 이것이 마술과 종교의 차이, 즉 많은 비서구적 '미신'과, 유일하고 진정한 서구의 종교인 기독교 사이의 구분이, 적어도 과학적 견지에서는, 모래 위의 누각에 불과하다는 뜻임을 깨닫자 많은 사람들은 충격을 받았다.

계속해서 전통적인 신앙과 태도에 집착하는 사람들에게는 설상가상으로, 이미 인문학계에서 성서의 각종 오류를 제거한 바 있는 성서 문헌학자들이 이제 예수의 생애를 역사적으로 분석하기 시작했다. 그들은 19세기 역사학에 의해 개발된 규칙들에 따라 주로 과학적 경험주의에 의존했다. 무엇보다도, 다비드 프리드리히 슈트라우스의 『예수의 생애 Leben Jezu』(1839)와 에르네 르낭(1823-92)의 『예수의 생애 La Vie de Jesus』(1863)가 기독교 세계 전역에서 격렬한 반응을 불러일으켰다. 하느님의 아들은 이제 '비할 데 없이 탁월한 인간'이자 영감을 받은 반란 지도자에 불과하게 되었다.[14]

이에 따라 세속화의 경향이 강화되었다. 코페르니쿠스의 물리학이 16, 17세기에 지구가 하느님이 주재하는 우주의 중심이 아님을 밝힌 데 이어, 다윈의 생물학이 이제 인간을 하느님의 손에 의한 창조의 정점으로 올려놓았던 받침대를 제거하고 인간을 진화과정의 '우연한' 승자로 격하시켰고, 한편으로는 인류학이 기독교를 수많은 다른 종교와 마찬가지로 문화적 측면에서 '설명할 수 있는' 하나의 현상으로서, 결코 영광스럽지 않은 위상을 제공한 것이다. 그 결과 이제 많은 전통적 가치들은 상대화된 반면, 과학에 대한 믿음만이 절대적으로 군림하는 것처럼 보였다.

도피하는 유럽, 살아남는 유럽

고급 문화 쪽의 사태 발전이 유럽의 지적인 상류층에 영향을 준 반면, 그보다 훨씬 많은 집단들은 산업화·도시화로 인한 대규모의 농촌인구 이주에 의해 영향을 받았는데, 이러한 현상은 1860년대와 70년대 이후 보다 뚜렷해졌다.

사람들은 전통적인 사회적·종교적 제도들, 특히 농촌공동체와 성직자가 여전히 주민들을 확고히 장악하고 있는 교회로부터 이탈했다. 점점 더 익명적으로 변해가는 대도시 환경으로의 이주는 전통사회의 '도덕적 경제'의 몰락을 의미했다. 교회와의 결속은 물론이고, 가족과 마을, 이웃과의 오랜 유대도 서서히 약화되었다. 이러한 사실을 교회가 분명히 깨닫게 되면서, 유럽 전역의 각종 교회들은 대대적인 공격작전을 전개했다. 그들은 흔히 국가와 손을 잡으려고 시도했는데, 그도 그럴 것이 국가는 국가대로 이미 수십 년 동안 사회의 분열과 증가하는 개인주의 속에 내재된 정치적 위험에 경계심을 느껴왔기 때문이다.

이로 인해 재미있는 사태가 벌어졌다. 세속적인 지배 엘리트들이 도시 하층계급을 개화시키기 위해 1840년대 이후 사용해왔던 바로 그러한 수단들, 가령 독서운동이나 조직된 스포츠, 적절한 애국적 음악을 들려주는 아마추어 합창단을 통한 대규모 지역공동체 노래운동 등이 새로운 대중교육과 초보적인 매스 미디어의 도움을 받아 1860년대와 70년대 이후 이러한 엘리트들의 비유럽인 백성들을 식민지배의 울타리 안으로 몰아넣기 위해 사용되었다. 전 세계적인 선교활동을 통해 세속의 지배세력을 도와준 교회측은 특히 이러한 대중조작 수단들을 동원하는 데 열을 올렸다. 부분적으로 19세기 초부터 이미 가톨릭 교회의 독점에 가까운 기독교적·유럽적 가치의 범세계적 전파에 커다란 영향을 준 개신교측의 경쟁적인 활발한 선교활동에 대한 두려움 때문에, 로마 가톨릭측은 새로운 열정으로 대대적인 선교운동을 전개했다. 그러나 19세기 말에 이르러, 여러 종파의 교회들은 유럽 자체의 산업화된 도시와 지역들을 선교지로 삼기 시작했다. 그들은 이곳 또한 같은 선교방법을 동원하여 개인주의와 진보주의, 또는 사회주의의 교리라는 새로운 야만으로부터 구원해야 할 대상이라고 생각했다.

이러한 종교적·문화적 공세에 대한 반응은 나라마다, 사회집단마다 크게 달랐다. 개신교 교단, 특히 덜 위계적으로 조직된 교단들은 개혁과 쇄신에 관계없이 신도들을 전통에 붙들어 매는 데 애를 먹었다. 전통적으로 이러한 교회에서 성직자의 권위는 그렇게 강력하지 않았고, 신자 개개인의 의견이 종교정책을 수립하는 데 중요한 역할을 했으므로, 때로는 회의론을 권위로 누를 수 없는 경우도 있었다.

가톨릭계에서는 신도들을 더욱 확고하게 장악하려는 로마 교황청의 시도가 때로는 강력한 '교황절대주의'로 귀착되기도 했다. 이것은 '산 너머'에 있는 가톨릭 교회의 중심, 즉 로마 교황청을 향해 새로이 방향을 잡는 것이었다. 네덜란드와 벨기에, 오스트리아 같은 나라에서는 증가하는 '분파주의'가 가톨릭 교단의 모든 문화영역을 종교와 성직자 중심으로 편성했다. 그러나 때로는 로마 교황청의 증가하는 요구 때문에 서서히 보다 비판적인 태도가 나타나고, 심지어 진보주의와 사회주의 같은 최근의 운동과 정치적·문화적 타협이 이루어지기도 했다.[15]

1869년 제1차 바티칸 공의회에서 가톨릭 교회는 최소한 교계의 지도자격인 교육받은 신자들을 교회 안에 붙들어두기 위해 토마스 아퀴나스의 이론 가운데 일부를 교리로 승격시켰다. 대대적인 운동을 통해 교황청은 인간과 세계와 신과의 관계에 관한 전통적 관점을 다시 강요하려고 시도했다. 그러나 이러한 '신토마스주의'는 교황청의 종전 입장을 다시 정식화한 것에 불과했고, 가톨릭 교회 자신이 약 2000년 전에 유럽 문화에 도입한 긴장을 다시 한 번 제거하려는 새로운 시도였다. 그렇지만 교황청은 국민국가들과 경쟁할 수 있는 세력권으로 자신을 재정비하려고 했다. 국민국가들의 목표는 종종 교회측의 생각과 완벽하게 일치하지 않았다. 교황청은 계몽주의와 혁명의 파괴적 결과라고 간주하는 현상들 ─ 즉 '모더니즘'으로 규탄된 유물론과 세속화, 교회 권위의 추락 등과 싸워 마침내 이를 물리치려고 했다.

그럼에도 불구하고 스페인과 같은 종교적인 사회에서도 각종 산업화 세력과 헌법의 채택, 부르주아의 증가하는 힘은 새로운 분위기를 낳았다. 많은 사람들이 더 이상 문화생활에서 교회의 지배를 순순히 받아들이지 않았다. 1875년에 '자유교육연구소'를 설립한 돈 프란치스코 기네르 같은 진보적인 부르주아 지도자들은, 스페인을 새로 교육시키되 교육수준이 낮은 성직자들 이외의 교사들이 교육을 담당해야 한다고 판단했다. 그의 교육개혁에 수많은 동조자들이 감화되어 새로운 세대를 가르치기 위해 책과 그림과 음악을 가지고 시골 구석구석을 누볐고, 이 사람들에게 스포츠와 시골산책을 소개했다. 그 결과 파블로 피카소와 살바도르 달리 같은 화가와 이사크 알베니스와 엔리케 그라나도스 같은 음악가가 나타났다.16) 그러나 정부는 이러한 실험을 대규모로 시행할 자금을 마련할 수 없었으므로, 경제적·사회적 기동성을 확보하기 위한 수단으로 교육을 필요로 하는 중산층은 계속 우익 가톨릭의 지배를 벗어나지 못했다.

물질적 진보의 과시와는 상관 없이 국가 사이의 증가하는 침략과, 인문학과 자연과학 사이의 깊어가는 골이라는 위험과 싸우기 위해, 소중하게 간직해야 할 고차원의 규범과 가치를 유럽이 대표한다고 확신하는 집단은 소수에 불과했다. 이러한 두 가지 사태 발전은 유럽의 문화적 통일을 파괴하는 요인으로 작용했다.

이전 몇 세기와 마찬가지로, 이러한 투쟁의 결과에 대한 우려 때문에 많은 사람들은 유럽이 인도주의적 문명세계라는 주장에 걸맞도록 평화를 유지하고 결속을 강화하기 위한 다양한 계획과 전략을 고안하게 되었다.17) 그러나 비록—뒤보아와 펜, 노발리스가 앞서 표현했듯이—국가간의 보다 긴밀한 협력에 관해서는 활발한 논의가 이루어졌지만, 주권을 가진 유럽민족들의 독립은 거의 논의되지 않았다.

이런 점에서 덴마크의 국정자문관 카를 프리드리히 폰 슈미트-피젤덱의 저서들은 자못 흥미롭다. 1820년에 그는 『유럽과 아메리카, 또는 문명세계의 앞으로의 관계 Europa und Amerika oder die Künftigen Verhältnisse der civilizierten Welt』를 발간했고, 21년에는 『유럽동맹 Die europäische Bund』을 내놓았는데, 여기서 그는 신생국인 미국이 분열된 유럽에 제기하는 위험을 독자들에게 인상적으로 제시했다. 프뢰벨은 1859년 『아메리카, 유럽 그리고 현재의 정치상황 Amerika, Europa und die politische Gesichtspunkte der Gegenwart』에서 보다 간명하게, 만약 유럽이 어떤 식으로든 통일을 이루지 않으면 곧 아메리카와 러시아 사이의 불가피한 투쟁의 무대로 전락할 것이라고 경고했다. 1867년 프랑스의 작가 빅토르 위고는 여전히 유럽은 적어도 ''모국들의 모국'이라고 지적하지 않을 수 없었다. 그러나 3년 후, 이러한 견해가 독일과 프랑스 간의 끔찍한 살육전이 벌어지는 것을 막지는 못했다. 이 전쟁의 참상이 아직도 기억에 생생한 프리드리히 니체는 1886년 그의 저서 『선악의 피안 *Jenseits von Gut und Bösen*』에서 이렇게 자신을 설득시키려고 노력했다.

> 오늘날 **유럽**이 하나가 될 것이라고 적힌 가장 뚜렷한 표지판들은 읽히지 않거나 심지어 의도적으로 왜곡되기까지 한다. 금세기에 표면 너머를 본 모든 사람들의 경우, 이것은 새로운 **종합**을 향한 길을 마련하기 위해 그들의 영혼이 신비스러운 작용에 의해 선택한 진정한 방향이었다.[18]

그러나 마음 속 깊은 곳에서 그는 이러한 직감이 소수 지식인들의 꿈으로만 남을 것임을 깨달았음에 틀림없다. 문화적 맥락에서 정치적·문화적 민족주의와 사회적·경제적 개인주의로 대표되는 유럽의 이상은 더 이상 살아있는 힘으로 작용할 수 없는 것처럼 보였다. 유럽 내부에서도, 사회적 배경이나 민족적 배경에 관계 없이 모든 사람의 사고와 행동을 형성하는 독창적이고 범민족적인 가치와 규범을 가진 세계로서 유럽을 내세우는 사람은 소수에 불과했다. 유럽의 여러 민족들이, 유럽에 통일성과 단일도시적 성격을 부여함으로써 유럽을 세계의 나머지 부분과 구분하는 공통의 문화적 특성을 지니고 있다고 느낀 사람은 소수에 불과했다. 소수만이 이러한 견해를, 차이를 극복하거나 분쟁을 방지하기 위한 유럽이라는 개념으로 전환시켰다.

그렇지만 돌이켜보면, 이러한 특성은 비록 엘리트 문화의 영역에서이기는 하지만, 뚜렷하게 유지되어왔다. 유럽에서는 엘리트 문화의 세계주의적 성격 때문에 그러한 특성들이 우선적으로 타당성을 지닐 수 있었다. 여기서 몇 가지만 예를 들어보자.

　많은 유럽인들은 유럽의 인간관에 근본적인 영향을 주었고, 유럽의 국가관 형성에 기여한 위대한 두 개의 모범, 즉 그리스와 로마를 여전히 존중했다. 왜냐하면 비록 고대 그리스 도시국가에서의 민주주의적 관행은 19세기 유럽에서 입헌민주주 및 대의민주주의로 구체화된 것과는 전혀 달랐지만, 유럽인들이 고대 그리스와 고전적인 로마의 공화주의적 미덕으로부터 끌어낸 유토피아적 이상은 16세기 이후 정치적·사회적 이데올로기를 형성하고, 그 때문에 19세기를 특징짓는 변화의 정신을 촉진시키는 데 여전히 강력한 힘으로 작용했기 때문이다.[19] 또 다른 특징은 경험적이고—후에는—실증주의적·과학적인 유럽의 사고방식이었다. 이것은 사실 유럽 특유의 현상은 아니었지만—17세기까지의 중국의 사태 발전과 비교해보라[20]—유럽에서처럼 광범하게 발휘된 곳은 없었다. 과학적 사고방식의 영역에서는 마찬가지로 이상화되기는 했지만, 고대와의 연속성이 실제로 정치사상의 영역에서보다 훨씬 더 현실적이었다. 과학 자체의 발전에 있어서의 획기적인 성과들 외에도, 전지전능한 자유로운 정신이라는 고대 그리스의 관념 역시 19세기를 특징짓는 세속화와 문화적 변화의 분위기를 형성하는 데 크게 기여했다.

　그 다음으로, 유럽 어디서나 분명히 경험된 대조와 긴장을 다룬 시각예술과 문학예술 속의 특정 동기들이 가진 통일된 역할을 꼽을 수 있다. 가령 '앞을 내다보는 자'로서 자기 아버지인 제우스를 거역하면서 지상에 불을 가져옴으로써 창조와 개인주의의 정신을 구현한 거인족의 하나인 프로메테우스라는 신화적 인물을 생각할 수 있을 것이다. 유럽인들은 창조와 개인주의의 정신을 유럽 문화와 동일시하기를 좋아했다. 그러나 신앙의 힘과 이성의 힘 사이의 고대의 긴장을 구현하고 있는, 마찬가지로 신화적인 인물인 파우스트를 프로메테우스와 연결시키지 않으면 안 된다. "나는 비록 많이 알고 있지만, 모든 것을 이해하고 싶다(Zwar weiß ich viel, ich möchte aber alles wissen)."

19세기에 이르러, 유럽 음악은 기악과 성악에서 다 같이 점점 더 복잡한 다성(多聲)화음을 고집함으로써, 종교음악과 세속음악에서 대규모의 악기와 연주자를 사용했다는 점에서 다른 지역의 음악 문화와는 다른 독특한 성격을 드러내게 되었다. 실제로 11세기에 도입된 수도사 아레초의 기도(Guido of Arezzo, 약 990-1050)의 통일된 악보는, 중요한 구전음악 문화의 점차적인 소멸을 가져왔다. 아마 포르투갈과 스페인은 플라멩코와 파두(fado)로써 아직도 구전음악 분야에서 중요한 전통을 유지하고 있는 소수의 유럽국가들일 것이다. 악보는 또한 연주자의 문화보다는 작곡가의 문화를 낳았다. 결국 악보는 장기적으로 음악가들에게 자기 선배들과는 달라야 한다는 강박감을 주었고, 18세기 이후 음악가들에게는 거의 필수적인 것이 되어버린 독창성에 대한 필요를 가져왔다.

그렇지만 이러한 음악 문화는 또한 점차 유럽의 세계주의적 문화의 구심력이 되었다. 18세기 중엽 크리스토프 빌리발트 폰 글루크(1714-87) 같은 작곡가들은 조국을 떠나 파리에서 활동하면서 프랑스 풍의 자기 음악을 개발했다. 19세기에서 20세기로 넘어가는 전환기에 표트르 일리치 차이코프스키(1840-93)와 모데스트 무소르그스키(1839-81)의 음악은 세르게이 디아길레프(1872-1929) 같은 문화중개인에 의해 상트 페테르부르크로부터 파리의 음악회장으로 옮겨졌다. 이러한 음악은 비록 이국적인 러시아의 정신을 호흡하면서 고유의 성격을 유지하고 심지어는 그것을 재발견하려고 노력했지만, 음악만이 아닌 더 많은 영역에서 서구 문화에 접근하고 있었다.

민족주의적인 성격이 강한 19세기에 전례 없이 활발하게 이처럼 다양한 문화가 꽃핀 것은 분명 모순이라고 주장할지도 모른다. 이렇게 된 정확한 이유는 아마도 그러한 문화들이 지닌 공통적인 '유럽적' 성격이 덜 강조되고, '순수하게 독일적인', '특히 영국적인' 또는 '전형적으로 프랑스적인' 성취나 표현으로 제시되고 경험되었기 때문일 것이다. 테니슨의 다음과 같은 시는 위대하다고는 할 수 없지만, 영국이 자신의 정복과 진보를 얼마나 자랑스러워하는가를 분명히 드러내고 있다.

> 이정표가 쓸모 없지는 않구나. 앞으로, 앞으로 헤치고 나아가자.
> 위대한 세계로 하여금 종소리 울리는 변화의 숲을 영원히 질주하게 하라.
> 지구의 그늘을 지나 우리는 새로운 날로 진입하나니
> 중국의 한 시대보다 유럽의 오십 년이 더 낫도다.[21]

그러나 그는 영국 문화의 이러한 성취를 중국과 비교하면서도, 또한 그것을 유럽적인 것으로 제시하고 있다.

바로 이 시기에 영국을 위시한 유럽열강에 의해 점차 경제적·정치적·군사적으로 지배당하는 머나먼 중국을 언급하고 있는 이 시는, 이를 통해 또 다른 표면적인 모순을 드러내고 있다. 대부분의 유럽국가들은 본국에서의 끊임없는, 그리고 때로는 피비린내 나는 경쟁에도 불구하고, 이와 동시에 해외에서는 특정한 문화적 형식들과 가치들을 특히 유럽적인 문명의 초석들로서 전파하는 데 앞장섰던 것이다. 이러한 방법으로 그들은 비유럽 세계에 대한 지배를 정당화했는데, 그것의 가장 노골적인 표현은 제국주의였다. 의식적이건 무의식적이건, 유럽의 많은 공무원과 상인, 기업가, 선교사 등 한 마디로 '식민지 건설자들'은 실질적인 경제적·정치적·문화적 지배에 대한 그들의 참여를 정당화할 필요성을 정서적·지적으로 경험했다. 그들은 자기들의 행동을 받쳐줄 이데올로기가 필요했다. 때로 그들은 '사회적 다원주의'에 호소했는데, 이것은 사람들 사이의 문화적·경제적·정치적 차이를 인종적 차이를 근거로 과학적으로 입증하기 위해 다윈의 생물진화론의 원칙들을 왜곡시켜 사용하는 사유방식이었다. 흔히 기독교 신앙의 보편적 가치들이 이용되었다. 그리고 때로는 간단하게 유럽의 명백한 힘의 지위를 그 정당화의 근거로 삼기도 했다. 언제나 유럽인들은 자기들이 남에게 강요하거나 요구하는 것을 합법화하려고 노력했다. 즉 기독교로의 개종과 자본주의

체제의 수용, 세련됨을 표현하고 증명하는 것으로 여겨졌던 문명화된 행동의 '유럽적' 규범에 따른 생활방식을 정당화하려고 했다.

유럽의 확장되는 변경에서 표출된 이러한 제국주의 이데올로기는 수도의 문화적 구심력을 강화하는 데도 도움이 되었다. 예컨대 지극히 낭만적인 소설을 통해 유럽인들, 특히 어린이들에게 제국과 제국의 책임을 의식하도록 교육시키려는 대대적인 노력을 포함하여, 각종의 시각적 선전물과 인쇄된 선전물들은 국가와 그 배후의 유럽이 보존하고 전파시켜야 할 특정한 이상들을 대표한다는 메시지를 본국으로 전달했다.[22] 이 분야의 가장 놀라운 작가들 가운데 하나는, 판매 면에서 모든 시대를 통틀어 가장 성공적인 독일 작가로 쉽게 꼽을 수 있는 카를 마이(1842-1912)일 것이다. 그는 수십 개 언어로 번역된 작품들을 통해 몇 세대의 아이들과 어른들에게 영향을 끼쳤다. 비록 자기 모국을 한 번도 떠난 적이 없었지만, 그는 고상한 인디언은 물론이고 고상한 베두인도 그럴듯하게 그려내어 '서부문학'이라는 새로운 장르에 탁월한 기여를 했을 뿐만 아니라, 거의 혼자 힘으로 '동양문학'이라는 장르를 만들어냈다. 잔혹한 땅 투기꾼들에 농락되는 인디언과 부패한 터키 관리들에게 핍박받는 근동지방 베두인의 고난을 진지하게 묘사함으로써, 그는 유럽이 자신의 제국주의 정책을 합리화하기 위해 필요로 하는 상투적 틀거리를 확립하도록 도와주었다. 제국주의의 보다 날카로운 칼날에 대한 마이의 비판에도 불구하고, 언제나 토착민 주인공 — '홍인종 신사 위네투'가 가장 유명하다 — 은 유럽인 주인공의 인도주의와 지혜에 의해 구원되지는 않는다 해도 결정적인 도움을 받는다.[23] 그리고 이 유럽인 주인공은 분명히 기독교적인 자비로운 섭리에 의해 인도되는 개인적 힘이라는 유토피아적 환상을 요약한 인물이다.

세기말의 의식 : 비관주의와 낙관주의

전 지구적으로 유럽인 여행자들과 식민통치자들은 유쾌하고 무비판적이며 심지어는 비타협적인 믿음, 즉 유럽문명의 숱한 긍정적 특성과 가치들에 대한 믿음을 앞장서서 대변했다. 그들은 유럽 문화가 그들이 마주친 문화와 지배하려고 했던 문화와는 다르다고 주장했다. 그렇지만 유럽 내부에서는 민족주의라는 현상의 원인이자 그 본질인 계속적인 경제적·정치적 대립이 19세기 후반에 점점 더 치열하고 잔혹한 전쟁으로 귀착되었다. 왜냐하면 기계가 전보다 훨씬 더 효과적이고 따라서 더 파괴적인 무기를 사용할 수 있게 해주었기 때문이다.

당대 사회를 진지하게 분석한 사람들에게 상존하는 전쟁의 위협과 산업화로 인한 사회·문화의 많은 변화—새로운 엘리트와 대중교육, 대량소비의 등장, '낡은' 가치들과 전통들의 쇠퇴—는 거의 피할 수 없는 재난이라는 느낌을 주었다. 이러한 느낌은 19세기 말 이후 유럽 엘리트 문화의 지배적인 세력이 되어버린 상대주의에 의해 더욱 고조되었다. 이러한 온갖 변화에도 불구하고, 대다수 유럽인들의 경우 불변의 원자와 불변의 우주, 그리고 이성적 피조물로서의 인간을 바탕으로 구축된 물질세계의 관념들은 여전히 절대적인 진리로 여겨졌다. 그러나 1900년경에는 이러한 확실성들마저 위협을 받았다.

많은 시인과 철학자들—뵈메와 브루노, 노발리스, 괴테[24] 그리고 쇼펜하우어와 니체 같은 사람들—은 인간의 사고와 행동을 실질적으로 움직이는 영역으로서 무의식이 존재한다는 생각을 품고 있었다. 빈의 신경-화학자 출신의 '심리학자' 지그문트 프로이트(1856-1939)는 이러한 개념을 더욱 발전시켰는데,[25] 그는 자신의 생각들이 니체와 쇼펜하우어에게 얼마나 많이 빚지고 있는가를 알면서도 이들을 읽었다는 사실조차 인정하기를 거부했다.

『꿈의 해석 Die Traumdeutung』(1900)에서 그는 인간의 꿈에 대한 연구를 통한 마음의 '고고학적' 조사가 — 많은 사람들에게는 경악할 만한 — 무의식의 세계를 밝혀낼 수 있음을 보여주었다. 무의식 세계에서는 이성의 통제가 아니라 깊은 곳에 숨겨진 불안과 억압된 욕망이 인간의 삶을 지배한다. 프로이트가 인간에 관한 그의 이론을 뒷받침하기 위해 사용한 많은 자료들을 조작했다는 충분한 증거에도 불구하고, 그리고 그의 환자들이 그가 선호했던 비인격적인 연구자로 그를 받아들이기보다는 오히려 아버지의 상으로, 이상화된 애인으로, 심지어는 구세주로 삼았다는 사실에도 불구하고, 그는 위대한 임상 관찰자이자 문필가였다. 그는 다른 어떤 작가보다도 더 많이 20세기의 서구인들이 인간의 본성에 대해 생각하고 말하고 쓰는 방식을 바꾸어놓았을 것이다.[26] 빈의 이 정신분석학자가 오랜 혁명의 끝에 서 있다고 말할 수도 있을 것이다. 이 혁명은 뉴턴이, 비록 묵시적으로이긴 하지만, 우주를 실질적으로 섭리하는 신의 역할을 사실상 부인했을 때 시작되어, 다윈이 지구상의 생물의 발전에 있어 신의 역할을 박탈하는 지경에 이르고, 이제 인간의 영혼 속에서조차 신은 아무런 역할도 하지 못한다는 것을 암시하는 듯한 프로이트에서 그 절정에 도달했다.[27]

오래지 않아, 이 혁명은 아직 그 마지막 단계에 도달하지 않았다는 것이 분명해졌다. 왜냐하면 물리학에서도 세기전환과 더불어 혁명적 변화가 일어났기 때문이다. 소우주에 대한 전통적인 사고가 도전받았고, 불변의 원자라는 생각은 폐기되었다. 과학자들은 심지어 원자도 불안정하며 분열될 때 에너지를 발생한다는 사실을 받아들이기 시작했다. 이에 따라 에너지와 물질은 별개의 세계가 아니라는 것이 점점 분명해졌다. 여기서도 역시 이전 세기에 주로 연금술사들에 의해 직관적으로 발전되었던 개념들, 즉 물질은 변화시킬 수 있으며 에너지로 바꿀 수 있다는 생각을 뒷받침하는 과학적 증거가 제시되었다.

1900년 철저하게 서구의 인문주의적 전통 속에서 학교교육을 받은 미국의 귀족 헨리 애덤스가 파리를 방문했다. 그는 1세기 전인 1798년 파리에서 시작된 일련의 박람회 가운데 열 몇 번째 세계박람회를 구경하려고 했다. 이번 박람회는 제조업의 생산품들을 종전에 '예술' 작품들이 누리던 지위로 끌어올린 유럽 최초의 산업박람회였다. 1850년대 이후 유럽을 여행하면서 유럽을 연구해오던 애덤스는 이제 그의 동생 브루크에게 이런 편지를 보냈다.

> 내 생각에 이번 박람회의 결과는, 독일인들만이 지극히 괄목할 만한 에너지 개발을 보여주고 있다는 것이야. 그러나 나에게 전체 전시장의 전반적인 개념에 관해 설명해줄 사람은 아무도 없어. 그리고 물론 단 하나의 전시 코너도 나머지가 없으면 아무 가치도 없는 거야. 위대한 경제라는 것도 조만간 한계에 도달할지도 모르지. 1889년 이래, 위대한 경제는 분명히 전기였어. … 전기는 분명 경제적 조건을 완전히 바꾸어 놓았으니까. 50년 앞을 내다보면, 전기에너지의 우위가 경쟁의 다음 전개양상을 결정하게 되리라고 말하고 싶구나. 이러한 우위는 그 나름대로 지리학과 지질학, 그리고 수로의 에너지에 달려 있어. 이러한 모든 요소들은 어느 정도 정확한 수치를 가지고 있고, 네 이론의 가치는 이러한 미지수를 얻어내는 데 달려 있는 셈이지. 우리는 둘 다 약간의 수학지식만 있었으면 큰 도움이 되었을 거야. (수학교육을 등한시한) 하버드 대학의 놀라운 비능률에 기인한 그러한 결함은, 믿을 만한 기계로서의 우리 정신의 능력을 반감시킨 셈이지.
>
> … 현재로서는 유럽의 몰락을 예상할 아무런 근거도 발견할 수 없구나 … 우리는 장기간에 걸쳐 물가가 상승하고 경제규모가 확장되리라고 보아야 해. 분명 유럽은 지금처럼 계속해서 발전할 거야. 영국과 프랑스의 미래의 모습은 단지 벨기에와 네덜란드가 경험한 것의 연장에 지나지 않을 거야.[28]

애덤스의 정치적 예언은 틀린 것으로 드러났지만, 경제발전과 경제발전에서의 과학과 기술의 역할에 대한 그의 관찰은, 그런 모든 것을 이해하기에는 기본적인 전제조건, 즉 약간의 수학지식 따위가 부족하다는 그의 결론과 마찬가지로 매우 흥미롭다.

같은 해에 애덤스는 새로운 과학의 의미를 그에게 기꺼이 설명해주려고 하고 또 설명해줄 수 있는 친구를 발견했다. 이러한 개인교습을 통해 그는 문화에 대한 자신의 태도와 예전의 기독교적·인문적 문화와 새로운 과학을 이해하고, 심지어 어떤 식으로든 이것들을 화해시킬 필요성에 관해 명확한 결론을 끌어내게 되었다. 그는 자서전에서 의미심장하게 '동력과 처녀'라고 제목을 붙인 장에서 이에 관해 언급하고 있다.

> 1900년의 대박람회가 11월에 폐막될 때까지, 애덤스는 지식을 습득하려고 안달을 하며 수시로 그곳을 찾았으나 아무 소용이 없었다. … 이렇게 그가 혼란 속에 머리를 갸우뚱거리고 있을 때, 랭리가 나타나 그에게 그것을 보여주었다. … 랭리는 전시장에서 새로운 동력의 응용을 보여주지 않는 모든 전시를 제쳐놓았고, 이에 따라 당연히 모든 예술전시장은 우선적으로 제외되었다. … 그는 애덤스에게 새로운 다임러 모터와 자동차의 놀랍고도 복잡한 메커니즘을 가르쳐주었다. … 그 다음에 그는 발전기들이 있는 커다란 전시실을 보여주었고, 전기나 다른 동력에 관해 그가 얼마나 모르고 있는가를 설명했다. … 애덤스에게는 그 발전기들이 무한의 상징이 되어버렸다. 거대한 기계들의 회랑에 익숙해짐에 따라, 그는 초기 기독교도들이 십자가에 대해 그런 것처럼, 40피트짜리 발전기들을 일종의 도덕적 힘으로 느끼게 되었다.
>
> … 새로운 힘은 무정부 상태였다. … 그 힘은 전혀 낯선 것이었다. … 최근 7년 동안에 인간은, 종전의 저울과는 아무런 공통되는 저울도 가지고 있지 않은 새로운 우주로 자신을 변형시켰다. 그는 일종의 초감각적 세계로 들어섰다. 그 세계에서 그는 그의 감각으로는 지각할 수 없는, 아마 그의 도구로도 지각되지 않지만 서로에겐 지각되는, 저울의 끝에 있는 어떤 빛에는 지각되는 움직임들의 충돌만을 우연히 측정할 수 있었다. [… 그는] 어떤 것에도 대비가 되어 있는 것

처럼 여겨졌다. 심지어는 서로 뒤섞인, 확인할 수 없는 수의 우주에 대해서도 — 형이상학이 되어버린 물리학에 대해서도.

… 그 빛들은 … 십자가의 빛처럼 신비로운 에너지의 계시였다. 그 빛들은 중세 과학의 용어로 신적 본질의 직접적인 양식이라고 불리는 것이었다. … 만약 그가 이런 모든 힘을 일반적인 가치로 축소시켜야 한다면, 분명히 이러한 일반적인 가치는 그것들이 그 자신의 마음에 대해 미치는 매력 이외에는 다른 척도를 가질 수 없을 것이다. 그는 그것들이 느껴졌던 그대로, 즉 전환될 수 있고, 되돌릴 수 있고, 서로 바꿀 수 있는 사고에 대한 매력으로 그것들을 대하지 않으면 안 된다. 그는 그것을 감행하기로 결심했다. 그는 빛들을 신앙으로 전환시키기로 결심했다 … 여기서 전혀 새로운 또 다른 교육이 열렸다. 이것은 다른 무엇보다도 훨씬 더 위험한 교육이 될 것임을 예고했다. … 매력 이외에는 아무런 공통점도 없는 두 가지 힘의 왕국을.29)

문화와 사회에서의 과학의 역할에 관한 그의 태도에 비추어, 애덤스의 경험은 20세기의 유럽인, 아니 서구인의 발전경향 가운데 하나인 낙관적 사조의 전형인 것처럼 보일 수도 있겠다.

1900년 독일의 물리학자 막스 플랑크(1858-1947)는 아원자 방사가 안정된 흐름으로 이루어지는 것이 아니라, 그가 양자라고 부르는 불균등한 미세한 분출로 이루어진다는 것을 밝혔다. 그는 또한 방사체에 의해 생산된 에너지의 분배를 판정하기 위해 물리학의 영역에 새로운 불변수를 도입했다. h로 상징된 이른바 '플랑크의 불변수'는 곧 양자역학이라고 이름 붙여진 새로운 원자역학의 발전기반임이 입증되었다. 이것은 2세기 전 뉴턴에 의해 정립된 물리학의 고전적·기계적 해석의 독점적 지배의 종말을 뜻하는 것이었다.

알버트 아인슈타인(1879-1955)은 많은 새로운 발전들을 그의 '일반 상대성 이론'으로 종합했다. 이미 전통적인 뉴턴식 관점을 뒤엎은 혁명적인 중력연구에 뒤이어, 그는 이제 무엇보다도 시간과 공간, 운동을 절대적인 단위로 보지 말고 관찰자의 위치에 따라 상대적인 것으로 해석해야 한다고 선언했다. 유럽적 우주관의 뼈대를 이루고 있던 아리스토텔레스의 논리학과 유클리트의 수학, 그리고 뉴턴의 물리학은 이제 붕괴하는 것처럼 보였다. 그리고 이와 더불어, 고정된 법칙으로 짜맞춰진 그러한 우주에 엉성하게 근거한 윤리학과 철학, 정치학 분야의 수많은 비과학적 확실성들도 무너지는 것처럼 보였다. 아인슈타인의 관점들이 신학자와 철학자, 역사학자들이 과학자들과 함께 참여하는 열띤 논쟁을 유발한 것은 전혀 놀라운 일이 아니었다.[30] 놀랍게도 벨기에 태생의 승려 수학자인 교황청 과학원 회원 조르주 르메트르(1894-1966)는 1927년 아인슈타인 자신의 수학을 연구하여 150억 년 전 빅뱅에 의해 우주가 태어났을 때 생명의 시원(始原)인 원시원자가 나타났다는 설을 제기했다. 그는 또한 이러한 우주가 결코 정적인 상태가 아니었다고 주장했다. 아인슈타인은 1931년 은하수 이외에도 다른 은하계가 존재한다는 증거를 제시한 미국의 천문학자 에드윈 허블(1889-1953)과 두 사람의 의견이 일치했을 때야 비로소 르메트르의 입장을 받아들였다. 그러나 이들 세 사람의 위대한 과학자들의 만남과 그들의 합의에도 불구하고 우주가 수축하느냐, 팽창하느냐, 아니면 심지어 정지상태에 있느냐 하는 우주의 정확한 성격에 대한 논란은 계속되고 있다.

한편, 아인슈타인과 플랑크는 그들 자신의 논거로부터 논리적으로 뒤따라 나오는 동료 물리학자 닐스 보어와 베르너 하이젠베르크의 지지를 받는 비결정론적 세계관에 대항하려고 노력했다. 그들은 관찰자로서의 인간과 관찰대상으로서의 물리적 우주는 그래도 구분해야 한다고 주장했다.[31] 그러나 많은 사람들에게는 이러한 구분이 더 이상 설득력이 없었다.

수많은 사람들이 자기 시대를 그 이전의 어느 시대보다도 혁명적이라고 느꼈으므로, 19세기 말과 20세기 초를 지배한 불확실성의 느낌은 다양한 형태의 문화에 반영되었고, 이러한 새로운 인간관과 우주관은 곧 광범하게 대중화되었다. 일종의 거칠 것 없는 자유분방함, 회화와 건축, 문학과 음악에 나타난 미친 듯한 창작욕구 속에서 많은 예술가들은 '전위'의 입장을 취했다. 즉 예술의 언어를 다시 검토하고 새로운 기법들을 과감하게 사용함으로써, 그들은 뭔가 가치 있는 것을 창조하기를 희망했다. 그들은 보거나 듣는 현실을 무조(無調)형식과 콜라주, 입체주의 또는 표현주의 같은 다양한 수단을 이용해 분석하고 해체하고 재구성함으로써 실제로 소기의 성과를 거두었다.32) 그러나 그들의 창작물 가운데 상당수는 사실상 비판적 성격을 지닌 것이었다.

마르셀 프루스트(1871-1922)는 총 3000페이지에 달하는 대하소설『잃어버린 시간을 찾아서 A la recherche du temps perdu』(1913-27)에서 시간의 비밀을 해명하고 인간과 사회 속에서의 시간의 냉혹한 작용을 포착하려고 시도했다. 그는 특히 새로운 지도층인 부르주아의 수단과 방법을 분석하는 한편, 구귀족의 요새에 침투하려고 노력했다. 두 계급에 속한 개인들에 대한 일련의 가차없는 분석을 통해, 프루스트는 구귀족의 몰락과 함께 부르주아의 천박하고 무가치한 권력과 쾌락의 추구를 묘사함으로써, 그들의 기괴한 사회적 기회주의와 위선의 모습을 폭로했다. 이 시대의 정신은 비록 암시적이긴 하지만 노르웨이의 위대한 극작가 헨릭 입센(1828-1906)의 작품에서도 비판되었다. 그는 점점 더 개인을 구속하는 사회와 개인 사이의 갈등과, 환상과 현실 사이의 갈등을 일련의 유령극을 통해 형상화했는데, 이러한 연극들이 당찬 여성들을 중심에 놓고 있는 것은 결코 우연이 아니다. 여성들의 삶에서 이러한 갈등은 비극으로 나타나기 때문이다. 그는『사회의 기둥들 Samfundets Stotter』과『인형의 집 Et Dukkehjem』,『유령들 Gengangere』같은 작품에서, 이 연극들이 유럽 전역에서 성공을 거둔 데서 나타나듯, 서구 부르주아 세계 전체가 점점 분명히 느끼는 딜레마를 묘사했다. 파블로 피카소(1881-1973)는 1910년에서 14년 사이에 그린 수많은 정물화에서 흔히 신문의 한 면을 배경으로 하여 유리잔과 병들을 배치했다. 신문의 각 면에는 어떤 운전사가 한 여자를 살해했다든가, 한 병사가 총을 난사했다든가, 한 여배우가 자기 애인을 독살했다든가 하는 비극적인 기사가 보인다. 결국 사회는 도덕적 타락과 물리적 폭력으로 병들어 있는 것이다.[33]

　다른 사람들은, 서구문명이 멸망할 운명이라는 것과, 그것이 예전의 규범과 가치들을 포기함으로써 이러한 멸망을 자초했다는 것을 확신하면서도, 낙관적이었다. 왜냐하면 과거의 잿더미로부터, 만약 필요하다면 피할 수 없는 것처럼 보이는 또 다른 큰 전쟁이 남긴 잿더미로부터, 전통의 멍에를 지지 않은 자유롭고 새로운 사회가 나타날 것이기 때문이었다. 그래서 이탈리아에서는 철학자이자 문화비평가인 베네데토 크로체(1866-1952)가 전통종교와 과학 문화에 대한 대안으로, 끝이 열려 있는 개방적인 역사관을 전개하려고 시도했다. 그에게는 현실이 곧 역사였다. 인간세계는 개인들의 창조적 대응으로 말미암아 무한히 성장하는 것이다. 초월을 부인하고 역사성을 받아들인다면 진리와 도덕성은 해체되지 않을 것이며, 인간은 세계의 질서를 위해 이러한 기사회생의 잠재력을 언제나 발휘할 것이라고 그는 주장했다.[34]

양차 대전 사이의 세계

　1914년의 '세계대전'은 그 이전 수십 년 동안 누적되고 유럽의 3대 제국주의 강국인 영국과 프랑스, 독일에 의해 군비로 전환된 경제적·정치적 긴장의 거의 필연적인 결과였다.

　우리는 이러한 전 지구적 분쟁을 '세계대전'이라고 부르는 것이 어떤 점에서는 위선적이라는 것을 인정해야 한다. 왜냐하면 이것은 무엇보다도 유럽의 국가와 민족들이 오로지 자기들의 이해관계와 동기를 위해 싸운 전쟁이었기 때문이다. 이러한 다툼이 비유럽 세계의 많은 국가들을 끌어들이게 된 유일한 이유는, 유럽의 경제적·정치적 이해관계가 전 지구적 규모를 획득하여 프랑스령 아프리카와 영국령 인도 출신의 많은 사람들이 전에 한 번도 본 적이 없는 별천지에서 군복무를 하도록 징집됨으로써 지구의 가장 먼 구석과 그 주민들에게 영향을 미쳤다는 사실에 있다.

이러한 '불타는 세계'를 배경으로, 유럽의 꿈은 악몽으로 변했다. 전에도 종종 그러했듯이, 일부 지식인 엘리트는 구세계를 덮치는 재앙에 책임질 것을 거부했다. 그러면서도 그들은 자신들이 다시 한 번 유럽의 문화적 양심으로 간주되어야 한다고 주장하면서 새로운 문화 엘리트를 형성하는 데 참여할 것을 요구했다. 오스트리아의 문학비평가이자 작가인 후고 폰 호프만슈탈(1874-1929)은 유럽 문화 엘리트의 사회적인 성격, 주로 도시적인 성격에 대한 날카로운 통찰을 보이면서 이렇게 썼다.

나는 내가 그 세대 전체를 대변할 수 없다는 것을 잘 알고 있다. 나는 유럽 대도시에 흩어져 있는 수천 명의 사람들에 관해 말하는 것이다. 그들 중 일부는 유명하고, 일부는 … 감동적이고 마음을 서로잡는 책들을 쓴다. 일부는 … 편지만 쓰고, … 일부는 아무 흔적도 남기지 않는다. … 그런데도 이러한 2, 3천 명은 어떤 의미를 지니고 있다. … 그들이 반드시 자기 세대의 영혼이나 지도자는 아니지만, 그 양심이기 때문이다.[35]

사실 많은 지식인들은 한 세기가 끝났을 뿐만 아니라, 문명 그 자체의 종말이 왔다고 확신했다. 이러한 종말의식은 『서양의 몰락 *Untergang des Abendlandes*』이라는 신조어로 적절하게 표현되었다. 이 용어는 독일 역사철학자 오스발트 슈펭글러가 1918년과 22년 사이에 내놓은 두 권짜리 연구서 — 이 책은 즉각 베스트셀러가 되었다 — 의 제목으로 사용되었다. 『마호메트와 샤를마뉴 *Mahomet et Charlemangne*』를 쓴 벨기에의 앙리 피렌 같은 다른 역사학자들은, 6세기 말에 그때까지도 여전히 존속했던 유럽문명의 통일을 깨뜨린 이슬람이 나타나지 않았더라면, 고대에 발원한 유럽문명은 연면히 이어져 기독교적인 완성에 이르렀을 것이라는 식의 유럽문명관을 만들어냈다. 그의 의도는 마치 유럽문명이란 다른 문화와의 대조에 의해서만 정의가 내려질 수 있다는 사실을 유럽에 경고하고, 다시 말해 유럽으로 하여금 그 중심적인 기독교적 뿌리와 그 문명의 특징을 상기시키려는 것처럼 보였다.36)

한편, 세기 전환기에 많은 과학이론들이 전개되었는데, 때로는 오해를 받거나 전혀 이해되지 못했지만, 인간과 그 세계가 불안정하고 상대적이라는 관점을 지지하는 것처럼 보였기 때문에 20세기 초의 다른 문화영역에 커다란 영향을 미쳤다. 이런 이론들은 체코 작가 프란츠 카프카(1883-1924) 같은 작가들의 작품에서 보이는 것처럼 지배적인 비관주의의 분위기를 조성하는 데 분명히 기여했다.37) 반면에 1차 세계대전의 유산인 수백만 명의 죽음이라는 끔찍한 경험에 의해 강화된 이러한 감정들은 사람들로 하여금 과학이론들과 그 결과들의 타당성에 대한 의문, 그리고 궁극적으로는 존재의 의미에 대한 의문에 직면하도록 만들었다.

많은 사람들을 사로잡은 소외감은 아마도 오스트리아 작가 로베르트 무질(1880-1942)에 의해 가장 잘 표현되었을 것이다. 무질은 프루스트처럼 당대 사회의 상황을 탐색하기 위해 소설을 이용했다. 그의 대하소설 『특징 없는 남자 Der Mann ohne Eigenschaften』(1930-43)는 수많은 단편(斷片)을 통해 수많은 사람들에게 20세기 전반기의 유럽 문화의 특징으로 여겨진 삶과 사고의 파편화를 보여주었다.38)

이런 맥락에서 유럽과 아메리카와의 관계는 재고되었다. 19세기 말과 20세기 초에 '미국의 모델'을 본받으라고 유럽을 독려하던 문화비평가들과 철학자들, 그리고 사회분석가들과는 반대로 현대의 미국 문화와 사회를 거울로 삼아 이를 유럽의 면전에 들이대고, 만약 이러한 전례를 따르면 어떤 위험이 발생할 것인가를 보여주려고 하는 사람들이 등장했다. 이들은 고삐 풀린 이기주의와 억제되지 않은 물질주의가 인간적 비참과 문화적 소비주의로 귀결될 것이라고 주장했다. 그들은 구세계의 문화가 신세계에서 완성될 것이라는 헥터 세인트 존의 기대는 완전한 오류임이 증명되었다고 주장했다. 그러기는커녕 아메리카는 사고와 행동을 구조화하는 과정에서 전통의 이점을 살리지 않을 경우 인간에게 어떤 일이 일어날 것인가를 보여준 사례라는 것이었다.

한편, 미국의 꿈(아메리칸 드림) 또는 악몽은 곧 구름까지 닿는 것처럼 보이는 마천루로 상징되었다. 마천루는, 성경을 아는 사람들이 흔히 지적하는 것처럼, 인간의 자부심이자 비극이었다. 마천루는 유럽의 매체들이 미국의 상징으로 즐겨 사용한 이미지였다. 사진과 곧 그 뒤를 이은 영화라는 새로운 매체는 마천루를 세계적으로 널리 알렸다.[39] 게다가 영화는 이러한 이미지를 다른 이미지, 즉 만능의 기계라는 이미지와 결합시켰다. 1926년에 제작된 프리츠 랑의 매혹적인 영화 〈메트로폴리스 Metropolis〉는 그가 유럽에서 도착하는 배 위에서 바라본, 전기로 휘황찬란하게 조명된 뉴욕 스카이라인의 첫인상에서 태어난 것이다. 이 영화에서 기계는 하늘을 찌를 듯한 빌딩들의 주인이며, 인간은 왜소한 존재로 축소된다. 결국 기계는 새로운 괴물처럼 인간을 집어삼키려고 위협한다.[40] 이것이야말로 유럽이 지난 백 년 동안 품어왔던 공포였는바, 이제 미국의 눈부신 기술발전이 이를 증폭시킨 것뿐이었다.[41] 기술이 비인간화의 원인이라고 보는 관점이, 이제 대도시(메트로폴리스) 역시 비인간화를 조장한다고 보는 비관적 관점과 결합하여, 유럽 문화의 자랑스러운 중심이었던 개인의 종말에 대한 뿌리 깊은 불안감을 야기시켰다. 이에 따라 기계에 대한 인간의 영웅적 투쟁이 서구영화의 반복되는 주제가 되었다. 가령 1988년에 '메트로폴리스'의 이미지가 그대로 컬트영화 〈블레이드 러너 Blade Runner〉에서 재현되고 있다.[42]

미국에 대한 평가가 유럽의 자화상이라는 물결 위에서 흔들렸다는 것은 분명하다. 20세기 초에 프란츠 카프카는 그의 위대한 소설들 가운데 첫번째 소설(『아메리카』)을, 한편으로 소외적이면서도 또한 도전적인 맥락에서, 미국에 바쳤다. 여기서 주인공 카를 로스만은 찰리 채플린의 영화를 물들이고 있는 달콤하면서도 씁쓸한 분위기, 즉 순진무구한 천진성과 세상만사에 통달한 냉소주의를 연상시키는 일련의 상황을 거쳐 자신을 알게 된다. 뉴욕에 상륙한 로스만은 '유럽인이 미국에서 겪는 처음 며칠은 그야말로 새로 태어나는 것과 비슷하구나'[43]라고 생각한다.

19세기 말 이래 유럽 엘리트 문화 속에 간직되어온 미국에 대한 부정적 관점은 긍정적인 선전에 종지부를 찍었다. 그것은 특히 무엇과도 바꿀 수 없는 수많은 인간과 기념물들의 생명이 대량파괴된 1차 세계대전의 공포에 의해 깊은 영향을 받은, 증가하는 문화적 비관주의의 결과임이 분명했다. 네덜란드에서는 저명한 역사학자이자 문화비평가인 요한 호이징아가 구세계에 미친 미국의 영향에 대한 역사학적이라기보다는 철학적인 견해를 『아메리카의 인간과 군중 Mensch en menigte in Amerika』(1918)에서, 그리고 뒤이어 1927년에는 『아메리카의 생활과 사고 Amerika lebend en denkend』에서 표명했다. 여기서 호이징아는 그 당시 많은 유럽인들이 품고 있었던 신세계의 문화에 대한 일종의 애증복합적인 감정을 반영하는 견해들을 표명했다. 한편으로 미국은 18세기 계몽주의의 낙관적이고 진보적인 태도에서 비롯된 유럽 자신의 사고방식과 생활방식의 결과를 유럽에 보여주었다. 따라서 바로 이러한 지적 전통의 후예인 호이징아는 미국식 생활방식 속에 내재하는 '활기찬 태도', 즉 '지금, 여기, 그리고 곧(Dit, Hier en Straks)'의 태도에 결정적인 존경심을 보였다. 호이징아는 이와 함께 예전의 활력, 즉 필연적인 퇴폐와 싸우려는 의지를 상실한 당대 유럽 문화의 상황에 대한 기본적으로 비관적인 관점을 표명했다.[44] 그러나 그의 존경심은 미국 문화 속에 드러난 증가하는 대중화에 대한 뚜렷한 혐오감과 혼합되어 있었다.

퇴폐의 문제는 독일은 물론이고 유럽의 가장 창조적인 20세기 작가들 가운데 하나인 토마스 만(1875-1955)에 의해서도 다루어졌다.[45] 그는 기념비적인 소설 『마의 산 *Der Zauberberg*』(1924)에서 자신의 세계, 즉 20세기의 첫 20년 동안의 세계를 분석하려고 시도했다. 소설의 주인공 한스 카스토르프는 스위스 요양원에 있는 친척을 만나러 간다. 그들의 과학은 이해할 수 없지만 분명히 전권을 휘두르는 음침한 의사들과 심리치료사들의 '마력', 즉 그들의 알쏭달쏭한 말과 행동에 휘말려, 그는 자기 자신도 그들의 이상한 처방을 따르지 않을 경우 20세기의 가장 무서운 질병인 결핵의 희생자가 될 것이라고 확신하게 된다. 그래서 그는 그곳에 머물기로 결정한다. 마침내 그는 자기 자신과 자기 시대의 질병들을 깨닫게 된다. 즉 자유와 책임, 무정부 상태가 될 수도 있는 예술과 예술의 영감에 의하지 않고는 정신을 아둔하게 만들 수도 있는 시민적 가치 사이의 갈등, 다시 말해 물리적인 것이든 정신적인 것이든 모든 형태의 독재와 혼돈(카오스) 사이의 갈등을 그는 두려워한다. 눈 덮인 산 꼭대기에 설정된 감동적인 무대에서 카스토르프는 문화와 인간의 아폴론적 측면과 디오니소스적 측면의 종합 가능성, 즉 이성의 정신에 의해 생성된 조화와 감정의 정신에 의해 생성된 도취의 종합에 대해 성찰한다. 카스토르프가 전선을 향해 떠나는 소설의 말미에서 그는 전쟁에 의한 죽음 이후에 유럽의 치명적인 질병이 치유될 것이며, 새로운 인간성인 형제의 우애가 나타날 것이라고 꿈꾼다.

그러나 1920년대와 30년대에 1차 세계대전, 즉 1914년에서 18년 사이의 끔찍한 전쟁의 교훈들은 무시되었고, 유럽은 인간과 그 문화의 역할을 여러 가지 형태로 재고했음에도 불구하고 토마스 만을 비롯한 많은 사람들이 희망했던 것처럼 긍정적인 효과를 낳지는 못했다. 1939년에 두 번째의 전 유럽적인 전쟁이 임박한 것처럼 보였을 때, 적어도 이러한 사실은 분명해졌다. 그리고 전쟁이 터졌을 때, 그것은 세계적인 차원에서 앞서의 전쟁보다 훨씬 더 끔찍한 전쟁임이 곧 증명되었다.

1920년대부터 전체주의적인 사고방식과 전체주의 국가들이 증가함으로써, 민주주의와 동료인간에 대한 관용과 책임 등 특정한 규범과 가치에 바탕을 둔 문명사회로서의 유럽을 신봉하던 사람들은 전례 없이 심각한 충격을 받았다. 왜냐하면 대부분의 사람들은 이제까지 그러한 규범과 가치들을 유럽 고유의 것으로 여겨왔기 때문이다. 이제 전체주의라는 새로운 재앙이 개인의 가치를 거의 부정하는 문화를 낳았고, 설상가상으로 그것은 세계역사상 가장 처참한 전쟁으로 귀결되었다.

그럼에도 불구하고 많은 사람들은 유럽역사의 이러한 삽화적 사건의 전제조건이 유럽 문화와 사회의 구조 자체 속에 내재하고 있다고 주장했다. 19세기의 다소 진보적인 민족주의는 유럽국가들과 그들의 헌법민주주의 및 의회민주주의의 발전을 가져왔는데, 이것은 투표권자의 수가 증가했기 때문에 나타난 결과이자 또한 투표권자의 수가 증가하는 요인으로 작용했다. 그래서 마침내 투표권자의 수는 전체 성인남성의 수보다 많아졌고, 이제는 전체 성인여성들의 수보다 많아졌다. 몇몇 사람들은 민주화에 의해 고조된 희망에도 불구하고 1차 세계대전의 패전국들과 응분의 이익을 챙기지 못했다고 생각하는 나라들의 원한과 복수심이 전체주의 정책으로 변환되는 것을 촉진한 것은 민주주의 제도 자체라고 주장했다. 1919년 베르사유 평화회의에서 연합국들이 전쟁의 결산을 마치는 순간부터 이탈리아와 독일에서는 더욱 강력하게 이러한 감정들이 노출되었다. 많은 사람들에게 국가와 민족의 붕괴에 속수무책인 것처럼 보이는 의회민주주의는, 상처받은 민족적 자존심을 이용해 그들에게 재량권을 주기만 하면 복수를 하고 민족의 영광을 되찾겠다고 약속하는 정치 지도자들에게 손쉽게 권좌에 오를 수 있는 사다리를 제공해주었다.

그것을 바탕으로 한 자본주의 경제는 크게 보아 19세기 말 이래 유럽에 전례 없는 부를 가져다주었고 대다수 국민들의 생활수준을 사상 가장 높은 수준까지 끌어올렸다. 그러나 억제되지 않고 발전하도록 허용된 자본주의 경제체제는, 그것에 내재하는 주기적인 위기로부터 발생하는 경제적·사회적 결과들을 막을 수는 없었다. 무책임한 금융투기에 의해 악화된 이러한 위기가 1920년대에 발생했고, 그 결과 패전국 독일뿐만 아니라 유럽 전역에서 대량빈곤을 초래했다. 독일에서는 다른 곳과 마찬가지로 이러한 과정이, 민주주의적 제도와 민주주의적 해결책에 대한 불신의 증가와 민족적 영광과 부를 약속하는 전체주의적 대안들에 대한 선전선동과 결합했다. 영화와 같은 새로운 매체는 강력하고 영웅적인 지도자에 의한 구원이라는 민족주의적 복음을 대중에게 주입시키기 위한 이상적인 수단이 되었다.

사극영화를 제작하는 특별 부서를 둔 프랑스에서는 유럽의 가장 위대한 영화감독 가운데 하나인 아벨 강스(1889-1981)가 1927년 그의 대표작인 『나폴레옹』을 만들었다. 그는 여기서 세 개의 다른 영상을 동시에 세 개의 스크린에 투사하는 등 대담한 기법들을 사용했는데, 이것은 당시로서는 상상조차 할 수 없는 혁신적 기법이었으며, 이러한 기법은 그 후 1950년대에 다시 빛을 보았다. 이 서사적 영화 속에서 그는 혁명적인 영웅으로 구현된 프랑스 국민의 활력을 영상으로 보여주었다. 독일에서는 대규모 스크린을 사용하는 전문 건축가이자 화가인 오스트리아인 프리츠 랑(1890-1976)이 『니벨룽겐족 *Die Nibelungen*』(1927)을 만들어냈다. 이것은 고대 게르만 서사시를 바탕으로 한 인상적이고 장엄한 영화로서 '독일 인민에게 바쳐졌다.' 이 영화는 신화의 힘을 이성의 힘보다 우위에 두는 것처럼 보였다. 유럽의 다른 지역의 수많은 사극들과 마찬가지로 이 영화는 과거를 재현하여 보여주기보다는 불쾌한 현재를 견디고 살아남도록 도와줄지도 모르는, 강력하고 심지어 영웅적이기까지 한 남성(때로는 여성)들의 이상화된 과거를 관객에게 제시했다. 과거는 제 할 말을 다 하는 개인이 교회와 국가 같은 강력한 체제에 의해 끔찍한 억압을 받았던 시기이기도 했다는, 덴마크인 카를 드라이어(1889-1968)의 걸작 영화 『잔 다크의 열정 *La Passion de Jeanne d'Arc*』에 포함된 경고의 메시지는 분명히 덜 환영받았다.

자신과 다른 세계에 대한 유럽의 시각을 크게 확대시킨 기술이 없었다면, 사회적·경제적 변화가 가져온 문화적·정치적 결과들이 그처럼 심각하지는 않았을 것이다. 20세기 문화의 가장 놀라운 두 가지 기술적 성과인 라디오와 영화는 유럽의 장래 독재자들로 하여금 권력을 잡도록 도와준 선전 수단을 제공했다.

새로운 통신매체를 낳은 기술은 분명히 서구세계 전체 민중의 생활을 편리하게 하고, 그들의 물질적인 복지와 보다 편리하고 건강한 생활에 크게 기여했다. 기계공업과 화학공업은 식품과 약품, 공공수송과 가재도구를 제공했다. 이와 동시에 이러한 기술은 사상 유례 없이 대규모로 무자비하게 인명을 살상할 수 있는 무기를 만드는 데 사용되었다. 20세기 초에 하늘을 날고자 하는 인간의 꿈은 마침내 실현되었다.[46] 그러나 상업적인 책략과 매혹적인 영웅에 대한 대중의 요구에 부응해 바로 사진과 영화와 노래를 통해 기성 문화와 대중 문화 속에 반영된 바로 그 비행기가, 곧 폭탄을 여러 도시로 실어날랐다. 도시에서는 유럽의 다른 꿈들이 '고급' 예술의 웅장한 작품들과, 많은 사람들이 이제 상당히 쾌적하게 살고 있는 크게 개선된 '대중' 주택단지 속에 표현되었다. 결국 고대 그리스인들에게로 거슬러 올라가는 원자와 물질의 기본구조에 관한 이론들에 바탕을 둔 실험물리학이, 세계와 그것을 만들어낸 문화를 순식간에 파괴할 수 있는 힘을 만들어낸 셈이었다.

사회과학과 인문과학은 19세기 말까지 정치와 사회를 연구하고 그것을 합리적인 조직으로, 따라서 심지어는 만들어낼 수 있는 조직으로 해석하기 시작했다. 이 분야의 가장 창조적인 정신 가운데 하나인 독일의 사회학자 막스 베버(1864-1920)의 저작은, 비록 중국 문화와 인도 문화 같은 다른 문화들을 유럽이 설정한 근대성의 기준에 의해 연구하고 은연중에 평가하기는 했지만, 사회적·문화적 과정들에 대한 통찰에 있어 아직도 기념비적 업적으로 남아 있다.[47] 사회사적 자료의 경험적 근거를 마련하고, 당대 사회의 문제들을 설명하는 데 부분적으로 성공했다는 점에서, '사회공학'에 관한 역사상 가장 이론적인 이러한 아이디어들은 이 세계를 현재의 곤경과 결함으로부터 해방시킬 수 있다고 말하는 사람들, 즉 사회주의적 정치가들과 사회

민주주의 사상가들은 물론이고 다분히 전체주의적 성향의 인사들에게도 확실한 증거를 제공하는 것처럼 여겨졌다. 효과적인 관료제도를 가진 근대국가는 합법적인 폭력—사법과 처벌, 군대의 사용—을 행사할 권리를 수중에 장악함으로써 사적 폭력을 대부분 제거하는 데 성공했다. 그러나 이러한 국가는 인간의 존엄성에 대한 감각을 상실한 민주주의 시대에 무슨 정책이든 시행하기 위한 고도의 정밀도구로 사용될 수도 있었다.

수많은 가능성을 지닌 유럽에서 1차 세계대전의 승전국과 패전국들 모두의 이기주의는 만족할 만한 균형, 즉 불만과 전쟁의 불씨가 제거된 국제질서를 만들어내지 못한 원인이 되었다. 대다수 국가에서는 다양한 집단의 얄팍한 이해관계 때문에 유권자들이 사회 전반, 특히 약자들에 대한 책임을 회피하는 상황에 이를 수 있었고, 때로는 실제로 그런 상황에 도달하기도 했다. 이제 유럽의 대중은 아주 사소한 계기만 있어도, 비효율적인 것으로 간주되는 전통적인 가치들과 결별하고, 보다 거창한 가치를 약속하는 다른 이념에 의지하는 데—이것도 유럽적 전통의 일부였다—열중했다. 그 결과 민주주의와 관용이 사라진 자리에 독재와 탄압이 들어섰다. 대체로 이러한 일은, 전통적으로 보다 위계적인 예전의 농촌사회를 얇은 베니어판처럼 덮고 있는 산업화와 교육과 민주주의가 상대적으로 뒤늦게 이루어진 나라들에서 보다 쉽게 일어났다.[48]

지금도 그 작품들이 유럽 문화에 영감을 불어넣고 있는 숱한 음악가와 화가, 과학자와 작가들을 배출함으로써 19세기 말까지 여러 면에서 유럽의 가장 문명화된 나라들 가운데 하나였던 독일은 위에서 언급한 모든 전제조건들을 동시에 구비하고 있었다. 이러한 사실이 독일에서 사상 가장 잔혹하고 효율적인 전체주의 체제인 '제3제국'과 '궁극적 해결책'이라고 불리는 유태인 말살정책이 탄생한 것을 이해하는 데 도움이 될 것이다.[49] 이른바 홀로코스트—이 말은 원래 유대교에서 신에게 동물을 통째로 구워 희생물로 바치는 제사를 뜻하므로, 엄청난 규모의 대량학살에는 맞지 않는다—로 유럽 전역의 유태인뿐만 아니라 흑인과 집시, 동성애자, 정신질환자 등 수백만 명이 죽었다. 이러한 사람들은 모두 체제가 획일성과 절대 복종을 필요로 했기 때문에 도살되었으며, '타자'로 낙인찍힐 수 있는 사람들 가운데서 희생자로 선택된 것이었다. 어떤 점에서 나치 독일의 지도자들은 1천여 년 동안 유럽 문화의 일부였던 '이방인들'에 대한 편견을 이용했지만[50], 20세기에 그들은 이를 시행하기 위해 그들의 인종주의 이데올로기에 사이비 과학적 전문용어를 갖다 붙이는 동시에 선진 기술과 근대국가의 관료기구 같은 근대성의 도구들을 이용할 수 있었다.[51]

그렇지만 이에 필적하는 전체주의적인 견해들이 다른 곳에서도 대두했다는 사실을 잊지 말아야 한다. 인간과 사회에 대한 새로운 사상인 인본주의와 르네상스의 발상지인 이탈리아에서는 1920년대 초부터 파시스트 독재가 20여 년 간 지배했고, 무솔리니 시대의 막판에 가서이긴 하지만 인종주의 정책의 매력에 굴복하고 말았다. 또한 프랑스와 스페인에서도 분명한 전체주의적 경향에 뒤이어 희생양 이데올로기들이 나타났고, 때로는 프랑스와 다른 중유럽 국가들에서 보듯이 반유대주의의 모습으로 표면화되기도 했다. 벨기에와 영국, 네덜란드, 그리고 서유럽의 거의 모든 나라에서는, 중유럽과 동유럽에서와 마찬가지로 민주주의 원칙들을 거의 무시하거나 완전히 무시하는 강력한 지도체제를 옹호하는 집단들이 있었다.

요컨대, 유럽 전역에서 선·악의 가능성을 모두 가진 '근대성'의 복합 문화가 등장했고, 이것이야말로 어떻게 민주주의에서 독재가 탄생하고, 객관적으로 보면 역사상 가장 잘 교육받고 번영을 구가한 사회에서 전쟁과 대량학살이 자행되었는지를 설명하는 열쇠인 것이다.

Notes

16장_ '서양의 몰락' — 꿈의 상실

1) C. Harding, S. Popple, *In the Kingdom of Shadows: A Companion to Early Cinema*, London 1997.
2) W. Lautemann, M. Schlenke, gen. eds, *Geschichte in Quellen*, München 1980, 825.
3) 이 시대에 대한 훌륭한 소개는 J. Barzun, *Darwin, Marx, Wagner: Critique of a Heritage*, New York 1958, 특히 38-55; 'The evolution of evolution' 및 R. Olson, *Evolution: The History of an Idea*, Berkeley 1989를 참조.
4) 다윈에 관한 연구는 확고한 산업이 되어버렸다. 최근에도 그에 관한 전기가 산더미처럼 쏟아져 나오고 있다. 유익한 전기로는 L. S. Bergmann, 'Reshaping the Role of Man, God and Nature: Darwin's rhetoric in *On the Origin of Species*', in J. W. Lee, J. Yaross, eds, *Beyond the Two Cultures: Essays on Science, Technology and Literature*, Ames 1990이 있고 *Proteus: A Journal of Ideas* VI/2(1989)는 다윈의 생애와 저작들의 다양한 면을 다루고 있다.
5) 이에 관해서는 아직까지 합당한 주목을 받지 못한 S. E. Hyman, *The Tangled Bank: Darwin, Marx, Frazer and Freud as Imaginative Writers*, New York 1962를 참조.
6) 예를 들면, G. Levine, *Darwin and the Novelists: Patterns of Science in Victorian Fiction*, London 1988.
7) Ch. Fox *et al.* eds, *Inventing Human Science*, Berkeley 1995.
8) D. Knight, *The Age of Science: The Scientific World View in the Nineteenth Century*, Oxford 1986은 탁월한 입문서이다.
9) P. Costello, *Jules Verne, Inventor of Science Fiction*, London 1978; G. Proteau, *Le Grand Roman de Jules Verne: sa vie*, Paris 1979.
10) B. Holm, *Selma Lagerlöfs literära profil*, Stockholm 1986.
11) Barzun, *Darwin, passim* 참조.
12) E. Förster-Nietsche, ed., *Nietsche's Werke* 16, Leipzig 1912, 402. Elisabeth Nietsche가 니체의 주저(主著)로 제시한 *Der Wille zur Macht: Versuch einer Umwerthung aller Werthe*는 존재하지 않는다는 말을 해야겠다. 실제로 존재하는

것은 해석하기 힘든 '잠언(aphorism)' 집이다. M. Montinari, 'Vorwort', in G. Colli, M. Montinari, eds, *Friedrich Nietsche: Sämtliche Werke. Kritische Studienausgabe*, 14, Berlin 1980, 1-12.

13) Colli, Montinari, eds, *Fr. Nietsche: Kritische Gesammtausgabe der Werke*, VI/2, (Berlin 1968) 〔=Fr. Nietsche, *Also sprach Zarathustra: ein Besuch für Alle und Keine*〕, 33, 8-1.

14) B. Reardon, 'Ernest Renan and the religion of science', in D. Jasper, T. Wright, eds, *Critical Spirit and the Will to Believe*, New York 1989, 199-205 참조.

15) 예를 들면, W. Loth, ed., *Deutscher Katholizismus im Umbruch zur Moderne*, Stuttgart 1991.

16) M. Artola, *Antiguo Régimen y revolucíon liberal*, Barcelona 1978; L. G. San Miguel, *De la Sociedad Aristocratica a la Sociedad Industrial en la España del Siglo 14*, Madrid 1973.

17) Foerster, *Die Idee* 및 H. Wehberg, *Ideen und Projekte betreffende die Vereinigten Staaten von Europa in den letzten 100 Jahren*, Bremen 1984 참조.

18) G. Colli, m. Montinari, eds, *Fr. Nietsche: Kritische Gesamtausgabe der Werke*, VI/2, Berlin 1968 〔=Fr. Nietsche, *Jenseits von Gut und Böse*〕, 209, no. 256.

19) J. G. A. Pocock, *The Machiavellian Moment: Florentine Political Thought and the Atlantic Republican Tradition*, Princeton 1975.

20) M. Elvin, *The Pattern of the Chinese Past*, London 1973.

21) A. Tennyson, 'Locksley Hall', in *Poetical Works of Alfred Lord Tennyson*, London 1917, 103.

22) 가장 잘 연구된 영국의 사례에 관해서는 J. M. Mackenzie, ed., *Imperialism and Popular Culture*, Manchester 1896 참조.

23) M. Lowsky, *Karl May*, Stuttgart 1987.

24) R. D. Gray, *Goethe the Alchemist*, Cambridge 1952.

25) 읽을 만한 전기로는 P. Gay, *Freud: A Life for our Time*, New York 1988이 있다.

26) 균형잡힌 최신의 분석은 F. Forrester, *Dispatches from the Freud Wars*, Cambridge, Mass. 1997에 제시되어 있다.

27) L. B. Litvo, *Darwin's Influence on Freud*, New Naven 1991 참조.
28) H. D. Cater, ed., *Henry Adams and his Friends: A Collection of Unpublished Letters*, New York 1970, 499-500.
29) H. Adams, *The Education of Henry Adams: An Autobiography*, Boston 1918, 379, 380, 381-2, 383.
30) H. A. Klomp, *De relativiteitstheorie in Nederland*, Groningen 1997 참조.
31) H. Hartmann, *Max Planck als Mensch und Denker*, Frankfurt 1953 참조.
32) Chr. Butler, *Early Modernism: Literature, Music and Painting in Europe, 1900-16*, Oxford 1994.
33) A. Stassinopoulos Huffington, *Picasso, Creator and Destroyer*, New York 1988, 4장.
34) D. Roberts, *Benedeto Croce and the Uses of Historicity*, Berkeley 1987 참조.
35) R. Wohl, *The Generation of 1914*, London 1980, 240, n. 1에서 재인용.
36) H. Pirenne, *Mahomed et Charlemagne*, Paris 1937.
37) 예를 들면, P. Barker *et al.* eds, *After Einstein*, Memphis 1981; D. P. Ryan *et al.* eds, *Einstein and the Humanities*, Westport 1987.
38) G. Glasberg, *Krise und Utopie der Intellektuellen: kulturkritische Aspekte in Robert Musils Roman 'Der Mann Ohne Eigenschaften'*, Stuttgart 1984; G. M. Moore, *Proust and Musil: The Novel as Research Instrument*, New York 1985.
39) 배경을 알기 위해서는 E. Timms, ed., *Unreal City: Urban Experience in Modern European Literature and Art*, New York 1985 참조.
40) Siegfried Kracauer가 그의 저서 *Von Caligari zu Hitler: eine psychologische Geschichte der deutschen Films*, Frankfurt 1979(초판은 1949)에서 Lang의 영화를 매우 부정적으로 해석한 것은, 이 시기의 모든 독일영화에서 점차 전체주의에 대한 미화가 이루어지고 있음을 밝히려는 소망에 이끌린 근거 없는 주장이다. 필자가 보기에 Lang의 시각은 대체로 비판적이다.
41) 배경 지식을 위해서는 *Revue du Dix-Neuvième Siècle* 13, 1983 및 *Cahiers Victoriens et Edwardiens* 31, 1990 참조. 이 밖에도 Th. P. Dunn *et al.* eds, *The Mechanical God: Machines in Science Fiction*, Westport 1982 참조.
42) J. B. Kerman, ed., *Retrofitting Blade Runner*, Bowling Green 1991, 특히 110-23. 또한 J. Douchet, 'La Ville Tentaculaire', N. N. *Cités-Cinés*, La Villette 1987, 61-71; F. Chaslin, 'Dans les villes crépusculaires', ibid., 103-9. 이 밖에 Y.

Biró, *Profane Mythology: The Savage Mind of the Cinema*, Bloomington 1982, 57-62 참조.
43) M. Brod, ed., *Franz Kafka, Amerika*, Frankfurt 1953, 38.
44) 호이징아의 반응에 관해서는 W. E. Krul, 'Moderne beschavingsgeschiedenis: Johan Huizinga over de Verenigde Staten', in K. van Berkel, ed., *Amerika in Europese ogen: Facetten van de Europese beeldvorming van het moderne Amerika,* 's-Gravanhage 1990, 86-108 참조.
45) K. Harpprecht, *Thomas Mann: Eine Biographie*, Reinbeck 1995.
46) R. Wohl, *A Passion for Wings: Aviation and the Western Imagination, 1908-18*, New Haven 1995 참조.
47) H. J. Hügen, *Max Weber*, Hamburg 1991; D. Käsler, *Max Weber: An Introduction to his Life and Work*, München 1988.
48) 이상은 주로 B. Moore, *Social Origins of Dictatorship and Democracy: Lord and Peasant in the Making of the Modern World*, New York 1966 참조.
49) 매우 복잡한 이 문제에 관한 개관을 위해서는 P. Lambert, *The Weimar Republic and the Rise of Hitler*, London 1977 참조.
50) R. I. Moore, *The Formation of a Persecuting Society*, Oxford 1987 참조.
51) Z. Baumann, *Modernity and the Holocaust*, London 1989.

17
새로운 유럽을 향하여

과학, 문화, 사회

20세기 초반까지 비록 광범한 지역이 경제적·문화적 생활에서 여전히 시골풍이었지만, 유럽의 지배적인 문화 세력은 기계 또는 기술이 전면적인 주도권을 잡은 주로 도시·산업 문화의 세력이었다. 새로운 세계는 발터 루트만의 기억할 만한 영화 〈베를린, 대도시의 교향곡 *Berlin, Symphonie der Großstadt*〉(1927)에서 시각화되었다. 같은 시기에 이러한 문화의 부수적인 특징을 여배우 마를렌네 디트리히(1901-92)는 이렇게 노래했다.

공기중엔 즉물성이 있고, 자극이 있다네. … 이미 공중으로 영상과 라디오, 전화가 씽씽 왕래하고, 만사가 무선으로 이루어지네. 공기는 비행기와 비행선 같은 것들을 어떻게 다루어야 할지 몰라 쩔쩔맨다네.

이 노래는 과학과 기술의 제품에 의해 완전히 지배되는 놀랍고도 당황스러운 세계의 이미지들을 제시한다. 사실 많은 사람들은 과학이 만들어내지 못하는 것이 있는지 궁금하게 생각했다. 그러나 동시에 많은 사람들은 결국 인간이 자신의 꿈을 실현하기 위한 희생물이 될지도 모른다고 우려했다.

1929년 독일 작곡가 파울 힌데미트(1895-1963)와 그의 친구인 극작가 베르톨트 브레히트(1898-1956)는 함께 손을 잡고 관현악단과 합창단, 독창 가수들, 한 무리의 광대들과 영상투사를 결합시킨 멋진 연극을 만들어냈고 이를 '교육극(Lehrstück)'이라고 이름붙였다. 왜냐하면 브레히트의 이상주의적·사회주의적 태도에 따르면, 이 연극은 민중에 의해, 민중을 위해 공연되어야 할 뿐만 아니라, 그 메시지를 통해 민중을 가르쳐야 하기 때문이다.[1] 이 연극은 기술에 의해 세계와 자연을 지배하려는 인간의 열망에 대해 말한다. 기술은 많은 놀라운 기계를 만들어냈지만, 사람들을 죽거나 굶주리지 않게 해주는 사회를 실현시키지는 못했다. 새처럼 날고자 하는 인간의 욕망을 실현시킴으로써 인간은 자기 능력의 한계에 도달했다. '교육극'에서 그의 성취를 자랑스러워하는 조종사는 추락한다. 그가 죽어가는 자리에서 자비를 요청하자, 그 주위에 모인 군중은 그에게 도움을 거부한다. 반대로 그들은 겸손의 필요성을 강조한다. 조종사가 그의 본질적인 무(無)로 내려갔을 때, 그는 용서받고 평화롭게 죽는다.

1920년대의 심각한 경제적·사회적 위기에 비추어볼 때, 브레히트의 메시지는 당대 문화에 대한 매우 부정적인 시각을 반영한다. 누군가는 그것이 현대과학에 대한 증가하는 무지나 두려움에서 비롯된 것이 아니냐고 물을지도 모른다. 20세기가 시작된 지 20년도 안 되어 과학은 영국의 물리학자 어니스트 러더퍼드(1871-1937) 시대보다 장족의 발전을 이룩했다. 그는 물리학을 술집 아가씨에게 설명할 수 있게 될 때에만, 물리학은 제대로 될 것이라고 말한 바 있다. 원자의 구조에 대한 기초연구로 1908년 노벨 화학상을 수상한 바 있는 러더퍼드의 이 말은 약간 과장됐을지 모른다.

유럽의 두 세계, 즉 도시와 농촌 간의 오랜 간격은 좁혀지는 반면에, 코페르니쿠스 이래로 형성되기 시작한 새로운 간격이 이제 엄청나게 커져버렸다. 즉 세계는 상당한 교육을 받은 사람들 모두가 이해하고 해석할 수 있는 세계와, 극소수의 사람들만 이해할 수 있는 복잡한 비구어적 전문용어가 필요한 세계로 양분되었다. 자연과학은 수학이라는 단일하고 보편적인 언어로 말하고 대체로 단일한 방법론을 사용하기 때문에, 20세기에 과학의 세계는 그야말로 세계 그 자체가 되어버렸다.

20세기 초에 자연과학의 중심분야는 물리학이었고, 물리학의 중심문제들 가운데 하나는 원자의 성질이었다. 그때까지 물리적 우주의 고정된 벽돌장으로만 간주되었던 원자의 구조를 계속 연구함에 따라 1911년에서 13년 사이에 러더퍼드와 보어는 원자핵과 그 주위를 돌고 있는 전자들을 발견했다. 그들은 또한 파동설이나 입자설이 원자의 실체를 설명하기에는 불충분하다는 것을 발견했다. 게다가 베르너 하이젠베르크(1901-76)는 물리적 관찰 이후에 관찰된 대상은 언제나 일정한 변화를 보인다고 주장함으로써, 이러한 대상에 대한 지식이라는 것도 근본적으로 제한되어 있음을 시사했다. 따라서 그는 우리가 개별 전자의 위치와 속도를 알 수는 없으며, 따라서 전자의 행동을 예측할 수 없다고 주장했다. 이러한 진전들은 양자역학을 더욱 정교화시켰다. 양자역학은 연속적인 양자 상태들에 의해 만들어진 원자의 진동수 패턴을 식별함으로써, 단순화시켜 말하면 파동설과 입자설 모두를 인정하는 것이다. 이런 이론을 받아들이기 위해서는 심지어 과학자들도 오랫동안 과학에서 신성시되어왔던 대부분의 이론들, 특히 결정론을 포기하지 않으면 안 되었다.

문화의 많은 영역에서와 마찬가지로 2차 세계대전은 과학에서도 촉매 역할을 했다. 교전국들은 모두 전쟁에 이기기 위한 기술을 개발하기 위해 엄청난 시간과 돈을 쏟아부었다. 실제로 19세기에 그 통합의 근거를 두고 있었음에도 불구하고, '순수' 과학 내지 이론과학과 '응용' 과학, 즉 실용적 기술은 이제 대규모로 효과적인 결합을 이룩했고 다시는 결코 분리되지 않았

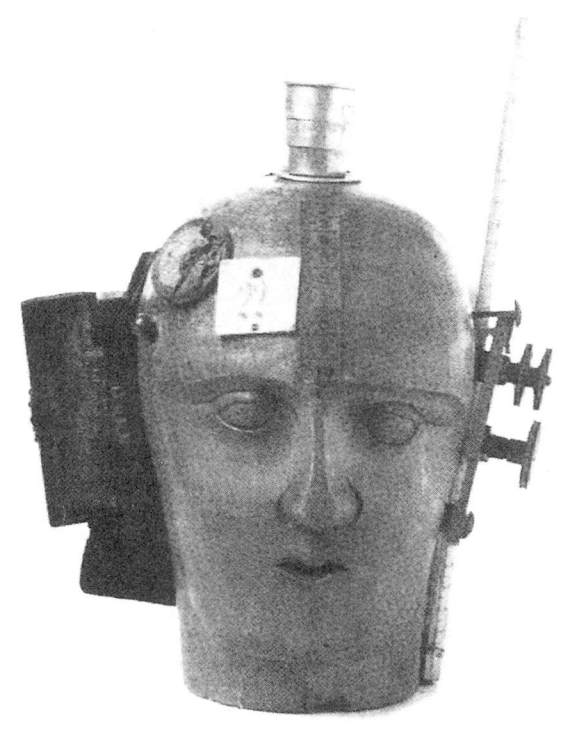

삽화 42, 43_ 1920년경 프랑스 화가 라울 하우스만은 '우리 시대의 정신'을 상징화하기 위해 '기계두뇌'라는 제목의 조립품을 만들어냈다. 약 40년 후 과학자들은 인간의 '기계적'·화학적 성질을 발견하는 데 획기적인 진전을 이룩함으로써 뇌를 포함한 인간의 모든 기능과 능력에 대한 완전히 새로운 세계를 열어 놓았다. 이 가운데 가장 중요한 진전 가운데 하나는 제임스 왓슨과 프랜시스 크리크에 의한 DNA 구조의 발견이다. 이것은 현재 '이중나선'이라는 유명한 이미지로 널리 알려져 있다. (출처: 네덜란드 네이메헨 예술사 자료센터)

다. 이렇게 해서 독일과 일본에 대한 연합국의 싸움은 우선 핵분열의 발견을 가져왔고 — 1939년 오토 한(1879-1968)이 성공했다 — 과학자들이 정치가들과 군인들에게 그 가능성을 귀띔한 데 뒤이어, 로버트 오펜하이머(1904-67)가 이끄는 로스 알라모스팀이 1945년 뉴멕시코의 사막에서 핵폭발 시험에 성공했을 때, 핵전쟁이라는 결과가 나타났다. 슬프게도 연구에 참여한 많은 과학자들이 수소폭탄과 그것의 정치적 사용이 가져올 가공할 위력을 완전히 깨닫고 재고를 시작하기도 전에, 그것은 미국에 의해 사용되었다. 표면적으로는 '황색 제국주의'에 대한 전쟁을 끝내기 위해서라고는 하지만, 실제로는 몇몇 역사학자들이 주장해온 것처럼 소련이 아시아나 유럽으로 너무 깊숙히 전진하지 못하도록 위협하기 위해서였다.[2]

이와 동시에, 1930년대 중반부터 시작된 영국인 알란 튜어링(1912-54)의 수학적 논리에 대한 성찰의 가능성도 곧 분명히 드러났다. 얼마 되지 않아 적(즉, 독일)의 암호해독을 돕기 위해 만들어진 기계가 이제는 슈퍼마켓의 모든 소비재에 붙은 바코드를 읽는 것에서부터 전 세계적인 전화서비스나 전자 고속도로의 사용에 이르기까지, 많은 서구인들의 가장 일상적인 행동을 규제하는 컴퓨터로 진화했다. 실제로, 이러한 컴퓨터화한 체제의 필요성은 감소하는 반면, 서구사회는 점점 더 그것에 대한 일상적인 의존도가 증가하고 있다.

20세기 말까지 과학은 사회와 경제, 문화의 기반이 되었다. 이것들은 과학이 점점 더 빠른 속도로, 물리학과 화학의 재통합과 같은 놀라운 발전을 이룩하면서 계속 만들어내고 있는 기술이 없이는 존속할 수 없다.[3] 고체 소자물리학에 대한 연구로 광석(크리스털)의 전자적 특성이 밝혀진 지 얼마 지나지 않아 트랜지스터가 통신체제의 혁명을 일으켰다. 1953년 크리크와 왓슨이 DNA — 탈산소 리보핵산. 유전에서 어떤 역할을 하는 것으로 알려져 있으나 그것의 유전자 복사능력, 즉 실질적인 유전작용의 중심기능은 아직 알려져 있지 않다 — 의 구조를 발견한 지 불과 몇 년 후, 이른바 DNA 기법은 생물학과 생명공학 전반의 혁명을 일으켰다.[4] 1980년대까지 한 종의 유전자들을 다른 종의 유전자들과 결합시킴으로써, 생명공학은 농업과 의학 같은 다양한 분야를 변화시켰다.

이러한 발전들은 한편으로 많은 측면에서 분명히 이익을 가져다주었지만, 마찬가지로 부정적인 영향도 미쳤다. 농업에서는 부수적인 환경오염과, 성장촉진 화학물질과 살충제를 다량 함유하고 있는 식품에 의해 야기되는 많은 문제들이 정치적·문화적 토론의 대상이 되었고, 많은 사람들이 불필요하다고 생각하는, 무책임하게 처리된 식품의 과잉생산에 사회가 의존하는 데 대해 의문이 제기되었다. 이러한 식품은 환경에 대해서도 부담이 된다. 의생물학에서는 통제되지 않거나 통제할 수 없는 유전자 조작이 우려를 자아냈는데, 그 배경에는 많은 사람들의 점차 증가하는 소비자적 태도가 자리 잡고 있다. 이들은 변화된 신체나 심지어는 새로운 신체를 사는 것을 성능이 향상된 새 개인용 컴퓨터를 사는 것과 다를 바 없는, 모든 사람의 개인적 권리라고 너무도 쉽게 생각한다.

실제로 20세기 후반까지 유럽과 다른 지역에서 과학의 근본적인 역할에 대해 아무런 걱정도 하지 않고 있었던 것은 아니다. 그 반대로, 과학의 힘이 커지면서 과학의 힘에 대한 문화적 비판은 증가했다. 대다수의 사람들에게는 과학이 이해할 수 없는 것이었고, 더구나 과학의 실제적·도덕적 결과를 예측할 수 없었기 때문에, 대체로 과학에 대한 두려움이 널리 퍼져 있었다고 결론짓는 것이 마땅할 것이다.

기술을 이용한 대량살상과 핵의 힘, 서구세계와 공산세계 사이의 끝없는 '냉전' 시대를 가져온 2차 세계대전 이후, 두 사람이 인간사회에서의 과학의 역할에 관한 근본적인 문제를 제기한 토론을 벌인 것은 결코 우연이 아니다.

스노우(1905-80)와 리비스(1895-1978) 두 사람은 두 개의 문화를 가진 하나의 세계라는 유명한 이미지를 만들어냈다. 이들은 서구문명의 진로가 계속해서 '자연과학'과 '인문학' 사이의 긴장지대를 통과하고 있다고 규정했다.

이들 두 명의 영국 지식인들은 1959-61년에 처음으로 칼을 빼들었다. 핵물리학자이자 최고위 관료인 스노우는 강력한 정밀과학과 이러한 지식영역을 지배함으로써 많은 힘을 얻은 국가들간의 융합을 상징하는 인물이었고, 그럼에도 불구하고 1930년대와 60년대 사이의 영국사회의 변화를 그리려고 시도한 『이방인들과 형제들 Strangers and Brothers』이라는 일련의 소설을 쓴 인문학적 인간이었다. 그의 상대인 저명하고 영향력 있는 비평가 리비스는 역사와 전통에 빛나는 케임브리지 대학 교수로서 많은 사람들에게 '상아탑'의 상징으로 여겨졌다.5) 비록 케임브리지 대학은 인문학이 아니라 현대의 과학연구에 기여함으로써 점차 명성을 쌓아오고 있었지만 말이다.

스노우는 두 문화 사이의 커지는 간격에 대해 우려를 표명한 바 있다. 인문학과 자연과학 사이의 전통적인 적대관계에 관해 언급하면서, 그는 주로 한쪽 분야의 대학생과 종사자들이 다른 쪽 분야의 연구의 기본가치와 동기를 점점 더 이해하지 못하는 데 대해 우려한다. 그는 이것이야말로 유럽에 대해, 그리고 문화 전반에 대해 치명적이 될 것이라고 주장한다.

리비스가 그랬듯이 많은 사람들은 스노우가 경제개발, 즉 번영을 위해 은연중에 과학의 우위를 확립하려 한다고 비난한다. 기술적으로 강력하고 따라서 경제적으로 강력한 사회만이 다른 이데올로기, 즉 공산주의 이데올로기와 경쟁할 수 있다고 암시하면서, 그는 많은 사람들이 유럽문명의 핵심이라고 간주하는 가치들에 대한 인문학의 기여를 사실상 무시하고 있다고 주장한다.

그렇지만 스노우가 분명히 이러한 논거를 펴는 한—그의 말을 흉내내어 말하고 쓰는 많은 정치가들과 문화비평가들은 이런저런 방식으로 그것을 이용했다—그의 분석이 20세기 문화와 사회의 핵심을 짚어냈다는 것을 부인할 수는 없을 것이다. 사람들이 신체적·물질적 안락 면에서 당연한 것으로 간주하게 된 거의 모든 것들은 점점 더 복잡해지고 강력해지는 과학과 기술의 부인할 수 없는 산물이었다. 의학 및 생물학 연구는 우리의 육체적 수명을 연장시켰을 뿐만 아니라, 이제는 유전자 조작을 통해 우리의 마음까지도 완벽하게 만들어줄 것을 약속하고 있다. 그러나 어떤 것을 당연하게 생각한 다는 것은 책임을 거부한다는 것을 함축하며, 과학과 관련해서는 우리 자신과 우리 지구에 대한 책임을 거부한다는 뜻이다. 냉장고와 에어로졸 같은 안락을 위한 고안물 속의 기본요소인 불화탄소의 배출은 이 행성의 생명 가능성을 보장해주는 오존층을 심하게 손상시켰을지도 모른다. 분자생물학의 진전과 유전자 암호의 해독은 아마도 많은 인간의 고통을 제거하는 데 기여할 것이다. 그러나 그것은 또한 장래의 생물에 해를 끼치거나, 인간으로 하여금 우선 자신을 적어도 육체적으로 '완전하게 만들고' 한 걸음 더 나아가 이러한 완전한 존재를 끝없이 복제하는 것을 허용할지도 모른다. 이러한 가능성은 1990년대의 동물복제 실험에 의해 분명히 입증되었다. 두 가지 경우에, 적어도 약간의 과학교육을 받은 전문가들만이 책임 있는 사회를 유지하는 공공토론에 참여하든가, 그것에 약간의 영향을 미칠 수 있을 것이다. 인류문화의 장래가 어떠할지, 즉 우리가 무엇을 그러한 문화의 본질적 인간성으로 보게 되었는지에 관한 토론, 과학자들 자신뿐만 아니라 과학자들의 연구에 재정지원을 해주고 따라서 적어도 부분적으로 그들의 연구를 통제하는 마찬가지로 중요한 사람들, 즉 관료들과 정치가들과의 토론말이다. 왜냐하면 과학이 계속 돌아가도록 어마어마한 공공자금을 마련하고 할당하는 것은 바로 이들이기 때문이다.

    그러나 유럽에서는 20세기의 마지막 몇 십 년에 약 백만 명이 실제로 과학연구와 실험적 개발에 참여하고 있었는데[6], 약 7억의 전체 인구 가운데 과학자 집단 외부인으로서 심지어 이러한 연구가 어떤 기본방향에 따라 진행되는지조차 이해하는 사람은 거의 없었다. 따라서 도덕적으로나 다른 방식으로나 사회의 발전에 관심을 가지고 있는 평균적인 교육을 받은 개인들은 사회의 가장 창조적인 문화영역이자 가장 강력한 도구 가운데 하나인 과학에 대한 이해를 상실하고 말았다. 이러한 기본방향에 대한 관심을 의식적으로 거부하는 한, 우리는 과학 종사자들로 하여금 인문학의 전통이 동일한 사회 속에 계속 스며들어야 한다는 가치의 타당성을 따져보도록 만들 수 없다. 우리는 과학의 기본원리들로부터 점점 등을 돌리고 그저 그 열매를 따먹는 대신에, 과학에 의해 지배되는 문명의 바람직한 진로에 대한 토론에 참여해야 한다. 과학을 문화적 유산의 핵심적인 부분으로 받아들이되, 이와 함께 적어도 과학적 사고의 기본원리만큼은 습득해야 하는 책임을 져야 한다. 우리는 괴테의 『마법사의 제자 Der Zauberlehrling』(1797)를 바탕으로 한 파울 두카스의 음악극에 나오는 마법사의 제자가 되어서는 안 된다. 이 제자는 스승으로부터 배우기를 거부했기 때문에 자신이 발휘한 힘을 통제할 수 없게 된다.

'궁극적 입자'에 대한 지속적인 탐색에서 볼 수 있듯이, 사실 일반인들이 과학의 세계 속으로 들어간다는 것은 결코 쉬운 일이 아니다. 1960년대에 이러한 탐색은 '쿼크(quarks)'의 확산을 낳았고, 그 후 중성자의 확산으로 이어졌다. 이것들은 '보이지'는 않지만 그 영향력에 의해 적어도 많은 물리학자들에는 입증된 입자들이다. '쿼크'라는 이름이 제임스 조이스의 수수께끼와 같은 소설 가운데 하나인 『피네건의 밤샘 Finnegans Wake』(1939)에서 따왔다는 사실에 이 입자들의 신비함 자체가 반영되어 있다. 물론, 20세기의 과학자들 자신도 혼란과 모순에 부닥쳐 모든 모순을 화해시키거나 심지어 해소시킬 수 있는 단일 모델로 자연의 총체성을 설명할 수 있는 새로운 방안을 찾아내려고 끊임없이 노력해왔다. 아인슈타인은 전자기와 중력을 연결시키기 위한 '통일장(統一場) 이론'을 만들었다. 보어는 다양한 지각과 이해의 방식은 상호배타적일 필요가 없으며, 실제로 어떤 식으로든 궁극적인 이해, 각종 과학의 새로운 통일에 기여할 것이라고 주장하는 상호보완론을 제시함으로써 그러한 일을 하려고 시도했다. 이것은 그가 결코 물리학의 정전(正典)이 아닌, 미국 철학자 윌리엄 제임스의 『심리학의 원리 Principles of Psychology』(1890)를 읽은 경험에 부분적인 바탕을 두고 도달한 결론임을 깨닫는다면 더욱 더 매혹적인 견해임이 드러난다. 그렇다면 보어는 이미 인문학과 과학 사이의 간격을 메우려고 시도하고 있었다는 얘기가 된다.[7]

보어와 아인슈타인 같은 사람들의 노력은, 비록 언제나 제대로 이해되지도 않았고 후대의 과학자들에 의해 받아들여지지도 않았지만, 아무리 열심히 탐구해도 여전히 신비로 남아 있는 자연에 마주선 한 창조적 인간의 근본적인 열망을 드러내는 것 같다. 실제로 그러한 노력들은 물질세계와 정신세계를 시험하고 화해시키며 모든 생명 현시(顯示)의 기본구조를 발견하려고 했던 19세기 초 독일 자연철학파 물리학자들의 정서적 필요를 다소간 반영하고 있다. 이러한 탐색은 계속되어 일련의 '해결책들'이 나타났으나, 그것들은 여전히 논란의 대상이 되고 있다. 한편, 서로 양극단을 이루는 것처럼 보이는 두 개의 과학영역에서의 논의들은 인간이 아직도 궁극적인 해답으로부터 얼마나 멀리 떨어져 있는지를 보여준다.

뇌 연구는 비록 20세기 말에 커다란 진전을 이룩했지만, 인간의 뇌가 실제로 어떠한지에 관해서는 전혀 합의가 이루어지지 않고 있다.[8] 그 결과 과학자들은 인간의 본질이 무엇인가 하는 문제를 둘러싸고 논란을 거듭해왔다. 몇몇 학자들은 뇌가 비계산적인 직관의 능력을 가지고 있으므로, 지금까지 알려지지 않은 특별한 유형의 물리학이 개발될 경우에만 이해될 수 있을 것이라고 주장했다. 다른 학자들은 뇌의 기능이 우리의 뇌세포의 진동에서 나올 뿐이라고 설명했다. 그러나 뇌의 연구는 정신적 인간의 본질을 궁극적으로 규명하지는 못하기 때문에 뇌를 이해하는 것이 인간을 더 잘 이해하도록 하는 것은 아니라고 말한 노벨상 수상자 존 에클스와 같은 많은 물리학자들도 있다. 이러한 견해는 분명히 고대 그리스인들과 데카르트, 라 메트리 등 유럽역사상 수많은 사람들의 정신-육체론을 되풀이하고 있다.

뇌의 미세한 신경세포 문제를 떠나 우주의 기원 문제를 살펴보면, 1960년대에 처음 등장한 이른바 빅뱅 이론은 우주 전체가 약 150억 년 전 한 점에서, 즉 수학적 단수로부터 시작되었다고 주장한다. 이같은 개념은 1980년대에 뜻밖에도 영국의 천체물리학자 스티븐 호킹(1942-)에 의해 일종의 과학적 히트로 되었다. 그러나 시공간을 꿰뚫는 흥미진진한 조망에도 불구하고, 이러한 이론들은 인간이 우주에 관한 사고를 처음 형성한 이래 품어온 단순한 의문, 즉 그렇다면 은하계들과 그리고 궁극적으로 생명과 인류의 기원인 우주의 씨앗은 무엇인가 하는 문제에 대한 가장 초보적인 해답조차 제시하지 못했다.[9]

한편, 과학기술계의 발전들은 유럽이 더 이상 세계 유일의 지도자도 아니고, 세계의 가장 창조적이고 생산적인 지역도 아니라는 것을 보여주었다. 사실, 20세기 전반기의 가장 영향력 있고 놀라운 발견들은 유럽에서 이루어졌으나, 2차 세계대전 이후 무게중심은 미국으로 옮겨갔다. 그 이유는 1930년대에 독일의 가장 창조적이고 생산적인 인재들이 대거 대서양 건너편으로 옮겨가지 않으면 안 되었던 데도 있었다. 물론, 다른 인재들은 나치를 위해 일한 다음, 계속해서 종전의 연합국들을 위해 일했지만 말이다.

그러나 과학과 기술이 점차 인류와 세계의 진로를 결정하기 때문에, 각종 과학과 세계 사이의 상호작용에서 어떤 가치들을 수호하고 그러한 가치들을 살기 좋은 현실로 바꾸려고 노력하는 유럽은 여전히 선의의 힘이 될 수 있을 것이다.

2차 세계대전 이후 : 해체와 재건

2차 세계대전의 승자와 패자는 다 같이 숱한 난제에 직면했다. 파괴 후의 경제재건은 필수적이었다. 그러나 도덕적 재건도 이에 못지않게 중요했다. 독일은 또 한 번의 패전뿐만 아니라 나치즘과 유태인 대학살을 낳은 악몽같은 치욕과도 화해를 해야 했다. 연합국들은 베르사유 협정과 그 이후의 사태가 되풀이되지 않도록, 심지어 독일이 유럽의 문명국들 사이에서 차지하고 있던 과거의 지위를 회복하도록 도와주어야 할 뿐만 아니라, 문명국들로 이루어진 유럽이 왜 전쟁을 막지 못했는지를 우선 스스로에게 물어보지 않을 수 없었다. 독일 점령자들과 협력한 사람들에 대한 마녀사냥이 가장 손쉬운 출구였으나, 사람들은 곧 다른 사람들의 잘못을 손가락질하는 것은 너무 안이한 대책임을 깨달았다. 이것은 유럽 문화와 유럽사회 내부의, 즉 유럽인 내부의 어떤 구조적 갈등이 모든 사람들이 다 같이 기본적인 것으로 간주하리라고 여겼던 가치들을 이처럼 — 잠시? — 상실하는 결과를 낳았는가 하는 문제에 대해 아무런 해답도 제공하지 못할 것이 분명했기 때문이다.

2차 세계대전의 또 다른 영향은 유럽이 지리적으로 동·서로 분단된 것이었다. 1917년의 볼셰비키 혁명으로 짜르제국이 무너진 이후 강성해진 소련은 양차 대전 사이에 국력을 강화하여 2차 세계대전에서 절정에 도달했다. 소련군은 동유럽과 중부유럽의 광대한 지역을 휩쓸었고, 제3 제국과 결탁하거나 노골적으로 제3제국에 팔려간 일부 정권을 포함하여 기존의 정권들을 뒤집어엎었다. 1945년까지 소련은 그곳에 확고한 참호를 구축했고 러시아 심장부와 서유럽 사이에 완충지대 역할을 하는 일련의 위성국가를 만들었다.

끝으로, 그러나 가장 중요한 사실로서, 2차 세계대전은 탈식민지화 과정을 촉진함으로써 식민지들을 — 그 중 일부는 300여 년 동안 — 소유했던 서구의 주요 국가들은 더 이상 세계를 지배하지 않는다는 사실에 직면하지 않으면 안 되었다. 이러한 과정은 미국이 전 세계적인 강대국으로 부상함에 따른 세계정치의 뚜렷한 변화에 의해 강화되었다. 이와 함께 경제, 문화, 그리고 특히 과학분야에서 미국의 우위는 점점 확실해졌고, 프뢰벨의 예언은 결국 들어맞았다.

따라서 전쟁의 충격과 공산권과의 계속적인 갈등이라는 암울한 전망으로 인한 충격은 많은 서구인들로 하여금 그들의 미래에 대한 희망과 정책을 다시 한 번 재고하도록 유도했다. 핵무기가 인간에게 총체적 파괴력을 제공했으므로 공산권과의 갈등은 세계의 종말까지 초래할 수 있었다. 각 나라는 지금까지 오랫동안 그래왔던 것처럼, 분명히 비극적인 결과를 낳은 방식대로 자기 목적만을 위해 계속 싸워야 할까? 아니면, 이제 적어도 경제·군사 정책 분야에서라도 협력이 필요하지 않을까? 유럽이 살아남기를 원한다면, 이것이야말로 전후 세계의 도전에 대한 보다 현명한 대응책이 아닐까?

국수주의와 민족주의의 부활이라는 항존하는 위험을 피하는 동시에 유럽이 하나의 공동체라는 의식을 촉진시키고 볼셰비즘에 대한 보루를 구축하기 위해서는, 비공산권 유럽국가들 사이의 공식적인 경제적·정치군사적 협력정책이 최선의 해결책인 것처럼 보였다. 따라서 서유럽은 과거 수세기 동안 구상되었던 숱한 계획들을 참고하면서 서서히 공동체를 형성하는 작업을 시작했다.[10]

그러나 19세기와 20세기 초에 국민(민족)국가로 가장 강력하게 표현된 바 있는 과거의 민족주의적 사고방식을 뿌리 뽑는 것이 쉽지는 않았다. 이것은 교육과 끊임 없는 선전에 의해 흔히 각 시민들의 마음 속에 지나치게 단순화된 일련의 가치로서 뿌리내리고 있었다. 2차 세계대전중 지식인들과 정치인들의 숱한 탐색의 결과로, 전후에 대담하고도 장기적인 형태의 다양한 경제협력이 서서히 실현되었다. 이것은 유럽 석탄·철강 공동체를 낳은 1952년의 슈만 계획을 시작으로, 1957년에는 유럽 경제공동체를 형성한 로마조약으로 귀결되었다. 그러나 새로운 이데올로기도 요구되었다. 그 전망이 아무리 예언적이라 해도, 새로운 유럽 문화의 개념을 제시하려고 시도하는 '유럽의 천사들', 즉 전후 유럽의 이념 창시자들은 아직도 그들의 과거에 너무도 많이 얽매여 있었다.

위기의 시대에 콘라트 아데나워와 알치데 데 가스페리, 장 모네, 로베르 슈만, 폴 앙리 스파크 등 지식인들과 적어도 학식 있는 정치인들은, 많은 선배들처럼 적어도 정치적·수사적 도구로 기능할 수 있는 이상을 공식화하려고 시도했다. 그들 대부분이 로마 가톨릭 교회의 신자들이었고, 고전적 전통과 기독교 사상이 유럽문명의 규범을 이루는 기둥이 되었던 지리적·문화적 틀로서의 (서)유럽을 목표로 삼은 것은 아마 우연이 아니었을 것이다. 실제로 아데나워와 스파크와 슈만은 흔히 독일어로 대화를 나누곤 했다. 심지어 노발리스 같은 사람의 정신에 해당하는 것이 그들 가운데 아직도 존재했다고 말할 수 있을지도 모른다. 그러나 한때 이러한 유럽의 꿈의 핵심과 표현을 형성했던 가치들과 제도들은 그들의 시대에도 이미 전처럼 자명하지는 않았다. 특히 교회는 1950년대 이후 영향력을 상실하고 있었다.

그러나 1945년 이후의 몇 년 동안, 정치인들과 역사학자들은 유럽의 과거, 유럽의 성취가 2천여 년의 과정을 거쳐 진화해온 것으로 간주하고, 그렇게 제시하기 위해 온갖 수사를 다 동원함으로써, 현재와 미래에 대한 일반대중의 기대가 본질적으로 그러한 과거를 바탕으로 하고 있는 것처럼 보이도록 만들었다. 물론, 이것은 힘겨운 과업임이 입증되었다. 왜냐하면 '브뤼셀'을 축으로 하는 중앙집중화의 불이익이 많은 사람들에게는 이익보다 큰 것처럼 느껴졌고, 이익은 너무도 빨리 잊혀졌기 때문이다. 사실, 아직까지 유럽의 정체성에 관한 분명한 개념이 사실상 존재하지 않았음에도 불구하고, 점점 더 많은 사람들이 '유럽적 이상의 위험'으로 경험한 것에 대항하여 행동하지 않을 수 없다고 느꼈다. 그들에게는 유럽적 이상이 국민국가는 물론이고, 설상가상으로 그 문화적 정체성까지 피괴하려고 위협하는 것처럼 보였다. 분명히 우리는 그러한 두려움과 혐의가 정당한 것인지를 물어야 한다.

2차 세계대전 후 '유럽의 꿈'의 터전을 닦은 사람들의 조치들을 살펴보면, 처음에 그들이 주로 전후 유럽의 폐허 위에서 자기 나라를 재건하는 데 주력했다는 인상을 피할 수 없다. 경제적·전략적인 핵심영역인 석탄과 철강에서 시작된 협력은 주로 그들 자신의 재건을 위한 경제적 조건을 창출하는 데 필요했다.[11] 이데올로기적 이유나 경제적 이유 때문에 또다시 파괴적인 전쟁이 일어나는 것을 막기 위해서는 이러한 재건이 필수적이었다. 그러나 그 이후 '공동체'의 힘이 서서히 커지면서, 유럽공동체 회의론자들의 국민국가 방어는 전보다 더욱 거세졌다.

정확하게, 유럽 '공동체'와 유럽 '연합'이란 무엇인가? 수십 년 간 성장한 그것은, 신·구 자본가들을 위해 경제적·사회적·정치적 생활을 규제하면서 지나치게 봉급을 많이 받는 관료들을 거느린 대규모의, 일종의 카프카적이고 궁극적으로 자족적인 관료체제인가? 흔히 매스컴에 의해 제시되고 많은 유럽인들이 받아들인 이미지는 이런 것이었다. 아니면 '통일' 유럽과, 때로는 불합리하고 흔히 값비싼 결과들을, 물질적·도덕적으로 파괴적인 20세기의 두 차례 전쟁이 적어도 유럽 '연합'의 영토 안에서는 다시 일어나지 않으리라는 희망에 대한 대가로서 기꺼이 받아들여야 하는가? 우리는 또한 '브뤼셀'의 지도하에 추구한 경제정책의 덕분으로, 수십 년 간 사실상의 독재국가였던 스페인과 포르투갈 같은 나라들이 1960, 70년대에 보다 민주적이고 개방된 사회로 될 수 있었다는 것을 깨닫지 않으면 안 되는가? 1930년대의 보호주의 정책에 뒤이은 자유무역 정신은 적어도 이들 국가들을 나머지 유럽국가들로부터 경제적·문화적으로 보호해주던 관세장벽을 철폐하는 데 도움이 되었다. 경제적 자유가 신장되고 관광객이 들어오면서 서서히 의사소통이 이루어지고 정신적 자유가 신장되었으며, 이것이 마침내 두 나라 독재정권의 붕괴에 크게 기여했던 것이다.

그렇지만 1970년대 초 이래 또 다른 중요한 질문이 계속해서 제기되었다. 각 회원국과 시민들은 일이 비교적 순조롭게 진행될 경우에만 공동체의 비용을 지불하기를 원하고, 그들 자신의 경제가 '공동체'의 회원이거나 회원이 되기를 갈망하는 나라들의 보다 시원찮은 경제적 성과와 뒤섞일 경우에는 그 비용이 너무 많다고 생각할 것이 아닌가? 아니면 공동체의 경제가 계속해서 비회원국들에게 지극히 매력적으로 보일 것인가?

한편, 대부분의 옵서버들이 보기에는 당분간 공동체 차원의 노력은 시민들의 유럽보다는 관료적 엘리트들의 유럽을 낳을 것이 분명하다. (우연히도 마찬가지로 비용이 많이 드는) 유럽의회가 분명히 보여주듯이, 관료주의와 민주주의는 유럽적 제도들의 발전과정에서 나란히 발전해오지 않았다. 이러한 상황이 많은 '유럽인들' 사이에서 야기시키는 부정적인 감정들에 대해 오직 실천을 통해 반격을 가하는 것이 미래의 숱한 도전 가운데 하나일 것이다. 그럼에도 '유럽'은 경제, 사회, 정치, 문화적으로 제 갈 길을 가고 있다. 보다 심층적인 통합에 도달하려는 시도들에 대해 회의를 표명하는 사람들은 국가의 주권을 구성하고 있다고 여겨지는 요소들을 방어함으로써 아마 퇴각전을 치르고 있는지도 모른다.

결국 지난 몇 세기 동안 국가의 근본적인 존재이유(raison d'être)는 민중(res publica)에게 봉사하는 것, 즉 국가 백성들의 복리를 증진하는 것이 아니었는가? 그렇다면, 비록 그 결과는 분명히 아직 그 의도 및 약속과 완전히 일치하지 않고, 그 성과는 아직 평가하기 힘들지만, 이러한 일들을 보살피는 것이 상당 정도 '유럽연합'에 맡겨진 것이다. 반면에, 국가의 주권을 일부 포기함으로써 유럽국가들은 지난 수십 년 동안 다른 방식으로 가능했었을 것보다 훨씬 더 많은 실질적인 독립을 유지할 수 있었다고 주장하는 사람들도 있다.[12]

또한, 우리는 국민국가를 어떤 조건하에서도 '브뤼셀'에 의해 파괴되어서는 안 되는 손댈 수 없는 이상으로서 지지하는 데 신중해야 한다. 국민국가는 수세기의 역사를 가진 것이 아니라 상당히 최근에 건설된 것이며, 결국 '만들어진 전통'이다.[13] 많은 경우 국민국가는 생각했던 것처럼 그렇게 강력하지 않았고, 그 뒤에는 그보다 훨씬 오래된 주로 지역적인 문화적 정체성이라는 개념이 숨어 있는 것처럼 보인다는 사실에 주목해야 한다. 여기서도 역시, 누군가는 새로운 유럽이 제공하는 안보가 많은 국가들로 하여금 그들의 국가구조 안에서 다양한 문화의 지역적 독립을 위해 더 많은 조처를 취할 수 있게 해준다고 주장할지도 모른다. 독일에서는 전후 국가의 건설 초기부터 지역의 중요성을, 물론 문화의 영역에서도 인정했었다. 영국 안에서 스코틀랜드가 그러한 것처럼, 스페인에서는 무엇보다도 카탈로니아가 지역 문화의 지속적인 힘을 보여주는 성공사례로 꼽힌다. 실제로, 1997년의 투표결과는 적어도 부분적으로 근 200년 전에 성립된 국가구조를 철폐하고, 공식적으로 독립적인 문화와 정치조직으로 인정받고자 하는 스코틀랜드 지방의 소망을 보여주었다.

대부분의 경우, 아무리 과거의 현실을 뛰어넘어 부활되고 심지어 완전히 날조되었다 해도, 과거를 공유하고 있다는 생각이 때로는 종교, 특히 언어와 함께 지역적 정체성의 강력한 근거인 것처럼 보인다.[14] 이러한 보다 오랜 뿌리들은, 적어도 문화적 의미에서는 오직 건강한 '지역주의'만이 풍성한 '보편주의'에 이를 수 있다는 논거 때문에서라도, 소중히 간직되어야 한다는 것은 사실일 것이다.

유럽통합의 이상을 마지막 한계까지 밀어붙이고 있는 사람들의 공세는, 물론 많은 나라들에서 부인할 수 없는 모든 실제적·이데올로기적 목표에도 불구하고 아직은 꿈에 불과한 유럽의 개념보다 더 오랫동안, 그리고 더 근원적으로 인간에게 영향을 주고, 심지어 인간을 형성해온 보다 구체적인 구조들의 아직도 완강한 장벽에 부닥쳐 좌절되고 있는 것처럼 보인다. 한편, 여전히 '기독교 시대'라고 불리는 두 번째 천 년이 세 번째 천 년으로 바뀌고 있는데도, 유럽 문화의 본질과 특성에 관한 정치적·문화적으로 확실한, 만족할 만한 정의는 아직 제시되지 않고 있다.

차라리 간단한 유럽 문화의 개념이 아예 주어지지 않는 편이 나을지도 모른다. 왜냐하면 결국 그러한 개념들은 대중을 선동하기 위해 너무도 쉽게 조작될 수 있는 커다란 위험, 즉 흔히 문화적 기준과 특성에 근거를 둔 민족적 정체성이나 종교적 정체성을 보다 극단적으로 방어함으로써 야기되는 위험을 내포하고 있기 때문이다.

1950년대 이후 자기 고유의 정체성에 대한 유럽의 추구라는 맥락에서,

미국과의 관계는 다시 한 번 쟁점이 되었다. 네덜란드의 요한 호이징아 같은 비판자들과 다른 유럽국가들의 비슷한 비평가들의 목소리가 지식인층에서 아무리 힘을 발휘했다 해도, 수십 년 동안 대중언론은 계속해서 신세계의 성공담을 큰 소리로 떠들어댔다. 새로운 매체인 영화는 미국적 형식으로 1차세계대전 이후에 유럽시장을 지배했다. 왜냐하면 유럽의 토착 제작사는 거의 도산함으로써 신문들이 주장하는 진리를 강조하는 것처럼 보였기 때문이다. 즉 '속일 수 없는' 영상으로 할리우드의 꿈의 제조공장은 의기양양하게 욕망의 세계가 소비에서 성에 이르기까지 모든 분야에서 실현되는 것을 보여주었기 때문이다.

다음으로, 서유럽이 파시스트 독재로부터 해방되는 데 미국이 결정적 역할을 함으로써 유럽인들 사이에서 미국의 인기는 크게 높아졌다. 그러나 미국과 유럽 관계의 상반된 감정은 사라지지 않았다.15) 문화 엘리트를 자처하는 소수집단은 소비재와 영화, 그리고 후에는 텔레비전 속에 포함된 메시지의 형태로 신세계에서 건너온 영혼 없는 물질주의를 이유로 구세계의 도덕적·문화적 위험에 대해 계속 경고했다. 그럼에도 대중은 자칭 문화계 지도자들의 온갖 훈시에도 불구하고 대체로 신세계가 제공하는 모든 것을 계속해서 즐겼다.

1960, 70년대에 영화, 패션, 음악에서 상업적으로 표현된 미국 문화가 유럽시장에 대한 확고한 지배권을 장악하면서, 선동이 고조되고 많은 사람들이 간편하고 수사적으로 효과적인 유럽의 개념을 촉구했다. 특히 프랑스인들은 자기 고유의 민족적·문화적 자부심에도 불구하고 유럽문명을 수호하기 위해 모든 사람들의 지지가 필요하다고 선언하면서, 유럽적 가치와 전통의 기치를 내걸고 이러한 싸움에 나섰다.16) 그러나 그러한 운동은 좀 기묘한 것이었다. 이들 유럽 수호자들이 지키려고 한 시장은 1947년의 마셜계획에 힘입어 존재하는 것이었고, 미국이 바로 20여 년 전에 이기심과 이타심이 함께 발동해 유럽경제의 부흥을 위해 쏟아부은 막대한 재정지원에 의

해 부활하고 확대된 것이었기 때문이다.

　이러한 문화적 반미주의의 장점과 타당성에 대한 각자의 견해가 어떻든, '미국의 영향력'이라는 조류는 막을 수 없는 것처럼 보인다. 콜럼버스가 인디언들을 이상적 인간으로 묘사하고 그렇게 함으로써 그의 일기를 읽은 유럽 독자들에게 하느님이 가진 인간의 이미지와 닮은 신체적 완벽함의 모습을 제공한 것처럼, 1920년대 이후의 할리우드 영화와 50년대 이후의 광고, 60년대 이후의 바비 인형, 80년대 이후의 비디오 테이프들은 그보다 훨씬 더 강력한 인간의 모습을 많은 유럽인들에게 보여주었다. 이것은 유럽인의 자의식에 불가항력적인 영향을 미침으로써, 극단적인 경우 거식증이나 몸속에 플라스틱을 집어넣는 수술까지 불사하는 결과를 낳기도 했다.

　이전 세기에 그랬던 것처럼 유럽은—비록 때로는 유럽식으로 번안하고 지금도 번안하고 있지만—미국식 식생활과 기타 패션들을, 아니 돈으로 살 수 있는 모든 것을 채택했고, 또 채택하고 있다. 유럽은 또한 시각예술과 문학, 음악, 영화, 텔레비전에 의해 유포되거나 자극을 받은 미국식 개념들을 채택하고 번안한다. 따라서 500년간의 유럽공동체의 역사는 단지 유럽·미국 관계를 강화시킨 것처럼 보인다. 유럽식 식단 같은 문화의 기본영역은 물론이고—감자와 코코아에서 햄버거와 코카콜라로의 변화—인간과 세계를 보는 보다 복잡한 방식까지 콜럼버스 이래 수세기 동안에 변화해왔다. 유럽의 미술과 건축, 문학과 음악을 채우고 있는 유럽의 꿈과 그것의 이미지 표현은 아직도 깊숙히 미국의 영향을 받고 있다. 아메리카의 발견 이후 유럽 문화는 그 존재를 드러내왔다. 미국의 경제적·정치적·문화적 영향, 즉 1492년에 시작된 상호작용과 통합의 과정을 고려하지 않고서는 현재의 유럽이 어떠하고, 현재의 유럽인들이 어떠한지는 대체로 파악할 수 없다.

　사람들은 유럽이 유해하다고 생각되는 다른 문화의 영향에 대해 잘 정의된 문화적 공세를 펼 수 있기 위해 유럽적 정체성에 관한 명확한 정의를 요구해왔다는 사실은, 여기서도 외부세계에 폐쇄적인 문화는 퇴화하고 만다는 식의 정의에 대항하는 가장 강력한 논거인 것처럼 보인다. 그렇지만 많은 사람들은 여전히 유럽의 특별한 가치가 무엇인지에 관한 만족할 만한 정의를 찾고 있다. 그들 가운데는 분명 유럽공동체의 이상을 지지하고 점점 더 그것을 필요로 하는 정치인과 정책 수립자들이 포함되어 있다. 왜냐하면 이들의 의제에는 1970년대 이후에 주로 실현된 경제적·군사적 협력 외에도 이제 정치적 협력이라는 새로운 항목도 포함되어 있기 때문이다. 그러나 이 문제를 열심히 논의하는 사람 가운데는 직업상 유럽의 제도에 얽매이지 않은 ― 적어도 공공연히 그러하지는 않은 ― 많은 지식인도 포함되어 있다.[17]

유럽 문화를 종교적인 기초 위에 세운다는 것은 대체로 비정상적인 방안이 되어버린 것처럼 보이므로, 많은 사람들은 이른바 유럽 문화의 핵심에 대한 보다 세속적인 규정이 필요하다는 의견을 가지고 있다. 이러한 규정을 만들기 위한 자료를 찾아내기 위해, 우리는 20세기 중반 이후 발전한 문화로 돌아가지 않으면 안 된다.

오늘날 유럽 문화와 그 바탕을 이루는 구조 및 가정(假定)들의 구현을 분석하기 위해서는 더 이상 일방적인 개인적 증언들, 다시 말해 우리로 하여금 비교적 머나먼 과거를 재구성하도록 도와주는 증언들에만 의존해서는 안 된다. 비록 그러한 증언들이 아무리 힘겹게 수집된 것이고, 그 자료들이 아무리 의미심장하고 소중한 것이라 할지라도. 사회과학과 그 연구방법의 진보, 그리고 통신과 자료수집 및 자료처리 체제의 개선은 대규모 조사의 가능성을 열어놓음으로써 국경이나 대륙의 경계를 넘어서서 사람들의 실천과 사상을 대상으로 한 광범한 조사를 가능케 한다. 결정적이지만 피할 수 없는 약점은 이야기를 말하는 것, 즉 역사에 있어 개인적 경험은 익명의 범주 뒤로 사라져버리고 심지어는 단순히 숫자로 축소되는 일이 적지 않다는 것이다.

1980년과 90년 사이에 유럽과 북미에서 실시된 이른바 '유럽적 가치 연구'라는 조사는 ― 이 대서양 양안 지역이 사실상 문화적 연속성을 이루고 있다는 가정을 바탕으로 ― 20세기 말의 문화를 분석하기 위한 매력적인 자료를 제공했다. 물론, 무작위 표집대상(랜덤 샘플)을 바탕으로 한 이러한 범세계적 조사의 결과와 해석을 다룰 때는 당연히 신중을 기해야 할 것이다.[18]

시간 대 돈의 문화

19세기 말에 대중시장이 출현하고 뒤이어 상품의 민주화가 이루어지면서 문화적 성과에 대한 회의가 보다 두드러지게 나타났다. 지식인들은 자본주의와 민주주의가 다 같이 명확하고 제한된 수단을 바탕으로 한 이성적이고 개화된 사회를 창출하기보다는, 풍토병적 과잉생산과 모방기회의 확대를 낳았다는 사실에 주목했다. 또한 그들은 조악한 취향으로 '고급' 문화를 진흙탕에 집어넣는 군중에 의해 추구되는 경쟁과 획일주의의 위험을 보았다.

그럼에도 제시된 해결책은 비록 그 표현어구는 달랐지만, 한 세기 전에 나온 것과 대동소이했다.[19] 1880년대에 폴 라파르그는 일할 권리란 물질에 대한 의존과 낭비의 증가를 가져오는 그릇된 고정관념이라고 비난했다. 사회학의 창시자 가운데 하나인 에밀 뒤르켐은 일종의 사치의 사회적 통제를 요청하면서, 개인의 경우에는 모범적인 금욕주의가, 대다수 국민 사이에서는 '사회적' 종교가 발생할 것을 희망했다.[20]

20세기 초에 이르러 대량생산 기술이 무한정의 상품을 약속하고 생산해냈다. 평균 구매력이 처음에는 미국에서, 다음에는 유럽에서 급격히 증가했다. 경제성장과 증가된 생산이 여가시간과 '대중 여가사회'를 가져올 것이라고 믿었다. 곧 어떻게 여가를 민주화할 것인가 하는 문제를 둘러싼 토론이 뒤따랐지만, 이 문제에 대해 대다수의 민중 자신보다 더 우려한 것은 진보·좌파 지식인들이었다는 점을 인정해야 한다.[21] 특히 1920, 30년대에 지식인과 교육자, 사회사업가들에 의해 선의의 실험이 시행되었다. 이러한 실험들은 도시적인 익명의 대량생산 사회 속에서 사회적·문화적으로 실종된 것으로 간주된 사람들을, 문화 동아리와 체육 동아리의 강요된 자유시간에 의해 재통합하려는 것이었다. 그러나 대부분의 자본가들은 늘어난 여가시간이 그들이 원하는 대로 생산량을 늘일 수 없게 한다는 이유로 강력히 반대한 반면, 노동자들은 취업안정과 임금안정에 더 많은 관심을 가지고 있었다.[22]

대체로 낙관론자들, 즉 아무리 경험에 근거를 두었다 해도 그들의 연구에 지극히 이상론적인 사상을 가미한 경제이론가들과 사회이론가들이 득세했다. 1890년 파리에서 『모방의 법칙 *The Laws of Imitation*』을 발간한 프랑스의 사회학자 외젠 타르드는, 도시화된 대중이 창조적 계급의 모범을 모방함으로써 대량 상품사회가 나타난다는 것을 인정하면서도, 결국은 그러한 추세가 역전되어 대중이—대부분의 유럽국가들이 도입한 강제적인 초등교육제도에 의해 교육받아—소비상품과 정신상품 사이에서 차별적으로 행동하는 개화된 민주주의가 나타날 것을 희망했다. 수십 년 후 영국의 경제학자 존 메이나드 케인스는 절대적 필요가 충족된 후에 사람들은 그들의 나머지 힘을 비경제적 목적에 바칠 것이며, 그들의 여가를 '삶의 예술 그 자체'로 채울 것이라고 침울하게 가정했다.[23]

한편, 1930년대의 대공황과 2차 세계대전은 대부분의 미국인과 유럽인들에게 물질적 만족에 대한 갈망을 남겼다.[24] 전쟁이 끝나자 여자들은 공장과 사무실로부터 가정으로 돌아왔고, 이제는 대부분 전통적인 두 가지 역할, 즉 가사를 담당하고 가계수입의 소비를 결정하는 역할을 떠맡았다. 전쟁 직후에 주목받던 노동시간 단축과 여가계획에 관한 아이디어들이 곧 케케묵은 것으로 여겨졌다. 완전고용과 무한정한 소비의 비전을 대부분의 사람들이—정치가들과 노동자들이 다 같이—실현하려고 소망했다. 대량생산과 고임금이라는 이상이 널리 받아들여졌다.

전례 없는 규모의 필요창출 조작이 곧 뒤따랐다.[25] 따라서 1945년 이후에는 '소비자 여론'이 지배하는 것처럼 보였다. 실제로 소비주의가 어디서나 박수갈채를 받았다. 생산증가에 발맞추어 — 그리고 시장원리에 따라 — 생활수준이 향상되면, 모든 사람이 유복한 중간소득 집단의 생활방식을 갈망하고 결국 이를 얻을 수 있다는 것이었다. 인기 있는 경제학자 로스토우가 예언한 것처럼, 미국과 유럽이 '경제성장의 최종단계'에 도달하면 사회계급이 사라진다는 것이었다.26) 유럽에서는 이른바 '미국식 모델'의 채택이 커다란 반대에 부딪치지 않았다. 프랑스의 정치가 장 자크 세르방-슈레베르는 그의 저서 『미국의 도전 Le Défi Americain』에서 자유를 소비자 선택과 동일한 것으로, 민주주의를 소비재에 대한 대중의 접근과 동일한 것으로 해석했다.27)

지식인들은 이러한 상황이 바람직한지에 대해 심사숙고했으나, 대개 정책결정에 영향을 미치는 데는 실패했다.28) 갈브레이스 같은 경제학자는 그의 유명한 저서 『풍요로운 사회 The Affluent Society』29)에서 무제한한 성장의 문화적·환경적·사회적 결과를 지적했고, 레이몽 아롱 역시 유명한 그의 저서 『진보의 환멸 Les Desillusions du Progrès』에서 우려를 표명했으나, 대부분의 서구인들은 — 미국인과 유럽인 모두 — 비교적 낙관적이었다.

1950년대 말에 처음에는 미국에서, 그리고 그 후 유럽에서 텔레비전이 그 영향력을 드러내기 시작했을 때, 사람들은 조금씩 우려를 표명하기 시작했다. 광고가 프로그램을 지배하기 시작하면서 이 새로운 매체는 곧 철저히 상업화되었다. 많은 사람들이 텔레비전 광고의 유혹에 넘어가 자유시간과 힘들게 번 돈을 점점 더 긴 시간의 쇼핑에 소비하기 시작하면서, 여가는 전례 없이 소비가 되어버렸다.30) 농담 반 진담 반의 '지쳐 쓰러질 때까지 쇼핑한다'는 말이 유행어가 되었다. 심지어 직접 광고 메시지를 내보내지 않을 때도, 텔레비전 화면은 가정세척제 산업이 후원하는 영화와 가정용 드라마(홈 드라마)를 통해 소비를 조장하는 생활방식들을 비쳤다. 이른바 '비누 오페라(soap opera)'라고 불리는 주부 대상의 주간 연속 멜로 드라마는 19세기에

중하층과 노동자들의 사랑을 받은 지극히 대중적인 멜로 드라마의 뒤를 잇는 장르였다. 영국에서는 텔레비전 수상기를 가진 가구가 1955년에서 59년 사이에 0에서 66%로 증가했고, 69년에는 90%로 증가했다. 이 시기에 이르러 사람들은 여가시간의 반을 텔레비전 화면 앞에서 보냈고, 이러한 상황은 지금도 변하지 않고 있다.31)

문화산업을 조종하려는 광고회사들의 노력은 획일적인 것으로 보이는 대중 문화를 낳았다. 대중 문화는 주로 중산층, 즉 1959년 밴스 패커드의 고전적인 연구에서 적절히 분석된 '신분상승 추구자'들의 필요에 의해 주도되었다.32)

관광과 그것의 문화적 의미는 대중 문화에 대한 적절한 사례를 제공한다. 거의 무한한 여가를 암시하는 즐거움을 위한 여행은, 비록 고급 문화의 소비에 의해 정당화되기는 했지만, 18세기 말까지만 해도 엘리트적 현상이었고, 그 절정은 남쪽으로의 '그랜드 투어'였다. 19세기에 접어들어 부와 수송의 증가로 그것은 유복한 부르주아에게도 가능하게 되었다. 이제는 웬만한 노동자들도 그곳에 갈 수 있었기 때문에, 부르주아들은 더 이상 산이나 바닷가에서 보내는 일주일에 만족하지 못했다. 물론 그들 역시 신분상승의 방안으로서 귀족들을 모방하려고 안간힘을 썼을 뿐만 아니라, 산업화되고 스트레스에 찌들어가는 세계로부터 탈출할 만한 여유도 가지게 되었다. 그래서 그들은 이제 남쪽 길로 몰려들었다. 토마스 쿠크 부자(父子)회사나 벨기에의 와곤 리트 국제회사 같은 혁신적인 기업들은 앞으로 개척하고 조종할 수 있는 시장이 무엇인지를 곧 깨달았다.

그러나 대부분의 사람들은 여전히 지중해의 여름 더위를 피해 비교적 온화한 가을과 겨울, 그리고 초봄에 여행했다. 남부 프랑스나 이탈리아에서 그들은 거대한 양산 밑에 숨어 얼굴을 보호했다. 대체로 그들은 전통적으로 하얀 피부가 부유한 지주와 가난뱅이 농부를 구분해주고, 따라서 이러한 남녀 모두의 아름다움의 표지를 통해 농촌 출신이면서 거무튀튀한 피부의 '현지인'들과의 차이를 강조하려고 했다. 그들은 현지인들의 전통 문화를 존중했으나, 그들의 오늘날의 생활방식은 민주적이고 산업화된 북서유럽 사회보다 훨씬 미개하고 낙후한 것으로 보았다. 그러나 20세기에 접어들어, 특히 자동차와 비행기의 등장으로 수송수단이 개선되고 수입이 증가하면서 장거리 여행이 대중에게도 가능해짐에 따라, 검게 탄 얼굴이 태양 속에서의 휴가를 뜻하게 되고 따라서 신분을 강조할 수 있는 가능성으로 나타났다. 물론, 상품판매 전략가들은 곧 검게 탄 얼굴이 건강이라는 논거를 개발해냈다. 문화적 상투형(스테레오 타입)의 힘은 대단한 것이어서 1980년대에 의학계에서 피부암의 발병률이 증가할 위험을 지적했음에도 불구하고, 대다수의 유럽 휴양객들은 지금도 여전히 태양이 내리쬐는 전 세계의 해변으로 몰려가서 얼굴을 검게 태우고 있다.

이미 1950년대에 비평가들은 진정으로 사회의 해방적인 힘이 될 수 있고 개인을 채워줄 수 있는 여가가 존재하는지에 대해 의심하기 시작했다. 왜냐하면 여가란 오히려 장시간의 돈벌이 시간에 의해 생기는 영속적인 긴장으로부터의 일시적인 해방에 불과한 것처럼 보이기 때문이다.

1960년대와 70년대 초에 보다 결정적인 반전이 시작되는 것처럼 보였다. 1930년대의 대공황을 겪고 이에 따라 물질적 소망을 형성했던 세대는 대부분 죽고, 이제는 유럽인구의 대부분이 소비주의의 세계 속에서 어린 시절을 보낸 사람들로 채워졌다. 그들 가운데서 일종의 '후기 물질주의' 운동이 태어났다. 모든 사람이 소비수요가 무한할 것이라는 장밋빛 전망을 공유하려고 하지는 않는다는 것을 광고업자들은 깨달았을 뿐만 아니라, 완전고용 경제라는 신성한 교리도 공격을 받게 되자, 보다 탄력적으로 노동시간과 여가시간을 사용하는 쪽으로 노동윤리를 재평가할 것을 제안했다.

이러한 상황은 다양하고 때로는 모순된 문화적 결과들을 가져왔다.[33] '풍요의 아이들'은 소비자의 요구를 내놓기 시작했고, 참여를 요구했다. 시장은 곧 구조적으로 자기 선배들의 비교적 전통적인 가치들에 반기를 드는,

점점 증가하는 젊은이들의 잠재력을 깨달았다. 게다가 현재의 문화 교육자들은 매슈 아놀드나 빌헬름 폰 훔볼트처럼 '헬레니즘' 문화와 '고급' 문화 개념을 가진, 고전적으로 훈련받은 인문주의자들이 아니었다. 그들은 오히려 갖가지 형태의 대중 문화, 즉 '하급' 문화에 점점 더 적응해갔다.

한편, 지식인들은 1920년대 초부터 해오던 것처럼, 노동자들을 일상과 스트레스로부터 해방시키는 더 많은 자유시간을 가진 사회에 대한 희망을 계속 떠들어댔다. 그러나 현재와 미래에 대한 지식인들의 분석은 모순된 것이었고 지금도 종종 그러한데, 어쨌든 지식인들의 이 같은 주장은 주로 성장의 이상을 계속해서 옹호하는 경제학자와 정치적 의사결정자 진영의 반대에 부닥쳤다.

또한 실질임금이 증가하면서 여가시간의 '비용'도 증가했다. 노동자들은 여가소비를 강화하는 추세였고, 캠핑이나 정원가꾸기 같은 시간이 많이 필요하지 않은 새로운 취미를 발견해냈다. 그러나 그런 취미생활을 하기 위해서는 소비재를 구입해야 했다. 사람들은 공동체와 자기표현을 동경할지 모르지만, 그들이 여가를 즐기고 서로 어울리는 과정에는 상품이 끼여들기 마련이다. 설문조사에 따르면, 1960년대 이후 대부분의 노동자들은 노동시간의 단축보다는 주 40시간 노동과 조기퇴직을 선호했다.[34] 물론, 경제적으로 더 많은 특권을 가진 집단들의 경우에는 여가시간에 대한 요구가 훨씬 더 높았지만 말이다.[35]

더 많은 여성이 노동시장에 진입하면서, 공공노동과 가사노동의 영역에서 남녀 사이의 보다 평등한 역할분담과 성 역할의 재규정이 가능한 것처럼 보였다. 업무분담도 역시 옹호되었다. 그러나 성의 재조정으로 인한 급진적 변화를 기대하는 것은 환상인 것처럼 보인다. 일부 이론가들과 사회적·정치적 행동주의자들은 여성들이 시간제 직업을 선택함으로써 노동과 여가 사이의 새로운 균형에 영향을 미칠지도 모른다는 희망을 피력했다. 그러나 주거와 교통, 오락의 비용이 증가하면서 맞벌이 가정의 여성 대부분은 주로 남성직업 중심적인 모델을 따르고 있다. 여성들은 능숙하게 또는 필사적으로 그들의 임금과 가사노동 시간을 조정하면서, 전통적인 가정의 영역 안에서의 혼란을 최소화하려고 노력한다. 다른 차원에서, ㅂ'상업적 여가는 아직도 성행하고 있는 것처럼 보인다. 1980년대에는 영국인의 약 40%가 스포츠에 참여했다. 자신이 직접 하는 활동 역시 급증하여 80%의 남성과 60%의 여성이 각양각색의 동아리에 소속되었다.36) 프랑스에서는 박물관 관람이나 미술전시회 관람 같은 좁은 의미의 문화활동이 급증하면서 동일한 현상이 나타났다.37) 네덜란드에서는 연극과 고전음악, 오페라의 관람객이 증가했다.38)

1980년대에 경제성장이 둔화되고—1920, 30년대처럼—그로 인한 사회적 여파가 상당했음에도 불구하고, 여가활동의 증가추세는 지속되는 것처럼 보였다. 다시 주당 노동시간—1970년까지 대부분의 유럽국가에서는 40시간에 도달했다—을 약 35시간으로 더 감축하라는 압력과, 그 결과로 경제파탄이 일어날 것이라는 경고가 팽팽히 맞섰다. 실제로 1990년대까지 많은 고용주들이 경기침체와 경쟁의 격화를 우려하는 한편, 상당수의 경제학자들은 주당 40시간 기준을 더 올릴 것을 주장하면서 정년을 낮추려는 정책을 종식시키기 위한 운동을 벌였다.

한편, 현실적인 위험은 도처에 도사리고 있는 것처럼 보였다. 1950년대 이후 서유럽의 많은 나라에서 '복지국가'가 실현되었다. 의료보험과 노령자 연금, 유급휴가와 무상교육을 실시하는 복지국가는, 가능한 한 인간의 고통을 제거할 뿐만 아니라 적어도 기회의 균등을 실현하려는, 시민사회의 민주주의적 의지와 경제적 번영 모두에 있어 하나의 기념비적 제도였다.

그러나 이것이 서유럽의 모든 나라에서 완전히 실현되기도 전인 1980년대 말에 이르러, '복지국가'는 공공자금으로 운영되는 높은 수준의 사회적 서비스를 유지할 수 없는 것처럼 보였다. 자신의 물질적 번영이 위협받고 있다고 생각하는, 점점 소비적으로 되어가는 사회는 이러한 이상을 받아들인 국가에 대한 지지를 축소하거나 철회까지 하려고 한다. 실업의 증가와 함께 직업과 수입, 그리고 이 두 가지를 제공하는 사회적 지위를 가진 사람들과, 보통 이상의 교육을 받았으나 직업이 없고 그 자식들도 직업이 없는 경우가 대부분인 사람들 사이에는 치명적일 수 있는 간격이 나타난다. 연구에 따르면, 미래의 전망이 어두운 이러한 집단들의 경우에 교육성취도가 떨어지고 범죄율이 증가하여 그 결과 강요된, 주로 사회조직에 속하지 않은 '여가'의 영역으로 빠지고 만다. 이것이 일하고 소비만 하는 윤리(work-and spend ethic)에 노예처럼 지속적으로 집착하는 것과 마찬가지로 분명 미래의 주요 문제이며, 완전고용자와 실업자 사이의 긴장을 더욱 고조시킬 것이 분명하다.

따라서 크게 보아 풍요는 유럽인들 대다수의 물질적 복리를 크게 향상시켰지만, 아직까지 많은 이상주의자들이 예견했던 것처럼 구조적인 사회적 조화를 이룩하지는 못한 것처럼 보인다.

오늘날의 문화가 많은 난관에 부닥친 가장 근원적인 이유는, 가족이나 이웃 같은 전통적인 일차 집단이 제공하던 안정은 사라진 반면 위계와 질서는 존속함으로써, 사람들이 개인적·집단적 확신을 밑받침해줄 '기호들(signs)'을 — 시간적 여가에서든 돈 쓰는 영역에서든 — 찾게 되었기 때문이다. 이러한 기호들이란 대량생산이 승리할 경우에만 살 수 있는 소비재인 경우가 많으므로, 시간은 돈으로 전락한다.[39] 경제성장은 여가시간을 해방시키는 것이 아니라, 풍요와 더불어 더 많이 더 열심히 일하도록 하는 동기를 만들어내며, 그것이 여가를 만들어내는 한, 특히 젊은이들 사이에서는 공공적 참여보다는 사적 쾌락에 빠지는 결과를 낳는다.

다수 대중의 경우, 자유시간과 소비는 주로 주말에 집중된 가계소비와 관광소비 — 즉, 휴가의 꿈 — 라는 두 영역 안에서 행복하게 조화를 이루고 있다. 선택의 자유와 여가의 민주주의는 다수 대중의 일상사에서는 결코 나타나지 않는, 지적이고 엘리트적인 개념인 것처럼 보인다. 또한, 비영리 문화집단들은 공공의 공간과 시간의 사용에 거의 영향을 미치지 못한다. 사업과 정치가 주로 여가서비스의 재정을 통제하는데, 그것들은 다소 보수적인 경향이 있어 '쾌락'을 안전한 무대로 유도하고 자유시간을 상품화함으로써 많은 사람들에게는 그것이 수동성과 공허함의 동의어로 되어버린다.

많은 비평가들에 의해 개인이나 집단 또는 사회의 문화적·사회적 몰락으로 여겨지는 사태를 막기 위한 다양한 유토피아적인 계획들이 제출되었는데, 이러한 계획들은 대개 무한경쟁적이고 조작된 소비에서 벗어나 비정치적·비시장적 가치를 형성할 것을 촉구하고 있다. 그러나 이러한 비판적 지식인들은 인도주의적 민중주의자라 할지라도, 경제적·사회적·문화적 필요를 구조적으로 재조정하고 노동과 여가 모두에서 대안적 형태의 개성과 공동체를 실현하기 위한 힘은 거의 가지고 있지 못하다. 따라서 앞으로 언젠가 유럽과 서구세계에는 시간 대 돈의 딜레마가 나타날 것이 분명하다.

'가장'에서 '월급쟁이'로 ─ 집단적 정체성에서 개인적 정체성으로

20세기에, 특히 1950년대 이후에 유럽의 면모를 근본적으로 바꿔놓은 사회적·경제적 혁명이 완성되었다.

2차 세계대전 이후 뚜렷해진 사회적·경제적 변화 가운데서 최초의 매혹적인 양상은 여성들이 '눈에 띄게 되었다'는 것이다.[40] 이른바 최초의 '여성주의 물결'인 19세기 말의 해방운동은 여성들에게 고등교육에 진입할 수 있는 권리를 부여했고, 1차 세계대전 후에는 대망의 선거권이 주어짐으로써 마침내 여성들은 시민으로 격상되었다. 그러나 여성들의 남성에 대한 경제적 의존도는 여전히 높았다. 물론, 20세기 초부터 몇 가지 직업이 여성화되었는데, 예컨대 비서직이나 점원, 전화교환원 등이었다. 그렇지만 가족들을 먹여살리기 위해 가장 천한 직업을 택해 임금노동에 종사하지 않을 수 없었던 대부분의 여성들은 대체로 저임금 하위직이었다. 반면에, 일하기를 원하는 여성들은 그들의 사회문화적·부르주아적 관행이 사실상 노동시장 진입을 금지했기 때문에 취업이 허용되지 않는 경우가 많았다.

1945년 이후, 자기 자녀들에게 보다 나은 교육을 시키기 위해 전보다 훨씬 많은 노동계급 출신의 여성들이 일하러 나섰다. 뿐만 아니라, 이제는 중산층 출신의 교육받은 여성들도, 이미 여유 있는 가계를 보태기 위해서가 아니라 자유와 자율, 그리고 평등에 대한 욕구 때문에 노동시장에 뛰어들었다. 각종 가정용품의 도입과 같은 물질적 변화가 여성들에게 직장을 가질 수 있는 실제적인 수단을 제공했다. 그러나 그보다 훨씬 중요한 것은, 교회와 같은 전통적인 가족중심의 문화적 제도들이 강력하게 반대하는 데도 불구하고 피임기구를 점점 더 많이 사용하는 등 여성들이 자기 자신의 생활을 통제하게 되었다는 사실이다.

여성들은 괄목할 만한 여성주의의 부활 속에 문화적·정치적으로 의식화된 집단으로 서서히 자신을 내세우기 시작했다. 가장 중요한 결과들 가운데 하나는 가족법 분야에서 볼 수 있다. 먼 옛날부터 명확히 가부장적이었던 가족법은 이제 많은 유럽국가에서 처음으로 이혼과 낙태 같은 개념을 수용하기 위해 근본적으로 개정되었다. 유럽 전역에서 교회가 이러한 운동을 막기 위해 치열하게 싸웠지만, 여성들은 자신의 삶에 대해 결정할 권리를 선언했을 뿐만 아니라 마침내 이를 힘겹게 쟁취했다. 심지어는 이탈리아에서도 1974년과 1981년의 유명한 개헌을 통해 이를 쟁취했다. 당연히, 로마 가톨릭의 배경과 보다 엄격한 도덕률을 가진 유럽국가의 이혼율과 재혼율은 비가톨릭 국가들보다 여전히 훨씬 낮다. 반면에 영국에서는 결혼한 세 쌍 가운데 한 쌍이 이혼하며, 벨기에와 프랑스, 네덜란드는 그보다 낮고, 이탈리아와 스페인은 더 낮다. 그러나 여기서도 이혼율은 급격히 증가하고 있다.

따라서, 여성의 공적 역할이 도처에서 돌이킬 수 없게 변화함에 따라 '서구식 가정'도 변화했다. 지역적·시간적 편차에도 불구하고, 서구식 가정은 오랫동안 공식적·합법적 결혼과 명확한 가부장적 구조, 다른 동거 친척이 있거나 보다 큰 가족집단 안에서 기능할 경우에도 부부와 자녀를 중심으로 한 핵가족제 등 전통적인 특징을 유지해왔다.

그러나 전통적인 관점에서 핵가족이 심각한 위기를 겪는 동안, 이와 병행하여 새로운 형태의 관계들이 나타났다. 전통적인 이성간 가정의 영역에서 성적 관습들이 완화됨에 따라, 지금까지 비정상으로 간주되던 다양한 형태의 성관계가 수용되었다. 남성간·여성간 동성애가 1960년대 이후 서서히 합법화되었다. 1990년대에 이르러 수많은 유럽국가에서 동성간 결합이 합법화됨으로써, 유럽사회는 지금까지 비전통적이었던 새로운 형태의 가정생활을 가지게 되었다. 문화적으로 이것은 주로 중산층의 현상이자 도시적 현상인 듯하다. 1970, 80년대에 많이 논의되었던 '동성애 선언(coming out)' 과정은—그리고 이것은 필연적으로 영화와 연극, 문학을 통한 집단적이고 때로는 매우 창조적인 예술적 성과로 나타났다—도시를 지배하는, 상대적으로 사고가 자유롭고 교육수준이 비교적 높은 집단의 환경에서, 그리고 도시생활의 특징을 이루는 사회적으로 덜 제한적인 분위기 속에서, 더 쉽게 일어났다. 사실 도시환경은 일반적으로 대부분의 분야에서 문화적 성장의 중심이 되었다.[41]

전혀 다른 발전이 전후에 표면화되어 1980, 90년대에 보다 뚜렷해졌다. 이 시기에 이르러 서구의 많은 나라에서는 1인 가구가 평균 약 20%까지 증가했고, 도심에서는 그 비율이 더 높았다. 많은 사람들은 1인 가구의 절대다수가 저소득층 어머니들로 이루어져 있다는 사실이야말로 비통하기 짝이 없는 일이라고 생각한다. 왜냐하면 이러한 상황이 미래의 세대들에게 정서적·사회경제적 불이익을 초래할 것이 명백하기 때문이다.

많은 전통적인 정서적·사회적 충성의 형태들이 사라졌듯이, 적어도 표면적으로는 계급구조와 그 차이들이, 이른바 사회적 피라미드의 밑바닥뿐만 아니라 상층부에서도 사라졌다. 실제로 19세기에 등장한 확연히 구분되는 3대 사회계급, 즉 노동계급과 중산층, 엘리트가 잠식되었다. 개선된 교육에 의한 사회적 유동성의 점진적 개선과 평균수입의 점진적 증가, 평등적 경향을 가진 소비 문화의 등장, 즉 사치의 민주화 등이 사회 문화적 장벽을 크게 허물었고, 이와 함께 '대중 문화'와 '고급 문화' 사이의 전통적인 구분도 희미해졌다.[42]

최초의 중요한 변화로서, 뚜렷한 사회 문화적 집단인 농민과 농촌의 생활방식이 적어도 서유럽에서는 거의 사라졌다. 1920, 30년대에 영국과 벨기에 같은 나라에서는 인구의 25%가 아직도 농어민이었고, 포르투갈과 스페인에서는 50%였으나, 60년대에는 그 비율이 각각 10%와 15% 이하로 떨어졌다.[43] 그 결과, 2차 세계대전 이후에 출생한 사람들의 대부분은 농장이 무엇인지를 거의 모르게 되었다. 그럼에도 불구하고, 모두 선진 산업국에 속하는 이 나라들은, 농민 1인당 자본집중적 생산성의 엄청난 증가와 근년에는 농화학과 육종, 생명공학의 성공에 힘입어, 세계시장에서 손꼽히는 주요 농산품 생산국들이다. 이것은 과학이 가장 기본적인 일상생활의 요소에도 근본적인 영향을 미친다는 것을 보여준다.

두 번째 중요한 변화는 19세기 말부터 성장해온 특이한 의식과 문화를 가진 특이한 단일 노동계급이 1950년대 이후 사라졌다는 것이다.[44] 노동계급의 생활방식은 ─ 이동성의 결여, 사적 공간이 거의 없는 노동자 동네로의 격리, 그 결과로 나타난 선술집과 클럽처럼 사회주의적이거나 급진적 정치 성향을 가진 강력한 조직들의 주로 공공중심적이고 집단체험적인 문화 ─ 특히 거의 완전고용이 실현된 20년의 시간과 소비사회의 도래, 교육의 민주화에 의한 전후의 사회경제적 발전으로 말미암아 크게 바뀌었다.

그러나 1970년대 말부터 유럽에서 거의 풍토병처럼 번진 실업의 타격을 가장 심하게 받은 것은 아직도 예전의 제한에서 완전히 해방되지 않은 노동계급이었다. 실업은 한편으로 산업화된 국가들의 고임금의 결과였으며, 다른 한편으로 많은 기업들이 아시아와 아프리카의 저임금 국가들로 탈출함으로써 악화되었다. 사실, 이러한 상황은 산업인력을 수적으로 그리고 문화적으로 크게 약화시켰다.[45] 이러한 맥락에서 새로운 대량이민 — 거의 1,500년 간 서유럽에서는 알려지지 않았던 — 에 기인한 문제들도 고통스럽게 드러났다. 1960년 이후 많은 유럽 원주민들은 터키와 북아프리카 출신의 노동자들과 같은 노동시장에서 경쟁했는데, 특히 그들이 가족들을 데려오고 자기들의 문화를 유입하기 시작하면서 이민노동자들에 대한 피해의식을 느꼈다.

노동계급 가운데 소수의 숙련된 전문노동자들은 중산층으로 진입하면서 대개는 정치적 성향을 바꾸고 심지어는 대체로 보수적인 부르주아의 많은 정치적·문화적 가치들을 받아들인 반면, 훨씬 더 많은 밑바닥 노동자들은 점점 공공복지에 의존하는 비참한 생활로 내몰렸다. 하지만 같은 노동자집단에 속해 있던 사람들을 포함해 많은 사람들은 이러한 복지제도를 비싸고 지나치게 헤픈 것이 아니냐고 생각하는 경향이 있다.

농민과 미숙련 도시 노동계급의 역할은 급격하게 감소하는 반면, 산업과 제3섹터(서비스 분야)에서 중등 및 고등교육을 요구하는 직업의 중요성은 커졌다. 특히 2차 세계대전 이후 산업계와 정부의 기획자들은 경제재건과 근대사회의 건설에 엄청나게 많은 숙련노동자와 관리자가 필요하다는 것을 깨달았다. 그 이후 적절한 장학금을 지급하는 국가의 도움을 받아, 양질의 교육을 통해 자기 후손들의 미래를 배려하는 오랜 전통을 가진 공무원 가정은 물론이고, 이제는 화이트 칼라(사무직 노동자)와 중소기업인, 그리고 심지어는 숙련노동자 가정들도 자녀들의 보다 장기적인 교육과 보다 나은 취업전망을 위해 서서히 증가하는 가계수입의 일부를 투자할 가치가 있다고 판단했다.

그 결과 대부분의 유럽국가에서 대학생 수는 전체 인구의 약 1.5~2.5%를 차지했다. 이제 2차교육은 물론이고 3차교육도 젊은이들의 양도할 수 없는 권리로 여겨졌다. 그러나 한편으로 교육비가 상승하고, 다른 한편으로 전체인구 가운데 일부는 심지어는 고등교육을 받은 사람들도 구조적으로 실업을 피할 수 없는 것으로 보였으므로,[46] 교육받을 권리를 1970, 80년대의 수준으로 유지할 수 있을지가 불확실했다. '신의 나라'에서 '보험의 나라'로의 전환은 빈부격차를 벌려놓았고, 증가하는 교육비는 이 과정을 강화시켰을 뿐이다.[47]

몇몇 사람들은 이러한 모든 발전과 변화는 나라마다 다르기는 하지만, 특히 엘리트 권력구조와 그에 부수적인 엘리트 의식의 잔재보다는 문화적 외관에 영향을 준다고 말할 것이다. 가령, 영국은 아직도 수입과 지위의 차이가 아주 뚜렷한 명확히 계급적인 사회인 반면, 스칸디나비아의 나라들은 훨씬 덜 그러하다. 그러나 유럽 전역에서 아직도 수입은 그 편차가 크며, 다양한 직업은 부분적으로 그 직업에 진입하는 데 필요한 교육의 양에 따라 매우 다른 지위를 함축한다. 또한 문화적 하부집단과 관련된 행동관습은 많은 분단선과 구분을 만들어낸다. 이러한 이유들 때문에도 소비양태는 결코 획일적이지 않으며, 따라서 물질적 소비는 양과 질 면에서 아직도 경쟁에 의해 좌우된다. 차이는 아직도 정체성을 형성하기 위해 사용되며, 사물과 행동의 의미와 상징가치는 여전히 권력을 확립하거나 강조하기 위해 사용된다.[48]

그럼에도 불구하고 누군가는 대체로 유럽사회가 물질적 겉모습에서뿐만 아니라 '봉급쟁이'라는 종(種)에 속하는 모든 사람에 의해 실현될 수 있는, 동일한 가치와 기대를 공유하고 있다는 점에서 하나의 커다란 중산층이라고 주장할지도 모른다.[49]

정체성의 차원들 — 통신으로서의 문화 : '익명의 대중사회' 를 향하여

1951년 독일-이탈리아 학자인 로마노 구아르디니는 그의 저서 『근대의 종말 *Das Ende der Neuzeit*』에서 유럽역사의 과거의 진로를 분석하고 또한 그 미래를 예견하려고 했다.50) 가장 흥미 있는 관찰 가운데 하나는 자유롭고 자율적인 인간이라는 문화적 이상 — 오랫동안 유럽 지식인들에게 소중한 이상이었으며, 특히 폰 훔볼트와 매슈 아놀드 같은 사람들이 그들의 교육철학과 교육체제 속에 종합했던바 — 과, 가르디니에 따르면 임박하고 불가피한 대중 문화 사이의 점점 커져가는 간격에 관한 것이었다.

산업과 기술에 종속된 조직적 기획이 특징을 이루는 사회에서 인간은 대중화되는데, 특히 대중매체(매스 미디어)와 대중소비에 의해 규범과 가치도 점차 대중화되고 있으므로 대중화의 추세는 가속화된다. 그렇다고 해서 이것이 인간은 단순히 '사회적 인간'으로, 즉 기능의 담당자로 격하되어야 한다는 것을 반드시 함축하는 것은 아니다. 대중 문화의 가능성 자체를 이용하여 인간을 보다 자유롭게 만들고, 유럽문명의 핵심을 보존해야 한다는 것이다. 어떤 점에서 가르디니의 이 책이 나온 이후의 역사는 그가 옳았다는 것을 증명해주었다.

그러나 1950년대 이후에 등장한 문화를 냉정하게 평가하려 한다면, 획일성이 그것의 가장 중요한 특징 가운데 하나임을 인정하지 않을 수 없을 것이다. 얼핏 보면, 많은 집단 문화와 하위 문화가 겉으로는 '개인주의적'으로 발전한 듯하지만, 실제로는 학교와 대중매체가 중앙집중화의 기능을 맡고 있다.51)

가르디니의 호소에도 불구하고, 현재를 몰락의 시기로 보는 많은 문화비평가들은 익명성과 대중 문화를 두 가지 부정적 특징으로 보고 있다. 분명히 이러한 견해는, 언제나 문화란 본질적으로 그 겉모습뿐만 아니라, 비록 보다 서서히 진행되기는 하지만 그 규범과 가치의 양태까지도 변화하는 체제라는 사실을 보지 못하는 사람들에 의해 제기된다. 위에서 인용된 사회학적인 조사는 이러한 변화의 일부를 개괄적으로 보여준다.

생활의 모든 영역에서 선택의 '자유'가 확대되고 개인을 모든 행동의 규범으로 강조한다는 의미에서 개인화가 20세기 후반기에 모든 유럽국가들의 문화적 특징인 것처럼 보인다.

교회와 관련된 교리라는 의미에서, 신앙심은 분명히 어디에서나 쇠퇴하고 있으며 세속화가 진행되고 있다. 집단에 대한 충성심이 약해지고 과학의 힘에 대한 믿음이 증가하면서, 공식적인 신앙심의 내재적·사회적 구조는 붕괴되어왔다. 과거에는 집단과 그것들이 개인에게 행사하는 압력에 의해 교회에 대한 소속과 종교적 전통의 고수가 사회적 집단 내부에서 강요되었다. 이러한 구조의 쇠퇴와 함께 제도권 종교는 유럽의 어느 국가에서도 더 이상 중심적 가치가 아니며, 결코 국가적 특징도 아니다. 실제로 많은 유럽인들은 일상생활에서 제도로서의 교회의 도덕적 지침은 최소한도로만 받아들이고 있다. 그러나 많은 유럽인들은, 과학이 모든 해답은 아니라 해도 많은 해답을 주는 오늘날의 상황에서, 구원을 위해 초월적인 데로 귀의하지는 않지만, '신'이나 그들에게 영적 지침을 주는 다소 막연한 '보다 높은 힘'에 기대고 싶다고 말한다.

지난 수십 년 동안 일어난 몇 가지 흥미 있는 현상들의 예를 들자면, 다시 한 번 산티아고를 향한 순례자의 수가 증가하고 있다는 사실을 언급할 수 있을 것이다. 그들은 수도자로서 순례를 하는 것도 아니고, 천국에서 보다 좋은 자리를 확보하기 위해 가능한 한 많은 면죄부를 얻으려고 하는 것도 아니지만, 유럽의 과거 및 유럽의 문화유산과 대화하고자 하는 소망과, 순례과정에서 자신을 발견하려는 필요에서 순례길에 나서는 것처럼 보인다. 또한 세계의 다양한 종교들 사이의 증가하는 상호작용, 특히 기독교와 불교 사이의 상호작용은 매우 흥미 있는 발전이다. 사람들이 베다 경전이나 선(禪)에서 발견하려고 하는 통찰의 대부분은 기독교의 신비주의 전통 — 몇 사람만 예를 들자면, 신과 우주와 개인과의 관계를 강조하는 통찰들을 제공하는 에카르트와 아빌라의 성 테레사, 십자가의 성 요한 등 — 에서 쉽게 얻을 수 있다고 지적할지 모르지만, 유럽과 아시아 사이의 접촉은 상호이해의 증진을 낳을 것이 틀림없다. 그러나 편향적인 이미지를 피하려 한다면, 이러한 현상들이 고등교육을 받은 사람들에게만 국한되어 있다는 것을 깨달아야 한다. 게다가 비유럽 문화에 대한 이러한 관심은 흔히 매우 피상적이며 자기도취적이라는 것을 인정해야 한다. 다시 말해, 비유럽적 원천에서 나온 '계몽'에 대한 갈망이, 비유럽 문화에 대한 존중과 유럽적 가치와는 다를 수밖에 없는 사회정치적 가치체계의 역동성에 대한 존중과 병행하는 경우는 거의 찾아볼 수 없다.

관용을 도덕성의 한 양상으로 규정하든 규정하지 않든, 이 점에서 유럽은 오직 몰락의 모습만을 보여주고 있다고 주장할 수는 없다. 전후 이민의 경제적·문화적 수용을 둘러싼 숱한 문제점에도 불구하고, 여러 가지 측면에서 많은 회의론자들이 단순한 사회적·도덕적 무관심이라고 분석한 보다 커다란 관용이 관철되고 있기 때문이다. 비록 많은 문제에 있어, 그리고 관련자들의 인종적·문화적 배경과 관용을 시험받는 사람들의 사회경제적 입장에 따라 그 편차는 다양하지만, 실제로 자국인들의 특이한 개성에 대한 수용은 뚜렷이 증가하고 있다.

만약 종교적·도덕적 규범이 더 이상 유럽인들의 자기 정체성 의식의 중심을 이루고 있지 않다면,[52] 어떤 요소가 아직도 그런 기능을 하고 있는가? 자기 나라를 자랑스럽게 생각하느냐는 질문에, 단 하나의 유럽국가도 미국처럼 높은 수치를 보여주지는 못했지만, 응답자의 4분의 3 이상이 자부심을 느낀다고 대답했다. 진행되는 유럽통합에 대한 '두려움'은 비록 30%를 넘는 경우가 드물었지만, 나라마다 달랐다. 그러나 이보다 더 의미심장한 것은 가장 중요한 정체성의 차원으로 지적된 것이 유럽이나 국가가 아니라 자기가 살고 있는 도시나 지역에 대한 자부심이라는 사실일 것이다. '어떤 것이 현실적이기 위해서는 지방적이어야 한다'는 영국 작가 체스터튼의 말이 맞는 모양이다. 따라서 대다수 유럽인들의 지배적인 관점은 결코 세계적이 아닐지도 모른다. 그러나 20세기 유럽 문화의 대부분의 겉모습이 분명히 범세계적으로 작동하는 대중 통신매체의 증가하는 힘과 본질적으로는 아닐지라도 긴밀하게 연결되어 있다는 것을 깨닫는다면, 두 가지 요소는 공존할 수 있다. 대중 통신매체들은 이상적인 매체는 아니지만 경제적 토대가 그것을 요구하기 때문에, 분명히 문화적 세계화의 세력으로 작동한다.[53]

20세기의 마지막 몇 십 년 동안, 1970년대 이후의 유럽 문화를 '포스트모던'으로 기술하고 해석하는 경향이 있었다. 그런데 이 용어의 배후에는 개념상의 근거가 부족하기 때문에, 역사적 분석을 위해 이 용어를 사용하는 것은 적합치 않다. 그러나 그것이 당대 문화가 주어진 일련의 가치나 하나의 전통에 의해ㅡ그것이 기독교의 전통이든, 세속화된 인본주의의 전통이든, 아니면 계몽주의의 전통이든, 심지어 '근대성'의 전통이든ㅡ지배되지 않는 것처럼 보인다는 점에서 본질적으로 절충주의적인 특징을 지닌다는 것을 뜻한다면, 이 시기의 지배적인 세계관을 '포스트모던'이라고 규정할 수도 있을 것이다. 통신 문화와 정보 문화ㅡ이 두 문화는 같은 것이 아니면서도 상당한 정도 서로 중복된다ㅡ의 변화가 이러한 상황의 바탕에 깔려 있을지 모른다. 점점 더 복잡해져가는 통신상황에서, 지난 몇 세기 동안 알려지지 않았던 방식으로 문화를 형성하고 있는 몇 가지 경향을 구분할 수 있다.

우선 영화의 등장, 다음으로 텔레비전과 비디오의 등장, 또한 컴퓨터 서비스, 특히 '가상공간과 현실적인 역사와 살아 있는 육체'를 지닌 개인용 컴퓨터와 인터넷의 등장으로.[54] 이러한 매체에 접근할 수 있는 사람이면 누구나 엄청난 양의 정보와 그것이 제공하는 재미 속에 빠질 수 있다. 그러나 이러한 저장된 정보에 대한 통제는 문화의 수호자이자 분배자였던 사회집단, 즉 국가와 교회, 대학, 학원, 그리고 19세기 말까지 흔히 이러한 문화적 요새의 자급자족적인 주민들이었던 엘리트들의 수중에서 점점 더 벗어나고 있다. 정보와 지식, 문화, 그리고 문화의 전파수단인 통신매체에 대한 통제는 점차 상업적인 문제가 되고 있으며, 그것이 주로 또는 오직 이윤과 손해의 법칙에 의해서만 지배되고 있다는 의미에서 가치중립적이다. 물론, 이러한 손익의 법칙 자체는 자본주의적이고 소비주의적인 사회를 반영하는 하나의 가치체계를 대표하고 있다.

경제적·교육적 배경에 관계 없이 대부분의 유럽인들이 이러한 매체들을 사용할 수 있게 되는 상황이, 산업혁명이 사치의 민주화를 가져온 것처럼 정보의 민주화를 가져올지를 예측하는 것은 아직 시기상조이다. 이러한 상황에 의해 의사소통이 정말 개선되고 있는가 하는 질문에 대답하기에도 아직 때가 이르다.

결국 인터넷과 텔레비전의 연결은 분명히 정보를 엄청나게 변화시키고 심지어 정보를 보다 민주화할 것이다.[55] 그러나 일부 비평가들은 그것이 진흙판이나 야자잎에 글자를 쓰기 시작한 이래 우리가 알고 있던 '책'의 종말을 가져올 뿐만 아니라, 또한 지식을 파편화할 것이라고 말한다. 다른 비평가들은 겉으로 보기에 자유로운 범세계적인 정보의 교환은 끈질기게 이어지고 있는 해묵은 지역주의를 은폐시킬 뿐이라고 주장한다. 그렇지만 다른 사람들은 전자우편(e-mail) 같은 현상이 상업적 상황에서뿐만 아니라 오락(entertainment)과 정보오락(infotainment)에서도 다양한 범지구적 접촉을 크게 촉진시켜 같은 관심을 가진 사람들의 집단들을 만들어냈음을 인정하면서도, 그것이 얼굴을 맞대는 의사소통을 감소시켰음을 주목했다. 예컨대, 작업장에서 전자우편을 너무 즉각적·강제적으로 운용할 경우, 꼭 필요한 협력은 감소하는 반면, 원치 않는 개체성은 증가하는 경향이 있다.

통신매체와 증가하는 정보매체 분야 모두에서 수많은 대규모의 반(半)산업적이고 때로는 다국적인 회사들이 대부분의 대중적 메뉴를 공급한다. 이것은 2차 세계대전 이후 실제로 영화에서 시작된 사태 발전이다. 그러나 영화보다는 텔레비전이 유럽 국민 문화의 일상생활 속에 뿌리내리게 되었고, 서구세계 전체의 문화 속에 스며들었다. 모든 사회 문화적 계급과 연령층의 사람들이 매일 몇 시간씩 텔레비전을 지켜본다는 점에서도, 텔레비전은 이제 중요한 문화적 요소인 것이다.

2차 세계대전 이후 주로 미국에서 만들어진 텔레비전이라는 매체가 시각 문화를 지배하기에 이르렀다. 재정적 이유에서, 그리고 소비자 유행과 행동의 유행을 서방측이 지배하고 있기 때문에, 결국 텔레비전이 전 세계적인 획일화의 경향을 크게 강화시킬 것이라고 가정한다면, 틀린 생각은 아닐 것이다.

그러나 1980년대 초부터 이루어진 텔레비전 채널의 다변화와 가정용 비디오의 광범한 사용은 시청자들의 선택 기회를 확장함으로써, 독립적인 소규모의 회사들이 전체 시장이 아니라 그 중 일부를 겨냥한 제작으로 살아남을 수 있는 가능성을 열어놓았다. 이것은 약간의 다양성과 함께, 이와 마찬가지로 중요한 그 다양성을 반영하는 가치들을 유지하고자 하는 어떤 사회에 대해서도 잠재적으로 매우 소중한 것이다. 서유럽의 대다수 사회는 어쨌든 이를 필요로 하게 될 것이다.[56] 비록 많은 문화비평가들은 시청각 매체에서든 컴퓨터에서든 모든 프로그램들에 있어 무미건조한 동일성의 경향이 유럽인들로부터 선택의 자유와 그들 고유의 지역 문화를 빼앗는 경향이 증가할 것을 우려했지만, 실제 그런 일이 벌어지고 있는 것 같지는 않다.

그럼에도 불구하고 증가하는 획일화의 뚜렷한 징후들이 나타나고 있는데, 이러한 사태는 텔레비전의 시장 지위에 비추어 불가피한 것처럼 보인다. 텔레비전은 가정용 스크린으로서 영화보다 더 각광을 받았으며, 경제적으로는 풍요로우나 다양한 문화에는 관심이 적은 세계의 이미지 배급을 결정하는 다양한 기관들, 가령 패션 산업과 팝 음악 사업 사이의 상투작용을 촉진시켰다. 팝 음악 사업은 비디오 테이프의 성장과 함께 다시 한 번 서구 문화의 시각 중심주의를 강조한다.[57] 그렇지만 텔레비전과 더불어 영화 전반이 기록문자로부터 시각 이미지로의 분명한 이전을 보여주는 반면, 시각 이미지는 그 대신 분위기와 정서를 결정하는 음악의 메시지에 점점 더 의존하는 경향이 있다.

이와 관련해 적어도 주류 텔레비전에서는 즉각적인 인지 가능성이 중요한 요인으로 작용한다. 시청자들의 욕구와 제작자 및 그 재정적 후원자들의 소망 사이의 복잡한 상호작용 속에서, 많은 프로그램들이 순응적·상투적인 의미에 의존해 시청자들을 평가한다. 시청자들은 방영되는 텔레비전을 그들의 파편화된 매일매일의 일상과 연결시킬 필요성을 더욱더 강력하게 느끼게 되었으므로, 프로그램을 선택하는 몇 초 이내에 그 프로그램의 유형을 인지할 수 있게 되기를 원한다. 그 결과 점차 어린이와 청소년으로 구성된 시청자의 대다수가 행하는 이른바 '난사(亂射, zapping)'나 '채널 건너뛰기'라는 현상이 나타난다. 게다가 멜로 영화나 텔레비전 멜로 드라마들은 여전히 종전의 제시 형식들을 따르는 경향이 있지만, 이러한 장르들도 대다수 텔레비전의 단편화되고 정형화된 구조에 영향을 받고 있다.[58]

거의 언제 어디서나 볼 수 있다는 점에서 텔레비전은 강력한 사회 문화적 매체가 되었다. 그것은 대체로 이미 유통가치를 지니고 있고 그 때문에 국민사회의 대부분이나 심지어 국민사회 전체의 담론을 보다 쉽게 규제할 수 있는 아이디어를 택한다. 새로운 매체 가운데 하나인 텔레비전의 가장 악의적이고 강력한 표현에 의해 투사된 이미지들인 연속극(soap opera)은 그것이 전제하고 있는 가치들과 기획들의 흥미진진한 거울을 열렬한 시청자들의 면전에 들이댄다. 사실 이 장르에서는 관계들이 중심을 이루지만, 그것들은 언제나 변화하는 관계들이다. 이는 거의 무제한한 개인적 욕망의 자율성과 일종의 정서적 안정의 필요성 사이의 긴장을 반영한다. 그러나 보다 면밀히 살펴보면, 이 장르는 도덕적으로 애매모호하며, 텔레비전이 일반적으로 중개하는 중산층의 문화적 이상이라는 전반적인 틀 안에서 전복하는 잠재력을 지니고 있는 것으로 드러난다.[59] 일반적인 인간의 문제들을 가정적·개인적인 위기로 묘사하고, 더욱이 항구적인 해결책을 제시하지 않고 인생의 수수께끼들을 던짐으로써 연속극은 광범한 시청자들이 참여하도록 허용하고, 따라서 그들 자신의 인생을 이런 식으로 보도록 허용하는 일종의 이데올로기적 중립성을 지닌다. 실제로 연속극의 구조 자체가 새로운 이데올로기들과 도덕적 입장들이 끊임없이 새로운 에피소드나 성격으로 직조될 수 있는 융통성을 허용해준다. 이 장르는 오늘날 광범한 사회경제적·문화적 계층의 청소년과 남녀 성인 모두를 매혹시키고 있으므로, 그 영향력은 가정에 매이고, 교육정도가 낮은 성인여성에게만 국한되는—오랫동안 지식인층 안에서 이 장르의 모욕적인 이미지는 그러했다—것이 결코 아니라 점점 강력하게 확산되고 있다.

시각적인 대중매체가 유럽 문화의 기본적 제도가 되기는 했으나, 그것의 도입을 적극적인 의미에서 또 다른 문화혁명으로 부를 수 있을지는 뜨거운 논쟁의 대상이다. 하지만 의심의 여지 없이, 그것은 20세기 유럽 문화의 몇 가지 중요한 변화에 크게 기여했다. 가장 중요한 변화 가운데 하나는, 그것이 수천 년 동안 중년층 성인집단의 소망에 의해 지배되던 문화에서 청년층이 지배하는 문화로의 변화를 촉진하고 강화시켰다는 사실이다.[60]

20세기에 서구 여러 나라에서는 청소년의 신체성장이 과거 어느 때보다 빨라졌고 사춘기도 빨리 찾아오게 되었다.[61] 동시에 교육이 사춘기를 연장시켰다. 그 결과 전후의 출산 붐과 더불어 그야말로 엄청난 수의 특정한 연령층이 나타났다. 우리가 아는 한 '청년'이라는 말이 그렇게 쓰였듯이, 전후의 젊은이들도 자신을 윗 세대와 대립적인 것으로 규정했다. 부모들에 의해 실현된 풍요에 의해, 그리고 의무교육 연한이 끝나자마자 취업시장에 진출한 청년들 자신에 의해, 이들은 대규모 구매력을 가진 무시하지 못할 경제적 요소가 되었다. 가령 1990년에 세계인구의 5%를 차지하는 서유럽은 세계시장에서 화장품과 같은 개인용품의 약 35%를 소비했는데,[62] 그 중 많은 부분을 젊은이들이 구입했다.

젊은이들이 이처럼 중요하고 심지어 주도적인 경제적 세력으로 떠오르면서, 상품을 구매하고 소비하도록 그들을 유혹하기 위해 사용되는 이미지들도 젊어졌다. 이것은 청소년을 독립적인 성인이 되고 싶어 안달하는 과도적 단계로 보지 않고, 인생의 가장 흥미있고 특별한 단계로 보는 경향을 일반화시키는 데 기여했다. 한편, 지난 수십 년 동안 최초의 성경험 연령이 낮아졌고, 그 결과 많은 유럽인들 사이에서 조혼이 성행했다. 그래서 1960년대의 청년들은 1990년대에 사상 가장 젊은 부모가 되었고 때로는 조부모가 되기도 했다.

이러한 두 가지 경향의 결과, 전에는 자신을 중년이라고 생각했을 집단에게로 청년 문화가 확산되고, 이 집단이 청년 문화와 결부된 문화적 표현들을 받아들이게 되었다. 이제는 40대에 속한 많은 사람들이 자신을 아직도 젊은이라고 부르며 이에 따라 행동하려고 노력함으로써 문화생산 전반에 대한 청년 문화의 지배력을 강화시키고 있는 반면, 이와 동시에 부인할 수 없는 중산층의 요소들을 청년 문화에 침투시키고 있다.

20세기 후반에 나타난 청년 문화의 가장 뚜렷한 특징은 적어도 물질적인 면에서의 국제주의이다. 그것은 20세기 초반부터 미국 영화산업이 유럽 문화에 미친 엄청난 영향과 함께 시작되었다. 이러한 영향은 헤어스타일과 옷차림, 실내장식뿐만 아니라 소비사회에서 광고의 힘이 증가하면서 남성과 여성의 신체적 외모에까지 확산되었다. 어깨가 딱 벌어지고 엉덩이가 날씬한 남성과 둥근 엉덩이와 풍만한 가슴을 가진 여성, 또는 후에는 거의 식욕부진에 가까운 깡마른 여성이 미국과 유럽 젊은이들의 표준모델이 되었다.

음반산업은 미국, 보다 정확히 말해 앵글로 색슨 세계의 문화적 주도권을 가져온 다른 요인이었다. 비틀스와 영국의 록 밴드와 팝 그룹들이 새로운 형식의 음악과 음악산업의 발전에 얼마나 중요한 역할을 했는지를 상기하면 족할 것이다. 1960년대 이후 젊은이들의 구매력에 대한 의존도는 거의 절대적이었는데, 음반생산량의 약 75%가 젊은이들에게 팔려나가고 있다.[63]

대중음악계는 오늘날의 청년 문화에 또 다른 열쇠를 제공하고 있다. 1960년대와 1970년대의 디스코 댄싱 음악과 1980년대와 1990년대의 '하우스 뮤직'은 유구하고 흥미진진한 대중음악 전통의 후예들인데, 특히 1930년대 이후 미국으로부터 유럽에 소개된 아프로·아메리카적 요소들이 이러한 전통에 커다란 영향을 미쳤다.

40세 이하의 성인과 청소년들이 춤에 소비하는 주당 시간은 현대 문화의 다양한 측면을 반영한다. 르네상스 이래 춤은 사회질서를 상징하는 동시에 정형화된 의식적(儀式的) 존재를 상징하게 되었으므로 이것이 새로운 현상은 아니었다. 물론, 여가의 증가가 오늘날의 디스코가 나타나게 된 바탕이다. 남을 주시하고 남에 의해 주시된다는 것, 군중으로부터 혼자서, 쌍을 이루어, 또는 집단으로, 춤판에 나섰다가 다시 군중 속으로 들어가는 춤추는 사람들은 그 사회의 축소판처럼 보인다. 여기에는 참여와 동참, 같은 집단끼리의 결속이 있지만, 또한 개인적 창의성의 강력한 감각이 존재한다. 이러한 디스코 춤판을 19세기와 20세기 초의 부르주아 세계의 사회적 구조를 기막히게 상징하는 무도회 장면들과 대조해보면 그 차이는 가장 잘 나타난다. 어른들은 점잖게 무도장 측면에 앉아서 자기 후손들이 즐기는 모습을 지켜보며 무도장을 빙글빙글 도는 미래의 쌍들이 적절한 행동을 하는지 긴밀하게 통제했다. 이러한 장면은 19세기 초 팔레르모의 귀족들의 무도회를 묘사한 기세페 토마시 디 람페두사의 『표범 *Il Gattopardo*』(1958)에서 가장 생생하게 재현되고 있다. 이 작품은 이탈리아에서 씌어진 가장 탁월한 소설 가운데 하나이며, 1963년 이탈리아 최고의 영화작가 가운데 하나인 루치노 비스콘티(1906-76)에 의해 영화로 만들어졌다. 그는 이 무도회 장면을 소설의 영역 너머로 확대하여 사라지는 한 사회의 상징으로 만들었다.

1970년대에 〈토요일 밤의 열기 *Saturday Night Fever*〉 같은 영화에서 가시화된 새로운 춤은 또한 서구 젊은이들에게 육체와 정신을 지배하는 강렬한 리듬을 바탕으로 보다 공공연하게 성적 느낌들을 드러내는, 문화적으로 허용되는 형식들을 제공했다. 사실 이것은 20세기 초 이고르 스트라빈스키의 유명한 발레곡 〈봄의 제전〉(1913)을 상기시킨다. 여기서 그는 얌전한 살롱음악을 동반한 고급 문화의 관례를 깨뜨리고 자연의 재생을 축하하는 원시적인 아시아 부족의 이미지를 환기시켰다.[64] 유명한 무용수 바슬레프 니진스키에 의해 안무된 이 발레는 유럽 전역에 충격파를 던졌고, 인간의 이러한 면들이 공개적으로 보여지는 데 익숙하지 않은 관객들 사이에서 소란이 일어났다. 전후시대의 부모들은 자기 아이들이 이런 식으로 자신과 자기 감정을 표출하기 시작했을 때 마찬가지로 충격을 받았다.

보다 넓은 관점에서 보면, 유럽 전역에서 수백만이, 그리고 전 세계가 다양하게 즐긴 이른바 팝 음악은, 현대 문화의 본질을 밝혀주는 시각을 제공하기도 한다. 엄밀한 의미에서 음악적 창의성과는 관계 없이, 편리한 절충주의의 도움을 받아 팝송의 가사는 젊은이와 성인 모두의 놀랄 만큼 다양한 감정들을 보여준다. 그것들은 사람들이 가지고 있는 비교적 부정적이고 때로는 자기 파괴적인 감정들—그들 세대 특유의 문제들의 결과로서든, 아니면 보다 일반적으로 그들의 삶을 구조화하는 이상의 결핍의 표현으로서든—과 함께 비교적 긍정적인 정서들을 다 같이 표현하고 있다. 이러한 긍정적 감정들은 정서적으로 만족할 만한 관계와 일상생활의 지침이 되는 어떤 정신적 가치에 대한 갈망이 무엇인지를 해명해줄 열쇠를 제공하기도 한다.

1960년대 이후의 유럽, 대중음악 — 고급 문화?

1963년 존 레논과 폴 맥카트니는 〈나의 모든 사랑 *All My Loving*〉이라는 노래의 가사와 곡을 썼다.

눈을 감으렴, 난 네게 키스할 거야, 내일이면 널 그리워하겠지

난 언제나 변치 않을 것을 기억해

그리고 떠나 있는 동안 매일 집에 편지할 거야

그리고 나의 모든 사랑을 네게 보낼 거야

난 그리운 입술에 키스하고 싶어 애태울 거야

그리고 내 꿈이 실현되기를 바래

그리고 떠나 있는 동안 매일 집에 편지할 거야

그리고 나의 모든 사랑을 네게 보낼 거야

내 모든 사랑을 네게 보낼 거야, 내 모든 사랑을 그대에게, 난 변치 않을 거야.

돌이켜보면, 1950년대와 1960년대에 많은 성인들이 비틀스 같은 그룹의 대중음악에 부정적 반응을 보인 것은 이상한 일처럼 여겨진다. 그들이 부른 많은 노래 가사를 보면, 그 메시지는 결코 부정적이거나 비판적인 것이 아니다. 그것들은 주로 수백 년에 걸쳐 유럽 대중음악과 예술음악의 특징을 이루어온 해묵은 주제인 사랑, 그것도 주로 채워지지 않은 사랑에 대해 노래했다. 따라서 이들의 노래가 때로 거부감을 불러일으킨 것은 문화의 맥락이 달라졌기 때문일 것이다. 다시 말해, 길거리를 배회하며, 오토바이를 타고, 도전적으로 튀는 옷차림을 하고, 그러면서도 새로운 집단 관행에 집착하며, 선배들이 개탄하듯이 공격적인 로큰롤 리듬에 맞춰 외설적으로 춤을 추는 젊은이들의 증가하는 자의식 때문이었음에 틀림없다.

1960년대 말과 다음 몇 십 년 동안 보다 뚜렷한 비판적인 태도, 즉 서구세계를 붕괴시키려고 위협하는 정치적 긴장과 소비사회의 공허함에 대한 어떤 각성이 많은 팝송의 가사에 나타난다.

피셔 제트 같은 그룹의 경우, 〈다국적 기업들이 달려든다 *Multi-nationals Bite*〉와 〈손목 자르는 자의 자장가 *Wristcutter's Lullaby*〉 같은 노래 속에서 탐색한 세계는 그야말로 암울한 것이었다. 그들은 동서분단의 비인간성과 그 위협에 대해 특별히 우려했다. 1980년에 만든 음반에 그들은 〈크루즈 미사일 *Cruise*

Missiles〉이라는 노래를 포함시켰다.

> 우리는 같은 운명,
> 누구나 죽기 마련.
> 그러나 사람들은 우리의 여정을 재촉한다.
> 무엇을 파괴할까 따지면서
> 크루즈 미사일로 (우리는 미사일 곁에 있네)
> 크루즈 미사일로 (우리는 미사일을 찾고 있네)
> 크루즈 미사일로 (그것이 나타날 날은 5년도 안 남았네)

그리고 〈베를린 Berlin〉에서 그들은 청중들에게 이렇게 말했다.

> 뻘겋게 충혈된 눈들이 다시 방을 뒤지네
> 장벽이 없던 시절 여기 머물렀던 영화 스타들의 사인된 사진들을.
> 베를린 … 베를린 … 베를린 … 베를린
> 낡은 세계의 일부가 여기 독일의 섬에 살고 있네.
> 그리고 오전 6시 아직도 창문 바깥 저쪽엔. 알맹이는 살아남네.
> 베를린 … 베를린 … 베를린 … 베를린

1980년대에 음악계는 '펑크(punk)'와 '펑크(funk)', '헤비 메탈' 같은 유행의 등장으로 지금까지 볼 수 없었던 다양한 풍경을 보여주었다. 이러한 유행들은 '포스트 모던' 시대의 절충주의를 대변할 뿐만 아니라, 프린스와 마돈나 같은 특급 스타들의 백만 장 이상 팔린 히트곡들에 나타나듯이 정치적·사회적 측면에서의 증가하는 혐오감을 대변했다. 이러한 스타들은 다양한 이미지들을 결합한 정교한 비디오 테이프로 그들의 노래를 보강했는데, 그러한 뮤직 비디오 가운데 일부는 기독교적 전통으로의 전면적인 회귀를 주장하고 있다.

그룹 '철의 소녀(Iron Maiden)'는 청중들에게 길거리의 무질서와 정치인들의 부패, 이를 뒷받침하는 선정적인 언론, 그리고 죽어가는 지구를 노래한 〈공식 관장제 1호 *Public Enema Number One*〉(Public Enema는 Public Enemy를 패러디한 것)를 노래했다.

    모두들 출발선으로 몰려오고
    그들이 탐욕을 향해 모퉁이를 돌고
    타이어가 비명을 지르며 당신은 경주를 시작한다
    천둥소리를 내며
    그러면 사람들은 독가스로 숨이 막힌다
    어린이들은 겁이 나서 울부짖는다
    〔합창: 오늘은 무릎 꿇고
    세상이 제 길을 찾도록 기도하라
    그리고 다시 일어나라
    상심과 고통의 난민들이여〕

    도시의 거리에서
    당신은 긴장을 느낄 수 있다
    갑자기 긴장이 깨진다
    총과 폭도들
    정치인들은 제 살 길을 찾기 위해 도박을 하고 거짓말을 한다
    신문은 희생양을 제공한다
    공식 관장제(공적) 1호를.

    〔합창〕

백만 명의 텔레비전 노예들
새로운 시대를 광고하지만
난 당신에게 팔아먹을 점술용 수정구슬이 필요없네
당신의 아이들은 더 영리하다
지구가 비명을 지르며 죽어가는 동안
여전히 캘리포니아를 꿈꾸는 마약에 취한 당신들보다.

그러나 1980년대 후반에 가수 스팅은 〈역사는 우리에게 아무것도 가르쳐주지 않으리 *History Will Teach Us Nothing*〉라는 제목의 노래에서 '과거의 교훈'과 인간 이성의 궁극적 승리에 대한 희망에 철저한 불신을 표시했다.

만약 우리가 머나먼 과거의 감옥에서 위안을 찾는다면
인류의 체제들은 영원히 지속될 것이라고,
감정은 돛이요 맹신은 돛대니까.
진정한 자유의 숨결이 없이는 우리는 확고한 목적지에 도달할 수 없다.
만약 신이 죽고 배우가 신의 역할을 계획한다면
그의 두려운 말들은 당신의 가슴 속에 자리잡을 것이다.
이성의 소리가 없다면 모든 신앙은 그 자신의 저주.
과거로부터의 자유가 없다면 사태는 더욱 악화될 뿐.
조만간, 세상의 첫날처럼
조만간, 우리는 과거를 내팽개치는 것을 배울 것이다.
역사는 우리에게 아무것도 가르쳐주지 않으리.
문자로 기록된 우리의 역사는 범죄의 목록일 뿐.
비열한 자들과 힘을 쥔 자들, 시간의 건축가들이여,
발명의 어머니, 온유한 사람들에 대한 압제여,
기근에 대한 끊임없는 공포, 그 자식인 공격.

조만간 적을 설득하라, 그가 틀렸다는 걸 깨닫도록.

피흘리지 않는 싸움에서 이겨야 승리가 오래 가는 법.

이성으로 행하는 단순한 믿음의 행동 하나가 더 강한 법.

역사는 우리에게 아무것도 가르쳐주지 않으리.

조만간, 우리는 세상의 첫날처럼

조만간, 우리는 과거를 내팽개치는 것을 배울 것이다.

역사는 우리에게 아무것도 가르쳐주지 않으리.

당신의 인권을 찾아라.

당신이 여기에 온 목적을 잊지 마라.

「1960년대 이후의 유럽, 대중음악 — 고급 문화?」

영화, 텔레비전, 대중음악 모두가 현대 문화의 다른 양상, 즉 그것의 '서민적' 성격을 강조하고 있다고들 말해왔지만, 이러한 용어가 완벽하게 적절한 것은 아니다. 19세기가 20세기로 바뀌는 전환기 이래, 그 이전 수세기 동안 다양한 형태의 대중 문화 속에서 그랬던 것처럼 부르주아적이거나 엘리트적·귀족적인 생활방식과 규범 및 가치들을 투사하는 대신, 이러한 소통 형식들은 종전의 노동계급이나 프롤레타리아의 생활방식에 의해 촉발되고 그것을 반영하는 영향력들이 조직적으로 사회적 사다리의 위쪽으로 움직이는 반면, 이와 동시에 종전에는 상류계급의 생활방식과 연관되었던 많은 외면적 표현들이 훨씬 더 광범한 집단에 의해 수용되는 경향을 보인다. 점차 대중 문화, 다시 말해 실질적으로 유럽에서 전례가 없던 방식으로 '고급' 문화와 '저급' 문화를 결합시키는 새로운 '중간층' 문화라고 부르는 것이 더 적합할 듯한 문화를 만들어내는 것은 육체숭배, 복식관습, 식생활, 실내장식, 음악 및 오락뿐만 아니라, 성적 관습과 언어코드 등과 같은 다른 분야에서의 이러한 물질적인 절충주의이다. 이와 동시에 절대적으로 개인적인 선택이란 있을 수 없다는 점을 인정한다면, 적어도 겉으로는 개인적인 것처럼 보이는 모든 부수적인 형태의 선택들도 당연히 1960년대 이후 대부분의 유럽국가들이 경험한 평균적인 번영의 괄목할 만한 상승에 의해 가능해졌다고 주장할 수 있을지 모른다.

1930년대부터 60년대까지 점잖은 체하는 자체검열과 타율적 검열을 거친 할리우드와, 이보다 약간 덜 엄격한 유럽 검열기관들에 의해 부과된 엄격한 관습들에도 불구하고, 영화와 텔레비전 — 영화보다는 정도가 덜하지만 — 은 종전에는 보드빌 극장과 카바레 무대, 다시 말해 부르주아가 퇴폐적이거나 부도덕한 것으로 멀리했던 곳에서만 보여주던 다양한 양상의 성을 공개적으로 보여주기 시작했다. 그러나 젊은이들과 의식적인 도전자들, 이단자들은 언제나 이런 문화를 추구했으며, 그것을 영속시키도록 돕고 그것을 거부한 바로 그 사회 속으로 이러한 문화를 조금씩 끌어들였다.

시각매체들은 이 분야의 새로운 관습과 풍속의 허용한도를 시험해보고 그 결과들을 보여줌으로써 전 세계에 걸쳐 행동의 변화를 일으키는 데 기여했다고 주장할 수 있을지 모른다. 세계의 다른 문화들에는 아직 거부감을 주는 이른바 프렌치 키스의 유행에 이러한 시각매체들이 기여한 것이다.

한편, 음악은 소수 문화의 전통과 사회적 빈민가로부터 많은 요소들을 도입했을 뿐만 아니라, 부르주아 문화의 배경을 가진 구세대들에게는 명확하게 외설적이지는 않더라도 충격적이었던 구어를 사용했다. 비록 비관론자들은 이러한 매체들이 특히 어린이들의 언어와 행동 그리고 심성에 미치는 영향이 유해하다고 주장하면서 (자체)검열을 호소하지만, 그 결과로 나타난 치열한 논쟁은 이러한 상업적인 소통 문화의 산물들을 눈에 띄게 변화시키지 못했다.

패션 분야에서는 말 그대로의 '서민적' 발전의 전형적 사례가 나타났다. 즉 유럽은 물론이고 전 세계적인 청바지의 유행이 그것인데, 그것도 50세까지의 '젊은이들'이 청바지를 입고, 증가하는 남녀평등의 상징으로 아가씨와 아줌마들이 다 같이 청바지를 입고 있다.

현대사회의 다양한 양상들을 드러내는 또 다른 형태의 20세기 문화는 스포츠의 역할, 특히 축구의 기능이다. 축구 역시 근대 문화의 민중적 성격을 보여주는 한 예인데, 이것은 20세기 초에 명백한 하층계급의 스포츠에서 인기 정상의 스포츠로 발전했다. 왜냐하면 비록 축구가 가장 인기 있는 여가활동은 아니었을지 몰라도, 텔레비전이 모든 거실에 축구를 배달해주었기 때문이다.[65] 축구가 이처럼 인기를 끈 이유 가운데 하나는, 대부분의 유럽국가에서 일차적으로 축구가 하층계급과 지역집단의 상징이 되었고, 스포츠의 국제화 과정에서 국가적 정체성의 상징이 되었다는 사실로 설명할 수 있을 것이다. 투표로 선출된 국가원수의 이름은 잘 모르고 세습군주의 정서적 호소력이 점차 줄어드는 데 비해, 한 국가대표 팀이 다른 국가대표 팀에 승리할 경우, 다른 어떤 국가적 행사도 촉발시킬 수 없는 열광적인 축하가 벌어진다. 사실 선출된 국가원수나 세습군주나 다 같이 종전의 그들 선배들처럼 그들의 백성들이 — 이제는 마상 무예를 겨루는 기사들은 아니지만 — 예전의 마상 무예시합처럼 모의전투를 벌일 때 얼굴을 비치는 일의 중요성을 잘 알고 있다. 불행하게도 축구시합은 승리한 팀을 응원한 관중들 사이에서도 종종 대량파괴와 신체적 폭력으로 끝나기도 한다. 축구시합은 국가와 사회가 사회적 질서를 위해 억압했던 정서에 출구를 제공한 것 같다. 그것은 우리에게 축하와 폭력은 언제나 동행해왔다는 사실과, 일부 문화이론가들에 따르면 이것은 우리가 더 이상 유혈전투와 전쟁을 겪지 않는 대가로 치르는 희생이라는 것을 상기시킨다.[66] 그러나 축구장 폭력사태는 유럽사회로 하여금 허용될 수 없는 개성의 표현이라는 문제에 직면하게 만들고 있다.

적어도 물질적으로 획일화된 문화의 내부에서, 현재의 유럽과 서구세계 및 서구화된 세계에 침투하고 있는 도덕적 개인주의는 사회의 구조에 대한 개인의 승리 또는 사회구조에 의해 제공되는 결속으로부터의 일탈로 해석할 수 있다. 무한한 것처럼 보이는 선택의 권리는 19, 20세기에 서구에서 합의된 인간의 자유의 한 양상이라고 가정한다면, '새로운' 개인주의 문화를 본질적으로 지탄받아 마땅한 문화로 매도할 수는 없을 것이다. 우리는 그저 각 개인이 이러한 자유를 잘 사용하기를 바랄 수 있을 뿐이다. 자유의 영역에서 가장 대담한 몇 가지 실험을 감행했으며, 프로메테우스와 이카루스, 파우스트라는 인물 속에서 그러한 실험의 신화적 표현을 발견했다고 자랑하는 유럽인들은, 진정한 자유란 개인의 본질을 보장해주기 위해 자신의 표현욕구를 제한하는 체제를 수용할 경우에만 존재한다는 사실을 깨달아야 한다. 궁극적으로 민주주의란 무제한한 개인적 자유일 수 없고 책임의 요소를 포함하는 반성적 권리인 것이다. 실제로 대부분의 유럽사회를 특징짓고 있는 사회주의와 결합된 자유주의는 숱한 모순과 갈등에 시달리고 있다. 왜냐하면 자유주의적 추구란 자연이 계속해서 불평등을 만들어내고 있다는 사실에도 불구하고, 인간의 '자연적' 개체성과 평등이라는 이상적 전망을 존중하면서 법의 통치하에 합리적인 정치질서를 건설하기 위한, 본질적으로 해결 불가능하지만 꼭 필요하고, 따라서 지속적인 투쟁이기 때문이다.[67] 물론, 지금 해결해야 할 핵심적인 문제는 지속적으로 지구를 착취하고 심지어 성적인 차이까지도 제거될 정도로 모든 개인을 평등하게 만들어, 각각의 개인들에게 번영, 즉 소비적 삶(?)을 제공하면서 이러한 불평등을 줄이거나 없애려는 인간의 노력의 결과가 어떻게 될 것인가 하는 것이다. 분명히 그것은 유럽 안에서만, 그리고 유럽 혼자서만 답할 수 있는 문제는 결코 아니다.

Notes

17장_ 새로운 유럽을 향하여

1) 브레히트의 최종 원고(1930)에서는 제목이 『동의에 관한 바덴 교육극 Das Badener Lehrstück vom Einverständnis』으로 바뀌었는데, 이는 인간이란 죽음을 필연적인 것으로 받아들여야 할 기본적인 필요가 있다는 주제를 보다 잘 드러내고 있다.
2) G. Alperovitz, *The Decision to Use the Atomic Bomb*, New York 1995.
3) M. J. Nye, *From Chemical Philosophy to Theoretical Chemistry: Dynamics of Matter and Dynamics of Disciplines*, Berkeley 1993 참조.
4) 왓슨 자신이 아주 재미있는 직접적인 기록을 남겼다. J. Watson, *The Double Helix*, London 1968.
5) C. P. Snow, *The Two Cultures: and a Second Look: An Expanded Version of The Two Cultures and the Scientific Revolution*, Cambridge 1964 및 J. S. de la Mothe, *C. P. Snow and the Struggle for Modernity*, Austin 1992 참조. 독일어 번역판은 *Die Zwei Kulturen: literarische und naturwissenschaftliche Intelligenz*, Stuttgart 1967. 또한 F. Leavis, *Cultures: The Significance of C. P. Snow*, Cambridge 1964 및 D. Thompson, ed., *The Leavises*, Cambridge 1984 참조.
6) *Unesco Statistical Yearbook*, 1991 참조.
7) A. P. French, P. J. Kennedy, eds, *Nils Bohr: A Centenary Volume*, Cambridge, Mass., 1985; G. Holton, *Thematic Origins of Scientific Thought*, Cambridge, Mass., 1988.
8) 간략한 개관을 위해서는 S. Greenfield, *The Human Brain*, London 1997.
9) A. H. Guth, *The Inflationary Universe*, London 1997 참조.
10) 개설서로는 D. W. Urwin, *The Community of Europe: A History of European Integration since 1945*, London 1995.
11) 중요한 '탈신화적' 연구서로는 A. S. Milward (G. Brenner, F. Romero 공저), *The European Rescue of the Nation-State*, London 1993 및 A. S. Milward, *The Reconstruction of Western Europe, 1945-51*, London 1984 참조.
12) A. Milward, V. Sorensen, 'Interdependence or integration? A national choice',

in A. S. Milward et al. eds, *The Frontier of National Sovereignty: History and Theory, 1945-92,* London 1993, 1-32.
13) E. J. Hobsbawm, T. Ranger, eds, *The Invention of Tradition,* Cambridge 1983; E. J. Hobsbawm, *Nations and Nationalism since 1780: Programme, Myth, Reality,* Cambridge 1990.
14) 이것은 이미 L. Kohr, *The Breakdown of Nations,* London 1957 및 최근의 Chr. Harvie, T*he Rise of European Regionalism,* London 1993이 주장한 바 있다.
15) 이하 R. Kroes, *De Reegte van Amerika,* Amsterdam 1992 참조.
16) 예를 들면, R. F. Kuisel, *Seducing the French: The Dilemma of Americanization,* New York 1993; R. Willet, *The Amercanization of Germany: Postwar Culture, 1945-9,* London 1989.
17) P. M. Lutzler, 'Bachman und Bernhard an Böhmens Strand: Schriftsteller und Europa oder die Entdeckung des Homo Europaeus Enzensbergensis', *Neue Rundschau* 102/1 (1991), 23-35.
18) S. Harding, D. Phillips, *Contrasting Values in Western Europe: Unity, Diversity and Change,* Basingstoke 1986; S. Ashford, N. Timms, *What Europe Thinks: A Study of Western European Values,* Aldershot 1992; 1993년 이래 네덜란드의 틸부르흐에서 발간된 '유럽적 가치연구 계획(European Values Studies Project)'의 보고서들.
19) R. Williams, *Dream Worlds,* Berkeley 1982, 298-384, *passim.*
20) E. Durkheim, *Formes élémentaires de la vie réligieuse,* Paris 1912.
21) M. Birman, *All that is Solid Melts into Air,* London 1982; A. Ross, *No Respect: Intellectuals and Popular Culture,* London 1989.
22) M. A. Bienefeld, *Working Hours in British Industry: An Economic History,* London 1972 참조.
23) J. M. Keynes, *Essays in the Art of Persuasion,* London 1931, 365 이하.
24) 일반적인 개관을 위해서는 R. Williams, *Culture and Society, 1780-1950,* London 1961 참조.
25) G. Poujol, R. Labourie, *Les Cultures populaires,* Toulouse 1979.
26) W. W. Rostow, *The Stages of Economic Growth,* Cambridge 1961.
27) P. Yonnet, *Modes et masse: la société française et le moderne, 1945-85,* Paris

1985 참조.

28) P. Brantlinger, *Bead and Cirsuses: Theories of Mass Culture as Social Decay*, New York 1983 참조.
29) J. K. Galbraith, *The Affluent Society*, New York 1958, New York, 139 이하.
30) R. Butsch, ed., *For Time and Profit: The Transformation of Leisure into Consumption*, Philadelphia 1990 참조.
31) G. Cross, *Time and Money: The Making of a Consumer Culture*, London 1993, 193 이하에서 재인용. 이 날카로운 연구서는 이 장을 쓰는 데 많은 도움이 되었다.
32) V. Packard, *The Status Seekers*, New York 1959; W. Whyte, *The Organization Man*, New York 1956.
33) R. Inglehart, *Cultural Shift*, Princeton 1990 참조.
34) P. Blyton, *Change in Working Time: An International Review*, New York 1985 참조.
35) W. Gossin, *Le Temps de la vie quotidienne*, Paris 1974.
36) A. Veal, *Sport and Recreation in England and Wales*, London 1979; J. Bishop, P. Higget, eds, *Organizing around Enthusiasm: Mutual Aid in Leisure*, London 1986.
37) J. Dumazedien, *La Révolution culturelle du temps libre, 1968-88*, Paris 1988.
38) 네덜란드 사회 문화 기획부(헤이그)의 1995년 5월자 보고.
39) 이것은 Cross가 *Time and Money, passim.*에서 설득력 있게 제시한 논거이다.
40) 그 배경에 관해서는 L. Tilly, J. W. Scott, *Women, Work and Family*, London 1987 참조.
41) U. Hannerz, *Cultural Complexity: Studies in the Social Organization of Meaning, States, Markets, Movements*, New York 1992.
42) 깊이 있는 연구로는 H. J. Gans, *Popular Culture and High Culture: An Analysis and Evaluation of Taste*, New York 1974.
43) *ILO Yearbook of Labour Statistics: Retrospective Edition on Population Censuses, 1945-89*, Geneva 1990 참조.
44) E. J. Hobsbawm, *The Age of Empire, 1870-1914*, London 1987, 특히 5장.
45) P. Bairoch, *Two Major Shifts in Western European Labour Force: The Decline*

of the Manufacturing Industries and of the Working Class, Geneva 1988.
46) J. Rifkin, *The End of Work: The Decline of the Global Labor Force and the Dawn of the Post-market Era*, New York 1995 참조.
47) F. Ewald, *L'Etat-providence*, Paris 1986.
48) A. Gray, J. McGuigan, eds, *Studying Culture: An Introductory Reader*, London 1993.
49) 이 문제는 많은 논란의 대상이 되고 있다. 가령, F. Zweig, *The Worker in an Affluent Society*, London 1961은 J. Goldthorpe et al., *The Affluent Worker in Class Structure*, London 1961과 반대입장이다. 비록 두 연구가 비전형적인 영국의 사례에 너무 크게 의존하고 있지만.
50) 가르디니에 관해서는 H. Kuhn, *R. Guardini, der Mensch und das Werk*, Darmstadt 1961. 1962년에 가르디니는 에라스무스 상을 받았다.
51) Hannerz, *Cultural Complexity*, passim 참조. *The Polity Reader in Cultural Theory*, Cambridge 1994는 의미심장하게도 첫머리에서 매스컴을 다루고 있다.
52) P. Berger, 'Social sources of Secularization' in J. C. Alexander, S. Seidman, eds, *Culture and Society: Contemporary Debates*, Cambridge 1992, 239-49 참조.
53) R. Wilson, W. Dissanayake, eds, *Global/Local: Cultural Production and the Transnational Imaginary*, London 1996.
54) R. Shields, ed., *Cultures of Internet*, London 1996.
55) 다양한 견해들을 훑어보려면 F. Webster, *Theories of the Information Society*, London 1996 참조.
56) J. Ellis, *Visible Fictions: Cinema, Television, Video*, London 1992, 특히 109 이하, 270 이하.
57) Chr. Jenke, ed., *Visual Culture*, London 1995.
58) Ph. Drummond, R. Patterson, eds, *Television and its Audience: International Research Perspectives*, London 1988.
59) R. C. Allen, *Speaking of Soap Opera*, Chapel Hill, NC, 1985.
60) 개관을 위해서는 M. Mitterauer, *Sozialgeschichte der Jugend*, Frankfurt 1986.
61) R. Floud et al., *Height, Health and History*, Cambridge 1990.
62) *Financial Times*, 11 April 1991, Hobsbawm, *Age of Extremes*, 326에서 재인용.

63) E. J. Hobsbawm, *The Jazz Scene*, New York 1993.
64) 스트라빈스키는 '코스모폴리탄'을 자처했으나, 자신이 인정하는 것보다 훨씬 더 러시아 음악의 전통에 의해 영향을 받았다. R. Taruskin, *Stravinsky and the Russian Tradition*, Oxford 1996.
65) 공공영역에서의 텔레비전의 역할에 관해서는 M. Price, *Television, the Public Sphere and National Identity*, Oxford 1996 참조.
66) O. Marquard, 'Moratorium des Alltags: Eine Kleine Philosophie des Festes', in W. Haug, H. Warnung, eds, *Das Fest*, München 1989, 684-91.
67) P. Manent, *An Intellectual History of Liberalism*, London 1994 참조.

나오며

유럽_현재와 미래

인간은 노력하는 한 방황한다
괴테의 『파우스트』 1부, 천상의 서곡[1]

'들어가며'에서 나는 이 책을 도보여행에 비유한 바 있다. 도보여행에는 흔히 목적지가 있는 법이고, 이제 목적지인 '나오며'에 도달한 터이므로, 나는 새로운 관점에 도달했다고 생각하고 싶다. 되돌아보면, 과거로의 이 여행은 현재에 대한 질문, 따라서 미래에 대한 질문으로 귀결된 것처럼 보인다. 영국의 사학자 로빈 콜링우드는 역사연구의 목적이 무엇이냐는 질문에, 인간으로 하여금 자신에 대해 알도록 하는 것이라고 대답하면서 이렇게 덧붙였다.

인간이 무엇을 할 수 있는지를 드러내는 유일한 지표는 인간이 지금까지 해온 일이다. … 역사의 가치는 인간이 지금까지 무엇을 해왔는지, 다시 말해 인간이 누구인지를 가르쳐준다는 것이다.[2]

사실 내가 보기에 역사학자들은 과거의 탐색을 통해 현재 그들을 매혹시키고 있는 문제들을 벗어나는 데 그치지 않고, 결국은 현재의 시점으로 돌아오기를 원하는 것이다. 비록 그러한 시점이 미리 정해져 있지는 않지만 말이다. 이러한 이유 때문에 역사학자들은 기껏해야 제한된 정도의 보편적 타당성을 자랑할 수 있을 뿐이다. 이는 이 책의 결말에서 제시되는 질문과 견해에 대해서도 마찬가지이다.

17개의 장과 1개의 중간 장에서, 나는 유럽이라는 개념이 처음 도입된 이래 오랫동안 모든 유럽인들이, 특히 그 필요성이 제기되었을 때 유럽의 정체성을 규정하기 위해 사용한 온갖 종류의 문화적 형식들을 통해 어떻게 자신을 표현해왔는지를 보여주려고 시도했다. 이러한 형식들 가운데 일부는 숱한 세월이 지나는 동안 서서히 나타나는 유럽이라는 개념을 규정하기 위해 사용한 일련의 가치들에 규범적 요소로서 첨가되었고, 그 결과 유럽인들이 유럽 외부뿐만 아니라 유럽 내부에서도 자신들을 구분하기 위해 사용한 점점 더 복잡하고 강제적인 규정을 낳았다. 기독교와 기독교 문화는 다 같이 모든 사물의 규범이 되었고, 각종 사고와 행동에 대한 도전적이면서 또한 제한적인 문맥이 되었다. 오랫동안 그것들은 광대한 유라시아 대륙의 한 모퉁이를 차지하고 있다는 지리적인 일치로부터, 그리고 그러는 동안에 주로 실용적인 이유에서, 그리고 많은 사람들이 선호하듯이 이상적인 이유에서, 보다 긴밀한 협력을 추구해온 '유럽'을 형성한 과정에서 가장 강력한 요인으로 작용했다.

유럽역사는 2차 세계대전을 거치면서 전후의 해방과 재건의 분위기 속에서, 그리고 평화와 통일의 요구 속에서, 급속히 새로운 분열적인 요소가 나타났다. 즉 한편으로는 서유럽의 비교적 민주적인 국가들과, 다른 한편으로는 공산정권의 전체주의적 통치하에 들어간 중부유럽과 동유럽 국가들 사이의 관계가 소원해진 것이다. 이러한 상황에서 '유럽의 꿈'은 새로이 설정될 수 있었고 또 새로이 설정되지 않으면 안 되었다. 대부분의 정치가들에게는 주로 정치적·군사적 필요에서, 그리고 이를 위한 전제조건으로서 경제

재건에 서유럽 국가들과 그 시민들을 동원하기 위해서는, 부분적으로 잊혀진 과거의 이미지와 이념들에 호소하는 것이 바람직해 보였다.

유럽 밖에서 감지된 위험이 유럽 안의 자기성찰과 자기규정을 자극했던 과거처럼, 다시 한 번 이러한 이념들은 명확히 정립하기가 어려웠고, 모든 사람이 이의 없이 받아들일 수 있도록 보편타당한 이념으로 정립하기란 더욱 어렵다는 것이 증명되었다. '현대유럽'의 건축가들 가운데 하나인 장 모네는 말년에, 만약 '유럽이라는 집'을 새로 지어야 한다면, 경제적 삶이나 정치적 삶 대신 문화부터 시작할 것이라고 의미심장하게 말했다고 한다. 그가 정확하게 무슨 뜻으로 이 말을 했는지는 알 수 없다. 여기서는 우리가 이 말을 무슨 뜻으로 사용하고 싶은지를 찾아내는 것이 도움이 될 것이다.

일부 비관주의자들은 근본적인 배타성이 완전히 사라지지 않는 한, 그리고 모든 사람에게 동등한 기회가 실현되지 않는 한, 지리적·경제적 통일을 넘어서는 역할을 '유럽'에 요구하는 어떤 호소도 공허하게 들릴 것이라고 주장할지 모른다. 어떤 사람들은 심지어 이른바 '이성의 시대' 또는 '계몽주의'가 분석하고 분류하고 심지어 판정하는, 특별한 종류의 합리적·과학적 사고를 도입함으로써, 유럽의 오랜 유대·기독교적 덕목의 하나인 만인의 근본적인 평등에 반하는 불평등과 배타성을 도입했다고 주장한다.[3]

반면에 낙관주의자들은 유럽적 전통의 핵심내용 가운데 하나는 바로 다양성으로부터 통일을 창조하면서도 동시에 다양성이 존속하도록 허용하는 데 성공한 것이며, 비록 경제적 불평등이 아직 완전히 제거되지는 않았지만 유럽, 보다 정확히 말해 유럽의 복지국가들은 세계 역사상 처음으로 국민 대다수에 대해 어느 정도의 번영과 복리를 실현시켰다고 항변할 것이다. 그들은 이것이야말로 인류에 대한 유럽의 특별한 기여라고 주장할 것이다. 언제나 그렇듯이 역사에 대한 연구는 양측이 다 같이 일면의 타당성을 지니고 있다는 것을 입증해준다.

많은 사람들은 기독교 시대의 세 번째 천 년이 더 이상 '유럽의 시대'가

되지 않을 것이라고 예언한다. 즉 유럽은 전 지구적 지배력을 상실했으므로 — 그것은 영국과 포르투갈이 종전 식민지인 홍콩과 마카오를 중국에 반환한 1997년에 상징적으로 끝났다 — 세 번째 천 년은 '유럽'의 시대가 아니라 '아시아'나 '태평양'의 시대가 될 것이라고 그들은 말한다.[4] 그렇지만 유럽은 미래를 형성하는 데 작용하지 않을 수 없는 과거의 계승자로서 해야 할 역할이 있을 것이고, 그 역할은 그러한 미래의 진로를 결정하게 될 과거를 해석하고 사용하는 것임이 분명하다.

오랫동안 유럽에 모종의 결속력을 부여한 문화적 표현들 가운데 상당수는 처음에 항상 문화의 주요 담당층이었던 소수의 유력한 식자층에 의해서만 생산되고 경험되었다. 비록 기독교가 16세기 이후 수많은 종파로 갈라졌지만, 이 식자층은 대부분의 다른 유럽인들과 같은 종교를 가지고 있었던 것이 사실이다. 그러나 이 집단은 대다수의 유럽인들이 표명하지 않았고 그들에게는 거의 무의미한 이상들과 규범들을 기독교에 준하여, 그리고 점차 기독교에 반하여 발전시킨 것도 사실이다. 이 집단은 오랫동안 엘리트들에 의해 지배되고 때로는 엘리트들을 위해 유지된 제도 속에서 자기 문화를 표현했다. 이러한 제도 가운데 기독교와 교회 그리고 교육이 아마도 가장 중요했을 것이다. 그리고 점차 확산되는 읽기와 쓰기, 예술과 과학, 그리고 여행을 통한 소통이 이러한 문화 가운데서 가장 뚜렷이 드러난 문화적 현상이었다.

유럽의 이러한 엘리트 문화를 자리매김하기 위한 대부분의 연구들은 분명 유럽 주민들의 대다수가 멀거나 가까운 과거에는 이러한 특정한 문화, 비록 식자층의 문화이며 따라서 엘리트의 문화임을 인정해야겠지만, 흔히 유럽적 전통 자체로 규정되는 문화에 거의 참여하지 않았다는 결정적인 사실을 부인하는 것처럼 보인다. 이것은 정치나 선전의 관점에서 보면 이해가 가지만, 학자의 관점에서 보면 많은 문제점을 안고 있다. 게다가 그 속에 내재한 가정은 실제적인 문화현실에 의해 언제나 채워지지는 않는 헛된 기대들을 만들어낸다.

대체로 지난 수천 년 동안, 유럽인들은 교육과 독서, 여행 등을 통해 그러한 엘리트 문화의 역사적 뿌리와 그것의 많은 표현들, 그리고 그것의 표현이라 불리고 흔히 보편적으로 적용될 수 있다고 선전된 이념, 가치들과 대면한 적이 없다.

모든 유럽인들이 종교를 통해, 즉 수많은 기독교 교회들 가운데 하나의 교회에 의해 전파된 종교를 통해, 적어도 몇 개의 핵심개념들과 친숙해진 것은 사실이다. 그 중에서도 가장 중요한 개념은 아마 모든 사람이 하늘나라의 하느님 앞에서 평등하다는 것, 따라서 지상에서도 법 앞에서 만인이 평등하다는 생각일 것이다. 영원한 존재인 하느님에게는 유태인도 그리스인도 남자도 여자도 주인도 종도 없으니 모든 사람이 평등하다고 사도 바울은 주장했다. 그리고 예컨대 '사회정의'처럼 여기서 파생한 수많은 가치들은 — 아무리 막연한 것일지라도 — 비록 정치적·수사적 차원으로 국한되기는 했지만, 많은 유럽인들의 기대에 엄청난 영향을 끼쳤다.

19세기 후반 이후 교육의 확대로 대부분의 유럽인들이 정부와 교육받은 엘리트들이 꼭 필요하다고 생각하는 가치들, 직·간접적으로 기독교 사상의 저수지에서 발원한 가치들과 대면하게 되었다. 그러나 한 가지 사실을 잊어서는 안 된다. 19세기 말 이래로 점점 많은 집단이 교육을 받을 수 있게 되었지만, 대부분의 유럽인들이 2차 세계대전까지 받을 수 있었던 교육은 북서부 유럽과 중부유럽, 동유럽과 남유럽 사이의 커다란 차이에도 불구하고 매우 제한된 내용과 영역을 지닌 초등교육에 불과했다는 사실을.

한편, 종교와 문화적 전통으로서의 기독교의 영향력은 서서히 줄어들고 있었다. 이것은 실제적인 신앙의 경험에서, 그리고 그 결과 모든 일상생활에서 나타났으며, 특히 교육에서 두드러지게 나타났다. 고대 그리스-로마의 고전과 그 전통에 대한 지식이 감소함에 따라, 오늘날 많은 유럽인들이 간직하고 있는 것처럼 보이는 것은, 더 이상 알려진 과거에 확고히 뿌리박지 않은 것이 분명한, 막연한 믿음 같은 것이다. 또한 그러한 믿음은 역사적 관점없이 생활화되기 때문에 그것을 비판할 수 있는 근거와 가능성이 결여되어 있다고 덧붙일 수 있을 것이다.

게다가 많은 이들은 19세기에 서서히 위력이 강해지면서 흔히 소비 문화를 조장하는 메시지를 전달했던 매스 커뮤니케이션이 지금까지 유럽적이라고 불리는 이념들과 가치들의 확고한 기반을 다지는 데 별다른 기여를 하지 않은 것 같다고 생각한다. 20세기 후반 이후 다분히 엘리트적인 '문화여행'을 대신하여 급속도로 확산된 대중관광이 그 비슷한 기능을 떠맡았는지에 대해서도 역시 회의적이다.

또한 많은 유럽국가들에서 동일하거나 비교할 만한 문화제도들이 거의 동일한 이념들을 유포시켰다는 사실에도 불구하고, 의문의 여지 없이 많은 '유럽적 가치들'이 매우 다른 정치적·이데올로기적 체제 속에서 실현되었다. 이러한 유럽적 가치들은 의회주의적·입헌주의적 맥락 속으로 이행되었거나 이행되고 있으며, 그 속에서 자유주의적 이데올로기나 사회민주주의적 이데올로기, 또는 종교적 민주주의 이데올로기로 표현되었다. 그러나 그것들은 때로 보수적·권위주의적 관점에서 해석되기도 하는데, 그것은 흔히 사회적 또는 종교적 심성의 틀에서 비롯된 것이며, 이러한 틀 속에서 의회주의적·입헌주의적 사고와 행동의 말살은 하나의 가능성이나 필연성으로까지 여겨졌고 또 지금도 그렇게 여겨지고 있다. 더구나 이러한 문화와 가치가 독특한 인도주의를 표방한다고 해서 전쟁과 조직적 억압, 그리고 심지어 동료 인간들의 말살이라는 재앙을 막지는 못했다.

따라서 우리는 유럽에 살고 있는 사람들이, '유럽적'이라는 명칭은 단순히 한 지역 안에 있다는 단순한 사실 이상을 가리킨다고 주장하는 것이 옳은 것인지 묻지 않을 수 없다. 더욱이 그러한 지역개념은 역사가 진행되면서 확산되었으며, 모든 '유럽적' 문화들을 같은 방식으로, 같은 깊이로 형성하지도 않았다. 이와 함께 우리는 또한 많은 사람들에게 '유럽적' 문화란 이미 오랜 과거지사가 되어버린 것은 아닌지 물어야 할지도 모른다.

이 자리에서 이러한 문제들을 검토하면서 나는 역사연구의 연습으로서 유럽이라는 개념의 결론적인 분석을 제시하는 것은 결코 아니다. 또한 나는 유럽이 정치적으로 따라야 할 방향에 대해 어떤 선언을 하자고 제안하는 것도 아니다. 비록 과거가 현재를 형성하도록 도와준 것은 바로 이런 점에서이긴 하지만 말이다. 궁극적으로 이러한 분석의 중요성은 유럽인들이 현재와 미래에 유럽에 부여하기를 원하는 기능에 의해서만 그 의미를 찾을 수 있을 것이다.

  현재와 미래에 대한 이러한 문제들을 배경으로 해서, 과거에 사람들이 '유럽'에 부여하려고 했던 내용을 보다 근본적으로 검토하는 것이 뜻있는 일이 될 것이다. 왜냐하면 이러한 명칭을 어떤 의도하에서 의식적·무의식적으로 사용하는 우리 유럽인 자신이, '유럽인이라는 것'이 무엇을 뜻할 수 있고 뜻하는지를 알고자 하기 때문이다. '유럽'이 무엇을 뜻하는지를 묻는 것은 본질적으로 어떤 집단의 정체성에 대한 규정이 반드시 감당해야 하는 도덕적·윤리적 책임에 관해 묻는 것이다. 형용사로 사용되는 '유럽적'이라는 말은 흔히 어떤 질적인 기준을 함축하고 있다. 따라서 오늘날의 '유럽'의 복잡한 현실에 대한 다음과 같은 설명은 적절한 것처럼 보인다.

  '유럽'은 외관상 상대적 통일체로 나타난다. 유럽은 도덕적 선택까지 포함한다고 주장하는 어떤 경제적·정치적 선택과 성취를 지적함으로써 부분적으로 자신을 정당화한다. 보다 중요한 것은 유럽이 풍부한 문화적 전통의 결과물인 어떤 가치들을 옹호하려 한다는 것이다. 그렇지만 정치적 차원이나 사회 문화적 조직의 모든 차원에서 유럽인들 자신 사이에서 '우리'와 '다른 사람들'을 구분해서 부름으로써 그 결과 편협함과 제한적인 행동이 나타난 것을 우리는 알고 있다. 실제로 다른 가치들이 수용되지 않는 것은 물론이고, 이른바 '유럽적 전통'에 대한 많은 정의 속에서 중심적인 위치를 차지하는 자유까지도, 따라서 가끔은 관용까지도 결여되어 있는 것이 유럽의 현실이다.

수세기 동안 유럽인들은 그들의 세계를 규정하는 터무니없이 단순하면서도 체질화된 내부인/외부인을 대립시켜 사고해왔다. 즉 문명과 야만, 기독교와 이교, 믿는 자와 이단자, 도시와 시골, '고급'과 '저급', 그리고 후대에는 백인과 흑인을 대립적으로 보았고, 이 밖에도 북과 남, 서와 동을 대립시켜 사고해왔다.5) 가장 쉽게 눈에 띄는 마지막 두 가지 대립에 있어, 산업혁명과 프랑스 혁명이 물질적·정치사회적 상황에 미친 영향은 이러한 도식화를 강화시켰을 뿐이다. 19세기 초 이래, 북·서 유럽은 자신의 영역 안에서 실현된 번영과 특정한 정치제도의 발생을, 우월한 문화의 표지로서 문명과 진보를 측정하는 절대적 기준으로 사용하는 경향이 전보다 더 뚜렷해졌다. 게다가 이러한 기준은 유럽의 안과 밖에 다 같이 적용되었다. 더구나 유럽 내부에서도 다른 민족이나 지역의 관습과 전통에 대한 이해의 결핍은 때로는 우스갯소리로만 표현되지만, 기근이나 기타 제약에 의해 야기된 대립의 시기에는 보다 격렬하게, 노골적으로 표현되었고 지금도 표현되고 있다.

민주주의 체제의 생활현실로서 자유와 관용, 동등한 기회 같은 유럽적 가치의 문제는 1980년대에 새로운 현상, 즉 많은 사람들이 재빨리 선동적으로 새로운 '적'이라고 말한 현상이 나타났을 때 표면화되었다. 그것은 1960년대 이후 북·서 유럽이 특히 남유럽과 아프리카 북부 연안 국가들로부터 데려온 수많은 이주 노동자들의 문화라는 현상이었다. 나는 그것이 유럽적 가치들의 역량은 물론이고 그 타당성에 대한 특히 예민한 시금석으로 여길 만하다고 생각한다.

많은 유럽인들은 세계의 한 부분인 이 지역에 살고 있는 다른 사람들도 같은 유럽인이라고 느끼는지, 그리고 그들이 어떤 규범과 가치를 공유하고 있는가 하는 두 가지 문제보다는 그들이 다른 사람들, 즉 '외부세계'에 대해 자신을 규정할 수 있어야 한다는 필요에 더 관심을 가지고 있는 것처럼 보인다. 여기서 다른 사람들, 즉 타자(他者)란 분명히 피부색이 다른 사람들, 특히 종교면에서, 그리고 그로 인한 수많은 관습과 규범 면에서, 그 문화적 표현이 유럽인들이 지금 '정상적'이라고 간주하는 것과 다르거나 보다 노골적인 사람들, 유럽의 번영을 위협할 수 있는 사람들을 말한다. '우리'와 '다른 사람들' 간의 이러한 대립은 전 세계적인 현상인 집단의 안전을 보장할 필요성에서 나온 것임을 인정하지 않으면 안 된다. 이 경우, '같음'과 '다름'은 차별과 자신(自信), 권력의 바탕이 되는 판단기준의 역할을 한다. 어떤 체제든—민족국가든 유럽이든—자신의 꿈에 충실한 한, 그리고 그러한 꿈을 실현시키겠다는 약속—물질적인 것이든 비물질적인 것이든—에 충실한 한, 계속 결속력을 제공할 수 있다. 이는 모든 체제, 그리고 어떤 체제든 그 능력의 한계를 지니고 있으며, 어떤 형태의 공공의 동의에 의해 그 전제를 바꾸지 않은 한 무한정 계속 발전할 수 없다는 것을 의미한다.

다양한 지중해 문화권 출신의 '이주' 유럽인들의 첫번째 '물결'은 분명히 1960, 70년대에 유럽이 경험했고 오늘날의 유럽사회를 만든 전례없는 경제적 번영에 크게 기여했다. 동시에 그 결과 수천만의 회교도 인구가 생겼다.[6) 그들이 '단일' 회교에 속한 것으로 보거나 묘사하는 것은, 마치 기독교인들이 자신을 그렇게 묘사할 수 없는 것처럼 위험하고도 어리석은 일이 될 것이다. 이러한 '새로운' 유럽인들은 흔히 이곳에서 태어난 2세나 3세, 4세임을 알면서도 '우리'와 '그들' 사이에 분단선을 그음으로써 그들이 유럽에 살 권리에 의문을 제기하는 것은 비인간적이다. 게다가 그것은 '타자들'과의 반복적인 접촉의 결과인 유럽 문화 자체의 발생에 대한 통찰의 결핍을 반영한다. 그러한 '타자들'은 흔히 비유럽 지역에서 유럽으로 이주해왔다.

단지 인구학적인 요인의 결과라 할지라도, 이러한 집단들의 문화는 그것을 받아들인 각개 '민족' 문화뿐만 아니라 '유럽' 문화에서도 점점 더 적극적인 역할을 하게 될 것이다. 이러한 문화들은 유럽사회에 의해 변화되기도 하지만, 엄연히 유럽사회 속의 부인할 수 없는 요소이기도 하다.

셰익스피어의 드라마 『오셀로』(1611)에서 '무어인'은 주역으로 등장한다. 유럽으로서는 회교도인 검은 피부의 이 아프리카인과의 만남이 '타자'와의 가장 오래된 역사적인 만남이었다. 베네치아군에 복무하는 무어인 제독인 이 비극적 인물은 유럽 최초의 이주 노동자였다고 할 수 있다. 셰익스피어는 오셀로를 '객관적으로', 다시 말해 그의 긍정적인 면과 부정적인 면을 같이 묘사함으로써 그의 일반적인 인간적 면모를 드러냈다. 게다가 오셀로의 적수인 '백인' 이아고는 그야말로 악당인데, 이 점에서 작가는 상투적 인간형은 피해야 한다는 것을 보여주려고 한 듯하다. 작가는 차라리 '무어인' 역은 검은 가면을 쓴 백인이 맡고, 이아고는 흰 가면을 쓴 흑인이 맡기를 바랐다. 아마도 유럽인들은 어떤 배경에서든 일상생활의 드라마에서도 이 같은 형태의 '배역'을 더 자주 시도해야 할 것이다.

그러나 관용에 대한 셰익스피어의 호소는 여기에 그치지 않는 것 같다. 『폭풍 Tempest』의 프로스페로가 궁극적으로 '야만인' 인디언 칼리반을 그의 '그림자'라고 부를 때, 그는 자기 자신 속의, 즉 모든 인간 내부의 본질적인 '어둠'을 인정하고 있는 것이다. 그렇지만 새로운 '타자들'과의 만남에 이를 정도로 관용이 이처럼 항구적으로 또는 반복적으로 자기비판의 기능을 획득하고, 그래서 자신이 다른 인간들 속의 어떤 인간임을 스스로 인정할 수는 있지만, 그렇다고 해서 다른 인간들(타자들)과의 본질적인 차이를 완전히 수용하게 되는 것은 아니다. 이러한 만남이 점진적인 적응이나 변화 또는 동화에 이르지 않는 한, 모든 인간과 문화는 오직 자신을 지키기 위해서라도 어떤 행동이나 상황을 받아들일 수 없다고 간주할 것이다. 규범과 가치가 없는 관용은 자의(恣意)와 억압에 이르게 된다.

'타자', 즉 지중해 출신의 이주 노동자들과 아프리카와 아시아 출신의 정치적 망명자들과의 만남이 문화섭취의 과정이 될지, 문화동화의 과정이 될지는 아직까지 불확실하다. 유럽이 지중해 문화의 기원으로, 부분적으로 아시아-아프리카 문화의 기원으로 돌아갈지도 모른다는 것은 멋진 생각이다. 유럽 안의 어떤 정치적 구성단위나 유럽이라는 정치적 단위의 문화가 '기독교 시대'의 세 번째 천 년 동안에는 더 이상 유일 기독교 문화일 리가 없다는 것이 나에게는 논란의 여지가 없는 사실인 것처럼 여겨진다.

많은 사람들의 향수에도 불구하고, 앞으로 유럽은 교회의 종탑과 십자가와 종소리가 거의 본능적으로, 문화와 연대를 전방위적으로 가리키는 수많은 정서와 이미지들을 환기시키지는 않는 곳이 될 것이다. 그러나 회교도인 유럽인들 사이에서도 세속화는 강화될 것이며, 회교사원(모스크)과 그 첨탑, 큰 소리로 기도시간을 알리는 사람의 집단의식을 강조하는 힘도 필연적으로 약화될 것이다. 아마도 똑같은 일이 유럽에 들어온 다른 종교적 문화에도 일어날 것이다. 현재 유럽의 토대로 형성되고 있는 이러한 서로 다른 문화적 전통들에 대해 일련의 공통의 가치들과 공유된 이상들을 제공하는 것이 유럽이 직면한 가장 커다란 도전들 가운데 하나이다.

이러한 도전은 또 다른 사태의 진전에 의해 심화되었다. 1989년 이후, 짧게는 두 세대에 걸쳐, 그리고 길게는 세 세대에 걸쳐, 중부유럽과 동부유럽 대부분의 나라들의 경제와 정치, 사회를 지배해온 공산주의 정권들이 적어도 외형적으로는 붕괴되었다. 이러한 나라들과 그 주민들이 서방세계의 성취에 적응할 기회를 잡을지 또는 그러한 기회가 주어질지, 현재로서는 명확하게 답할 수 없다. 최근까지 전체주의적이었던 정치·경제체제로부터 자유주의 체제나 사회민주주의 체제와 자유시장 경제가 최고의 가치로 통용되는 상황에 적응하기란 지극히 힘들 것이 틀림없다.

특정한 정치적 선택이나 사회적 선택이, 자동적으로든 그렇지 않든, 특정한 문화적 표현을 뜻하지는 않기 때문에 이 문제는 더욱 더 복잡하다. 한 가지 질문만 던진다면, 많은 중부유럽인들과 동부유럽인들이 상대적으로 힘겨웠던 수십 년의 세월을 겪은 이 시점에서 동경해 마지않는 소비 문화가 반드시 서구적 형식의 민주주의나 세속화와 동행하는 것일까?

그러한 적응과정은 분명히 일방적일 수는 없을 것이다. 현재로서는 서구적 가치들이 어디에서나 승리하고 있고, 따라서 지배적이다. 그러나 국가 주도의 사회주의란 분명 더 이상 설득력 있는 목표가 아닌 것처럼 보이는 반면에, 그것의 가장 중요하고 핵심적인 가치 가운데 하나인 사회정의와 인간적인 존엄이 보장되는 체제를 만들고자 하는 소망은 본디 유럽이 만들어낸 가치였으며, 그것은 근본적인 현안이 되어야 한다는 사실을 잊어서는 안 된다. 아마도 이것은 원래 19세기에 그랬던 것처럼, 자본주의 사회의 급진개혁적인 자기비판의 형식으로 재규정될 수 있을 것이다. 그리고 이 문제는 앞으로 유럽이 직면하게 될 또 다른 커다란 도전이라고 말할 수 있을 것이다.

마지막 질문은 당연히, 유럽의 수많은 가치 가운데 무엇이 앞으로 유럽의 결속을 보장해줄 만큼 강력한 힘을 발휘할 것인가 하는 것이다. 이것은 역사학자들이 던질 수 있는 질문이지만, 그들이 '과학적으로' 답할 수는 없는 질문이다.

옳거나 그르다는 판단은 적어도 부분적으로는 문화적으로 조건지워진 것처럼 보이기 때문에, 인간이 그릇된 행동을 하지 못하도록 만드는 선천적인 도덕성을 가지고 있음을 증명하기란 정말 어렵다. 많은 유럽인들이 세속화되고 점점 지구화되는 사회 속에서 정신적 좌표를 찾기 위해 지금 벌이고 있는 '지구적' 윤리의 탐구는, 비록 아직까지 성공적이지 않은 것이 분명하지만, 현실적이다.

그럼에도 불구하고 인간은 분명 도덕적 본능을 가지고 있는 것 같다. 적어도 자신이 잘 알고 가깝게 느끼는 사람들을 보호하고 싶어하도록 만드는 도덕적 본능은 가지고 있는 것 같다. 이러한 의미에서, 도덕성은 대체로 사회현실에 선행한다. 고도의 조직적 합리성, 즉 유럽사회의 특징을 이루고 있는 '근대성'을 지닌 사회구조들의 잠재적인 비인간적 측면들에 대항하기 위한 무기로서 이러한 도덕성은 반드시 보존해야 한다. 그렇게 할 수 있으려면, 다원주의와 그것의 정치적 부수물인 민주주의가 필수적인 전제조건인 것처럼 보인다. 그러나 모든 사람이 이러한 견해를 공유하고 있다고 가정할 수는 없다. 유럽과 아시아 사이의 최근의 논의가 보여주듯이, 개인의 권리가 최우선적인 중요성을 가지며, 민주주의는 그것을 보장해주는 최선의 장치라는 유럽측의 확신에 대해, 아시아측은 공동체의 안정이 최우선이며 개인은 이에 종속되어야 한다는 생각으로 맞섰다.

그럼에도 불구하고, 많은 유럽인들은 이러한 다원주의적 견해가 현존하는 국민국가들 안에서뿐만 아니라, 특히 유럽연합 안에서 이상들을 촉진시키기를 원하고 그것에 의해 촉진되는 사회를 위한 최선의 문화적 보장이라고 생각한다. 문화에 의해 사회구조가 조절되는 문명을 창조하는 것이 최선의 방법인 것처럼 보인다. 문화는 사회가 기계적인 행동과 편협한 운동의 지배를 받지 못하도록 돕는다. 문화는 권위주의적이거나 심지어 전체주의적인 태도와 조직의 성장을 막는다. 비록 어떤 개인이나 집단도 사회가 필요로 하는 결속력을 제공할 규칙과 규정을 내놓을 만한 도덕적 권위를 주장할 수 없는 상황을 조성할 위험에 직면한다 해도, 문화는 사람들로 하여금 자신의 책임을 지도록 강요한다.[7]

이러한 사유방식의 지적 배경에 대해, 나치의 유태인 박멸 기도를 견뎌낸 리투아니아-프랑스계 유태인 철학자 엠마누엘 레비나스(1905-93)의 현대 유럽 문화에 대한 분석을 참조할 수 있다. 양차 대전 사이에 『존재와 시간 Sein und Zeit』(1927)을 통해 유럽인들의 사유에 커다란 영향을 끼친 위대한 독일 철학자 마틴 하이데거(1889-1976)에 반대하여 레비나스는 '존재(to be)'가 아니라 '생존(being)'이 인간의 궁극적 기능이라고 주장했다. 왜냐하면 '생존'이란 '타자'와 타자의 필요를 끊임없이 상기하면서 사는 것을 의미하기 때문이다. 이것은 소외와 몰이해에 이르지 않는다. 그 반대로 그것은 기본적 형태의 인도주의와 타자에 대한 의식을 낳으며, 이로부터 '살인하지 말라', '다른 이에게 … 해주라'는 식의 기본적인 도덕거념이 나타난다.[8]

실제로 유럽에는 사회 속의 인간을 세 가지 측면에서 보려는 합의가 존재하는 것 같다. 즉 모든 인간은 고유하며, 모든 인간은 선악에 대해 스스로 선택해야 한다는 것, 그리고 무엇보다도 인간으로 존재한다는 것은 타자에 대해 책임진다는 것을 의미한다는 것이다. 타자에 대해 책임진다는 것은 전체적으로 사회의 질을 유지하기 위해 남을 보호한다는 것을 의미한다. 자유, 안전, 만인의 번영이 유럽 문화가 가장 소중하게 여기는 가치인 것처럼 보인다. 이러한 가치들은 단순히 매일매일을 생존하려는 인간의 이기적 본능을 넘어선다. 그렇지만 이러한 가치들이 저절로 나타나는 것은 아니다. 그것들은 그것들을 지탱하는 문화의 맥락 안에서 끊임없이 재확인되지 않으면 안 된다.

과거라는 유리한 지점에서 불확실한 미래를 마주하여, 그들이 건설했고 소중하게 간직하고 있는 문화가 이제 신화와 현실이 되어버린 '유럽'의 맥락 속에서 지속적인 자극을 줄 것을 원하는 유럽인들은9) 과거에 — 보다 정확히 말하자면 처음에는 지식인들에 의해,10) 그러나 18세기 이후에는 점점 더 많은 집단에 의해 표현되고 기호화된, 과거의 위대한 가치들과 전통들의 현재적 의미를, 부단히 그리고 비판적으로 평가하지 않으면 안 될 것이다.

물론, 이러한 참여야말로 우리가 계속해서 촉진해야 할 과정이다. 결국, 지식인들 스스로도 앞으로 결코 유럽을 지난 2500년 동안 성장해온, 자랑스럽게 경험된 현실로 만들게 되지는 않을 것이다.11) 말을 바꾸면, 옥스포드의 러시아 출신 고대사 교수 로스토프체프가 썼듯이 "우리 문명은 한 계급의 문명이 아니라 대중의 문명일 경우에만 존속하게 될 것이다." 의식적이든 무의식적이든 지식인으로서 자신의 입장을 밝히면서, 그는 다음과 같은 두 가지 질문을 덧붙였다.

> 하층계급들이 문명의 수준을 떨어뜨리지 않으면서, 그리고 그 질을 소멸단계로까지 희석시키지 않으면서, 상위의 문명에 참여하는 것이 가능할까? 모든 문명은 여과되어 대중에게 확산되자마자 사라질 운명이 아닐까?12)

이러한 구절들은 1926년에 씌어졌다. 이 구절들은 불편한 전제를 깔고 있는 인기 없는 질문들을 던지고 있는데, 요즘에는 정치적 고려 때문에 이를 공개적으로 발설하는 것이 금지되고 있는 것처럼 보인다. 그러나 이 문제들은 언론매체나 정치권 또는 대학에서 이루어지는 문화에 대한 모든 토론에서 여전히 암암리에 작용하고 있다. 의심의 여지 없이, 유럽의 가장 커다란 도전은 유럽이 중요하게 여겨왔던 가치들을 끊임없이 재확인하고 가능한 한 대다수의 사람들이 이를 실천하도록 하는 것이다. 독일 시인 노발리스의 말을 빌면, 만약 유럽이 그 문화적 유산을 보존하려 한다면, 같은 이상을 공유한 보통 사람들을 필요로 한다. 왜냐하면 자신의 신념과 희망을 드러내는 몇 마디로 그가 말했듯이, "사람들이 바뀌어야 세상이 바뀌기" 때문이다.

따라서 "무엇을 할 것인가?"라는 로스토프체프의 함축적인 질문에 대한 가장 적절한 대답은, 건전한 교육에 가능한 한 많은 관심을 기울이는 것이리라. 어떤 문화에 고유성과 결속력을 제공하는 어떤 이념과 도덕적 가치들의 전수는 여전히 교육의 가장 중요한 과제이기 때문이다. 교육은 전통적인 국가의 테두리 안에서 사회 전체를 위해 기능하고 있는 소수의 '사회화 제도들' 가운데 하나이기 때문에 더욱 그러하다. 그렇지만 이러한 결론은, "누가, 어떤 가치들을 교육에 도입할 것인가?"라는 문제를 제기한다. 논란의 여지 없는 문화의 세계화 추세 속에서, 일종의 민족적 정체성을 확인해주는 가치들이 여전히 존재할 것인가? 또한 일련의 공통의 뿌리를 통해, 이러한 수많은 민족적 정체성들의 논리적 총합으로서 경험된 유럽 문화라는 것이 여전히 존재할 것인가?

적어도 이러한 가치들이 계속 존속하기 위한 환경을 만들기 위해, 우리는 그러한 가치들이 사실상 사라질 위험이 점점 커지고 있음을 깨닫고, 가능한 한 많은 유럽인들 사이에서 역사의식을 향상시키는 데 관심을 가져야 한다. 국가와 산업이 직업훈련과 재택(在宅)교육을 강조하고, 2차교육과 3차교육을 받는 사람들이 점점 더 많이 학교외 활동에 참여함에 따라, 공통의 지식체계와 가치체계의 결핍이 안쓰럽게 느껴지고 있다.[13] 이러한 현상은 이러한 가치들의 뿌리라고 여겨지는 여러 문화에 대한 지식이 점차 교육에서 소홀히 다루어지고 있다는 사실 때문일까? 아니면 계몽주의와 프랑스 대혁명 이후에 특히 경제적으로 유럽을 지배했던 북서유럽에서 '유럽적 가치들의 규범'에 추가된 이러한 이상들이, 이른바 문명의 요람인 그리스와 이탈리아에서보다 수십 년 간 구조적으로 덜 보장되었다는 사실 때문일까? 아니면 너무도 안이하게 미국의 영향으로 설명되는 생활과 문화의 상업화와 증가하는 물질주의에 비난의 화살을 돌려야 할까?

비판적인 관점을 제공하기 위해서는 교육은 반드시 건전한 역사교육을 포함해야 한다. 왜냐하면 특히 영화와 텔레비전, 컴퓨터 정보서비스에 의해 제공되는 통신의 증가는 어떤 식으로든 보여줄 수 있는 현재와 과거의 거의 모든 측면에 대한 시각적 '지식'을 만들어냈기 때문이다. 한편으로 이것은 역사의 기본 메커니즘의 하나인 인간의 상호의존성이 증가하도록 보장해주는 것처럼 보인다. 왜냐하면 사람들과 그들이 속한 집단, 즉 사회적 구조들은 계속해서 서로 상대방으로부터 배우지 않으면 안 될 것이기 때문이다. 그러나 새로운 매체들에 의해 보여지는 많은 것들이 의도적으로 조립된(프로그램된) 비현실이라는 바로 그 이유 때문에, 이로부터 생겨나는 백과사전식 기억은 비현실적이고, 주로 감상적이며, 덜 인간적인 세계로 변할 위험에 놓여 있다. 만약 유럽 문화의 이러저러한 측면들을 교육적 상황 속에서, 그리고 덧붙이자면 이 점에서 막중한 책임을 지고 있는 현대의 매스미디어 속에서, 윤곽 짓고 해석하고 우리 시대에 대한 의미를 비판하지 않는다면, 유럽문명의 고전적인 기원과 그것이 생산적인 긴장의 과정 속에서 기독교적 전통과 어떻게 뒤얽히게 되었는지를 계속해서 얘기하는 것은 사실상 무의미한 일이다. 과거를 제대로 알지 못한다면, 전통과 쇄신의 건전한 관점을 바탕으로 올바른 선택을 할 수 없게 될 것이다.

따라서 역사교육은 가장 넓은 의미에서 지난 수천 년 동안 주로 (서)유럽 여러 나라에서 발전해온 경제적·사회적·문화적 구조들의 발생에 대한 적절한 개관을 제공해야 할 것이다. 그것은 왜, 그리고 어떻게, 전통적으로 안전을 보장해주던 (대)가족과 이웃, 종교적 공동체 등 사회 문화적 핵심영역들이 점점 더 알아볼 수 없게 그 구분이 희미해졌는지를 설명해줄 것이다. 또한 그것은 몇몇 사람들이 믿듯이 오늘날의 삶에는 정체성의 차원이 결여되어 있는지를 물을 것이고, 그리고 어쩌면 다른 형태의 정체성들이 형성되고 있음을 보여줄 것이다.

역사교육은 유럽적 이상의 전통적 지주인 기독교와 기독교적 문화전통의 역할을 강조하고, 로마 가톨릭 교회건 희랍정교건 다양한 종파의 개신교회건 간에, 그리고 그들의 정책이 얼마나 논란의 여지가 있든지 간에, 교회가 수세기 동안 문화담당자로서 유럽의 규범과 가치에 심대한 영향을 미쳤다는 것, ─ 한편 많은 사람들에게는 알려지지 않은 가운데서도, 회교문명 역시 수세기 동안 유럽 문화의 한 세력이었다는 것을 보여줄 것이다. 역사교육은 이 세상의 물질에 내재하는 신의 초자연적 힘에 대한 공식적인 믿음이 적어도 대부분의 서유럽 사회에서 서서히 쇠퇴하는 탈(脫)마법의 과정을 분석할 것이다. 그것은 또한 2차 세계대전 후에 서구에서 왜 교회가 일상적 행동에 대한 엄격한 규범을 설정하는 권위를 점차 상실하게 되었는지, 그리고 왜 보다 넓은 의미에서 문화적 권위를 상실하게 되었는지를 설명해줄 것이다. 그리고 그것은 자연과학에 대한 고유의 믿음에 기초하든, 휴머니즘의 형태로든, 그리고 때로는 전통적인 교회보다는 제도적으로 힘이 약하지만 많은 사람들에게는 정서적으로, 따라서 문화적으로는 중요한 정신성의 형태로 존재하는 최근에 생겨난 또 다른 확실성들의 기원을 개관해줄 것이다.

역사교육은 경제생활과 문화 전반에서 보다 합리주의적인 사고와 행동이 증가하는 것을 분석하고, 이와 함께 과학이 득세하는 것을 설명할 것이다. 두 가지 과정은 16세기부터 분명해졌으며, 18세기 이후 유럽에서 점점 생활을 지배하게 되었다. 역사교육은 이러한 과정들이 엄청난 번영을 가져왔음을 강조하고, 어떻게 이러한 상황이 온갖 종류의 창조적인 국제화에 이르게 되었는지, 그리고 이것이 현재 경제분야뿐만 아니라 문화적 영역에서의 '지구화'를 낳았는지를 보여줄 것이다. 역사교육은 이러한 진전들이 단결심과 전통, 문화와 민족적 정체성 등의 가치에 대한 믿음의 쇠퇴를 촉진하고 강화하려고 위협하는지, 아니면 문화적 고유성과 결속은 더 이상 특정한 지역과 연결될 필요가 없는지를 물을 것이다. 왜냐하면 예컨대 종교와 과학, 음악과 영화는 많은 사람들에 의해 쉽게 받아들여지는 초국가적인 차원이나 심지어 지구적 차원을 지니고 있기 때문이다.

그러나 1950년대와 60년대에 태어난 사람들이 아마도 마지막 '유럽중심적 세대'가 될 것이기 때문에,[14] 그들의 자식과 손자들에 대한 교육은 지난 수세기 동안 고전적인 그리스와 로마의 문화 속에서 표현되었거나 표현되었다고 간주되는 중심적 가치들 — 자유와 개성, 창조성, 민주주의, 즉 다원주의 — 에 대한 호소가 변화하는 필요에 부응하기 위해 어떻게 계속 적응해왔는지를 보여줄 것이다. 역사교육은 왜 이러한 호소가 20세기 전반에 충분히 효과를 거두지 못했는지를 설명하려고 노력할 것이다. 역사교육은 또한 2차 세계대전 후에 그러한 호소가 비록 변형되기는 했지만 다시 힘을 얻게 되었다는 것을 보여줄 것이다.

따라서 과거를 탐색하고 그것을 통해 현재를 탐색함으로써, 교육은 현대사회에 어떤 토대를 제공해줄 것이다. 그것은 사회가 자신을 위해 할 수 있는 최선의 일이다. 역사의 목표 가운데 하나는 언제나 지침을 제공하고 희망을 주는 것임을 인정한다면, 또한 가치들의 타당성은 역사적 사례에 의해서가 아니라 오직 일상적인 실천에 의해 증명되어야 한다는 것도 확실히 알아야 한다. 그러므로 나는 감히 말하건대, '유럽'은 계속 인도적으로 자신을 드러냄으로써만 계속해서 어떤 의미를 가지게 될 것이다. 그러나 자신의 문화적 유산에 자부심을 가지는 것이 무비판적·무조건적으로 그것을 다른 사람들에게 강요하는 것을 뜻해서는 안 된다. 최근 '유럽'에서 비롯되었거나 '유럽'에 의해 다듬어진 가치들과 다른 문화형식들은 너무도 쉽게 '보편적'인 것으로 일컬어져왔다. 우리는 차라리 보편성이라는 이 말썽 많은 개념을 학술적으로 비합리적이고 도덕적으로 부적절한 것으로 폐기처분하는 것이 좋을 것이다. 왜냐하면 사실 모든 종류의 가치나 모든 형태의 문화에 대한 유일한 평가의 잣대는 그것이 인류의 복지를 향상시키느냐, 아니면 그렇지 않는가 하는 것이기 때문이다. 만약 유럽의 소중한 전통 가운데 일부가 이러한 기능을 가지고 있음을 유럽이 세계에 확신시킬 수 있다면, 유럽의 과거는 진정으로 유럽과 인류 모두를 위해 보다 나은 미래를 만드는 데 기여하게 될 것이다.

Notes

나오며 : 유럽 _ 현재와 미래

1) G. Erler, ed., *J. W. Goethe, Werke*, VIII, Berlin 1984, 77.
2) W. C. Bark, *Origins of the Medieval World*, Stanford 1958, VII에서 재인용.
3) 이러한 견해는 A. Finkielkraut, *L'Humanité perdue*, Paris 1997에 의해 옹호되었다.
4) F. Fernandez-Armesto, *Millenium*, London 1995.
5) Josep Fontana, *Europa ante el espejo*, Barcelona 1994는 제한적이지만 멋진 연구서이다. 이 책은 유럽 몇 개국 언어로 번역되었지만, 남북·동서 간의 대립 같은 중요한 문제를 생략하고 있다.
6) G. Nonnenman *et al.* eds, *Muslim Communities in the New Europe*, Reading 1996.
7) Z. Bauman, *Modernity and Ambivalence*, London 1990.
8) E. Levinas, *Totalité et infini*, The Hague 1961.
9) P. Brezzi, *Realtà e mito nell 'Eoropa dall' antichità ai giorni nostri*, Rome 1954, 22.
10) M. Beloff, *Europe and the Europeans: An International Discussion*, London 1957.
11) A. Lemaire, *Twijfel aan Europa: Zijn de intellectuelen de vijanden van de Europese cultuur?*, Baarn 1990. '유럽적' 여행가 겸 사상가를 자처하는 C. Nooteboom의 *De ontvoering van Europa* (Amsterdam 1993)는 실망스럽다.
12) M. Rostovtzeff, *The Social and Economic History of the Roman Empire*, Oxford 1926, 486-7.
13) R. Barnett *et al.* eds, *The End of Knowledge in Higher Education*, London 1997.
14) C. W. Bynum, 'The last Eurocentric generation', *Perspectives* 34/2 (1996), 3 이하 참조.

인명색인

갈릴레이, 갈릴레오(Galileo Galilei, 1564-1642) 226-229, 232
갈베스, 비체로이(Viceroy Galves) 344
갈브레이스(J. K. Galbraith) 443
강스, 아벨(Abel Gance, 1889-1981) 412
게라도(Gherado) 37
고갱, 폴(Paul Gauguin, 1848-1903) 366
고흐, 빈센트 반(Vincent van Gogh, 1856-90) 366
공자(Confucius, BC 552-479) 34
괴테, 요한 볼프강 폰(Johann Wolfgang von Goethe, 1749-1832) 250, 252, 271, 306, 319, 398, 429, 479
구아르디니, 로마노(Romano Guardini) 455
구텐베르크, 요한(Johann Gutenberg, 약 1400-67) 55-57
군둘리치, 이반(Ivan Gundulic) 95
그라나도스, 엔리케(Enrique Granados) 392
그라운, 카를-하인리히(Karl-Heinrich Graun) 142
그로티우스, 휴고(Hugo Grotius, 1583-1645) 62, 64
그루타롤루스(G. Grutarolus) 185
기네르, 프란치스코(Francisco Giner) 391
기도, 아레초의(Guido of Arezzo, 약 990-1050) 395
나폴레옹(Emperor Napoleon, 1769-1821) 159, 247, 302, 304, 306, 412
노리스(Cardinal Noris of the Roman Curia) 218
노발리스(Novalis, 1772-1801) 320, 321, 392, 398, 434, 493
뉴턴, 아이작(Issac Newton, 1642-1727) 220, 237-239, 242, 399, 402, 403
니엡스(Niêpce) 380
니우호프, 요한(Johan Nieuhof) 141
니진스키, 바슬레프(Vaslev Nijinsky, 1890-1950) 465
니체, 프리드리히(Friedrich Nietzsche, 1844-1900) 201, 387, 388, 393, 398
니콜라스 5세(Pope Nicholas V) 208
다 가마, 바스코(Vasco da Gama) 62, 105, 109
다게르(Daguerre) 380
다니엘, 새뮤얼(Samuel Daniel) 199
다비드-닐, 알렉산드라(Alexandra David-Neel) 372
다윈, 에라스무스(Erasmus Darwin) 382
다윈, 찰스(Charles Darwin, 1809-82) 360, 382, 384-387, 389, 396, 399, 416
다임러(Daimler) 380, 401
단테 알리기에리(Dante Alighieri, 1265-1321) 17, 18
달리, 살바도르(Salvador Dali, 1904-89) 91, 392
데 가스페리, 알치데(Alcide de Gasperi) 433
데모스테네스(Demosthenes) 64
데 파야, 마누엘(Manuel de Falla) 91
데카르트, 르네(René Descartes, 1596-1650) 232, 234, 236, 237, 430
도레, 구스타브(Gustave Doré) 91, 294, 295
도메니코(Domenico) 177
두카스, 파울(Paul Dukas) 429

인명색인

뒤러, 알브레히트(Albrecht Düer, 1471-1528) 34, 135, 175
뒤르켐, 에밀(Emile Durkheim) 441
뒤르페, 오노레(Honoré d'Urfé's) 171
뒤보아(Dubois) 392
드 라 가르디, 마그누스 가브리엘(Magnus Gabriel de la Gardie) 177
드 라스 카사스, 바르톨로메(Bartolome de las Casas) 110, 111
드라이든, 존(John Dryden) 211
드라이어, 카를(Carl Dryer, 1889-1968) 412
드레이크, 프랜시스(Francis Drake) 121
들라크루아, 외젠(Eugène Delacroix, 1798-1863) 290, 291
디아길레프, 세르게이(Sergei Diaghilev, 1872-1929) 395
디아스 델 카스티요, 베르날(Bernal Diaz del Castillo) 111, 113
디오스쿠리데스(Dioscurides) 23, 225
디킨스, 찰스(Charles Dickens, 1812-70) 294, 315
디트리히, 마를렌네(Marlene Dietrich, 1901-92) 421
디포, 다니엘(Daniel Defoe) 139
드 라 가르디, 마그누스(Magnus De la Gardi) 177, 178
라게를뢰프, 셀마(Selma Lagerlöf, 1858-1941) 386
라마르크(J. B. Lamark) 382
라 메트리(La Mattrie) 241, 430
라모, 장-필립(Jean-Philippe Rameau) 273
라신, 장(Jean Racine) 272
라이스, 필립(Philipp Reis) 381
라이프니츠, 고트프리트 빌헬름(Gottfried Wilhelm Leibniz, 1646-1716) 148, 211, 218, 219, 242
라첼, 프리드리히(Friedrich Ratzel) 363
라파르그, 폴(Paul Lapargue) 441
라파엘로 산티(Raphaello Santi) 33, 210
라파예트 부인(Madame de la Fayette) 171
람페두사, 기세페 토마시 디(Giuseppe Tomasi di Lampedusa) 464
랑, 프리츠(Fritz Lang, 1890-1976) 408, 412
러더퍼드, 어니스트(Ernest Rutherford, 1871-1937) 422
레논, 존(John Lennon) 465
레마르크(Remark) 379
레비나스, 에마누엘(Emanuel Levinas, 1905-93) 491
레싱, 고트홀트 에프라임(Gotthold Ephraim Lessing, 1729-81) 242
레오나르도 다 빈치(Leonardo da Vinci, 1542-1519) 176
레오폴드 2세(Emperor Leopold II) 177
레우, 게라르트(Gerard Leeu) 111
로스토우(W. W. Rostow) 443
로스토프체프(M. Rostovtzeff) 492, 493
로욜라, 이그나티우스(Ignatius Loyola) 180
로카텔리, 조반니(Giovanni Locatelli) 177
로크, 존(John Locke, 1632-1704) 189, 201, 204, 207, 220, 236

뢴트겐(W. C. Röntgen) 380
루돌프 2세(Emperor Rudolph Ⅱ) 228
루벤스, 피터-폴(Peter-Paul Rubens, 1577-1640) 178
루소, 장 자크(Jean-Jacques Rousseau, 1712-78) 166, 201, 245, 324, 336
루슈드, 이븐(Ibn Rushd) 228
루이 13세(Louis XIII) 80
루이 14세(King Louis XIV) 49, 81, 161, 169, 198, 205, 228
루자크, 엘리(Elie Luzac) 215
루터, 마르틴(Martin Luther, 1483-1546) 66, 67, 73, 77, 83-86, 90, 229
루트만, 발터(Walter Ruttmann) 421
룸프, 크리스티안 콘스탄테인(Christian Constantijn Rumph, 1633-1706) 217, 219
륄리, 장 밥티스트(Jean-Baptiste Lully) 170
류케너, 새뮤얼(Samuel Lewkenor) 190
르낭, 에르네(Ernest Renan, 1823-92) 389
르 로이, 루이(Louis le Roy) 208, 209
르메트르, 조르주(Georges Lemaitre, 1894-1966) 403
리비스(F. R. Leavis, 1895-1978) 426, 427
리슐리외, 뒤플레시스(A.-J. Duplesis Richelieu) 210
리쿠르구스(Lycurgus) 202
리트베르겐(Rietbergen)
린네, 카를(Carl Linnaeus, 1707-78) 189
립시우스, 유스투스(Justus Lipsius, 1547-1606) 174, 191
링컨, 벤자민(Benjamin Lincoln, 1809-65) 347
마글리아베치(Magliabecchi) 218
마누치오, 알도(Aldus Manutius) = 마누티우스, 알두스(Aldus Manutius) 57, 78, 214
마룰리치, 마르코(Marco Marulic) 95
마르케스, 가브리엘 호세 가르시아(Gabriel José García Máquez, 1928-) 346
마르크스, 칼(Karl Marx, 1818-83) 322, 385
마리아나, 후안 데(Juan de Mariana) 210
마리아 데 메디치(Maria de' Medici) 167
마리아 테레사(Empress Maria Theresa) 251
마브로코르다토스, 니콜라스(Nicholas Mavrocordatos) 220
마스네, 쥘(Jules Massenet) 91
마블, 앤드류(Andrew Marvell, 1621-78) 134
마얀스 이 시스카르, 그레고리오(Gregorio Mayans y Siscar, 1691-1781) 220, 221
마우리츠(Prince Maurice of Nassau) 61
마이케나스(Maecenas) 23
마이, 카를(Karl May, 1842-1912) 397
마자랭, 쥘(Jules Mazarin) 210
마젤란, 페르디난드(Ferdinand Magellan, 약 1480-1521) 129
마지드, 이븐(Ibn Majid) 105
마키아벨리, 니콜로(Niccolò Machiavelli, 1469-1527) 37, 49
막시밀리안 황제(Emperor Maximilian, 1832-67) 125

인명색인 501

인명색인

만, 토마스(Thomas Mann, 1875-1955) 409, 410
맥카트니, 폴(Paul McCartney) 465
맥퍼슨, 제임스(James Macpherson) 249
맨더빌, 버나드(Bernard Mandeville) 265
메디치, 로렌초 데(Lorenzo de' Medici) 32, 209
메디치, 코지모 데(Cosimo de' Medici) 23, 209
메르카토르, 게라르트(Gerard Mercator, 1512-94) 130, 131, 132
메에르만, 게라르트(Gerard Meerman, 1722-71) 220, 221
멘델(Mendel) 380, 386
멜랑히톤, 필립(Philip Melanchton, 1497-1560) 229
모네, 장(Jean Monnet) 433
모노스타토스(Monostatos) 204
모레리, 루이(Louis Moreri) 217
모베르히, 빌헬름(Vilhelm Moberg) 350
모스타에르트, 얀(Jan Mostaert) 135
모어, 토마스(Thomas More) 148, 207
모이시오다스, 이오시포스(Iosipos Moisiodax, 약 1725-1800) 249
모차르트, 볼프강 아마데우스(Wolfgang Amadeus Mozart, 1756-91) 177, 203, 204, 331, 374
모턴(W. T. G. Morton) 380
몬테베르디, 클라우디오(Claudio Monteverdi) 41
몬테수마(Montezuma) 112, 142
몽테뉴, 미셸 드(Michel de Montesquieu, 1533-92) 201-204
몽테스키외, 샤를르 드(Charles de Montaigne, 1689-1759) 50, 276
무소르그스키, 모데스트(Modest Mussorgsky, 1839-81) 395
무질, 로베르트(Robert Musil, 1880-1942) 407
뮌스터, 세바스티안(Sebastian Münster) 133, 145
미켈란젤로 부오나로티(Michelangelo Buonarotti, 1475-1564) 32, 33, 36, 37, 41, 140, 159, 180
밀, 존 스튜어트(John Stuart Mill) 336
밀튼, 존(John Milton) 251
바그너, 리하르트(Richard Wagner, 1813-83) 307, 387
바르바로, 다니엘레(Daniele Barbaro) 225
바르베리니, 프란체스코(Francesco Cardinal Barberini) 168
바를라에우스, 카스파르(Caspar Barlaeus) 141
바사, 구스타브(King Gustavus Wasa) 61
바사노 부자(the Bassanos) 182
바흐, 요한 세바스티안(Johann Sebastian Bach, 1685-1750) 177
반 스비텐 남작(Baron Van Swieten) 251
발데스, 후안 데(Juan de Valdes) 95
발트제뮐러, 마르틴(Martin Waldseemüller) 129
백스터, 리처드(Richard Baxter) 72
버넷(Burnet) 218
버드, 이사벨라(Isabella Bird) 372
버크, 에드먼드(Edmund Burke) 272
버클리, 조지(George Berkeley, 1684-1753) 134, 135, 242
버틀러, 새뮤얼(Samuel Butler, 1835-1902) 315

베드로(Apostle Peter) 41, 182
베르니니, 지안로렌초(Gianlorenzo Bernini) 140, 176, 182
베르디, 지우세페(Giuseppe Verdi, 1813-1901) 307
베른, 쥘(Jules Verne, 1828-1905) 386
베링, 비투스(Vitus Bering) 342, 380
베버, 막스(Max Weber, 1864-1920) 413
베벌리, 로버트(Robert Beverly) 138
베사리온, 요하네스(Johnnes Bessarion, 1403-72) 52, 53, 78
베스푸치, 아메리고(Amerigo Vespucci, 1451-1512) 129, 130
베이컨, 프랜시스(Francis Bacon, 1561-1626) 50, 51, 57, 59, 186, 187, 213, 220, 232-234, 237
베일, 피에르(Pierre Bayle, 1647-1705) 201, 217, 236, 204
베토벤, 루드비히 반(Ludwig van Beethoven, 1770-1827) 331
베하임, 마르틴(Martin Behaim of Nuremberg) 128
벨(Bell) 381
벨라르미네 추기경(Cardinal Bellarmine) 180
보댕, 장(Jean Bodin, 1530-96) 126
보르헤스, 호르헤 루이스(Jorge Luis Borges, 1899-1986) 346
보슈, 히에로니무스(Hieronymus Bosch, 약 1450-1516) 43
보스웰, 제임스(James Boswell) 262
보어, 닐스(Nils Bohr) 403, 430
본, 윌리엄(William Bourne) 188
반 덴 본델, 유스트(Joost van den Vondel) 141, 143
볼테르(Voltaire, 1694-1778) 49, 50, 166, 245, 265, 276, 366, 374
뵈메, 야콥(Jacob Boehme, 1575-1624) 229, 231, 398
부르라마치스(Burlamacchis) 165
부르크하르트, 야콥(Jakob Burckhardt, 1818-97) 321-323
뷔퐁(Buffon) 382
브랑겔, 카를-구스타브(Carl-Gustav Wrangel) 178
브레히트, 베르톨트(Bertolt Brecht, 1898-1956) 422
브렌던(St Brendan) 128
브루노, 지오르다노(Giordano Bruno, 1548-1600) 229, 231, 398
브루니, 레오나르도(Leonardo Bruni, 1370-1444) 38
블로우, 존(John Blow) 211
비뇰라(Vignola) 180
비레(J.J. Virey) 333
비발디, 안토니오(Antonio Vivaldi) 142
비스마르크(Bismarck) 380
비스콘티, 루치노(Luchino Visconti, 1906-76) 464
비오 2세(Pius II) 22, 24
비트루비우스(Vitruvius) 89, 211
비트젠, 니콜라스(Nicolaas Witsen, 1641-1717)

인명색인

218, 219
빅토리아 여왕(Queen Victoria) 313
빌레망, 장 니코 드(Jean Nicot de Villemain) 113
사르미엔토, 마르틴(Martin Sarmiento) 250
사베리우스(Xaverius) 180
샤르댕, 장-밥티스트(Jean-Baptiste Chardin, 1699-1779) 269
샤를마뉴 대제(Charlemagne) 302, 406
샤우엔부르크, 헤르만(Hermann Schauenburg) 322
세르반테스, 미겔 데 사아베드라(Miguel de Cervantes Saavedra, 1547-1616) 90, 91
세르방-슈레베르, 장 자크(J.-J. Servan-Schreiber) 443
세를리오, 세바스티아노(Sebastiano Serlio) 89
셸리, 매리 고드윈(Mary Godwin Shelly) 315
셰익스피어, 윌리엄(William Shakespeare, 1564-1616) 118, 136, 306, 487, 488
셸링, 프리드리히-빌헬름(Friedrich-Wilhelm Schelling, 1775-1854) 252
소리아노, 미쉘(Michele Soriano) 125
솔로몬(Solomon, ?-BC 912 ?) 181
쇼펜하우어, 아르투르(Arthur Schopenhauer, 1788-1860) 244
쇼펜하우어, 하인리히 플로리스(Heinrich Floris Schopenhauer, 1747-1805) 166, 369, 398
수사토, 틸만(Tilman Susato) 176
수아소스(Suassos) 165
쉴러, 프리드리히(Friedrich Schiller, 1759-1805)
250
슈미트-피젤덱, 카를-프리드리히(Carl Friedrich von Schmidt-Phiseldeck) 392
슈바르츠, 마튀우스(Matthäus Schwarz) 164
슈만, 로베르(Robert Schumann) 433, 434
슈베르트, 프란츠(Franz Schubert, 1797-1828) 164, 332
슈테판, 하인리히(Heinrich Stephan) 380
슈투름, 야콥(Jacob Sturum, 1507-89) 77
슈트라우스, 다비드 프리드리히 (David Friedrich Strauss) 389
슈트라우스, 리하르트(Richard Strauss) 91
슈펭글러, 오스발트(Oswald Spengler) 406
슐레겔, 프리드리히(Friedrich Schlegel) 373
스노우(C. P. Snow, 1905-80) 426, 427
스미스, 애덤(Adam Smith) 50
스베덴보르크, 엠마누엘(Emmanuel Swedenborg, 1688-1772) 243
스코렐, 얀 반(Jan van Scorel, 1495-1562) 175
스탠리, 헨리(Henry Stanley) 372
스텐, 얀(Jan Steen, 1625/6-79) 269
스트라보(Strabo) 62
스트라빈스키, 이고르(Igor Stravinsky, 1882-1971) 465
스파크, 폴-앙리(Paul-Henri Spaak) 433, 434
스피노자, 바룩 데(Baruch de Spinoza, 1632-77) 242, 243, 253
슬로언, 한스(Sir Hans Sloane) 144
시몽 공작(Henri St. Simon) 170, 263, 264

시몽, 앙리(St. Simon) 300, 301
시스카르, 그레고리오 마얀스 이(Gregorio Mayans y Siscar, 1691-1781) 220
시지위크, 헨리(Henry Sidgewick) 311
싱클레어, 업톤(Upton Sinclair) 352
아게노르 왕(King Agenor) 130
아놀드, 매슈 (Matthew Arnold, 1822-88) 310, 311, 446, 455
아데나워, 콘라트(Konrad Adenauer) 433, 434
아롱, 레이몽(Raymond Aron) 443
아루에, 프랑수아-마리(François-Marie Arouet)=볼테르(Voltaire) 49, 50, 166, 245, 265, 276, 366, 374
아르켈, 토마스 왈라벤 반(Thomas Walraven Van Arkel) 190
아리스토텔레 다 상갈로(Aristotele da Sangallo) 31
아리스토텔레스(Aristotle, BC 384-322) 23, 39, 50, 78, 220, 238, 403
아머바흐, 요한(Johann Amerbach) 214
아벨라르두스, 페트루스(Peter Abelard, 1079-1142) 25, 225
아우구스티누스(St Augustine, 354-430) 60, 228, 236
아이브스, 사무엘(Samuel Ives) 267
아인슈타인, 알버트(Albert Einstein, 1879-1955) 402, 403, 430
아퀴나스, 토마스(Thomas Aquinas, 1225-74) 25, 391
아크리트, 리처드(Richard Arkwright) 95
안, 토마스(Thomas Arne) 249
안드레아, 요한 발렌틴(Johann Valentin Andreae) 148
안젤로니(Signor Angeloni) 182
알렉산더 대왕(Alexander the Great) 101
알베니스, 이사크(Isaac Albeniz) 392
알폰소 왕(King Alfonso of Naples) 208
앙리 4세(King Henry IV) 205
애덤스, 헨리(Henry Adams) 400, 401, 402
어빙, 워싱턴(Washington Irving, 1783-1859) 357, 358
에겐베르크, 요한(Johann Eggenbergh) 168
에디슨(Edison, 1847-1931) 381
에라스무스, 데시데리우스(Desiderius Erasmus, 약 1465-1536) 26, 27, 43, 84, 118, 185, 213, 214, 225
에렌스트랄, 데이비드 클로커(David Klocker Ehrenstrahl) 177
에반스, 매리 앤(Mary Ann Evans)=엘리옷, 조지 (George Eliot) 314
에베르빈(Everwin) 60
엔리케 왕자(Prince Henry the Navigator) 105
엘리옷, 조지(George Eliot) 314
엘리자베스 I세(Queen Elizabeth I, 1533-1603) 72
오펜하이머, 로버트(J. Robert Oppenheimer, 1904-67) 425
올레아리우스, 아브라함(Abraham Olearius) 373, 374

인명색인

와일드, 오스카(Oskar Wilde, 1854-1900) 288, 289
왓슨, 제임스(J. D. Watson) 424
외르슈테트(Oerstedt) 381
우르바누스 8세(Pope Urban Ⅷ) 168, 228, 229
우르비노 공작(Duke of Urbino) 182
위고, 빅톨(Victor Hugo, 1802-85) 393
위클리프, 존(John Wycliffe) 82
윌리엄 3세(William III) 275
이블린, 존(John Evelyn, 1620-1706) 180, 192
이노센트 10세(Innocent Ⅹ) 182
입센, 헨릭(Henrik Ibsen, 1828-1906) 404
제들러(J. M. Zedler) 246
제멜바이스(Semmelweiss) 380
제임스, 윌리엄(William James) 429
제임스, 헨리(Henry James) 358
조이스, 제임스(James Joyce) 429
조토 디 본도네(Giotto di Bondone, 약 1267-1337) 18, 28
존, 헥터 세인트(Hector St John) 348, 351
존스, 윌리엄(William Jones) 367
졸라, 에밀(Emile Zola, 1840-1902) 334
지멘스(Siemens) 380, 381
차이코프스키, 표트르 일리치(Pyotr Ilich Tschaikovsky, 1840-93) 395
찰스 1세(Charles I) 167
채플린, 찰리(Charlie Chaplin, 1889-1977) 409
체스터튼(C. K. Chesterton) 458
체임버스(E. Chambers) 246
체임버스, 로버트(Robert Chambers) 384
첼리니, 벤베누토(Benvenuto Cellini, 1500-71) 36, 176
초서, 제프리(Geoffrey Chaucer, 1342-1400) 157, 158
츠디크, 하인리히(Heinrich Zdík, Bishop of Olomouc) 60
카를 대제 17, 69, 162, 165, 197
카를 3세(Charles III) 242
카를 4세(Emperor Charles IV, r. 1346-78) 28
카를 5세(Emperor Charles Ⅴ, 1500-57) 96, 120, 124, 125, 131, 165
카몽스, 루이스 드(Luis de Camoes) 95
카스토르프, 한스(Hans Castorp) 410
카이사르, 페트루스(Petrus Caesar) 60
카지미에시 3세(1353-70) 28
카타리나 여제(Tsarina Catharine) 212, 351, 374
카프카, 프란츠(Franz Kafka, 1883-1924) 407, 408, 435
칸트, 임마누엘(Immanuel Kant, 1724-1804) 243
칼리반(Caliban) 136, 488
칼뱅, 장(John Calvin, 1509-64) 66, 77, 87
캄파넬라, 토마소(Tommaso Campanella, 1568-1639) 148
캄프라, 앙드레(Andr Campra) 273
캐더, 윌라(Willa Cather) 350
케인스, 존 메이나드(John Maynard Keynes) 442
케플러, 요하네스(Johannes Kepler, 1571-1630) 229, 238

켐피스, 토마스 아(Thomas à Kempis, 약 1380-1471)= 토마스 헤메르켄
코레조(Correggio, 약 1490-1534) 182
코르네유, 피에르(Pierre Corneille, 1606-84) 272
코멘스키, 요한 아모스(Johann Amos Komensky 또는 Comenius, 1592-1670) 74
코스마스(Kosmas) 129
코스테르, 라우렌스 얀스준(Laurens Janszn Coster) 221
코르테스, 헤르난도(Hernan Cortés) 111, 112
코페르니쿠스, 니콜라우스(Nicolaus Copernicus, 1473-1543) 226, 227, 229, 232, 238, 389, 422
코흐(Koch) 380
콘스탄티누스(Emperior Constantine, 약 280-337) 41
콜럼버스, 크리스토퍼(Christopher Columbus) 62, 109-112, 117, 118, 127-129, 341, 439
콜론, 에르난(Hernan Cólon)
콜론, 크리스토발(Cristóbal Cólon)= 콜럼버스, 크리스토퍼(Christopher Columbus) 62, 109-112, 117, 118, 127-129, 341, 439
콜링우드, 로빈(Robin Collingwood) 479
콜베르(Colbert) 210
쿠리오, 요한(Johann Curio) 309
쿠사누스, 니콜라우스(Nicholas Cusanus) 25
쿡, 제임스(James Cook) 372, 444
쿠페르, 기스베르트(Gisbert Cuper, 1644-1716) 218, 219
퀸틸리아누스(Quintilian, 약 35-96) 20

크로체, 베네데토(Benedeto Croce, 1866-1952) 405
크롤리, 허버트(Herbert Croly, 1869-1930) 355
크리솔로라스, 마누엘(Manuel Chrysoleras) 23
크리스티나 여왕(Queen Christina) 177
크리크, 프랜시스(F. Crick) 424, 425
크리프스, 니콜라스(Nicholas Chrypffs, 1401-64)= 쿠사누스, 니콜라우스(Nicholas Cusanus) 25
클루에, 프랑수아(François Clouet) 262
키르허, 아타나시우스(Athanasius Kircher, 1602-80) 180, 230
키케로(Cicero, BC 106-BC 43) 20, 24, 39, 74
킹슬리, 찰스(Charles Kingsley) 386
타르드, 외젠(Eugène Tarde) 442
타소, 토르콰토(Torquato Tasso) 41
탈보트(Talbot) 380
테니슨, 알프레드 로드(Alfred Lord Tennyson, 1809-92) 313, 395
토마지우스, 요하네스(Johannes Thomasius) 188, 189
토스카넬리, 파올로(Paolo Toscanelli, 1397-1492) 128
톨스토이, 레오(Leo Tolstoy, 1828-1910) 306
튜어링, 알란(Alan Turing, 1912-54) 425
트로지너, 요한나(Johanna Trosiener) 166
티네, 알렉산드리네(Alexandrine Tinne) 372
티에폴로, 조반니 바티스타(Giovanni Battista Tiepolo, 1696-1770) 141, 176
파스칼, 블레즈(Blaise Pascal, 1623-62) 239

인명색인

파울루스 3세(Pope Paul III) 226
파이에, 델라(Della Failles) 165
팔라디오, 안드레아(Andrea Palladio) 89, 148
패러데이 380
패커드, 밴스(Vance Packard) 444
퍼셀, 헨리(Henry Purcell) 211
퍼처스, 새뮤얼(Samuel Purchas) 145-147
페레스, 니콜라 파브리드(Nicholas Fabri de Peiresc, 1580-1637) 184, 214
페르디난도 3세(Ferdinand III) 168
페이호오, 베니토(Benito Feĵoo) 250
페트라르크(Petrarch, 1304-74) 36
페트로니우스(Petronius) 20
페피스, 사무엘(Samuel Pepys) 330
펜, 윌리엄(William Penn) 206-208, 392
펠리페 2세(King Philip II) 120, 140, 174
포르메, 사뮈엘(Samuel Formey) 216
포르타, 자코모 델라(Jacomo della Porta) 180
포르티나리(Portinaris) 165
포초, 카발리에레(Cavaliere Pozzo) 181
폰 글루크, 크리스토프 빌리발트(Christoph Willibald von Gluck, 1714-87) 395
폰타네, 테오도르(Theodor Fontane) 314
폴로, 마르코(Marco Polo, 1254-1324) 54, 102, 105, 110, 111, 131, 214
표트르 대제 212
푸거, 야콥(Jacob Fugger) 124, 125, 164
프라이타크, 구스타프(Gustav Freytag) 316
프랑수아 1세(François I) 79, 124, 176, 209

프랭클린, 벤자민(Benjamin Franklin) 347
프레노, 필립(Philip Freneau) 149
프레센, 프리드리히 폰(Friedrich von Pressen) 323
프레스넬(Fresnel) 380
프레이저, 제임스(James Frazer, 1854-1941) 388
프로메테우스(Prometheus) 394, 473
프로베니우스, 요한(Johann Frobenius) 214
프로스페로(Prospero) 136, 488
프로이트, 지그문트(Sigmund Freud, 1856-1939) 398, 399
프뢰벨(J. Fröbel) 392, 432
프루스트, 마르셀(Marcel Proust, 1913-27) 404, 407
프리드리히 (Frederic I) 14, 302-304
프리드리히 대왕(King Frederick the Great of Prussia) 114, 303
프리드리히 2세(Frederick II) 276, 277
프리시우스, 겜마(Gemma Frisius) 130
프톨레마이오스(Ptolemy, 100-약 170) 62, 127, 131
플라톤(Plato, BC 428/27-348/47) 23, 24, 30, 78, 202, 203
플란테인, 크리스토펠(Christoffel Plantijn) 214
플랑크, 막스(Max Planck, 1858-1947) 402, 403
플레토(Pletho) 23
플로베르, 구스타브(Gustave Flaubert) 314
피렌, 앙리(Henri Pirenne) 406
피사로, 프란시스코(Francisco Pizarro) 112, 122

피치노, 마르실리오(Marsilio Ficino, 1433-99) 24, 30
피카소, 파블로(Pablo Picasso, 1881-1973) 392, 404
피콜로미니, 아에네아스 실비우스(Aeneas Silvius Piccolomini, 1405-64) 22
핍스, 새뮤얼(Samuel Pepys, 1633-1703) 167
하르덴베르크, 프리드리히 폰(Friedrich von Hardenberg, 1772-1801)=노발리스(Novalis) 320, 321, 392, 398, 434, 493
하우스만, 라울(Raul Hausmann, 1886-1971) 424
하이데거, 마르틴(Martin Heidegger, 1889-1976) 491
하이든, 프란츠 조세프(Franz Joseph Haydn, 1732-1809) 251, 331
하이젠베르크, 베르너(Werner Heisenberg, 1901-76) 403, 423
한, 오토(Otto Hahn, 1879-1968) 425
해메르켄, 토마스(Thomas Haemerken)=토마스 아 켐피스 42
허블, 에드윈(Edwin Hubble, 1889-1953) 403
헤딘, 스벤(Sven Hedin) 372
헤르더, 요한 고트프리드(Johann Gottfried Herder) 148, 375
헤르츠(Herz) 380
헤인, 피트(Piet Heyn) 121
헨델, 게오르그 프리드리히(Georg Friedrich Handel, 1685-1759) 176, 251
호메로스(Homer) 23

호이징아, 요한(Johan Huizinga) 322, 409, 419, 438
호킹, 스티븐(Stephen Hawking, 1942-) 431
호프만슈탈, 후고 폰(Hugo von Hofmanstahl, 1874-1929) 406
홀, 존(John Hall) 188, 189
홀란다, 프란체스코 데(Francesco de Hollanda) 33
홀바인, 한스(Hans Holbein, 1497/8-1543) 262
홉스, 토마스(Thomas Hobbes, 1588-1679) 220, 240
후스, 얀(Jan Hus) 82
훔볼트, 빌헬름 폰(Wilhelm von Humboldt, 1776-1835) 311, 446, 455
흄, 데이빗(David Hume, 1711-76) 242, 336
흐로트(Hugo de Groot)=그로티우스, 휴고 (Hugo Grotius) 62, 64
힌데미트, 파울(Paul Hindemith, 1895-1963) 422
힐데베르트(Hildebert) 60